Desmond Morris
Das Spiel

Faszination und Ritual des Fußballs

Mit 600 meist farbigen Fotos
und Zeichnungen

»Das Spiel, mit dem wir leben«
Droemer Knaur

Für Jason

Übersetzung ins Deutsche:
Siglinde Summerer
Gerda Kurz
Werner Waldhoff

CIP-Kurztitelaufnahme der Deutschen Bibliothek

Morris, Desmond:
Das Spiel : Faszination u. Ritual d. Fußballs ;
d. Spiel, mit dem wir leben / Desmond Morris.
[Aus d. Engl. von Siglinde Summerer . . .]. –
1. – 25. Tsd. – München ; Zürich : Droemer Knaur,
1981.
   Einheitssacht.: The Soccer Tribe 〈dt.〉
   ISBN 3-426-26047-6

1. bis 25. Tausend

Copyright der deutschen Ausgabe
© Droemersche Verlagsanstalt
Th. Knaur Nachf. München/Zürich 1981
Titel der englischen Ausgabe
»The Soccer Tribe«
Text © 1981 by Desmond Morris
Zusammenstellung © 1981 by Jonathan Cape
Limited, London
Umschlaggestaltung: Franz Wöllzenmüller,
München
Umschlagfoto: Pressefoto Mühlberger
Satz: Fa. Appl, Wemding
Druck und Bindung: New Interlitho, SpA,
Mailand
Printed in Italy
ISBN 3-426-26047-6

Inhalt

1 Einleitung

Das Menschentier ist eine Spezies für sich. Das Ereignis in seiner Geschichte, das die größte Zuschauermenge anzog, war nicht etwa ein wichtiger politischer Vorgang oder die feierliche Begehung einer hervorragenden Leistung in Kunst und Wissenschaft, sondern ein schlichtes Ballspiel: ein Fußballwettkampf. An einem Tag im Juni 1978 schauten über eine Milliarde Menschen dem Weltmeisterschaftsendspiel zwischen Argentinien und Holland zu. Das bedeutet, etwa ein Viertel der gesamten Weltbevölkerung legte die Hände in den Schoß, um sich ganz auf ein kleines Rasenstück in Südamerika zu konzentrieren, auf dem zweiundzwanzig buntgekleidete Gestalten 120 Minuten (das Spiel ging in die Verlängerung) damit verbrachten, ohne links oder rechts zu schauen wie wahnsinnig hinter einem Ball herzujagen.

Was würde wohl die Besatzung eines UFOs dazu sagen, wenn sie den Vorgang auf dem Monitor verfolgte? Was würde sie ins Logbuch ihres Raumschiffes eintragen? Stammestanz? Ritueller Kampf? Oder vielleicht auch religiöse Zeremonie? Und wenn sie sich, einmal neugierig gemacht, daraufhin die Menschenstädte rund um den Globus anschaute und konstatierte, daß nahezu jede größere Siedlung sich mit mindestens einem großen leeren Gebäude mit einem grünen Loch in der Mitte brüstete und darin in regelmäßigen Abständen ähnliche Rituale abhielte, müßte sie daraus auf eine ganz besondere Bedeutung dieser Tätigkeit für die menschliche Spezies schließen. Zumal dieselbe Besessenheit von keiner der hunderttausend anderen Lebensäußerungen auf dem Planeten Erde erreicht wird.

Vor allem die Funktion dieses sonderbaren Treibens dürfte die verwunderten Extraterrestrier beschäftigen. Warum betätigen sich Tausende von Menschen auf diese Weise, und warum schauen ihnen Millionen anderer dabei zu? Welche Erfüllung kann bedeuten, was auf den ersten Blick kaum mehr als ein Spiel auf einem Kinderspielplatz zu sein scheint, ein harmloses Vergnügen, aufgebaut auf der Beobachtung, daß sich beim Herumtollen mit einem kugelförmigen Gebilde weit interessantere Bewegungen ergeben als beim Spiel mit einem andersgeformten Gegenstand? Für Kinder ist das lediglich ein amüsanter Zeitvertreib, Teil der Erforschung der physikalischen Eigenschaften ihrer Umwelt, wie Seilsprin-

Die weltweite Anziehungskraft des Fußballs. Beispiele aus Brasilien (unten), Singapur (unten rechts) und, nächste Seite, aus den Anden (links oben), Bahrain (links unten) und Bali (rechts).

gen, Hüpfen, den Reifen treiben oder den Kreisel schlagen. Im Gegensatz zu anderen jugendlichen Beschäftigungen aber zieht sich das Fußballspiel ins Erwachsenenalter mit hinüber, ja rückt sogar zu einem recht verlockenden Gewerbe auf. Es wird nicht länger von hellem Gekicher, sondern von tiefem Stöhnen, von Schreien und Gebrüll aus Männerkehlen begleitet. Es ist zu einer seriösen Betätigung geworden, die bis in die kleinsten Bewegungen seziert und durchgesprochen wird. Das ganze Ritual scheint auf die Ebene eines wichtigen sozialen Ereignisses gehoben. Demnach muß mehr dahinterstecken, als dem Auge sichtbar wird. Da der Vorgang so einfach ist, läßt sich das Interesse, das er weckt, nur durch eine symbolische Bedeutung erklären.

Die Bedeutung des Spieles wird kaum je in Frage gestellt. Für Ausübende wie eifrige Zuschauer ist es eine Selbstverständlichkeit. Fußball ist Fußball, natürlich eine tolle Sache; was gibt es da lange zu fragen? Und für diejenigen, die ihn links liegenlassen, ist er schlicht eine blödsinnige Zeitverschwendung, über die auch nur ein Wort zu verlieren sich nicht lohnt. Beide Seiten aber übersehen die Tatsache, daß er, objektiv betrachtet, eines der seltsamsten menschlichen Verhaltensmuster in der modernen Gesellschaft darstellt.

Das waren die Überlegungen, die mich zu dem Entschluß veranlaßten, der Sache selbst auf den Grund zu gehen. Schon bald wurde mir klar, daß jedes Fußballzentrum, sprich jeder Fußballclub, wie ein kleiner Stamm aufgebaut ist mit Stammesterritorium, Stammesältesten, Medizinmännern, Helden, Schlachtenbummlern und anderen ausgewählten Stammesangehörigen. Beim Eintritt in ihre Sphäre kam ich mir wie früher ein Forscher vor, der zum erstenmal in eine ferne Eingeborenenkultur eindringt. Ich begriff wenig von ihren lautstarken Kriegsgesängen oder ihren farbigen Schaustellungen, ihrem primitiven Aberglauben und ihren eigenartigen Bräuchen. Doch schlagartig ging mir auf, daß es wohl das beste wäre, mich wie ein Anthropologe zu verhalten, und so fing ich an, diesen sonderbaren und oft wilden »Fußballstamm« unvoreingenommen und systematisch zu untersuchen.

Zu diesem Zweck machte ich mich vor einigen Jahren auf den Weg, um Feldstudien in aller Welt zu betreiben, in Blackpool ebenso wie auf Bali, in Sheffield wie in Singapur, in Manchester und auf Malta, in Frankreich und auf den Fidschiinseln, in Aston Villa und in Avellino. Und zu guter Letzt habe ich alles, was ich über die ungewöhnliche Lebensweise dieses Fußballstammes in Erfahrung bringen konnte, im vorliegenden Buch zusammengefaßt.

Die Wurzeln des Stammes

2 Die Stammesursprünge

Die Wurzeln des Fußballstammes reichen tief in unsere älteste Vergangenheit zurück, in eine Zeit, in der unsere Urahnen noch von der Jagd auf wilde Tiere lebten. In diese Zeit, in der die Verfolgung der Beute kein Sport, sondern eine Frage des Überlebens war, fällt nahezu unsere gesamte Evolutionsgeschichte. Sie hat uns geprägt, sie hat uns genetisch zu dem gemacht, was wir heute sind. In ihr haben wir uns von unseren nächsten Verwandten, den Affen, entscheidend fortentwickelt, denn um gute Jäger zu werden, mußten wir uns eine ganze Reihe neuer körperlicher und geistiger Eigenschaften zulegen.

Körperlich mußten wir uns von Baumkletterern zu Läufern entwickeln. Wir mußten uns auf unsere Hinterbeine aufrichten und diese Haltung auch beibehalten, wenn wir auf unseren längeren Beinen unserer Beute nachsetzten. Um sie zu stellen, mußten wir nicht nur schnell und behende sein, also gute Sprinter, sondern auch ausdauernde Athleten bzw. gute Langstreckenläufer, das heißt, wir brauchten eine bessere Atmung, einen breiteren Brustkasten. Zum Töten selbst bedurfte es größerer Zielsicherheit und dazu wiederum stärkerer Arme und Hände, die zum Ergreifen und Werfen von Waffen geeignet waren.

Dieser Wandel vollzog sich bei beiden Geschlechtern, beim männlichen allerdings ausgeprägter. Da die Weibchen des Stammes stark von ihren Mutterpflichten in Anspruch genommen waren, kam es zur Arbeitsteilung, bei der den jungen ausgewachsenen Männchen die Hauptrolle bei der Jagd zufiel.

Aber auch unsere geistige Einstellung mußte sich ändern. Der Übergang vom Sammeln zum Jagen erforderte größere Intelligenz und mehr Verschlagenheit, darüber hinaus aber auch die Fähigkeit, sich auf ein Langzeitprojekt zu konzentrieren, sich durch nichts ablenken zu lassen und das Hauptziel stur zu verfolgen, bis es erreicht und die Beute geschlagen war. Angesichts der physischen Bedrohung durch die in die Enge getriebene, verzweifelt sich zur Wehr setzende Beute mußte der Stammesangehörige mehr Mut aufbringen und, wichtiger noch für die erfolgreiche Durchführung der Jagd, die Fähigkeit verbessern, mit seinen Jagdgenossen Verbindung zu halten und zusammenzuarbeiten. Ohne eine solche aktive Zusammenarbeit konnte das Raubtier Mensch nicht hoffen, mit den größeren und besser spezialisierten Fleischfressern wie Löwen oder jagenden Hunden konkurrieren zu können.

So wurden unsere jagenden Urahnen mit der Zeit athletischer und gleichzeitig intelligenter. Dank dieser neugewonnenen Vorzüge und ihrem Zusammenwirken in der Gruppe – oder als jagender Meute – konnten sie eine Strategie ersinnen, eine Taktik entwerfen, auch etwas riskieren, Fallen stellen und schließlich zielen und töten. All das aber klingt genau wie die Beschreibung einer Fußballmannschaft und, wie ich behaupten möchte, keineswegs zufällig. Wie aber hat sich der Übergang von Beutejägern zu Torjägern vollzogen? Die Antwort läßt sich kurz zusammenfassen: durch die Landwirtschaft.

Nachdem wir über eine Million Jahre lang vom Jagen und Sammeln gelebt hatten, entdeckten wir, daß es doch weit klüger wäre, unsere Beute einzufangen, einzusperren, zu züchten und zu domestizieren und ebenso bestimmte Getreidearten anzusäen, statt wilde Früchte und Samen zu suchen. So wurden unsere tapferen Jäger vor etwa zehntausend Jahren seßhaft, um als Bauern ihr Schicksal selbst in die Hand zu nehmen. Das brachte große Vorteile mit sich, denn von nun an fehlte es nicht mehr an Nahrung, ja, wenn ein Überschuß erzeugt wurde, konnten sogar Vorräte angelegt werden. Doch diese wahrhaft umwälzende Umstellung kam allzu plötzlich; unser ans Jagen gewöhnter Geist konnte sich mit der ruhigeren Lebensweise nicht ohne weiteres abfinden. Er brauchte die Herausforderung der Jagd, die Aufregung taktischer Manöver, das Wagnis, die Gefahr und den großen Höhepunkt des Tötens. All das aber konnte ihm der mit Hegen und Pflegen ausgefüllte landwirtschaftliche Alltag nicht bieten.

Die Lösung bot sich gewissermaßen von selber an: Die Jagd, zwar nicht länger eine Frage von Leben oder Tod, brauchte bloß weiter betrieben zu werden. Es fehlte weder an freien »Jagdgründen« noch an Wild. Die Welt war noch nicht übervölkert, Grund und Boden noch nicht ausverkauft. So wurde die Jagd nicht mehr aus Überlebensgründen, sondern zur Erholung fortgeführt. Die Ära der blutigen Sportarten war angebrochen.

Im antiken Rom bildete das Kolosseum den Ort, wo der ständig größer werdenden Stadtbevölkerung blutige Spiele vorgeführt wurden.

Doch auf die landwirtschaftliche Revolution folgte die Verstädterung. Große Städte und Metropolen schossen aus dem Boden und ließen ihren zahllosen Einwohnern wenig Raum für Sport im Freien und kaum Hoffnung, die aufregenden Freuden der Jagd je selber genießen zu können. Dieses Problem nun wurde von den alten Römern auf eine Weise gelöst, die sich für die spätere Entwicklung der Fußballstämme als ungeheuer wichtig erweisen sollte: Sie scheuten weder Mühe noch Kosten, riesige Arenen zu bauen, um die Jagd zu den Menschen zu bringen. Wenn die Städter zur Jagd nicht aufs Land konnten, sollten die Tiere in die Stadt gebracht und dort mitten im Häusermeer auf einem umfriedeten Platz unter den Augen von Tausenden frustrierter Jäger zum Kampf herausgefordert werden.

So wurden aus allen Teilen der bekannten Welt wilde Tiere per Schiff herbeigeholt und zur Befriedigung der Massen in der Arena hingeschlachtet. Am Eröffnungstag des Kolosseums in Rom vor 1900 Jahren mußten nicht weniger als fünftausend Tiere ihr Leben lassen; in den folgenden hundert Tagen wurden weitere neuntausend hingemetzelt. Und diese Massaker dauerten, mit Unterbrechungen, etwa fünfhundert Jahre lang fort, ehe sie endlich abgeschafft wurden. In dieser Zeit waren auf römischem Territorium über siebzig ähnliche Arenen errichtet worden, wenn auch keine mehr die Größe des Kolosseums erreichte. Dieser Monumentalbau faßte 45000 bis 50000 Zuschauer, also ebenso viele wie heute ein größeres Fußballstadion. Die Arena selbst (etwa 91 mal 55 Meter) war kleiner als ein moderner Fußballplatz, was die Wirkung des Abschlachtens noch erhöht haben muß.

Diese römische Einrichtung lebte in verschiedenen Formen weiter: am deutlichsten im Stierkampf, der, noch bei den römischen Spielen populär geworden, sich in Spanien und andernorts bis heute gehalten hat, im Grund der einzige bedeutendere Nachfahre des alten blutigen Arenasports, dem jedoch, wenn die Anzeichen nicht trügen, auch in Spanien der Fußball allmählich den Rang abläuft. Weniger deutlich ist dies bei der Löwenbändigung und den Dressurakten mit anderen wilden Tieren im modernen Zirkus, heute ebenfalls rückläufig, da sie, obwohl es dabei ganz unblutig zugeht, großen Teilen der Bevölkerung mißfallen und sie so unter Dauerbeschuß geraten sind. Und schließlich in der Hatz, vor allem der Stierhatz, einer feigeren Version des Stierkampfes, bei der zum Gaudium der Einheimischen Hunde auf das festgebundene Tier gehetzt werden. Dieser Sport breitete sich im Mittelalter über ganz Europa aus und hielt sich in England bis ins 19. Jahrhundert hinein. Die eng damit verbundene Praxis des Stierlaufens lebt in dem berühmten Stiertreiben im nordspanischen Pamplona bis heute fort, eine Volksbelustigung, die der »städtischen Jagd« am nächsten kommt, aber keineswegs, wie uns heute scheint, typisch spanisch ist, war sie doch bis 1825 auch im mittelenglischen Birmingham gang und gäbe.

In den zwanziger Jahren des 19. Jahrhunderts griff dann eine neue, menschlichere Einstellung zum Tier um sich, die in Großbritannien in der Gründung der Königlichen Gesellschaft zum Schutze der Tiere gipfelte. Diese Gesellschaft und andere Tierschutzvereine, die im Laufe des 19. Jahrhunderts aufblühten, sorgten dafür, daß der Mißbrauch von Tieren stark zurückging. Die Zeit der blutigen Arenasportarten war praktisch vorbei. In dieselbe Zeit aber fällt mit dem Aufschwung der industriellen Revolution ein neuer sozialer Trend, die Landflucht, in deren Sog große Menschenmassen vom Acker in die Fabriken strömten. Beide Faktoren zusammen bewirkten ein spürbares Vakuum in der Unterhaltung der Horden städtischer Lohnempfänger. Mit anderen Worten, die Bühne war frei für einen neuen Aufzug in der Geschichte der Pseudojagd. Und in der Tat schoß bald darauf weltweit eine neue Sportart aus dem Boden – das Ballspiel in der Arena ohne Tiere und ohne Blutvergießen.

Ballspiele waren nicht neu. Sie waren bereits im klassischen Altertum in Griechenland und Rom bekannt, aber obwohl sie durch Alexander den Großen einen Auftrieb erhalten hatten, waren sie nicht recht ernst genommen worden. Alexander, als schneller Läufer eigentlich der Leichtathletik zugetan, hatte, da ihn die anderen Wettkämpfer beim Lauf stets gewinnen ließen, angefangen, sich mit einem Ball fit zu halten, was bald nachgeahmt wurde und erst in Griechenland, dann auch in Rom zur Anlage eigener Ballplätze führte.

Einer dieser römischen Ballspielplätze war für Winterspiele sogar mit einer Fußbodenheizung ausgestattet. Welche Schande, daß zweitausend Jahre später in Europa im Winter viele Fußballspiele wegen gefrorener Spielfelder abgesagt werden müssen. Allerdings gab es auch im Altertum ein technisches Problem, nämlich die Herstellung eines vollkommen runden,

Il Calcio (folgende Seite, oben), ein mittelalterliches Ballspiel, wurde jahrhundertelang auf der Piazza della Signoria in Florenz gespielt. Wie bei fast allen alten Ballspielen wurde der Ball selten getreten, obwohl auch das gestattet war. Il Calcio war ein gewalttätiges Spiel mit wenigen Regeln, aber anders als die frühen Formen des Volksfußballs wurde es zwischen zwei ausgesuchten Mannschaften auf einem eingegrenzten Platz gespielt, und manche halten es für den Vorläufer des heutigen Fußballs. Das ist jedoch unwahrscheinlich, denn im 18. Jahrhundert verlor das Spiel die Gunst der Massen und wurde vergessen. Heute zählt es in Florenz wieder zu den großen Touristenattraktionen und wird mit allem Pomp vorgeführt (rechts und folgende Seite, unten).

In der Antike wurden Ballspiele mehr beiläufig ausgeübt, und man maß ihnen keine große Bedeutung zu. Man ließ den Ball springen und warf ihn, anstatt ihn zu treten.

gut springenden Balles. Leichte Bälle wurden aus aufgeblasenen Schweins- oder Rindsblasen verfertigt, platzten aber leicht, schwere mit Haaren oder Federn ausgestopft. Beide Arten jedoch waren für ein schnelles Spiel mit dem Fuß wenig geeignet, weshalb das alte Ballspiel wohl auch nie Wettkampfcharakter erlangte, sondern sich im Rahmen formloser Wurfspiele hielt, wie man sie heute noch bei Urlaubern am Strand sehen kann. Eine Zeile aus einem Gedicht des Martial faßt die klassische Einstellung zum Ballspiel folgendermaßen zusammen: »Der einherstolzierende Geck greift nach dem Ball, um die Muskeln seines Halses durch diese nutzlose Übung zu stählen.«

Einige moderne Autoren haben großes Aufhebens von einem alten Spiel namens Episkuros gemacht, bei dem sich zwei Mannschaften gegenüberstanden. Und in der Tat klingt das ganz so, als hätten wir es hier mit einem Vorläufer unseres heutigen Fußballs zu tun, aber diese Auffassung wurde neuerdings von der Wissenschaft widerlegt. Genauere Nachforschungen haben nämlich ergeben, daß Episkuros ein Ballwurfspiel gänzlich anderer Art war.

Als Übungsspiele ohne Wettkampfcharakter, die mehr dem Aufwärmen dienten, zogen diese alten Ballspiele auch kaum Zuschauer an. Dagegen faßte der größte Zirkus, in dem im alten Rom die Wagenrennen abgehalten wurden, bis zu 250000 Zuschauer, also mehr als selbst unsere größten modernen Fußballstadien.

In den folgenden Jahrhunderten blieben die Ballspiele ein ungeschliffener, roher und formloser Sport ohne große Bedeutung und ohne Organisation, starben aber auch nicht aus, gerade als hätten sie brachgelegen und nur auf ihre Stunde gewartet, die dann mit dem Verfall der blutigen Sportarten auch anbrach. Getreu ihrem Motto »Ein gesunder Geist in einem gesunden Körper« begannen englische Public Schools ihre Schüler zum Fußballspielen zu ermuntern. Dabei brachten sie in die wilden, recht unterschiedlichen Ausformungen des volkstümlichen Fußballs, wie er landauf, landab in den Dörfern gespielt wurde, mehr System. Allerdings entstanden dabei gleich mehrere Systeme: In Harrow und bestimmten anderen Schulen wurde der Ball nämlich nur mit dem Fuß gestoßen, was zur Entwicklung des modernen *Association Football,* zuerst »Socker«, dann »Soccer« genannt, führte, während im Gegensatz dazu in Rugby und an anderen Schulen auch, ja überwiegend die Hand benutzt werden durfte, woraus sich der moderne *Rugby Union Football* entwickelte. Beide

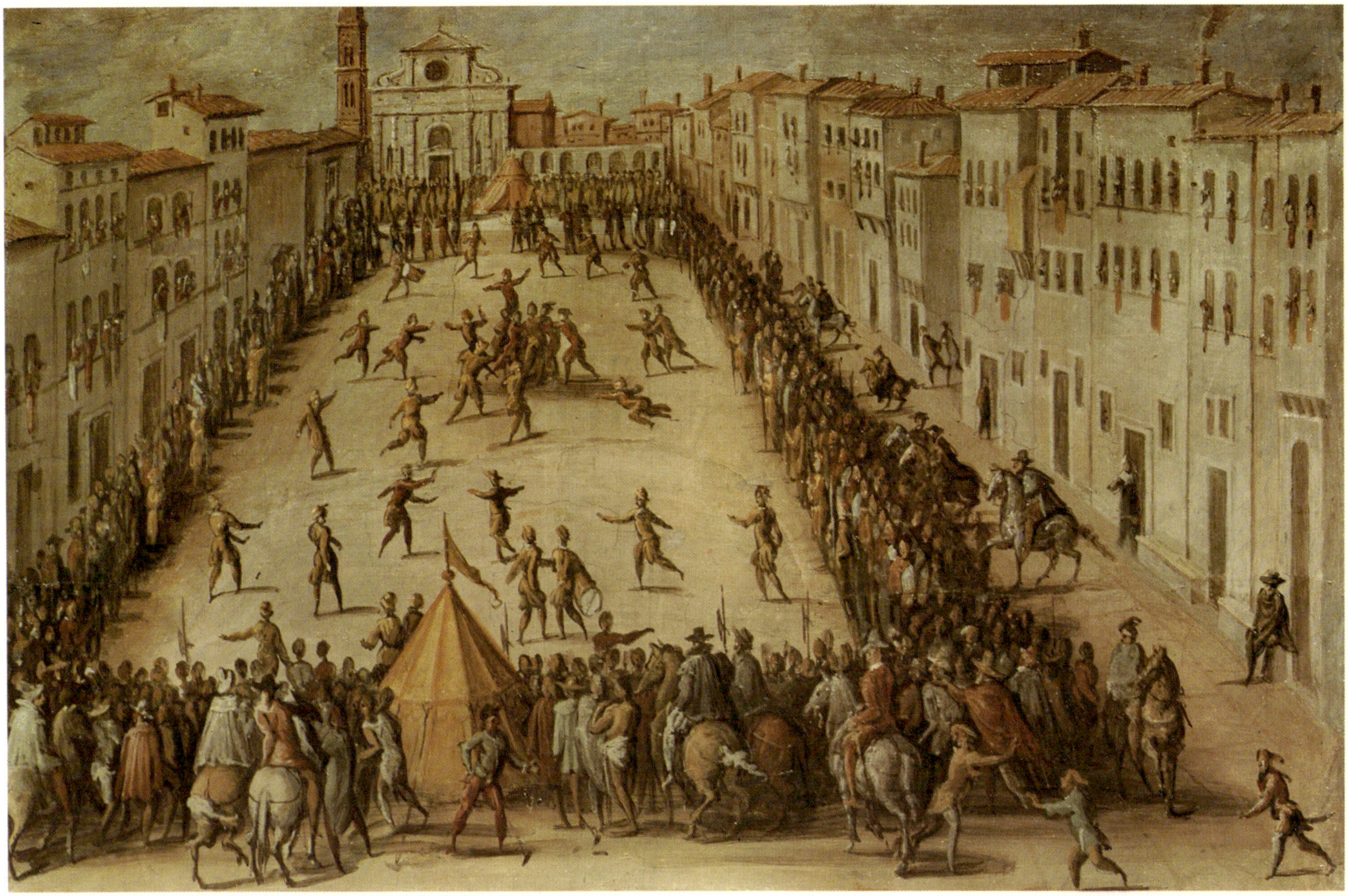

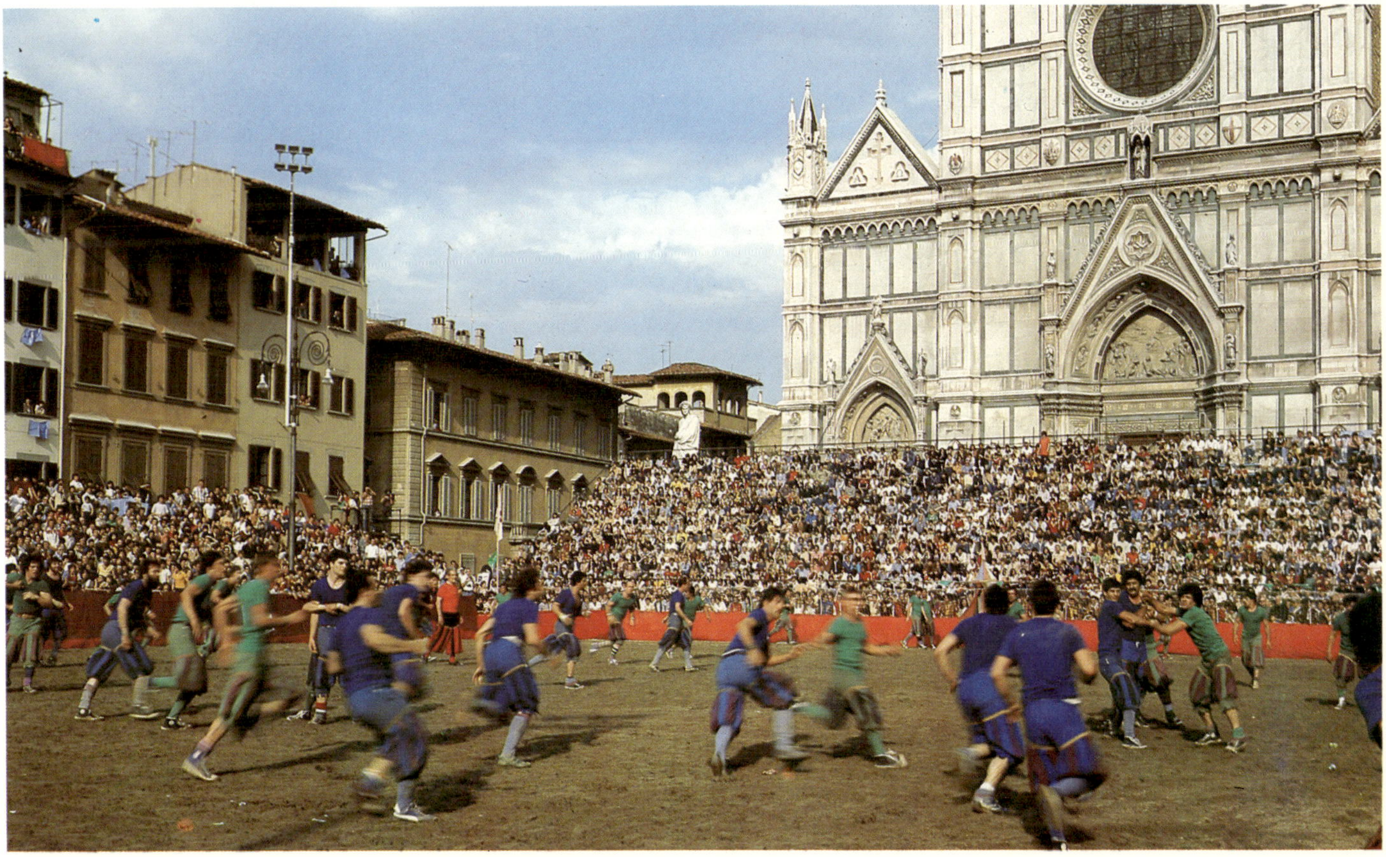

Eine etwas grobschlächtige Form des Volksfußballs hat in England trotz zahlreicher Widerstände fast tausend Jahre überdauert. Aus diesem Spiel entwickelten sich im Laufe des 19. Jahrhunderts die modernen Formen des Fußballs. Die alte Art des Spiels hält sich noch an einigen Orten, wie in Ashbourne in Nordengland (oben), wo jährlich zwei Spiele stattfinden, am Fastnachtsdienstag und am Aschermittwoch. Hunderte von Spielern nehmen daran teil und versuchen, den Ball über Felder, Flüsse und Straßen zu einem der zwei mehrere Kilometer voneinander entfernten Tore zu tragen. Der Gegensatz zwischen dem herzhaften Chaos dieses Spiels im alten Stil und der formalen Erhabenheit des modernen internationalen Fußballs (unten) ist verblüffend.

Spiele wurden etwa gleichzeitig bestimmten Regeln unterworfen, 1863 die *Football Association,* 1871 die *Rugby Union* gegründet.

In Irland bürgerte sich eine Mischung aus Fußball und Rugby ein, der sogenannte gälische Fußball, der 1884 Regeln erhielt. In Australien wurde eine Mischung aus gälischem Fußball und Rugby heimisch, die auf Kricketplätzen gespielt und schnell zum modernen *Australian Rules Football* wurde, dem »Footy«, wie er liebevoll genannt wird. In den Vereinigten Staaten breitete sich in den sechziger Jahren des 19. Jahrhunderts eine Fußballart aus; unter dem Einfluß der rugbyspielenden Kanadier aus Montreal jedoch stellten sich die Amerikaner vom reinen Fußspiel auf eine Mischung um, die das Anfassen des Balls beim Laufen gestattet, und stellten 1874 die Regeln für den *American Football* auf. Mit der Zeit aber schlug dieser wieder eine etwas andere Richtung ein als der kanadische Fußball, so daß es heute zwei verschiedene Spiele sind, wenn sie ihre Abstammung von der *Rugby Union* auch beide nicht verleugnen können. Diese selbst erlitt 1895 durch die Absplitterung der *Rugby League,* die die Regeln leicht abänderte und anstelle von Amateuren Berufsspieler aufnahm, einen Schlag, von dem sie sich nie wieder erholte.

So wurden binnen wenigen Jahrzehnten in der zweiten Hälfte des 19. Jahrhunderts die Grundlagen für alle sieben modernen Fußballarten geschaffen, für alle feste Regeln aufgestellt und eine systematische Kontrolle durch offizielle Organisationen eingeführt. Der Fußball war mündig geworden.

Fünf der Spiele (die beiden Rugbyarten, der amerikanische sowie der kanadische und der australische Fußball) werden mit einem eiförmigen Ball gespielt, dessen Form an die früher benutzte luftgefüllte Schweins- oder Rindsblase erinnert, die beiden anderen (die englische und die gälische Ausformung) dagegen mit einem runden. Sechs von den sieben Varianten erlauben in Anlehnung an den ursprünglichen Rugbystil den Gebrauch der Hand, der nur von einer abgelehnt wird: dem *Association Football* oder *Soccer,* der sich auf der ganzen Welt durchgesetzt hat. Offensichtlich hat diese Art des Fußballs bestimmte Vorzüge vor den anderen Varianten. Jedenfalls sind die amerikanische, die kanadische, die australische und die gälische Ausformung im großen und ganzen auf ihr Ursprungsland beschränkt geblieben. Aus irgendeinem Grund fehlt ihnen die weltweite Anziehungskraft des englischen Fußballs. Etwas besser dagegen ist es dem Rugby ergangen, das nicht nur auf den britischen Inseln, sondern auch in Australien, Neuseeland, Südafrika und Frankreich Fuß fassen konnte. Weiter allerdings hat auch dieser Sport es nicht gebracht. Die englische Form des Fußballs hingegen wird heute von einhundertsechsundvierzig verschiedenen Nationen, also praktisch überall in der Welt, gespielt, ja bei Weltmeisterschaftsspielen kann die für die Organisation der Spiele zuständige FIFA stolz mehr Flaggen aufziehen lassen, als vor dem Gebäude der Vereinten Nationen in New York wehen.

So gibt es bis in die entferntesten Winkel des Globus hinein Fußballstämme, die das Spiel des *Association Football* zum umfassendsten, erfolgreichsten Sport aller Zeiten gemacht haben. Von mehr Kulturen übernommen, von mehr Völkern gespielt und von weit mehr Zuschauern verfolgt als irgendein anderer Sport in der Geschichte der Menschheit, ist er das Sportereignis des 20. Jahrhunderts schlechthin, dessen riesige Beliebtheit im übrigen keineswegs abzuflauen droht. Wenn der Besuch der Fußballspiele heute in bestimmten Ländern zurückgegangen ist, so nur, weil sich die Leute den Kampf nun zu Hause auf dem Fernsehschirm anschauen. Das Spiel selbst hat keineswegs an Popularität eingebüßt, im Gegenteil, in manchen Ländern wie den Vereinigten Staaten und China sogar noch rapide dazugewonnen.

3 Die vielen Gesichter des Fußballs

Jäger aus Gründen der Nahrungsbeschaffung

Jäger aus sportlichen Gründen

Arenawettkampf auf Leben und Tod

Arenaballspiel

Dem aufmerksamen Betrachter zeigt der Fußball heute viele Gesichter, verhüllte, unverhüllte, aber auch falsche. Vor allem muß er sich, um das unerhörte, weltweite Interesse an diesem einfachen Fußballtreiben zu verstehen, von allem Anfang an von der naiven Vorstellung freimachen, es handle sich ja »nur um ein Spiel«. Diese Bemerkung kann man oft von verärgerten Sportgegnern hören, wenn sie sich wütend darüber beschweren, daß dem Sport in den Zeitungen mehr Spalten eingeräumt werden als wichtigeren sozialen Belangen. »Wie kann man nur auf etwas, was schließlich doch bloß ein Spiel ist, so viel Zeit verschwenden?« fragen sie, ohne zu ahnen, daß Fußball eben weit mehr als nur ein Spiel ist. Würden sie nur ein bißchen besser hinsehen, ginge ihnen bald auf, daß jedes Fußballspiel ein vielschichtiges symbolisches Geschehen ist. Um seine vielen verschiedenen Gesichter deutlich zu erkennen, wollen wir sie uns im folgenden einzeln nacheinander betrachten.

Das Fußballspiel als rituelle Jagd

Beginnen wir mit dem Bild der rituellen Jagd, einem der verhüllten Gesichter des Fußballs, verdeckt durch die Tatsache, daß zwei torlüsterne Mannschaften einander gegenüberstehen. Aber obwohl sich die Spieler zu bekämpfen scheinen, gehen sie in Wirklichkeit doch nicht auf gegenseitige Vernichtung aus, sondern versuchen lediglich den Gegner zu umrunden, um den symbolischen Todesstoß auszuführen, das heißt, den Schuß ins gähnende Tor zu plazieren.

Wie der Fußball die Lücke schloß, die durch den Niedergang der offenkundig mit der Jagd verbundenen Aktivitäten entstanden ist, haben wir bereits gesehen. Auf der Suche nach den Wurzeln des Fußballstammes sind wir auf vier große, einander ablösende Gruppen gestoßen: 1. die Überlebensjäger – unsere Urahnen, für die die Jagd und das Töten eine Sache auf Leben und Tod war; 2. die Sportjäger – Männer, die jagten, obwohl die Jagd für die Ernährung keine notwendige Rolle mehr spielte; 3. die Blutsportler in der Arena, die die Jagd vom offenen Land in die Stadt holten; und 4. schließlich die Arenaballsportler, die den alten Blutsport in den modernen Ballsport überführten.

Nach dieser Abfolge hat sich der Jäger bei der letzten Umwandlung zum Fußballspieler gemausert, während die Waffe zum Ball und die Beute zum Tor wurde. Die Spieler »greifen« das Tor an, der Ball wird ins Tor »geschossen«. Allein der Gebrauch solcher Wörter liefert einen nicht übersehbaren Hinweis auf die wahre Natur des Fußballs als einer verkappten Jagd.

Daneben ist noch eine Vielzahl anderer Elemente des frühen Jagdgeschehens ins Fußballritual übergegangen. So wird zum Beispiel vor dem Spiel die *Strategie* besprochen und während des Spiels eine bestimmte *Taktik* befolgt. Eine weitere Voraussetzung für die erfolgreiche Durchführung der symbolischen Tötung ist das aktive *Zusammenspiel* der Mannschaft. Außerdem ist *Gefahr* im Spiel, denn jeder Spieler riskiert ernstliche körperliche Verletzungen.

Die *Jagd* nach dem Ball erfordert äußerste Fitness, das Spieltempo ein hohes Maß an *Konzentration* und das pausenlose Laufen über eine lange Zeitspanne große *Ausdauer*. Zur immer vollständigeren Ballkontrolle werden besondere *Geschicklichkeiten* entwickelt, und der nicht vorhersehbare Fortgang des Spiels begünstigt eine ganz bestimmte *Vorstellungskraft*, die sich unmittelbar in körperliche Bewegungen umsetzen läßt. Diese Bewegungen wirksam auszuführen, erfordert eine beträchtliche *Kraft* und im Augenblick größter Spannung einen *kühlen Kopf*. Vor allem aber muß jeder Spieler über eine ausgezeichnete *Übersicht* verfügen sowie über die *Fähigkeit*, genau zu *zielen*, vornehmlich im entscheidenden Augenblick, beim Schuß aufs Tor. Und schließlich muß ein hohes Ausmaß an positiver *Motivation* sowie die Fähigkeit vorhanden sein, angesichts der Bedrohung durch einen starken Gegner *mutig* zu handeln.

All die kursivgeschriebenen Wörter bezeichnen Elemente, die gleichermaßen für die Tätigkeit des frühen Jägers wie des heutigen Fußballspielers kennzeichnend sind. Die Kursivschreibung macht die enge Verbindung zwischen beiden deutlich und enthüllt den Fußballspieler als verkappten modernen Pseudojäger. In gewisser Hinsicht spielt der Fußballer außerdem die Rolle eines Pseudokriegers, aber nur in gewisser Hinsicht, da er nicht seine Gegner, sondern das Tor angreift.

Eine Pseudojagd auf begrenztem Raum abzuhalten wirft unter anderem das Problem auf, daß die »Beute« nicht (wie beim Blutsport auf freiem Feld) davonlaufen kann, wodurch das Töten allzu einfach wird. In der Stierkampfarena wird diese Schwierigkeit dadurch überwunden, daß man einem nahezu schutzlosen Menschen ein außerordentlich kräftiges und wildes Tier gegenüberstellt. Beim Fußball, wo die Beute zum statischen, unbeweglichen Tor geworden ist und von einer ganzen Horde von Pseudojägern angegriffen wird, mußten die Dinge auf andere Weise geregelt werden, um die Jagd spannender zu gestalten. Wie, lag auf der Hand: Die leblose Beute mußte durch eine Gruppe von Gegnern verteidigt werden, deren Aufgabe darin bestand, das Zielen und »Töten« möglichst zu erschweren.

Auf diese Weise ergab sich die Möglichkeit, eine »gegenseitige Jagd« einzuführen, bei der beiden Mannschaften eine Doppelrolle zufällt. Als Verteidiger des Tores verkörpern sie gewissermaßen die »Geschicklichkeit der Beute«, dem symbolischen Tod auszuweichen, während sie als Angreifer selbst zu Jägern werden und die schwer faßbare »Beute« ihrer Gegner attackieren. Am wenigsten in die Kategorie der symbolischen Jäger passen von allen Feldspielern die zwei Torhüter, die eher den Krallen der in die Enge getriebenen Beute gleichen, die vorschnellen, um die Angriffsfläche zu schützen, und die sich nur durch den Abstoß vom Tor unter die angreifenden, jagenden Kräfte einreihen.

Wie schon hervorgehoben, hat der Fußball alle anderen Formen des Sports an Anziehungskraft weltweit ausgebootet. Die Erklärung dafür dürfte zum Teil darin zu suchen sein, daß es ihm gelungen ist, so viele der alten Jagdelemente am Leben zu erhalten. Auch in anderen Sportarten leben solche Elemente fort, doch in geringerer Zahl. Auch Bogenschießen, Kegeln, Billard, Eisstockschießen und Golf gipfeln wie die Jagd unserer Urahnen im *Zielen.* Sie erfordern von den Spielern große *Geschicklichkeit,* aber der Wagnischarakter und die Gefahren sowie die gewaltige Anstrengung des wilden Jagens fehlen in bedauerlichem Ausmaß, von den vielfältigen Beziehungen und der aktiven Zusammenarbeit zwischen den einzelnen Mitgliedern der Jagdmeute gar nicht zu reden. Andere Sportarten wie Tennis und Squash sind körperlich anstrengender, haben aber nicht die für das frühe Jagdschema typische Gruppenstruktur. Viele Formen des Rennsports wiederum, vor allem der Motorrennsport, sind sogar äußerst gefährlich und haben den nötigen Wagnischarakter; dafür aber fehlen ihnen andere wesentliche Elemente wie der außerordentlich wichtige Augenblick des Zielens. So ist der Motorrennsport letztlich nicht viel mehr als eine mechanisierte Version der »Verfolgung« bei der Jagd.

Um auf der Jagd erfolgreich zu sein, mußten unsere Vorfahren miteinander zusammenarbeiten. Große Beutetiere konnten ohne gegenseitige Hilfe nicht zum Sitz des Stammes getragen werden (unten). Genauso können große Fußballtrophäen nur durch Kooperation der Mannschaft der modernen Pseudojäger des Fußballstammes gewonnen werden (unten rechts).

Bei den näher verwandten Sportarten wie Basketball, Volleyball, Hockey, Kricket, Baseball, dem kanadischen Nationalspiel Lacrosse und den auf das Rugbyspiel zurückgehenden Formen des Fußballs scheint es jeweils mit mindestens einem Aspekt des Jagdgeschehens zu hapern. So fehlt es einigen wie Basketball und Volleyball nicht an schnellen, fließenden Bewegungen und dem so wichtigen Zielnehmen, dafür aber an Gefahren, und das Zielen selbst ist alles andere als »ballistisch«. Bei Kricket und Baseball wiederum tritt zwar das Zielelement brutal in den Vordergrund, andererseits haben beide Spiele zu viele statische Züge und bieten nicht die Sensation einer jagenden Meute in vollem Lauf. Und die Fußballformen, die das Anfassen des Balls beim Laufen gestatten, sind wohl heftig bis gewalttätig, ja alles in allem vermutlich die riskantesten und gefährlichsten, dafür aber arm an frei fließenden Bewegungen, die direkt zum Höhepunkt des Zielens führen.

Kurzum, keines dieser Spiele scheint die magische Mischung aus Elementen der frühen Jagd zu besitzen wie der englische Fußball, obwohl ihm einige, wie der australische Fußball und die verschiedenen Hockeyformen, eigentlich recht nahekommen. Warum auch diese Sportarten vom Fußball weltweit in den Schatten gestellt werden konnten, bleibt mir persönlich unerfindlich. Könnte man beim australischen Fußball noch die geographische Isolierung seines Ursprungslandes geltend machen, so trifft das doch keineswegs auf Hockey zu. Beim Eishockey könnten sich allenfalls die Besonderheit des Spielfeldes und bis zu einem gewissen Grad wohl auch die Kleinheit der »Waffe« – des Pucks – auswirken, die dem Zuschauer die Verfolgung des schnellen Spiels erschwert. Ebenfalls hereinspielen mag die »gebeugte Haltung«, die die Spieler so ganz und gar nicht tapferen Jägern, die »hocherhobenen Hauptes« angreifen, sondern eher wahnsinnig gewordenen Straßenfegern gleichen läßt, und darüber hinaus eine kuriose Nebenwirkung: Der Aktionsradius der Spieler ist auf eine Ebene beschränkt, da die Sprünge, die den typischen Fußballkampf so spannend machen, entfallen. Mit einem Wort, für die Zuschauer besitzt Fußball eine einzigartige Anziehungskraft. Dem aktiven Teilnehmer bieten alle Sportarten, selbst wenn sie sich, wie das Bogenschießen, auf ein einziges Element beschränken, die Möglichkeit unmittelbaren Auslebens. Für das Publikum aber, das das Geschehen nur durch Stellvertreter erlebt, ist das Sportritual um so befriedigender, je mehr Jagdelemente zur Schau gestellt werden. Nur so scheint mir, läßt sich die Vorherrschaft des englischen Fußballspiels vor allen anderen Sportarten erklären.

Das Fußballspiel als stilisierter Kampf

Aber man kann den Fußball nicht nur als Pseudojagd, sondern auch als eine Art Miniaturkrieg sehen. Das freilich ist, wie bereits dargelegt, irreführend, da die beiden Mannschaften einander nicht vernichten wollen, zumindest nicht offiziell. Die Gegner sollen lediglich ein Hindernis zwischen den Jägern und ihrer Beute, dem Tor, bilden. Sie müssen umspielt oder des Balles beraubt werden, dürfen jedoch nicht absichtlich verletzt oder gar außer Gefecht gesetzt werden. Ja, wichtigste Aufgabe des Schiedsrichters ist es sogar, noch die leiseste Tendenz, den Gegner persönlich anzugreifen, zu bestrafen und um jeden Preis zu verhindern, daß die rituelle Jagd zu einem stilisierten Kampf ausartet.

Dennoch läßt sich nicht bestreiten, daß jede Fußballbegegnung auch ein kriegerisches Element enthält und daß dieses Element unfehlbar die Spannung erhöht. Schließlich gibt es am Ende einen Sieger und einen Besiegten – ein Zug, der mit dem Symbolismus der Pseudojagd nichts mehr zu tun hat. Wäre der Fußballwettkampf tatsächlich nur eine rituelle Jagd, so würde für eine Mannschaft und ihre Anhänger unabhängig von der gegnerischen Leistung einzig die Anzahl der Tore (der Beutestücke) zählen, die sie ge- bzw. erschossen haben. Ganz offensichtlich aber ist das nicht der Fall. Vielmehr kommt es einzig auf das Torverhältnis an, das heißt, es gilt als weit besser, 1:0 zu gewinnen als 3:4 zu verlieren. Mit anderen Worten, obwohl die Spielfolge und das ganze Ritual auf eine Pseudobeute abzielen, also auf der Analogie zur Jagd beruhen, wird das Endergebnis nach kriegerischen Maßstäben beurteilt. Das aber zeigt, daß beide Kategorien im Spiel sind und zur Erregung der Zuschauer beitragen.

Ja, den Zurufen bei Wettkämpfen nach zu schließen wäre einem bestimmten Teil der Zuschauer die direkte Konfrontation eines regelrechten Kampfes gerade recht: »Immer

feste druff«, »heraus mit ihm«, »zusammenschlagen« ertönt es erschreckend häufig von den Rängen. Die Verwarnung für eine besonders wilde Attacke durch den Schiedsrichter löst bei den lautstärkeren Zuschauern entweder Freudengebrüll oder wüste Schimpfereien aus. Gelegentlich johlen die Parteigänger einer Mannschaft sogar vor Vergnügen, wenn sich einer der Gegner vor Schmerzen am Boden krümmt. Fußball weckt bei den Zuschauern nun einmal heftige Gefühle. Beschwichtigend jedenfalls wirkt er nicht.

Dieser kriegerische Aspekt und die Aggressionen, die freigesetzt werden, haben Stoff zu vielen Debatten geliefert. Eine bestimmte Richtung vertritt die Ansicht, daß dieser Sport bei Spielern und Zuschauern gleichermaßen gewalttätige Regungen befriedigt und auf harmlose Weise abbaut. Zugrunde liegt die Vorstellung, daß wir alle täglich Frustrationen hinnehmen müssen und aufgestauten Ärger mit uns herumschleppen, der nur auf eine passende Gelegenheit wartet, sich sichtbar Luft zu machen. Ergibt sich eine solche Gelegenheit nicht, kehrt sich der Ärger gegen uns selber, was zu Streßerkrankungen, Magengeschwüren oder im Extremfall sogar zum Selbstmord führen kann. Ergibt sich dagegen eine solche Gelegenheit, das heißt, reizt uns jemand genügend, um einen Ausbruch herbeizuführen, schießen wir weit übers Ziel hinaus und verlieren, getrieben von dem aufgestauten Ärger, die Selbstbeherrschung. Durch Teilnahme an einem Fußballspiel aber, gleichviel, ob als Spieler oder als Zuschauer, können wir, so das Argument, die Aggressionen auf harmlose Weise loswerden und ernstliche Zwischenfälle vermeiden.

Diese Theorie, die im sportlichen Wettbewerb ein »Sicherheitsventil« sieht, geht davon aus, daß es herkömmlicherweise als zulässig gilt, bei einem Fußballspiel zu schreien und zu toben und zu fluchen, ohne daß der »Missetäter« deshalb vor Gericht zitiert wird. Der Zuschauer,

Bisweilen hat das Fußballfeld eine verblüffende Ähnlichkeit mit einer mittelalterlichen Schlachtszene (oben links und rechts). Fahnen sind stolz erhoben, Wappenschilder leuchten, Explosionen und Anfeuerungsrufe ertönen, und dichte Rauchwolken ziehen dahin.

der aus voller Kehle aufs wüsteste drauflosschimpft, ist durch das Sportgeschehen in gewisser Hinsicht dazu »befugt«. Er darf seiner aufgestauten Wut freien Lauf lassen, wodurch seine Aggression und innere Spannung nachläßt, so daß er sich schließlich entspannt fühlt und in der Gesellschaft nicht mehr zu gewalttätigen Ausbrüchen neigt.

An seinem Arbeitsplatz, zu Hause oder bei seinen Freunden würde sich der Fußballzuschauer durch ein ähnliches Verhalten schnell in Mißkredit bringen. Die Beschimpfungen, mit denen er Funktionäre, Spieler, Trainer und Vorstände während des Wettkampfes so freigebig bedenkt, würden ihm im Geschäft oder bei einer Geselligkeit keinesfalls nachgesehen werden. Das Spiel gestattet ihm also, sich von sozialen Kontrollen zu befreien. Aber wirkt diese Befreiung tatsächlich therapeutisch? Hat er wirklich etwas davon, wenn er sich die Seele aus dem Leib schreit? Nach Meinung mancher Autoritäten – ja. Für sie bedeutet der Massenausbruch verbaler Aggression und aggressiver Gesten beim Fußballspiel, eine Bombe aus der Stadt entfernt und sie an ungefährlicher Stelle zur Explosion gebracht zu haben. Aber diese Ansicht hat auch Kritiker.

Diese wiederum glauben, daß bei Wettkampfveranstaltungen wie Fußballspielen aggressive Gefühle *geweckt,* nicht abgebaut werden. Sie argumentieren, daß Aggression eine Triebreaktion ist, das heißt, daß wir auf einen Angriff automatisch aggressiv reagieren. Potentiell sind wir alle aggressiv, alle haben wir ein angeborenes Verteidigungsmuster, wenn uns, unseren Lieben, unserem Land oder unserem Besitz Gefahr droht. Da aber die Gefahr, von einer Gruppe von Gegnern geschlagen zu werden, wesentlich zum Fußballritual gehört, fühlen wir uns durch diese Gruppe unmittelbar bedroht. Mit anderen Worten, solange der Kampf auf dem Rasen tobt, steigt die Spannung. Eine Erleichterung setzt erst ein, wenn der Wettkampf abgepfiffen wird. Nur wenn unsere Mannschaft gewinnt, durchströmt uns schließlich ein Gefühl des Triumphes, fallen unsere Aggressionen in sich selbst zusammen. Doch da dieser Trieb vom Fußballkampf ausgelöst wurde, haben wir nichts gewonnen. Zwar können wir die Freuden des Sieges genießen, aber das heißt nicht, daß wir damit schon ein Sicherheitsventil für die durch die Frustrationen des Alltags aufgestaute Wut gefunden hätten.

Verliert unsere Mannschaft, so löst sich die durch den Wettkampf aufgebaute aggressive Spannung nicht auf. Für die besiegten Zuschauer bleibt der während des Kampfes geweckte Ärger auch nach dem Schlußpfiff bestehen. In den meisten Fällen hält sich dieser Ärger in Grenzen und dauert nicht lange. Nach innen gerichtet, löst er nur eine kurze Periode der Niedergeschlagenheit aus. Bei manchen aber schwelt er als Rachedurst weiter und kann bei hitzigen Gemütern nach dem Spiel gelegentlich sogar zu Gewalttätigkeiten, Tumulten und Vandalismus führen.

Diese beiden Auffassungen scheinen unvereinbar, sind aber womöglich beide richtig. Offenbar sind in der Wirklichkeit beide Prozesse am Werk. Komme ich mit meinen Frustrationen zu einem Fußballspiel und lasse meinen Verdruß an einem glücklosen Schiedsrichter oder Spieler aus, besteht sehr wohl Aussicht, daß ich mich hinterher besser fühle. Ebenso aber werde ich mich, wenn im Spiel selbst etwas passiert, was meine Frustrationen noch steigert, oder wenn meine Mannschaft gar verliert, hinterher schlechter fühlen als vorher. Insgesamt also halten sich die beiden Prozesse die Waage.

Nehmen wir zum Beispiel einmal an, ein Mann muß von seinem Vorgesetzten ungerechte Kritik einstecken. Er möchte zurückschlagen, wagt es aber nicht. Am selben Tag schaut er sich ein wichtiges Spiel seines Fußballvereins an. Er schreit und brüllt, und nach und nach verraucht die Wut über seinen Vorgesetzten. Als seine Mannschaft gar ein Tor schießt, ist die Welt wieder in Ordnung, sein verhaßter Chef vergessen, die Kränkung vergeben. Doch kurz vor dem Schlußpfiff schießen die Gegner zwei Tore und gewinnen. Wütend geht der Mann nach Hause. Beim Anblick seines Chefs am Arbeitsplatz wallt der aufgestaute Ärger über die gegnerische Fußballmannschaft wieder auf, und er möchte ihr gerne die Niederlage heimzahlen, indem er seinen Vorgesetzten anbrüllt, aber wiederum wagt er es nicht.

So lassen sich Ärger und Frustrationen aus dem Arbeits- und sozialen Leben auf den Fußballplatz verlagern und umgekehrt vom Fußballstadion zum Arbeitsplatz und ins soziale Leben. Ganz unbestreitbar kommt beides vor, wenn sich auch das Endergebnis nicht vorhersagen läßt. Aggression umlenken ist einfach. Sie kann jede Richtung einschlagen, was sie

Ein fanatischer schottischer Fan stürmt mit fliegender Fahne über das Niemandsland des Fußballplatzes. Für die Verantwortlichen bildet er lediglich eine ärgerliche Störung, aber in seiner Phantasie ist er zweifellos ein junger Krieger, der auf irgendeinem historischen Schlachtfeld tollkühn durch das feindliche Feuer läuft.

bei sportlichen Anlässen vermutlich auch tut. So betrachtet, dürfte jedes Fußballspiel ebenso heilsam wie aufreizend sein, und Fußballfans wie soziale Puritaner täten gut daran, von einem Unentschieden zu sprechen.

Das Fußballspiel als Statusdarstellung

Gewinnt die Heimmannschaft, verbessert sich die psychologische Situation ihrer siegreichen Anhänger erheblich: Ihr soziales Statusbewußtsein steigt. Da in jedem Fall eine starke Identifikation zwischen der Fußballmannschaft und der Gemeinschaft des betreffenden Ortes besteht, schlägt ein Sieg im Stadion auch als Sieg für die Stadt zu Buche. Und da die meisten Fußballstämme in enger Verbindung mit der Entwicklung der heimischen Industrie groß geworden sind, wird ein Fußballsieg auch zum Sieg für die lokale Industrie. Ein bemerkenswerter Beweis dafür ist die Beobachtung, daß nach einem Erfolg der Heimmannschaft Leistungskraft und Ausstoß der ortsansässigen Fabriken steigen. Der gehobene Status der Mannschaft teilt sich den einheimischen Arbeitern mit, die die Masse der Fußballgefolgschaft stellen, und schlägt sich in einer besseren Arbeitsleistung nieder. Aber obwohl sich dieser Zusammenhang immer wieder bestätigt hat, ist die lokale Industrie in vielen Fällen zu kurzsichtig, um sich mit ihrem Gewicht – und ihrer finanziellen Unterstützung – hinter die Heimmannschaft zu stellen. Auf der Kehrseite der Medaille steht freilich, daß auch die ortsansässige Industrie darunter leidet, wenn der eigene Verein eine schlechte Spielzeit hat. Der Status einer Fußballmannschaft bemißt sich auf kurze Sicht nach dem Ausgang des letzten Spiels und auf lange, was mehr ins Gewicht fällt, nach dem Platz in der Ligatabelle. Diese allwöchentlich veröffentlichte Tabelle wird von den Stammesanhängern eifrig verfolgt und ausgiebig durchgehechelt. In den meisten Ländern sind die Fußballclubs in verschiedene Klassen eingeteilt; in England zum Beispiel in Parodie auf das System der Gesellschaftsklassen in Oberklasse, obere und untere Mittelklasse und Unterklasse. Das bedeutet freilich nun nicht, daß die Stammesangehörigen diesen Gesellschaftsschichten entstammen, sondern lediglich, daß die Clubfunktionäre, -spieler oder -anhänger einer bestimmten Klasse zu den Clubfunktionären, -spielern oder -anhängern einer höheren Klasse auf- und auf die einer niedrigeren Klasse herabschauen, ohne Rücksicht auf ihre gesellschaftliche Stellung außerhalb der Vereine. Nach außen werden sie das oft bestreiten und behaupten, ihr eigener Verein sei, auch wenn er momentan der Unterklasse angehöre, im Grunde der beste im ganzen Land; er habe im Augenblick lediglich mit Schwierigkeiten zu kämpfen und werde von einer »Pechsträhne« verfolgt. Schon bald aber werde er wieder auf »seinem angestammten Platz« sein. Insgeheim jedoch beneiden sie die anderen Vereine um die bessere Plazierung und sehnen den Tag herbei, an dem ihr Club aufsteigt.

Jede Spielzeit ist ein Statuskampf nach festen Regeln, ausgetragen in der Hoffnung auf Aufstieg oder zumindest doch im Bestreben, den Abstieg zu verhindern. Nach Abschluß der Spiele steigen die Spitzenreiter jeder Klasse in die nächsthöhere auf, während die Schlußlichter in die nächstniedrigere verbannt werden – für die Mitglieder der Fußballstämme die größte Statuskrise, die sich dementsprechend auf die einzelnen Kämpfe als gewaltiger Ansporn, als eine der wichtigsten Triebkräfte auswirkt. Für einen Stamm gibt es keine größere Schande als den Abstieg, ja, der Verlust des Stammesstatus wird als so gravierend empfunden, daß er ein Opfer fordert, das gewöhnlich in Form der rituellen Entlassung des Vereinstrainers gebracht wird.

Das Fußballspiel als religiöse Zeremonie

Fußball wird häufig – teils mehr witzig, teils durchaus ernst gemeint – mit einem religiösen Orden verglichen und seine Anhänger mit religiösen Fanatikern, der Rasen auf dem Spielfeld als »der heilige Rasen« und das Stadion als Heiligtum bezeichnet. Die Stars unter den

Erringt eine Heimmannschaft einen großartigen Sieg, wird dadurch der Status ihrer Anhänger stark gehoben, und begeisterte Raseninvasionen und wilde Feiern nach Beendigung des wichtigen Spiels sind die Folge.

Spielern werden von ihren bewundernden Fans wie »junge Götter« »verehrt«, und das Sitzungszimmer des Vorstands rückt zum »Allerheiligsten« auf. Abergläubische und magische Praktiken grassieren; auf den Tribünen, auf denen sich die sogenannten Rowdys drängen, ertönen Gesänge, die trotz ihres oft obszönen Wortlauts unverkennbar wie kirchlicher Chorgesang klingen, und in der Tat sind es zum Teil auch Kirchenlieder, die direkt aus dem Gesangbuch übernommen worden sind. So scheint der Vergleich zwischen einem Fußballspiel und einem Gottesdienst gar nicht so weit hergeholt.

Ja, in einer Hinsicht, einer recht wichtigen sogar, ist die religiöse Bedeutung des Fußballs tatsächlich nicht anzuzweifeln. Für einen großen Prozentsatz der Bevölkerung hat er den Gottesdienst und die festlichen Anlässe von gestern ersetzt. In dem Maße nämlich, in dem sich im Zuge des Glaubensverfalls in vielen westlichen Ländern die Kirchen geleert haben, ist den Gemeinden größerer und großer Städte eine wichtige Gelegenheit zu sozialen Zusammenkünften verlorengegangen. Die regelmäßigen Zusammenkünfte am Sonntagmorgen aber hatten nicht nur dem gemeinsamen Gebet, sondern auch der Bestätigung der Gruppenidentität gedient. Sie hatten den Kirchgängern von gestern ein Gefühl der Zusammengehörigkeit gegeben. Die gutbesuchten Gottesdienste waren ebensosehr ein soziales wie ein religiöses Ereignis gewesen. Heute, da ihre Zeit vorüber ist, da auch die öffentlichen Tanzveranstaltungen und Kinovorführungen mehr und mehr an Anziehungskraft verlieren und durch das Fernsehen eine Vereinzelung der Menschen eingesetzt hat, wächst das Inter-

Für viele Stammesangehörige hat der regelmäßige Besuch der Heimspiele die soziale Rolle des wöchentlichen Kirchganges übernommen (unten). Bei Fanatikern ersetzt der Glaube an die Unbesiegbarkeit des eigenen Teams den an die Allmacht Gottes.

Einige der größten Persönlichkeiten des Fußballs sind fast schon zu »heiligen Männern« geworden. Hier (oben) wird der verehrte Manager von Liverpool, Bill Shankly, von einem seiner gläubigen Anhänger geehrt, der versucht, vor ihm niederzuknien und seine Füße zu küssen.

esse des Städters an großen Zusammenkünften, bei denen er sich als Teil der örtlichen Bevölkerung fühlen und zeigen kann. Seitdem fällt dem Fußball, der diesen Wandel überlebt hat, bei der Demonstration lokaler Verbundenheit eine wichtige Rolle zu.

Wie ehedem die religiöse Versammlung, ist heute das Fußballspiel für eine größere Gruppe Einheimischer der Anlaß zu Massenzusammenkünften, die es überdies durch einen gemeinsamen starken Glauben verbindet, wobei an die Stelle der Gottheit die Mannschaft getreten ist. Aus der Sicht des Philosophen wie auch für manchen anderen mag das ein armseliger Ersatz sein, der aber doch auch seine positiven Seiten hat. Für die jungen Fans, deren Existenz sich in vielen Fällen in Fabriken und Geschäften in immer gleicher Routine eintönig dahinschleppt, bedeutet das Fußballspiel einen Ausbruch aus der chronischen Monotonie der Woche. Für sie ist es ein Höhepunkt, da es ihnen die einzige Möglichkeit bietet, mit Fahnen und Emblemen, ihre Begeisterung skandierend, ihre Zugehörigkeit zur Gemeinschaft und ihren Glauben an eine gemeinsame Sache zu demonstrieren. Der Umstand, daß diese Sache Sieg und Erfolg ihres Fußballvereins ist und nicht etwa ein erhabenes politisches oder religiöses Ziel, nimmt dem Vorgang nichts von seiner psychologischen Bedeutung.

Mit anderen Worten, man kann die Augen nicht vor der Tatsache verschließen, daß das Fußballspiel als eine Art Gottesdienstersatz in der modernen Gesellschaft eine wichtige Rolle spielt.

Der Fußball als Droge fürs Volk

Gewissen politischen Ideologen zufolge soll der Fußball, so unwahrscheinlich es klingt, eine Droge in den Händen der kapitalistischen Ausbeuter sein. Wie die frühen Kommunisten in der Religion »Opium fürs Volk« sahen, so haben sich moderne Sozialisten diese Interpretation für den Fußball zu eigen gemacht.

In Augenblicken der Qual und des Triumphes (oben) fühlen sich Spieler manchmal hingerissen, die Pose inniger Anbetung anzunehmen, als würden sie Gebete zu irgendeiner unsichtbaren Fußballgottheit schicken.

Nach Ansicht des deutschen Polittheoretikers Gerhard Vinnai hat sich aufgrund der durch die spätkapitalistischen Produktionsverhältnisse bedingten sozialen Umstände eine Unzufriedenheit herausgebildet, die zur emotionalen Entladung drängt. Er fährt fort: »Soll diese Entladung nicht zur Zerstörung der bestehenden sozialen Strukturen führen, muß sie in systemkonformer Weise gesteuert werden. Zu einer derartigen Affektentladung bietet auch der Fußballsport Gelegenheit … Die Pseudoaktivität beim Umgang mit dem Lederball kanalisiert die Energien, die die bestehenden Machtverhältnisse erschüttern könnten … In den sechziger Jahren des vorigen Jahrhunderts … förderten zahlreiche englische Unternehmer den neuen Sport vor allem deshalb, weil sie hofften, cr werde die Arbeiter von politischer Betätigung in ihren Klassenorganisationen fernhalten.«

Es fällt schwer, diese Sicht nicht einfach als Politgeschwätz abzutun. Ein derart globales Phänomen wie Fußball dermaßen einseitig zu betrachten grenzt ans Lächerliche. Dennoch enthält das Argument ein Körnchen Wahrheit, das man nicht, nur weil es unsinnig aufgebläht worden ist, übergehen sollte. Betrachten wir deshalb kurz, wie die Linksextremisten zu diesen Schlußfolgerungen gekommen sind.

Sie gehen von der Entstehung des organisierten Fußballs in großem Maßstab aus. Als sich die Industriellen in England im 19. Jahrhundert gezwungen sahen, die Arbeitszeit der Arbeitnehmer zu verkürzen, erhob sich das Problem, die Männer in der neugewonnenen Freizeit irgendwie zu beschäftigen. Zur gleichen Zeit aber bildete sich an den elitären *public schools* das Fußballspiel heraus. Nicht selten brachten die jungen Herren nach Abschluß ihrer Ausbildung ihre Fußballbegeisterung nach Hause in die Familienimperien mit, wo sie die Arbeiter ermunterten, Mannschaften aufzustellen und an den freien Samstagnachmittagen gegeneinander zu spielen.

Nach sozialistischer Auffassung verschaffte diese Entwicklung den Fabrikherren einen doppelten Vorteil. Zum einen wurden die müßigen Männer dadurch von dummen Gedanken (und vom Wirtshaus) abgehalten und zum anderen durch das Spiel gleichzeitig für die Fabrikarbeit ertüchtigt. Dieses »Kapitalistenkomplott« schlug so gut ein, daß 1855 einige Arbeiter Fußball zu ihrem Beruf machten. Im Handumdrehen bildete der Berufsfußball eher die Regel als die Ausnahme und fegte die alten Amateurclubs der Eliteschulen beiseite, bis sie schließlich ganz von der Bildfläche verschwanden. Die anderen Arbeiter strömten in Scharen herbei, um die Darbietungen ihrer Exkollegen und neuen Idole, der frischgebackenen Profis, auf dem Fußballplatz zu sehen. Die Ära der Fußballfans war angebrochen. Tribünen wurden errichtet, Eintritt erhoben. Und wenn die Zuschauer vom Zuschauen auch nicht gerade körperlich ertüchtigt wurden wie die Spieler, so hielt sie das Spiel doch am Samstagnachmittag in seinem Bann und erfüllte sie mit Stolz auf ihre Mannschaft, was ganz im Sinne der Kapitalisten war: Zufriedene Arbeiter arbeiten besser.

So wurden die Fabrikdirektoren Vereinsvorstände und förderten den neuen Trend nach Kräften. Riesige Stadien wurden errichtet und in allen größeren Industriezentren Englands Vereinstraditionen begründet und gepflegt. Nach Auffassung der sozialistischen Autoren aber war die neue Fußballprofiexplosion für die Manipulatoren aus der Bourgeoisie ein Geschenk des Himmels. Während sie dem Anschein nach den neuen Sport, um die Unterhaltung ihrer Arbeiter besorgt, organisierten, ging es ihnen in Wirklichkeit nur darum, sie auszubeuten, zu Robotern zu machen, denn das Fußballspiel war nur eine klug verpackte Spielversion des in Fabrikhallen und Geschäftsräumen herrschenden Arbeitsstils.

Den Schlüssel zu dieser Erklärung liefert angeblich die Sprache, in der der Spieler gelobt wurde. Man beglückwünschte ihn zu seinem Einsatz und zu seiner »Arbeitsleistung«. Wie aber kann man bei einem »Spieler«, der doch allenfalls eine »Spielleistung« erbringt, von »Arbeitsleistung« sprechen? Der Begriff zeigt, daß die Mitglieder einer Profimannschaft nicht als Spieler, sondern als verkappte Arbeiter betrachtet wurden. Nach Ansicht der sozialistischen Kritiker bot Fußball also lediglich den Kapitalisten die Möglichkeit, den Arbeitern selbst in der Freizeit, in der sie sich angeblich ausruhen und entspannen sollten, ihr Arbeitsethos einzubleuen.

Nun mögen dem einen oder anderen skrupellosen Fabrikdirektor in Viktorianischer Zeit durchaus solche und ähnliche Gedanken durch den Kopf gegangen sein. Darin aber die Grundlage für den Aufschwung dieser Sportart sehen zu wollen, heißt die Dinge doch grob verzerren. Umgekehrt waren nämlich viele Fabrikbesitzer zutiefst um das Wohlergehen ihrer Arbeiter besorgt und begrüßten Fußball als eine Möglichkeit, ihnen eine echte Unterhaltung zu bieten. Außerdem wurde den Arbeitern das Spiel nicht aufgedrängt – sie rissen sich selbst darum und waren bald aktiv an der Organisation und Förderung beteiligt. Ebensowenig hinderte es sie daran, politisch aktiv zu werden und die Gewerkschaftsbewegung voranzutreiben. Als sich ihre Lage im Laufe der Jahre verbesserte und sie genügend Lohn erhielten, um am Samstagnachmittag unter einer Vielzahl von Unterhaltungen und Beschäftigungen wählen zu können, strömten sie dennoch allwöchentlich zu Tausenden ins Fußballstadion. Wie übrigens auch ihre kommunistischen Kollegen in Osteuropa, obwohl dort die »repressiven Bedingungen des fortgeschrittenen Kapitalismus« entfallen, die angeblich ja so wesentlich zum Anwachsen der Fußballbegeisterung beigetragen haben.

Vielleicht aber ist das Körnchen Wahrheit in dem Argument, Fußball sei Opium fürs Volk, letztlich gar nicht politischer Art, sondern hat eher mit der menschlichen Natur zu tun. In der Tat werden sich Menschen, denen ein soziales Ereignis genügend Aufregung und Unterhaltung bietet, um sie scharenweise anzulocken, weniger mit politischem Terrorismus und blutiger Rebellion befassen und so einen weit weniger destruktiven Einfluß auf den politischen oder sonstigen Wandel nehmen – für die politischen Extremisten wohl eine schlechte Nachricht, für die Förderer des Berufsfußballs dagegen nicht sonderlich betrüblich.

Der Fußball als großes Geschäft

Der soziale Hintergrund aus der Frühzeit des Fußballs mit Horden von Fabrikarbeitern, die in ihr örtliches Stadion strömen, wird von L. S. Lowrys Gemälde »Spielbesuch« vollendet eingefangen.

Ein anderes Gesicht des Fußballs wird häufig erwähnt: der finanzielle Aspekt. Wie oft kann man hören: »Die Mannschaften spielen nicht, weil es ihnen Spaß macht; sie verhalten sich auch nicht wie Sportler. Sie machen Geld damit. Fußball ist ein Gewerbe, kein Sport.«

Aber auch das ist übertrieben. Wer im Fußball nur ein Geschäft sieht, übersieht einen seiner hervorstechendsten Züge. Die überwiegende Mehrheit all derer, die mit diesem Sport zu tun haben, von den Vorsitzenden und den Direktoren bis zu den Spielern und Balljungen, machen aus Begeisterung mit. Geld kommt erst an zweiter Stelle. Denn selbst diejenigen, die für ihr Engagement tatsächlich bezahlt werden, erhalten in den meisten Fällen weniger, als sie anderweitig verdienen könnten. Die gewaltigen Kaufsummen und Spitzengehälter der Starspieler bilden die Ausnahme. Die meisten Spieler erhalten einen bescheidenen Lohn für eine sehr gefährliche Beschäftigung, bei der ernstliche Verletzungen an der Tagesordnung sind und das Pensionsalter bei dreißig liegt.

In England dürfen auch die Direktoren, die die Vereine leiten, für ihre Tätigkeit keine Entschädigung erhalten, sondern müssen im Gegenteil ihrem Club häufig sogar hohe Darlehen gewähren, um einen Sitz im Aufsichtsrat zu bekommen. So zahlen sie gewöhnlich sogar drauf. Und wenn dann zu allem Überfluß ihre Mannschaft auch noch verliert, fragen sie sich manchmal laut, ob sie bei Verstand waren, sich auf so etwas einzulassen.

Außerdem ist, zumindest in England, die Dividende der Vereinsaktionäre auf eine Höhe beschränkt, die es gewöhnlich dringend geraten erscheinen läßt, das Geld anderweitig anzulegen. Der Grund, der die Aktionäre davon abhält, ist einzig der Wunsch, bei der Führung ihres Vereins ein Wörtchen mitreden zu können. Dazu kommt, daß, wiederum in England, die überwiegende Mehrzahl der Ligavereine mit einem jährlichen Defizit abschneidet und viele von ihnen schwer verschuldet sind, ja selbst bei den wenigen Superclubs, die durch große Besucherzahlen einen Profit herausschlagen, das überschüssige Geld schnell von den enormen Kaufsummen für Spitzenspieler verschlungen wird.

Abgesehen von einer Handvoll Spitzenspieler und -trainer ist also, zumindest in England, ganz gewiß niemand »des Geldes wegen« beim Fußball. Und wenn die Spieler heute nach dem Sportteil der Zeitungen immer gewinnsüchtiger und weniger an ihren Verein gebunden zu sein scheinen als früher, so darf man nicht vergessen, daß sie von eben diesem noch bis vor kurzem fast wie Sklaven behandelt wurden. Was Wunder, wenn sie jetzt vernünftige Anstellungsbedingungen fordern, um wenigstens nicht schlechter abzuschneiden als Arbeiter auf anderen Gebieten. Daß diese Forderung bei den reaktionären Mitgliedern der Fußballhierarchie fast Hysterie ausgelöst hat, zeigt deutlich, welch Unterschied in Wirklichkeit zwischen der Welt des Fußballs und der Geschäftswelt besteht.

Allerdings müssen wir hier einige Einschränkungen machen. In Nordamerika zum Beispiel, wo sich der Berufsfußball erst in den letzten zehn Jahren in großem Maßstab durchgesetzt hat, spielt der kommerzielle Faktor eine weit größere Rolle. Hier wird jedes Fußballspiel als hartes Geschäft aufgezogen, mit massiver Werbung, auch im Fernsehen, mit Wucherpreisen auf die angebotenen Erfrischungen und teuren Eintrittskarten. Die Spieler, von denen eine starke Beteiligung an der Werbung erwartet wird, werden wesentlich besser bezahlt und die Vereine von erfahrenen Geschäftsleuten geleitet, die skrupellos mit dem Sport spekulieren, wobei sich in Zukunft sogar noch größere Gewinne abzeichnen, da die Amerikaner erst allmählich auf den Geschmack des »Kick ins Gras« kommen, als den sie den Fußball verkaufen.

Der Fußball als Theater

Was immer der moderne Fußball auch sein mag, mit Sicherheit gehört er in die Rubrik der Massenunterhaltung mit all dem Gepränge des Schaugeschäfts. Er schmückt sich mit großen Stars, virtuosen Darbietungen, Galavorführungen, Fanclubs und -groupies. Und doch nimmt er eine äußerst zwiespältige Haltung zu diesem seinem auffälligsten Aspekt ein. Die strenger Gesonnenen empfinden diese überhandnehmende Theatralik als irgendwie erniedrigend. Wie es in England vieles gibt, was »kein Kricket« ist, so gibt es in ganz Europa anscheinend manches, was »kein Fußball« ist. Die fortschrittlicher Gesonnenen dagegen tun ihre Kontrahenten als fossile Viktorianer ab, die den Fußball als zitternde Jungfrau behandeln und am liebsten mit einem Keuschheitsgürtel ausstatten würden.

In der Tat klafft zwischen der europäischen und der nordamerikanischen Einstellung zum

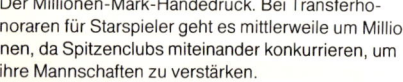

Der Millionen-Mark-Händedruck. Bei Transferhonoraren für Starspieler geht es mittlerweile um Millionen, da Spitzenclubs miteinander konkurrieren, um ihre Mannschaften zu verstärken.

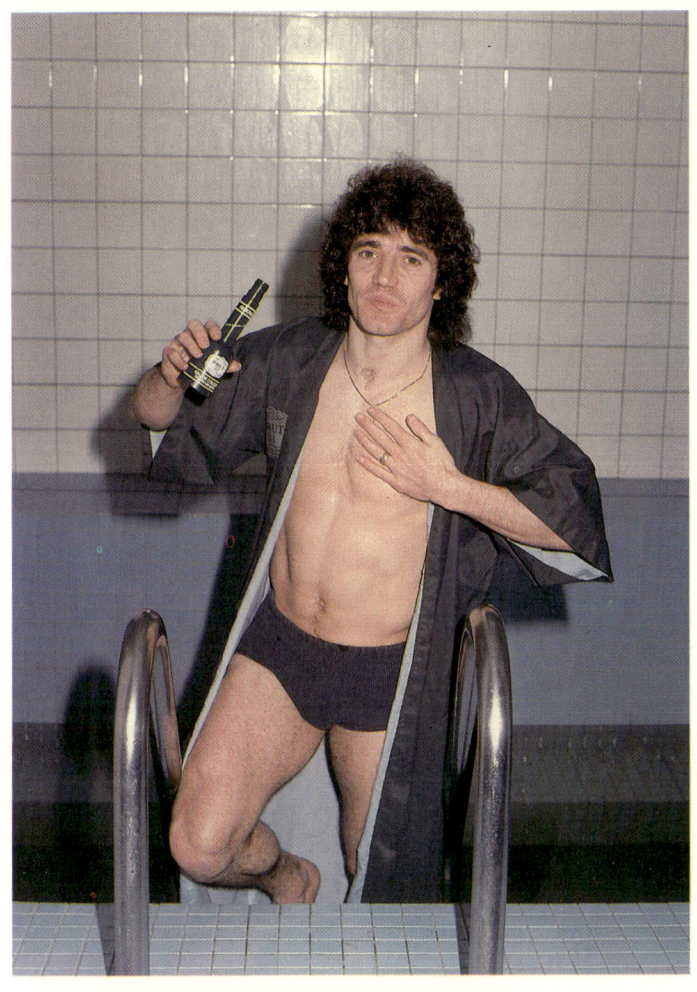

Der Fußballspieler als berühmter Star in der Welt des Big Business: Kevin Keegan wirbt für *Brut* (links), und Franz Beckenbauer macht Reklame für sein Buch.

Fußball eine beträchtliche Kluft. In den Vereinigten Staaten wird alles aufgeboten, um die Zuschauer zu amüsieren und zu unterhalten, sowohl vor als auch während des Spiels. Farbenfrohe Paraden von Musikanten und Tänzern marschieren auf, verführerisch leichtbekleidete Mädchen animieren zum Klatschen; sorgfältig ausgesuchte Musik ertönt, die Sitze sind behaglich, das Angebot an Erfrischungen reichhaltig. Dann kommt zu Fanfarenklängen der theatralische Einzug der Spieler, die einzeln begrüßt werden, und während des Spiels kann sich der Besucher auf einer riesigen, elektronisch betriebenen Anzeigentafel ständig über den jeweiligen Spielstand informieren. Die Mannschaftsmitglieder werden ganz wie Stars behandelt; Reporter drängen sich in ihren Umkleidekabinen, und auch außerhalb des Stadions treten die Spieler häufig öffentlich in Erscheinung, um ihre Werbewirksamkeit nicht zu verlieren. Kurzum, dem Puritaner kommt ein amerikanisches Fußballmatch wie eine musikalische Show mit Sporteinlagen vor.

Wie anders dagegen läuft ein Fußballspiel in England ab! Es wird nur wenig oder gar keine Reklame gemacht, selbst ein wichtiger Kampf kaum angekündigt. Die Sportplätze sind im allgemeinen unfreundlich, kalt und feucht. Trotz des entsetzlichen englischen Klimas müssen viele Zuschauer bei Regen und Schnee – denn perverserweise wird der Sport in England auch in den übelsten Wintermonaten betrieben – auf nassem Beton stehen, ohne ein Dach über dem Kopf. Die anderen finden sich in einem Gebilde zusammengepfercht, das einem zu groß geratenen Kuhstall gleicht, und wer sich so schwach fühlt, daß er sich setzen muß, muß mit kalten, harten, schmalen Sitzen vorliebnehmen. Draußen vor dem Stadion gibt es zuwenig Parkmöglichkeiten, drinnen werden nur spärliche Erfrischungen gereicht. Und die Zuschauer, die sich schon lange vor Spielbeginn auf ihre Plätze gedrängt haben, müssen vor dem leeren Feld warten, während aus dem Lautsprecher verzerrte Musik dröhnt. In der Halbzeit werden sie mit knatternden Lautsprecherdurchsagen erfreut, und nach Spielschluß schieben sie sich, wieder unter schriller Popmusik, stoisch dem Ausgang zu.

Das Bild vom traditionellen Fußballspiel als einer spartanischen Prüfung, die auch bei scheußlichem Wetter tapfer ertragen werden muß, wird vom progressiveren Teil des Stammes angegriffen. Er möchte es als Familienunterhaltung sehen, mit dem Klamauk und dem Drumherum des Showgeschäfts.

Doch trotz dieser erschreckenden Bedingungen strömen allwöchentlich Hunderttausende in die Stadien, und nur selten beschwert sich einer. Ab und an versucht ein Verein, die Lage durch eine Lotterie oder eine einheimische Blaskapelle zu verbessern, aber das alte Fußballritual ernstlich zu ändern kommt heute in ganz Europa niemand in den Sinn. Und zwar nicht nur aus Faulheit oder Selbstzufriedenheit. Viele ziehen im Gegenteil die spartanischen Bedingungen ganz bewußt vor. Ihnen käme die Einführung von Verbesserungen wie eine »Verweichlichung« vor, die sich mit der traditionellen Härte des Spiels schlecht vertrüge. »Das wäre doch kein Fußball mehr!« lautet gewöhnlich ihre Auskunft.

Nach Ansicht dieser Traditionalisten sollen also auch die Zuschauer einiges auf sich nehmen, um an der auf dem Fußballfeld stattfindenden Prüfung gebührenden Anteil zu haben. Nur wenn wir einen »harten« Nachmittag verbringen, wird es ein harter Sport bleiben, wird er seinen rituellen Charakter als Mannbarkeitstest behalten, nicht nur für die Spieler, die uns gewissermaßen vertreten, sondern auch für uns selbst. Durch bequeme Sitze und andere Annehmlichkeiten würde der ganze Vorgang verwässert und die Kraft des Rituals abgeschwächt. Von einer geheiligten Männerzusammenkunft im Langhaus des Stammes sänke das Spiel zu einer gemütlichen Familienunterhaltung ab.

Diesem harten Kurs ist es ohne Zweifel zu verdanken, daß die europäischen Fußballkämpfe einen solch starken Stammescharakter tragen und heute noch etwas Zeremonielles an sich haben. Fragt sich allerdings, wie lange Europa diesen Kurs in Anbetracht der neuen Entwicklung in Amerika noch steuern kann, oder ob es in den kommenden Jahren nicht doch dieses oder jenes Zugeständnis geben wird.

Das sind also die sieben Gesichter des Fußballs, die diesen Sport zu mehr als nur zu »einem Spiel« machen und uns verstehen lassen, warum er von den einen ebenso leidenschaftlich geliebt wie von den anderen gehaßt wird. Sie demonstrieren seine starken und seine schwachen Seiten und zeigen deutlich, wie gefährlich es wäre, Fußball mit einem einzigen seiner verschiedenen Aspekte gleichzusetzen. Bei jedem Fußballspiel begegnen wir all seinen vielen Stammesgesichtern auf einmal. Unfehlbar wird ein aufgeregter Trainer in verzweifelter Lage taktische Ratschläge brüllen; unfehlbar die erfolgreiche Mannschaft nach einem Angriff auf den Feind Freudensprünge vollführen und einander um den Hals fallen; unfehlbar werden die ältlichen Vorstände sich über die Ligatabellen aufregen und vom Statusaufschwung des Aufstiegs in eine höhere Klasse träumen; und die begeisterten Massen das Auftauchen ihrer Idole auf dem heiligen Rasen mit einem chorähnlichen Gesang begrüßen; ebensowenig wird es an verdrießlichen Experten fehlen, die alles schon gesehen haben und in ihrem eingefleischten Pessimismus zutiefst davon überzeugt sind, daß die guten alten Zeiten echter Sportsmannhaftigkeit ein für allemal vorüber sind; aber auch nicht an jungen Fans, die sich in viel zu leichter Kleidung auf den Tribünen drängen und Männlichkeit demonstrieren, bereit, sich für ihre Stars, denen sie selber nie gleichen werden, heiser zu schreien; kurzum, bei jedem Fußballspiel werden wir dem Fußballstamm in seiner sonderbar abgekapselten und doch mitten in der Öffentlichkeit stehenden Welt begegnen.

Die Zuschauer bei einem Fußballspiel mögen loyale Anhänger ihrer Mannschaft sein, aber wie ein Theaterpublikum sind sie auch zahlende Kunden, ohne die der Fußballstamm nicht überleben könnte, und einige Clubs sind klug genug, diese Tatsache von Zeit zu Zeit durch eine Geste in der Öffentlichkeit zu würdigen.

29

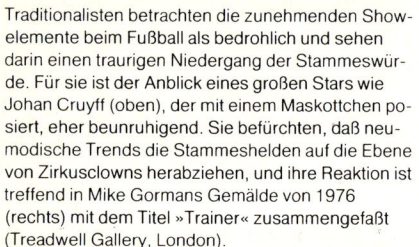

Traditionalisten betrachten die zunehmenden Show-
elemente beim Fußball als bedrohlich und sehen
darin einen traurigen Niedergang der Stammeswürde. Für sie ist der Anblick eines großen Stars wie
Johan Cruyff (oben), der mit einem Maskottchen po-
siert, eher beunruhigend. Sie befürchten, daß neumodische Trends die Stammeshelden auf die Ebene
von Zirkusclowns herabziehen, und ihre Reaktion ist
treffend in Mike Gormans Gemälde von 1976
(rechts) mit dem Titel »Trainer« zusammengefaßt
(Treadwell Gallery, London).

Die Stammesrituale

4 Die Stammesgesetze

DIE SIEBZEHN REGELN DES SPIELS

Zu den größten Vorzügen des Fußballs gehört seine Einfachheit. Im Grunde genügt schon ein Ball und ein freier Platz und irgend etwas zum Abstecken der Tore. Für Schuljungen tut's ein Garten, ein Feld, eine Gasse, eine Seitenstraße oder ein Stück brachliegendes Land. Das Tor läßt sich mit Stöcken, Kleiderbündeln, alten Konservendosen oder durch ein paar Striche auf einer Mauer markieren. Nach diesen primitiven Vorbereitungen kann es losgehen, und die Jungen werden sich dem Spiel ebenso hingeben, ebenso mitgerissen sein wie die großen Stars im Superstadion der Hauptstadt.

Diese Einfachheit des Spiels und die Faszination, die es auf Spieler jeden Könnens ausübt, tragen wesentlich zu seiner weltweiten Popularität bei. Brutstätten des Fußballs sind überall zu finden, in den Slums von Rio de Janeiro ebenso wie in teuren Schweizer Privatschulen. Der Zwölfjährige, dem es glückt, den Ball an einem Gegner vorbeizutreiben, geht so in dem Spiel auf, daß er darüber für eine Weile all seine Sorgen und Probleme vergißt und sich nur noch als Stammesheld fühlt. Kein anderer Sport ist so ohne Aufwand zu spielen, kein anderer schlägt so auf Anhieb in seinen Bann.

Und wie um diese Einfachheit und diese globale Anziehungskraft zu bewahren, sind die Stammesgesetze im Laufe der Jahre kaum verändert worden. Zwar werden in jeder Spielzeit kluge »Verbesserungs«- und Änderungsvorschläge gemacht, aber zu jeder Spielzeit werden sie von den Mächtigen des Stammes ebenso eisern zurückgewiesen. Nur selten finden sie vor ihren Augen Gnade. Selbst wirkliche Verbesserungen werden der Tradition zuliebe vielfach abgelehnt. Diese Fossilisierung hat schon so manchen Experten in Wut versetzt, ist aber offensichtlich notwendig, soll das Spiel als allen verständliches Ritual fortbestehen.

Man vergleiche nur einmal die offiziellen Stammesgesetze um die Jahrhundertwende mit den heute gültigen: die Unantastbarkeit, sprich Heiligkeit des Spiels springt geradezu in die Augen. In all den zurückliegenden Jahren des 20. Jahrhunderts ist kein einziges bedeutenderes Gesetz neu hinzugekommen. Genau wie zu Ende des 19. Jahrhunderts gibt es auch heute nur siebzehn Gesetze. Zwar wurden sie 1938 neu gefaßt und in eine sinnfälligere Ordnung gebracht, aber über eine Umgruppierung der vorhandenen Regeln ging man dabei nicht hinaus. Einige wurden gerafft, andere ergänzt, aber nichts von Bedeutung hinzugefügt, ja vielfach blieb sogar der Wortlaut erhalten. Die Modernisierung beschränkte sich auf triviale Zusätze.

Diese Gesetze selbst sagen praktisch nichts über die Spieltaktik aus. Lediglich ein einziges, die Abseitsregel, hat Einfluß auf die Spielweise. Alle anderen schaffen lediglich die Voraussetzungen für das Spiel und regeln den Fortgang, wenn etwas falsch gelaufen ist.

1 Das Spielfeld
Größe, Gestalt und Abgrenzung des Spielfeldes und der Tore werden festgelegt.

2 Der Ball
In allen Einzelheiten werden Form, Größe, Material, Gewicht und Druck des Balls bestimmt.

3 Die Zahl der Spieler
Die Zahl der Spieler einer Mannschaft, einschließlich des Torwarts, werden auf elf festgesetzt und der Einsatz von Ersatzspielern geregelt.

4 Die Ausrüstung der Spieler
Dies besagt lediglich, daß die Spieler nichts tragen dürfen, was die anderen Spieler irgendwie gefährden könnte, und es beschränkt die Art der Stollen an den Schuhen. Für die Kleidung gibt es überraschenderweise keine Vorschriften, außer daß der Torwart andere Farben tragen soll als die Feldspieler und der Schiedsrichter. Theoretisch könnten die Spieler also in Frack oder Badehose antreten, ohne gegen die Regel zu verstoßen.

Der große Vorteil des Fußballs gegenüber anderen Sportarten liegt in seiner Einfachheit, die es sowohl dem gebildetsten als auch dem primitivsten Spieler ermöglicht, ihn voll zu genießen. Man benötigt lediglich einen Platz und einen Ball, und der Kampf kann beginnen.

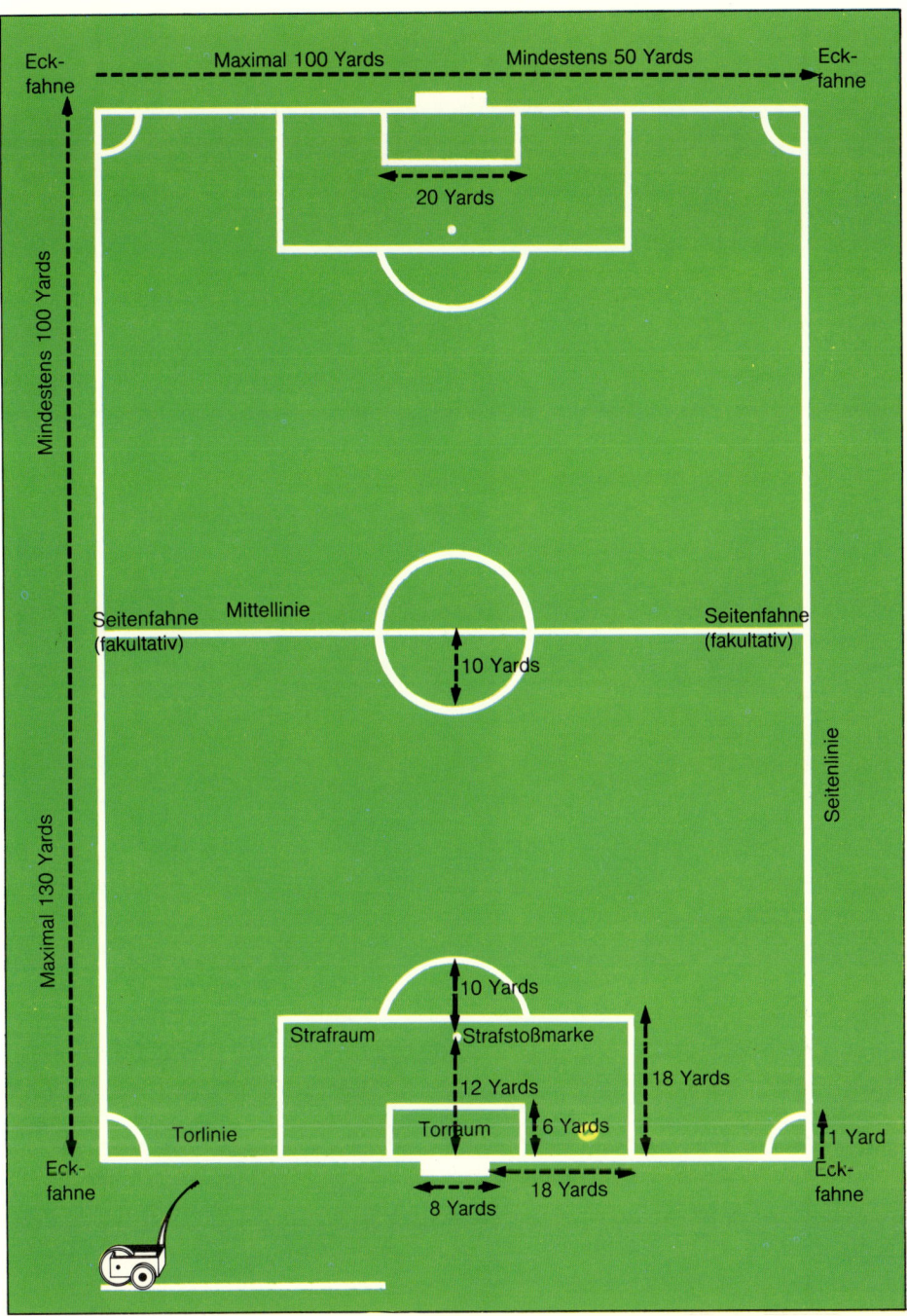

Eck-
fahne

Maximal 100 Yards   Mindestens 50 Yards

Eck-
fahne

20 Yards

Mindestens 100 Yards

Seitenfahne
(fakultativ)

Mittellinie

Seitenfahne
(fakultativ)

10 Yards

Seitenlinie

Maximal 130 Yards

10 Yards

Strafraum   Strafstoßmarke

18 Yards

12 Yards

Torlinie

Torraum   6 Yards

1 Yard

Eck-
fahne

8 Yards   18 Yards

Eck-
fahne

Die Maße eines Fußballfeldes, so wie sie in den offiziellen Regeln festgehalten sind, haben nur den Charakter von Näherungswerten. Nichteingeweihte sind überrascht, wenn sie erfahren, daß verschiedene Plätze unterschiedliche Längen und Breiten aufweisen. Hier liegt einer der Gründe für den Heimvorteil, da die Heimmannschaft die Entfernungen um eine Spur genauer einschätzen kann als die Gäste. Um eine Vorstellung der heute vorhandenen Unterschiede zu vermitteln, sind hier die Abmessungen von zehn aufs Geratewohl herausgegriffenen Ligaplätzen angegeben. Da es sich ausschließlich um englische Plätze handelt, wurden die englischen Maße beibehalten (1 Yard = 91,44 cm).

Unterschiedliche Spielfeldgrößen		
Club	Breite (in Yards)	Länge (in Yards)
Hereford United	80	111
Manchester City	79	119
Carlisle United	78	117
Hartlepool United	77	113
Northampton Town	75	120
Exeter City	73	114
Mansfield Town	72	115
Arsenal	71	110
West Bromwich Albion	76	116
Leicester City	65	112

Weiterspielen

Indirekter Freistoß

Direkter Freistoß

Strafstoß

Verwarnung
(Gelbe Karte)

Platzverweis
(Rote Karte)

Abseits

Abseits in der
Nähe des Linienrichters

Abseits fern vom Linienrichter

Einwurf

Foul in der Nähe
des Linienrichters

Spiel nähert sich dem Ende
(Zwei Finger
bedeuten zwei Minuten)

Zeit abgelaufen

Foul im Strafraum

Neuer Ball

Spielunterbrechung

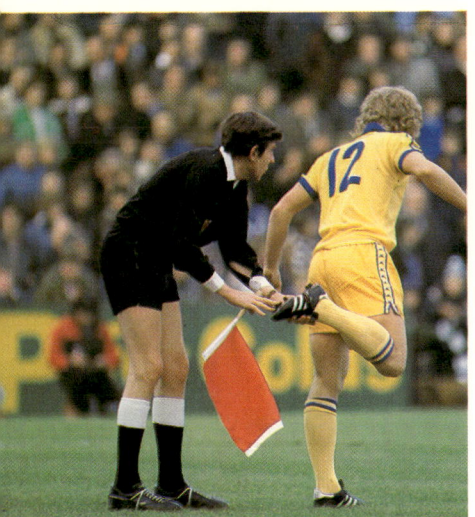

Ursprünglich waren die Linienrichter wichtiger als der Schiedsrichter, aber heutzutage spielen sie eine untergeordnete Rolle. Eine ihrer besonderen Aufgaben besteht darin, die Stollen eines Auswechselspielers zu untersuchen, bevor er auf den Rasen läuft, um festzustellen, ob sie den Sicherheitsbestimmungen entsprechen.

Links: DIE ZEICHEN VON SCHIEDSRICHTER UND LINIENRICHTER
Die meisten dieser Signale werden von den ständigen Besuchern verstanden, doch einige sind weniger vertraut und werden von der Menge kaum bemerkt. Nur in Nordamerika ist das Zeichen der gekreuzten Hände für »Stoppt die Uhr« bekannt, das bei elektronischer Spielzeitmessung benützt wird. Dort steht dem Schiedsrichter ein offizieller Zeitmesser zur Seite, der die Stadionuhren anhält (die jede Halbzeit von 45 bis 0 Minuten durchzählen), wenn es zu einer verletzungsbedingten Pause kommt. Der Schiedsrichterpfiff zum Weiterspielen dient als automatisches Signal, die Uhren wieder in Gang zu setzen. Wegen des Fehlens genauer Stadionuhren auf vielen Plätzen und aufgrund der Schwierigkeit, »Nachspielzeit« richtig einschätzen zu können, haben andere Länder dieses Meßsystem nicht übernommen.

5 Der Schiedsrichter

Die Spielordnung schreibt vor, daß für jedes Spiel ein Schiedsrichter bestimmt werden muß, der den siebzehn Regeln Geltung zu verschaffen hat. Außerdem erklärt sie – und das ist wichtig – die Entscheidung des Schiedsrichters für endgültig. Der Fußballstamm kennt keine Berufungsinstanz, keine Untersuchung nach dem Spiel. Obwohl sich heute Irrtümer des Schiedsrichters mit Hilfe der Technik (durch Rückspielen des Fernsehfilms) eindeutig nachweisen lassen, sind nachträgliche Änderungen des Spielergebnisses nicht statthaft. In Deutschland bestrafte der DFB jedoch einige Spieler, denen auf diese Weise ein vom Schiedsrichter nicht geahndetes grobes Foul nachgewiesen wurde.

6 Die Linienrichter

Hier wird bestimmt, daß zur Unterstützung des Schiedsrichters zwei Linienrichter ernannt und mit Fähnchen ausgestattet werden, um anzuzeigen, wenn der Ball aus dem Spiel ist oder gegen die Regeln verstoßen wurde.

7 Die Dauer des Spieles

Es wird festgesetzt, daß das Spiel aus zwei Spielhälften von je fünfundvierzig Minuten besteht, getrennt durch eine Halbzeitpause, mit Spielverlängerung für verlorengegangene Zeit.

8 Der Spielbeginn

Vor Beginn des Spiels wird mittels einer Münze um die Spielfeldhälften und den Anstoß gelost. Wer die Platzwahl gewinnt, kann sich die Spielfeldhälfte oder den Anstoß aussuchen. Nach dem Startzeichen erfolgt der Abstoß vom Mittelpunkt des Spielfeldes, wobei sich beide Mannschaften in ihrer Spielhälfte befinden. Nach einem Torerfolg ist das Spiel in gleicher Weise durch einen Spieler der Mannschaft, gegen die das Tor erzielt worden ist, wieder aufzunehmen. Und nach der Halbzeit werden vor Wiederbeginn des Spieles die Spielfeldhälften gewechselt. Der Anstoß wird von einem Spieler der Mannschaft ausgeführt, die zu Beginn des Spieles die Seitenwahl hatte.

9 Der Ball in und aus dem Spiel

Diese Regel besagt, daß der Ball aus dem Spiel ist, wenn er die Tor- oder Seitenlinie in vollem Umfang überquert hat oder wenn das Spiel aus irgendeinem Grund durch den Schiedsrichter unterbrochen wurde.

10 Wie ein Tor erzielt wird

Ein Tor ist erzielt, wenn der Ball die Torlinie zwischen den Torpfosten und unter der Querlatte vollständig überquert hat, ohne daß dabei eine Regel verletzt wurde. Die Mannschaft, die die meisten Tore schießt, wird zum Sieger erklärt. Bei gleicher Anzahl von Toren auf beiden Seiten gilt das Spiel als unentschieden.

11 Abseits

Das einzige taktische Gesetz, das verhindern soll, daß die Spieler beim gegnerischen Tor auf den Ball warten, setzt fest, daß ein Spieler abseits ist, wenn er sich, ohne selbst im Ballbesitz zu sein, in der gegnerischen Spielhälfte befindet und nicht mindestens zwei Gegner zwischen ihm und dem Tor sind. Bei einem Verstoß gegen diese Regel muß der Schiedsrichter das Spiel unterbrechen und der gegnerischen Mannschaft einen Freistoß einräumen, der von der Stelle auszuführen ist, wo der Regelverstoß erfolgte. Befand sich der Spieler jedoch nach Ansicht des Schiedsrichters zufällig in einer Abseitsstellung, das heißt ohne die Absicht, auf das Spiel oder einen Gegner störend einzuwirken oder aus seiner Abseitsstellung einen Vorteil zu ziehen, kann er das Spiel weiterlaufen lassen.

12 Verbotenes Spiel und unsportliches Verhalten

Hier werden die Regelverstöße aufgezählt, die vorkommen können, und die dafür vorgesehene Bestrafung. Hierunter fallen Gewaltanwendung gegen den Gegner, Handspiel (ausgenommen der Torwart in seinem eigenen Strafraum), unerlaubtes Betreten oder Verlassen des Spielfeldes, Streit mit dem Schiedsrichter oder unehrenhaftes Verhalten. Zur Bestrafung wird u. a. ein direkter oder indirekter Freistoß oder ein Strafstoß verhängt, ein Spieler verwarnt oder im äußersten Fall sogar vom Platz verwiesen.

13 Der Freistoß
Alle Spieler der zu bestrafenden Mannschaft müssen außerhalb des Strafraums mindestens 9,15 Meter vom Ball entfernt sein. Der Spieler, der den Freistoß ausführt, darf den Ball erst wieder spielen, nachdem ein anderer Spieler den Ball berührt oder gespielt hat. Bei einem direkten Freistoß darf der ausführende Spieler selbst versuchen, ein Tor zu schießen, bei einem indirekten dagegen darf erst, nachdem ein anderer Spieler den Ball berührt oder gespielt hat, ein Torschuß ausgeführt werden.

14 Der Strafstoß
Auf den Regelverstoß eines Spielers im eigenen Strafraum steht ein Elfmeter. Der Strafstoß wird von der Strafstoßmarke direkt auf das Tor ausgeführt. Im Strafraum darf sich nur der Torwart aufhalten, der die Torlinie nicht überschreiten und sich nicht bewegen darf, bis der Schütze den Ball getreten hat.

15 Der Einwurf
Hat ein Spieler den Ball in seinem ganzen Umfang über die Seitenlinie geschossen, ist der gegnerischen Mannschaft gestattet, den Ball an der Stelle, wo er die Linie überquert hat, einzuwerfen. Dabei muß der einwerfende Spieler mit beiden Füßen außerhalb der Seitenlinie stehen und den Ball mit beiden Händen über seinen Kopf ins Spielfeld werfen.

16 Der Abstoß
Wenn der Ball von einem Spieler der angreifenden Mannschaft in seinem ganzen Umfang links oder rechts neben dem Tor über die Torauslinie gespielt worden ist, hat die verteidigende Mannschaft das Recht, den Ball aus dem Strafraum direkt ins Spiel zu stoßen. Allerdings darf der abstoßende Spieler wie beim Freistoß und beim Strafstoß den Ball nicht ein zweites Mal spielen, bevor ihn nicht ein anderer Spieler berührt oder gespielt hat.

17 Der Eckstoß
Wenn der Ball von der verteidigenden Mannschaft links oder rechts über die Torauslinie geschossen wurde, ist die angreifende Mannschaft zu einem Abstoß von der Ecke berechtigt, die der Stelle am nächsten liegt, wo der Ball die Linie überquert hat. Bei der Ausführung des Eckstoßes muß der Ball aus dem Viertelkreis der Eckfahne geschossen werden, und die Spieler der verteidigenden Mannschaft dürfen nicht näher als 9,15 Meter an den Ball herankommen. Der den Eckstoß ausführende Spieler darf den Ball nicht ein zweites Mal spielen, bevor ihn nicht ein anderer Spieler berührt hat. Aus einem Eckstoß kann (wenn es auch nicht einfach ist) direkt ein Tor erzielt werden.

Das sind in groben Zügen die Stammesgesetze. Wie gleich auf den ersten Blick ersichtlich, legen sie hauptsächlich fest, was vor Spielbeginn erforderlich beziehungsweise was nach Spielbeginn *nicht* mehr erlaubt ist. Was dagegen nach Spielbeginn getan werden *muß* – also mit anderen Worten, wie die Mannschaft ihr Ziel, möglichst viele Tore zu schießen, erreichen kann –, wird nur obenhin gestreift. Abgesehen von der Abseitsregel werden Taktik und Strategie gänzlich den Spielern und ihren Beratern überlassen. Von den Stammesgesetzen her könnten alle elf Mannschaftsmitglieder, wenn sie so wollten, einen Kreis um den Ball bilden und ihn zum gegnerischen Tor schieben. Oder sie könnten alle nach hinten laufen und sich in einer Reihe vor ihr eigenes Tor stellen. In den Regeln steht nichts, was ihnen verböte, sich in allen möglichen Formationen zusammenzuscharen oder über das Feld zu verteilen, nichts, was ihnen ein bestimmtes System, eine bestimmte Position oder Reihenfolge vorschriebe. So kam es in den frühen Tagen des Spiels in der Tat auch zu äußerst sonderbaren Manövern. Mit der Zeit aber bildeten sich allgemeine Systeme heraus, und die Taktik wurde vorhersehbar. Ganz von sich aus nahmen die Spieler feste Formationen und Positionen ein. Später wurden neue Varianten ausprobiert, wobei die Tendenz allgemein dahin geht, die Verteidigung zu verstärken.

Entwicklung der Stammesgesetze

1815 Das Eton College stellt die ersten Fußballregeln auf.

1848 Alle großen Public Schools haben inzwischen ihre eigenen Regeln entwickelt; sie werden bei einer Zusammenkunft im Trinity College in Cambridge vereinheitlicht.

1856 Sheffield, der älteste Fußballclub (gegründet 1855), führt die Sheffield Club Rules ein, die weitgehend auf den Entscheidungen von Cambridge beruhen.

1863 In London wird die Football Association (FA) gegründet, die nach einigen Auseinandersetzungen am 1. Dezember ihre 14 Regeln beschließt.

1865 Es wird festgelegt, daß zwischen den Torpfosten in einer Höhe von 8 Fuß ein Band gespannt werden muß.

1866 Die Abseitsregel bestimmt, daß sich zwischen Angreifer und Tor mindestens drei gegnerische Spieler befinden müssen.

1869 Der Abstoß wird eingeführt.

1871 In diesem Jahr, in dem die erste Meisterschaft der F.A. ausgetragen wird, werden in den Regeln erstmals die Torwächter erwähnt.

1872 Die Größe des Balls wird zum ersten Mal festgelegt.

1874 Wadenschützer werden eingeführt und Unparteiische in die Regeln aufgenommen.

1875 Die Querlatte, eine Neuerung aus Sheffield, ersetzt das Torband.

1877 Die Football Association und die Sheffield Association einigen sich auf einen einheitlichen Regelkodex.

1878 Die Trillerpfeife wird erstmals zur Regelung des Spielablaufs benutzt.

1882 Der Einwurf mit zwei Händen wird eingeführt.

1885 Berufsspieler sind zum ersten Mal zugelassen.

1888 Gründung der sog. Football League.

1890 stand das erste Tornetz als getrennte Abschirmung hinter den Torpfosten.

1890 Tornetze werden erstmals verwendet.

1891 Der Strafstoß wird eingeführt, und ein Schiedsrichter und zwei Linienrichter ersetzen die Unparteiischen.

1898 Die Zahl der Regeln erreicht die heutige Zahl 17.

1905 Der Torwart muß beim Strafstoß auf der Torlinie bleiben.

1912 Der Torwart darf den Ball nur noch innerhalb des Strafraums mit der Hand berühren.

1913 Der Abstand der gegnerischen Spieler beim Freistoß wird von 8 auf 10 Yards vergrößert.

1914 Der Abstand der gegnerischen Spieler beim Eckstoß wird ebenfalls auf 10 Yards vergrößert.

1920 Beim Einwurf kann ein Spieler nicht abseits sein.

1924 Mit einem Eckstoß kann ein Tor direkt erzielt werden.

1925 Beim Einwurf muß der Spieler mit beiden Füßen auf der Seitenlinie stehen.

1925 Änderung der Abseitsregel: Die Zahl der Spieler zwischen Angreifer und Tor wird von 3 auf 2 verringert.

1929 Beim Strafstoß darf sich der Torwart auf der Torlinie nicht bewegen.

1931 Der Torwart kann mit dem Ball 4 statt 2 Schritte machen.

1935 Versuche mit zwei Schiedsrichtern werden unternommen; diese Regelung setzt sich jedoch nicht durch.

1938 Die 17 Fußballregeln werden von Stanley Rous, dem Präsidenten der Football Association, in ihre moderne Form gebracht.

1939 Die Numerierung der Spieler wird verbindlich.

1951 Die Benutzung eines weißen Balls wird gestattet.

1955 Erstmals Verwendung von Flutlicht bei einem Länderspiel.

Das moderne Flutlicht wurde in den 50er Jahren eingeführt, aber ein erster Versuch damit fand schon im Jahre 1878 statt.

1956 Erstmals Verwendung von Flutlicht bei einem englischen Ligaspiel (in Portsmouth).

1965 Bei Ligaspielen darf ein Ersatzmann für einen verletzten Spieler eingewechselt werden.

1966 Bei Ligaspielen darf ein Ersatzmann aus beliebigen Gründen eingewechselt werden.

1976 Gelbe und rote Karten (Verwarnung bzw. Platzverweis) werden eingeführt.

5 Die Stammesterritorien

VOM SPIELFELD ZUM SUPERSTADION

Im Herzen eines jeden Fußballterritoriums liegt der große Stammestempel, das Stadion, von dem eine solche Magie ausstrahlt, daß ein Stammesmitglied selbst an Tagen, an denen kein Spiel stattfindet, nicht daran vorbeigehen kann, ohne ein sonderbares Gefühl der Erwartung und Erregung in sich aufsteigen zu fühlen. Obwohl es leer und verlassen vor ihm liegt, kann er das Murmeln der Menge hören und das Toben der Fans, wenn der Ball ins gegnerische Netz fliegt. Für ein ergebenes Stammesmitglied ist es eine heilige Stätte von einer Bedeutung, die ein Außenstehender nicht erfassen kann.

An den vier Ecken des Stadions ragen riesige Totempfähle, die Flutlichtmasten, in den Himmel, manchmal elegant sich verjüngende Betonpfeiler, meist jedoch Stahlkonstruktionen, die an Bohrtürme mit Scheinwerferbatterien erinnern. Sich hoch über die Gebäude der Umgebung emporschwingend, gemahnen sie, weithin sichtbar, an den geheiligten Boden, der unter ihnen liegt.

Nicht immer hatte der Fußballstamm ein solches Zentrum für sein Stammesleben, nicht immer verfügte er über diesen grünen Brennpunkt. Im Mittelalter zum Beispiel gab es für den Volksfußball keine eigenen Spielfelder. Das Spiel wurde auf den Dorfstraßen, auf Wiesen und Feldern, ja sogar an Flußläufen und Bächen gespielt, kurzum, überall, wohin der Impetus der Bewegung die kämpfenden Spieler führte. Die Tore lagen oft weit, manchmal sogar kilometerweit, auseinander, und Regeln gab es so wenig wie eine Begrenzung des Spielfelds. Als die englischen *public schools* das Spiel aufgriffen, wurde es auf dem oft mit Steinplatten gepflasterten, von Mauern umgebenen Schulhof gespielt, was automatisch eine

Der geheiligte Rasen im Mittelpunkt des Territoriums eines jeden Fußballstammes ist von aufstrebenden Tribünen (links) umgeben und wird von großen Flutlichtmasten (rechts) beherrscht, die wie indianische Totempfähle (oben) als ständige Erinnerung der Stammespräsenz in den Nachthimmel ragen. Einige tragen besonders angeordnete Lichtbatterien, die die Initialen des Heimclubs zeigen. In diesem Fall (unten rechts und Mitte) kennzeichnen die Buchstaben A und V den Platz von Aston Villa.

Begrenzung des Spielfeldes mit sich brachte. Bei dem harten Boden kam es nur allzu häufig zu Verletzungen, aber die Leidenschaft für das Spiel war so groß, daß sein Siegeszug selbst durch Schmerzen nicht aufzuhalten war. So sahen sich die Schulen genötigt, zum Schutze der Glieder ihrer Zöglinge einen weicheren Spielgrund zu beschaffen, und sie markierten auf einem nahegelegenen Feld einen Platz, dem sie in Anlehnung an den Schulhof die Form eines Rechtecks gaben: Das Fußballfeld war geboren.

Später, als die Fabriken das Spiel von den Schulen übernahmen, wurde gewöhnlich in Bahnhofsnähe billiges Brachland aufgekauft und rings um das Spielfeld Wetterdächer und terrassenförmig angelegte Böschungen errichtet. Die Einheimischen kamen zu Fuß oder mit dem Fahrrad, die Auswärtigen mit dem Zug. Die meisten mußten stehen, oft im Regen, kaum vor dem kalten Winterwind geschützt. Aber auch bei den Zuschauern war die Leidenschaft für das Spiel so groß, daß nur wenige aufbegehrten. Zuschauen wurde zu einer mit den Spielern geteilten »Wetterprobe«, zu so etwas wie einem Mannbarkeitstest. Und auch heute noch weigern sich viele junge Fans, stolz auf die zur Schau gestellte Härte, es sich auf Sitzen bequem zu machen, während ihre Stammeshelden in der Arena kämpfen.

Diese spartanische Sicht wurde freilich nicht von allen geteilt. So wurden mit der Zeit größere und bessere Sitzreihen gebaut, die den zur Verfügung stehenden Raum verschlangen. Als dann immer mehr Zuschauer herbeiströmten und immer mehr Platz gebraucht wurde, fand sich der Stamm durch die Ausbreitung der städtischen Wohnsiedlungen eingeengt. Mit dem Aufblühen der Industriestädte hatten sich dichtgedrängte Häuserreihen bis an den Fußballplatz herangeschoben. So verblieb das Stammeszentrum zwar im Herzen der

Eines der phantasievollsten modernen Stadien ist das Münchner Olympiastadion (oben) mit seinem geschwungenen Dach. Wenige Plätze haben derart fortschrittliche architektonische Formen aufzuweisen.

Seit seiner Eröffnung im Jahre 1923 ist das Wembley-Stadion in London (rechts) das Mekka des englischen Fußballs geblieben. Trotz seiner gewaltigen Größe reichen die Eintrittskarten bei bedeutenden Spielen nicht aus. Wie anderswo auch, werden in England noch größere Superstadien benötigt, um die Masse der Fans unterzubringen, die von den Höhepunkten des Fußballs angezogen werden.

Gemeinschaft, war aber zunehmend überfüllt und verstopft. Und als dann im Laufe des 20. Jahrhunderts größerer Wohlstand ins Land zog, Autos die Fahrräder verdrängten und sich an Spieltagen lange Fahrzeugkolonnen zu den Stadien wälzten, hätte man große Parkplätze gebraucht, für die jedoch der Raum fehlte, und so erstickten die angrenzenden Seitenstraßen unter dem Verkehr.

Dieses Problem haben die meisten der zweiundneunzig englischen Profilclubs bis heute noch nicht bewältigt, sosehr es ihnen auch auf den Nägeln brennt. Einige wenige hatten das Glück, das heißt den Raum, sich ausdehnen zu können, die meisten jedoch wissen nicht, was sie machen sollen. Einige haben für die Tausende und Abertausende, die zu den Heimspielen strömen, eindrucksvolle neue Haupttribünen errichtet, die meisten aber haben nach wie vor nur ihre alten Dachkonstruktionen anzubieten, die, auf schwere Metallpfähle gestützt, vielen Zuschauern zudem auch die Sicht noch benehmen. Trotz all dieser oft erheblichen Mängel beschweren sich aber nur relativ wenige.

Dennoch sind die Stammesältesten nicht recht zufrieden. Sie möchten im großen Maßstab modernisieren und verbessern. Und der Außenseiter, die phantastischen Ablösesummen für die Spieler vor Augen, begreift nicht, warum nicht mehr für das Publikum getan wird. In England, der Heimat des Fußballspiels, ist seit Menschengedenken kein neues Stadion mehr gebaut worden.

Dafür gibt es zwei Gründe. Erstens kann das Geld, das für einen neuen Spieler auf den Tisch gelegt wird, von der Steuer »abgesetzt« werden, nicht so dagegen die Ausgaben für die Modernisierung eines Stadions. Und zweitens wollen die Vereine nicht von ihrem angestammten, mit alten Erinnerungen und Traditionen verbundenen Platz lassen, so eingeengt er auch sein mag; sie wollen ihrer Stadt nicht den Rücken kehren, auch wenn sich draußen

Viele Stadien werden durch dichte Häuserreihen eingeengt (oben), die dem Stammesterritorium keinen Raum zur Vergrößerung lassen und auch keinen Parkraum für die wachsende Anzahl der Wagen, die sich am Spieltag auf das Gelände zu bewegen.

vor den Toren Raum für Parkplätze, Trainingsanlagen und dergleichen in Hülle und Fülle findet; mit einem Wort, sie wollen die magische Aura des Stammeshauses nicht missen.

In anderen Ländern liegen die Dinge etwas anders. Im Gegensatz zu den englischen Vereinen von keinem Erbe belastet, konnten sie nach Lust und Laune moderne Stadien von oft atemberaubender Größe hochziehen. In gewaltigen Kurven aus Eisenbeton bauen sich Sitzreihen um ein großzügig geplantes, von einem breiten Freiraum umgebenes Spielfeld auf, das durch tiefe Gräben vom Publikum getrennt ist und von den Spielern durch unterirdische Gänge betreten wird.

Dem englischen Fußballfanatiker sind diese modernen Stadien in Südamerika und auf dem europäischen Festland zu unpersönlich, die Sitzreihen zu übersichtlich und kontrollierbar, der Kampfplatz zu weit entfernt. Er möchte das Gefühl haben, dem Spieler, der den Einwurf macht, in den Nacken hauchen zu können, und in der tobenden, dichtgedrängten Menge auf den Tribünen untergehen. Die oft ausgefallenen Formen der verschiedenen Haupttribünen geben ihm das Gefühl, sich an einem besonderen, einmaligen Ort zu befinden. Kurzum, er mißtraut der architektonischen Eleganz, die die alten Stammeswahrzeichen zerstört. Auch hier also wieder, wie bei vielen anderen Aspekten des Fußballs, liefern sich sture Tradition und Moderne einen nicht abreißenden Kampf.

Nur auf der höchsten Ebene territorialer Zurschaustellung löst sich dieser Konflikt in Wohlgefallen auf. In den großen Stadien der Hauptstädte, in denen internationale Wettkämpfe vor unübersehbaren Massen ausgetragen werden, ist kein Raum mehr für das Altmodische, historisch Gewachsene. Hier läßt die Größe der Veranstaltung nur noch die beste Lösung zu, die die moderne Architektur anzubieten hat.

Ein Unbeteiligter, nach dem Standort des eindrucksvollsten Stadions befragt, würde vermutlich auf eines der reichen Länder des Westens tippen. Doch falsch getippt. Paradoxerweise sind die gigantischsten und teuersten Stadien in den ärmeren Ländern zu finden, das größte in Brasilien. Noch heute hält das mittlerweile gut dreißig Jahre alte Maracana-Stadion von Rio de Janeiro mit 199854 Besuchern bei einem Spiel – richtiger: verkauften Karten, denn insgesamt kamen weit mehr als 200000 – den absoluten Rekord.

In Form eines riesigen Ovals gebaut, hat das Maracana eine Länge von 320 und eine Breite von 280 Meter. Das Tribünendach schwebt mehr als dreißig Meter hoch über dem Boden, und der schlechteste Platz ist schätzungsweise über einhundertfünfzig Meter vom Mittelpunkt des Spielfeldes entfernt. Diese Ferne würde den typischen englischen Fußballfan empfindlich stören, für das Menschengewimmel von Rio dagegen bedeutet die Größe des Stadions immerhin einen Hoffnungsschimmer, von dem Vorgang doch wenigstens etwas zu sehen. Dazu kommt die nicht zu unterschätzende Attraktion, ein paar Stunden lang Mitglied einer riesigen und wichtigen Stammesversammlung zu sein.

Das Spielfeld selbst ist wie eine alte Burg durch einen tiefen, drei Meter breiten Graben geschützt, den die Zuschauer selbst in der größten Raserei nicht überwinden können.

Die aus 435000 Tonnen Beton erbaute Tribüne besteht aus drei Rängen, von denen der unterste, genannt »geral«, 36000 Personen Platz bietet, der darüber befindliche 30000 in den »cadeiras« und 1500 in den dreihundert »camarotes« genannten Fünferkabinen. Der dritte Rang, der größte, die »arquibancada«, hat 100000 Sitze und noch mehr Stehplätze. Dazu kommen noch 438 für die Presse reservierte Plätze und 20 mit Klimaanlage ausgestattete Rundfunk- und Fernsehkabinen. Und schließlich gibt es noch die den über dreihundert »lebenslänglichen Mitgliedern« vorbehaltene Abteilung, die ihre privilegierten Sitze »für alle Ewigkeit« gekauft haben.

Trotz seiner Riesengröße kann das Maracana-Stadion, so voll es auch sein mag, in nur fünfzehn Minuten geräumt werden. Ebenso eindrucksvoll aber ist, wie schnell es sich dank der hundertzwanzig Verkaufsstellen und achtundsechzig Drehkreuze füllt.

Hinter den Kulissen geht es nicht minder großartig zu. Da findet sich unter den Stehplätzen eine nur für Ambulanzen eingerichtete Fahrbahn, ein 100-Betten-Hotel, ein erstklassiges Restaurant, sechs Umkleidekabinen jeweils mit eigenem Zugang zum Spielfeld, 330000 Watt starke Scheinwerfer, eine große elektronische Anzeigentafel und eine automatische Vermittlungsstelle für die einhundertzwanzig Telephone im Stadion.

Mit einem Wort, das Maracana ist ein gigantischer Bau, der die Stadien aller anderen Länder in den Schatten stellt. Dabei war es schon bei den Weltmeisterschaften von 1950 in

Die Leidenschaften der Zuschauer bei großen Spielen gehen derart hoch, daß viele Plätze mittlerweile durch hohe Drahtzäune und tiefe Gräben geschützt werden müssen (oben).

Folgende Seite: Der größte Fußballplatz der Welt ist Brasiliens Maracana-Stadion in Rio (unten) mit einem Fassungsvermögen von 200000 Besuchern. Selbst die hoch aufragenden Giganten in Europa, wie das Stadion San Paolo in Neapel und das Stadion San Siro in Mailand (oben links), haben bei weitem geringere Kapazität, in diesem Fall 81000 beziehungsweise 83000. In den Vereinigten Staaten begegnete man dem in letzter Zeit rapiden Wachstum des Fußballinteresses dadurch, daß man sich für den längst etablierten Sport des *American Football* gebaute riesige Stadien »borgte«, wie zum Beispiel das Rose Bowl in Kalifornien (oben rechts).

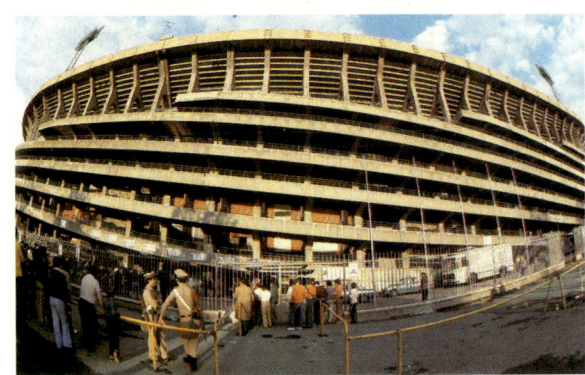

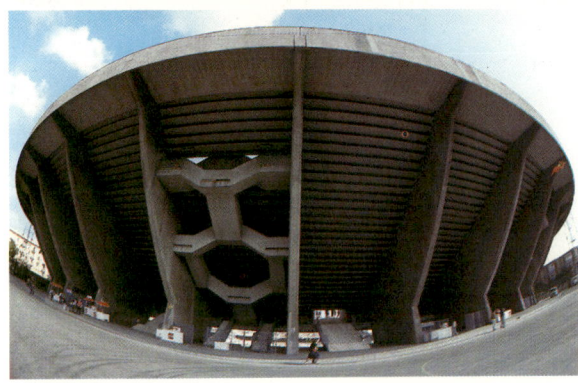

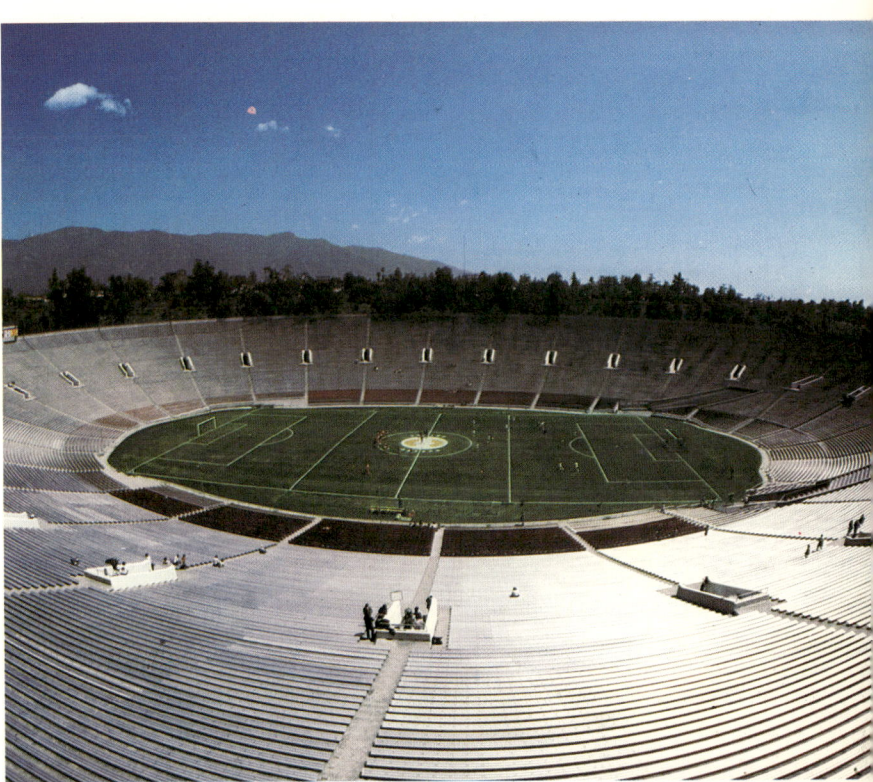

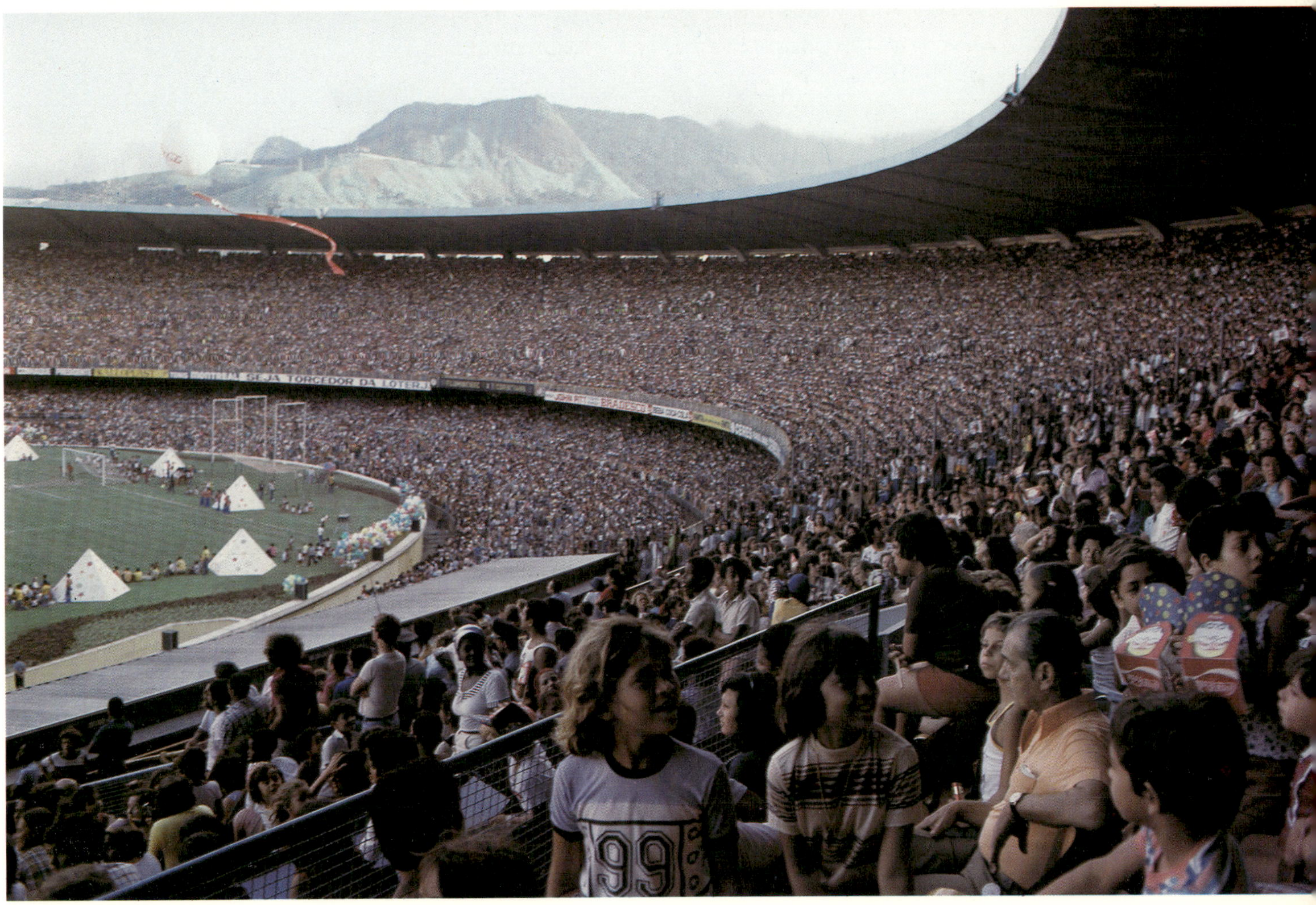
SEJA TORCEDOR DA LOTERJ
99

Betrieb. Freilich wurden seitdem auch wenig Fortschritte gemacht, mit einer Ausnahme: die überdachten Stadien der Vereinigten Staaten. Diese gewaltigen Bauwerke gleichen gewölbten Kathedralen des Sports. Sie bieten Spielern und Zuschauern gleichermaßen Schutz vor den Elementen und schaffen eine geschlossene Welt der Arena mit einer eigenen, erregenden Atmosphäre.

Das Astrodome in Houston, Texas, zum Beispiel, das 1965 von Präsident Johnson persönlich der Öffentlichkeit übergeben wurde, ragt über sechzig Meter in den texanischen Himmel, doppelt so hoch wie das Maracana-Stadion, faßt aber weit weniger Menschen. Seine Kapazität beträgt, obwohl es statt drei sechs Ränge hat, maximal 66 000 Personen. Für seine vielen reichen Besucher hat das Astrodome 53 Superluxus- und 24 »Himmelskabinen«, deren Miete bereits in der ersten Zeit 20 000 DM pro Spielzeit kostete.

Ganz unüberbietbar aber ist das Astrodome durch den Komfort, den es dem Zuschauer bietet. Bei An- und Abfahrt gibt es dank der vom kreisförmigen Stadion nach allen Richtungen ausstrahlenden fünfzig Straßen keinerlei Verkehrsstau. Obwohl alles per Auto kommt, ist stets reichlich Parkplatz vorhanden, und nach Spielschluß sind die Tribünen in sechs Minuten geräumt und der Parkplatz in einer Viertelstunde. Platzanweiserinnen in Goldlamé führen den Besucher zu seinem Platz, und sollte ihn plötzlich der Hunger überkommen, stehen fünf verschiedene Restaurants mit insgesamt 3280 Plätzen zur Wahl, in denen er das Spiel auf dem Fernsehschirm verfolgen kann.

Mit am meisten Kopfzerbrechen bereitete den Erbauern des Astrodome die Klimaanlage, denn um die zirkulierende Luft zu filtern und auf gleichbleibender Temperatur zu halten, war ein Kontrollsystem erforderlich, das über 6500 Tonnen wog und sogar damals in den sechziger Jahren schon die unerhörte Summe von sechs Millionen Mark kostete. Als ebenfalls schwierig erwies sich, die elektronische Anzeigetafel in der Größe dem spektakulären

Die letzte Entwicklung im Stadiondesign ist die Kuppel mit Air-conditioning, die man in einer Anzahl amerikanischer Städte finden kann, zum Beispiel in Dallas (links) und Houston (oben). Das große geschwungene Dach des Houston Astrodome bedeckt eine Fläche von rund 37 500 m², bei einer Spielfeldgröße von rund 11 500 m².

Charakter des Innenraums anzupassen. Als das Monstrum schließlich installiert werden konnte, nahm die »Informationsfläche« einen halben Morgen ein und erforderte sieben Mann zu ihrer Bedienung.

Noch in der Probezeit drohte dem Riesenstadion eine Katastrophe. Trotz der 4500 Scheinwerfer in der hohen Kuppel gab das Gras auf dem wunderschönen Spielfeld den Geist auf und färbte sich braun. Eilig durchgeführte Untersuchungen führten zur Erfindung eines Kunstrasens, der natürlich »Astroturf« genannt wurde. Dieser hatte den großen Vorzug, daß wiederholt darauf gespielt werden konnte, ohne daß die vom normalen Rasen her bekannten Schäden auftraten, die sonst eine strikte Beschränkung der Zahl der Spiele erfordern. Außerdem war der Astroturf leicht zu reinigen; man brauchte ihn bloß abzusaugen – was freilich den Einbruch des Surrealismus in die Welt des Sports bedeutete: Man stelle sich nur einmal eine Männermannschaft auf einem Fußballrasen mit Staubsaugern vor!

Alles in allem schlug das Astrodome gut ein und zog den Bau weiterer überdachter Stadien nach sich, darunter den des Pontiac Silverdrome in Michigan für 80 000 Besucher mit einem riesigen, ballonartigen, vom Luftdruck hochgewölbten Dach, wozu eine in keiner Weise spürbare Erhöhung des Luftdrucks um ein Viertelprozent gegenüber dem Außendruck genügt. Auch hier wieder wird künstliches Gras verwendet, das mittlerweile in ganz Nordamerika zum Fußballrasen schlechthin avanciert ist.

Doch ist dazu noch ein Nachtrag zu machen: Nach den Flitterwochen geriet der Astroturf von seiten der Spieler zunehmend unter Beschuß. Wohl braucht bei diesem Belag nie Sand aufgeschüttet zu werden, und die Schuhe bleiben stets sauber, da sie nie in Schlamm versinken. Außerdem springt der Ball präzise und vorhersehbar. Dennoch hat der Astroturf große Nachteile. Vor allem erweist er sich bei einem Sturz bei großer Geschwindigkeit als verdammt hart, und wenn man darauf ausgleitet, trägt man unangenehme Hautverbrennungen

Die Superstadien der Welt

Jedes Quadrat ent-
spricht 5000 Zuschauern

Land: Brasilien
Stadt: Rio de Janeiro
Stadion: Maracana
Fassungs-
vermögen: 200 000

Land: Spanien
Stadt: Barcelona
Stadion: Nova Campa
Fassungs-
vermögen: 150 000

Land: Chile
Stadt: Santiago
Stadion: Bernabeu
Fassungs-
vermögen: 135 000

Land: Schottland
Stadt: Glasgow
Stadion: Hampden Park
Fassungs-
vermögen: 134 000

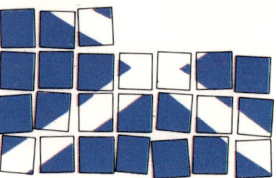

Land: Schottland
Stadt: Glasgow
Stadion: Ibrox Park
Fassungs-
vermögen: 118 000

Land: Mexiko
Stadt: Mexiko City
Stadion: Aztekenstadion
Fassungs-
vermögen: 112 000

Land: DDR
Stadt: Leipzig
Stadion: Zentralstadion
Fassungs-
vermögen: 110 000

Land: Ungarn
Stadt: Budapest
Stadion: Nep
Fassungs-
vermögen: 105 000

Land: England
Stadt: London
Stadion: Wembley
Fassungs-
vermögen: 100 000

Land: BR Deutschland
Stadt: Berlin-West
Stadion: Olympiastadion
Fassungs-
vermögen: 100 000

Land: Argentinien
Stadt: Buenos Aires
Stadion: Huracan
Fassungs-
vermögen: 100 000

Land: Brasilien
Stadt: Maceio
Stadion: Maceio
Fassungs-
vermögen: 100 000

Land: UdSSR
Stadt: Leningrad
Stadion: Kirow
Fassungs-
vermögen: 100 000

Land: UdSSR
Stadt: Moskau
Stadion: Lenin
Fassungs-
vermögen: 100 000

Land: Rumänien
Stadt: Bukarest
Stadion: Armeestadion
Fassungs-
vermögen: 100 000

davon. Europäische Spieler, die jenseits des Atlantik im nordamerikanischen Fußball ihr Glück versucht haben, zeigen sich mittlerweile recht ernüchtert, ja entsetzt bei dem Gedanken, der Astroturf könnte sich auch in europäischen Stadien breitmachen. So haben der holländische Star Cruyff und der deutsche Beckenbauer kein Hehl aus ihrem Abscheu vor dem Kunstrasen gemacht, und ein nordamerikanischer Trainer meinte: »Gewiß geht es den anderen Trainern genau wie mir. Das Zeug gehört einfach rausgerissen und in einem riesigen Freudenfeuer verbrannt.«

In Anbetracht all dieser kritischen Stimmen versucht man nun, einen geeigneteren Ersatz zu finden. Vor allem hofft man, eine Grassorte zu kultivieren, die auch in den Innenräumen der neuen Kuppelstadien gedeiht. Falls das gelingt, könnte tatsächlich eine Fußballzukunft anbrechen, in der sich überall in der Welt überdachte, vollklimatisierte Stadien durchsetzen, so daß sich die ärgerlichen Spielabsagen der Vergangenheit erübrigen und die Zuschauer nicht mehr vor Kälte zu zittern brauchen.

Ein seltener Anblick – die Ruinen eines verlassenen Fußballstadions. Der Accrington Stanley Football Club im Norden Englands, einer der zwölf Ligaclubs von 1888, löste sich 1962 auf; die geisterhaften Tribünen stehen verfallend im Schnee.

6 Die Stammestabus

FOULS UND VERSTÖSSE

Das erregendste am Fußball ist zweifelsohne der schnelle Bewegungsfluß. Während viele andere Sportarten immer wieder abbrechen und neu anfangen, könnte eine Fußballhalbzeit theoretisch nonstop abrollen. Natürlich kommt es gelegentlich zu kurzen Unterbrechungen, aber nur, wenn etwas falsch gelaufen ist. Es gibt keine in den Spielablauf *eingeplanten* Pausen wie in den Spielen, in denen sich die Teilnehmer nach einem festen Schema abwechseln. Beim Fußballwettkampf löst vielmehr jede Unterbrechung Ärger aus. Sie stört den Rhythmus des Spiels und wird deshalb vom Stamm zum übergeordneten Tabu erklärt.

Einige Unterbrechungen passieren rein zufällig, andere dagegen ergeben sich aus der Überschreitung eines bestimmten Tabus. Hat ein Spieler zum Beispiel unsportlich angegriffen und wird durch einen Freistoß für die gegnerische Mannschaft bestraft, sind gleich zwei Tabus gebrochen: ein bestimmtes und das übergeordnete. Für das erstere, den Regelverstoß, ist der Schiedsrichter zuständig, während die Unterbrechung des Spielflusses, vor allem, wenn sie oft vorkommt und das ganze Spiel zerreißt, von den Zuschauern durch Mißfallenskundgebungen bestraft wird.

Im schlimmsten Fall können diese Verstöße zum Platzverweis eines Spielers führen, im harmlosesten lösen sie nur ein Murren in der Menge aus. Sie werden in sechs Hauptkategorien eingeteilt, die teils als ernste Vergehen, teils als geringfügige Übertretungen betrachtet werden.

1. Gewalttätigkeiten

Darunter fallen alle strafbaren Fouls wie Treten, Beinstellen, Schlagen, Halten, Stoßen, Behindern oder Anspringen, außerdem gefährliches oder unsportliches Rempeln, ausgenommen der erlaubte Schulterstoß. Hierher gehört auch »gefährliches Spielen«, ein etwas vager Begriff, unter den alle Gewalttätigkeiten, die sonst noch vorkommen können, zusammengefaßt werden, wie mit dem Fuß dem Gegner fast ins Gesicht treten.

Diese Kategorie bringt den Schiedsrichter in eine Zwickmühle, denn einerseits darf er nicht zulassen, daß das Spiel seine traditionelle Härte und Männlichkeit einbüßt, andererseits muß er verhindern, daß die Spieler für ihr Leben zum Krüppel geschlagen werden. Natürlich ist er in erster Linie dazu verpflichtet zu unterbinden, daß die Torjagd in einen Kampf Mann gegen Mann ausartet, bei dem der Körper des Gegners eine wichtigere Zielscheibe wird als dessen Tor. Pfeift er jedoch das Spiel wegen jedes Zusammenstoßes und wegen jedes Remplers ab, so verliert es seinen Reiz, weil es nicht nur auseinanderbricht, sondern sich

Angriffe auf den Mann statt auf den Ball, ganz gleich, ob es sich dabei um das gefährliche Beinstellen (rechte Seite) oder das sanftere, aber ebenso wirkungsvolle Festhalten des Hemds (unten links) oder der Hose (unten) handelt, sind streng untersagt, aber die Schiedsrichter sind gezwungen, fast alles bis auf die schlimmsten Fälle zu übersehen, um den Spielfluß nicht über Gebühr zu beeinträchtigen und das Spiel zu »verweichlichen«.

auch aus einem handfesten, derben Sport in einen leisetreterisch lavierenden Zeitvertreib verwandelt. So müßte der Schiedsrichter einen regelrechten Seiltanz vollführen, um das Match zu jedermanns Zufriedenheit zu lenken.

2. Beleidigungen

Auch diese fallen unter die Rubrik der strafbaren Verstöße, so die Herausforderung oder Nichtbeachtung des Schiedsrichters sowie die Beleidigung eines Mitspielers. Beispiele für diese Kategorie sind Anspucken, Beschimpfung mit Worten oder Gesten, den Schiedsrichter nach seinem Geisteszustand fragen, seine Entscheidungen anzweifeln, den Ball, obwohl das Spiel unterbrochen ist, in einem Wutanfall einfach wegschlagen.

Die Zuschauer kritisieren oft die mangelnde Selbstkontrolle der Spieler. Es liegt zwar in der Natur des Fußballs, daß der Schiedsrichter mit dem Anpfiff den Haß sämtlicher Spieler auf sich zieht, wenn das aber jedesmal der Fall ist, könnten die Spieler sich danach richten und ihre Gefühle zügeln. Dabei wird nur die emotionale Spannung übersehen, unter der das ganze Spiel steht und die so stark ist, daß die Gefühle einfach überkochen, auch wenn das noch so bedauerlich und unsinnig ist, denn das letzte Wort hat nun einmal der Schiedsrichter.

3. Feigheiten

Der Fußballer wird zum Stammeshelden erhoben, und der Stamm erwartet dafür Mut und Tapferkeit von ihm, und zwar so automatisch, daß die Regeln es nicht einmal erwähnen und für feiges Spiel kaum offizielle Strafen vorgesehen sind. Eine Ausnahme bildet das »Zeitschinden«, das der Schiedsrichter entweder durch einen Freistoß, Verlängerung der Spielzeit oder eine gelbe Karte für den betreffenden Spieler bestrafen kann. Dieses »Zeitschinden« wendet gewöhnlich die siegreiche Mannschaft gegen Ende der Spielzeit an, und zwar durch Halten des Balles nach einer Unterbrechung oder durch einen Abschlag vom Tor im Schneckentempo.

Unfairer Angriff, Sperren ohne Ball, Halten und Stoßen sind spezielle Fouls (rechts), darüber hinaus gibt es einen Sammelbegriff, den man als »gefährliches Spiel« bezeichnet und der dem Schiedsrichter erlaubt, praktisch jede gewaltsame Aktion zu bestrafen, wenn er es will. Das häufigste Beispiel für gefährliches Spiel (unten und links) ist hohes Bein am Körper des Gegners.

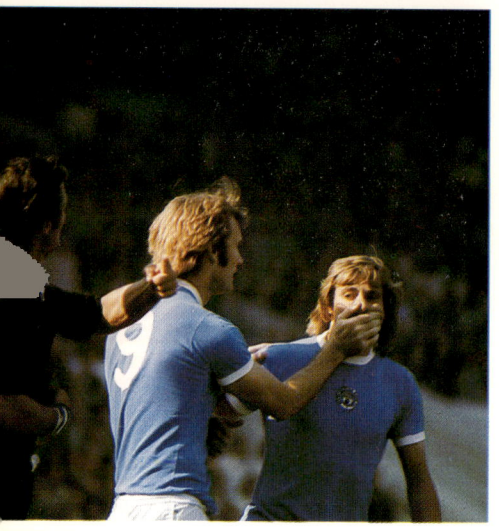

Andere feige Handlungen werden nicht vom Schiedsrichter, sondern von den Zuschauern bestraft, die manchmal sogar ihre eigene Mannschaft beschimpfen, wenn sie sich zu wenig ins Zeug legt. Der große Vorteil der Zuschauer in einem solchen Augenblick ist, daß sie im Gegensatz zu den unglücklichen Spielern für ihre Beleidigungen nicht bestraft werden können. In besondere Wut versetzt sie die in nahezu jedem Spiel wiederkehrende »Rückgabe«. Ein in die Enge getriebener Verteidiger spielt auf Nummer Sicher, indem er den Ball einfach zu seinem Torwart zurückschießt, statt sich seinem Angreifer zu stellen und den Ball an ihm vorbei vorwärtszutreiben. Zwar gibt es Augenblicke, in denen ein Spieler keine andere Wahl hat, was die Menge auch anerkennt, aber nur zu oft wählt er einfach den leichtesten Weg, was ihm wütende Buhrufe einträgt. Zu seiner Entschuldigung könnte er vorbringen, daß die heutigen Fußballfans ihre Mannschaft lieber gewinnen sehen als sich ein mutiges Spiel bieten zu lassen. In Wirklichkeit aber wollen die Zuschauer mehr als den bloßen Sieg, sie wünschen, daß er mutig und tapfer erstritten wird.

Zu diesen drei »emotionalen Tabus« kommen noch folgende drei »technische Tabus«.

Die emotionalen Spannungen während des Spiels sind so groß, daß Spieler häufig die Beherrschung verlieren und den Schiedsrichter beleidigen (oben und rechts), ein Verhalten, das sofort bestraft wird, falls nicht gerade ein Mannschaftskamerad da ist, um beruhigend einzuwirken (unten).

4. Das Handspiel

Durch dieses große, alte Tabu wird der Fußball erst zum Fußball. Alle anderen sogenannten Fußballspiele: Rugby, *American Football,* die kanadischen, australischen und gälischen Varianten, gestatten den Gebrauch der Hände in einem Ausmaß, daß man sie genausogut als Handballspiele bezeichnen könnte. Beim eigentlichen Fußball dagegen dürfen die Hände, außer vom Torwart in seinem eigenen Strafraum und beim Einwurf, überhaupt nicht gebraucht werden. Während des Matchs sind Arme und Hände unerwünschte Anhängsel, die dem Spieler lediglich dazu dienen, das Gleichgewicht zu halten und sich beim Fallen abzufangen. (In der Tat war ein einarmiger Mittelstürmer auf dem Fußballfeld äußerst erfolgreich: Castro, »der Einarmige«, der bei den Weltmeisterschaften von 1930 für Uruguay eines der Siegestore schoß.)

Oft entspinnen sich hitzige Dispute darüber, ob »die Hand zum Ball« oder »der Ball zur Hand« ging. Offiziell gilt nur ersteres als Verstoß, im Spielgetümmel aber ist es für den

Schiedsrichter nicht immer leicht zu entscheiden, ob das Handspiel nun Absicht war oder nicht. So lösen seine Entscheidungen bei den Fans oft Ärger aus, der sich in bekannten Schmährufen Luft macht.

5. Den Ball aus dem Feld schlagen

Dies ist ein Tabu, weil dadurch der Spielfluß unterbrochen wird. Da die Grenze des Spielfelds aber lediglich aus einer weißen Linie auf ebenem Grund besteht, läßt es sich nicht vermeiden, daß der Ball während eines Matchs immer wieder aus dem Feld rollt. Passiert das zufällig, wird es meist auch kommentarlos hingenommen. Mit zunehmend defensivem Spiel jedoch wächst die Neigung, den Ball mit voller Absicht sicherheitshalber ins Aus zu befördern, was die Zuschauer natürlich irritiert. Ein Verteidiger dagegen, der vor lauter Panik einen Einwurf oder einen Eckball verschuldet, wird nur selten beschimpft.

6. Abseits

Dieses einzige taktische Tabu im Fußball stiftet unter den Zuschauern mehr Verwirrung und löst mehr Widerspruch aus als irgendein anderer Aspekt des Spieles. Für den Schiedsrichter ist es keineswegs einfach, dieser Regel auf gerechte Weise Geltung zu verschaffen, und doch ist sie von ausschlaggebender Bedeutung für das Spiel. Bezeichnenderweise taucht sie schon in den ersten schriftlich niedergelegten Anleitungen auf. Bereits um die Mitte des 19. Jahrhunderts, als Fußball nur an wenigen exklusiven Privatschulen gespielt wurde, stellte man diese Regel auf. Es galt als unsportlich, sich an das gegnerische Tor heranzupirschen und dort zu warten, bis der Ball kam. Um das zu verhindern, wurden von Ort zu Ort verschiedene Regeln eingeführt. Nach der in Eton gültigen mußten sich mindestens vier Gegner zwischen Spieler und feindlichem Tor befinden, wenn der Ball von hinten kam. Der 1863 gegründeten *Football Association* erschien das jedoch noch nicht streng genug. Für sie war automatisch jeder Angreifer abseits, der von einem Mannschaftskameraden von hinten angespielt wurde, gleichgültig, wie viele gegnerische Spieler sich zwischen ihm und dem feindlichen Tor befanden. Drei Jahre später, 1866 also, wurde diese Regel als zu streng verworfen und die abgemilderte Version der exklusiven Privatschulen Charterhouse und Westminster übernommen. Nun genügten drei Gegner zwischen dem Spieler und dem

Handspiel ist nur dann erlaubt, wenn es unbeabsichtigt geschieht, aber wie im Bild ist das oft nur sehr schwer festzustellen. Jedesmal, wenn der Ruf »Hand« ertönt, sieht sich der Schiedsrichter einer schwierigen Entscheidung gegenüber.

feindlichen Tor. Viel später, 1925 nämlich, wurde die Regel noch einmal abgemildert und die Zahl der Gegner auf *zwei* reduziert. Dabei ist es bis heute geblieben. Die Änderung hat bewirkt, daß der Angreifer nun gefährlich nahe an das gegnerische Tor herankommen kann, ohne dadurch ins Abseits zu geraten. Denn da beim modernen Fußball einer der beiden Verteidiger in der Regel der Torwart ist, kann sich der Angreifer ohne Ball dem Tor bis auf einen gegnerischen Feldspieler nähern.

Außerdem kann er nach der heutigen Regelung nicht ins Abseits geraten, wenn er sich in seiner eigenen Feldhälfte befindet oder wenn er den Ball direkt durch Abstoß, Eckstoß, Einwurf oder Schiedsrichteranstoß bekommt. Diese Fälle sind eindeutig und klar genug. Die Schwierigkeiten entstehen aufgrund einer weiteren Abmilderung der Regel, derzufolge ein Spieler für ein Abseits nicht bestraft werden soll, wenn er *nach Ansicht des Schiedsrichters* weder auf das Spiel noch auf einen Gegner störend einwirkt und nicht bestrebt ist, aus seiner Abseitsstellung einen Vorteil zu ziehen.

Damit aber wird das Problem aus dem tatsächlichen in den Ermessensbereich transponiert. Der Schiedsrichter müßte, um diese Frage entscheiden zu können, die Gedanken des Spielers lesen, was in der Hitze des Gefechts wohl eine Überforderung bedeutet. Verständlicherweise beschlossen die Schiedsrichter daher, diese Klausel mehr oder weniger zu ignorieren. Wenn ein Linienrichter ein Abseits signalisiert, so bedeutet das in den meisten Fällen, daß ein Spieler abseits steht, ganz gleich aus welchen Gründen, und der Schiedsrichter ist nur allzu gern bereit, diese Feststellung zu übernehmen, ohne sie weiter zu untersuchen. Wer wollte ihm das auch verübeln? Warum sollte er dem Spieler, der sich scheinbar unabsichtlich und zufällig ans gegnerische Tor schleicht, auch noch die Ehre des Zweifels erweisen?

So weiß heute jeder Lizenzspieler, daß er, auch wenn er zufällig, unabsichtlich und ohne ins Spiel eingreifen zu wollen, ins Abseits gerät, Gefahr läuft, dafür bestraft zu werden. In den meisten Fällen wird der gegnerischen Mannschaft ein Freistoß zugebilligt. Dementsprechend verlassen sich die Spieler nicht auf den verwirrenden Regelzusatz, sondern rennen so schnell sie können, um nicht erwischt zu werden. Das wiederum hat zur Entwicklung einer ganz bestimmten Abwehrtaktik geführt, zur sogenannten »Abseitsfalle«, in welche die Verteidiger den gegnerischen Spieler dadurch manövrieren, daß sie schnell nach vorn laufen und ihn allein vor dem Tor zurücklassen.

Die Konfusion wird durch den Zusatz vertieft, daß für die Abseitsposition nicht der Augenblick maßgeblich ist, in dem der Spieler den Ball erhält, sondern der, in dem er ihm von seinem Mannschaftskameraden zugespielt wird. Befindet er sich also in dem Moment, in dem er von einem Mitglied seines Teams angespielt wird, noch nicht im Abseits, stürzt nach vorne, fängt den Ball ab und rennt mit ihm weiter, dann hat er die Regel nicht verletzt. Aber so eindeutig und klar die Theorie in diesem Punkt ist, so schwierig ist es für den Linien- oder Schiedsrichter, in dem Durcheinander des schnellen Matchs mit all den kreuz- und querlaufenden Spielern eine Entscheidung zu treffen, weshalb die Regel bedauerlicherweise sogar bewirken kann, daß besonders schnelle Sprinter bestraft werden. Weil sie den Ball unwahrscheinlich schnell einholen, erwecken sie den Eindruck, schon in dem Augenblick, in dem er ihnen zugespielt wurde, im Abseits gewesen zu sein. Eine sorgfältige Analyse des Spielverlaufs anhand von Videoaufzeichnungen beweist aber, daß diese Spieler oft zu Unrecht bestraft werden, was sich sowohl auf Mannschaft wie Zuschauer frustrierend auswirkt. Aber auch dem Schiedsrichter kann man daraus keinen Strick drehen, da er in solchen Fällen einfach überfordert ist.

Bis jetzt ist noch keine Lösung dieses Problems in Sicht. Vermutlich wird also die Abseitsregel noch auf Jahre hinaus ein Streitpunkt bleiben, was insofern als Vorteil betrachtet werden kann, als umstrittene Tabus die Gefühlswogen höher gehen lassen. Kommt dazu noch der Faktor menschlichen Versagens, dann geraten Spieler wie Zuschauer in leidenschaftliche Wallung. Liefe dagegen alles glatt, so könnte das Ritual leicht mechanistisch, abgestumpft und seelenlos werden, eine Gefahr, vor der die gegenwärtig gültige Abseitsregel einen wirksamen Schutz bietet.

Das also sind die sechs wichtigsten Stammestabus, und Aufgabe des Schiedsrichters ist es, jeden zu bestrafen, der dagegen verstößt. Dabei kann er es natürlich nicht allen recht machen.

Signalisiert der Linienrichter mit erhobener Fahne »Abseits«, so sollte der Schiedsrichter das Zeichen ignorieren, wenn er das Gefühl hat, der fragliche Spieler sucht keinen Vorteil und greift nicht in das Spielgeschehen ein. In der Praxis werden solche Überlegungen häufig gar nicht angestellt, und der Spieler wird lediglich dafür bestraft, daß er sich in Abseitsstellung befindet.

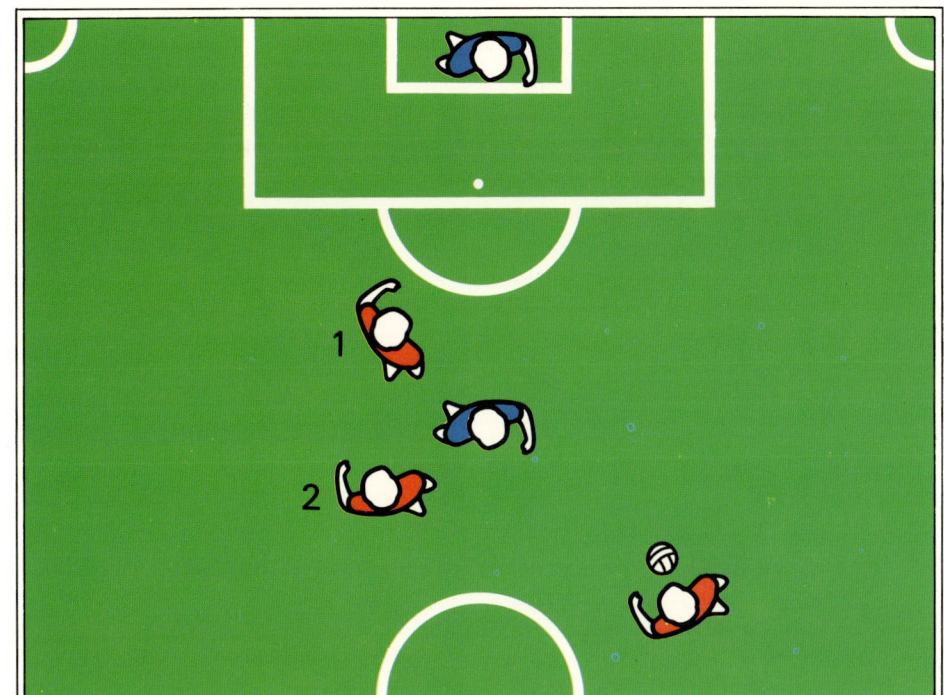

Die Abseitsregel: Der rote Spieler Nr. 1 befindet sich im Abseits, weil er vor dem Ball steht mit nur einem blauen Spieler zwischen sich und der Torlinie. Der rote Spieler Nr. 2 ist nicht abseits, obwohl er sich vor dem Ball befindet, da er zwei blaue Spieler zwischen sich und der Torlinie hat.

Ein Vorwurf kehrt in den Memoiren ehemaliger Spieler immer wieder, und zwar der, daß der Schiedsrichter gegen ihn gerichtete Beleidigungen härter bestrafe als Gewalttätigkeiten gegenüber gegnerischen Spielern. Ein Spieler, der einen Gegner hinterlistig angreift und ernstlich verletzt, wird in der Regel nicht strenger gemaßregelt als einer, der dem Schiedsrichter in einer Zornesaufwallung Widerstand leistet. Der Grund dafür liegt wohl im Zielpunkt des Fouls; im einen Fall ist das Opfer ein Spieler, im anderen dagegen der Schiedsrichter selbst. Es ist nur menschlich, auf Angriffe gegen die eigene Person besonders heftig zu reagieren, aber die Kritik scheint dennoch insofern berechtigt, als die meisten erfahrenen Schiedsrichter die Tricks der »harten Spieler« sehr wohl kennen.

Zu diesen Tricks gehört die bekannte Drohgebärde, dem Gegner gleich in den ersten fünf Spielminuten die eigene gefährliche Präsenz im wahrsten Sinne des Wortes einzubleuen. Harte Abwehrspieler wissen sehr wohl, daß der Schiedsrichter zu Beginn des Spieles zögert, die gelbe oder rote Karte zu zücken, und daß sie in dieser Zeit besonders eifrige Stürmer ungestraft foulen können. Erstaunlich ist nur, daß die Schiedsrichter gegen diesen Trick bis heute nicht energischer vorgegangen sind.

Ein ebenfalls verhaßtes Foul ist der sogenannte »Ausrutscher«, wobei der Fuß des Spielers angeblich mit aller Kraft auf den Ball zielt, in Wirklichkeit aber den Knöchel oder das Schienbein seines Gegners trifft – ein Vergehen, das anscheinend nur selten entdeckt und geahndet wird.

Ein anderer Trick arbeitet mit dem Ellbogen, der bei scheinbar fairem Rempeln insgeheim einen Stoß gegen die Brust des Gegners führt. Ähnliche Dienste leistet der Absatz einem Spieler, dem der Feind allzu dicht auf den Fersen ist. Diese und viele andere absichtliche Fouls sind fast in jedem Match an der Tagesordnung, und die meisten Spieler plädieren in ihren Memoiren für ein strengeres Durchgreifen bei Verletzungen, die eine vielversprechende Karriere jäh beenden können und in der Tat schon oft beendet haben. Das Argument, durch eine strenge Bestrafung solch grober Verstöße würde das Spiel verweichlicht, darf nicht ausschlaggebend sein. Zwar sind heftiges Rempeln und sogar grobe Fouls vom Fußball nicht wegzudenken, aber hinterhältig geplante und listig ausgeführte, gefährliche Fouls müssen unterbunden werden, denn sie huldigen einem falsch verstandenen Männlichkeitsideal. Leider sind die aus Ungeschicklichkeit begangenen, ungeplanten Fouls augenfälliger und werden deshalb auch eher bestraft als die absichtlich begangenen, brutalen, die schwieriger zu entdecken sind.

Auch abgesehen von physischer Gefährdung finden viele Spieler Anlaß zu Beschwerden.

Oft reizt ein Spieler seinen Gegner so lange mit Worten, bis dieser sich zu einem Foul hinreißen läßt, für das er dann bestraft wird. Oder ein gerade gefoulter Spieler rächt sich am Gegner, indem er »nachtritt«. In der Regel wird er dann wegen dieses »Revanchefouls« bestraft.

Manchmal schießen die Spieler mit ihrer Kritik am Schiedsrichter freilich auch übers Ziel hinaus. Jimmy Greaves, einer der größten englischen Fußballer aller Zeiten, äußerte sich dazu besonders unerbittlich: »Manche Schiedsrichter scheinen nicht einmal den Unterschied zwischen einem Angriff und einem Steptanz zu kennen. Natürlich braucht einer Mumm, um einen Spieler vom Platz zu stellen, und nur wenige tun es, wenn es wirklich angebracht wäre. Es genügt zwar, daß ein Spieler das Maul aufreißt, damit ihm der Schiedsrichter mit dem Finger droht und ihn womöglich hinausstellt. Aber wenn er einen gegnerischen Stürmer im Lauf aufs Tor brutal niederstreckt, kann er ungestraft davonkommen.« Das mag übertrieben sein, spiegelt aber die Meinung der meisten Spieler über die Schiedsrichter wider. Diese könnten ihrerseits den Spielern vorhalten, daß sie auf dem Spielfeld auch keine Engel seien und daß strikte Bestrafung von Tabubrüchen kaum genügend Profis übrigließe, um eine Mannschaft aufzustellen. Und so ließe sich der Streit bis in alle Ewigkeit fortsetzen. Tabus werden weiterhin gebrochen werden, und daran werden sich wütende Debatten entzünden; Gesetze werden verschärft und abgemildert werden. Und immer wird der Schiedsrichter, dieser unermüdliche Wächter über die Tabus, von allen Seiten beschimpft werden und wird dennoch fortfahren, in seiner wichtigen Funktion im Stammesleben seine Rolle als Seiltänzer zu spielen.

7 Die Stammesstrafen

VERWARNUNGEN UND SPERREN

Wenn es an die Bestrafung des Schuldigen geht, ist der Fußballstamm sein eigener Gesetzgeber. Ein Starspieler, der gerade noch von jubelnden Fans auf den Schultern getragen wurde, kann im nächsten Augenblick wie ein ungezogener Schuljunge ins Direktorat bestellt oder wie ein desertierter Soldat vors Kriegsgericht gestellt werden. Über die Anmaßung der Stammesältesten bei der Strafzumessung ist schon viel geschrieben worden. Mehr Erstaunen aber hat die Haltung der Angeklagten ausgelöst, die selbst schwere Strafen oder Sperren gefügig hinnahmen. In manchen Augenblicken gleicht der Fußballstamm eher der Fremdenlegion als einer modernen Unterhaltungsindustrie.

Bei Fabrikarbeitern würde eine solch brüske Behandlung endlose Ausstände, Streiks und Verhandlungen nach sich ziehen. Der moderne Fußballer dagegen benimmt sich, als stünde er ohne Einspruchsrecht vor einem Kriegsgericht, als Kämpfer in der vordersten Linie eines Stammesheeres, das jeden Akt der Auflehnung nicht als Streik, sondern als Meuterei wertet.

Da aber die Spieler die Stützen des Fußballstammes sind und Erfolg oder Mißerfolg ganz in ihren Händen bzw. richtiger auf ihren Füßen ruht, ist es um so erstaunlicher, daß sie sich der Stammesdisziplin so demütig unterwerfen. Um das zu verstehen, ist es erforderlich, die verschiedenen Formen der Bestrafung näher zu beleuchten.

Geringfügige Vergehen werden vom Schiedsrichter auf der Stelle geahndet, ernstere Stammesverbrechen dagegen müssen entweder den älteren Mitgliedern des Heimvereins oder dem Sonderausschuß einer Stammesorganisation vorgelegt werden. Die Bestrafungen werden in zwei Kategorien eingeteilt, in negative und in positive.

Negative Strafen rügen den Schuldigen nicht direkt, sondern indirekt durch Belohnung seines Opfers. Diese Methode wird bei geringfügigen Verstößen während des Matchs bevorzugt. Begeht ein Spieler ein Foul, dann unterbricht der Schiedsrichter das Match und gewährt der gegnerischen Mannschaft einen Freistoß. So wird zum Beispiel ein Spieler bestraft, der seinen Rivalen in einem wilden Angriff zu Boden stieß.

Der Schiedsrichter hat die Möglichkeit, zwischen acht negativen Strafen zu wählen, die im folgenden aufgeführt werden.

1. Der Einwurf

Er wird der gegnerischen Seite gewährt, wenn ein Spieler den Ball über die Seitenlinie ins Aus getreten hat. Er ist die wohl harmloseste Strafe für das geringfügigste Vergehen, das früher überhaupt nicht als strafwürdiger Verstoß galt. Damals wurde der ins Aus gerollte Ball vom erstbesten Spieler, der die Seitenlinie berührte, gleichgültig von welcher Mannschaft, ins Feld zurückgeholt. Heute haben viele Mannschaften einen Spieler, der eine besondere Weitwurftechnik entwickelt hat und den Ball beim Einwurf bis in den gegnerischen Strafraum befördern kann, wodurch diese negative Strafe natürlich aufgewertet worden ist.

2. Der Abstoß

Er bestraft die Angreifer dafür, daß sie den Ball links oder rechts über die Torauslinie ins Aus geschossen haben. Die Verteidiger erhalten die Erlaubnis, den Ball vom Tor abzuschlagen und das Spiel in die Mitte des Feldes oder noch weiter, jedenfalls aus der eigenen Gefahrenzone heraus, zu verlagern.

3. Der Eckball

Er bestraft die Abwehrspieler einer Mannschaft dafür, daß sie in einem Augenblick der Bedrängnis den Ball über ihre eigene Torauslinie getrieben haben, um die Gefahr eines Treffers abzuwenden. Der aus dem Viertelkreis der Eckfahne geführte Eckball hat den großen Vorteil, daß die Angreifer bei dem anschließenden Torgerangel kein Abseits zu befürchten brauchen.

Kleinere Vergehen werden dadurch bestraft, daß der Gegner einen Vorteil zugesprochen erhält. Es gibt acht Bestrafungen dieser Art, einschließlich des Einwurfs.

4. Der indirekte Freistoß

Er dient als Entschädigung für bestimmte Fouls des Gegners und wird an der Stelle ausgeführt, an der der Verstoß begangen wurde. Obwohl der Freistoß nur dann zum Tor werden kann, wenn der Ball danach von einem anderen Spieler berührt wird, ist er doch fast ebensoviel wert wie ein direkter Freistoß. Manche direkten Freistöße werden aus taktischen Gründen sogar indirekt gespielt, um den Gegner zu verwirren. Es erscheint daher fraglich, ob es beim modernen Fußball noch sinnvoll ist, zwischen direktem und indirektem Freistoß zu unterscheiden.

Bei der Ausführung eines Freistoßes müssen die Spieler des anderen Teams mindestens 9 Meter (früher 5,50 m) vom Ball entfernt sein. Wird der Freistoß in Tornähe gegeben, dann besteht für sie große Gefahr, und diese negative Bestrafung bringt dem Gegner oft einen Treffer ein.

5. Der direkte Freistoß

Er unterscheidet sich vom indirekten nur dadurch, daß der Ausführende unmittelbar ein Tor erzielen darf. Der direkte Freistoß wird für ernsthaftere Fouls verhängt. Die Zuschauer empfinden die Unterscheidung als reichlich verwirrend, und es würde den Ablauf des Spiels wesentlich vereinfachen, wenn man zum früheren System zurückkehrte, das nur eine Art von Freistoß kannte. In der Zwischenzeit jedoch unterscheidet man zwischen schlimmen und schlimmeren Fouls.

Objektiv betrachtet sind diese Unterscheidungen reichlich sonderbar, und es ist schwer verständlich, wie es zu der Aufteilung der Fouls in diese beiden Kategorien kam. Greifen wir nur zwei Beispiele heraus. Dem Gegner den Fuß beim Tritt nach dem Ball fast ins Gesicht zu rammen, fällt unter die Rubrik bedrohliches Spiel und wird weniger hart bestraft als das bloße Stoßen des Gegners. Desgleichen ist es angeblich weniger schlimm, den Gegner im

Der Eckstoß (links) und der Freistoß (unten links) sind weitere Bestrafungen. Freistöße in der Mitte des Feldes werden oft sehr schnell ausgeführt, fast ohne Spielunterbrechung, aber wenn der Tatort in der Nähe des gegnerischen Strafraums liegt, wie es im hier gezeigten Beispiel der Fall ist, dann wird den Spielern genügend Zeit zugestanden, um eine Mauer zu bilden. Die Schiedsrichter bezeichnen das als »direkten Freistoß« und passen genau auf, daß die Neun-Meter-Abstand-Regel eingehalten wird.

vollen Lauf zu behindern, als ihn am Trikot zu ziehen. Da diesen Fouls zudem situationsbedingt eine größere oder geringere Bedeutung zukommt, erscheint ihre Aufteilung in zwei Kategorien mit unterschiedlichem Strafmaß noch sinnloser.

Schlimme Fouls, die mit der Vergabe eines indirekten Freistoßes an den Gegner bestraft werden:	*Schlimmere Fouls, die mit der Vergabe eines direkten Freistoßes an den Gegner bestraft werden:*
1. bedrohlich spielen 2. rempeln, wenn der Ball weiter entfernt ist 3. einen Gegner absichtlich behindern 4. den Torwart in Situationen rempeln, in denen er weder den Ball hält noch einen Gegner behindert oder seinen Torraum verlassen hat 5. als Torwart mit dem Ball mehr als vier Schritte machen, ihn dabei halten oder aufspringen lassen und so absichtlich Zeit schinden.	1. einen Gegner treten 2. einem Gegner ein Bein stellen 3. einen Gegner anspringen 4. einen Gegner in grober und gefährlicher Weise rempeln 5. einen Gegner von hinten rempeln, ohne daß er einen behindert hat 6. einen Gegner schlagen 7. einen Gegner halten 8. einen Gegner stoßen 9. den Ball mit der Hand spielen (dies gilt nicht für den Torwart in seinem eigenen Strafraum)

6. Der Strafstoß

Wird eines der gewöhnlich mit *direktem* Freistoß bestraften Fouls im Strafraum der Verteidiger begangen, dann wird es sehr viel strenger gewertet und mit einem Strafstoß geahndet. Hierbei wird der Ball von der Elfmetermarke aus direkt auf das Tor geschossen, während der gegnerische Torwart seine Torlinie nicht verlassen darf. Alle anderen Spieler müssen außerhalb des Strafraums bleiben, bis der Strafstoß ausgeführt ist. Er endet meistens mit einem Tor, ist also die strengste Form der negativen Bestrafung, die der Schiedsrichter verhängen kann. Viele Schiedsrichter erachten den sogenannten Elfmeter für so schwerwiegend, daß sie sich eigene Regeln dafür aufgestellt haben. Unbedeutende Fouls im Strafraum übersehen sie mangels einer entsprechend milden Bestrafung völlig. Im Notfall geben sie vor, sie hätten ein Strafstoßfoul als Behinderung angesehen, und erteilen dafür einen indirekten Freistoß. Für den berühmten Schiedsrichter Arthur Ellis ist solches Verhalten eine »unverzeihliche Sünde«. »Anstelle des fälligen Strafstoßes«, so schreibt er, »haben sie den leichtesten Ausweg gewählt und einen indirekten Freistoß gegeben oder, schlimmer noch, den springenden Punkt übergangen, den Ball aus dem Strafraum entfernt und einen direkten Freistoß bestimmt. So etwas kommt vor. Die Spieler wissen es. Die Trainer wissen es. Und auch die oft unterschätzten Fans wissen es, und selbstverständlich wissen es die schuldigen Schiedsrichter.«

Natürlich sind Schiedsrichter, die sich nicht an die Regeln halten, zu verurteilen, wenn auch ihr Verhalten verständlich ist. Der begangene Verstoß erscheint ihnen für eine solch harte Bestrafung nicht schwer genug. Aber leider müssen sie sich für alles oder nichts entscheiden. Einen halben Strafstoß gibt es nicht, es sind keine feineren Abstufungen der Strafe vorgesehen.

Dieses Dilemma macht den Fußballschiedsrichtern wahrscheinlich am meisten zu schaffen und trifft auf alle Fouls inner- und außerhalb des Strafraums zu. Wie hart muß gefoult werden, damit er abzupfeifen hat? Wie harmlos muß das Foul sein, damit er es übersehen kann? Solche und ähnliche Fragen zu entscheiden, bleibt immer dem einzelnen Schiedsrichter überlassen, und so wird denn auch jeder etwas anders entscheiden als seine Kollegen. Die Schlachtenbummler auf den Tribünen werden natürlich böse, wenn ein Beschluß die gegnerische Mannschaft zu begünstigen scheint. Aber eine Änderung des ganzen Systems, die dem Schiedsrichter erlaubte, die Fouls nach eigenem Ermessen zu beurteilen und zu bestrafen, brächte auch keine Lösung, sondern lediglich die Verdrängung eines bekannten Problems durch ein neues. Vielleicht würde sich durch eine Änderung manches bessern, aber man würde auch eine unvorstellbare Verwirrung heraufbeschwören. Ein so sehr vom Tempo bestimmtes Spiel wie der Fußball braucht eine Reihe starrer Regeln, selbst wenn sie manchmal unfair sind. Die Unfaireß ist im übrigen ein wirksamer Stimulus, der die Zuschauer in jener emotionalen Hochspannung hält, die ein so wesentlicher Bestandteil des Stammesrituals ist.

7. Die Vorteilsregel

Die strenge Bestrafung bestimmter Fouls hat zu einer als »Profifoul« bekannten Praxis geführt. Ein Verteidiger, der einen Angreifer mit dem Ball in vollem Lauf direkt auf sein Tor zujagen sieht, für eine faire Abwehr aber keine Zeit mehr hat, muß die Risiken abwägen und sich entscheiden, ob er den Gegner weiterlaufen lassen oder mit einem Foul zu Fall bringen will, das seine Mannschaft eventuell mit einem Freistoß büßen muß. Erscheint ihm der Freistoß als das geringere Übel, dann begeht er dreist das Foul und verschafft seinen Kameraden damit immerhin die Zeit, sich vor dem Tor neu zur Verteidigung zu formieren. Dieser Kunstgriff hat die Schiedsrichter verärgert, da er die einzige negative Strafe, die sie

Der von Verteidigern am meisten gefürchtete Augenblick: Wenn er durch Foulspiel an einem gegnerischen Stürmer innerhalb des Strafraums einen Elfmeter verursacht (links). Der Strafstoß oder »Elfer« ist fast immer erfolgreich, so wie in diesem Falle auch (unten), was ihn zu der härtesten aller Bestrafungen macht. Daher zögern die Schiedsrichter manchmal, ein unzweifelhaftes, aber geringfügiges Foul im Strafraum zu pfeifen, eine verständliche Haltung, die unvermeidlich zu Protestgeschrei führt.

verhängen konnten, lächerlich machte. Sie konterten mit der Einführung der Vorteilsregel. Wenn das Opfer des Fouls ohne Hilfe wieder auf die Beine kommt oder auch im Liegen den Ball zu einem Spieler seiner Mannschaft weitergeben kann, ignoriert der Schiedsrichter den Verstoß und läßt weiterspielen.

8. Das Nachspiel

Greift die siegreiche Mannschaft zu zeitschindenden Taktiken, dann kann der Schiedsrichter nachspielen lassen, um den Verlierern noch eine letzte Chance zu geben. Aus diesem Grunde ist es schwierig, die präzise Einhaltung der fünfundvierzigminütigen Halbzeiten durch elektronische Zeitmessung zu gewährleisten. Der Schiedsrichter könnte schwerlich dem fernen Zeitnehmer seine Entscheidung zur Verlängerung mitteilen.

Das sind die acht Formen negativer Bestrafung. Dazu kommen sieben positive Strafen, mit denen Vergehen auf die eine oder andere Weise direkt bestraft werden:

1. Die Ermahnung

Wenn ein Spieler ein oder mehrere Fouls begeht oder unflätige Ausdrücke gebraucht, wird er vom Schiedsrichter verbal ermahnt.

2. Die gelbe Karte

Dünkt den Schiedsrichter eine Ermahnung nicht streng genug, dann setzt er seine »Verkehrsampel« in Betrieb, das heißt, er zieht eine große gelbe Karte aus der Tasche und hält

sie in Richtung des Übeltäters. Daraufhin kehrt dieser ihm nach vorgeschriebenem Ritual den Rücken und zeigt ihm seine Nummer, damit er sie in sein kleines schwarzes Notizbuch eintragen kann, das er bei jedem Spiel bei sich trägt. Dieses Ereignis wird von den Anhängern der gegnerischen Mannschaft natürlich freudig begrüßt.

In England bringt sie dem Spieler einen schwarzen Punkt ein. Über diese Punkte wird Buch geführt, wie über die Verweise unartiger Schuljungen, und wenn ein Spieler eine bestimmte Anzahl beisammen hat, kann er ernstlich bestraft werden.

Die Anzahl der ausgeteilten Punkte variiert von Fall zu Fall, je nach Schwere des Verstoßes. So gibt es, um nur ein paar Beispiele anzuführen, einen Punkt für Betreten oder Wiederbetreten des Spielfeldes ohne Erlaubnis des Schiedsrichters; zwei für Handspiel oder Zeitschinden; drei für Behinderung oder die Weigerung, bei einem Freistoß den erforderlichen Abstand vom Ball zu halten; vier für gefährliches Spiel oder Widerspruch gegen die Schiedsrichterentscheidung.

Hat ein Spieler zwanzig Strafpunkte gesammelt, wird er automatisch vor den Disziplinarausschuß des Fußballbundes gestellt, eine Körperschaft, die gewöhnlich aus älteren und distinguierten Vereinsvorsitzenden besteht und sozusagen den obersten Gerichtshof des Fußballstammes bildet. Diese Stammesrichter untersuchen das Beweismaterial und fällen ihr Urteil, das von einer Verwarnung bis zu einer Sperre für die drei nächsten Spiele reichen kann. Wird die Höchststrafe verhängt, so muß die Mannschaft des Übeltäters die nächsten drei Spiele ohne seine Mitwirkung bestreiten, und er verliert den finanziellen Vorteil der üblichen Leistungsprämien.

Sammelt derselbe Spieler in derselben Spielzeit noch einmal zehn Strafpunkte, wird er erneut vor die Stammesrichter zitiert. Dieses Muster wiederholt sich immer wieder nach zehn weiteren Punkten, außer daß seine Richter zunehmend strenger verfahren. Am Ende der Spielzeit jedoch wird sein Sündenregister getilgt, und er beginnt die neue Saison genau wie alle anderen bei null Punkten.

Jede Mannschaft hat ihre »harten Männer«, die dauernd vom Schiedsrichter aufgeschrieben und vor den Fußballbund geladen werden. Im Gegensatz dazu gibt es gewöhnlich auch einige Spieler, die den Schiedsrichtern aufs freundlichste entgegenkommen, um sich bei ihnen einzuschmeicheln und sie für sich zu gewinnen. Im allgemeinen hat sich allerdings die gelbe Karte als gerechtes und faires Strafsystem bewährt.

3. Die rote Karte

Sie markiert Phase zwei im Ampelspiel des Schiedsrichters. Hat ein Schiedsrichter einem Spieler die gelbe Karte bereits gezeigt, und dieser begeht entweder ein weiteres schweres Foul oder läßt sich von seiner Wut hinreißen, einen Kampf vom Zaun zu brechen oder verbal ausfällig zu werden, so zieht der Schiedsrichter eine leuchtendrote Karte aus der Tasche und hält sie hoch, sehr zum Entzücken der gegnerischen Fans. Denn die rote Karte bedeutet nicht nur, daß der Übeltäter zwölf Strafpunkte erhält, sondern auch, daß er das Spielfeld für den Rest des Matchs verlassen und seine Mannschaft den Kampf mit nur zehn Mann beenden muß, was den Gegnern natürlich einen enormen Vorteil einräumt.

Überdies wird der mit einer roten Karte bestrafte Spieler automatisch vom nächsten und oft auch von den folgenden Spielen seiner Mannschaft ausgeschlossen. Die rote Karte ist also eine außerordentlich harte und dementsprechend selten verhängte Strafe.

4. Bußen

Benimmt sich ein Spieler ganz besonders empörend, können ihm schwere Geldbußen auferlegt werden. Der in einem solchen Fall gern von den Stammesrichtern zitierte Spruch lautet: »Er hat das Spiel in Mißkredit gebracht.« Wann immer sie diese Gefahr zu spüren glauben, bemühen sie sich, den Verstoß gegen die Ehre des Fußballstammes abzuwenden, und legen zur Wiedergutmachung eine entsprechende Buße fest. Dieser Entscheid ist genausowenig anfechtbar wie die anderen Urteile, und die Zahlung muß unter allen Umständen geleistet werden. Die Entscheidung des Sportgerichts ist ebenso bindend wie die des Schiedsrichters auf dem Spielfeld.

Die Richter können einen Spieler auch wegen schlechten Benehmens, das mit den Wettkämpfen selbst gar nichts zu tun hat, mit Bußstrafen belegen. Viele Fußballer schreiben für

Rechte Seite: Leistet sich ein Spieler in England ein ernstes Vergehen, dann erhält er eine positive Bestrafung, Notierung genannt (oben links): Er bekommt eine Anzahl von Strafpunkten. Früher trug der Schiedsrichter das Vergehen lediglich in sein kleines schwarzes Buch ein, aber seit 1976 muß er die gelbe Karte in die Höhe halten, um die Schande des Sünders dem gesamten Stadion zu verkünden (oben rechts). Bei einem zweiten oder noch bösartigeren Vergehen vollzieht der Schiedsrichter den Schlußakt des Schauspiels: Er zeigt die rote Karte (unten), die für den Sünder das Spielende bedeutet. Im Fußballslang als »vorzeitige Dusche« oder »Marschbefehl« bekannt, stellt der Platzverweis eines Spielers eine drastische und selten angewandte Maßnahme dar, weil dadurch das Gleichgewicht des Spiels verschoben wird.

GELBE KARTE
Die gefürchtete gelbe Karte des Schiedsrichters ist ein rechteckiges Plastikstück, 10 mal 7,5 cm, die er während des ganzen Spiels ständig in seiner Tasche bereithält.

ROTE KARTE
Die rote Karte, noch verhaßter als die gelbe, ist ein ovales Plastikstück von ähnlicher Größe. Der Grund für die unterschiedliche Form von rot und gelb liegt darin, daß dadurch der Schiedsrichter in der Lage ist, die richtige Farbe zu ertasten, ohne in seine Tasche schauen zu müssen.

Zeitungen und Zeitschriften Sportberichte, in denen sie Spiele kommentieren. Bringen sie darin nach Ansicht der zuständigen Stellen »das Spiel in Mißkredit«, dann können sie für ihre Darlegungen bestraft werden. Vor kurzem wurde ein Spieler wegen eines Artikels, in dem er schlechte Schiedsrichterpraktiken angriff, mit einer Geldstrafe belegt. Offenbar ist kritische Redefreiheit beim Fußball ebensowenig gestattet wie bei der Armee.

Doch es werden nicht nur Spieler zur Kasse gebeten. Auch Trainer können sich etwa durch Kritik an einem Schiedsrichter bei einem Interview in ernsthafte Schwierigkeiten bringen. Selbst ganze Vereine können auf diese Weise bestraft werden. So muß es zum Beispiel immer der Verein büßen, wenn seine Anhänger während eines Matchs aufs Spielfeld stürmen und den Schiedsrichter oder die Linienrichter beschimpfen. Offenbar wird es als Aufgabe des Vereins betrachtet, für die Sicherheit seiner Funktionäre Sorge zu tragen. Aber auch andere Aspekte des Clublebens werden genau unter die Lupe genommen. So wurde zum Beispiel in England ein Verein wegen Unregelmäßigkeiten in der Buchführung zu £ 15 000 Strafe verurteilt.

Die sonderbarste Form der Stammesstrafe ist aber wohl die, welche Trainer über ihre Spieler verhängen, die sie auf Reisen oder bei gesellschaftlichen Anlässen behandeln, als hätten sie der Militärgerichtsbarkeit unterstellte Soldaten vor sich. So wurde einer der größten englischen Torwarts bestraft, »weil er schäbige Hosen trug«, ein anderer, weil er auf einer Reise nicht den Blazer seines Clubs trug. Ähnlich würde ein Soldat bestraft, der bei der Parade in unordentlicher Kleidung erschiene. Das beweist, daß die Spieler nicht nur während des Spiels »auf der Parade« sind. Ihr Dreß ist der »Kampfanzug«, und ihre Reisekleidung ist die »Paradeuniform«. Hierin besteht ein großer Unterschied zwischen den Fußballern und anderen Berufsgruppen, die keine ihre äußere Erscheinung betreffenden Vorschriften dulden würden. Das erklärt, warum die Fußballer in der Regel wesentlich eleganter gekleidet sind als die übrigen jungen Männer ihrer Altersklasse.

Viele Trainer greifen nur in extremen Fällen zur Bußstrafe, so zum Beispiel, wenn ein paar angetrunkene Spieler auf einer Tournee in einem Luxushotel alles kurz und klein schlagen, aber manche gebrauchen sie als Druckmittel und gehen darin sogar so weit, daß die Presse sie zur Zielscheibe ihres Spottes macht. Ein Sportjournalist schrieb: »Entschuldigen Sie, meine Herren, aber wo soll das hinführen? Spieler werden bestraft, weil sie keinen Blazer tragen, zu spät zum Training kommen, unverschämte Antworten geben, die Katze treten oder zu spät zum Abendessen erscheinen. Ich habe manchmal den Eindruck, eine Kaserne vor mir zu haben und keinen Fußballverein.« Als objektiver Beobachter kann man dazu nur sagen, daß offenbar gerade die erfolgreichsten Trainer wie Brian Clough und Lawrie McMenemy am häufigsten Geldstrafen verhängen.

5. Sperre

Wie bereits erwähnt, können Spieler, die zwanzig Strafpunkte gesammelt haben, bis zu drei Spielen gesperrt werden. Daneben gibt es noch andere, ernstere Formen der Sperre. Theoretisch können Spieler, Trainer oder Vereinsfunktionäre wegen besonders schwerwiegender Verstöße lebenslänglich vom Spiel ausgeschlossen werden. Freilich sind solch drastische Maßnahmen außerordentlich selten, wenn auch nicht gänzlich unbekannt. Erst vor kurzem wurden die italienischen Torhüter Albertosi und Cacciatori sowie der Mailänder Vereinsvorstand Colombo im Anschluß an einen Riesenskandal lebenslänglich vom Spiel ausgeschlossen. Andere Spieler wurden für Zeiträume bis zu fünf Jahren gesperrt, was bei einem Beruf, für den man mit dreißig die Altersgrenze erreicht, praktisch ebenfalls lebenslänglich bedeutet.

Bei solch schweren Fällen, in die auch die ordentlichen Gerichte verwickelt sind, wird gelegentlich Berufung eingelegt. Werden die bereits gesperrten Spieler dabei freigesprochen, dann müssen die Fußballinstanzen ihre Entscheidung revidieren.

Auch Trainer können gesperrt werden. So wurde der ehemalige englische Trainer Don Revie für zehn Jahre aus dem englischen Fußballverband ausgeschlossen. Er focht die Entscheidung an, indem er seinerseits einen wegen »unfairer Berufsbeschränkung« anstrengte, den er auch gewann. Das beweist, daß die pseudolegale Machtanmaßung des Fußballstammes, die sich in leichteren Fällen so gut bewährt, angesichts solch gravierender Bestrafungen doch antastbar ist. Bei der in anderen Bereichen zunehmenden Aktivität der

Gewerkschaften könnte es in näherer Zukunft ohnehin zu aufsehenerregenden Zusammenstößen zwischen den Gesetzgebern des Fußballstammes und den staatlichen Behörden kommen.

In außergewöhnlichen Fällen wird die Sperre über einen ganzen Verein verhängt, und zwar wenn seine Anhänger wiederholt Gewalttätigkeiten begingen, den Platz stürmten und das heimische Spielfeld in ein Chaos verwandelten. Zur Strafe wird dem Club für eine Reihe von Matchs der eigene Platz gesperrt, so daß er außerhalb auf neutralem Boden spielen muß. Für den Verein bedeutet das finanzielle Einbußen, für seine Anhänger den Entzug ihres Wochenendvergnügens und für die Spieler den Verlust des psychologischen Vorteils, den das »Heimspiel« bringt. In gewisser Hinsicht ist diese Bestrafung ungerecht, da die Spieler selbst unschuldig an den begangenen Verstößen sind. Wie anders aber könnte man das ungebärdige Publikum bändigen? Selbst wenn das Team auf eigenem Platz sozusagen hinter verschlossenen Toren spielen dürfte, was die wahren Schuldigen träfe, ohne die Mannschaft zur Verlegung der Spiele zu zwingen, würde sie doch durch den Wegfall der aufmunternden, anfeuernden Rufe ihrer Anhänger bestraft.

Bis heute ist außer dem Einschreiten der Polizei und der Einschaltung öffentlicher Gerichte noch keine befriedigende Lösung zur Bestrafung des Fanrowdytums gefunden worden. Nach wie vor tragen die Fußballvereine die Hauptlast der offiziellen Verfügungen bei Publikumsausschreitungen. Sie sind in den Augen der Stammesrichter die Schuldigen, wenn während eines Matchs Flaschen aufs Spielfeld fliegen. Mit dieser Sichtweise aber ist das Problem einer gerechten Bestrafung nicht zu lösen.

Schließlich gibt es noch eine auf die Trainer und ihren Stab beschränkte Form der Sperre. Diese in der Regel schon älteren Stammesangehörigen sitzen während des Matchs gewöhnlich in kleinen Unterständen neben dem Spielfeld. In diesen beiden in der Fußballsprache als »Reservebänke« bezeichneten Verschlägen geht es während des Matchs alles andere als friedlich zu. Geschrei und Gebrüll dringt heraus, während die frustrierte Besatzung in den neunzig Minuten des Kampfes ihre schwitzenden Spieler auf dem Feld beschimpft oder ermutigt und berät. Genaugenommen sind alle Signale von außerhalb der Auslinien während des Spieles verboten, aber die Schiedsrichter setzen diese Regel nur selten durch.

Härteste Strafen führen manchmal zu mehrjährigen Sperren. Der Skandal von 1980 in Italien über Spielabsprachen (unten links) führte zu Sperren von Spitzenspielern und umfangreichen polizeilichen Ermittlungen. In England zog die Zehnjahressperre von Trainer Don Revie aus dem Jahre 1978 (unten) einen ausgedehnten Gerichtsstreit nach sich, in dem Revie erfolgreich die Autorität der Stammesrichter herausforderte.

Gelegentlich jedoch brechen sie das Spiel ab, vornehmlich, wenn abfällige Bemerkungen statt auf die Spieler auf sie abzielen. Dann läuft der Schiedsrichter wütend zur Trainerclique, die die Köpfe zusammensteckt, und beginnt mit ihnen einen heftigen Wortwechsel. Das trägt manchem Trainer oder seinen Helfern einen Verweis ein, und im Extremfall kann er sogar über eine beträchtliche Zeitspanne von der Trainerbank verbannt werden und muß künftig die Spiele von der weiter entfernten, für den Vorstand reservierten Box aus verfolgen.

6. Punktabzug

Verstößt ein Verein gegen die Regeln des Fußballbundes seines Landes, so kann ihn das wertvolle Punkte im Aufstiegskampf kosten. Zum Beispiel können ihm zur Strafe dafür, daß seine Mannschaft einen gesperrten oder nicht spielberechtigten Spieler aufstellte, die zwei Punkte gestrichen werden, die ihm der Sieg der »illegal zusammengesetzten« Mannschaft eingetragen hat.

7. Zurückstufung

Schwere Vergehen können einen Verein für die folgende Spielzeit sogar um eine Klasse zurückstufen. Das ist in der Vergangenheit schon öfters geschehen, so auch vor kurzem, als einer der größten italienischen Vereine im Anschluß an den Bestechungsskandal von 1980 relegiert wurde. Da sich das Leben eines Fußballstammes ausschließlich um den Erfolg in der Ligatabelle dreht, gilt eine solche Bestrafung als tragisches Stammesunglück.

Das sind also die Strafen, die in der Fußballwelt verhängt werden und die im großen und ganzen ausgezeichnet funktionieren. Es wurde schon wiederholt hervorgehoben, daß sie, wiewohl hart im Vergleich zu den in anderen Berufen üblichen, im allgemeinen gefügig, ja unterwürfig hingenommen werden. Das bedarf einer Erklärung. Warum begehren die Angehörigen des Fußballstammes nur in den seltensten Fällen gegen Geldstrafen und Aussperrungen auf? Was läßt sie so widerspruchslos nach der Pfeife ihrer Herren tanzen?
Für die Spieler selbst ist die Antwort ganz einfach: Sie fürchten die Bedrohung durch die Reserve. Jeder Verein hat eine qualifizierte Reservemannschaft, die nur darauf wartet, in die vordere Linie aufzurücken. Damit hat der moderne Trainer einen hohen Trumpf in der Hand, den er jederzeit ausspielen kann und der seine Autorität garantiert. Denn kein Spieler hat ein verbrieftes Recht darauf, in der A-Mannschaft zu spielen, und selbst Spitzenspieler müssen damit rechnen, sich plötzlich in der Obskurität der Reserve wiederzufinden, wenn sie ihre Form verlieren. Ein offizieller Einspruch gegen eine solche Zurücksetzung ist unmöglich, so daß altgediente Stars Anlaß zur Besorgnis haben, wenn sich ein derartiger Abstieg abzeichnet.
Diese Unsicherheit bedeutet, daß ein Spieler der A-Mannschaft nicht nur im Kampf jederzeit sein Bestes geben, sondern auch darauf achten muß, gute Beziehungen zum Trainer zu unterhalten. In die B-Mannschaft zurückgestuft zu werden, bedeutet sowohl einen Status- als auch einen Prämienverlust. Der Spieler hat also doppelten Anlaß, einen solchen Wechsel zu vermeiden. Ständige Querelen mit dem Trainer oder die Weigerung, die auferlegten Geldbußen zu entrichten, erhöhen die Gefahr, den begehrten Platz in der A-Mannschaft zu verlieren. Selbst ein Star, dessen Spiel nichts zu wünschen übrigläßt, kann suspendiert werden, wenn er sich allzu eigenwillig aufführt, da sein Beispiel die Disziplin der Mannschaft untergraben könnte. Wäre der Ruhm auf dem Fußballfeld weniger begehrt, dann hätte der einzelne Spieler eine stärkere Position; es scheint jedoch stets irgendwo hinter den Kulissen ein brillanter Siebzehnjähriger darauf zu lauern, ihm seinen Platz streitig zu machen.
Auch die Vereine und ihre älteren Mitglieder haben nur wenig Spielraum, weil sie einem Monopol gegenüberstehen. Schließlich gibt es nur eine Stammeskörperschaft im ganzen Land, die das Geschehen der Fußballszene kontrolliert. Ein Hollywoodschauspieler, der sich mit seinem Studio überwirft, kann zu einem anderen wechseln, ein Fernsehangestellter den Kanal, ein Geschäftsmann die Aktiengesellschaft, aber ein Angehöriger des Fußballstammes, der sich gegen seinen Fußballbund auflehnt, hat keine Alternative. Sowie er sich auf einen Kampf mit seiner Stammesorganisation einläßt, ist er ein Ausgestoßener. Auch darin gleicht die Welt des Fußballs der des Militärs, und aus diesem Grunde können sich die

höheren Funktionäre der Fußballzunft manchmal so autokratisch geben. Und eben deshalb ist auch der Kampf der Vereinigung der englischen Lizenzspieler um eine Verbesserung der Anstellungsbedingungen für ihre Mitglieder in Punkten wie Vertragsfreiheit nahezu aussichtslos.

Es wäre jedoch unfair, die Stammesältesten als posierende Zuchtmeister oder engstirnige Tyrannen hinzustellen. Ihre Aufgabe ist nicht einfach. Schließlich haben sie es nicht mit einer Horde naiver, verspielter Jungen zu tun. Fußball ist ein harter, gefährlicher Sport, und die Herren des Stammes wissen sehr wohl, daß der Tiger, den sie am Schwanz halten, anders behandelt werden muß als eine schnurrende Katze. Ihnen ist sehr wohl klar, daß strikte Disziplin am Platz ist, der Bestie aber dennoch nicht das Rückgrat gebrochen werden darf. Ihr Unterwürfigkeit einzubleuen hätte zur Folge, daß die Fußballwelt so lahm und fügsam würde, daß niemand mehr Geld für ihre Darbietungen zu zahlen bereit wäre. So teilen die Funktionäre nur sparsam Hiebe aus, obwohl sie stets einen großen Stock mit sich herumtragen. Und wenn sie strafen, tun sie das im allgemeinen mit großer Geschicklichkeit.

Dabei kommt ihnen eine tiefe, wenn auch unausgesprochene Sympathie des Fußballstammes auf allen Ebenen zugute. Zwar würden sich nur wenige Spieler oder Trainer offen dazu bekennen, aber insgeheim sind auch sie davon überzeugt, daß die Disziplin, gegen die sie oft so heftig aufbegehren, der sie sich aber in dem Augenblick, in dem sie offiziell gefordert wird, widerstandslos beugen, einen äußerst wichtigen, ja unentbehrlichen Teil ihres Berufslebens ausmacht. Ihnen ist klar, daß ihr Erfolg von einem intensiven, oft äußerst harten Training und von einem perfekt funktionierenden Mannschaftsspiel abhängt. Faktoren, die in einer von Rivalität geprägten Atmosphäre ohne eine gewisse Zwangsreglementierung nicht zu erreichen sind. Aufgrund dieser Erkenntnis sind sie geneigt, das Strafsystem des Fußballstammes zu akzeptieren, obwohl die Außenwelt sich manchmal durch seine Strenge befremdet fühlt.

Trainer achten häufig auf strengste Einhaltung der Disziplin und behandeln ihre Spieler, als würden sie unter Kriegsrecht stehen. Bei Fehlverhalten verteilen sie Geldstrafen und Bannsprüche, ein Benehmen, das haargenau in diesem Cartoon geschildert wird.

8 Die Stammesstrategien

ANGRIFF UND VERTEIDIGUNG

Ein altes Fußballsprichwort besagt, daß es im Grunde beim Spiel nur eine Strategie gäbe: »Haben *wir* den Ball, greifen wir an, haben *sie* den Ball, verteidigen wir.« Alles andere, all die komplizierten Pläne, Theorien und Diagramme, seien im Grunde nur ein Versuch gewitzter Trainer und ihrer Helfer, ehrliche Spieler zu verwirren und in die Schranken zu weisen.

Tatsächlich enthält dieser Spruch ein Körnchen Wahrheit, wenn auch ein Blick auf die Geschichte der Fußballstrategie zeigt, daß es ausgesprochen winzig ist. Immerhin haben sich im Laufe der Zeit deutliche Veränderungen in der Aufstellung der Spieler ergeben, die unbestreitbar auf sorgfältige Planung vor dem Spiel zurückgehen und mit Augenblicksinspirationen und Improvisationen wenig zu tun haben. Der einfache, ehrliche Spieler muß sich, ob es ihm paßt oder nicht, damit abfinden, Teil eines strategischen Plans zu sein, und er kann diese Stellung nur auf eigene Gefahr ignorieren.

Betrachtet man die Entwicklung des Fußballs in den letzten hundert Jahren, so fällt vor allem eine Veränderung des Spielstils auf, und das ist die stetige Verlagerung vom Angriff auf die Verteidigung. In der ersten Zeit strebten die Mannschaften, noch nicht so sehr von der Angst vor einer Niederlage beherrscht, unverhohlen nach Siegesruhm. Sie waren bereit, mehr Tore in Kauf zu nehmen, um ihrerseits mehr Treffer erzielen zu können. Alle Kraft wurde in den Angriff investiert. Mit dem Aufkommen und der zunehmenden Verfestigung des Trainerkultes aber wurde das Säbelrasseln mehr und mehr von einer Belagerungsmentalität verdrängt. Die prächtige, vorwärts stürmende Kavallerie verwandelte sich in eine griesgrämige Palastwache. Beide Seiten schickten fast alle Spieler auf die Barrikaden und ließen nur ein paar vereinzelte Scharfschützen zum Angriff nach vorn stürmen. Damit verlor in den Augen vieler das Fußballspiel seinen ursprünglich so berauschenden, aufregenden Charakter.

Schuld daran war nach Ansicht der Kritiker einzig das neue allmächtige Trainergeschlecht, das Niederlagen so sehr fürchtete, daß es lieber durch feige Defensivstrategie das ganze Spiel verdarb. Die Forderung nach einer Rückkehr zum früheren, aufregenderen Spielstil wurde laut, notfalls um den Preis der Entlassung der Trainer aus ihrer dominierenden Position als Stammesstrategen. Die Antwort der Trainer war kurz und bündig und traf den Nagel auf den Kopf. Sie schoben die Schuld an der Entwicklung des Spiels den Fans zu, denen der Sieg in Wirklichkeit über alles ging, mochten sie angeblich auch noch so sehr nach aufregender Unterhaltung lechzen. Vor die Wahl zwischen einem knapp erkämpften Sieg und einer glänzend gespielten Niederlage gestellt, ziehen sie unfehlbar den ersteren vor. Am liebsten wäre ihnen natürlich ein ruhmreicher Sieg, aber wenn sich der als unmöglich erweist, heißt die Parole: Sieg um jeden Preis, was immer sie in reflektierten Momenten auch sagen mögen.

Den Beweis für diese Behauptung liefern die Zuschauerzahlen. Gewinnt eine Mannschaft alle Spiele und ihr Aufstieg in die nächsthöhere Klasse steht bevor, dann strömen riesige Massen herbei, um sie vollends nach oben zu jubeln, gleichgültig, auf welche Weise die Siege erzielt wurden. Verliert eine Mannschaft dagegen dauernd, so schwinden die Zuschauerzahlen, gleichgültig wie elegant der Club auch spielen mag, und der Verein muß den Schaden tragen. Der gewohnten Einnahmen beraubt, rächen sich die Vorstände am Trainer und setzen ihm den Stuhl vor die Tür, mag er noch so glaubhaft versichern, daß er unterhaltenden, angriffsfreudigen, eleganten Fußball zeigen wollte. Derlei Beteuerungen werden weder die schrumpfende Menge davon abhalten, bei Heimniederlagen seinen Namen zu verhöhnen, noch die Herzen der beunruhigten Vorstände erweichen. Er wird als Sündenbock in die Wüste geschickt und hat samt seiner Familie das Nachsehen.

Dergestalt in die Enge getrieben, haben die Trainer begreiflicherweise Gegenmaßnahmen ergriffen und mit der Zeit eine Strategie entwickelt, die deutlich den zunehmenden Symbol- und Konkurrenzcharakter des Spiels widerspiegelt. Selbst bei sogenannten »Freundschaftsspielen«, bei denen weder Punkte noch Trophäen zu gewinnen sind, dominiert der Siegesge-

danke, und der Sieg auf dem Fußballplatz symbolisiert den Sieg des Stammes. Die Tage, in denen gewagte Strategien aus reiner Freude am Risiko angewandt wurden, liegen lange zurück.

Aber noch ist nicht alles verloren, denn die Pessimisten neigen oft zu wilden Übertreibungen. So bedenklich sie auch den Kopf schütteln mögen, Fußball ist nach wie vor ein unbestreitbar aufregendes Ereignis. Die Analogie zum Militär ist nämlich nur zum Teil berechtigt. Der Vergleich mit Belagerung und Verteidigung zweier Festungen übersieht *den Ball*. Bei einem militärischen Zusammenstoß könnten zwei hochgerüstete Heere einander in ihren Festungen gegenübersitzen und auf den Zinnen patrouillieren, ohne je die Zugbrücke herabzulassen, so daß das Schlachtfeld dazwischen lange Zeit verlassen daläge, bis eine Seite endlich einen Ausfall wagte. Das ist beim Fußball völlig anders, da hier der Ball vom Augenblick des Anstoßes an dafür sorgt, daß die Spieler, wollen sie nicht wegen Zeitschindens bestraft werden, dauernd in Bewegung bleiben. Dementsprechend geschieht stets etwas, wie defensiv beide Seiten auch spielen mögen. Die Zugbrücken sind sozusagen immer heruntergelassen, selbst wenn im Vergleich zu den zur Verteidigung zurückbleibenden Truppenkontingenten nur wenige Angreifer nach vorne stürmen.

Aufgrund dieses Umstandes sollte man den Schaden, den der umsichtigere, mehr auf Verteidigung bedachte Spielstil im modernen Wettkampf angeblich angerichtet hat, nicht überbetonen. Selbst wenn mehr Verteidiger als Angreifer sich am Spiel beteiligen und die wenigen Stürmer oft blockiert oder gnadenlos ausgetrickst werden, ist der Ball doch fast immer in Bewegung. An dem intensiven Spielgeschehen hat sich also nichts geändert. Man könnte sogar behaupten, seit strategischer gespielt wird, sei der Sport noch *interessanter* geworden. Daß sich die Spieler unter Anleitung des Trainers mehr wie beseelte Schachfiguren als wie marodierende Piraten bewegen, könnte das Zuschauen noch spannender ma-

Von oben gesehen zeigen die Spieler bei Matchbeginn eine charakteristische Aufstellung, doch schon Sekunden nach dem Anstoß löst sie sich auf und ist im weiteren Spielverlauf nicht mehr leicht zu verfolgen. Der Einfluß bestimmter Strategien macht sich ständig bemerkbar und bringt eine mehr auf Angriff oder mehr auf Verteidigung abzielende Aufstellung hervor. Im Laufe der Jahre sind die Spielschemata in zunehmendem Maße defensiv geworden.

chen. Die Schwierigkeit besteht darin, daß dieser Spielstil die Phantasie nur dann beflügelt, wenn er in höchster Vollendung beherrscht wird, während das rauhe Drauflosbolzen des alten Stils immer unterhaltend war, auch wenn die Spieler noch so grobschlächtig zu Werke gingen. Der defensive Fußball dagegen kann mit schlechten Spielern eine Langeweile verströmen, die in der guten alten Zeit undenkbar gewesen wäre. Das mag ein Grund dafür sein, daß die Besucherzahlen bei den Spielen der unteren Klassen zurückgegangen sind, während sich zu den Matchs der Spitzenclubs und zu den großen internationalen Begegnungen immer noch riesige Mengen einfinden.

Diese Skizzierung des allgemeinen Trends der Fußballstrategien soll nun durch die Betrachtung der Abfolge verschiedener Aufstellungen vertieft werden. Dabei kann der Torwart aufgrund seiner stets gleichbleibenden Rolle außer acht gelassen werden, so daß nur die Position der zehn Feldspieler zu analysieren bleibt. Diese zehn Männer kann der Trainer nach eigenem Gutdünken aufstellen, in einer Linie hintereinander oder nebeneinander oder wie immer er es für richtig hält. Es wurden auch schon viele Variationen ausprobiert, aber fast allen war eines gemeinsam: die traditionelle Dreiteilung in Angreifer, Mittelfeldspieler und Verteidiger, das heißt die Gliederung jeder Spielfeldhälfte in drei Gruppen von Spielern. Vor Spielbeginn beziehen die Stürmer an der Mittellinie Position, dahinter, etwa auf halbem Weg zum Tor, stehen die Mittelfeldspieler und unmittelbar vor dem Tor die Verteidiger.

Diese drei Gruppen lösen sich nach dem Anpfiff schnell im Getümmel des Spiels auf, werden aber bei einer Unterbrechung wieder aufgebaut, so als wären die Spieler durch ein unsichtbares elastisches Band an ihre Position geknüpft und würden immer wieder zu ihr zurückgezogen. Einige Spieler scheinen dieses Band stärker zu fühlen als andere. Sie halten sich möglichst häufig innerhalb des ihnen zugeteilten Aktionsbereichs auf. Andere dagegen gewähren sich mehr Spielraum und folgen dem Ball überallhin.

Vor dem Spiel entscheidet der Trainer bei der Planung seiner Strategie die Verteilung der Spieler auf die drei vorgegebenen Linien. Bei zehn Feldspielern hat er dabei nicht weniger als sechsundsechzig Möglichkeiten. Die meisten sind allerdings unergiebig. Im Laufe der Geschichte des Spieles wurden nur vierzehn Varianten mit Erfolg angewandt. Sie lösten einander ab, da die Trainer immer dann, wenn sich eine Aufstellung allgemein eingebürgert hatte, versuchten, den Gegner durch eine neue Aufstellung, ein neues System, zu übertölpeln.

Obwohl sich diese Entwicklung mehr oder minder zufällig vollzog, wirkte sie in einer Hinsicht fast wie geplant, denn alle Änderungen brachten eine Stärkung der Verteidiger mit sich. War es zu Anfang nur einer gewesen, so wurden es später zwei, dann drei, dann vier, bis das besonders defensive, moderne Spiel über fünf Verteidiger verfügte. Von dieser Entwicklung ausgehend, kann man die Geschichte der Fußballstrategie in fünf größere Abschnitte einteilen.

1. Die Ära des einzelnen Verteidigers: der kecke Dribbler

Könnte man die Zeit zurückdrehen und sich an der Seitenlinie eines Spielfeldes um die Mitte des 19. Jahrhunderts postieren, würde der Spielstil außerordentlich verblüffen. Vor allem würde man die Pässe vermissen, die nach unserer Auffassung vom Fußball nicht fortzudenken sind, die aber erst relativ spät erfunden wurden. Anfangs versuchte ein Angreifer statt dessen, den Ball so lange nach vorn zu dribbeln, bis er ihn an einen Gegner verlor. Das war der Augenblick, in dem seine Mannschaftskameraden, die hinter ihm über das Spielfeld gelaufen waren, sich einschalteten und versuchten, den Ball zurückzuerobern, um ihn dann ihrerseits möglichst weit nach vorn zu dribbeln. Von Mannschaftsspiel oder Arbeitsteilung konnte damals noch keine Rede sein.

In dieser Anfangsphase bestand die Aufstellung aus einem Torhüter, einem einzigen Verteidiger zu seiner Unterstützung und neun Angreifern (Aufstellung: T–1–0–9).

Zur Zeit der Gründung des englischen Fußballverbandes, der *Football Association*, im Jahr 1863 zeichnete sich eine erste geringfügige Änderung ab. Von den neun Angreifern wurde nun einer als Läufer ins Mittelfeld zurückgezogen, da die Angriffstaktik verfeinert worden war und das Bedürfnis entstand, die Lücke zwischen dem Verteidiger und der Stürmerlinie aufzufüllen (Aufstellung: T–1–1–8).

Die 14 berühmtesten Systeme	
T–1–0–9	Die »kecken Dribbler« der 1850er Jahre
T–1–1–8	Läufer im Mittelfeld in den 1860er Jahren
T–1–2–7	Die Doppelläufer der 1870er Jahre
T–2–2–6	Das Queen's Park-Paßspiel der 1870er Jahre
T–2–3–5	Die Paßpyramide der 1880er Jahre
T–3–2–5	Chapmans WM-System der 20er Jahre
T–3–4–3	Das defensive WM-System
T–3–3–4	Die doppelte Speerspitze
T–4–2–4	Der Doppelstopper der 50er Jahre
T–4–3–3	Die verstärkte Abwehr der 60er Jahre
T–4–4–2	Die Doppelstürmer der 60er Jahre
T–4–5–1	Der einsame Angreifer
T–5–3–2	Der defensive Riegel der 60er Jahre
T–5–4–1	Der »destruktive« Riegel der 70er Jahre

In den siebziger Jahren des 19. Jahrhunderts führten schwächere Mannschaften diesen Trend noch einen Schritt weiter und ernannten einen zweiten Angreifer zum Läufer, so daß die vorderste Linie auf sieben Mann reduziert wurde, drei Mittel- und vier Außenstürmer. Dafür standen nun zwei Läufer zwischen der hintersten und der vordersten Linie. Diese Aufstellung erwies sich beim Dribbeln als äußerst erfolgreich und setzte sich sehr schnell durch (Aufstellung: T–1–2–7).

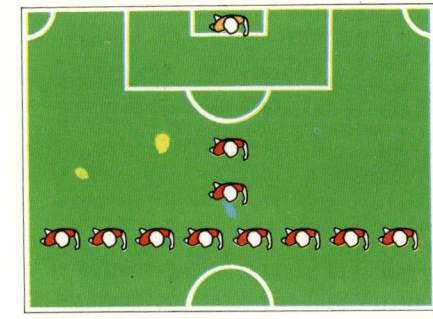

System T–1–1–8

2. Die Ära der zwei Verteidiger: die Paßpyramide

Noch vor dem Ende der siebziger Jahre erlebte der Fußball seine erste Revolution. Ihr Ausgangspunkt war der Queen's Park Club in Schottland, bei dem ein kluger Kopf auf die Idee gekommen war, den Ball einem Mannschaftskameraden zuzuspielen, so daß dieser ihn nun nicht mehr dem Gegner abjagen mußte, sondern gewissermaßen von einem Freund geschenkt bekam. Durch diese Taktik verwirrte der schottische Verein seine Gegner vollständig; sie liefen dahin und dorthin und verloren haushoch. Der Trick, der uns heute so selbstverständlich und geläufig ist, erwies sich als überwältigend erfolgreich und griff wie ein Lauffeuer auf die anderen Vereine über. Damit war das Dribbelspiel zum Paßspiel geworden.

Diese Entwicklung hatte eine Öffnung des Spielfeldes zur Folge, die freieres Ausschwärmen der Spieler ermöglichte. Waren sie vorher in dichten Trauben über das Feld gelaufen, so begannen sie sich jetzt über den Rasen zu verteilen. Der einsame Verteidiger wirkte plötzlich allzu verlassen und erhielt einen Partner zur Verstärkung. Nun waren also zwei Spieler hinten postiert, zwei in der Mitte und sechs vorne, nämlich zwei Mittel- und vier Außenstürmer (Aufstellung: T–2–2–6).

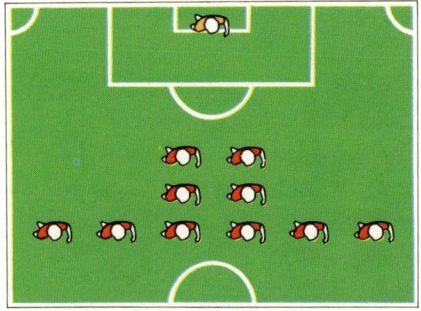

System T–2–2–6

Die Verbesserung der Paßtechnik bedingte bald, daß ein weiterer Angreifer ins Mittelfeld zurückgezogen werden mußte. Der englische Verein von Preston North End hatte eine Anzahl schottischer Spieler importiert, die Meister im »Kurzpaß« waren und zu Anfang der achtziger Jahre des 19. Jahrhunderts eine neue Position erfanden: den Mittelläufer. Da durch seine Umbesetzung nur noch einer der beiden Innenstürmer zurückblieb, rückte dieser seinerseits ins Zentrum und wurde zum eigentlichen Mittelstürmer.

Diese Änderung erwies sich als äußerst vorteilhaft, und die daraus resultierende Pyramidenaufstellung eroberte die ganze Fußballwelt und beherrschte nahezu fünfzig Jahre lang das Feld. Die Pyramide war aus einem Torwart, zwei Verteidigern, drei Läufern und fünf Stürmern aufgebaut. Damit war erstmals ein Gleichgewicht zwischen Angreifern und Verteidigern erreicht. Den fünf Stürmern standen nun fünf Verteidiger gegenüber, zwei in hinterster Linie und drei Läufer im Mittelfeld. Dadurch wurde eine viel wirksamere Mann-zu-Mann-Deckung ermöglicht als zuvor (Aufstellung: T–2–3–5).

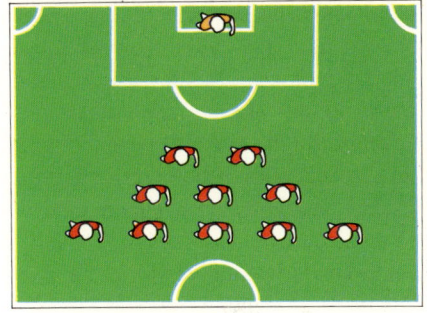

System T–2–3–5

Der wichtigste Spieler war nun der Mittelläufer, denn er hatte eine Doppelaufgabe zu erfüllen, die große Geschicklichkeit und Ausdauer erforderte. Unter dem Druck der Gegner zog er sich zu den Verteidigern zurück, während er sonst den Angriff nach vorn unterstützte. Als die Preston-Pyramide mit der Zeit allgemein eingesetzt wurde, begann man kleine Variationen auszuprobieren. So versuchte man, die Aufstellung flexibler zu gestalten, indem man die Innenstürmer etwas zurücknahm und die starre Linie der fünf Stürmer zugunsten besserer Paßmöglichkeiten auflockerte. Das Grundschema aber blieb von den achtziger Jahren des 19. Jahrhunderts bis zur Mitte der zwanziger Jahre unseres Jahrhunderts erhalten.

1925 wurde die Abseitsregel geändert. Bis dahin mußten zwischen dem vordersten Spieler der angreifenden Mannschaft und dem gegnerischen Tor mindestens drei Spieler des anderen Teams postiert sein, sobald der Ball gespielt wurde, doch von nun an genügten zwei. Diese Änderung ist den listigen Verteidigern des englischen Vereins Newcastle United zu verdanken, die als erste auf die Idee verfielen, eine »Abseitsfalle« zu stellen, indem sie den glücklosen Angreifer durch rechtzeitiges Vorwärtssprinten ins Abseits manövrierten. Als sich später auch andere Vereine dieses Tricks bemächtigten, litt der Spielablauf erheblich darunter. Die Schiedsrichter brachten die Pfeife nicht mehr vom Mund, und Zuschauer wie Spieler waren über die dauernden Unterbrechungen gleichermaßen verärgert. Eine Neuregelung war nicht zu umgehen, doch sie gab den Angreifern die besseren Chancen, und so kam es nach ihrer Einführung zu einem regelrechten Torboom. In der Spielzeit 1925/26

wurden bei den Ligaspielen insgesamt 6373 Tore erzielt, im Vergleich zu 4700 im Vorjahr. Diese Entwicklung förderte aufregende, torreiche Spiele und bescherte der Fußballwelt viele neue Rekorde, aber manchem Verteidiger brach sie das Herz, da er der drohenden Torflut völlig hilflos gegenüberstand. Die Ära der zwei Verteidiger ging ihrem Ende entgegen.

3. Die Ära der drei Verteidiger: der Stopper

Die nächste Erfindung machte der Londoner Club Arsenal, dessen Trainer Herbert Chapman die anstürmenden Torschützen dadurch bremste, daß er den Mittelläufer in die Verteidigung zurückzog. Von nun an durfte dieser also nicht mehr stürmen, sondern mußte zwischen den beiden anderen Verteidigern bleiben und als Stopper den vordrängenden Mittelstürmer der gegnerischen Mannschaft aufhalten sowie den mittleren Abschnitt direkt vor dem Tor sichern.

Mit diesem System von drei Verteidigern, zwei Läufern und fünf Stürmern führte Chapman seinen Club von Sieg zu Sieg (Aufstellung: T–3–2–5).

Damit noch nicht zufrieden, zog Chapman auch seinen Mittelstürmer aus der vordersten Linie zurück und kreierte damit das WM-System (von oben betrachtet bildet die Aufstellung der fünf Stürmer ein W, die der Läufer und Verteidiger ein M). Mit dieser Aufstellung holte sich Arsenal unter Chapmans Leitung in acht Jahren fünfmal den Sieg bei den Ligaspielen und zweimal den FA-Pokal. Sein Trick beruhte vor allem darauf, daß er beim Angriff der Gegner sieben Spieler in die Verteidigung zurückwerfen konnte. Die Seiten- und der Mittelläufer bildeten dann zusammen mit den Verteidigern einen massiven Abwehrblock, der die Gegner, bestrebt, den riesigen Verteidigungsriegel zu durchbrechen, weit in die feindliche Spielfeldhälfte hineinlockte. In dem Augenblick aber, in dem die gegnerische Abwehr empfindlich geschwächt war, ließ Arsenal die Falle zuschnappen. Man erjagte sich den Ball und schoß ihn so schnell und so weit wie möglich zu seinen drei Stürmern, die schon darauf warteten. Die Außenstürmer trieben den Ball nicht mehr nach der üblichen Flügelmanier zu den Eckfahnen hinunter, um von dort mit einem langen Paß in den Strafraum vorzustoßen, sondern griffen das Tor direkt an. Ganz ähnlich spielen auch heute noch defensiv ausgerichtete Mannschaften. Damals aber revolutionierte dieser Schachzug vor allem den englischen Fußball. Sonderbarerweise wurde die Taktik auf dem europäischen Kontinent und in Südamerika nur zögernd übernommen, wo sich die alte Pyramidenaufstellung noch jahrelang halten konnte.

Einige Mannschaften bauten den defensiven Stil des WM-Systems aus, indem sie die Innenstürmer so weit zurückzogen, daß sie bereits als zusätzliche Läufer fungierten. So verfügte man über drei Verteidiger, vier Läufer und drei Stürmer (Aufstellung: T–3–4–3).

Andere Vereine versuchten Arsenals siegreiches WM-System durch die sogenannte doppelte Speerspitze zu unterlaufen, indem sie den Mittelstürmer als Ersatz für den aufgegebenen Mittelläufer zurückzogen, also mit drei Verteidigern, drei Läufern und vier Angreifern spielten. Die beiden Innenstürmer bildeten nun eine doppelte Angriffsspitze und konnten, wenn sie gut aufeinander eingespielt waren, der massierten Verteidigung, die ihr den Weg zu versperren suchte, übel zusetzen (Aufstellung: T–3–3–4).

4. Die Ära der vier Verteidiger: der Doppelstopper

Das wirksamste Mittel gegen diese doppelte Speerspitze war die Erfindung des Doppelstoppers, denn damit wuchs die Zahl der Verteidiger vor dem Tor auf insgesamt vier. Das bedeutete einen weiteren Schritt auf dem langen Weg zum defensiven Fußball.

1958 bestand diese Doppelstoppertechnik in der Weltmeisterschaft die Feuerprobe. Mit einer perfektionierten Version der neuen Viererkette in der Verteidigung traten die Brasilianer ihren unaufhaltsamen Siegeszug an.

Die wesentliche Neuerung der Brasilianer war, daß sie den beiden Mittelfeldspielern, wie sie von jetzt an genannt wurden, eine doppelte Aufgabe übertrugen und mit vier Angreifern, zwei Mittelfeldspielern und vier Verteidigern entweder einen sechsköpfigen Sturm oder eine sechsköpfige Abwehr bilden konnten (Aufstellung: T–4–2–4).

Die Stärke dieses Systems lag in der Leichtigkeit und Schnelligkeit, mit der ein starker Sturm in eine starke Verteidigung verwandelt werden konnte und umgekehrt, und viele

Herbert Chapman, der berühmte Trainer von Arsenal, der das Verteidigungsspiel durch die Einführung des Vorstoppers oder Liberos revolutionierte.

System T–3–2–5
(WM-System)

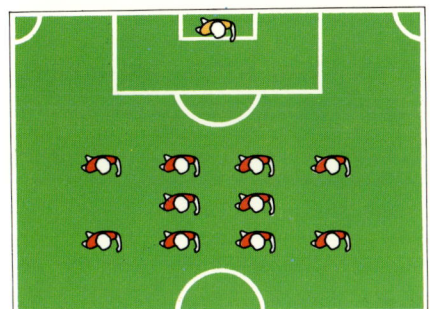

System T–4–2–4

System T–4–3–3

System T–4–4–2

Mannschaften begannen das System zu kopieren. Nicht immer jedoch führte es zum Erfolg, denn es hatte auch einen schwachen Punkt: die Belastung der beiden Mittelfeldspieler war enorm. Ihre Doppelfunktion erforderte eine ungewöhnlich konditionsstarke und zähe Besetzung. Noch nie waren im Lauf der Fußballgeschichte an irgendeinen Spieler vergleichbare Anforderungen gestellt worden, noch nie hatte ein einzelner ein solches Laufpensum bewältigen und seine Rollen so schnell wechseln müssen. Man brauchte also regelrechte Supermänner, um die Lücke im Mittelfeld ausfüllen zu können. Mit minder begabten Spielern war dieses System zum Scheitern verurteilt.

Die Lösung des Problems sahen viele Vereine darin, einen weiteren Angreifer ins Mittelfeld zurückzuziehen und die Position des ursprünglichen Mittelläufers wieder zu besetzen. Das aber bedeutete, daß drei Mittelfeldspielern und vier Verteidigern nur drei Angreifer gegenüberstanden, die Abwehr den Sturm also erstmals zahlenmäßig übertraf. Mit diesem zu Beginn der sechziger Jahre eingeführten System, das auch heute noch durchaus üblich ist, war der Fußball endgültig in die Defensivphase eingetreten (Aufstellung: T–4–3–3).

Für den Sturm sollten noch schlimmere Zeiten kommen. Ende der sechziger Jahre zogen nämlich einige Clubs einen weiteren Spieler aus der vordersten Linie ins Mittelfeld zurück, wo sich nun eine Viererkette bildete, während der Macht der gegnerischen Abwehr nur noch zwei einsame Stürmer gegenüberstanden (Aufstellung: T–4–4–2).

Als wäre dieses Schema noch nicht defensiv genug, schickten manche Mannschaften in späteren Jahren zum Schutze der vier Mittelfeldspieler noch einen Stürmer ins Mittelfeld, so daß ein einziger Stürmer in vorderster Linie einsam und verlassen übrigblieb. Dieser Mittelfeldriegel wurde aufgebaut, wenn der Gegner einen besonders gefürchteten Mittelfeldspieler zu bieten hatte, der diesen Extraschutz rechtfertigte (Aufstellung: T–4–5–1).

5. Die Ära der fünf Verteidiger: der Libero

Der in der modernen Fußballwelt herrschende Konkurrenzdruck hat manche Trainer, geschreckt von der Gefahr eines Mißerfolges, so sehr in die Defensive getrieben, daß sie nicht mehr darauf abzielen zu gewinnen, sondern darauf, nicht zu verlieren. Ihnen geht es einzig darum, eine Niederlage zu vermeiden, und zu diesem Zweck haben sie den Verteidigungsriegel bis auf fünf Abwehrspieler erhöht. Vier von ihnen haben bestimmte Zonen im Torbereich zu bewachen oder in der Mann-zu-Mann-Deckung die angreifenden Gegner abzuwehren. Dem fünften, dem sogenannten Libero, fällt eine besondere Aufgabe zu. Er darf sich frei bewegen, da er alles ausputzen muß, was den anderen vier entging. Manchmal arbeitet er hinter den vieren, manchmal vor ihnen, je nach seinem besonderen Talent. Er ist ein Phänomen der siebziger Jahre, auch wenn seine Geschichte weiter zurückreicht. Er wurde nämlich in den dreißiger Jahren von dem österreichischen Trainer Karl Rappan in der Schweiz erfunden und »Riegel« getauft, da er gewissermaßen die Mauer der Verteidigung zu schließen hatte. Strategische Bedeutung erlangte er jedoch erst in den sechziger Jahren in Italien, wo die reicheren Vereine den ärmeren importierte Starstürmer vor die Nase setzten. Um sich dagegen zu schützen, übernahmen sie Rappans »Riegel« und tauften ihn in Catenaccio um. Sie spielten mit einer festen Mauer aus vier Abwehrspielern und einem Libero dahinter, der etwaige Schwierigkeiten auszuräumen hatte. So blieben drei Spieler im Mittelfeld und zwei Angreifer an der Front (Aufstellung: T–5–3–2).

Hauptverfechter dieser ultradefensiven Spielweise war Trainer Helenio Herrera, der sich damit viel Kritik einhandelte. So sprach ein berühmter Funktionär vom »infamen *Catenaccio*«, ein anderer von »Herreras destruktiver Taktik, die den gesamten italienischen Fußball infiziert hat«. Die Kritik ist verständlich, aber noch war nicht alles verloren. Auch die beiden vereinsamten Stürmer sorgten, wenn sie den Ball in atemberaubendem Tempo über das Feld auf das gegnerische Tor zujagten, für ein aufregendes Spiel. Das System erwies sich im übrigen als so erfolgreich, daß es auch von anderen Ländern übernommen wurde und sich in den siebziger Jahren großer Beliebtheit erfreute.

Manche Vereine griffen sogar zu einer noch defensiveren Aufstellung und reduzierten den Sturm auf einen einzigen Mann, gefolgt von vier Mittelfeldspielern und fünf Verteidigern. Dieser einsame Jäger blieb, wenn die anderen die Verteidigung übernahmen, allein im Vorfeld und hoffte darauf, von seinen Mannschaftskameraden durch einen weiten Paß angespielt zu werden (Aufstellung: T–5–4–1).

System T–5–3–2

Dies sind also die fünf Phasen der Fußballstrategie mit ihren vierzehn zunehmend defensiven Systemen. In letzter Zeit sind davon nur noch wenige in Gebrauch; gewöhnlich benutzt man die 4–3–3-, die 4–4–2- oder die 5–3–2-Aufstellung. Die übrigen sind mittlerweile in die Annalen der Fußballgeschichte eingegangen.

Angesichts dieser Entwicklung zum defensiven Spiel hin nach Art mancher Autoren gleich den Untergang des Fußballs zu prophezeien, schießt allerdings übers Ziel hinaus. Schließlich muß bei einem Match immer irgend jemand angreifen, und so wird stets für Aufregung gesorgt sein.

Genaugenommen können Strategien und Systeme das Spiel ohnehin nie wirklich beherrschen, geschweige denn ruinieren, da das Spielgeschehen, die Geschicklichkeit bestimmter Spieler und die Weigerung anderer, sich auf eine Rolle festlegen zu lassen, alle noch so sorgfältig festgelegten Pläne über den Haufen werfen. Einige Trainer versuchen zwar in der Tat, die Individualität der Spieler zu unterdrücken und verlangen blinden Gehorsam gegenüber ihren komplexen theoretischen Schemata, aber selbst solche Zuchtmeister haben letztlich doch keine Gewalt über den Verlauf des Spiels auf dem Feld. Sie können nur zähneknirschend von der Seitenlinie aus zuschauen, wie die Spieler ihre persönlichen Eigenarten entfalten und sich von ihrem Instinkt für das Unerwartete und Nichtvorhersehbare leiten lassen.

Das war immer so und wird auch immer so bleiben, sehr zum Vorteil des Spiels, denn das Element des Unerwarteten ist ein Wesensmerkmal des Fußballs. Allzu gründliches Planen degradiert die Spieler zu Robotern, die zwar eine Niederlage verhüten können, aber die Zuschauer langweilen.

In den letzten Jahren haben einige Trainer die strategischen Probleme gänzlich neu zu lösen versucht, was allgemeine Aufregung entfachte. Sie haben ihren Spielern empfohlen, alle starren Systeme und festen Positionen zu vergessen und »totalen Fußball« zu spielen, wie dieses neue System, das in Holland kreiert wurde, heißt. Dabei ist jeder der zehn Feldspieler gleichzeitig sowohl Angreifer als auch Verteidiger, und jeder ist darüber hinaus in seiner Position durch jeden anderen ersetzbar. Verläßt einer seinen Platz, um den Ball zu verfolgen, schließt ein anderer schnell die entstandene Lücke. Diese fließende Spielweise ermöglicht große Flexibilität und Mobilität auf dem Spielfeld und verwirrt den Gegner, der sein starres Deckungsschema kaum noch anwenden kann. Der einzige Nachteil dieser Spielweise ist, daß sie ein unerhörtes Maß an Verständigungsbereitschaft zwischen den Mannschaftsmitgliedern sowie große körperliche Fitness erfordert. Der »totale Fußballer« muß äußerst intelligent, ein durchtrainierter Athlet und mit einem sechsten Sinn für den Spielmechanismus begabt sein.

Sollte es jedoch einmal gelingen, eine Mannschaft aus solchen Männern aufzubauen und so lange zusammenzuhalten, bis sie instinktiv aufeinander reagieren, dann dürften sie ohne Zweifel die große Gefahr der Zukunft darstellen und die Helden der nächsten Ära im Weltfußball werden.

Neben diesen Fußballstrategien, die sich mit der Verteilung der Spieler über das Feld vor dem Anpfiff beschäftigen, sind noch die Planungsgesichtspunkte zu berücksichtigen, die den gesamten Spielstil festlegen. Auch diese können den strategischen Mitteln zugerechnet werden, da sie vorgeplant sind und das Spiel als Ganzheit betreffen (im Unterschied zu den taktischen Mitteln, die sich mit Teilaspekten befassen).

Zur Stilstrategie gehören zum Beispiel Überlegungen dazu, ob sich eine Mannschaft auf Kurzpässe und Ballbesitz konzentrieren oder im Vertrauen auf mitlaufende Mannschaftskameraden lange Bälle übers Feld schlagen soll. Die erste Strategie wird in der Regel wendigen Mannschaften empfohlen, während die zweite den etwas ungelenkeren, zäheren zugute kommt.

Die Stilstrategie entwickelt Vorschriften wie die, direkt aufs Tor zu zielen oder den Ball aus einer seitlichen Position heraus nach vorn zu treiben. Hierher gehört auch die Anweisung, aggressiv zu spielen und alles auf eine Karte zu setzen oder defensiv zu spielen und nichts zu riskieren. Der Trainer kann im Interesse der Stilstrategie seiner Mannschaft empfehlen, weitgehend »ohne Ball« oder nach dem Rezept »langsam/schnell« zu spielen, das heißt, nach einem bewußt langsamen Aufbau blitzschnell loszustürmen, um den Gegner zu über-

Das letzte Glied einer langen Kette von Aufstellungen ist der »totale Fußball«, von den Holländern eingeführt, um der engen Manndeckung ein Schnippchen zu schlagen und die Flexibilität wieder zu steigern. Jeder Feldspieler ist ein »totaler« Spieler, der auf jeder Position spielen soll, angefangen von der hintersten Verteidigung bis zur vordersten Angriffsreihe, und der in der Lage sein soll, sofort den Platz eines Mannschaftskameraden einzunehmen, wenn es der Lauf des Balles so verlangt.

rumpeln. Weitere Stilstrategien sind die Abseitsfalle, die von Dr. Willy Meisel erfundene Dauerrotation der Feldspieler sowie die Techniken der Raum- bzw. Mann-zu-Mann-Deckung.

All dies sind strategische Mittel, denn sie betreffen das ganze Match und bilden die Grundlage des Spielstils für die entscheidenden neunzig Minuten. Darin unterscheiden sie sich von den taktischen Mitteln, die das nächste Kapitel behandelt. Dies sind Mittel zur Lösung bestimmter Einzelprobleme in einem ganz bestimmten Augenblick des Spiels.

9 Die Stammestaktiken

DRIBBELN UND SCHIESSEN

Die Taktiken des Stammes verfolgen nur zwei Ziele: selbst Tore zu schießen und die des Gegners zu verhindern. Darüber hinaus gibt es keine in den Spielregeln verankerten, komplizierten taktischen Vorschriften. Deshalb kann selbst ein Außenstehender dem Spiel ohne weiteres folgen. Ganz anders dagegen liegen die Dinge zum Beispiel beim *American Football,* dessen außerordentlich komplexe Züge einen Neuling verwirren und in ihrer Feinheit nur von Experten gewürdigt werden können. Das soll allerdings nicht heißen, daß Fußball ein grobes Spiel ohne Überraschungen wäre. Seine Stärke liegt vielmehr gerade darin, daß er nur wenige, dafür aber äußerst variable und flexible taktische Züge kennt, deren stilistische Ausführung überaus faszinierend ist.

Wenn ein Spieler im Ballbesitz ist, stehen ihm taktisch gesehen lediglich die folgenden fünf Möglichkeiten offen.

1. Schuß und Treffer

Natürlich träumt jeder Spieler davon, den Ball vor die Füße zu bekommen, wenn er in einer günstigen Position vor dem gegnerischen Tor steht. Eine solche Chance gibt es jedoch, wie zu erwarten, im Verlauf eines Kampfes nicht oft. Bietet sie sich aber dennoch einmal, muß er sie unverzüglich und blitzschnell wahrnehmen. Auch nur den Bruchteil einer Sekunde zu zögern, kann bedeuten, daß die Gelegenheit verpaßt ist. Erstaunlicherweise reagieren aber viele nicht gerade zur Spitzenklasse zählende Spieler im entscheidenden Moment zu langsam. Manche scheinen durch das ungedeckte Tor, das sich gähnend vor ihnen auftut, wie gebannt oder können einfach nicht an ihr unerwartetes Glück glauben. Ehe sie sich wieder gefangen haben, ist es schon zu spät. Vor ihnen schießt ein gegnerischer Verteidiger aus dem Boden und sperrt ihnen den Weg zum Tor.

Natürlich gibt es verschiedene Torschußpraktiken. So kann der Spieler den Ball mit dem Fuß stoppen, zielen und das Leder mit einem gewaltigen Schuß ins Tor befördern oder bei einem Torgerangel geschickt hineinstoßen. Er kann den Ball hoch in die Luft schlagen, so daß er von oben ins Tor fällt, oder ihn in einem flachen Schuß direkt über den Rasen treiben. Er kann ihn ins Tor köpfen, indem er ihn entweder mit einem aufsehenerregenden Sprung hochstößt oder einfach mit der Stirn antippt, oder er kann ihn im Flug nehmen und mit großer Kraft weiterschlagen, und schließlich kann er ihn um einen im Weg stehenden Gegner herumspielen, indem er den sogenannten »Bananenschuß« anwendet.

Die Zuschauer bevorzugen ein »gutes Tor«, das heißt einen Schuß aus beträchtlicher Entfernung, der den Ball wie eine Kugel durch die Luft ins Tor plaziert. Als »schlechtes« oder »armseliges« Tor gilt es, wenn der Ball bei einem Torgerangel ins Netz gestoßen wird oder nur langsam hineinrollt und mit Mühe und Not sein Ziel erreicht. Gleichviel jedoch, ob ein Tor stilistisch gut oder schlecht war, es wird in jedem Fall gezählt. Die Qualität des Schusses wird nicht bewertet. Würde ein Tor, das von außerhalb des Strafraums geschossen wurde, wie zwei Treffer gewertet, gäbe es vielleicht mehr der bei den Zuschauern so beliebten »schönen« oder »guten« Tore, es würde aber dadurch eine Komplikation ins Fußballspiel gebracht, dessen Charakteristikum, wie wir schon verschiedentlich gesehen haben, seit jeher die Einfachheit war.

2. Lauf und Risiko

Kommt ein Spieler in Ballbesitz, wenn seine Position ihm keinen Torschuß erlaubt, dann hat er mehrere Möglichkeiten. Die wirksamste ist, dribbelnd nach vorn zu laufen und Gegner um Gegner zu umspielen, bis er dem Tor nahe genug ist, um einen Schuß zu riskieren. Das war das bis zur Nachkriegszeit beliebteste Angriffsspiel. Es gab Dribbler von sensationeller Geschicklichkeit und Eleganz, die durch allerlei Finten und unerwartete Haken einen Gegner nach dem anderen austricksten, bis sie auf Schußweite ans Tor herangekommen waren. Heutzutage wird auf das Dribbeln mehr oder weniger verzichtet, obwohl es, wenn es geboten wird, den Zuschauern noch immer Begeisterung entlockt.

Der wichtigste taktische Schachzug im Fußball ist derjenige, der dem Schuß ins gegnerische Netz vorausgeht. Alle anderen taktischen Möglichkeiten verblassen neben der Fähigkeit, zu *schießen und Tore zu erzielen* (rechts oben und unten).

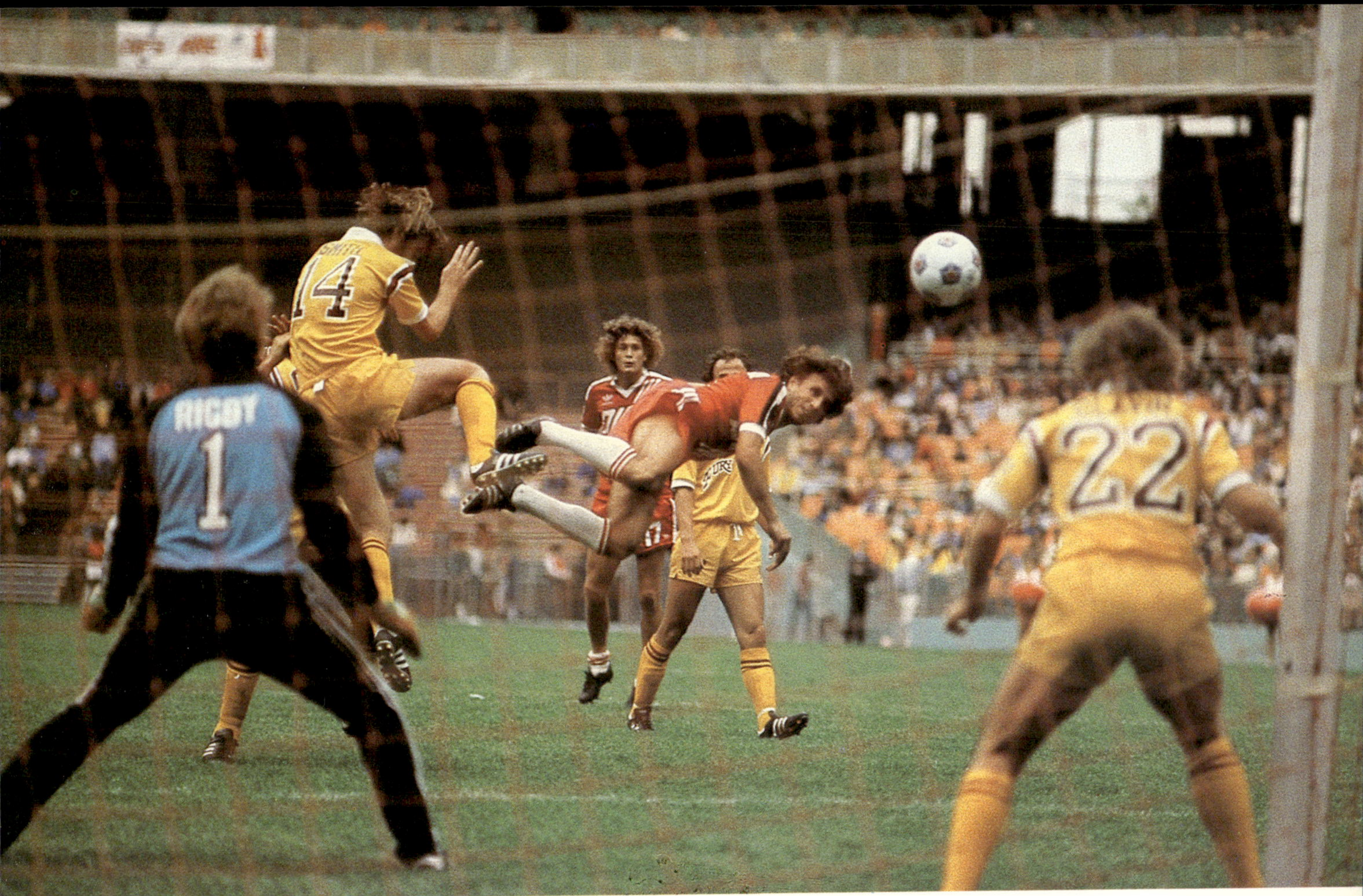
RIGBY
1
14
22

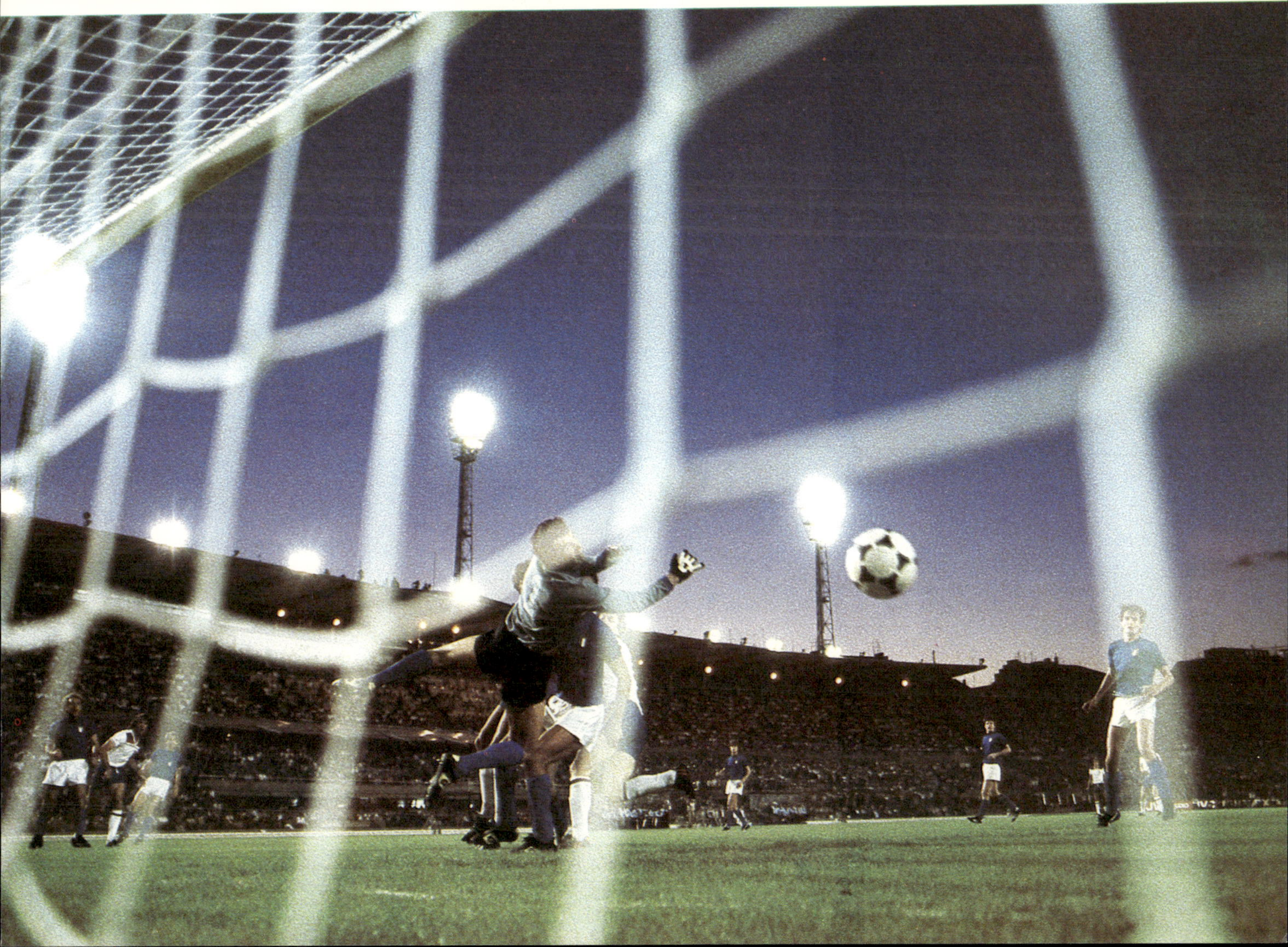

3. Zielsicherheit und Paß

Ist der Spieler im Ballbesitz durch einen oder mehrere Gegner blockiert, dann hat er die Alternative, den Ball statt zu dribbeln an einen freistehenden Mannschaftskameraden weiterzugeben. Da ihm der Ballbesitz viele Gegner auf den Hals gehetzt hat, sind die Chancen, daß ein Mitspieler mit dem Ball weiterdribbeln kann, bei einem langen Paß größer als bei einem kurzen, doch letzterer kann präziser getreten werden. Das heißt, lange Pässe sind wertvoller, kurze sicherer, und so braucht der Spieler jedesmal, wenn er sich entscheiden muß, welchen Mannschaftskameraden er anspielen soll, sowohl »Fußballintelligenz« als auch Zielsicherheit. Das ist einer der Gründe dafür, daß Spitzenfußball immer einfallsreichere Spieler erfordert und die alte Witzfigur des ebenso dummen wie rohen Fußballhelden längst überholt ist.

Das Übergewicht des Paßspiels über das Dribbling wird zwar von manchen Kritikern bemängelt, aber eine Kombination schneller Pässe kann unbestreitbar ein elegantes und reizvolles Angriffsspiel ergeben. Mit Dreiecksspiel, Querpässen, Flanken, Diagonalpässen, Rückpässen und Doppelpässen wird der Gegner übertölpelt und verwirrt. In all diesen Fällen wird der Ball einem Mannschaftskameraden direkt zugespielt. Einzig beim Steilpaß wird er an eine Stelle geschossen, die der Empfänger noch nicht erreicht hat, auf die er aber aus Leibeskräften zuläuft. Diese Taktik hat den Vorteil, die Abseitsregel zu umgehen, und wird deshalb gern bei Spielen angewandt, in denen der Gegner schon wiederholt geschickte Abseitsfallen gestellt hat.

Eine Schwäche hat das Paßspiel gegenüber dem Dribbeln allerdings, es erlaubt nämlich einem feigen Spieler zu verbergen, daß er den Mut oder die Entschlußkraft verloren hat, sich dem Gegner im direkten Kampf zu stellen. Ein scheinbar kluger Paß deckt all seine Ängste gnädig zu, auch wenn er in Wirklichkeit in dem Augenblick, in dem er den Ball erhielt, nur danach trachtete, ihn so schnell wie möglich loszuwerden, um nicht in Schwierigkeiten zu geraten. Und so gibt er ihn, nicht ohne einen Seufzer der Erleichterung über die abgewandte Gefahr, in einem imponierend schnellen und genauen Paß an einen Mitspieler weiter. Ein solcher Paß mag durchaus nützlich sein; aber es wäre vielleicht gewinnbringender gewesen, wenn der Spieler kehrtgemacht und mit dem Ball zum Angriff angesetzt hätte. Gelegentlich ist der feige Paß nicht einmal nützlich, sondern schiebt nur die eigenen Schwierigkeiten auf den Mitspieler ab. Ist der selbst von Gegnern bedrängt und verliert den Ball, gerät er unfairerweise in den Geruch eines schlechten Spielers, während der Feigling ungeschoren als ein von seinem Kameraden im Stich Gelassener davonkommt. Nutznießer ist in diesem Fall natürlich die gegnerische Mannschaft.

4. Schuß und Hoffnung

Neben Dribbeln und Paß gibt es noch eine dritte Möglichkeit der Weitergabe, nämlich das Leder unter Aufbietung aller Kräfte übers Feld zu treiben und aufs Beste zu hoffen. Dabei wird nicht besonders gezielt, sondern man schlägt den Ball einfach ins feindliche Territorium, auf die Gefahr hin, daß er dabei an die gegnerische Mannschaft verlorengehen kann. Wiederholt und einfallslos angewandt, ist diese Taktik ein Zeichen für eine wagemutige Mannschaft ohne besondere Ballbeherrschung. Sparsam und sinnvoll eingesetzt dagegen kann sie ein wertvoller Ausweg in Augenblicken der Panik und des nahenden Verhängnisses sein. Der Verteidiger, der den Ball aus einem Torgerangel akrobatisch mit dem Absatz wegstößt, kann in diesem Augenblick für seine Mannschaft zum Retter in der Not werden. Selbstverständlich kümmert ihn weder, wo der Ball landet, noch wer ihn bekommt, gilt es doch in diesem Moment einzig und allein, dem Gegner die Schußmöglichkeit aus bedrohlicher Nähe zu nehmen.

Aber nicht nur der Verteidiger treibt gelegentlich nach dem Motto Schießen und Hoffen einen Ball optimistisch feldeinwärts, sondern auch der Angreifer kann sich dieser Taktik in

Die Lust am *Rennen und am Risiko* – den Ball wiederholt an gegnerischen Verteidigern vorbeizudribbeln (links) – wurde in den letzten Jahren bis zu einem gewissen Grad zugunsten einer *Abspiel- und Paßtechnik* (rechts) aufgegeben.

der Nähe des gegnerischen Tors bedienen, wenn er nämlich mit dem Rücken dazu steht und nicht mehr die Zeit hat, sich zu drehen. In diesem Fall stößt er den Ball einfach rückwärts, in der Hoffnung, er werde auf einen Mannschaftskameraden in Schußposition treffen oder von einem gegnerischen Spieler abprallen und zufällig ins Tor rollen oder womöglich auf direktem Wege im Tor landen. Das Ziel liegt nur vage fest und wird blindlings anvisiert; der Löwenanteil bleibt dem Zufall überlassen. Aber im Chaos eines Torgerangels sind die Chancen relativ groß, und so kann ein solcher Rückzieher, geschickt ausgeführt, den Spielausgang entscheidend beeinflussen.

Der Torwart hat seine eigene Version von Schuß und Hoffnung: den Abstoß vom Tor, möglichst weit in die gegnerische Spielhälfte hinein. Etwas Besseres scheint ihm, zumindest wenn er den Niederungen der Fußballerwelt angehört, nicht einzufallen, obwohl die Chancen, daß der durch die Luft ins gegnerische Territorium fliegende Ball von einem seiner Mannschaftskameraden erwischt wird, nicht größer als fünfzig zu fünfzig sind. Mit ziemlicher Wahrscheinlichkeit wird das Leder innerhalb weniger Sekunden wieder seinem Kasten zujagen. Dennoch scheinen manche Torhüter aus dieser Erfahrung nicht zu lernen. Ihnen

Ist genaues Abspiel nicht möglich, so probiert ein Spieler gelegentlich die etwas verzweifelte Taktik von *Schießen und Hoffen*. Dabei drischt er den Ball für gewöhnlich in eine Spielertraube in der Nähe des gegnerischen Tors. Ab und zu jedoch versucht er auch mal einen grob in Richtung Tor gezielten spektakulären Rückzieher. In dem hier gezeigten Fall (oben) brachte dieser tolle Schuß das Siegestor in einem Liga-Pokalendspiel.

scheint das Vertrauen in die Pässe ihrer Mitspieler zu fehlen, und sie fühlen sich offenbar erst sicher, wenn der Ball so weit von ihrem Strafraum entfernt ist, wie ein Menschenbein ihn zu stoßen vermag. Erstklassige Torhüter dagegen rollen, werfen oder stoßen den Ball sanft einem ihrer Verteidiger zu und überlassen es diesem, ihn ins Feld hinaus zu spielen. Den riskanten Weitschuß verwenden sie nur, wenn das Spiel seinem Ende zugeht und seine Mannschaft vor dem Schlußpfiff unbedingt noch ein Tor benötigt.

5. Auf Nummer Sicher spielen

Es gibt Augenblicke, in denen selbst dem mutigsten Spieler nichts anderes übrigbleibt, als auf Nummer Sicher zu spielen, will er ein gegnerisches Tor verhüten. Dafür hat er die Wahl zwischen drei Möglichkeiten, die bei den Zuschauern sämtlich ebenso unbeliebt sind wie sie von schlechteren Mannschaften überstrapaziert werden, die in Ausnahmesituationen aber durchaus gerechtfertigt sind. Er kann den Ball über die Seitenlinie dribbeln, ihn in die Torauslinie spielen oder Zuflucht zum Rückpaß nehmen. Ziel ist in keinem der drei Fälle, den Spielfluß zu erhalten, sondern im Gegenteil eine kurze Pause zu gewinnen, um die eigene Mannschaft in Sicherheit zu bringen. Der verhaßteste Zug des ganzen Spiels ist zweifelsohne der Rückpaß, wahrscheinlich weil er einen duckmäuserischen Rückzug einzuläuten scheint, da der Ball nicht mehr gegen das gegnerische Tor gespielt, sondern ängstlich in die schützenden Hände des eigenen Torhüters zurückgegeben wird, und diese Taktik wird von den Zuschauern, die auf jede Art des Rückwärtsspiels mit Mißfallenskundgebungen reagieren, mit Buhrufen quittiert. Aber so oft die Kritik auch berechtigt sein mag, im Augenblick, da ein gegnerischer Stürmer plötzlich wie aus dem Boden geschossen vor ihm auftaucht, gibt es für den in die Enge getriebenen Verteidiger nur eine sinnvolle Lösung: den Rückpaß zum Torhüter, ganz gleich wie unbeliebt er ihn bei den ungeduldigen Zuschauern macht.

Dies sind die fünf grundlegenden taktischen Züge, die dem Spieler im Ballbesitz offenstehen. Unterstützt wird er in jedem Fall durch seine Mannschaftskameraden, die mit ihm nach vorn laufen können, um einzuspringen, falls er den Ball abgeben muß, oder die eine Position einnehmen können, die nach den zu erwartenden nächsten Zügen günstig sein könnte, oder die den Gegner durch allerlei Täuschungsmanöver irreführen und ablenken können.
Natürlich können auch die Gegner des Ballbesitzers zwischen verschiedenen Reaktionsmöglichkeiten wählen.

1. Angreifen und Ballabjagen

Das erfordert, kühn mit Fuß oder Kopf um den Ballbesitz zu kämpfen. Da die Spielregeln jedoch alle heftigen Körperkontakte, mit Ausnahme des Rempelns mit der Schulter, verbieten, besteht die Gefahr, daß der Schiedsrichter einen heftigen Angriff als Foul wertet und der gegnerischen Mannschaft einen Freistoß einräumt. Diese Überlegung bremst die Draufgänger bis zu einem gewissen Grad, aber zum Glück haben die Schiedsrichter die Foulregel seit eh und je praktisch ausgelegt und viele zufällige Zusammenstöße, die unvermeidlich sind, durchgehen lassen. Gewöhnlich pfeifen sie nur ab, wenn sie den Eindruck haben, daß absichtlich gefoult wurde. Sonst lassen sie weiterspielen, obwohl sie theoretisch einen Regelverstoß anzeigen müßten. Bei einer solch strikten Handhabung der Regeln aber würde sich das Spiel nur noch mühselig von Unterbrechung zu Unterbrechung dahinschleppen und viel von seinem Schwung verlieren.
Bestimmte Angriffskategorien gibt es nicht, ausgenommen vielleicht die, sich dem Gegner zwischen die Beine zu werfen. Bei dieser Taktik hat der Angreifer die Hoffnung, den Ball für sich zu gewinnen, längst aufgegeben und versucht nur noch, ihn seinem Feind abzunehmen. Zu diesem Zweck wirft er sich mit den Füßen voran zu Boden, so daß er den Ball vom Gegner wegstoßen kann. Es ist ein Verzweiflungsangriff, denn da der mutige Spieler selbst am Boden liegt, hat er kaum eine Chance, den freigewordenen Ball an sich zu bringen. Der kann leicht einem Spieler der gegnerischen Mannschaft vor die Füße rollen oder auch im Aus landen, aber immerhin ist die Wucht des Angriffs – zumindest für den Augenblick – gebrochen.
Gelegentlich aber wird diese Taktik auch als Deckmantel eigener Schwächen mißbraucht. Immer jedoch nimmt sie sich, vornehmlich auf einem nassen, verschlammten Rasen, äußerst

Wenn ein Mannschaftskamerad in Ballbesitz ist, muß ein Spieler stellungsmäßige, ablenkende oder unterstützende Taktiken entwickeln (unten).

dramatisch aus und gibt den Zuschauern das Gefühl, ihr Verteidiger habe sein möglichstes getan. An diesem Eindruck ändert sich auch dann nichts, wenn der Trick mißlingt und der gegnerische Spieler mit dem Ball weiterspurtet und ein Tor schießt. Nach Ansicht vieler Trainer hätte er freilich seinen Gegner lieber auf ganz gewöhnliche Weise verfolgen und auf den Füßen bleiben sollen, um den Ball auch weitergeben zu können. Einmal am Boden, ist er aller Pflichten ledig und trägt keine Verantwortung für das, was unmittelbar nach seinem Angriff geschieht. Diese Taktik ist also ein ruhmreicher Ausweg für Spieler, die bei der Verfolgung eines raschen Stürmers nicht mehr schnell genug sind. Dennoch kann sie in Augenblicken drohender Gefahr, sinnvoll angewandt, die kämpfende Mannschaft vor einem Unglück bewahren.

2. Abfangen und Klären

Statt den Gegner, der sich im Ballbesitz befindet, direkt anzugreifen, kann ein Spieler auch versuchen, den Ball im Flug abzufangen, sei es durch einen großartig berechneten Lauf, der einen eventuellen Paß »stiehlt«, sei es durch einen Luftsprung, der darauf abzielt, die Flugbahn des Balles durch Kopfstoß zu verändern. Handelt es sich um einen Freistoß, kann der mutige Verteidiger sich als Bindeglied einer »Mauer« dem Angreifer direkt in den Weg stellen, wobei er allerdings einen schmerzhaften Schlag riskiert. Für den Torwart ist es die wichtigste Aufgabe, auf sein Tor abgefeuerte Schüsse abzufangen. Er benutzt dazu im Gegensatz zu den anderen Spielern nur selten den Kopf oder Fuß, sondern fängt den Ball meistens mit den Händen oder schlägt ihn notfalls mit den Fäusten aus der Gefahrenzone.

3. Stellungsdruck

Die gegnerische Mannschaft wird auch ohne Ball kaum aufhören, Stellungsdruck auszuüben. Sie wird vielmehr ihre Verteidigung dauernd dem Fluß des Angriffs anpassen und bestrebt sein, die Spieler im Ballbesitz nach Kräften zu stören. Die einfachste Möglichkeit, das zu erreichen, ist, eine Stellung zu beziehen, die einem Sprint oder Paß den Weg versperrt. Schnelles Sprinten ist aus dem modernen Fußball nicht mehr wegzudenken. Die meisten heutigen Spieler sind, verglichen mit den recht steifen und staksigen Stars früherer Jahre, brillante Athleten.

Das Stellungsspiel hat aber auch noch einige fragwürdige Varianten, darunter die frustrierende Abseitsfalle, bei der alle Verteidiger wie auf Befehl gleichzeitig nach vorne laufen, um einen Angreifer zu Fall zu bringen und ins Abseits zu drängen. Gelingt ihnen das, dann haben sie nicht nur den Angriff niedergeschlagen, sondern ihrer eigenen Mannschaft obendrein einen Freistoß gewonnen.

Zu einer regelrechten Kunst hat sich die Mann-Deckung entwickelt, bei der sich ein Verteidiger einem Schlüsselspieler in schon fast unverschämter Weise so an die Fersen heftet, daß beide oft wie durch ein unsichtbares Band zusammengehalten scheinen. Dabei kommt es in Momenten, da der Ball unerreichbar ist, zu heftigen Zusammenstößen. Der unablässig Beschattete wird durch seinen Verfolger bis zum äußersten gereizt, und wenn die Augen des Schiedsrichters (und die der Zuschauer) von einem dramatischen Ereignis am anderen Ende des Spielfelds gebannt sind, macht er seiner Wut durch einen Stoß nach hinten mit dem Ellbogen oder mit dem Absatz Luft und wirft seinen »Schatten« einfach zu Boden.

Umgekehrt mag der Bewacher seinerseits eine Gelegenheit abpassen, um seinen Gegner von hinten unschädlich zu machen. Die beiden Kontrahenten sind einander dabei so nahe, daß der Vorfall von den Zuschauern unbemerkt bleibt, solange sich der verletzte Spieler nicht vor Schmerzen auf dem Rasen windet. In dem Augenblick ist der Schatten natürlich wie vom Erdboden verschluckt, weit und breit ist kein Schuldiger dingfest zu machen, und obwohl offensichtlich ein Foul begangen wurde, ist der Schiedsrichter machtlos.

4. Geschenk des Zufalls nutzen

Gelingt es einem Spieler nicht, den Ball durch einen Angriff auf den Gegner an sich zu bringen oder ihn abzufangen, dann kann er nur darauf hoffen, daß er ihm gewissermaßen als Geschenk vor den Fuß plaziert wird, indem er entweder unerwartet seinen Weg kreuzt oder irgendwo abprallt und in seine Richtung springt. Auf einen solchen Zufall müssen die Spieler immer vorbereitet sein. In jedem Match, so kontrolliert, durchdacht und geschickt es auch gespielt sein mag, kommt es vor, daß der Ball einmal herrenlos übers Feld rollt und schnelles Reaktionsvermögen des gegnerischen Teams den Spielausgang entscheidend beeinflussen kann. Mittelmäßige Spieler sind leider, wenn ihnen der Ball wie durch Zauber-

Ständige Mann-gegen-Mann-Deckung eines Starspielers geht manchmal so weit, daß die beiden Gegner wie aneinandergeklebt erscheinen. Zu weit getrieben kann diese Form von *Stellungsdruck* zu Frustrationen und bösartigem Spielen führen, aber viele Spitzenspieler lernen, damit als unvermeidlichen Preis ihres Könnens zu leben.

Abgesehen von Angriff, Abfangen und Stellungs-spiel mag ein Spieler auch gelegentlich durch reinen Zufall (oben) in Ballbesitz gelangen, wenn er ihm plötzlich vor die Füße rollt oder von oben herabfällt. Er muß sofort bereit sein, das *Geschenk zu nutzen* und darf in seiner Reaktion nie zögern.

kraft plötzlich vor den Fuß rollt, für den Bruchteil einer Sekunde vor Überraschung wie gelähmt, und schon ist das Geschenk des Zufalls vertan.

Das sind die grundlegenden taktischen Möglichkeiten, die dem heutigen Fußballer zur Verfügung stehen. Abgesehen von den speziellen Taktiken, die bei den sieben festgelegten Schüssen: Anstoß, Einwurf, Abstoß, Eckstoß, Freistoß, Schiedsrichterball und Strafstoß, angewandt werden, sind die genannten vier auf sämtliche Situationen, in die ein Spieler bei einem Match geraten kann, anwendbar. Offensichtlich ist die Fußballtaktik also nicht allzu schwer zu begreifen, weshalb denn auch eine Gruppe von zweiundzwanzig Schuljungen ohne besondere Ausbildung in diesem Sport ein durchaus gutes, interessantes Spiel bieten kann. Trotzdem strotzen die Handbücher der Trainer von komplizierten Diagrammen und Tabellen, geschmückt mit phantasievollen Girlanden aus gestrichelten Linien, Pfeilen und Symbolen. Es ist unwahrscheinlich, daß viele Spieler sich die Mühe machen, diese Handbücher zu studieren, vielmehr verlassen sie sich lieber auf ihre Intuition und ihre Spielerfahrung. In der Tat läuft ein Fußballer, der allzu analytisch vorgeht und sich allzusehr von technischen und theoretischen Informationen leiten läßt, Gefahr, sein spontanes Reaktionsvermögen einzubüßen, das Schwung ins Spiel bringt und große Kämpfe entscheidet.

10 Die Stammesversammlung

ANMARSCH UND ANHEIZEN

Am Morgen eines wichtigen Spiels erwachen die Stammesangehörigen mit einem Kribbeln in der Magengegend, hervorgerufen von jener wohlbekannten Mischung aus Aufregung und Angst, und fragen sich bang, ob sie am Spätnachmittag hocherhobenen Hauptes oder mit gesenktem Kopf heimkehren werden.

Beim Anziehen versäumen sie nicht, ihr Maskottchen, ihr Amulett oder ihren Talisman einzustecken und in ihr Glücksgewand zu schlüpfen, das sie immer tragen, wenn ihre Mannschaft spielt, angeblich nur zum Spaß, in Wirklichkeit aber, weil sie sich ohne diese Glücksbringer nicht wohl fühlen würden.

Wenn sie dann auf dem Weg zum heiligen Rasen Freunden und Bekannten begegnen, versichern sie einander unermüdlich, daß am heutigen Sieg nicht der geringste Zweifel bestehe, daß der Gegner besiegt, ja sogar vernichtend geschlagen und beschämt heimgeschickt werde. Wer dumm genug ist, zu widersprechen, wird schleunig zum Schweigen gebracht, denn schon hat der Stammeszauber zu wirken begonnen. Nur die Möglichkeit einer Niederlage zu erwähnen könnte Unglück bringen. Durch einen solchen Mangel an Loyalität könnten die Götter verärgert werden.

Im Stadion wird unterdessen der Rasen geprüft, im Büro sortiert man die Flut der eingegangenen Anfragen, die Platzordner treffen ein, die Drehkreuze werden besetzt, und die Programmverkäufer verteilen sich auf ihre Plätze. Vor den Toren warten bereits die ersten

Sobald es auf Spielbeginn zugeht, erwacht die Gegend um das Stadion herum zum Leben. Erwartungsvolle, die Clubfarben tragende Fans eilen zu den Drehkreuzen (unten links), der Bus mit den Gästespielern schiebt sich langsam durchs Gedränge ins Stadion (rechts), und die Programmverkäufer nehmen ihre Posten ein (unten rechts).

Fans, unaufhaltsam rollt der hellschimmernde Bus der gegnerischen Mannschaft heran, und aus den Fenstern schauen die Spieler auf die fremden Farben der Schals und Hüte im dichter werdenden Gewimmel der Schlachtenbummler. Dieser Anblick erinnert sie nur allzu lebhaft daran, wie weit sie von zu Hause weg sind und wie viele Stimmen sich in etwa einer Stunde gegen sie erheben werden.

Auf dem für die Gäste reservierten Parkplatz hält der Bus, die Tür öffnet sich, und mit einem Schlag gewinnt die Spannung, die schon lange schwelte, die Oberhand. Das gegenseitige Frotzeln und Kartenspielen, womit sie sich die lange Fahrt verkürzten, sind vergessen.

Während sie zielstrebig auf die Umkleidekabinen für auswärtige Spieler zusteuern, begegnen sie vielleicht Mitgliedern der Heimmannschaft, die auch allmählich eintreffen, aber beide Seiten nehmen keinerlei Notiz voneinander. Vor dem Spiel hütet sich nämlich jede Partei, Kontakt zum Gegner aufzunehmen, aus Angst, ihm damit einen Vorteil einzuräumen.

Nun öffnen sich die Tore für die Fans, die sich in Scharen ins Stadion ergießen und die Ränge füllen. Erste Stammesgesänge ertönen, aus den Lautsprechern plärrt Popmusik, und die Abonnenten drängeln sich auf altvertrauten Schleichwegen zu ihrem Lieblingsplatz durch, wo sie sich in die Mannschaftsaufstellung im Programmheft vertiefen. Die Vorstände versammeln sich im Sitzungszimmer zum Begrüßungsritual, und Reporter und Kommentatoren stärken sich in einer der Bars mit einem letzten Schluck, ehe sie in die Presseboxen hinaufsteigen. Am anderen Ende des Spielfeldes werden unter den wachsamen Blicken der Polizei, die die Gefahr eines Krawalls nach dem Match abzuschätzen versucht, die Anhänger des Gastvereins wie eine Herde Wildpferde im für sie reservierten Pferch zusammengetrieben, während sich tief unter der Haupttribüne der Schiedsrichter und seine Linienrichter in düsteres Schwarz kleiden, als gälte es einen unbekannten Toten zu betrauern.

In den beiden Umkleideräumen bereiten sich die Spieler auf den bevorstehenden Kampf vor: Ehe der Nachmittag um ist, werden einige von ihnen vielleicht schwere Platzwunden

oder Abschürfungen, manche sogar ernstliche Verletzungen davongetragen haben. Bereits jetzt gibt es feuchte Handflächen. Abergläubische Rituale werden getreulich erfüllt. Die Extravertierten lärmen und witzeln nervös; die Introvertierten widmen sich mit übertriebenem Eifer kleinen Handgriffen, die die Zeit vertreiben helfen: Schuhe zuschnüren und bandagieren, Schienbeinschützer, Stollen und alles mögliche, was gar keiner Überprüfung bedarf, untersuchen, Lockerungsübungen und Muskeltraining. Der Geruch von Einreibemitteln hängt in der Luft. Der Trainer zieht seine letzten Runden, teilt gute Ratschläge und ermutigende Worte aus, die nicht nur Anweisungen in letzter Minute sind, sondern auch das Vakuum des Wartens ausfüllen.

Draußen beben die Ränge vor Erregung. Die lautsprecherverstärkte Popmusik kämpft einen aussichtslosen Kampf gegen die Sprechchöre der Schlachtenbummler, die sich gegenseitig mit saftigen Beleidigungen aufreizen und ihre eigene Mannschaft in den Himmel heben. Plötzlich kracht es im Lautsprecher, die Musik bricht ab, und eine Stimme gibt die Namen der Spieler bekannt, die von ihren Anhängern mit Hochrufen und von ihren Gegnern mit Schmähungen begrüßt werden. Nur die Vorstandsboxen stehen jetzt noch leer.

Linke Seite: In manchen Ländern werden Mädchenteams eingesetzt, um die Stammeshelden in der Arena willkommen zu heißen und um die Aufregung der Zuschauer noch zu steigern. Spärlich bekleidete Einpeitscher sind bei amerikanischen Spielen ein weitverbreiteter Anblick (links oben), tauchen aber ebenso vor dem Spiel in Afrika (links unten), Japan (oben) und anderswo auf.

Rechte Seite: Seit frühesten Fußballtagen sind große Kapellen bei wichtigen Spielen vor dem Anstoß auf dem Rasen aufmarschiert und haben dem Wettkampf einen deutlich militärischen Charakter verliehen. Diese Form des Anheizens (unten in England und oben von links nach rechts in Argentinien, Schottland und Italien) hat sich mittlerweile über den ganzen Globus ausgebreitet.

Unten zerreißt nun das von den Spielern wie von Pawlowschen Hunden erwartete Geräusch die Luft: der Pfiff des Schiedsrichters, der die Spieler auf den Platz beordert. Er ist auch im Sitzungszimmer zu hören, wo sich die Stammesältesten nun den Mantel überziehen und die Stufen zu ihren Plätzen hinaufsteigen. In den beiden Umkleideräumen hat der Pfiff einen dramatischen Stimmungsumschwung bewirkt. Die Spieler gehen aufeinander zu, schütteln sich gegenseitig die Hand und wünschen einander Glück. Dann stellen sie sich in einer Reihe an der Tür auf, und die Stollen ihrer Schuhe klappern auf dem harten Boden, während sie die Beine lockern, ungeduldig, endlich den Rasen unter den Füßen zu spüren und die Bewegungsfreiheit des Spielfeldes zu haben. Schnell wechselt der eine oder andere noch seinen Platz, bis er die Position erreicht hat, die sein Aberglaube erfordert. Und dann geht endlich die Tür auf, und die Spieler laufen durch den Tunnel hinaus in die Weite der Arena.

Bei weniger wichtigen Spielen laufen die Mannschaften getrennt ein, denn sie vermeiden selbst jetzt noch eine unmittelbare Begegnung. Bei Entscheidungskämpfen dagegen haben die Spieler noch eine letzte Geduldsprobe zu bestehen, das Ritual des feierlichen Einzugs. Beide Teams müssen sich nebeneinander im Tunnel aufstellen und Seite an Seite auf den Platz hinauslaufen. Aber obwohl nur ein paar Schritte sie voneinander trennen, schauen sie einander auch jetzt noch nicht an. Statt dessen hüpfen sie nervös herum, vollführen kleine Luftsprünge und strecken sich, probenden Ballettänzern ähnlicher als Sportlern vor dem Kampf. Riskieren sie dennoch einen verstohlenen Blick auf den Gegner, so schauen sie ihm nicht ins Gesicht, sondern auf seine Beine, die auf einmal beängstigend kräftig und muskulös wirken, ganz so, als könnten sie Knöcheln und Fersen, Waden und Knien übel zusetzen. Aber wenn das Zeichen zum Einmarsch ertönt, fegt das immer stärker anschwellende Ge-

Bei Routinespielen erscheinen die Mannschaften getrennt auf dem Rasen (oben), doch bei wichtigen Begegnungen (unten) marschieren sie Seite an Seite zeremoniell ins Stadion ein, wie Gladiatoren bei Betreten des Kolosseums. Bei wahrhaft bedeutenden Gelegenheiten wird ihr Auftritt durch den Massenaufstieg bunter Ballons (rechts) oder durch andere sorgfältig vorbereitete Schauspiele angekündigt.

brüll der begeisterten Fans auf den Rängen alle derartigen Empfindungen beiseite. Das Gefühl, Hauptakteure in einer großen Stammesversammlung zu sein, läßt sie alle privaten Sorgen vergessen, und sie geben sich dem magischen Sog der Bewegung auf dem offenen Rasen hin.

Bei ganz besonderen Anlässen finden vor Spielbeginn noch turnerische oder musikalische Darbietungen statt. Währenddessen vertreten sich die Spieler die Beine und proben Übungsschüsse; aber mit dem Schluß des Vorspiels ändert sich schlagartig die Atmosphäre. Die Übungsbälle werden eingesammelt, die Balljungen beziehen Position, und Schiedsrichter und Linienrichter laufen zum feierlichen Münzenwurf zur Mitte des Spielfelds.

Die Münze wird geworfen, die Platzhälften werden gewählt. Bei einem internationalen Spiel begrüßen sich die Mannschaftskapitäne nicht nur mit Handschlag, sondern tauschen Wimpel als Souvenirs aus, deren sie sich freilich ungeschickt und möglichst schnell wieder entledigen, um ihre Plätze einzunehmen. Mit einem Gemisch aus Erleichterung darüber, daß das Spiel endlich beginnt, und wachsender physischer Spannung beziehen die Mannschaften Position. Der Schiedsrichter legt den Ball auf den Anstoßpunkt, gibt den Linienrichtern ein Zeichen und stellt seine Stoppuhr. Ein schriller Pfiff läßt die Zuschauer aufjohlen, und das wichtigste Ritual des Fußballstammes beginnt.

Das hier beschriebene Muster einer Stammesversammlung ist zwar typisch, aber es gibt auch Abweichungen davon in verschiedenen Ländern. In Nordamerika zum Beispiel zieren vor dem Spiel leichtgeschürzte Mädchen den Platz, deren Flitterkostüme sie als eine Kreuzung zwischen gesunden, kräftigen Badenixen und Revuetänzerinnen mit Sex-Appeal erscheinen lassen. Sie tanzen und wirbeln farbige Pompons durch die Luft, um die Menge anzufeuern, bis das Eintreffen der Stammeshelden angekündigt wird. Dann bilden sie zum Empfang der Mannschaften ein jubelndes Spalier, und die Spieler laufen wie Gladiatoren einer nach dem anderen aufs Feld, während ihre Namen über Lautsprecher verkündet werden und ihre Gesichter auf der elektronischen Anzeigentafel aufleuchten.

Außerhalb Nordamerikas werden solche Reklameshows mit gemischten Gefühlen betrachtet. Natürlich würde kein vollblütiges Stammesmitglied bestreiten, daß beineschwingende Mädchen ein aufmunternder Anblick sind. Die Kritik an diesem typisch amerikanischen Aufwärmspiel hat auch nichts mit Prüderie zu tun. Sie entspringt vielmehr einem tiefverwurzelten Gefühl, daß hier etwas »nicht am Platz« sei, etwa so, als hätten Rommel und Montgomery vor der Schlacht eine Stripteaseshow an der Front abziehen lassen. Für die Traditionalisten in der Fußballgemeinde ist die Stammesversammlung eine Art gemeinsame symbolische Prüfung und kein Familienausflug zur bloßen Unterhaltung. Sie bietet heroischen Jäger-Kriegern Gelegenheit, Mut und Tapferkeit zu beweisen, wozu marschierende Militärkapellen einen geeigneten Rahmen bilden, während die Kapriolen von Sexsymbolen, ganz gleich, wie gesund und kräftig sie anmuten, angesichts der aggressiven Spannung des Anlasses äußerst deplaciert wirken. Dem halten die Amerikaner entgegen, die andernorts übliche, allzu prononciert maskuline Betrachtungsweise sei übertrieben und trage Mitschuld an den Tumulten auf dem Fußballplatz. Macht Fußball zu einem Unterhaltungssport, empfehlen sie, und die Atmosphäre wird sich wohltuend entspannen. Die Neigung zu Gewalttätigkeit wird abnehmen, und der Sport wird den Zuschauern wieder mitreißende Spiele bieten, statt potentieller Schauplatz von Aufruhrszenen zu sein.

Oberhalb der Vereinsebene, bei internationalen Wettkämpfen, kann es vorkommen, daß mehr Zeit für die feierlichen Rahmenhandlungen als für das Spiel selbst aufgewendet wird. Turner bilden auf dem Rasen Ornamente, große Aufmärsche finden statt, und Flaggen werden durch die Arena getragen. Diese aufwendigen Zeremonien frustrieren die immer ungeduldiger werdenden Mannschaften, doch sie können nichts dagegen unternehmen.

Es sind die gastgebenden Funktionäre, die bei solchen Wettkämpfen oft übertriebenen Prunk und Pomp entfalten. So wurde, um nur ein Beispiel anzuführen, bei einem Turnier in der Karibik das erste Match mit einem Schönheitswettbewerb eingeleitet, dessen Siegerin zur »Fußballkönigin« gewählt wurde, während man die fünf Folgenden zu »Patinnen« der beteiligten Mannschaften kürte. Wo immer die Teams spielten, da tauchten auch ihre Patinnen auf, um sich bei der Eröffnungszeremonie auf dem Spielfeld zu präsentieren. Die Spieler selbst marschierten, angeführt von einer Kapelle, hinter ihnen drein, während eine Pfadfindergruppe die Fahnen trug. Vor der Haupttribüne angelangt, wurden in einer feierli-

chen Zeremonie die Flaggen gehißt und anschließend die fünf Nationalhymnen in voller Länge abgespielt. Dann hielt der Präsident des einheimischen Fußballbundes eine lange Ansprache, auf die der Gouverneur der gastgebenden Insel noch wortreicher antwortete. Mittlerweile hatten Spieler wie Funktionäre über eine Stunde in der brütenden Sonnenhitze auf dem Spielfeld gestanden, ohne daß der Ball auch nur angerührt worden wäre, was dem alten Fußballbegriff »Aufwärmen« eine völlig neue Deutung verlieh. Der Kommentar der Spieler zu dieser Ausschmückung eines Kampfes ist leider nicht überliefert.

Auf der anderen Hälfte des Erdballs, in der UdSSR, hat der Fußball seine eigenen Eröffnungszeremonien, wie die westliche Welt kurz nach dem Zweiten Weltkrieg feststellte, als der berühmte Club von Dynamo Moskau auf einer Englandtournee sowohl die Zuschauer, die zu seinem ersten Kampf in Chelsea zahlreich herbeigeströmt waren, als auch seine Gegner mit einer Überraschung verblüffte. Nach etwa zehnminütigem Einspielen verschwand das russische Team, durch die Bank kräftige Athleten, ohne ein Wort der Erklärung im Umkleideraum und kehrte kurz darauf zum Erstaunen der Zuschauer mit großen Blumensträußen auf den Platz zurück. Ihre hübschen Bouquets im Arm, ließen die zähen Hünen die Nationalhymnen über sich ergehen, traten dann förmlich auf ihre verlegenen Gegner zu und überreichten ihnen mit steifer Verbeugung und unergründlicher Miene das Freundschaftspfand. Nach vollendeter Mission traten sie zurück, suchten ihren vorgegebenen Platz auf und warteten gelassen auf den Anstoß, während die Chelsea-Mannschaft verwirrt und hilflos auf ihre Blumen starrte, bis ihr Trainer sie davon befreite und seinerseits wie ein wandelnder Riesenstrauß vom Feld wankte. Die Menge brüllte vor Lachen, und die Russen hatten ahnungslos die Sympathie der Ränge gewonnen. Sie hatten sich nur an einen Brauch ihrer Heimat gehalten und weder Überraschung noch Verwirrung stiften wollen. Wie westliche Beobachter später bemerkten, treten die Mannschaften in Rußland bei wichtigen Spielen stets mit Blumen an. Allerdings werden sie nach dem Austauschritual den

Linke Seite: Erst einmal auf dem geheiligten Rasen, können die bereits angespannten Spieler, tänzelnd und zappelnd (links), einer weiteren Geduldsprobe unterzogen werden, während Geschenke übergeben (rechts unten) und die Hymnen gesungen werden (rechts oben), ehe sie endlich zum Einspielen vor dem Anstoß entlassen werden.

Zuschauern zugeworfen, so daß kein Spieler durch einen Strauß in Verlegenheit gebracht wird.

Seit dem Siegeszug des Fußballs rund um die Welt und den Fernsehübertragungen aller wichtigen Spiele sind lokale Varianten des Vorkampfrituals weniger problematisch geworden. Mittlerweile wissen die Spieler, was ihnen bei großen Anlässen bevorsteht, wenn sie auch diese Formalitäten nach wie vor für einen überflüssigen Zirkus halten, der lediglich den Hauptakt der Stammesversammlung, das Kampfritual, verzögert.

Bei internationalen Begegnungen (unten) müssen die rivalisierenden Mannschaftskapitäne noch eine abschließende Zeremonie hinter sich bringen – den symbolischen Austausch von Wimpeln und, falls osteuropäische Mannschaften beteiligt sind, den etwas unpassenden Austausch von Blumensträußen.

11 Das Hauptritual

DER ABLAUF DES SPIELS

Im Mittelpunkt der Woche steht für den Fußballstamm das Hauptritual, um das sein ganzes Sinnen und Trachten, sein Tun und Lassen kreist: jene spannungsgeladenen, strikt kontrollierten neunzig Spielminuten. Durch eine kurze Pause in zwei Hälften geteilt und vom schrillen Pfiff des Schiedsrichters eingeleitet und beendet, lassen sie für die getreuen Stammesmitglieder den Rest der Welt versinken. In diesen neunzig Minuten gilt es, höchste Konzentration aufzubringen, fast unerträgliche Spannung zu ertragen, überschwengliche Freude auszudrücken, tiefe Niedergeschlagenheit zu erdulden und wildem Triumph Luft zu machen.

Den Schlüssel zum Verständnis dieser Leidenschaften liefert der Aufbau des insofern widersprüchlichen Spiels, als sein Verlauf zugleich leicht und schwer vorherzusehen ist. Zwar ist der Kampf selbst dank der Einfachheit der Regeln und der Bekanntheit der taktischen Möglichkeiten in jedem Augenblick auf Anhieb verständlich, und doch kann niemand wissen, was der nächste Moment bringen mag. Denn so streng die Züge auch begrenzt sind, so unendlich vielseitig sind ihre Variationsmöglichkeiten.

Diese Widersprüchlichkeit aber bedeutet, daß selbst der erfahrenste Stammesangehörige sich während des Matchs keine Sekunde lang entspannen kann. Denn die Lage kann sich von einem Augenblick zum anderen von Grund auf verändern. Scheint seine Mannschaft in diesem Moment außer Gefahr, so kann schon im nächsten ein Blitzangriff drohen, und die Erleichterung des Stammesangehörigen wird in Panik umschlagen. Es scheint, als sei der Ball im Augenblick des Anpfiffs zu einer lebenden Granate geworden, die den Blick der Stammesangehörigen bannt, bis sie entweder im Netz explodiert oder durch eine Spielunterbrechung entschärft wird.

Diese Vorstellung von einem »lebenden« bzw. »toten« Ball ist nützlich für das Verständnis des gesamten Spielablaufs. Ein Spiel besteht aus ca. 2000 Ballkontakten, 1000 in der ersten und 1000 in der zweiten Halbzeit, die in den meisten Fällen durch eine Berührung mit dem Fuß zustande kommen. Aber auch Berührungen mit dem Kopf, der Brust, zufällige Körperabpraller sowie Einwürfe, oder im Falle des Torwarts Fangen, Faustabwehr und Fingerspitzenberührungen, werden mitgezählt. Diese 2000 Aktionseinheiten vollziehen sich in einer Reihe von Aktionsabläufen von kürzerer oder längerer Dauer. Ein durchschnittliches Spiel zerfällt in rund hundert solcher Abschnitte intensiver Aktivität, in denen der Ball »lebendig« ist und die allesamt mit einem »toten« Ball enden – sei es, weil aufgrund einer Regelverletzung abgepfiffen und ein Frei- oder Strafstoß gewährt wird, sei es, weil der Ball ins Aus rollt, was zu einem Torabstoß, Eckball oder Einwurf führt, oder sei es, weil ein Tor erzielt wird, worauf ebenfalls ein Anstoß folgt.

Das Spiel bildet also eine alternierende Reihe von *Handlungsabläufen mit dem lebenden* und von *Belohnungen mit dem toten Ball*. Während der erstgenannten wird der Ball schnell übers Feld bewegt und kann theoretisch jederzeit von jedem der zweiundzwanzig Spieler erobert werden; bei den letztgenannten dagegen befindet er sich in Ruhestellung und ist für den Augenblick lediglich für einen der zweiundzwanzig Spieler erreichbar, der allerdings auf einen einzigen Ballkontakt beschränkt ist.

Belohnungen mit dem toten Ball dauern nie länger als ein paar Sekunden (außer im Falle einer schweren Verletzung), und so darf der Zuschauer sogar während der Unterbrechungen in den Aktionsabläufen seine Aufmerksamkeit nicht abschweifen lassen. Er verbringt also neunzig Minuten auf der Kante seines Sitzes oder auf den Zehenspitzen in einer Spannung, wie kein anderer Sport sie zu erzeugen vermag.

Eine große Rolle spielt dabei natürlich auch das Tempo des Spiels. So hat eine Analyse von zehn internationalen Wettkämpfen durchschnittlich 2322 Ballkontakte pro Spiel ergeben, wobei das langsamste bei 1911 und das schnellste bei 2622 lag. Das bedeutet, daß es in der Minute durchschnittlich zu sechsundzwanzig Berührungen kam bzw. etwa alle zwei Sekunden ein Kontakt stattfand, was gewiß ausreicht, um das menschliche Gehirn in Erregung zu versetzen. Läge die Quote noch höher, würde das Geschehen den Zuschauer bereits verwirren, und er bekäme eine Art geistiger Verstopfung; läge sie dagegen niedriger, hätte er Zeit, seine Gedanken abschweifen und sich von anderen Eindrücken gefangennehmen zu lassen. Die Werte eines durchschnittlichen Fußballspiels hingegen sind geradezu ideal dafür, Aufmerksamkeit zu erregen und zu fesseln.

Unterstützt wird dieser Prozeß noch durch die vielfältigen Möglichkeiten der einzelnen Ballfolgen. Bei vielen Sportarten wechseln die Spieler einander nach festgesetzten Regeln ab, was eine Verarmung des Spielablaufes bedeutet, der dadurch allzu vorhersagbar wird. Beim Golf wie beim Billard, beim Tennis wie beim Kricket weiß man, wer als nächster am Zug ist, weil die Regeln es verraten. Auf A folgt B, auf B folgt A, auf A folgt B. Beim Fußball dagegen steht gar nichts fest. Wenn ein blauer Spieler im Ballbesitz ist, so weiß man nicht, ob er ihn beim nächsten Zug noch am Fuß behalten oder an einen Mannschaftskameraden weitergeben oder an einen roten Gegner verlieren, ihn ins Aus spielen oder ein Tor schießen wird. Alles ist möglich, genauer, in jedem Augenblick ist alles möglich. Zwar mögen wir einen bestimmten Verlauf erwarten, aber sicher sein können wir nicht. Es kann immer etwas schiefgehen. Sogar ein einfacher Rückpaß kann am Torwart vorbei ins Netz rutschen und zu einem tragischen Eigentor werden.

Um diese beim Fußball durch ein Optimum an Geschwindigkeit einerseits und ein Optimum an Überraschungsmomenten andererseits ausgelöste Erregung besser zu verstehen, ist es hilfreich, den Ablauf eines Modellspiels zu betrachten, das allgemein als eines der besten gilt, die je stattfanden: das Weltmeisterschaftsspiel zwischen Argentinien und Frankreich von 1978, das Argentinien zwar mit 2:1 gewann, das aber eine wundervoll ausgewogene Begegnung war. »Eines der besten internationalen Spiele, die ich je gesehen habe«, urteilte Bobby Charlton über den brillanten Kampf, und da er mit dieser Ansicht nicht allein stand, wurde das Match einer Ball-für-Ball-Analyse unterzogen, um festzustellen, was eine nahezu vollkommene Begegnung hinsichtlich Aktionsabläufen, Mustern und Strukturen zu bieten hat.

Als erstes fiel dabei auf, daß dieses Spiel von allen analysierten Matchs das schnellste war. Es schien kaum je zum Stillstand zu kommen, selbst bei »toten Bällen« nicht. Der Schiedsrichter ließ es in rasantem Tempo ablaufen, und die Spieler erlahmten keinen Augenblick. Die insgesamt 2622 Ballkontakte verteilten sich über die neunzig Minuten wie folgt:

Eine Spielszene aus der Begegnung Argentinien gegen Frankreich, die im Detail auf den folgenden Seiten analysiert wird.

	Zahl der Ballkontakte					
	Die ersten 15 Minuten	Die zweiten 15 Minuten	Die dritten 15 Minuten	Die vierten 15 Minuten	Die fünften 15 Minuten	Die sechsten 15 Minuten
ARGENTINIEN	197	245	215 T	162	205 T	217
FRANKREICH	234	237	259	196 T	215	240

T = in dieser Viertelstunde erzieltes Tor

	Zahl der Ballkontakte			
	1. Halbzeit	2. Halbzeit	Summe	
ARGENTINIEN	657	584	1241	(= 113 pro Spieler)
FRANKREICH	730	651	1381	(= 126 pro Spieler)
Summe	1387	1235	2622	

Trotz des ungeheuren Energieverbrauches kam es in der letzten Viertelstunde zu mehr Ballberührungen als in der ersten, da beide Seiten eine letzte verzweifelte Anstrengung machten, das entscheidende Tor zu erzielen. Außerdem war zwischen erster und zweiter Halbzeit kaum ein Abfall zu spüren. Insgesamt glückten während des Spiels 780 Pässe, von denen 368 auf die Argentinier und 412 auf die Franzosen entfielen.

Analyse des Weltmeisterschaftsspiels Argentinien–Frankreich

Erste Halbzeit

Halbzeitpause

Die 1978er Weltmeisterschaftsbegegnung zwischen Argentinien und Frankreich.
(Argentinien spielte in weiß und blaßblau gestreiften Trikots mit dunklen Hosen und weißen Stutzen; Frankreich spielte in einfarbigen leuchtendblauen Hemden mit weißen Hosen und roten Stutzen. Um in der obigen Aufstellung die größte Übersichtlichkeit zu erzielen, wird Argentinien als Blau, Frankreich als Rot geführt.) Jeder Punkt steht für einen einzigen Ballkontakt. Nebenstehend ein Schlüssel zu den Symbolen.

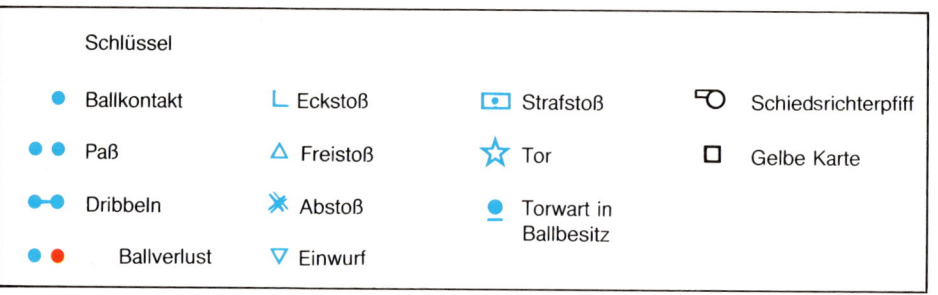

Schlüssel

- Ballkontakt
- Paß
- Dribbeln
- Ballverlust
- L Eckstoß
- △ Freistoß
- ✳ Abstoß
- ▽ Einwurf
- Strafstoß
- ☆ Tor
- Torwart in Ballbesitz
- Schiedsrichterpfiff
- Gelbe Karte

Zweite Halbzeit

Spielende

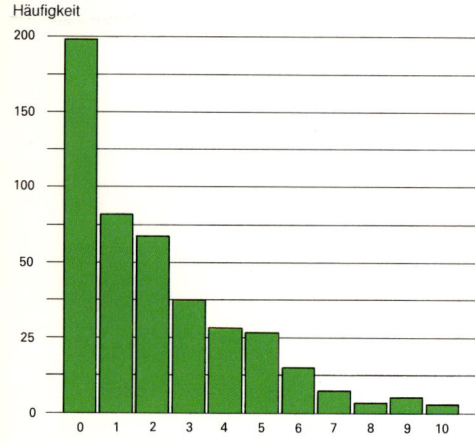

Häufigkeit

Die Zahl der Pässe zwischen den Mitgliedern einer Mannschaft in ununterbrochener Folge, bis sie den Ball an den Gegner verliert.

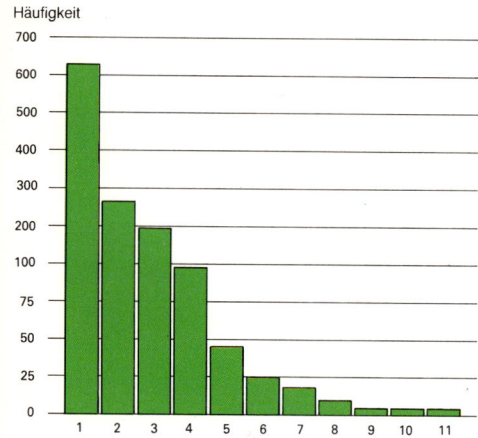

Häufigkeit

Die Zahl der Ballkontakte eines Spielers, bis er abspielt oder den Ball verliert. Die einmalige Berührung des Balls ist augenscheinlich am weitaus häufigsten.

Das Weltmeisterschaftsspiel von 1978 zwischen Argentinien und Frankreich gilt als eines der besten Spiele, die es je gegeben hat. Außerdem war es eines der schnellsten mit nicht weniger als 2622 Ballkontakten, was um 300 über dem Durchschnitt liegt.

Der Ball wechselte 464mal den Besitzer. Während der ersten Halbzeit hatte ihn jede Partei 119mal, während der zweiten Halbzeit 113mal.

Da die argentinischen Spieler den Ball insgesamt 368mal paßten und ihn 232mal verloren, war er insgesamt in 600 verschiedenen Situationen in ihrem Besitz, und da die Franzosen ihn 412mal paßten und 232mal verloren, also insgesamt 644mal spielten, hat der Ball im ganzen Spiel 1244mal den Besitzer gewechselt.

Dieser schnelle Wechsel von einem Spieler zum anderen macht einen Hauptreiz des Matchs aus, denn er bürgt für großes Tempo und Zusammenspiel der Mannschaft (780 Pässe) angesichts starker Rivalität (464 Ballverluste). Jedesmal, wenn eine Mannschaft den Ball paßt oder gewinnt, erleben ihre Fans einen kurzen Augenblick des Stolzes und der Freude; umgekehrt bedeutet es einen Augenblick der Angst und der Spannung, wenn der gegnerischen Mannschaft ein Paß gelingt oder sie den Ball gewinnt. So wechselt die Stimmung während eines Spiels unaufhörlich, und das macht es verständlich, daß sich die leidenschaftlichen Anhänger des Fußballstammes nach dem Schlußpfiff übersättigt, ja ausgelaugt fühlen. Das Spiel ist so angelegt, daß sowohl all ihre positiven Gefühle der Loyalität als auch all ihre negativen Gefühle der Gegnerschaft sich frei entfalten können.

Natürlich wechselt der Ball nicht regelmäßig den Besitzer, sondern jede Mannschaft versucht, ihn so lange wie möglich zu behalten. Irgendwann muß sie freilich seinen Verlust riskieren, um einen Schuß auf das gegnerische Tor zu wagen. Ergibt sich dazu keine Gelegenheit, kann sie den Ball dennoch nicht unbegrenzt halten. Die Gefahr, ihn an den Gegner zu verlieren, wächst mit jedem Zug. Deshalb ist kurzer Ballbesitz auch häufiger als langer, was freilich nichts über den Einzelfall aussagt, ein Umstand, der die Spannung des Publikums weiter steigert.

Bei näherer Betrachtung des Spiels Argentinien – Frankreich zeigt sich, daß den Mannschaften zwischen null und zehn Pässe glückten, ehe sie den Ball an den Gegner verloren, wobei die höheren Zahlen seltener vorkamen. Aber natürlich ließ sich von einer Paßabfolge nicht auf die nächste schließen, so daß die Fans in jedem Augenblick mit der Möglichkeit von Verlust oder Gewinn rechnen mußten.

Bei eingehender Detailanalyse zeigt sich, daß ein ganz ähnliches Schema auch auf die Mann-am-Ball-Einheiten des Spiels zutrifft. Hatte ein Spieler den Ball am Fuß, konnte er ihn entweder gleich weiterreichen und das Risiko eingehen, ihn zu verlieren, oder erst mehrere Kontakte knüpfen, ehe er ihn weiterspielte. Die Anzahl der Ballkontakte eines Spielers variierte von eins bis elf, wobei auch hier die höheren Zahlen seltener auftauchten. Am

In diesem Spiel wechselte der Ballbesitz zwischen den beiden Mannschaften 464mal. Diese hohe Zahl ist eine der Besonderheiten eines Fußballspiels, das das Zuschauen einmalig aufregend machte.

häufigsten wurden Direktpässe konstatiert, was beweist, wie sehr das schnelle Paßspiel das alte Dribbeln verdrängt hat. Nur dreimal während des Spiels Argentinien – Frankreich berührte ein Spieler den Ball öfter als achtmal, ehe er ihn weitergab bzw. verlor. Dagegen standen 628 Fälle einmaliger Berührung.

Diese Ballkontakte werden, wie bereits dargelegt, zu Handlungsabläufen zusammengefaßt, die durch Momente toter Bälle voneinander getrennt sind. Im untersuchten Spiel gab es 121 Handlungsabläufe, die von einer einzigen Ballberührung bis zu 108 Ballkontakten variierten.

Damit alternierten 121 Momente toter Bälle.

| | Eck-stoß | Ein-wurf | Freistoß wegen | | Abstoß | An-stoß | Straf-stoß | Summe |
			Fouls	Abseits				
ARGENTINIEN	6	14	25	2	17	2	1	67
FRANKREICH	5	15	17	6	8	3	0	54
Summe	11	29	42	8	25	5	1	121

Aber wie aufschlußreich die Sezierung des Spiels Argentinien – Frankreich und andere Post-mortem-Untersuchungen zur Erklärung der Erregung, die ein Fußballspiel auslöst, auch sein mögen, seine Schönheit können sie nicht erhellen. Letzten Endes sagen all diese Analysen und all das Zahlenmaterial nichts über die Qualität eines Kampfes und über seine ästhetischen Eigenschaften. Sie erklären nicht, warum diese Begegnung elegant und jene häßlich war. Die Zahlen liefern einzig und allein den Beweis dafür, wie gut sich das Fußballspiel für eine einfallsreiche Interpretation physischer Strategien und Taktiken eignet.

Letztlich aber verlieren selbst die elegantesten Paßschüsse und Lauftechniken ihre Bedeutung, wenn sie nicht in dem großen rituellen Höhepunkt der Stammesversammlung gipfeln: im Tor.

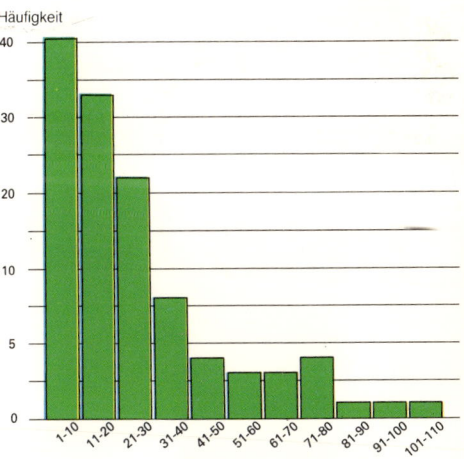

Die Gesamtzahl der Ballkontakte beider Mannschaften, bevor ein Spielzug durch einen Ball ins Aus beendet wird.

12 Der Höhepunkt des Rituals

DAS TORESCHIESSEN

Der Augenblick der Wahrheit im zentralen Stammesritual ist gekommen, wenn der Ball ins Tor rollt – oder ins Mal, wie das Tor früher hieß.

Im Mittelalter, als der Fußball zum Volkssport zu werden begann, bedeutete die Berührung des Balls mit dem Mal den Sieg. Das Aussehen dieses Mals war freilich noch nicht festgelegt. In Ashbourne, in der englischen Grafschaft Derbyshire, waren es zum Beispiel zwei Mühlräder, die mehrere Kilometer auseinander lagen. (Eins davon ist noch erhalten und wird bei dem alljährlich stattfindenden *Shrovetide*-Spiel verwendet.) Mit der Zeit jedoch, als das Spiel festere Formen annahm und die Größe des Spielfeldes begrenzt wurde, waren nicht immer geeignete Malobjekte zur Hand, und man ging dazu über, Tore aus hölzernen Pfosten zu bauen. Von nun an genügte es nicht mehr, daß der Ball das Mal nur berührte, sondern er mußte zwischen den beiden Pfosten durchpassieren. Da es aufgrund der Spielverkleinerung jedoch relativ einfach war, den Ball ins Tor zu bringen, beschloß man, den Sieg nicht länger nach dem ersten Treffer zu vergeben, sondern statt dessen die Seite zum Gewinner zu erklären, die innerhalb einer vorgegebenen Zeitspanne die meisten Treffer erzielte. Für jeden wurde ein Zeichen in die hölzernen Torpfosten eingekerbt.

Heute ist das Tor für die Angehörigen des Fußballstammes zum Höhepunkt ihres Lebens geworden, und dementsprechend gehört es zu ihren Lieblingsthemen, von schönen Toren, dramatischen Toren, sensationellen Toren, vom Tor des Monats, vom Tor der Saison, vom Tor des Jahrhunderts oder bei einem Spieler vom Tor seines Lebens zu reden. Nichts kann sie in größere Begeisterung oder größere Trübsal versetzen. Sie beklatschen sie und beweinen sie, sie sehnen sie herbei und fürchten sie. Ihr Stamm wird völlig von der Tormanie beherrscht.

Endlose Aufzeichnungen werden geführt und immer wieder hervorgeholt, es wird gezählt und wieder gezählt, ausgewertet und verglichen: Gesamtzahl der Tore, Tordurchschnitt, Tordifferenz, Ausgleichstore, Eigentore, nicht anerkannte Tore, Strafstoßtore, Torschützenkönige. Diagramme werden angefertigt, Tabellen aufgestellt, Statistiken studiert. Die Beschäftigung mit dem Tor ist die Andachtsübung des Fußballstammes.

Einer der Gründe dafür, daß Tore so wichtig genommen werden, ist ihr Seltenheitswert. Im modernen Profifußball ist das häufigste Ergebnis pro Mannschaft und Spiel ein Tor, gefolgt von keinem als zweithäufigstem Spielausgang. Mehrere Tore pro Match sind so selten, daß sie jubelnde Hochstimmung auslösen. Die ungeheuren Schwierigkeiten, die es zu überwinden gibt, um ein Tor zu schießen, machen es zu einem solch aufregenden Triumph. Wie das vorige Kapitel zeigte, hat eine Mannschaft pro Spiel etwas über tausendmal Ballkontakt, was bedeutet, daß die Torchancen pro Schuß geringer sind als 1:1000; kein Wunder also, wenn das Publikum beim Eintritt dieses unwahrscheinlichen Ereignisses tobt und wenn jene seltene Spezies, der begabte Torschütze, in der Stammesfolklore über den Heldenstatus hinaus zur gottähnlichen Gestalt emporstilisiert und von seinen ergebenen Anhängern angebetet und verehrt wird.

Der größte Torschütze des modernen Fußballs ist ohne Zweifel der brasilianische Mittelfeldspieler Edson Arantes do Nascimento, der unter seinem Spitznamen »Pelé« weltbekannt wurde. Während seiner Laufbahn erzielte er das von keinem anderen Spieler unserer Zeit erreichte Ergebnis von insgesamt 1363 Toren. Seine einzigartigen Fähigkeiten rissen die Zuschauer zu solchen Begeisterungsstürmen und einem solchen Fanatismus hin, daß sich seinetwegen Vorfälle ereigneten, die in der Geschichte des Fußballstammes weder vor noch nach ihm ihresgleichen fanden.

Einmal zum Beispiel, als ihn ein Schiedsrichter wegen Nichtachtung einer Entscheidung vom Feld verweisen wollte, stürmten die wütenden Zuschauer den Platz, und nur dem Eingreifen der Polizei war es zu verdanken, daß der Schiedsrichter mit dem Leben davonkam. Während der Unglückliche eiligst in Sicherheit gebracht wurde, übernahm einer der Linienrichter seine Pfeife. Aber die Menge duldete die Fortsetzung des Spiels erst, nachdem Pelé auf das Feld zurückgeholt worden war. Um Blutvergießen zu vermeiden, mußten die

Im Volksfußball bildeten entfernte Landmarken die Tore, zu denen der Ball getragen werden mußte. In Ashbourne in Derbyshire waren das zwei Mühlräder, von denen eines noch existiert (ganz unten). Das andere wurde durch einen Monolith ersetzt (unten).

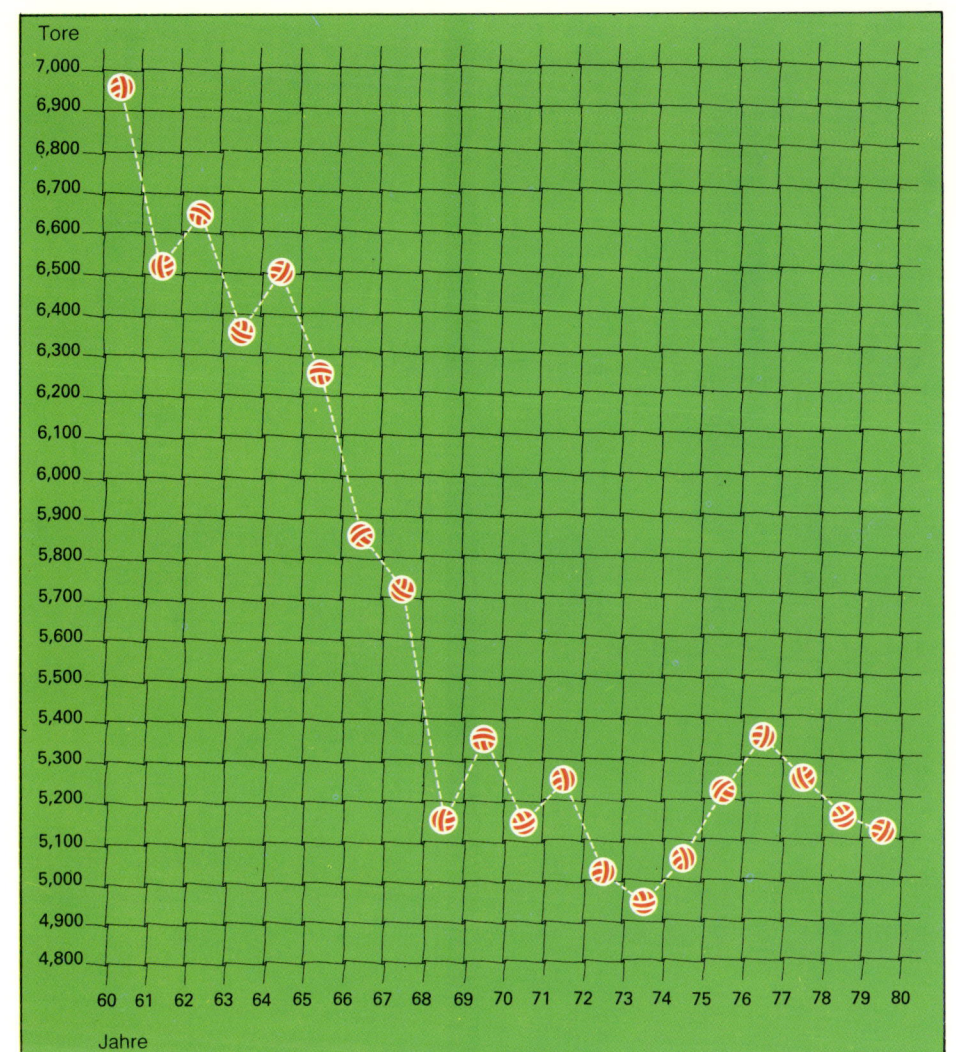

Tore

Jahre

Die Gesamtzahl der erzielten Tore pro Jahr im englischen Ligafußball fiel während der 60er Jahre drastisch ab, von ungefähr 7000 auf 5000. In den 70er Jahren hielt sie sich, Verbesserungen in der Verteidigung überwogen die Verbesserungen im Angriff.

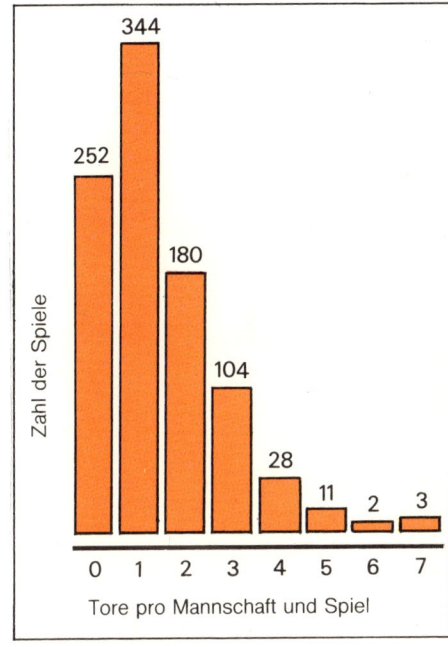

Zahl der Spiele

Tore pro Mannschaft und Spiel

Die wahrscheinlichste Trefferzahl, mit der der Anhänger einer Mannschaft rechnen kann, ist die *Eins*. Am zweithäufigsten ist die Null. (Auswertung der 462 englischen Erstligaspiele der Saison 1978/79.)

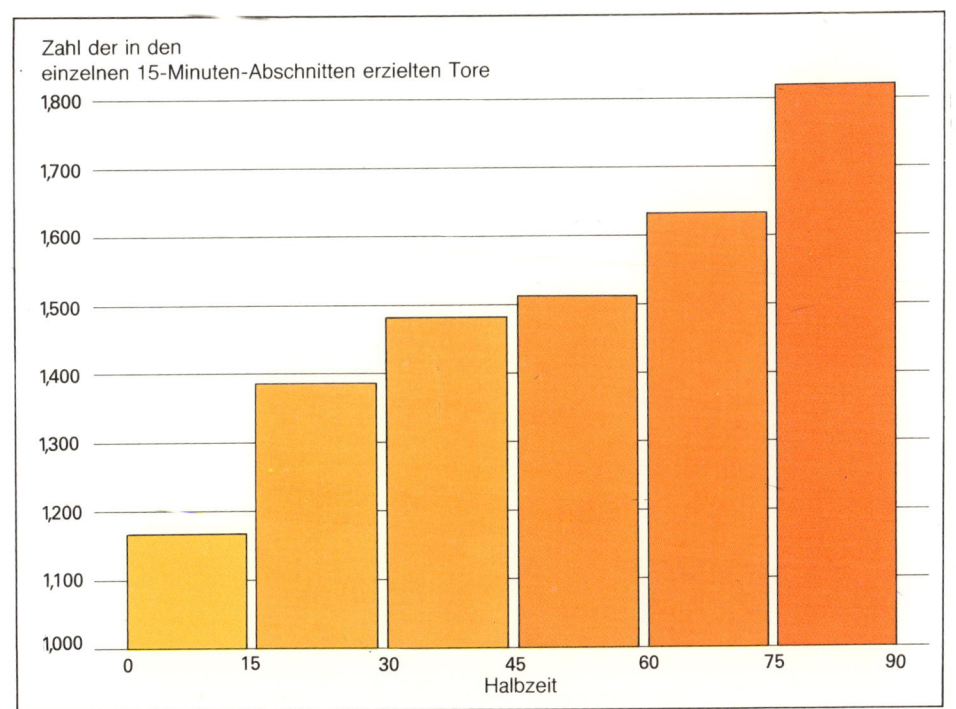

Zahl der in den
einzelnen 15-Minuten-Abschnitten erzielten Tore

Halbzeit

Die Häufigkeit des Toreschießens in jedem Fünfzehn-Minuten-Abschnitt des Neunzig-Minuten-Spiels. Die Wahrscheinlichkeit, daß ein Tor erzielt wird, nimmt im Laufe des Spiels ständig zu. Das bedeutet, daß entweder die Verteidigung nach und nach schwächer oder der Angriff immer stärker wird (oder beides). Damit zeichnet sich auch ab, daß der Trainer daran arbeiten sollte, den Angriff seines Teams im ersten Teil des Spiels und die Verteidigung im letzten zu verbessern. Die Zahlen basieren auf Aufzeichnungen von 9000 Toren während Liga- und Cupspielen zwischen April 1978 und November 1980.

Der Höhepunkt für die Angehörigen des Fußball-stammes ist ein Tor für die eigene Mannschaft, und es spielt keine große Rolle, ob das durch einen Elf-meter (links unten) oder nach schnellem Kombina-tionsspiel (links oben und rechts) geschieht.

Funktionäre zum erstenmal in der Geschichte des Fußballs eine Entscheidung des Schiedsrichters rückgängig machen, und das nicht etwa in Pelés Heimatstadt oder auch nur in seinem Vaterland, sondern im fernen Kolumbien.

Aber das war keineswegs das spektakulärste Ereignis in Pelés Karriere. Nigeria und Biafra hielten seinetwegen sogar für zwei Tage den Krieg an, damit beide Länder das Spiel des berühmten Fußballhelden sehen konnten. Außerdem ist Pelé mit zehn Königen, fünf Kaisern, siebzig Präsidenten, zwei Päpsten und achtunddreißig anderen Staatsoberhäuptern zusammengetroffen, und ein Papst ersuchte sogar um eine Audienz mit *ihm*. Pelé wird in über neunzig Ländern besungen und hat unzählige Preise und Auszeichnungen erhalten, darunter einen goldenen Fußball und einen goldenen Lorbeerkranz.

All diese Ehrungen gelten seiner unglaublichen Fähigkeit, Tore zu schießen, und so ist es auch nicht verwunderlich, daß sein tausendstes Tor eine der rührendsten Szenen seiner langen Laufbahn hervorrief. Als er gegen Ende des Spiels einen Elfmeter in ein Tor verwandelte, brach im riesigen Maracana-Stadion von Rio de Janeiro die Hölle los. Die Spieler beider Mannschaften stürzten auf ihn zu, um ihm zu gratulieren. Photographen und Journalisten verließen ihre Plätze hinter den Toren und schlossen sich ihnen an, gefolgt von einer gewaltigen Menge, die auf das Spielfeld drängte. Das Hemd wurde Pelé vom Leibe gerissen und gegen ein silbernes mit der Aufschrift »1000« ausgetauscht, und ihn trug man unter dem hysterischen Applaus der Riesenmenge auf den Schultern um den Platz. Feuerwerkskörper explodierten, gigantische Bündel von Luftballons stiegen empor und trugen die Botschaft von Pelés tausendstem Tor in den Himmel hinauf. Auf den Straßen der brasilianischen Städte, wo Millionen an ihrem Transistorradio auf die Nachricht gewartet hatten, tanzten begeisterte Menschenmassen und brachten den Verkehr völlig zum Erliegen. Im Stadion verließ Pelé weinend das Spielfeld. Ein Ersatzmann sprang in den restlichen Minuten für ihn ein. Pelé tauchte erst nach dem Schlußpfiff wieder auf und enthüllte in der Mauer des Stadions eine Gedenktafel, die noch heute an diesen großen Augenblick erinnert.

Obwohl das ohne Zweifel Pelés berühmtestes Tor war, schoß er sein faszinierendstes, das noch heute als das erstaunlichste Tor des modernen Fußballs gilt, bei einem anderen Spiel im selben Stadion. Staunend und ungläubig verfolgten 138000 Augenpaare, wie er den Ball, den er im Strafraum seiner eigenen Mannschaft übernommen hatte, über die gesamte Länge des Spielfeldes an neun Gegnern vorbeidribbelte und ihn schließlich mit Macht ins gegnerische Netz schoß. Ein ganzes Jahr lang war diese Heldentat Tag für Tag im brasilianischen Fernsehen zu sehen, ohne daß von seiten der Zuschauer auch nur eine einzige Beschwerde einging. Das ist der Stoff, aus dem Torschußlegenden gewoben werden, und so groß ist die Bedeutung, die dem Tor als Höhepunkt des zentralen Stammesrituals der Fußballer zukommt.

Nach Ansicht vieler Kritiker leidet das Spiel in den letzten Jahren mehr und mehr unter dem zunehmend defensiven Stil, da er die Zahl der aufs Tor abgegebenen Schüsse, sowohl derer, die ein Tor erzielen, als auch derer, die abgewehrt werden, immer weiter reduziert. Ihnen wäre ein 4:3-Sieg lieber als ein 1:0-Sieg, denn ihres Erachtens können Tore selbst ein schlechtes Spiel unterhaltend machen, während ein gutes Spiel, das mit einem torlosen Unentschieden endet, letztlich frustrierend und enttäuschend wirkt. Es wurden schon verschiedentlich Verbesserungsvorschläge angeregt, so zum Beispiel das Tor zu verbreitern, die Abseitsregel oder die Punktwertung zu ändern und nicht mehr wie bisher ein Unentschieden mit einem Punkt und den Sieg mit zweien zu bewerten. Brächte ein Unentschieden, zumindest ein torloses Unentschieden, keinen Punkt mehr ein, könnte man die Mannschaften zwingen, nicht mehr auf ein Unentschieden auszugehen, um einen wertvollen Punkt zu gewinnen, sondern verstärkt auf Angriff zu spielen.

Aber all diese Vorschläge stießen, wie nicht anders zu erwarten, auf Ablehnung, denn der Fußballstamm weigert sich, Änderungen vorzunehmen, um das geheiligte Stammesritual in seiner reinen ursprünglichen Form zu bewahren. Einzig in den Vereinigten Staaten konnten Änderungen durchgesetzt werden*, so zum Beispiel die Modifizierung der Abseitsregel durch die Einführung einer 32-m-Linie. In Amerika ist ein Abseits also nur innerhalb eines

Torschützenkönige wie Pelé aus Brasilien (oben), Greaves aus England (rechts oben) und Kamamoto aus Japan (rechts unten) werden von ihren gläubigen Anhängern als große Helden verehrt.

---

* Doch 1981 hat der englische Fußballverband versuchsweise eine Regelung eingeführt, wonach ein Sieg mit drei Punkten und ein Unentschieden mit einem Punkt gewertet werden.

Raumes von 32 m Entfernung vom gegnerischen Tor möglich. Den Amerikanern war es verständlicherweise zu langweilig, ein Spiel aufgrund der Abseitsregel abzubrechen, wenn der betreffende Spieler gerade erst wenige Schritte in die gegnerische Spielhälfte vorgedrungen ist. Doch die internationalen Stammesgesetzgeber wollten nichts von dieser Neuerung wissen.

Die Amerikaner führten noch eine zweite Änderung ein: das dramatische Entscheidungsschießen bei unentschiedenem Ausgang. Nach Ansicht des nordamerikanischen Fußballverbandes ist ein Unentschieden für die Zuschauer so langweilig und unbefriedigend wie »die eigene Schwester zu küssen«. So wurde das Unentschieden kurzerhand aus dem Fußball verbannt und dafür gesorgt, daß unter allen Umständen eine von beiden Mannschaften gewinnt. Stehen am Ende der festgesetzten Spielzeit beide Seiten torgleich, dann wird das Spiel um fünfzehn Minuten verlängert, und zwar mit einem Platzwechsel nach siebeneinhalb Minuten. Fällt auch in dieser Zeit keine Entscheidung, kommt es zum Entscheidungsschießen. Auf jeder Seite treten der Reihe nach fünf Spieler an, um innerhalb von fünf Sekunden den Ball von der 32-m-Linie nach vorn zu dribbeln und aufs Tor zu schießen. Das wird zwar einzig vom Torwart der gegnerischen Mannschaft bewacht, aber der darf sich bewegen. Dieses Verfahren gleicht der traditionellen »Strafstoßlösung« bei wichtigen internationalen Spielen mit unentschiedenem Ausgang, nur daß dabei vom Elfmeterpunkt aus geschossen wird. Gewöhnlich werden unentschiedene Spiele außerhalb der Vereinigten Staaten zu einem späteren Zeitpunkt wiederholt. Nur wenn eine Wiederholung aus organisatorischen Gründen unmöglich ist, greift man auf die Strafstoßregel zurück. 1974 hatten auch die Amerikaner diese Methode eingeführt, drei Jahre später entschieden sie jedoch, die Strafstoßausscheidung sei »zu stereotyp« und wählten das heute geltende Entscheidungsschießen.

Auch in der Punktwertung wurde der amerikanische Fußball radikal geändert. Bereits 1967 warfen die Amerikaner das alte System über Bord und verteilten für einen Sieg nicht zwei, sondern sechs Punkte nebst Bonuspunkten für jedes geschossene Tor bis zu maximal drei. Bei einem Torstand von 3:2 verbuchen die Sieger eines amerikanischen Spiels also neun Punkte, die Verlierer dagegen nur zwei.

Diese drei Änderungen wurden zwar von der FIFA für den nordamerikanischen Fußball vorläufig genehmigt, aber nirgendwo sonst übernommen, obwohl sie alle nur das eine Ziel verfolgen, das Angriffsspiel zu verstärken und die Anzahl der Tore zu erhöhen, was ihnen auch gelungen ist, denn den amerikanischen Zuschauern wird ein unterhaltsamerer Fußball geboten. Das bringt die hartnäckigen Traditionalisten doch ein wenig in Bedrängnis, denn einerseits beklagen sie den übertrieben defensiven Stil des modernen Spiels und dringen darauf, ihn offener und angriffsfreudiger zu gestalten, andererseits können sie sich nicht dazu überwinden, neumodische Ideen von einem relativen Neuling in der internationalen Fußballbruderschaft zu übernehmen. Der Kampf zwischen ihren Wünschen und der Wahrung ihrer Würde ist noch nicht entschieden.

13 Die Siegesfeierlichkeiten

BELOHNUNG UND HEIMKEHR

Nach dem Schlußpfiff brechen die Anhänger des siegreichen Teams in enthusiastisches Jubelgeschrei aus und klatschen begeistert ihre Mannschaft vom Feld. Die Spieler quittieren diese Ovation manchmal mit erhobenen Armen und einem angedeuteten Winken. Wenn die Begegnung nicht allzu hart war, schütteln sie den Gegnern die Hand, verschwinden im Tunnel und streben dem Duschraum zu.

Bei einem gewöhnlichen Routinespiel erschöpft sich die Siegesfeierlichkeit bereits in diesen wenigen Gesten. Bei wichtigen Kämpfen wie Aufstiegsspielen, Pokalspielen und internationalen Turnieren geht es freilich weit dramatischer zu und die Rituale sind viel prunkvoller. Nach einem großen Kampf sind die Nerven der Spieler manchmal sehr angegriffen, viele brechen auf dem Rasen zusammen und liegen ausgestreckt oder zusammengerollt oder vornübergebeugt wie betende Moslems auf dem Boden. Andere wieder halten einander in einer Mischung aus Erleichterung und Unglauben über ihren neuen Status als Sieger umklammert. »Ich hatte«, beschreibt der brasilianische Star Pelé den Augenblick, in dem seine Mannschaft Weltmeister wurde, »das sonderbare Gefühl, gleich ohnmächtig zu werden … Ich spürte, wie die Knie unter mir nachgaben und streckte die Arme aus, um nicht zu fallen, aber da wurde ich hochgehoben und von meinen Kameraden auf den Schultern ums Feld getragen. Alle weinten, und auch mir strömten die Tränen aus den Augen, während ich mich wild an ihnen festklammerte … wir marschierten um den Platz. Die Menschen auf den Rängen waren aufgesprungen und jubelten uns zu, und viele Fans liefen neben und hinter uns her … Die Tränen flossen weiter und gruben ihre Spuren in den Schweiß, der uns noch immer im Gesicht brannte.«

Nicht selten kommt es nach wichtigen Spielen zu einem kleinen, aber charmanten Ritual, bei dem die Spieler ihr Hemd ausziehen und es jeweils mit direkten Kontrahenten tauschen.

In einigen Ländern wie der Tschechoslowakei (unten rechts) und Japan (unten links) werden der Trainer oder der Kapitän eines siegreichen Teams nach Schluß eines Endspiels von ihren Spielern rituell in die Luft geworfen. In Japan nennt man das »Do-a-Ge«, hier am Kapitän der Gewinner des Emperor Cups vollzogen.

Bei Abpfiff eines bedeutenden Spieles vollführen Spieler das Trikottausch-Ritual (oben), wobei jedermann sein verschwitztes Hemd auszieht und mit der gleichen Nummer des Gegners tauscht. Viele Spieler streifen dann das gegnerische Hemd in einem schweißvermischenden Akt gegenseitigen Respekts über.

Wer diese Zeremonie erfand, ist unbekannt, aber sie findet bei Spielern wie Zuschauern erstaunlichen Anklang, denn sie signalisiert für jedermann verständlich, daß trotz aller Fouls und harten Angriffe, trotz aller Drohgebärden und Wutausbrüche während des Kampfes, doch eine gegenseitige Hochachtung unter den Rivalen besteht, die zu groß ist, um in einem schlichten Händedruck dokumentiert zu werden. Es herrscht eine Intensität der Gefühle, die nur im Austausch von Geschenken gebührend gezeigt werden kann.

Nach dieser kleinen Zeremonie verlassen die Spieler das Feld entweder mit bloßem Oberkörper, die durchschwitzte Trophäe in der Hand schwenkend, oder sie ziehen das Hemd über und verlassen in den Farben des Gegners das Stadion. Bei besonderen Anlässen, etwa bei Pokalspielen, kann letzteres zu sonderbaren Verwirrungen führen, wenn die Sieger den Pokal entgegennehmen, ehe sie Gelegenheit fanden, sich umzuziehen. Von den Spielern, die zum Empfang der Trophäe antreten, tragen einige die Farben ihrer Gegner, andere, die ihre Nummer unter den Gegnern noch nicht ausfindig machen konnten, erscheinen in ihren eigenen Farben. Dieses uneinheitliche Bild erregt unfehlbar das Mißfallen bestimmter Stammesältester, die einen militärischen Standpunkt vertreten und die uneinheitliche Bekleidung der Mannschaft beanstanden. Nach reiflicher Überlegung wurde 1980 in England das Verbot erlassen, Trikots in der Öffentlichkeit auszutauschen, und die liebenswürdige Geste ist den Spielern nur noch privat gestattet. In anderen Ländern war die Prüderie nicht stark genug, um dem Publikum die Freude an der einzigen spontanen Äußerung von Achtung und Freundschaft zwischen den gegnerischen Mannschaften zu rauben.

Die Entgegennahme der Trophäe bildet einen Höhepunkt des Siegesrituals. Gewöhnlich steigen die Spieler eine lange, schmale Gangway hinauf und defilieren an der Box des Präsidenten vorbei. Angeführt wird die Gruppe vom Mannschaftskapitän, der dem Präsidenten bzw. der hohen Persönlichkeit, die den Preis verleiht, eine schwitzende Hand hinstreckt und den kostbaren Gegenstand in Empfang nimmt. Im selben Augenblick wird er für den Moment zur wichtigsten Person im ganzen Stadion, wichtiger als ein Staatsoberhaupt, und wie um seinen neuen Status zu demonstrieren, tut er etwas, das unter anderen Umständen ein geradezu unverzeihlicher Verstoß gegen das Protokoll wäre: Er dreht dem Trophäenspender den Rücken und wendet sich dem Publikum zu, um den Pokal allen zu zeigen. Das ist der erhabene Augenblick, auf den die Anhänger des Clubs gewartet, den sie durch all die harten Kämpfe hindurch herbeigesehnt haben, und ein Jubel steigt von den Rängen auf, der alles bisher Dagewesene übertrifft.

Während seine Mannschaftskameraden die Medaillen in Empfang nehmen, tritt der Kapitän, vorbei an den ausgestreckten Händen der Gratulanten, den Rückweg aufs Spielfeld an. Sobald seine Mannschaftskameraden nachgekommen sind, laufen sie eine Ehrenrunde, vorbei an den jubelnden Fans auf den Rängen und verfolgt von aufgeregten Photographen, die manchmal auch ungeschickt rückwärts vor ihnen herlaufen und verzweifelt versuchen, ihre Kameras einzustellen.

Binnen kurzem verstellen die Photographen den Spielern den Weg und überreden sie, sich für ein Gruppenbild aufzustellen, wobei die Trophäe von einem Spieler zum anderen wandert und von jedem umarmt und geküßt wird.

Bald setzt das Team seine Ehrenrunde fort, wobei die Trophäe von Spieler zu Spieler gereicht wird, so daß jeder einmal in den Genuß gelangt, sie der bewundernden Menge zeigen zu dürfen.

Endlich verschwindet die Mannschaft durch den Tunnel, um im Umkleideraum weiterzufeiern. Während sie lachend und aus freudiger Erregung ebenso wie aus Ermüdung brüllend im Duschraum Champagner trinken, fahren ihre Anhänger in stolzer Parade mit heruntergekurbelten Fenstern, wehenden Halstüchern und Flaggen unter Hupen und Winken nach Hause.

Am nächsten Tag gehen die Feierlichkeiten in der Heimatstadt des siegreichen Teams weiter. Die Mannschaft besteigt einen offenen Bus und fährt im Triumphzug zum Empfang ins Rathaus. Tausende säumen die Straßen, um sie willkommen zu heißen, wenn sie auf den Balkon hinaustreten, um die Trophäe noch einmal für alle sichtbar hochzuhalten.

In solchen Augenblicken erfaßt den Fußballstamm ein starkes Gefühl der Zusammengehörigkeit, wobei die siegreiche Mannschaft die Rolle der Jäger spielt, die triumphierend heimkehren und ihren Stammesgenossen die mitgebrachte Beute zeigen, ehe das Fest beginnt.

Dieser feierliche Empfang zu Hause ist so alt wie das Fußballspiel selbst und hat sich bis auf

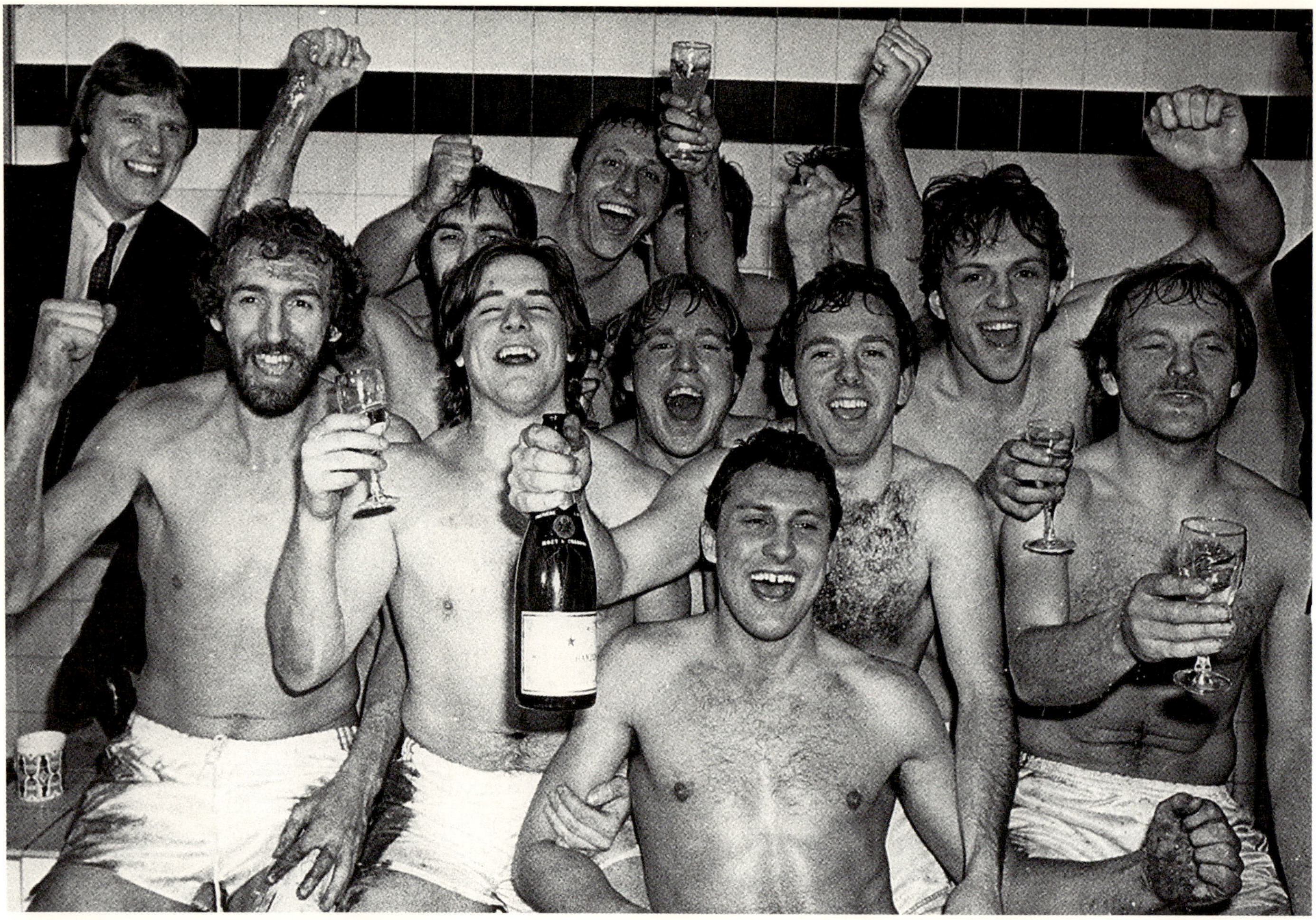

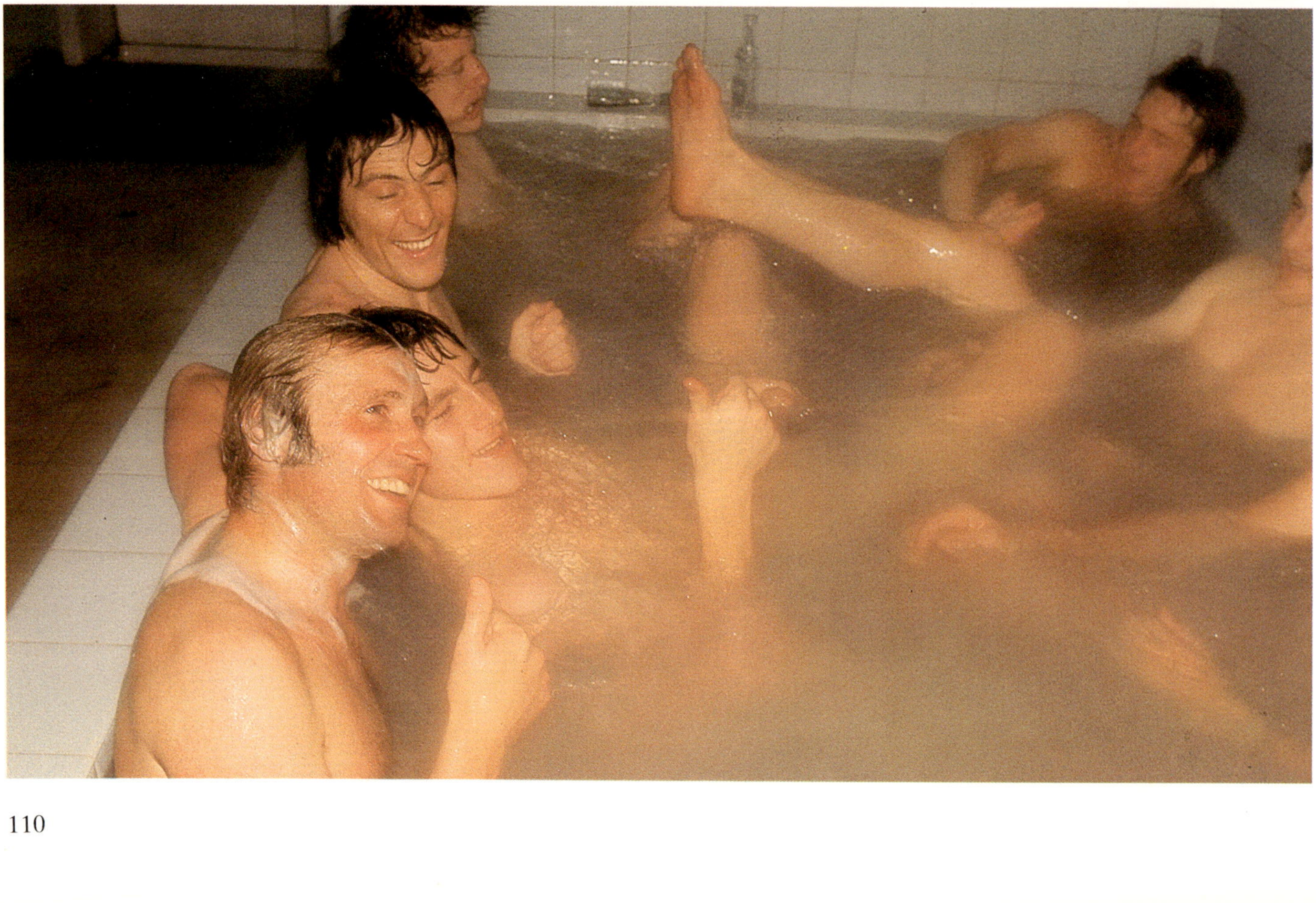

Am Tag nach dem Pokalendspiel kehrt das siegreiche Team in sein Heimatterritorium zurück, um dort die festlichen, überfüllten Straßen in einem offenen Bus abzufahren (oben) und sich mit der begehrten Trophäe zum Festmahl der Helden ins Stadtzentrum durchzukämpfen.

Linke Seite: Die siegreichen Helden feiern lautstark in ihren Umkleideräumen (oben) und entspannen sich genußvoll im gemeinsamen Bad (unten).

die verwendeten Transportmittel kaum geändert. Ein Zeitungsbericht aus dem Jahre 1889 schildert die Heimkehr der Mannschaft aus Preston in England nach dem Sieg im Pokalendspiel ohne Gegentor, nachdem sie schon bei den ersten Ligameisterschaften kein einziges Spiel verloren hatte: »... gleich nach Arbeitsschluß in den Fabriken und Werkstätten strömten die Menschen auf die Straßen, so daß sich bis um sieben Uhr mindestens 30 000 vor dem Bahnhof eingefunden hatten. Als der Zug einlief, drängte sich eine Riesenmenge am Bahnsteig, Musikanten postierten sich vor dem Salonwagen und spielten ›Seht, der Held und Sieger kommt‹. Gleich darauf stiegen die Spieler aus, umschwärmt von Hunderten von Fans, die sich alle darum rissen, ihren Idolen die Hand zu schütteln ... Kaum war der Menge der silberne Pokal vor Augen gekommen, da brach ein wilder Sturm der Begeisterung los. Hüte flogen in die Luft, Taschentücher wurden geschwenkt und Stöcke geschwungen. So jubelnd zog die Prozession bis zum Rathaus ...«

Ähnlich lauten die Berichte von der Heimkehr der siegreichen Helden in den Schoß ihres Stammes Jahr um Jahr. Am tollsten geht es wohl in den südamerikanischen Städten zu, wenn eine Nationalmannschaft den Weltmeistertitel heimbringt. Da wird die ganze Nacht gefeiert, Lastwagen und Omnibusse bleiben im Menschengewimmel auf den Straßen stecken, Fans stürzen sich auf ihre Helden, verzweifelt bemüht, sie zu berühren oder gar zu küssen, und die freudetaumelnden Gratulanten drohen die Spieler fast zu erdrücken, so daß Polizei und Feuerwehr der Mannschaft einen Weg durch die Massen bahnen müssen. In den Zentren der Städte bricht der Verkehr total zusammen, und von den überfüllten Balkonen regnet es Konfetti und Papierschnitzel, steigen Raketen und Leuchtkugeln auf, werden Knallfrösche und Gewehre abgefeuert.

All diese Berichte machen deutlich, wie stark die Gefühle sind, die das Fußballspiel auslöst. Von lokalen Varianten abgesehen, ähneln die Szenen einander auf der ganzen Welt. Überall kommt es zu Ausbrüchen ungezügelter Leidenschaft, so als ob die Symbolik des

111

Ekstatische Fans paradieren mit den Teamfarben in einem wilden Karneval der Begeisterung durch die Straßen der Stadt (oben und rechts).

Spiels verborgene Quellen des Gemeinschaftsgefühls im Menschen aufdeckte. Im Brennpunkt dieser Emotionen stehen die Spieler, und ihnen wollen wir uns in den folgenden Kapiteln zuwenden.

Die Stammeshelden

14 Die Herkunft der Helden

DER WEG ZUM FUSSBALL-PROFI

Heutzutage sind die Stars des Fußballstammes echte Volkshelden. Sie entstammen der gleichen Umgebung wie die Mehrzahl ihrer ergebenen Fans – aus der Arbeiterklasse. Allerdings war das nicht immer so. Die ersten Stammeshelden waren die reichen Internatszöglinge von Eton und Harrow und von der Oxford University. Das änderte sich, als das Profitum im Sport aufkam und Fußball sehr schnell von der industriellen Welt des Viktorianischen England übernommen wurde. Die Fabrikarbeiter füllten die Tribünen, und ihre Söhne waren es, die für sie auf dem Rasen spielten.

Das gleiche Muster wiederholte sich in vielen anderen Ländern, als Fußball sich über den ganzen Globus ausbreitete. Die örtlichen Arbeiter strömten zu den Spielen, und in den Nebenstraßen der großen Industriezentren und der Slums der wuchernden Städte konnte man Jungen sehen, die durch Dreck und Schlamm hinter dem Ball herjagten. Auf Parkplätzen und in Gassen, auf Aschenbahnen und neben Müllhalden, überall fanden die Nachkommen der industriellen Revolution ein freies Plätzchen, wo sie spielen und ihre Lehrzeit beginnen konnten. Es dauerte meist nicht lange, da kämpften die Geschickteren unter ihnen um den Erfolg in Schulmannschaften, und einige wenige, die Glück hatten und ungewöhnlich talentiert waren, wurden von Scouts entdeckt, die stets auf der Suche nach neuen Fußballtalenten waren. Probeweise wurden sie von einem örtlichen Club angenommen, und wenn sie sich vielversprechend zeigten, erhielten sie den heißbegehrten Vertrag als Jungprofi. Nach Monaten des Trainings und der Weiterentwicklung kam dann das erste richtige Spiel vor einem zahlenden Publikum.

Diesen Weg schlug die überwiegende Mehrzahl der Fußballspieler ein. Die Oberschicht und der Mittelstand hatten damit kaum etwas zu tun. Im zwanzigsten Jahrhundert ist diese Grundregel in den meisten Ländern erhalten geblieben. In einigen nordeuropäischen Ländern ist das Spiel klassenloser geworden, doch auf den Britischen Inseln, in der Mittelmeergegend, in Südamerika und anderswo hat es sich größtenteils seine sozialen Wurzeln bewahrt. Die meisten der großen Stars von heute kickten ihren ersten Fußball in einer Gasse oder Seitenstraße.

Der berühmte Pelé fing so an. Er erinnert sich: »Unser Platz war die Straße, wo ich wohnte … und unsere Tore die beiden Enden der Straße … Unsere Seitenlinien waren dort, wo sich bei einer gepflasterten Straße vielleicht der Randstein befunden hätte.« Er und seine Freunde waren zu arm, um sich einen richtigen Fußball leisten zu können, und so besorgten sie sich Socken von Wäscheleinen, stopften sie mit Lumpen und Papier voll, bis sie so rund und prall wie nur möglich waren, und schnürten das Ganze dann mit einem Strick fest zusammen.

Der irische Star Danny Blanchflower lernte seine Kunst so ziemlich auf die gleiche Art, indem er hinter dem Ball herjagte bei »jeder sich bietenden Gelegenheit: in den Straßen der Gegend, wo er wohnte, auf dem Spielplatz der Schule, unter der Eisenbahnbrücke und an dunklen Abenden unter den Straßenlaternen«. Einer der Helden seiner Kindheit war der großartige Stanley Matthews, der wiederum als Junge hart daran gearbeitet hatte, »seine angeborenen Fähigkeiten mit Hilfe eines billigen Gummiballes und des Gartenzaunes zu verbessern. Stundenlang mit dem Ball gegen die Mauer schießen und Küchenstühle umdribbeln, so aufgestellt, daß sie wie Gegner wirkten, waren Methoden, die er anwandte, um dem Ball seinen Willen aufzuzwingen«.

Bilder wie diese tauchen immer wieder in den Erinnerungen der Stammeshelden auf. Eine oft genug armselige Kinderwelt wurde durch die schlichte Anwesenheit eines Balles und eines groben Spielplatzes verschönt. Endlose Trainingsstunden im frühen Alter entwickelten intuitive Fähigkeiten, die schließlich derart tief verwurzelt waren, daß sie ein ganzes Leben lang anhielten. Die Leidenschaft nahm solche Ausmaße an, daß sich die kleinen Jungen zu Fußjongleuren, Ballartisten, Zauberern der Beinbewegung und der Körperbeherrschung entwickelten. Der Ball selbst wurde fast zu einem Teil ihres eigenen Wesens. George Best umreißt dieses Gefühl treffend: »Zu der Zeit, als ich noch ein kleiner Junge

Überall in der Welt kann man Jungen sehen – wie diese hier in einer Nebenstraße von Rio (rechts) –, die ihr Können am Ball verbessern und von Pokalendspiel-Siegen in den kommenden Jahren träumen.

Spitzenspieler wie Stanley Matthews (rechts), Bobby Charlton (Mitte) und George Best (ganz rechts, mit seinem Vater) stammen fast immer aus fußballbesessenen Familien, wo sie seit frühester Kindheit zu ergebenen Anhängern des Spiels erzogen und von hilfreichen Verwandten ermutigt wurden.

war, nahm ich als einziges einen Fußball mit ins Bett. Ich pflegte mein Bett mit einem Ball zu teilen. Ich weiß, es hört sich blöd an, aber ich liebte diese Berührung. Ich hielt den Ball, schaute ihn an und dachte: ›Eines Tages wirst du alles tun, was ich dir sage.‹ Ich lebte nur fürs Fußballspielen.«

Abgesehen von der Weiterentwicklung ihrer Fähigkeiten mußten sich die zukünftigen Helden auch eine zähe, die Konkurrenz ausstechende Haltung angewöhnen. Häufig half ihnen dabei die rohe Umgebung. Billy Bremner erinnert sich an den Bezirk, in dem er aufwuchs: »Man mußte selbst hart sein, um hier zu überleben … wenn man nicht selbst auf sich achtete, dann konnte man ganz sicher sein, daß es auch kein anderer tat.« Und Pelé gibt zu, daß »ich damals anscheinend ständig in Kämpfe verwickelt war, entweder in der Schule oder außerhalb, entweder auf dem Fußballfeld oder zu Hause, entweder mit Jungen, die größer als ich, gleich groß oder kleiner als ich waren. Die geringste Kleinigkeit schien mich auf Touren zu bringen.«

Zusätzlich zu den körperlichen Fähigkeiten und dem Kampfgeist brauchte man auch noch ein tiefergehendes Verständnis des Spiels, und als wichtiges Element existierte im Hintergrund vieler Stammeshelden diese wesentliche Figur, der »hilfreiche Verwandte«. Viele zukünftige Stars wuchsen in Familien auf, in denen es fanatische Anhänger des Spiels gab, die sie ermutigten und unterrichteten. Einige, wie Joe Mercer, Geoff Hurst, Alan Ball und Pelé, hatten Väter, die selbst Profifußballer waren. Im Familienkreis der berühmten Brüder Jackie und Bobby Charlton gab es nicht weniger als fünf Profis – ein Großvater und vier Onkel –, und von ihrer Geburt an waren sie von der Atmosphäre des Spiels umgeben. Als Jackie ein Baby war, antwortete seine Mutter auf Fragen nach ihrem neuen Sohn mit den

Ob arm oder reich, ob in einer Gasse (links) oder in einem Luxusstadion (oben), überall werden Kinder vom Fußballzauber und der Hoffnung angezogen, eines Tages große Stammeshelden zu werden.

Worten: »Seine Füße sind in Ordnung«, so sehr stand bei den Charltons der Fußball im Vordergrund.

Die Väter anderer Spitzenspieler mögen nicht selbst auf dem Spielfeld erschienen sein, doch die meisten von ihnen waren begeisterte Anhänger ihrer Mannschaften. Als Arbeiter waren sie in den verschiedensten Jobs tätig – da gab es Hafenarbeiter, Bergleute, Maurer, Schreiner, Schlosser, Pförtner, Metallarbeiter, Elektriker und Hilfsarbeiter –, doch jeder von ihnen trug seinen Teil dazu bei, dem heranwachsenden Sohn die Liebe zum Fußballspiel einzuflößen.

Die breite Mehrheit der Stammeshelden war daher von frühester Jugend an tief in die Welt des Fußballs verstrickt, und Erfolg in dieser Welt war der ewige Traum und die Phantasievorstellung der Jugend. Die Ausnahmen von dieser Regel sind so selten, daß sie besondere Aufmerksamkeit auf sich gezogen haben. Ein solcher Fall ist der Liverpool-Spieler Steve Heighway, ein Mann aus der Mittelklasse mit Universitätsabschluß in Wirtschaftswissenschaften und Politologie. In seiner Kindheit besuchte er eine kleine Privatschule, wo es keine organisierten Spiele gab. Er spielte nie Fußball und schaute bei keinem Match zu. In der Oberschule spielte er später Rugby, und erst in seinem vierten Jahr dort beschloß er, »es mal mit Fußball zu probieren«. In vollkommenem Gegensatz zu fast allen anderen angehenden Stammeshelden nahm er es nicht ernst: »Fußball machte Spaß, ein Spiel, das man genoß ...« Trotz dieser schon frevelhaften Haltung gegenüber diesem Sport zeichnete er sich darin aus. Als Universitätsstudent spielte er mit derartigem Erfolg, daß er von Bill Shankly entdeckt und für Liverpool unter Vertrag genommen wurde. Als er zu seinem ersten Spiel den berühmten Anfield-Rasen betrat, verblüffte er einen Mannschaftskameraden durch die Frage: »Welche Kurve ist der ›Berg‹?« – Die Antwort darauf hätten die meisten anderen Spieler schon an ihrem ersten Schultag geben können.

In Zukunft wird der soziale Hintergrund der Stammeshelden vielleicht breitgefächerter sein. Heighway könnte einer der ersten gebildeten Helden sein. Sicherlich gibt es auf dem europäischen Kontinent weitere nationale und sogar internationale Stars mit akademischen Würden. Und der aufblühende Fußball in Nordamerika mag den Reihen der Helden weitere Spieler mit umfassenderer Bildung und Erziehung zuführen. Doch mit größerer Wahrscheinlichkeit wird dieser Trend keine besondere Rolle spielen. Den Anforderungen des Profifußballs entsprechend ist eine frühzeitige Spezialisierung von großem Vorteil. Um Erfolg zu haben, dürfen die Jungen von Beginn ihres Lebens an nur eines im Sinn haben, und da bleibt wenig Zeit, sich um Bücher zu kümmern. Wo immer sich der aufstrebende Held auch befindet, im Geiste rennt er insgeheim stets mit einem Ball vor den Füßen über den Rasen. Für ihn bedeutet Fußball nicht eine »zukünftige Beschäftigung«, ein bloßer Job, sondern wird zur fixen Idee und vertreibt alle anderen ernsthaften Gedanken. George Best erinnert sich: »Ich haßte all die verdammten Jobs, zu denen sie mich zwangen ... die Arbeit war furchtbar langweilig. Wenn ich arbeitete oder zumindest hätte arbeiten sollen, dann träumte ich von Spielen, an denen ich teilnehmen würde. Immer war es in Wembley vor 100 000 Zuschauern, ein Pokalendspiel ...« Das ist das Holz, aus dem zukünftige Stammeshelden geschnitzt werden.

Mancher Vater, dessen eigene sportliche Tage der Vergangenheit angehören und der mittlerweile einen Bauch bekommen hat, kann sich immer noch den Träumen von Fußballtriumphen durch die sich entwickelnden Fähigkeiten eines geliebten Sohnes hingeben.

15 Die Persönlichkeit der Helden

RIVALITÄT UND ZUSAMMENARBEIT

In der Rolle des Stammeshelden liegt ein grundsätzlicher Konflikt verborgen. Um Erfolg zu haben, muß er andere ausstechen und überflügeln, gleichzeitig kann er aber nur dann erfolgreich sein, wenn er sich kooperativ in die Mannschaft einfügt. Einerseits muß er auf aggressive Art und Weise selbstbezogen sein und sich in den Mittelpunkt stellen; andererseits muß er zurückhaltend und hilfreich sein. Zum großen Teil erklärt dieser fundamentale Widerspruch die Persönlichkeit des modernen Fußballspielers.

Zuerst die Konkurrenz: Von denen, die den Sport als »charakterformend« betrachten, wurde oft genug gesagt, nicht der Sieg, sondern die Teilnahme sei wichtig. Dies ist das olympische Ideal, doch es wäre naiv zu glauben, daß diese Vorstellung im modernen Profi-Fußball eine Rolle spielt. Der Sieg ist zum bedeutsamsten Teil des Spieles geworden. Oder wie ein Trainer es formulierte: »Siegen ist nicht alles, es ist das einzige.«

Der Drang, den Gegner zu beherrschen und sich selbst durchzusetzen, steht deshalb im Mittelpunkt der Persönlichkeit des Spielers. Will er Erfolg haben, dann muß er in der Lage sein, an der symbolischen Vernichtung des Feindes ein fast sinnliches Vergnügen zu empfinden.

Einige Kritiker sind vor dieser Betrachtungsweise zurückgeschreckt, weil sie darin eine Gefahr erblickten, die menschliche Aggressivität zu glorifizieren. George Orwell, der düstere Prophet der Alptraumwelt von 1984, bringt seine Mißbilligung sehr deutlich zum Ausdruck: »Ernstgemeinter Sport hat nichts mit Fairplay zu tun. Er ist untrennbar verbunden mit Haß, Eifersucht, Prahlerei, der Mißachtung aller Regeln und einem sadistischen Vergnügen an der Beobachtung von Gewalttätigkeiten. Anders ausgedrückt, es ist Krieg ohne Schießerei.« Wie ernst soll man diese Einstellung nehmen, wenn man versucht, den Charakter der Stammeshelden einzuordnen? Stecken sie wirklich voller Haß und Eifersucht?

Die Wahrheit ist, daß die Aggressivität des Fußballspielers zwar sehr real, aber im höchsten Maße formaler Natur ist. Sie existiert als wesentlicher Teil seiner Persönlichkeit, wird aber in Schach gehalten. Seine Schlachten sind symbolisch, nicht wirklich. Weit davon entfernt, »alle Regeln zu mißachten«, wird er statt dessen total von ihnen eingeengt. Bricht er sie, wird er dafür bestraft. Allenfalls kann er sie sich ein bißchen zurechtbiegen und hoffen, nicht dabei erwischt zu werden. Jeder Spieler, dessen Temperament so hitzig ist, daß er ständig die Kontrolle über sich verliert, wird bald entlassen werden. Dem Sportsmann nützt keine wütende Feindseligkeit, die nicht gezähmt werden kann.

Nachdem dies gesagt worden ist, muß allerdings auch zugegeben werden, daß es in der Philosophie des Fußballstammes nichts gibt, was zur *inneren* Selbstbeschränkung ermutigt. Es sind die strengen äußeren Regeln, die den Spieler kontrollieren. Er gehorcht diesen Regeln mehr, als daß er sie respektiert, so wie der Fahrer eines Autos die Geschwindigkeitsbeschränkung nicht deshalb einhält, weil der das für moralisch richtig hält, sondern weil er fürchtet, von der Polizei geschnappt zu werden. Wann immer das Spiel in der Vergangenheit übertrieben hart wurde, führte nicht ein Gentleman's Agreement zwischen den Spielern zurück zu einer gewissen Fairness, sondern ein verschärftes Durchgreifen von seiten der Schiedsrichter.

Im wesentlichen muß also in die Persönlichkeit des Fußballspielers ein starkes Verlangen nach dem Sieg eingelagert sein, mächtig zwar, aber beherrschbar. Hier geht es ganz sicher nicht um »Kunst, um der Kunst willen« – spielen aus Freude am Spiel. Das ist etwas für Amateure, und der Berufsspieler verwendet das Wort »Amateur« mit einem verächtlichen Unterton. In seiner Profi-Welt gibt es Ehrgeiz und die Jagd nach Belohnungen – das Erringen von Ruhm, Geld und Status.

Um diese Ziele zu erreichen, muß der Spieler über eine angeborene Charakterfestigkeit und eine gutentwickelte romantische Ader verfügen. In der Öffentlichkeit muß er mit beiden Beinen fest auf der Erde stehen, muß sogar zynisch sein und sich über sich selbst lustig machen können, um sich nicht der Lächerlichkeit preiszugeben, doch insgeheim muß er von

Bestimmtheit und Entschlossenheit sind wesentliche Charaktermerkmale eines erfolgreichen Spielers. Auf dem Rasen kommt es leicht dazu, daß diese Eigenschaften überschäumen bis zu offener Aggression und Wut. Doch besteht dann die Gefahr, vom Schiedsrichter ernstlich bestraft zu werden.

119

Ihrer Persönlichkeit nach müssen die Spieler im
Wettbewerb ihren Mann stehen (linke Seite) und
dennoch zur Selbstbeherrschung fähig sein. Die Anspannung bei einem wichtigen Spiel ist jedoch so
groß, daß gelegentlich die Kontrolle verlorengeht
(unten) und der Schiedsrichter schnell eingreifen
muß, um die Ordnung wiederherzustellen.

glänzenden Preisen und großartigen Triumphen träumen. Er muß über ein mächtiges Ego
verfügen, allerdings eines, das zu leiden bereit ist, um seine Ziele zu erreichen.

Eines der größten Probleme besteht darin, mit Niederlagen fertigzuwerden, denn er weiß
von Anfang an, daß keine Straße zum Fußballruhm sich ohne zahlreiche Rückschläge be-
schreiten läßt. Und er weiß auch, daß sich diese Rückschläge nicht verbergen lassen. All
seine Fehler werden im grellen Licht der Öffentlichkeit stehen. Darin unterscheidet sich sein
Lebensstil von dem der meisten anderen Erwachsenen. Macht der Wissenschaftler im Labor
einen Fehler, so korrigiert er ihn für sich allein. Er ist nicht gezwungen, seine Irrtümer zu
veröffentlichen. Malt ein Künstler ein schlechtes Bild, so kann er es vernichten, noch ehe
irgend jemand es gesehen hat. Doch jeder Schnitzer, der einem Spieler unterläuft, wird von
Tausenden von Augenpaaren beobachtet und ist vielleicht noch einmal ganz genau in der
Wiederholung im Fernsehen von weiteren Millionen zu sehen. Seine Persönlichkeit muß
stark genug sein, um mit dieser öffentlichen Zurschaustellung fertigzuwerden. Er muß irgendeine Möglichkeit finden, sein Ego zu verteidigen.

Seine rauhe Kindheit hilft ihm dabei. Dem Jungen, der gelernt hat, Rückschläge als selbst-
verständlichen Bestandteil des Lebens hinzunehmen, fällt es leichter, sie als Erwachsener im
richtigen Licht zu sehen. Als Starspieler weiß er bereits, daß er fähig ist, trotz dieser Rückschläge Erfolg zu haben, und wenn die Lage ernst wird, so hat er spezielle Techniken
entwickelt, um seinen Glauben an sich selbst zu bewahren, z. B. durch *Vernunftgründe* – das

Versagen wird auf eine Verletzung geschoben; *Mystizismus* – ein schwaches Spiel wird damit begründet, daß es gegen ein »Teufels-Team« ging oder auf einem »Unglücksplatz« stattfand; *Projektion* – dem Schiedsrichter wird die Schuld gegeben; *Verleugnung* – es wird behauptet, das Spiel war nicht wichtig genug, um das Letzte aus sich herauszuholen; *Kompensation* – übertriebene Angabe in irgendeinem sozialen Zusammenhang, mit Mädchen, Glücksspiel oder Trinken, als eine Art Reklametrick.

Diese Methoden, Niederlagen in den Griff zu bekommen, funktionieren ausgezeichnet, wenn sie kurzlebig sind und lediglich die deprimierende Periode der Entmutigung abdecken, doch sie sind gefährlich, wenn sie zum Dauerzustand werden. Geschieht dies, dann beginnen sie sich störend in den Lernprozeß einzumischen – in die ehrliche Selbstanalyse, die den Spieler in die Lage versetzt, aus seinen Fehlern zu lernen. Und er kann nicht lernen, wenn er nicht innerhalb eines Tages oder so bereit ist zuzugeben, daß er *tatsächlich* Fehler gemacht hat. Seine Persönlichkeit muß dazu fähig sein, Ausreden beiseitezuschieben und genau zu analysieren, was falsch gelaufen ist. Für einen Spitzensportler bedeutet das, ein Ego zu besitzen, das groß genug ist, momentanen Erniedrigungen ins Auge zu sehen, ohne seine für einen Champion so wichtige Selbstachtung zu verlieren. Der sich mäßigende Champion ist größer als der draufgängerische Champion, nicht, weil er seine Schwächen mit erfreulicher Bescheidenheit angeht, sondern weil sein Ego mächtig genug ist, positive Kritik zu ertragen. Im Vergleich dazu besitzt der ungestüme Held eine schwächere Persönlichkeit, bei der sich der Mechanismus der Kompensation zu einer ständigen Krücke entwickelt hat, um seine Unzulänglichkeiten zu stützen.

Die angespannte Wettbewerbssituation verleiht erfolgreichen Spielern eine Persönlichkeit, die *stabil* ist – sie müssen weitermachen; *diszipliniert* – sie müssen den Regeln gehorchen; *zäh* – sie müssen dem Verletzungsrisiko ins Auge sehen; *gewissenhaft* – sie können sich den Luxus der Faulheit nicht leisten; *selbstbeherrscht* – sie müssen ihre heftigen Emotionen zügeln; und *selbstsicher* – sie müssen bestimmt und überzeugend wirken. Und vor allem müssen sie *egozentrisch*, fast schon narzißtisch sein, denn »sie« sind alles, was sie haben. Ein Geschäftsmann kann auf die Firma, die er aufgebaut hat, stolz sein, ein Architekt auf seine Häuser, ein Maler auf seine Bilder, doch der Fußballstar hat wie ein Schauspieler nur seinen eigenen Körper. Er selbst ist es, der großartig ist, nicht irgend etwas außerhalb von ihm, das er gemacht hat. Wenn er sagt: »Heute hab' ich gut gespielt«, so entspricht das den Worten eines Malers »Mein neues Bild gefällt mir«. Es ist eine objektive Aussage und doch zur gleichen Zeit selbstbezogen, denn außer dem Selbst gibt es nichts – nur den rennenden, springenden, fußballspielenden Körper. Das bedeutet, es ist unmöglich, ein erfolgreicher Spieler zu sein, ohne »selbstsüchtig« zu sein, aber es ist eine Selbstsüchtigkeit, die schon in der Natur der Sache begründet liegt. Dies abzustreiten hieße, die ureigensten Werkzeuge des eigenen Berufs zu verleugnen.

Diese Qualität bereitet dem Einzelspieler ein geringeres Personalitätsproblem als dem Mannschaftsspieler. Die Zusammenarbeit, die in einem Mannschaftssport notwendig ist, verlangt zusätzliche Stärke der Persönlichkeit, wenn Erfolge errungen werden sollen. Sobald er auf dem Rasen ist, muß des Spielers »Persönlichkeit« mit zehn anderen »Persönlichkeiten« verschmelzen, um eine Mannschaft in ein Superwesen zu verwandeln – ein zweiundzwanzigbeiniges Monster mit einem einzigen Ego. Alles andere würde zur Katastrophe führen. Es mag virtuose Einzelaktionen geben, aber das Spiel würde zerfallen und letzten Endes unweigerlich zur Niederlage führen. Der Stammesheld muß also besondere geistige Tricks anwenden, um seine unvermeidliche, egozentrische Selbstsüchtigkeit mit einem selbstlosen Mannschaftsgeist zu verbinden.

Auf dem Rasen gelingt ihm das, indem er an die Mannschaft als Teil von sich selbst denkt – ihr Sieg wird zu seinem Sieg, das Tor eines Mitspielers zu seinem Tor. Einige Spieler haben lebhaft beschrieben, wie sich in dem Augenblick, wo der Schiedsrichter zum Anstoß pfeift, persönliche Abneigungen und Eifersüchteleien in Luft auflösen. Spieler, die noch am Tag zuvor aufeinander herumgehackt haben, werden zu einer Einheit. Eine merkwürdige Form fast telepathischer Intimität entwickelt sich. Eamon Dunphy drückt es mit folgenden Worten aus: »Wenn man zwei Spieler nimmt, die, sagen wir mal, im Mittelfeld zusammenspielen, dann kennen die beiden sich durch den Fußball ebenso intim wie ein Liebespaar. ... Es ist eine unausgesprochene Beziehung, doch deine Bewegungen, dein Spiel spricht ... Man

muß sich dabei nicht unbedingt auf gesellschaftlicher Ebene näherkommen, aber man entwickelt ein enges, unausgesprochenes Verständnis füreinander.«

Abseits vom Spielfeld läuft eine andere Teamreaktion ab. Spieler legen eine Egomaske an. Sie verstecken ihre innere Unruhe hinter Scherzen und Sarkasmen. Das Wort »Star« verwenden sie als Beleidigung. Ergehen sie sich in Eigenlob, dann mit deutlicher Selbstironie, wobei sie scherzhafte Attacken geradezu herausfordern. Loben sie andere, so wird das ebenfalls auf humorvolle Weise mit viel Gelächter und witzigen Dialogen zum Ausdruck gebracht. Auf den Spieler, der diese Regel bricht, konzentriert sich sehr schnell der Spott der gesamten Mannschaft, und in besonders extremen Fällen wird er das Ziel kaum verhüllter Feindseligkeit. Der Einzelsportler kann ganz ernsthaft über seine Darbietung reden, ohne Angst, sich lächerlich zu machen, aber der Mannschaftssportler kann sich selten solch einen Luxus leisten, zumindest nicht, solange er sich in Gesellschaft seiner Kollegen befindet. Er muß warten, bis er aus ihrem Kreis und aus der Atmosphäre des spöttischen Verbergens des eigenen Ego heraus ist.

Unter der gutgelaunten Oberfläche jedoch bleiben die Egos durchaus intakt, jederzeit bereit auszubrechen, wenn persönliche Loyalität mit Team- oder Clubloyalität zusammenprallt. Der Ausgang eines solchen Konflikts steht nie in Zweifel – das Ich behält stets die Oberhand vor dem Team. Wird einem Spieler ein guter Vertrag bei einem besseren Verein oder mehr Geld bei einem Verein, der nicht besser als der eigene ist, angeboten, so wird er selten zögern, seine alten Mannschaftskameraden zu verlassen. Sie würden es auch nicht anders von ihm erwarten – sie würden ebenso handeln, wenn sie die Möglichkeit dazu hätten.

Die Trainer sind sich dessen wohl bewußt. Southamptons Lawrie McMenemy meinte dazu: »Es ist ein Spiel, das Selbstsüchtigkeit geradezu heranzüchtet. Du versuchst Teamarbeit und Selbstlosigkeit zu unterstützen, aber im Endeffekt verfolgt der Profi nur seine eigenen Interessen und was er dabei herausholen kann. Das System, das Geld, die Prämien, all das läßt die Spieler immer nur an sich selbst zuerst denken.« Das mag stimmen, aber die Vereine trifft hier ebensoviel Schuld wie die Spieler. Es sind die Direktoren und Trainer – und die Fans –, die als oberstes Gebot den *Sieg* fordern, anstatt elegante, faire Sportlichkeit. Sie sind es, die das Konkurrenzgefühl so massiv fördern und belohnen und Empfindungen von Rücksicht und Mitgefühl schmähen.

Oben: Zwischen den Spielen ist unter Mannschaftskameraden Necken und freundliches Auf-den-Arm-Nehmen durchaus üblich als psychologischer Ausgleich bei engem Zusammenleben.

Vorhergehende Seite: Kommt es zu einer heftigen Kollision, dann geht manchmal das Temperament durch, und ein Kampf droht auszubrechen. Sobald das geschieht, tauchen sofort besänftigende Hände auf und verwandeln den Vorfall in das traditionelle »Halt dich zurück«-Ritual.

16 Die Motivation der Helden

WAS DIE SPIELER ANTREIBT

Jeder Stammesheld, der zu Beginn eines Spieles den Rasen betritt, trägt sein Können, seine Erfahrung und seine Fitness in sich. Sein Können macht ihn zu einem Ballartisten; seine Erfahrung liefert ihm sein Verständnis für Strategie und Taktik; und seine Fitness gibt ihm den Körper eines Athleten. Doch das sind erst drei der vier Mauern, auf denen er seine Darbietung aufbauen muß. Die vierte, vielleicht die wichtigste von allen, ist seine Stimmung – seine geistige Verfassung.

Es wurde behauptet, daß schon viele Spiele vor dem Anstoß gewonnen wurden, weil Mannschaften mit der rücksichtslosen Entschlossenheit, um jeden Preis zu siegen, den Platz betraten. In einigen Fällen hat ihr Vertrauen oder ihr verzweifelter Wunsch, zu triumphieren, ihr mittelmäßiges Können, ihre Unerfahrenheit und ihre schlechtere körperliche Verfassung kompensiert. Unbedeutende Teams haben Giganten zur Strecke gebracht, wenn ihr Wille zum Sieg stark genug war.

All diese Worte – Stimmung, Entschlossenheit, Vertrauen, Wunsch, Wille – können unter dem Einzelbegriff »Motivation« zusammengefaßt werden. Was motiviert die Spieler? Was treibt sie an? Woran liegt es, daß sie aus keinem ersichtlichen Grund in der einen Woche schlapp wirken und in der nächsten »über sich selbst hinauswachsen«? Diese Fragen werden ständig von den Fans, den Direktoren, Managern und sogar den Spielern selbst gestellt, und dennoch wurden bis jetzt bemerkenswert wenige Untersuchungen zu diesem Problem innerhalb des Fußballstammes angestellt.

Spiele werden durch eine Kombination von Können, Erfahrung, Fitness und Motivation gewonnen. Im Spitzenfußball sind alle Spieler technisch gut, sie sind erfahren und fit, aber ihre Motivation kann äußerst unterschiedlich sein. Läuft ein Spiel schlecht, dann kann ihre Entschlossenheit gefährlich aufgeweicht werden, und hier ist der Punkt, wo ein guter Mannschaftskapitän als wesentlicher Motivator wirken kann.

Seine Mannschaft zu motivieren ist die wichtigste
Aufgabe eines Trainers, direkt vor Spielbeginn muß
er jeden Spieler optimal einstimmen und anregen.

Einer der Gründe für diesen Mangel an Nachforschungen ist der tiefwurzelnde Argwohn des
Stammes gegen Psychologen und die Psychologie. Die Fußball-Stammesangehörigen sind
von Natur aus konservativ und betrachten alle »neumodischen« wissenschaftlichen Ideen
mit Mißtrauen. Außerdem gibt es eine praktische Schwierigkeit. Die Fußballsaison ist mit
Terminen derartig vollgestopft, daß zum Experimentieren einfach keine Zeit bleibt – um
neue Methoden auszuprobieren und neue Theorien zu testen. Der Wissenschaftler wäre
bereit, sein Vorgehen von Woche zu Woche zu verändern, bis er herausgefunden hat, wie er
das Motivationsproblem am besten angeht, doch ein Fußballverein kann sich derartige
Risiken nicht leisten. In der hartumkämpften Liga und während der Pokalwettkämpfe wagen sie es nicht, durch ein riskantes Experiment auch nur ein einziges Spiel zu opfern. Und
so verlassen sie sich auf erprobte und vertrauenswürdige Methoden und stützen sich auf
Intuition anstatt auf Wissenschaft.

Selbst angesichts offensichtlicher Mängel halten sie manchmal an alten Traditionen fest. Um
ein Beispiel zu geben: Das Training wird bei den meisten Clubs morgens abgehalten. Die
Spieler erscheinen früh und trainieren hart bis zur Mittagszeit; danach können sie sich für
den restlichen Tag entspannen. Was dazu führt, daß sich ein dominierender Biorhythmus
etabliert, der die Spitzenaktivität auf das erste Tagesdrittel festlegt. Diese Routine wird trotz
der geradezu ins Auge stechenden Tatsache beibehalten, daß alle Spiele am Nachmittag
oder Abend stattfinden. Es hat den Anschein, als würden die Spieler absichtlich darauf
trainiert, zu den Zeiten, wo es am meisten von ihnen erwartet wird, keine Spitzenleistungen
erbringen zu können. Ihre Biorhythmen, diese geheimnisvollen inneren Sequenzen des
Stimmungswandels, die während des Tages ablaufen, sind notgedrungen falsch.

Spricht man diese Merkwürdigkeit an, begegnet man einem Schulterzucken, gefolgt von
schnellem Vergessen. Die Tradition des Morgentrainings ist derart tief verwurzelt, daß man
hier mit wissenschaftlichen Argumenten nichts in Bewegung bringen kann. Routinemäßig
scheint es sich als Beweis von »Zähigkeit und Härte« eingenistet zu haben, denn Frühaufstehen wird für männlich gehalten. Die Vorstellung, daß die Spieler spät aufstehen und einen

entspannten Vormittag verbringen, kollidiert mit der pseudomilitärischen Haltung der Mannschaftsbetreuer und Trainer. Trotzdem ist es ganz klar die richtige Art und Weise, einen Biorhythmus einzuführen, dessen Gipfel zur Spielzeit liegt. Mit der alten Einteilung versöhnt eigentlich nur, daß sich alle Mannschaften daran halten und so in gleichem Ausmaß von ihrem Leistungsgipfel entfernt sind. Das ist wenigstens fair.

Die Männer, die mit diesen Angelegenheiten direkt zu tun haben – Manager und Trainer –, sind alle ehemalige Spieler, die nun zu alt sind und sich mit einer Ratgeberrolle bescheiden müssen. Ihre wichtigste Aufgabe besteht darin, ihre Spieler zu motivieren, und doch fehlt ihnen jedes formale Training in Motivationspsychologie. Genausogut könnte man pensionierte Flugzeugmechaniker damit beauftragen, Jumbo-Jets zu fliegen. Diese Bemerkung ist nicht als Beleidigung für das Management gedacht. Ihr liegt lediglich die Beobachtung einer uralten Fußballtradition zugrunde. Und in vielen Punkten funktioniert das System ja auch bemerkenswert gut. Die guten Trainer passen sich sehr schnell ihrer neuen Rolle an und verwenden jede Unze der ihnen zur Verfügung stehenden intuitiven Schläue dazu, ihre häufig temperamentvollen Schützlinge richtig zu behandeln.

Indem sie sich gegen wissenschaftliche Argumente verteidigen, weisen die Manager und Trainer darauf hin, daß die jede Woche und jeden Augenblick neu auftretenden Probleme, denen sie sich mit ihrer Mannschaft gegenübersehen, sie nicht nur ständig auf Trab halten, sondern daß diese Probleme in jedem Fall zu vielschichtig und subtil sind, um grobe psychologische Tests anzuwenden. Darin liegt eine gewisse Wahrheit, doch es besteht die Gefahr, daß sich diese Haltung bis zu dem Punkt verhärtet, wo alle neuen wissenschaftlichen Methoden automatisch abgelehnt werden. Die Trainer, die mit den Details der psychologischen Maßnahmen nicht vertraut sind, lehnen sie ab aus Angst, inkompetent zu erscheinen. Ihre Rolle als Gruppenführer verlangt, daß sie vor ihren jungen Spielern als allmächtig und damit auch als allwissend erscheinen. Mit dieser oder jener wissenschaftlichen Neuheit herumzuspielen würde ihre Autorität untergraben.

Glücklicherweise löst ihre durch jahrelanges Fußballspielen aufgebaute Intuition viele ihrer Probleme. Von den Biorhythmen abgesehen, schaffen sie es, die Stimmungen ihrer Spieler ausgesprochen gut in den Griff zu bekommen. Sie wissen, daß sie am Spieltag, wenn die Stunde des Anpfiffs näherrückt, ihre Mannschaft mit besonderer Sorgfalt behandeln müssen. Jeder Spieler benötigt seine ganz persönliche Anregung, wonach er am besten spielt.

Die alte, grobe Vorstellung, alle Spieler zu fieberhafter Aufregung »aufzubauen«, ist für Fußball nicht gut genug. Sie wird immer noch bei ähnlichen Sportarten angewandt, wo heftige körperliche Angriffe und massiver physischer Kontakt an der Tagesordnung sind und wo zu Beginn eines Wettkampfs eine Art wilde tierische Wut benötigt wird, aber Fußball braucht breitgefächerteres Können. Oder wie Trainer Lawrie McMenemy es wortgewandt ausdrückt: »Sieben Straßenkehrer und vier Geigenspieler bilden eine vollkommen ausgewogene Mannschaft.« Einige Spieler keuchen und schuften und rackern unermüdlich, während andere in wesentlichen Momenten einen kleinen Geniestreich hinzufügen, und die beteiligten verschiedenen Qualitäten verlangen verschiedene Behandlung bei der Vorbereitung zum Spiel.

Die mehr introvertierten, stark angespannten Spieler betreten häufig den Platz mit einem zu hohen Grad an geistiger Erregung. Durch die Situation stehen sie bereits zu sehr unter Streß und brauchen Entspannung. Die mehr extrovertierten, unbekümmerten Spieler, für gewöhnlich die Verteidiger, brauchen stärkere Anregung, oder sie sind dann zu entspannt. Die erste Kategorie muß sanft behandelt, gehätschelt und beruhigt werden. Die zweite Kategorie muß ermutigt und in eine entschlossenere Verfassung hochgehievt werden. Der sorgfältige Trainer weiß das und schenkt den verschiedenen Spielern individuelle Aufmerksamkeit; er bringt jeden von ihnen nicht zur maximalen, sondern zur optimalen Erregung. Der schlampige Coach behandelt alle gleich und überfüllt sie entweder mit aufpeitschenden Worten, was einige aufmuntert und andere in Panik versetzt, oder er begegnet ihnen mit ruhiger Leutseligkeit, was wiederum einigen paßt, andere aber ohne die nötige Anregung läßt.

Es gibt den Mythos, daß Spieler verschiedener Nationalitäten von ihren Trainern verschieden behandelt werden müssen. Der Italiener Vittorio Pozzo soll gesagt haben: »Englische Spieler können als Kollektiv, italienische Spieler müssen immer als Individuen behandelt

Gute Spieler sind in den meisten ihrer Spiele stark motiviert; großartige Spieler sind *immer* stark motiviert. Es ist ihre Beständigkeit, die sie den anderen gegenüber in eine eigene Klasse hebt.

werden. Sie wollen wissen, daß du auf ihrer Seite bist.« Er hat recht, was die italienischen Spieler anbelangt, aber er kennt englische Mannschaften nicht gut genug, um solch einen Unterschied zu machen. Alle Spieler, ganz gleich welcher Nationalität, profitieren von persönlicher Behandlung – außer ein Team besteht aufgrund eines seltenen Zufalls aus elf Spielern mit identischem Temperament. Nur dann könnte man bei allen Gelegenheiten mit ihnen wie »mit einem Mann« umgehen.

Obwohl die individuelle Annäherung an die Spielermotivation ein gesundes Prinzip darstellt, gibt es Zeiten, wo man sich darüber hinwegsetzen muß. Hat ein Team in der ersten Spielhälfte katastrophal gespielt, dann kann in der Halbzeit eine »Standpauke« vom Trainer manchmal Wunder wirken. Alle Männer sind gemeinsam in eine Depression versunken, und sie alle können gemeinsam durch eine verbale »Anregungsattacke« aus ihr herausgeholt werden. Zu anderen Zeiten kann ein ganzes Team überängstlich und derart überspannt sein, daß ihnen allen eine beruhigende, Vertrauen versprühende Ansprache des Trainers guttut. Das phantasievollste Beispiel dafür lieferte ein Team, das zu einem wichtigen Endspiel gegen einen berühmten Gegner antreten mußte. Der Trainer heuerte einen örtlichen Komiker an, der ihnen vor dem Spiel, sogar noch im Umkleideraum, Witze erzählte, um eine entspannte Stimmung zu schaffen. Der Einfall machte sich unerwartet bezahlt, denn die Spieler lachten noch immer, während sie neben ihren übermächtigen Gegnern im Tunnel standen und auf den zeremoniellen Einlauf auf den Rasen warteten. Dadurch wurde das überlegene Team, das keine Ahnung von der Ursache dieses seltsamen Benehmens hatte, derart entnervt, daß die eigene Stimmung zerstört wurde und sie das Spiel verloren.

Eine andere ungewöhnliche Methode wurde von einem Trainer angewandt, der sich in den Gang der Spieler stellte und der Reihe nach jedes einzelne Mitglied der gegnerischen Mannschaft begrüßte. Dann zog er sich in die eigene Umkleidekabine zurück und ging dazu über, seine Spieler über die furchtbare Verfassung zu unterrichten, in der sich jeder ihrer gefürchteten Feinde befand: »Brown hat sich schon wieder in Nachtclubs herumgetrieben. Ihr solltet die Säcke unter seinen Augen sehen. Smith schleppt immer noch sein Handtäschchen mit sich rum. Jones hat offensichtlich einen schrecklichen Krach mit seiner Frau gehabt«, und so fort, das ganze Team durch. Obwohl seine Spieler dies als großartigen Witz betrachteten, diente es nichtsdestoweniger dazu, die Spannung zu lockern und das Selbstvertrauen der Mannschaft aufzubauen.

Das bizarrste Beispiel für Motivationsmanipulationen kommt vielleicht aus Australien, wo ein Trainer vor einem wichtigen Spiel sich sogar dazu hinreißen ließ, seiner Mannschaft einen Film über Nazigreueltaten vorzuführen, weil er glaubte, die Spieler als Gruppe seien noch nicht genügend angeregt. Nachdem sie sich zwanzig Minuten lang das Vergasen und Erschießen in Konzentrationslagern angeschaut hatten, wurde den Männern erzählt, sie sollten sich vorstellen, jeder von ihnen hätte einen Sohn, eine Frau oder Mutter im Lager gehabt, und sie sollten deren Tod rächen. Gegen einen Gegner, der sie in der Vergangenheit leicht geschlagen hatte, stürmte die Mannschaft auf den Platz, »massakrierte« symbolisch ihren Feind und gewann das Spiel problemlos. Diese besondere Idee zur Motivierung war jedoch ein Rohrkrepierer. Als die Nachrichten darüber an die Öffentlichkeit drangen, mußte der zu phantasievolle Trainer zurücktreten, und der Präsident des australischen Fußballverbandes erklärte, daß diese Aktion sich gegen all das gewandt hätte, »wofür Fußball eintritt«.

Ein weiterer Trick, der leicht schiefgehen kann, ist das absichtliche Reizen einer Mannschaft oder eines einzelnen Spielers. Hat der Trainer das Gefühl, daß die Spieler verbraucht und müde sind, dann kann er öffentlich über sie herziehen. In einem Fall, bei einem Londoner Team mit Spielern, die aus dem Süden der Stadt stammten, gab der Trainer ein Interview, in dem er sagte, daß es seinen Männern an Härte fehle und er als Folge davon ein paar Spieler aus dem Norden zur Verstärkung suche, »da kein Zweifel daran bestehe, daß sie die härteren Spieler sind«. Als seine Mannschaft das las, waren alle wütend, sagten aber nichts. Statt dessen bemühten sie sich zu beweisen, daß er Unrecht hatte, knirschten mit den Zähnen und schlugen ihren nächsten Gegner 6:1. Im folgenden Match gegen ein Team der »harten Spieler aus dem Norden« kämpften die wütenden Spieler aus dem Süden sogar noch entschlossener und gewannen 7:1. Danach verziehen die Spieler ihrem Trainer die harten Worte und sahen ein, daß sie schwach gespielt hatten, ehe er sie zum Handeln gereizt hatte.

Ein erfahrener Trainer weiß ganz genau, wann eine Rüge angebracht ist, wann er Ermutigung bieten oder individuelles Mitgefühl zeigen oder seiner ganzen Mannschaft die Leviten lesen muß. Jeder Spieler benötigt persönliche Aufmerksamkeit, um das Beste aus ihm herauszuholen, aber es gibt daneben Gelegenheiten, wo die Mannschaft als Einheit behandelt werden muß.

Aber es war ein gefährlicher Plan, den er da verfolgt hatte. Wäre es nicht so gut gelaufen, dann hätte leicht ein dauerhafter Bruch in der Beziehung zwischen Trainer und Team zurückbleiben können.

Besonders riskant ist die Methode, wenn sie auf einen einzelnen Spieler angewandt wird. Selbst wenn er dadurch zu besseren Leistungen provoziert wird, ist es für ihn nicht leicht, den öffentlichen Angriff von seiten seines Trainers zu vergessen, und meist dauert es nicht lange, und man hört von einem unerwarteten Transfer zu einem anderen Club. Später mag der Spieler sich an den Vorfall als einen Witz erinnern und den gegen ihn gerichteten Angriff zitieren (»Er schaut aus wie Tarzan, spielt aber wie Jane« ist ein berühmter Ausspruch), doch solche öffentlichen Beleidigungen bekommen außer den unsensibelsten Spielern fast alle in die falsche Kehle, und Trainer, die diese Taktik anwenden, gehen ein ernsthaftes Risiko ein.

Hier beginnt sich der Mangel an psychologischer Ausbildung der Trainer zu zeigen. Oft genug fehlt ihnen das Fingerspitzengefühl. Ihre eigene Unsicherheit, vermischt mit dem Gefühl, daß die Derbheit der Sportart ein autoritäres Anpacken mit militärischem Beigeschmack verlangt, drängt sie in diese Richtung. Auch sie stehen unter starkem Druck und neigen manchmal zur Überreaktion.

Ihnen stünde eine Anzahl von neueren psychologischen Hilfen zur Verfügung, wenn sie nur die nötige Zeit aufbringen könnten, sie zu studieren. Maurice Yaffé, ein in London wohnender klinischer Psychologe und seit mehreren Jahren ehrenamtlich in beratender Funktion für den *Crystal Palace Football Club* tätig, faßte kürzlich die neuesten Erkenntnisse auf dem Gebiet der Sportpsychologie zusammen.

Eine Technik ist als *autogenes Training* bekannt. Um vor einem Spiel zu einer positiveren geistigen Einstellung zu gelangen, wird ein Spieler angehalten, eine Reihe von abwechselnd anspannenden und entspannenden Übungen durchzuführen. Er muß sich in bequemer Stellung hinlegen, die Augen schließen und eine gewisse Zeit tief durchatmen. Dann muß er alle seine Muskeln so fest wie möglich anspannen und sich dabei der Reihe nach auf jeden Teil seines Körpers konzentrieren. Nachdem er in diesem angespannten Zustand einige Augenblicke verharrt hat, muß er seine Muskeln vollkommen entspannen und total schlaff werden. Diese beiden unterschiedlichen Zustände wechseln sich dann ab – angespannt/schlaff, angespannt/schlaff. Befindet er sich im angespannten Stadium, so wird ihm gesagt, er soll sich den Feind vorstellen, dem er gleich entgegentreten muß. Nach einer solchen Übung wird der Spieler auf dem Platz bissiger (wie es in der Fußballsprache so schön heißt) und wirkungsvoller sein.

Eine andere Methode ist das *Durchsetzungstraining*. Einem Spieler, der sein Selbstvertrauen verliert und auf dem Rasen nicht genügend Aggressivität zeigt, kann dadurch geholfen werden, daß man seinen Geist auf ein »Feindbild« konzentriert. Man verlangt von ihm, wiederholt auf einen Sandsack einzuschlagen, während er sich auf ein privates, persönliches Haßobjekt konzentriert. Bei jedem Schlag auf den Sack muß er das Bild in seinem Kopf haben, und stets muß er sich die gleiche Szene vorstellen, damit sie sich fest eingräbt. Das befähigt ihn, einen ungehemmten Akt der Aggression mit der speziellen Vorstellung zu verbinden. Anstatt seine Aggression zurückzudrängen, wie er es in einem normalen, sozial angepaßten Leben tun müßte, läßt er ihr in gewalttätiger physischer Bewegung freien Lauf. Dies hilft ihm, mit einem Zustand hochgradiger aggressiver Erregung vertraut zu werden. Spürt er dann draußen auf dem Rasen sein Selbstbewußtsein schwinden, dann muß er sich lediglich sein privates »Feindbild« in Erinnerung rufen und sich einige Augenblicke lang darauf konzentrieren. Das wird ihn wieder aufladen und ihm seinen verlorenen Schwung zurückgeben.

Ein ähnlicher Kunstgriff ist die Entwicklung von *Kampfbildern*. Sie werden benutzt, um Gefühle von Panik und Depression zu mindern, wenn das Spiel schlecht läuft. Der Spieler wird gebeten, sich eine angenehme Erinnerung auszusuchen, z. B., wie er in einem früheren Match ein wunderbares Tor geschossen hat, und sich vor einem schweren Spiel wiederholt darauf zu konzentrieren. Er tut dies, bis sie sich in seinem Kopf festgesetzt hat, fast so wie eine Zeile aus einem bekannten Lied, »die einem nicht mehr aus dem Sinn geht«. Während dem Match kann er dann, falls das Spiel für ihn schlecht läuft, diese spezielle Erinnerung als inneren Auftrieb anschalten.

Eine Alternative dazu stellt der *geistige Probelauf* dar, wobei der Spieler sich die denkbar schlimmsten Unglücke vorstellt, die ihm während des Spiels zustoßen können. Doch er tut dies vor dem Spiel, in einer Periode der Ruhe und Entspannung. Begegnet er ihnen dann in Wirklichkeit auf dem Platz, wird er mit geringerer Panik auf sie reagieren.

Manche Spieler sehen sich einer anderen Art von Problem gegenüber. Sie neigen weder zur Panik noch sind sie nicht ausreichend selbstbewußt, sie sind *zu* aggressiv. Als Folge davon begehen sie ständig Fouls und werden bestraft. Studien in Deutschland aufgrund von Analysen von über 1800 Fußballspielen enthüllten verschiedene charakteristische Züge von Fouls: Die Verlierer begehen mehr Fouls als die Gewinner; Gastmannschaften begehen mehr Fouls als Heimmannschaften; Spiele mit niederer Torquote produzieren mehr Fouls als Spiele mit hoher Torausbeute; Teams mit schlechtem Tabellenstand begehen mehr Fouls als Spitzenmannschaften. Belgische Nachforschungen ergaben ähnliche Resultate, und es scheint wahrscheinlich, daß sie sich ganz allgemein auf alle Länder übertragen lassen.

Eindeutig wächst die Möglichkeit des Foulspiels durch ein Gefühl der Frustration. Eine Mannschaft, die ein Spiel verliert, kaum Tore schießt oder am Tabellenende rangiert, hat das Gefühl, daß sich alles gegen sie verschworen hat, und das löst mehr unerlaubte Handlungen aus. Das Gastteam foult häufiger als die Heimmannschaft, weil es gar nicht anders kann, als in irgendeiner Form auf die Feindseligkeit der Fans zu reagieren.

Einzelne Spieler, die ungewöhnlich anfällig für heftige Reaktionen bei Frustrationen dieser Art sind und die wiederholt vom Schiedsrichter wegen ihrer mangelnden Kontrolle notiert werden, können durch einen Prozeß der *Desensibilisierung* Hilfe finden. Dazu gehört, daß man ihnen Videoaufnahmen zeigt, auf denen sie bei früheren Spielen während ihrer gröbsten Fouls zu sehen sind; dazu machen sie gleichzeitig spezielle Entspannungsübungen. Wenn sie sich selbst in der Aufzeichnung bei gewalttätigen Attacken beobachten, während ihr Körper vollkommen entspannt ist, hilft dies, die Möglichkeit zukünftiger »Explosionen« auf dem Spielfeld zu vermindern.

Die vielleicht merkwürdigste Entdeckung, die bei der wissenschaftlichen Analyse von Fußballspielen gemacht wurde, ist der *Freundschaftsfaktor*. Jeder Trainer setzt automatisch voraus, daß jeder Spieler seines Teams den Ball zu dem Mannschaftskameraden abspielt, der sich in der dafür am besten geeigneten Position befindet. Das ist eine derart offensichtliche Notwendigkeit des Spiels, daß sich jede weitere Frage dazu erübrigt. Das heißt, zumindest war es so, bis ungarische Forscher die Sache genauer untersuchten. Sie entdeckten, daß die Grundregel oft gebrochen wird. Spieler geben den Ball häufiger an Mannschaftskameraden weiter, mit denen sie eng befreundet sind, als an solche, denen sie schwache oder negative Empfindungen entgegenbringen. Natürlich geschieht das nicht ständig. Oft genug passen sie den Ball zu dem am günstigsten stehenden Spieler, doch die Häufigkeit ist niedriger, als man sich vorgestellt hatte. Läuft das Spiel gut, dann macht sich der Freundschaftsfaktor kaum bemerkbar, aber wenn die eine Seite hoch verliert oder wenn momentane Panik einsetzt, wird er vorherrschend. Der Wunsch nach Sicherheit mag dann einen Spieler dazu bringen, den Ball zu einem engen Freund, dem er vertraut, weiterzuleiten, anstatt zu jemand anderem, selbst wenn sein Freund sich in schlechterer Position befindet. Überflüssig zu sagen, daß dadurch die Angelegenheit nur schlimmer wird und die Panik wächst.

Einige Trainer haben die Notwendigkeit, dieses Problem zu bekämpfen, intuitiv erkannt, ohne es überhaupt genau identifiziert zu haben. Vittorio Pozzo, der italienische Trainer, traf bei Auswärtsspielen seiner Mannschaft spezielle Schlafarrangements für die Spieler in ihrem Hotel. Waren zwei von ihnen miteinander verkracht und stritten ständig, dann bestand er darauf, daß sie ein gemeinsames Schlafzimmer bekamen. Es hagelte heftige Proteste dagegen, denn es gehört zur Tradition, daß jeder Spieler sich ein Zimmer mit seinem besten Freund teilt. Aber indem er sich über diese Einwände hinwegsetzte, konnte Pozzo die gegenseitigen Abneigungen abtragen und das Mannschaftsgefüge verbessern.

Eine systematischere Methode ist es, Freundschaftstests bei den Mitgliedern einer Mannschaft durchzuführen und danach ein *Verbindungsdiagramm* aufzustellen. Darauf wird die Stärke der Bindungen, die zwischen jedem Spieler und dem restlichen Team herrscht, dargestellt. In erfolgreichen Teams existieren zwischen den meisten Spielern positive Beziehungen, aber in erfolglosen Mannschaften gibt es eine große Anzahl von »Einzelgängern«,

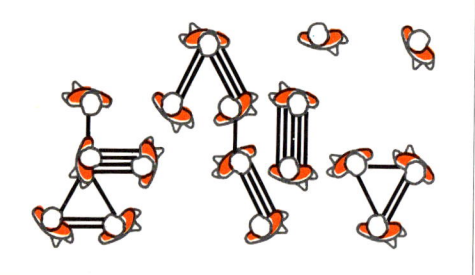

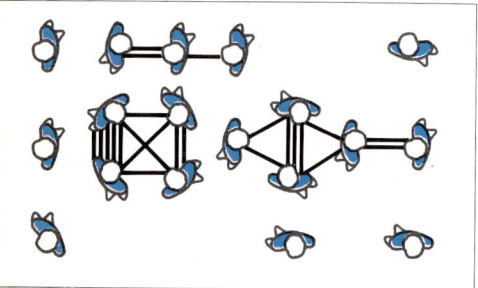

Diagramme zeigen die Stärke der Freundschaftsbande (angedeutet durch die Anzahl der die Spieler verbindenden Linien) zwischen Teamkameraden. Die roten Spieler sind von einem ungarischen Club, Spitzenreiter der Ersten Liga; die blauen Spieler sind von einem Club am Tabellenende dieser Liga. Jedem Mann wurden fünf Fragen über seine Freundschaften innerhalb seines Teams gestellt, und als die Ergebnisse in das Diagramm eingetragen waren, stellte sich heraus, daß es in der Mannschaft mit schlechtem Tabellenstand mehr für sich stehende Spieler gab.

die durch keinerlei Zuneigungsgefühle gebunden sind. Werden Sequenzen der Ballabgabe anhand von Spielaufzeichnungen analysiert, so wird bald klar, daß man die Einzelgänger ohne Ball »verhungern« läßt. Trainer haben zwei Möglichkeiten, sich diese Information zunutze zu machen. Entweder verstärken sie die Freundschaftsbande mit den »isolierten Spielern«, oder sie führen den Spielern selbst das Gesamtproblem vor Augen, damit sie die Dummheit ihres Benehmens erkennen und korrigieren können. Auf diese Weise kann der Zusammenhalt des Teams verbessert werden.

Eine wichtige Nebenerscheinung dieser Studie betrifft Mannschaftsveränderungen. Deutsche Untersuchungen haben gezeigt, daß Teams mit gleichbleibendem Spielerstamm erfolgreicher sind als eine Truppe, die ständigen Veränderungen unterliegt. Der Grund dafür ist deutlich genug, wenn man den Wirkungsgrad des Freundschaftsfaktors berücksichtigt. Entfernt man einen alteingeführten Spieler aus der Mannschaft und ersetzt ihn durch ein neues Mitglied, gehen Freundschaftsbande verloren. Kommt ein Spieler zu einem neuen Club und hat man den Fans Wunderdinge von ihm erzählt, dann sind sie schnell enttäuscht, weil er in seinen ersten Spielen so wenig zu bringen scheint. Einige Vereinsmitglieder nehmen fälschlicherweise an, daß er sich nicht genügend Mühe gibt oder daß er sich noch nicht eingewöhnt hat, doch bei Analysen von Aufzeichnungen der Spiele würden sie entdecken, daß der unglückliche Spieler trotz tapferer Versuche, seinen neuen Verein zu beeindrucken, einfach nicht oft genug den Ball von seinen Mannschaftskameraden zugespielt bekam. Nicht er ist es, dem es nicht gelingt, sich anzupassen, sondern die etablierten Spieler bringen es nicht fertig, ihn zu akzeptieren und ihm in kritischen Momenten zu vertrauen. Je offener das Problem des Freundschaftsfaktors von den Spielern diskutiert wird, desto größer ist die Chance, daß sie seine schädlichen Auswirkungen auf die Mannschaft beseitigen können.

Hier wurden einige Möglichkeiten aufgezeigt, wie man Motivationsprobleme erforschen und lösen kann, aber es wäre naiv anzunehmen, daß der Fußballstamm sich voller Begierde darauf stürzen würde. Einige Gründe dafür wurden bereits angeführt. Manche Trainer halten es für unprofessionell, solchen Angelegenheiten zuviel Energie zu widmen. Manche glauben, man sollte sie insgesamt ignorieren. Einer schrieb in seinem Clubprogramm: »Die Leute sollten erkennen, daß die Motivation einfach zum Make-up des Spielers ohne irgendwelche äußere Hilfe gehört ... wenn der Anpfiff ertönt, erwarte ich eine anständige Tagesarbeit für eine anständige Tagesbezahlung. Das hat nichts mit Motivation zu tun. Ein Spieler, der gut dafür bezahlt wird, daß er seinen Job erledigt, sollte nicht ständig von seinem Trainer angefeuert werden müssen. Wenn das notwendig ist, dann befindet er sich und das Fußballspiel ganz allgemein in traurigem Zustand ...«

Der kluge Trainer behandelt seine Spieler sowohl als Team als auch als Individuen. Unterschiedliche Spieler brauchen verschiedene Grade der Anregung vor einem Spiel – manche müssen beruhigt werden, andere angespornt. Die besten Trainer erreichen für jeden Mann die perfekte Balance.

17 Die »Auswärtitis«

KAMPF AUF FEINDLICHEM TERRITORIUM

Falls es noch eines Beweises bedarf, daß psychologische Faktoren eine wichtige Rolle beim Gewinn von Fußballkämpfen spielen, kann das Phänomen der *Auswärtitis* ihn liefern. Auswärtitis ist ein Leiden, das alle Gastmannschaften, die auf feindlichem Territorium antreten, erdulden müssen. Ihre Hauptursache liegt in der Feindseligkeit, die ihnen auf fremdem Platz entgegenschlägt, und ihre Symptome äußern sich in der dramatisch reduzierten Fähigkeit, Auswärtsspiele zu gewinnen und Auswärtstore zu schießen. Jedem Fußball-Stammesangehörigen ist das Problem bewußt, aber wenige haben es sorgfältig durchleuchtet oder zu seiner Bekämpfung positive Schritte unternommen. Es wird schlicht und einfach als unvermeidliche Stammeskrankheit hingenommen.

Auswärtitis ist so alt wie der Fußball selbst. Die englische Fußballliga spielte im neunzehnten Jahrhundert zwölf Saisons lang und von allen Spielen liegen die Ergebnisse vor. Addiert man die Anzahl der *Heimsiege* der zwölf Saisons und teilt die Summe durch die Anzahl der *Auswärtssiege*, so kann man Auswärtitis in Form einer schlichten Verhältniszahl ausdrücken. Das Resultat für alle Spiele der Ersten Liga lautet 2,6:1. Das bedeutet, bei einem Heimspiel hatte eine der damaligen Mannschaften eine um das Zweieinhalbfache größere Chance zu gewinnen, als wenn sie auswärts spielte.

Führt man eine ähnliche Untersuchung für alle englischen Erstligaspiele von den 1940er Jahren bis in die 80er Jahre durch, dann ergibt sich ein Verhältnis der Heimsiege zu Auswärtssiegen von 2,1:1. Die »Angst vor fremden Plätzen« ist leicht zurückgegangen, aber Heimsiege sind immer noch zweimal wahrscheinlicher als Auswärtssiege.

Untersucht man das Verhältnis Jahr um Jahr, zeigen sich nur geringfügige Abweichungen. Das niedrigste Verhältnis im neunzehnten Jahrhundert lag bei 1,7:1 (in der Saison 1896/97) und das höchste bei 3,4:1 (1895/96), doch die Mehrzahl orientiert sich ziemlich genau am Durchschnitt.

Die niedrigste Verhältniszahl aus unserer Zeit ist ebenfalls 1,7:1 (1946/47, 1950/51 und 1954/55) und die höchste 2,8:1 (1976/77), doch wieder ergibt sich in den meisten Jahren eine Zahl, die dicht beim Durchschnitt liegt.

Dies zeigt, daß es in den schlimmsten Jahren der Auswärtitis dreimal so schwer war, auswärts zu siegen als zu Hause, während es in den besten Jahren immer noch doppelt so schwer war. Hier zeigt sich der enorme Einfluß des territorialen Faktors im Fußball. Er ist derart bedeutend, daß jedes Team, welches dieses Problem überwinden könnte, bald zum Meister aufsteigen würde.

Dieser Gedanke fordert einen Vergleich über den Grad an Auswärtitis bei Spitzenteams und den Mannschaften am Tabellenende heraus. Analysiert man die Spiele der englischen Ersten Liga über die gesamten 1970er Jahre hinweg und vergleicht jedes Jahr die führenden Mannschaften mit den Absteigern, so läßt sich erkennen, ob sie alle im gleichen Maße unter der Auswärtitis leiden oder ob die Topteams davon frei sind. Das durchschnittliche Gesamtverhältnis für die fragliche Zeitspanne war 2,2:1. Der Durchschnitt bei den Topteams lag bei 1,7:1, bei den Mannschaften am Tabellenende ergab sich ein Verhältnis von 2,9:1. Mit anderen Worten: Sowohl die besten als auch die schlechtesten Mannschaften litten unter der gefürchteten Krankheit, doch die unteren Teams waren fast doppelt so schlimm davon betroffen. Spitzenteams haben also weniger Angst vor fremden Plätzen, sind aber immer noch nicht in der Lage, den Fluch vollkommen abzuschütteln.

Ein weiterer Vergleich kann gezogen werden, dieses Mal zwischen der gesamten Ersten Liga zur gesamten Vierten Liga. Die Vierte Liga wurde erstmalig in der Saison 1958/59 eingeführt, und wenn man von dieser Zeit an bis Ende der 70er Jahre alle Spielergebnisse zusammenzählt, dann ergibt sich folgendes Verhältnis: Erste Liga Heimsiege zu Auswärtssiegen: 2,1:1; Vierte Liga Heimsiege zu Auswärtssiegen: 2,5:1. Wieder haben die Teams der unteren Klasse mehr darunter zu leiden als die ranghöheren Mannschaften.

Auswärtitis ist nicht nur eine rein englische Krankheit; ähnliche Berechnungen gibt es im italienischen Fußball für die Zeitspanne vom Ende des Zweiten Weltkriegs bis in die späten

Heim- und Auswärtserfolge der englischen Erstligamannschaften (1946–79)

Saison	Heim-sieg	Auswärts-sieg	Ver-hältnis
1946–7	232	140	1,7:1
1947–8	236	122	1,9:1
1948–9	232	97	2,4:1
1949–50	219	111	2,0:1
1950–1	218	130	1,7:1
1951–2	227	122	1,9:1
1952–3	240	106	2,3:1
1953–4	254	109	2,3:1
1954–5	223	128	1,7:1
1955–6	248	119	2,0:1
1956–7	246	107	2,3:1
1957–8	246	122	2,0:1
1958–9	239	132	1,8:1
1959–60	232	131	1,8:1
1960–1	245	120	2,0:1
1961–2	246	110	2,2:1
1962–3	223	126	1,8:1
1963–4	228	126	1,8:1
1964–5	251	105	2,4:1
1965–6	245	114	2,1:1
1966–7	232	120	1,9:1
1967–8	244	107	2,3:1
1968–9	233	89	2,6:1
1969–70	205	114	1,8:1
1970–1	215	112	1,9:1
1971–2	227	106	2,1:1
1972–3	236	96	2,5:1
1973–4	218	95	2,3:1
1974–5	235	103	2,3:1
1975–6	229	106	2,2:1
1976–7	240	85	2,8:1
1977–8	223	107	2,1:1
1978–9	209	109	1,9:1

Durchschnittsverhältnis 2:1

70er Jahre. Es gab etwas stärkere Abweichungen, das niedrigste Verhältnis lag bei 1,9 : 1, das höchste bei 4,3 : 1, doch der Durchschnitt kommt mit 2,5 : 1 der englischen Zahl bemerkenswert nahe. Das Phänomen scheint also über nationale Grenzen hinauszugehen. Und tatsächlich ist es sehr wahrscheinlich weltweit verbreitet.

Eine interessante Ähnlichkeit zwischen den italienischen und den englischen Zahlen besteht darin, daß es sich bei dem Jahr, in dem beide Länder ihre niedrigste Verhältniszahl aufzuweisen haben, um die allererste Saison unmittelbar nach dem Kriege handelt. Offensichtlich waren die Leute in jenen harten, mageren Jahren so dankbar, wieder ein Fußballspiel zu sehen, daß sie sogar die Gästespieler willkommen hießen. Ohne lokale Feindseligkeit scheint das Gästeteam um eine Spur weniger anfällig für Auswärtitis gewesen zu sein.

Eine andere Methode, die Stärke der Auswärtitis zu messen, besteht darin, einen Blick auf die Anzahl der geschossenen Tore anstatt der gewonnenen Spiele zu werfen. Das Verhältnis der Heimtore zu Auswärtstoren sollte ein ähnliches Bild ergeben. Hier sind die Zahlen:

Verhältnis der Heimtore zu Auswärtstoren in der englischen Ersten Liga im neunzehnten Jahrhundert (1888–1900): 1,8 : 1.
Verhältnis der Heimtore zu Auswärtstoren bei Spielen der heutigen englischen Ersten Liga (1946–79): 1,5 : 1. Verhältnis der Heimtore zu Auswärtstoren bei Spielen der heutigen englischen Vierten Liga (1958–79): 1,7 : 1.

Nach diesem Maßstab hat es ebenfalls einen leichten Rückgang der Auswärtitis von den frühen Tagen des Fußballs bis zu den moderneren Zeiten gegeben. Und wieder macht sich in den unteren Clubs der Vierten Liga die Auswärtitis stärker bemerkbar als bei den Giganten der Ersten. Außerdem zeigt die Verhältniszahl, daß zwar die Auswärtitis das Toreschießen stark beeinflußt, die Auswirkung aber etwas schwächer ist als beim Spielgewinn. Sehr grob formuliert: Wenn es zweimal so schwer ist zu gewinnen, dann ist es nur anderthalbmal so schwer, Tore zu schießen.

Wie läßt sich unter Berücksichtigung all dieser Tatsachen die Auswärtitis kurieren? Die Antwort: Sie läßt sich nicht. Sie ist mit einer territorialen Reaktion verbunden, die zu grundsätzlich ist, um irgendwelche cleveren Manipulationen zu erlauben. Man braucht nur die Besonderheiten des »Auswärtstages« zu berücksichtigen und den Eindruck, den sie auf die auswärts antretenden Spieler machen. Zuerst müssen sie zu anderer Zeit aufstehen, um den Zug oder den Bus zu erreichen, der sie in Feindesland bringt. Vermeiden sie diese Reise am Spieltag, indem sie in einem Hotel in der Nähe des Kampfplatzes übernachten, dann müssen sie statt dessen mit den Problemen eines ungewohnten Zimmers und eines fremden Bettes fertig werden.

Zweitens können sie nicht in der freundlichen Umgebung ihres eigenen Hauses und ihrer eigenen Familie essen. Spielen sie auswärts, dann müssen sie in irgendeinem unbekannten Restaurant eine spannungsgeladene Mahlzeit einnehmen. Drittens, reisen sie am Spieltag an, dann müssen sie sich mit der langen und ermüdenden Fahrt abfinden.

Viertens, wenn sie sich dem feindlichen Platz nähern, sehen sie die fremden Farben der Anhänger der Heimmannschaft, die sich drohend durch die Straßen in Richtung Stadion bewegen. Werden die Gästespieler entdeckt, dann verspottet und verhöhnt man sie. Diese feindselige Stimmung verstärkt sich, wenn sie sich dem Sportplatz nähern und aus dem Bus steigen. Kaum sind sie in der Gästeumkleidekabine, sind sie schon wieder unvertrauten Details konfrontiert. Sie müssen sich zurechtfinden, Fremde in einem fremden Land. Draußen erinnert sie der Lärm der Fans an die feindlichen Gesänge, die ihnen bald entgegendröhnen werden. Inspizieren sie den Rasen, so wird auch dieser fremdartig sein. Jeder Platz hat seine Eigenarten – eine andersartige Neigung, andere Entwässerung, eine breitere Umgrenzungsbahn und so weiter. All diese Einzelheiten zusammengenommen lösen beim Besucher ein unbehagliches Gefühl aus.

Laufen sie dann schließlich zu Beginn des Spieles auf den Platz, so bilden das Schweigen oder die Buhrufe, mit denen sie begrüßt werden, einen starken Kontrast zu dem überwältigenden Beifallssturm, der aufbrandet, wenn die Heimmannschaft den Rasen betritt. Mittlerweile haben die angehäuften Impressionen des Tages die Gästemannschaft mit derart unangenehmen Gefühlen über ihre Rolle als verachtete Eindringlinge überschwemmt, daß sie

Heim- und Auswärtserfolge italienischer Mannschaften (1946–76)

Jahr	Heimsieg	Auswärtssieg	Verhältnis
1946	197	86	2,3 : 1
1947	260	60	4,3 : 1
1948	211	70	3,0 : 1
1949	221	75	3,0 : 1
1950	232	64	3,6 : 1
1951	205	76	2,7 : 1
1952	157	61	2,6 : 1
1953	151	58	2,6 : 1
1954	143	63	2,3 : 1
1955	148	64	2,3 : 1
1956	157	56	2,8 : 1
1957	159	53	3,0 : 1
1958	152	61	2,5 : 1
1959	157	50	3,1 : 1
1960	166	57	2,9 : 1
1961	146	75	2,0 : 1
1962	153	61	2,5 : 1
1963	135	68	2,0 : 1
1964	153	55	2,8 : 1
1965	147	58	2,5 : 1
1966	133	56	2,4 : 1
1967	119	50	2,4 : 1
1968	112	43	2,6 : 1
1969	109	53	2,1 : 1
1970	95	39	2,4 : 1
1971	112	43	2,6 : 1
1972	107	48	2,2 : 1
1973	109	39	2,8 : 1
1974	107	39	2,8 : 1
1975	111	46	2,4 : 1
1976	109	48	2,3 : 1

Durchschnittsverhältnis 2,5 : 1

133

schließlich beim Anpfiff das Spiel mit einem ernsthaften psychologischen Nachteil aufnehmen. Das ist es, was die Auswärtitis und die kümmerlichen Ergebnisse verursacht.

Es gibt keine Möglichkeit, all diese Faktoren des Auswärtsspieltages zu eliminieren. Hubschrauber zum Einfliegen der Gäste würden sicherlich die Fahrtzeit ganz erheblich verkürzen und viele der kleineren Unannehmlichkeiten der normalen Reiseumstände beseitigen. Aber für die meisten Clubs sind Hubschrauber zu teuer, und für einige Spieler ist solch eine Reise vielleicht mit noch mehr Streß belastet. Als Alternative könnte man im Innern der Busse die Sitzgelegenheiten in flache Schlafkojen umwandeln, wo sich die Spieler im Dunkeln ausruhen können, mit über Kopfhörer eingespielter beruhigender Musik. Dies würde die Aufregung von stundenlangem Glücks- oder Kartenspiel ersetzen. Doch für viele Fußballer ist das Kartenspiel ein wertvoller Zeitvertreib, der sie von den vor ihnen liegenden Gefahren ablenkt. Sich selbst überlassen, haben sie vielleicht den Kopf voll ängstlicher Phantasievorstellungen und erreichen das Spielfeld sogar in noch schlechterer psychologischer Verfassung.

Wenn sich an der Reise selbst schon kaum etwas ändern läßt, so kann man doch geeignete Schritte unternehmen, um die Ankunft auf dem fremden Platz zu verbessern. Man kann mit dem Fanclub der Mannschaft besondere Verabredungen treffen, damit die Mitglieder vor dem Eingang des feindlichen Stadions warten; die eintreffenden Spieler sehen dann nicht die fremden Farben, sondern die Masse der eigenen Anhänger, deren Jubel sie in den Umkleideraum begleitet. Die Umkleidekabine selbst könnte mit den Mannschaftsfarben und Fahnen dekoriert werden, die ansonsten absichtlich in dem eigenen, heimatlichen Umkleideraum der Mannschaft ausgestellt sind. Dies würde den Spielern helfen, dem fremden Raum »ihren« Stempel aufzudrücken, und sie könnten sich entspannter fühlen. Doch davon und der Hoffnung, daß so viele Fans wie nur möglich gekommen sind, um sie anzufeuern, einmal abgesehen, gibt es wenig, was die Gästemannschaft tun kann, um die flatternden Nerven beim »Eindringen in feindliches Territorium« zu beruhigen. Auswärtitis wird weiterhin den Fußballstamm verfolgen, und nur der schlaueste Trainer wird in der Lage sein, die Nerven seiner angespannten, angstgeplagten Spieler zu besänftigen.

Jede Mannschaft verkrampft während der langen Fahrt zu einem Auswärtsspiel (oben links). Irgendeine Ablenkung ist notwendig, um die Reisestunden auszufüllen, und dies geschieht fast immer durch einfaches Kartenspiel.

Wenn die Gästespieler auf den gegnerischen Platz laufen (oben), zeigt die Spannung in ihren Gesichtern deutlich die Befürchtungen, die sie angesichts der fremden Umgebung hegen.

18 Die Spielbeherrschung

LIST UND TÜCKE

Der Stammesheld von heute muß einen klaren Kopf behalten. Es genügt nicht, schnell zu rennen und genau zu zielen, er muß auch fähig sein, schnell zu denken und ungewöhnlich zu reagieren. Wie jeder Neuprofi bald entdeckt, betritt er eine Welt voll von Ausflüchten und Tricks, in der Spielbeherrschung fast so wichtig ist wie das Spiel selbst. Anders als seine Amateurvorfahren muß er zwei Herausforderungen ins Gesicht sehen – der offiziellen des Fußballs und der inoffiziellen der Schikanen.

Rivalisierende Spielbeherrschung oder Spieltaktik ist ein besonderer »Wettkampf«, an dem alle Clubs teilnehmen. Aus ihr hat sich innerhalb des Stammes eine Art zweite Fußballsprache entwickelt – eine zusätzliche Kommunikationsmöglichkeit, die sich eröffnet, sobald zwei Teams in einer wichtigen Begegnung aufeinandertreffen. Hier eine kurze Einführung in die bekanntesten Strategien und schmutzigen Tricks, die heutzutage Anwendung finden:

1. Täuschungsmanöver

Listige Trainer verwenden diese Methode, um ihre Gegner zu verwirren. In einer Presseerklärung vor dem Spiel bestehen sie tapfer darauf, daß ihr Team ganz sicher keine feige Defensivtaktik verfolgen wird. Statt dessen werden sie einen Angriffsfußball spielen, der den Zuschauern gefällt. Fällt der Gegner darauf herein, dann entschließt er sich zu einer entsprechenden Formation und entwickelt Strategien, um dem zu erwartenden totalen Angriff begegnen zu können, nur um dann zu entdecken, daß er einem vollkommen anderen Feind gegenübersteht, der eine massive Deckung zusammengezogen hat und nur auf »Konterchancen« lauert. Oder der Coach verkündet, er wäre über ein Unentschieden glücklich, und dann läßt er alle seine Männer in sofortigem Angriff das feindliche Tor bestürmen. Ein weiterer Trick besteht darin, die Verletzung eines Starspielers zu übertreiben und es zweifelhaft erscheinen zu lassen, ob er spielen kann. Der Gegner ändert dann seine Deckungstaktik. Erst kurz vor Spielbeginn, wenn die Mannschaftsaufstellung bekanntgegeben wird, entdeckt er seinen Irrtum. Nicht nur, daß der Star spielt, sondern er ist auch, wie sich bald genug zeigt, in bester Verfassung.

2. Supergastgeber

Bei internationalen Spielen geben sich die Gastgeber manchmal große Mühe, ihre Besucher zu unterhalten. Ihre Gastfreundschaft läßt sich oft genug kaum ablehnen, und wenn sie entsprechend unmäßig ist, kann sie zu einer wertvollen Waffe werden. Einer fremden Mannschaft zu Besuch in Wien anläßlich eines wichtigen Spiels wurde eine Sightseeing-Tour durch die Stadt angeboten, was sie aus Höflichkeit annahm. Sie war für den Morgen des Spieltags geplant, und die Spieler wurden von ihrem Hotel abgeholt und *zu Fuß* zu all den Orten lokaler Bedeutung gebracht. Nach kilometerlangem Herumspazieren spürten die Spieler die beginnende Erschöpfung, aber der Fremdenführer bestand darauf, daß sie unbedingt noch das Geburtshaus von Johann Strauß sehen müßten. Er behauptete, es wäre lediglich um die nächste Ecke, doch als sich herausstellte, daß die Ecke vier Kilometer lang war, streikten die müden Gäste und – Höflichkeit hin, Höflichkeit her – weigerten sich, auch nur noch einen Schritt weiterzugehen.

Lokale Festessen bilden eine weitere Quelle der Spieltaktik. Von den Gästen wird erwartet, daß sie fremdartige und scharf gewürzte Speisen essen – den Mägen ihrer Gastgeber vertraut, aber völlig im Gegensatz zum sonstigen gewohnten Speiseplan. Einem europäischen Team in Mittelamerika, das am nächsten Tag ein schweres Spiel vor sich hatte, wurden folgende Delikatessen angeboten: als erster Gang große Klumpen Fett, knusprig gebraten; als zweiter Gang trockener Reis mit brauner Soße; als dritter Gang Schafseingeweide, »wabbelig wie eiskalter Gelee« und zubereitet, indem man sie mit »Kaktusblättern bedeckte und das Ganze für mehrere Stunden im Boden vergrub«; und »eine Art Wein, in dem eine Raupe herumschwamm«. Europäische Fußballspieler sind bekanntermaßen konservativ, was ihre Diät anbelangt, und dieses Festmahl, bei dem sie das meiste verweigerten, ließ sie

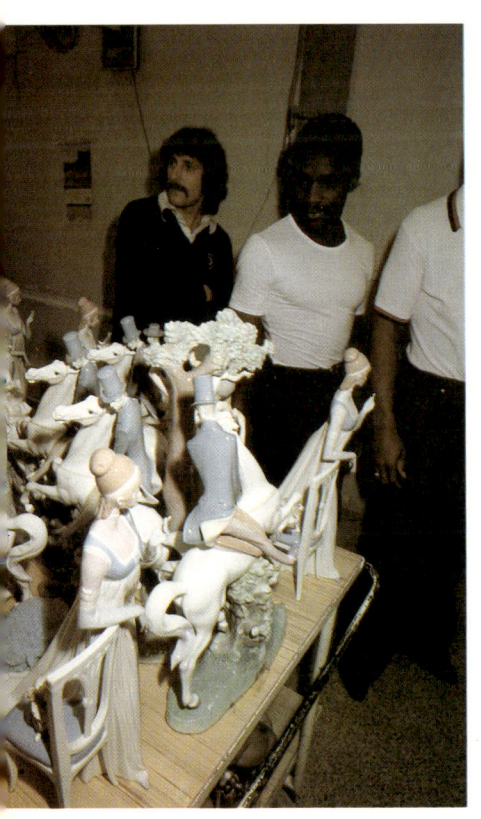

Viele Fußballgastgeber arrangieren bei internationalen Begegnungen extra Ausflüge für ihre Gäste. Die meisten Gesten dieser Art sind aufrichtig und gut gemeint, wie dieser Besuch in einer Nippes herstellenden Fabrik, aber gelegentlich wird der hinterlistige Trick des Supergastgebers abgezogen. Diese Taktik zielt auf Erschöpfung der Gäste vor dem Spiel ab, oder man setzt ihnen unangebrachtes Essen vor. Heutzutage treffen Manager und Trainer besondere Vorsichtsmaßnahmen, um diesen Fallen aus dem Wege zu gehen.

135

heißhungrig zurück. Diejenigen, die tapfer genug waren, die exotischen Speisen herunterzuwürgen, wurden durch »Montezumas Rache« aus dem Verkehr gezogen.

Nach Schätzungen leidet ungefähr ein Drittel aller europäischen Spieler, die wegen Auslandsspielen Länder mit heißem Klima besuchen, an irgendeiner Form von Gastroenteritis, ehe sie wieder heimkehren. Einige Offizielle sind durch dieses Problem mittlerweile so betroffen, daß sie darauf bestehen, ihre eigenen Köche und ihre eigene Nahrung zu allen internationalen Wettkämpfen mitzunehmen, und die Trainer achten viel stärker auf die Festivitäten ihrer Spieler vor dem Match.

3. Schlaflosigkeit

Eine sehr beliebte Methode aus der »Abteilung für schmutzige Tricks« ist es, die Gästespieler vor einem großen Match um ihren dringend benötigten Schlaf zu bringen. Es so einzurichten, daß ihr Hotel in der Nähe eines lauten Nachtclubs oder einer Diskothek liegt, gehört zur plumpesten Strategie. Alternativ dazu gibt es die Parade der »fröhlichen Nachtschwärmer«, wobei aufgeregte Fans der Ortsmannschaft die Nacht damit verbringen, vor dem Hotel der Gäste auf- und abzumarschieren; es wird gesungen, Trommeln geschlagen, Autohupen ertönen, Feuerwerkskörper explodieren, und die Ortspolizei befleißigt sich dabei größter Zurückhaltung.

In tiefreligiösen Ländern kann auch die Kirche ihr Scherflein dazu beitragen. Auf einer ihrer Auslandstourneen entdeckte die Liverpooler Mannschaft zu ihrem Mißvergnügen, daß die Glocken der Kirche neben ihrem Hotel jede Stunde geläutet wurden. Das war schon schwer erträglich, aber als sie sich in ihre Betten begaben, wurde das Intervall geheimnisvollerweise auf jede halbe Stunde verkürzt. Manager Bill Shankly stürmte hinüber zur Kirche, um Ruhe und Frieden zu verlangen, worauf man ihm erklärte, das Gesetz des Glockenläutens könne nicht durchbrochen werden. Er bot an, seinen Trainer herüberzuschicken, um die Glocken durch Umwickeln mit Bandagen zu dämpfen, doch auch das wurde höflich abgelehnt, und er war gezwungen, die restliche Nacht damit zuzubringen, sich mit lokalen Autoritäten herumzustreiten, bis er es endlich schaffte, den Krawall abzustellen und seinen Spielern die kümmerlichen Reste eines Nachtschlafes zu sichern.

Die allerpfiffigste Strategie war vielleicht die Unterbringung eines Gästeteams in einem Hotel neben einem Bordell. Der englische Manager Fred Ford befand sich mit seiner Mannschaft auf einer Auslandstournee und hatte absichtlich Vorkehrungen getroffen, seine jungen Spieler in einem Hotel auf dem Lande unterzubringen, einige Kilometer von der Stadt entfernt, wo das Spiel stattfinden würde. Am Tag vor dem Match überredeten ihn seine Gastgeber, in die Stadt umzuziehen, um »am nächsten Tag eine lange und ermüdende Fahrt zu vermeiden«. Er stimmte zu und war begeistert von der neuen Unterkunft, bis er seine Runde machte, um sicher zu sein, daß all seine Männer auch brav die Nacht im Bett verbringen würden. Zu seiner Überraschung fehlten einige, und nachdem er erst einmal erkannt hatte, was geschehen war, verbrachte er den Rest einer schlaflosen Nacht damit, einen nach dem anderen aus dem benachbarten Haus der Freude zu jagen.

4. Skandal

Eine extreme Methode im Nervenkrieg vor dem Spiel ist die Verwicklung eines Starspielers des Gästeteams in irgendeinen Skandal. Obwohl der Hergang schnell als Täuschung durchschaut wird, hat er nichtsdestoweniger eine entnervende Wirkung wegen der damit verbundenen großen Publizität und dem Medienrummel. Der berüchtigtste Vorfall dieser Art fand während der Vorbereitungen zum World Cup 1970 statt, als Englands Kapitän Bobby Moore fälschlicherweise beschuldigt wurde, ein Smaragdarmband im Wert von 600 Pfund aus einem Laden in Bogotá, Kolumbien, gestohlen zu haben. Trotz der Tatsache, daß die Beweise gegen Moore ungereimt und widersprüchlich waren, wurde er vier Tage unter Arrest gehalten und mußte eine ausgiebige Befragung über sich ergehen lassen, bis man ihn entließ und ihm erlaubte, sich wieder seiner Mannschaft anzuschließen. Weitere Versuche wurden unternommen, Mitglieder der Mannschaft in Mißkredit zu bringen. Stürmer Jeff Astle, der Angst vorm Fliegen hatte, fühlte sich sehr schlecht, als er nach unruhigem Flug auf dem Mexico City Airport ankam, und zusammen mit der Behauptung, er wäre betrunken gewesen, wurden Photos von ihm in diesem Zustand veröffentlicht.

Der Krawall von Trommeln in den Straßen wird von jedermann freudig hingenommen, wenn er auf einen großartigen Sieg folgt, aber zu anderen Zeiten mag er unterschiedliche Reaktionen zur Folge haben. Spät nachts vor dem Hotel der Gästemannschaft als Taktik angewandt, um die Spieler nicht zum Schlafen kommen zu lassen, kann es leicht zu ärgerlichen Zwischenfällen führen.

Der Höhepunkt war erreicht, als die örtliche Zeitung *El Heraldo* die englische Truppe als »eine Mannschaft von Säufern und Dieben« bezeichnete. So empörend dieser Kommentar auch war, er brachte es fertig, die Flammen der Feindseligkeit vor den Spielen so anzufachen, daß die englische Flagge bei der Eröffnungszeremonie massiv verhöhnt wurde. Von seiten Bobby Moores und seiner Mannschaft war ein tiefes Verständnis der Fußballtaktik nötig, um die bösen Folgen einer solchen Situation zu dämpfen.

5. Verspätung

Anscheinend unvermeidliche, irritierende Verzögerungen sind immer nützliche Methoden, um ein Gästeteam zu demoralisieren. Es gibt sie in den verschiedensten Formen. Eine Möglichkeit besteht darin, den Bus mit der Heimmannschaft derart von entzückten Fans umringen zu lassen, daß er es nicht schafft, das Stadion rechtzeitig zu erreichen. Die Gäste haben sich inzwischen umgezogen und »aufgewärmt« und warten dann frustriert, während ihre Anspannung wächst und sich die lokalen Offiziellen wiederholt für die Verspätung entschuldigen. Da es über die Jahre vermehrt zu Spieltaktiken dieser Art gekommen ist, sind die Trainer zunehmend vorsichtig geworden, ihr Einverständnis zu geben, daß ihre Spieler auf den Rasen hinausgeschickt werden. Als Englands Trainer entwickelte Sir Alf Ramsey die Angewohnheit, erst einmal zu überprüfen, ob auch der Gegner bereit war, ehe er die Einladung eines örtlichen Offiziellen für die englische Mannschaft annahm, sich zum Einspielen auf den Rasen zu begeben. Noch gab er das Blatt mit der endgültigen Mannschaftsaufstellung aus der Hand, wenn nicht auch die Mannschaftsaufstellung des Gastgebers vorlag.

Als weitere Möglichkeit kann man dem Gästebus die Erlaubnis verweigern, bis zum Eingang zur Umkleidekabine zu fahren. Billy Bremner hat beschrieben, wie man das bei seiner Mannschaft tat, als sie auf dem Kontinent spielte, trotz der Tatsache, daß der gleiche Bus ins Stadion einfahren durfte, als er sie zum Vormittagstraining brachte. Eine Begründung wurde nicht geliefert, aber die Spieler mußten außerhalb der Stadiontore aussteigen und sich dann ihren Weg durch die dichte Menge der feindlichen Fans erkämpfen. Sie waren wütend und mit den Nerven am Ende, als sie endlich die Zufluchtsstätte ihres Umkleideraums erreichten. Wieder einmal hatte die Fußballtaktik triumphiert.

Er erinnert sich auch an einen Vorfall in einem osteuropäischen Land, wo das gesamte Team für den größten Teil der Halbzeitpause in einem Lift steckenblieb. Der Lift hatte sie zum Einspielen vor Beginn des Matches einwandfrei befördert, aber als sie sich hineindrängten, um zur wichtigen Halbzeitbesprechung hochzufahren, stoppte er auf dem Weg nach oben und weigerte sich, noch eine weitere Bewegung zu machen. Sie wurden gerade rechtzeitig befreit, um ihrem tobenden Trainer zu versichern, daß sie noch wohlauf und am Leben seien, bevor sie sich erneut hineinzwängen mußten, um zur zweiten Halbzeit hinunterzufahren. Die Fahrt nach unten verlief perfekt, und alle waren davon überzeugt, daß es sich um Sabotage gehandelt habe.

6. Sicherheit zuerst

Zur entnervenden Routine gehört es, darauf zu bestehen, die Zuschaueremotionen seien derart aufgeputscht, daß die Gäste von pistolenbewehrten Wachen oder gar der Polizei beschützt werden müßten. Manchester City wurde bei Auslandsspielen von dieser Methode betroffen, und manchmal wurde den Spielern die Erlaubnis zum Verlassen des Hotels ohne schwerbewaffnete Eskorte verweigert. Führt man diese Maßnahmen in der nötigen melodramatischen Manier durch, dann wirken sie sich psychologisch so aus, daß das Spannungsniveau in einer ohnehin schon vom Streß geplagten Gruppe von Spielern ansteigt, sehr zum Vorteil der Heimmannschaft.

Das englische Team wurde bei einer Gelegenheit ähnlich behandelt, als man ihm die Erlaubnis verweigerte, vor einem Länderspiel den Rasen zu inspizieren. Diese Inspektion war unbedingt notwendig, um die richtigen Stollen für die Fußballschuhe bestimmen zu können. Man entschuldigte sich damit, daß alle Zugänge zum Rasen abgesperrt seien, um zu verhindern, daß die Gäste von »Außenstehenden gestört« würden, und erst nach der klaren Weigerung, zum Spiel anzutreten, gaben die Offiziellen widerstrebend nach, und die Raseninspektion konnte stattfinden.

Wenn sie auf »Monster« machen, dann sorgen die Spieler dafür, daß der Feind die Quittung für harte Angriffe in früheren Spielen bekommt. Sie grinsen bedrohlich und schneiden Grimassen.

7. Treibhaus

Eine zusätzliche Spieltaktik kann innerhalb der Gästeumkleidekabine ablaufen, wo Mannschaften aus dem Norden bei Besuchen in Ländern mit heißem Klima ihre Fenster fest verrammelt vorgefunden haben. In einem Fall war die Innentemperatur hoch genug, um eine kräftezehrende Hochofenatmosphäre zu schaffen, in der die Spieler gezwungen waren, sich in ihre Trikots zu zwängen, um dann schwitzend und fluchend viele Minuten lang zu warten, ehe sie auf den Rasen in die frische Luft entweichen konnten.

8. Farbenkollision

Um nicht nur immer den Heimmannschaften die Schuld zuzuschieben, es sind auch schon Gäste ganz »unschuldig« mit Trikots in genau den Farben erschienen, in denen traditionsgemäß ihre Gastgeber antreten. Es wird stets für einen großen psychologischen Vorteil gehalten, wenn man jedes Spiel in den eigenen Farben bestreiten kann, und es kommt äußerst selten vor, daß eine Mannschaft nicht ihre traditionelle »Kluft« trägt, wenn sie auf heimatlichem Territorium spielt. Wann immer sich eine Farbenkollision bei einem normalen Ligaspiel ereignet, stets ist es das Gästeteam, das seine zweite Garnitur anziehen muß. Doch bei gewissen internationalen Gelegenheiten haben sich die ausländischen Besucher einfach geweigert, dieser Forderung nachzukommen. In einem Fall kam ein traditionsgemäß rot und weiß gekleidetes Team aus dem Osten zu einem Spiel nach Westeuropa, wo die Heimmannschaft stets ganz in Weiß antrat. Zur Verblüffung der Gastgeber tauchten die Gäste aus dem Tunnel ebenfalls ganz in Weiß auf. Auch langatmige Diskussionen konnten sie nicht dazu bringen, ihr Trikot zu wechseln, und zum Schluß mußte sich die Heimmannschaft umziehen, um nicht einen Aufstand unter ihren zahlreich erschienenen Anhängern zu riskieren.

Das waren acht der bekanntesten »schmutzigen Tricks« vor dem Spiel, aber hier hört die Spieltaktik bei weitem noch nicht auf. Nach dem Anpfiff stehen den listigeren Spielern noch zahlreiche Möglichkeiten zur Verfügung. Als da sind:

9. Monster

Es gibt verschiedene Arten, das Monster zu spielen, aber das Ziel ist jedesmal das gleiche: Man versucht für den Gegner so bedrohlich wie möglich zu erscheinen. Zum Beispiel rasiert man sich einige Tage nicht, um rauh und unbekümmert zu wirken. Oder man läßt sich einen ins Auge stechenden Bart wachsen, um ein weiches Gesicht zu verbergen. Oder man knurrt und schneidet wilde Grimassen, wenn man in die Nähe des Gegners kommt, und weigert sich, ein paar freundliche Worte während der Spielpausen zu wechseln. Alternativ dazu kann ein Spieler, dem man in früheren Spielen ein paar Zähne ausgeschlagen hat, grinsend seine restlichen Zähne zeigen, um den Feind daran zu erinnern, daß er eine grobe Gangart gewöhnt ist. Und kunstvoll dicht neben des Gegners Füße auf den Boden zu spucken mag ein zusätzlicher Beweis für die eigene »Abgebrühtheit« sein.

10. Agonie

Sobald ein Spieler erst einmal zu Boden gestoßen wurde, kann er das Foul übertreiben, indem er wie ein rollender Baumstamm über den Boden wirbelt und als zusammengekrümmtes Häufchen liegen bleibt. Mit verzerrtem Gesicht und sich windendem Körper läßt er sich dann behandeln. Nachdem er ein bißchen herumgehumpelt ist, setzt er das Spiel tapfer fort, scheint aber stark behindert zu sein. Diese Methode hat drei Vorteile. Zuerst mal trägt sie ihm viel Sympathie seiner Anhänger ein, die den Foulspieler heftig auspfeifen und ihn vielleicht für das restliche Spiel nicht mehr in Ruhe lassen; sie verhöhnen ihn, wann immer er sich in Ballbesitz befindet und bringen ihn so aus seinem Rhythmus. Zweitens, der sich in Agonie windende Spieler schafft es vielleicht, den Schiedsrichter davon zu überzeugen, daß das Foul schlimm genug war, um eine gelbe Karte zu rechtfertigen. Und indem er drittens so tut, als halte die Verletzung nach dem Vorfall an, scheint der Agoniespieler eine geringfügigere Bedrohung für den Gegner darzustellen. In einem unbewachten Augenblick lassen sie ihm vielleicht einen kleinen Vorteil zukommen, worauf er sich wunderbarerweise sofort erholt und mit dem Ball davonflitzt, um ein überraschendes Tor zu schießen.

Die extremste Form der Agonie wird inmitten einer plötzlichen Rauferei aufgeführt, wenn so vieles so schnell passiert, daß der Schiedsrichter nicht erkennen kann, daß ihm hier ein

Trick untergeschoben wird. Man braucht dazu einen harten Schädel und eine brutale Mentalität. Mit einem gezielten Kopfstoß gegen den Gegner hofft der Trickser so viel Unheil wie nur möglich anzurichten. Dann fällt er sofort flach auf den Rücken, um den Anschein zu erwecken, daß der Schlag gegen *ihn* gerichtet war. Das hat man sogar bei internationalen Begegnungen von Spitzenspielern gesehen. Bei einer solchen Gelegenheit begann die Menge zu pfeifen, um die Aufmerksamkeit des Schiedsrichters auf einen Spieler zu lenken, der mit blutüberströmtem Gesicht benommen herumschwankte. In seiner Nähe lag hingestreckt auf dem Boden ein Gegner. Mannschaftskameraden umdrängten ihren halbbetäubten Freund, der gerade noch murmeln konnte: »Er versetzte mir einen Kopfstoß ins Gesicht und legte sich dann einfach hin!« Der Schiedsrichter kam herbeigeeilt und notierte das blutbefleckte Opfer wegen Foulspiels in der Annahme, der auf dem Boden hingestreckte Mann müsse der unschuldige Teil sein. Kaum hatten die Trainer den Rasen verlassen, erhob sich der Trickser, lachte seinem Opfer ins Gesicht und trabte davon. Immer noch groggy von dem Schlag und jetzt auch noch durch die unfaire Behandlung gründlich verärgert, verlor das Opfer, wie nicht anders zu erwarten, seine Konzentrationsfähigkeit und die »Abteilung schmutzige Tricks« feierte wieder einmal Triumphe.

Als listige Strategie besitzt die Agonie den längsten Stammbaum von allen Formen der Fußballtaktik. Sie ist sogar älter als der Fußball selbst und läßt sich direkt bis zu den frühesten Spielen des Volksfußballs zurückverfolgen. Im fünfzehnten Jahrhundert wurde es in England sogar als echtes »Wunder« verzeichnet. Um genau zu sein, es handelte sich um Wunder Nr. 91 in einer Sammlung posthumer Wunder, die auf das Konto Heinrichs VI. gehen. Der Chronist dieses bemerkenswerten Ereignisses kommentiert wie folgt: »... Unser

Wie schlimm ist dieser Mann verletzt? Fast unmöglich zu sagen. Eine der schwierigsten Aufgaben für einen Schiedsrichter ist die Entscheidung, wann ein Spieler ein Agonieschauspiel bietet und wann er wirklich große Schmerzen hat.

Held hatte sich mitten in das Getümmel geworfen, als einer seiner Kameraden, dessen Name ich nicht weiß, von vorn auf ihn zukam und ihn aus Versehen trat, da er den Ball verfehlte.« Das Opfer des Tritts, ein gewisser William Bartram, »litt lange und kaum erträgliche Schmerzen«, wurde aber plötzlich wieder gesund, als er eine Vision des »glorreichen König Heinrich« sah. Moderne Fußballspieler werden dieses Wunder verstehen.

Angesichts eines sich am Boden windenden Spielers sieht sich ein Schiedsrichter mit dem Problem konfrontiert, entscheiden zu müssen, ob der Mann nun wirklich verletzt ist oder nicht, während die Gegenpartei dazu brüllt: »Gebt ihm einen Oscar«, um ihrer Skepsis Ausdruck zu verleihen. Schiedsrichter sind genauso zynisch wie jeder andere auch, was derartige Vorfälle anbelangt, aber sie befinden sich in einer schwierigen Position. Spieler werden im Wettkampf ernsthaft verletzt, und als Offizielle können sie sich keinen Irrtum leisten und einen Mann nicht weiter beachten, der vielleicht dringend ärztliche Versorgung braucht. Und so funktioniert die List der künstlichen Agonie wesentlich besser als viele andere Formen der Spieltaktik.

11. Sturzflug

Eine beliebte Variante der Agonie ist es, »einen Sturzflug hinzulegen«. Das beschränkt sich normalerweise auf den gegnerischen Strafraum. Ein Spieler wird ganz fair von einem Verteidiger angegriffen, während er auf das Tor des Gegners zuläuft, und anstatt nun zu versuchen, seine Balance wiederzugewinnen, läßt er sich absichtlich fallen. Diese Bewegung wird als spektakulärer Sturz dargeboten, in der Hoffnung, mit einem Elfmeter belohnt zu werden, doch die Schiedsrichter betrachten solche Vorfälle mit wachsendem Mißtrauen. Wenn der Sturzflug allerdings funktioniert, kann man damit ganze Spiele gewinnen, und als Folge davon ist er inzwischen zu einer weitverbreiteten Angelegenheit geworden. Er kommt so häufig vor, daß Schiedsrichter sogar eine spezielle Geste dafür entwickelt haben – sie ahmen die Armbewegung eines Kunstspringers nach, der sich anschickt, vom Sprungbrett zu springen, um anzudeuten, daß sie sich nicht täuschen lassen.

12. Helfende Hand

Weniger verbreitet ist der »übliche Helfer«. Nachdem er einen Gegner gefällt hat, beugt sich dieser Trickser über ihn und zieht ihn hilfreich wieder hoch auf die Beine. Aber er tut es auf eine Art und Weise, die noch mehr Schmerzen verursacht. Hat er Glück, dann verliert sein Opfer die Nerven und wird so heftig, daß zum Schluß das Opfer wegen Vergeltungsaktion bestraft wird. Bei einer Gelegenheit sah man zwei Spieler, die einen verletzten Gegner sanft aufhoben und ihn vorsichtig zum Spielfeldrand trugen, wo er behandelt werden konnte. Dort angekommen, ließen sie ihn jedoch rein »zufällig« fallen und marschierten ganz unschuldig davon.

Die hinterlistigste Form der »helfenden Hand« ist die Art, wie sie Martin Peters von einer internationalen Begegnung berichtet: »Wenn du zu Boden geschlagen wurdest, dann machten sie sich bei der Menge beliebt, indem sie sich bückten, um dir aufzuhelfen und dir die Hand zu schütteln. Doch während die rechte Hand schüttelte, stahl sich die Linke an deinem Unterarm hoch und kniff dich. Und die Zuschauer dachten sich: ›Schau das undankbare Schwein an, der Mann schüttelt ihm die Hand, und er versucht, ihm eine Kopfnuß zu geben.‹«

13 Blinde Seite

Der Schiedsrichter hat nur ein Paar Augen, und selbst mit Hilfe seiner Linienrichter kann er nicht immer sehen, was passiert. Körper verdecken ihm die Sicht. Versteckte Fouls, absichtlich auf seiner blinden Seite begangen, sind eine übliche Form der Spieltaktik. Ein Ellbogeneinsatz auf der blinden Seite ist bei Stürmern sehr beliebt, die von bulligen Verteidigern zu eng gedeckt werden. Wenn sein Schatten dicht an ihn herankommt und beide Männer so stehen, daß sie den Spielverlauf auf der anderen Hälfte des Platzes verfolgen können, dann stößt der Stürmer plötzlich seinen Ellbogen nach hinten gegen die Brust des Feindes und zieht sich anschließend in sichere Entfernung zurück. Außer Stöhnen kann der Verteidiger wenig gegen einen solchen Trick machen – vielleicht noch in Zukunft eine etwas respekt-

In der Bildfolge ganz links pfeift der Schiedsrichter Elfmeter, und der wütende Verteidiger rennt zu der gestürzten Gestalt, überzeugt davon, daß sein Gegner einen »Sturzflug« veranstaltet hat. Der gefallene Spieler, entzückt von der Elfmeterentscheidung, lacht ihm ins Gesicht und bekommt dafür als Antwort einen Tritt in den Leib – eine Handlung, die leicht zu einer Notierung hätte führen können, wenn der Schiedsrichter nicht mit den Vorbereitungen für den Elfmeter beschäftigt gewesen wäre.

Der »Sturzflug« ist so populär geworden, vor allem im Strafraum, daß Schiedsrichter ihre eigene Mimik entwickelt haben, um ihre Skepsis anzudeuten (links).

Hemdfesthalten auf der vom Schiedsrichter abgewandten Seite während eines Angriffs (rechts), mit genügend List ausgeführt, kann leicht der Aufmerksamkeit des Schiedsrichters entgehen.

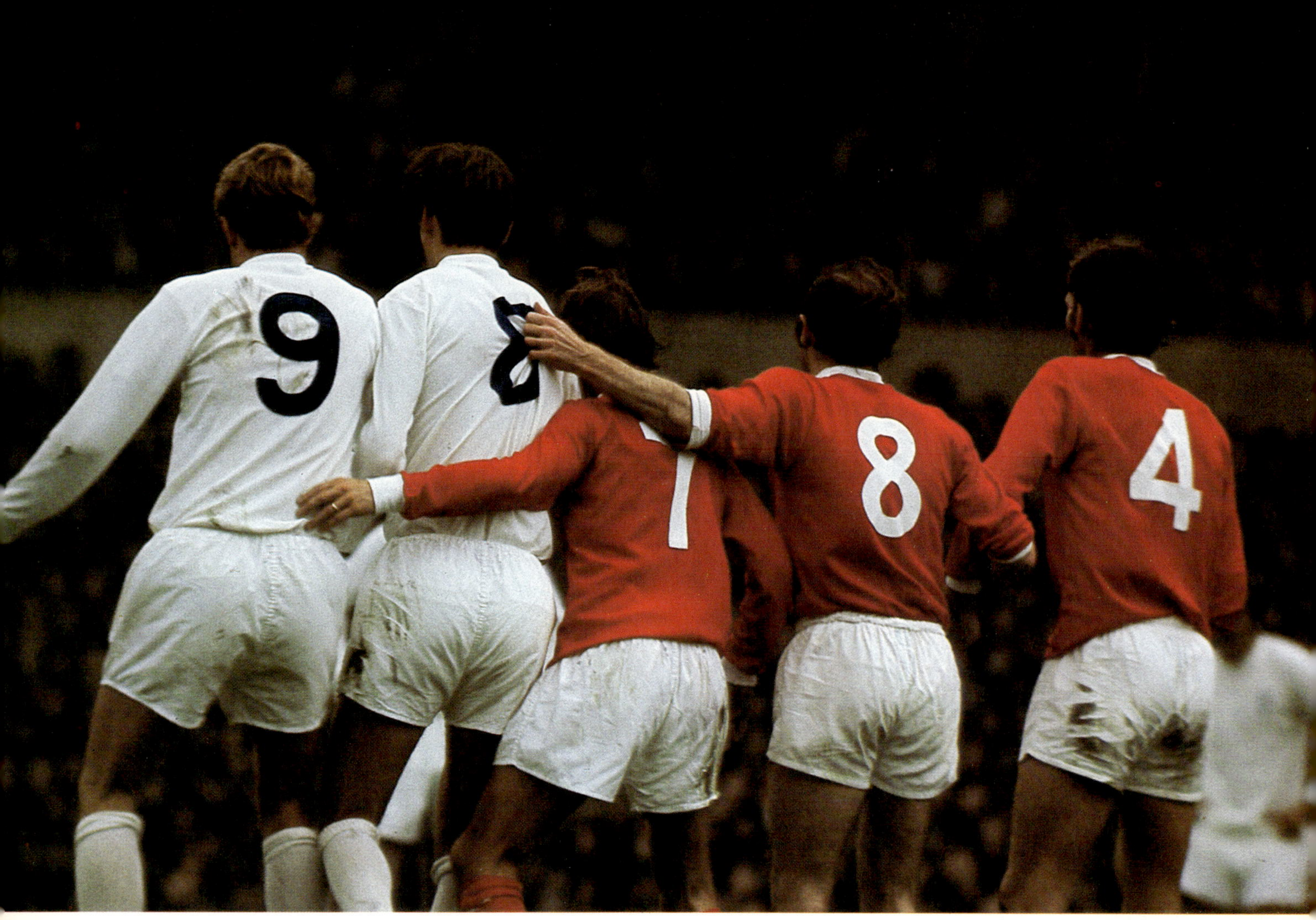

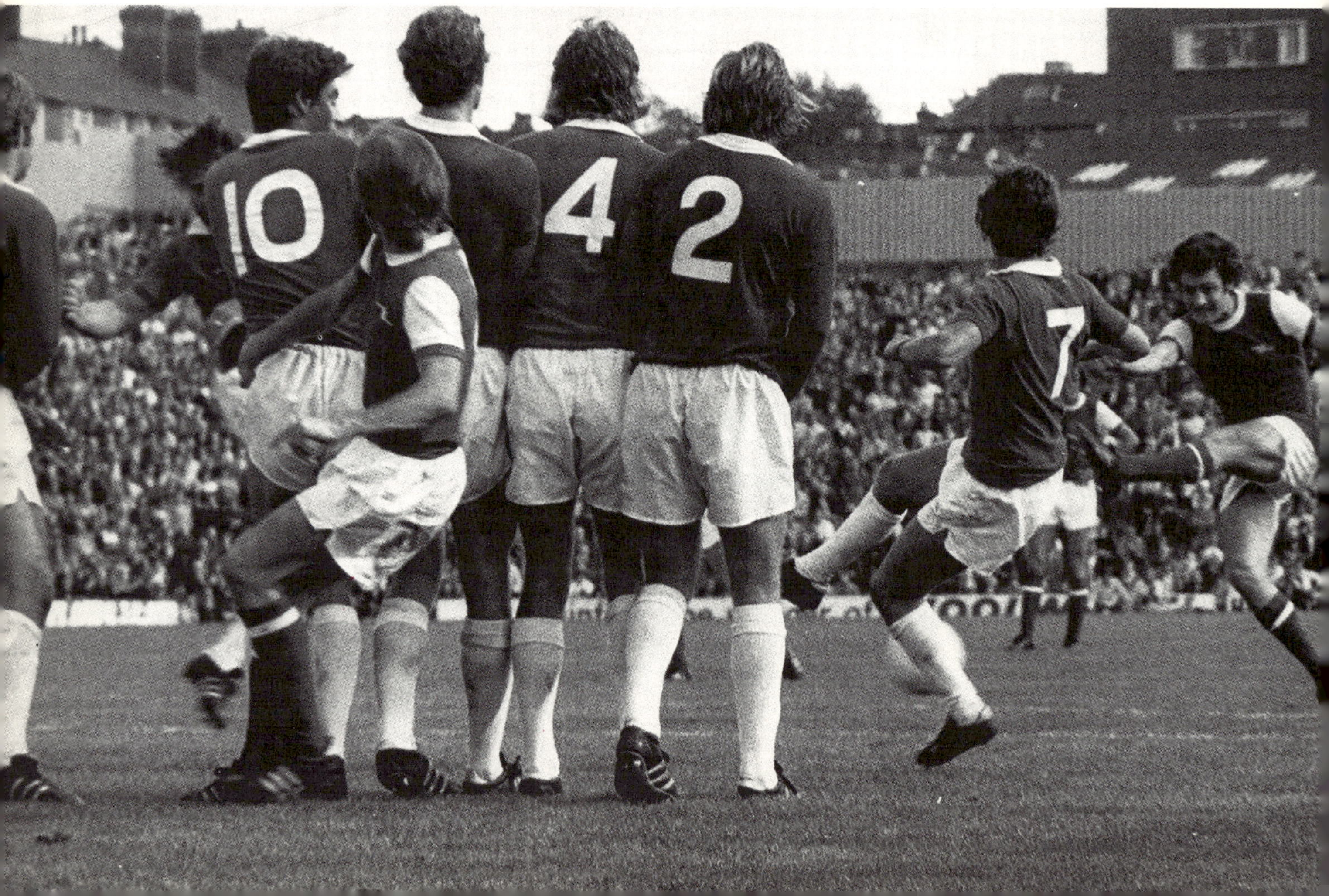

Linke Seite: Wird eine Verteidigungsmauer gebildet, so kann der Schiedsrichter nicht sehen, was dahinter geschieht, eine ideale Gelegenheit für Blinde-Kuh-Spiele. Einer der offensichtlichsten Tricks ist es, im Augenblick der Ausführung des Freistoßes einen der verteidigenden Spieler zur Seite zu zerren und so eine Lücke in die Mauer zu reißen, durch die der Mannschaftskamerad schießen kann. In dem unteren der beiden hier gezeigten Beispiele klappte der Trick, und ein wichtiges Tor wurde erzielt.

Eine seltene Form der Fußballtaktik bietet der Witzbold (unten), wobei ein Spieler absichtlich den Narren spielt, um seinen Gegnern auf die Nerven zu gehen. In diesem Fall folgt einem Foul eine übertriebene Entschuldigung auf dem Knie, wodurch der Gegner noch wütender wird, als er es ohnehin schon ist.

vollere Entfernung einhalten. Auf der blinden, abgewandten Seite das Hemd festhalten ist eine weitere Variante, um einen Feind unentdeckt zu behindern. Und dann gibt es den »Phantomstoß in den Rücken«. Richtig vorgeführt, kann man damit leicht einen Freistoß erringen. Zwei Spieler erwarten einen Kopfball. Sie stehen dicht beisammen, einer hinter dem anderen, und blicken in die gleiche Richtung. Während der Ball auf sie zufliegt, wirft der erstere, näher beim Schiedsrichter Stehende seinen Körper mit scharfem Ruck nach vorn, als wäre er im Rücken getroffen oder hart von hinten gestoßen worden. Da das ein Foul ist, wenn es wirklich geschieht, pfeift der Schiedsrichter sehr wahrscheinlich, und unter Ausnützung der blinden Seite hat der Spieler einen wichtigen Vorteil für seine Mannschaft herausgeholt.

14. Vergeltungsaktion

Diese wurde bereits in Zusammenhang mit der Helfenden-Hand-Methode erwähnt, aber es kommt auch in einem verbalen Kontext vor. Ein Spieler nähert sich einem anderen und beleidigt ihn flüsternd, wobei er auf irgendeiner besonderen, ihm bekannten Schwäche des Gegners herumhackt. Es mag eine rassistische Bemerkung sein, wenn es um einen schwarzen Spieler geht, oder vielleicht irgendeine Anzüglichkeit über das Liebesleben der Ehefrau des Spielers. Das Charakteristikum der Beleidigung ist, daß sie ausreichend niederträchtig sein muß, um den Feind so in Wut zu bringen, daß er die Kontrolle über sich verliert und mit der Faust zuschlägt. Der Quälgeist läßt sich dann spektakulär fallen oder hält sich pathetisch das Gesicht wie ein geschlagenes Kind. Der Schiedsrichter eilt herbei, zeigt dem Opfer eine gelbe Karte, und das Vergeltungsspielchen kann einen weiteren Erfolg verbuchen. Es ist jedoch ein gefährliches Spiel, auf das man sich da einläßt, vor allem, wenn das Opfer ordentlich mit Muskeln bepackt ist.

15. Täuschungsruf

Ein noch heimtückischerer Trickser ist der Mann mit dem falschen Zuruf. Seine Methode ist es, einem Gegner zuzurufen, damit er ihm den Ball zuspielt oder für ihn liegenläßt, so, als wäre er ein Mitglied der feindlichen Mannschaft. Teamkameraden rufen sich auf diese Art oft etwas zu, und in der Hitze des Gefechts ist es einfach, eine Feindesstimme nachzuahmen und in Ballbesitz zu kommen, ohne angreifen zu müssen. Schiedsrichter Arthur Ellis erinnert sich an ein besonderes Spiel, in dem dies geschah. Als ein Ball vom Flügel hereinkam, brüllte ein Stürmer: »Durchlassen!«, und der feindliche Verteidiger ließ ihn daraufhin passieren. »So bekam der Stürmer den Ball und schoß ein Tor. Ich erkannte das ›Tor‹ nicht an, weil ich das für unfaires Benehmen hielt, und wurde von der Menge lange Zeit ausgebuht.« Viele Schiedsrichter handeln jedoch nicht mit solcher Entschlossenheit, und der falsche Zurufer wird dann unfairerweise für seinen simplen Betrug belohnt.

16. Spaßmacher

Ab und zu bringt der Fußball einen Hofnarren hervor, einen Clown, der dadurch bekannt wird, daß er sich über die ernsten Rituale des Spiels lustig macht. Sein Ziel besteht lediglich darin, die Konzentration der gegnerischen Mannschaft zu stören, aber die Methode ist selten, weil sie genausogut nach hinten losgehen und die Stimmung der eigenen Mannschaft stören kann. Ein Mann, der dieses Risiko einging, war der englische Spieler Len Shackleton. Einmal, als er einen Strafstoß ausführte, sammelte er etwas lockere Erde und machte wie die Golfspieler ein Häufchen daraus. Nachdem er den Ball sorgfältig oben auf den Erdhügel gelegt hatte, wollte er zum Schuß ansetzen, aber der Schiedsrichter stoppte ihn. Typischerweise informierte er den Unparteiischen, daß es in den Fußballregeln nichts gebe, was seine Handlungsweise verbieten würde. Als die Diskussion endlich beendet war, waren seine Gegner irritiert und ungeduldig und ihre Konzentration zerstört. Doch der Witzbold hatte in keiner Weise irgendeine Regel gebrochen, was die Stärke seiner Strategie war.
Bei anderer Gelegenheit führte Shackleton eine verblüffende Aktion vor, die sich, genaugenommen, ebenfalls innerhalb der Regeln bewegte. Der Ball wurde ihm zugespielt, er stoppte ihn geschickt mit einem Fuß, dann setzte er sich prompt drauf. Wie er da so mit vollkommen ausdruckslosem Gesicht kauerte, schauten sich die anderen Spieler sprachlos an, bis der

Schiedsrichter »weiterspielen« brüllte, worauf der Witzbold hochsprang und mit dem Ball abzischte. Wieder war es dem wütenden Schiedsrichter unmöglich, sich irgendeine Regel ins Gedächtnis zu rufen, die verletzt worden war, und ohnmächtig mußte er das bizarre Benehmen, das den Feind so verwirrt hatte, ungestraft lassen.

17. Unschuldsarm

Jedesmal, wenn ein Spieler den Ball aus dem Spielfeld schlägt, wendet er sich automatisch an den Schiedsrichter und behauptet, der Einwurf müßte ihm zustehen. Er weiß sehr wohl, daß er der gegnerischen Mannschaft zusteht, aber der schlichte Akt des Armhebens kostet ihn nichts, also probiert er es. In Zweifelsfällen, wenn zwei Spieler dicht am Ball sind, ehe der Ball ins Aus fliegt, besteht immer die Chance, daß der Schiedsrichter nicht sehen kann, welcher Fuß ihn zuletzt berührt hat, und wenn beide Spieler ihre Arme heben, dann kann gelegentlich auch der Schuldige gewinnen. Der Unschuldsarm hat einige Sportjournalisten irritiert, die ihn als kindisch ansehen, aber solange auch nur die leiseste Chance besteht, dadurch einen Vorteil zu erringen, wird er niemals verschwinden, vor allem, weil es eine zu geringfügige Untat ist, als daß der Schiedsrichter sie je bestrafen würde.

18. Schleicher

Eine andere milde Form der Spieltaktik ist das Schleichen. Beim Einwurf schleicht sich der Mann mit dem Ball an der Seitenlinie entlang und gewinnt damit ein paar Meter in Richtung auf das feindliche Tor. Es geschieht fast jedesmal, und der Vorteil ist so klein, daß die meisten Schiedsrichter es ignorieren. Nur wenn es einen eklatanten Unterschied von mehreren Metern ausmacht, schreiten sie ein, aber die Zuschauer werden dadurch ständig irritiert und sogar verärgert. Als ein Akt der Spieltaktik zählt es zu den häufigsten und sinnlosesten Methoden.

Ein wesentlich nützlicherer Trick ist das Vorschleichen bei Freistößen. Die Regel besagt, daß die gegnerischen Spieler bei Freistößen einen Mindestabstand vom Ball von über neun Metern einhalten müssen, aber das wird selten befolgt, trotz wiederholter Versuche von seiten des Schiedsrichters, die Verteidiger weiter zurückzudrängen. Der doppelte Vorteil dieser Methode besteht darin, daß der Strafstoß hinausgezögert und der Ausführende aus der Fassung gebracht wird, während man ihn gleichzeitig einengt und dadurch den Schuß erschwert. Oft genug wird ein Verteidiger noch unverschämter als seine Mannschaftskameraden heranrücken, als Teil der Strategie, die Konzentration des Spielers zu stören. Damit riskiert er, in den Augen des Schiedsrichters zum Bösewicht zu werden, und wenn er das zu oft wiederholt, wird er mit einiger Wahrscheinlichkeit aufgeschrieben. Um das zu verhindern, arbeiten viele Mannschaften nach dem Rotationsprinzip, wobei bei jedem Freistoß ein anderer Spieler als Sündenbock fungiert und der Schiedsrichter niemanden besonders aufs Korn nehmen kann.

In einem außergewöhnlichen Fall ging die Schleichermethode um ein Haar schief, als der Schiedsrichter seine Neunmeterposition einnahm und mit ausgestrecktem Arm die korrekte Linie anzeigte, wo die Reihe der Schleicher, die sich unmerklich dem Freistoßpunkt entgegendrängte, zu stehen hatte. Obwohl sein Signal sie nach hinten dirigierte und sie das ganz genau wußten, blieben sie stehen, um Zeit zu schinden. Doch der Spieler nahm das Armzeichen als Signal, den Freistoß auszuführen, paßte den Ball seitlich, und ein Mannschaftskamerad schoß sofort ein. Der Schiedsrichter verursachte beinahe einen Aufstand, als er das Tor nicht gab und den Freistoß wiederholen ließ. Das empörte die Torschützen, die darauf hinwiesen, daß sie durch die illegale Aktion ihrer sich vorschleichenden Gegner um ein Tor gebracht worden waren. Der Vorfall ließ auch danach noch für einige Zeit einen schlechten Geschmack zurück und demonstrierte deutlich die ungeheuren Schwierigkeiten, denen sich die geplagten Schiedsrichter durch Spieltaktiken gegenübersehen.

Hier wird ein Foul eindeutig außerhalb des Strafraums begangen, aber der zu Fall gebrachte Spieler wirft sich in den Strafraum und fordert optimistisch einen Elfmeter. Der Schiedsrichter, dem dieser Trick zweifelsohne schon oft genug untergekommen ist, läßt sich nicht beirren und lacht dem Protestierenden ins Gesicht.

19. Elfmetertrick

Wurde ein Elfmeter gegeben, dann hat der Spieler die einzige offizielle Möglichkeit, sich in Spieltaktik zu üben. Im Grunde geht es beim Strafstoß nur darum, den Torhüter zu täuschen und ihn in die falsche Ecke zu schicken. Der Elfmeterschütze muß jeden Trick der Körpersprache anwenden, um zu vermeiden, daß er seine wahren Absichten verrät. Er kann dies tun, indem er fast unmerklich in die Richtung blickt, in die er den Ball *nicht* schießen will, so als würde er den Winkel abschätzen, oder er kann ein bißchen zickzackartig anlaufen, um den Torwart im Unklaren zu lassen, wohin er zielt.

Ein Spieler benützte eine wesentlich extremere Methode. Er rannte auf den Ball am Elfmeterpunkt zu, aber anstatt zu schießen, schlug er ohne ihn zu berühren mit dem Fuß darüber. Als dann der Torwart beim Versuch, den Ball zu halten, in die eine Ecke flog, schob er ihn ruhig in die Mitte des Netzes. Als man ihn wegen dieser Methode angriff, meinte er, das wäre seine Art, Torhüter dafür zu bestrafen, daß sie sich schon vor dem Schuß bewegten. Seine Handlungsweise verursachte den Schiedsrichtern erneut Kopfzerbrechen, die nicht schwarz auf weiß nachweisen konnten, daß er irgendeine Regel übertreten hatte. Seit dieser Zeit haben andere Spieler versucht, kurze Pausen beim Anlauf zum Elfmeter einzulegen, aber fast immer haben die Schiedsrichter solches Benehmen als unfaires Verhalten gewertet und den Elfmeter wiederholen lassen. So ist dieser spezielle Trick außerordentlich selten geworden.

20. Zeitschinden

Wenn eine Mannschaft dicht vor dem Sieg steht, und es ist nur noch kurze Zeit zu spielen, dann zeigt sie eine Vielzahl von zeitschindenden Aktionen. Einige lassen sich vom Schiedsrichter kaum bestrafen, aber wenn sie zu offensichtlich werden, dann läßt er nachspielen und unterläuft damit die Strategie vollkommen. Um erfolgreich sein zu können, muß das Zeitschinden mit List und Tücke ausgeführt werden. Kurzballspiel ist eine Möglichkeit. Der Torwart schlägt den Ball zu einem Verteidiger, als kurzer Torabschlag. Sein Mannschaftskamerad spielt ihn wieder zurück, achtet dabei aber darauf, daß sich der Ball noch innerhalb des Strafraums befindet. Da dies nicht erlaubt ist, muß der Schiedsrichter den Torabstoß wiederholen lassen, und wertvolle Sekunden sind gewonnen. Ein plumperer Trick ist es, den Ball »zufällig« so in die Luft zu jagen, daß er über die oberste Tribüne segelt. Dadurch muß notwendigerweise ein Ersatzball ins Spiel gebracht werden, der vor Benützung vom Schiedsrichter untersucht werden muß, für den Fall, daß er zu hart oder zu weich ist. Wieder sind wertvolle Augenblicke verstrichen.

Dies also sind die zwanzig gebräuchlichsten Formen von spieltaktischem Verhalten, die sowohl vor als auch während dem Spiel angewendet werden. Zusammengenommen ergeben sie das reinste Minenfeld für den unvorsichtigen Spieler und verlangen schnelles Denken und beträchtliche geistige Beweglichkeit. Und dennoch findet James Thurbers berühmte Bemerkung über einen Fußballer: »Er war nicht dümmer als ein Ochse, aber auch kein bißchen klüger«, reichlich Widerhall. Das macht sich sogar innerhalb des Fußballstammes bemerkbar. Manager Tommy Docherty hörte man einmal ausrufen: »Verstand? Es gibt eine Menge Spieler, die *manual labour* (körperliche Arbeit) für den spanischen Präsidenten halten.« Das klingt mehr nach Hitchcock, der provozierend grob mit Schauspielern umging, aber zumindest ein Manager hat die Spieler verteidigt. Von Brian Clough erzählt man sich, daß er gesagt habe: »Zeigt mir einen talentierten Spieler, der dick ist, und ich zeig' euch einen Spieler, der Probleme hat.«

Die Wahrheit ist, daß ein äußerst erfolgreicher Spieler *auch* äußerst intelligent sein muß. Die Menschen machen den Fehler anzunehmen, daß alle Formen der Intelligenz auf die gleiche Weise gemessen werden können. Die meisten Autoritäten, die über Intelligenz diskutieren, sind selbst klug auf eine gelehrte, an Büchern orientierte Art und setzen automatisch voraus, daß dies die Norm ist. Aber auch viele große Maler waren hilflos, wenn es um das Jonglieren mit Worten ging. Ihre Welt besteht aus Formen und Farben, Mustern und Phantasiegebilden, und ihre besondere Form der Brillanz ist vollkommen visuell. Die Brillanz des Fußballspielers liegt in der Körperlichkeit. Seine Intelligenz ist sorgfältig abgestimmt, nicht auf Wörter und Sätze oder Zahlen, sondern auf Rennen und Springen, Sichdrehen und Schießen. Ähnlich dem großen Künstler findet er es schwer, die Feinheiten seiner Gefühle in verbale Aussagen zu übersetzen. Aber deshalb zu behaupten, sein Gehirn wäre nicht scharfsinnig, hieße, ihn ungemein zu unterschätzen.

19 Das Können der Helden

FITNESS UND KÖRPERBEHERRSCHUNG

Das individuelle Können der Stammeshelden hängt von zwei Dingen ab – der akrobatischen Geschicklichkeit bei der Ballkontrolle und der athletischen Fitness, um die Kondition für volle neunzig Spielminuten zu haben.

Die Erkenntnis ist wichtig, daß es sich hier um zwei vollkommen verschiedene Qualitäten handelt. Ein ausgesprochen akrobatischer Spieler mit perfekter Ballbehandlung mag ein schwacher Athlet sein, der während eines schnellen Spieles rasch ermüdet. Ein anderer Spieler, der topfit ist und noch lange nach dem Schlußpfiff mit Höchstgeschwindigkeit herumrasen könnte, mag nur über eine mittelmäßige Ballkontrolle verfügen. Für alle Spitzenspieler gilt, daß sie beides können müssen.

Fitness ist bei der Trainerarbeit das leichtere Gebiet. Einige Wochen vor dem ersten Wettkampf versammeln sich die Spieler zu Beginn jeder Saison nach ihrem Jahresurlaub wieder und liefern sich ihren Trainern auf Gnade oder Ungnade aus. Der Routineablauf verlangt einiges – eine Mischung zwischen Kommandokurs und Ballettübung. Jede Woche werden viele Stunden mit langen Läufen und Konditionstraining zugebracht, bis schließlich mit Näherrücken der ersten Veranstaltung die Spieler in körperlicher Höchstform sind.

Die Mehrheit der Spieler haßt dieses Fitnesstraining, nimmt es aber als notwendigen Bestandteil ihres Berufslebens hin. Rodney Marsh bemerkt dazu: »Vorsaisontraining bildet die Grundlage für die ganze Saison ... Der Körper schreit auf vor Schmerz. Dein Puls rast. Du

Viele Spieler würden die Tortur von Krafttraining dem Balletttraining vorziehen (oben), aber einige Trainer haben den besonderen Wert von Tanzübungen als eine Möglichkeit, den Körper aufzulockern, erkannt. Vergleicht man die Haltungen bei Tanzfiguren (rechts oben) mit denen bei Fußballspielen (rechts unten), so entdeckt man verblüffende Ähnlichkeiten, und die Bedeutung der neuen Trainingsmethode wird offensichtlich.

Ein Spitzenspieler braucht nicht nur akrobatische Fähigkeiten am Ball, sondern auch das Durchhaltevermögen eines Langstreckenläufers, und deshalb muß er in jeder Saison viele Stunden trainieren (links).

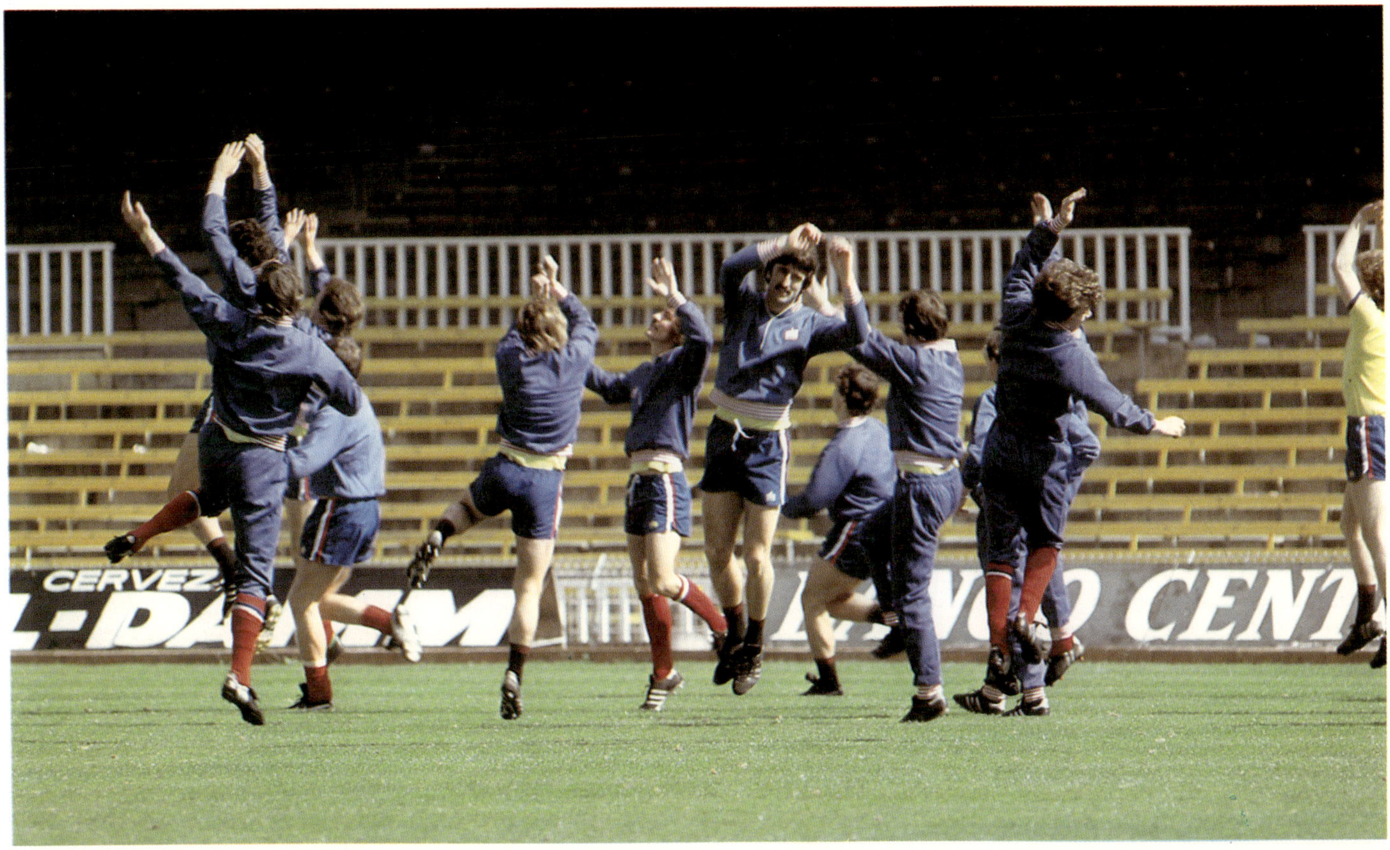
CERVEZ

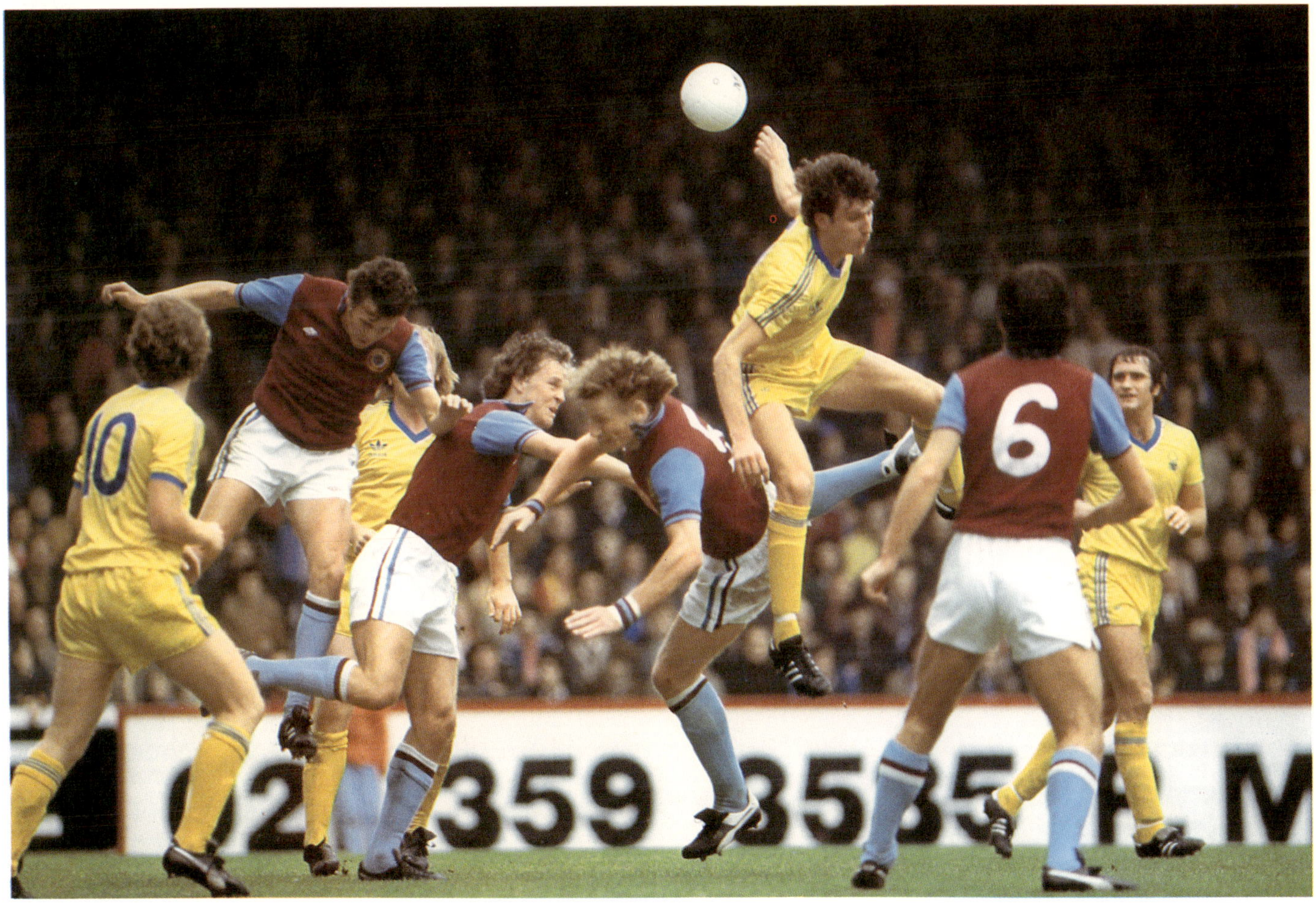
10
6

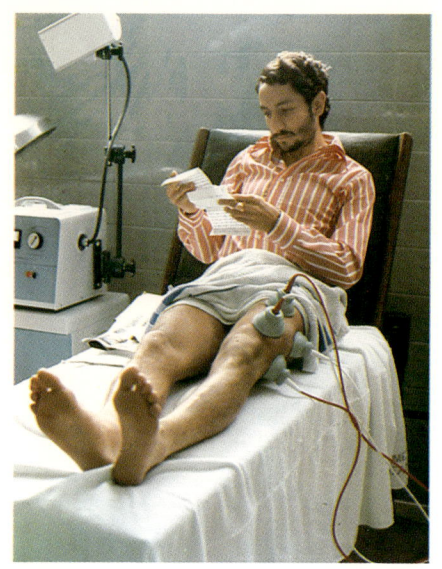

fragst dich, warum du bei dem Spiel dabei bist und überzeugst dich selbst davon, daß es leichtere Arten geben muß, sich den Lebensunterhalt zu verdienen. Aber du weißt, daß du's tun mußt, weil kein einfacherer Weg zur Spitzenkondition führt.« Scharf unterschieden wird zwischen »fit« und »fit fürs Spiel«, wobei letzteres das alles andere überragende Ziel darstellt. Und weil es so leicht ist, seine konditionelle Bestform während der langen, anstrengenden neun Monate der Fußballsaison zu verlieren, geht die Trainingsroutine selbst nach Beginn der Punktspiele Woche um Woche weiter. Im Normalfall umfaßt das Training vor den Punktspielen den ganzen Tag als wirklich knochenbrechende Tortur und wird danach auf Halbtagestraining am Vormittag reduziert, wenn es ernst wird.

Nachdem er eine Gruppe von Spielern, die »fit fürs Spiel« sind, geschaffen hat, sieht sich der Trainer der schwierigeren Aufgabe gegenüber, die technischen Fähigkeiten zu verbessern. Das Problem dabei ist, daß gutes Ballgefühl und Spielrhythmus schwer zu lehren sind, da es sich bis zum gewissen Maß um eine angeborene Begabung handelt und bei vielen Spielern diese Anlage nur durch Spiele verbessert werden kann. Deshalb stehen Übungsspiele im Training ganz vorn. Aber Trainer führen auch gern besondere Neuheiten ein, von denen sie behaupten, daß dadurch bestimmte Elemente der Wendigkeit ihrer Spieler verstärkt werden, und das ist der Punkt, wo der Streit beginnt.

Es sind nicht die simpleren Prozeduren – schießen, passen, dribbeln, köpfen –, denen Spieler widersprechen. Sie sind sogar gelegentlich darauf vorbereitet worden, sich von Profis Ballettunterricht geben zu lassen oder Tanzstunden dazu zu benützen, ihr Gleichgewichtsgefühl zu entwickeln. Wenn aber Trainer überkompliziert werden und merkwürdig verzerrte

Die Spieler mögen topfit sein (unten), auf dem Rasen gibt es so viele Verletzungsmöglichkeiten, daß kaum einer um regelmäßige Besuche im Behandlungszimmer des Clubs herumkommt (oben).

Eine gute Diät ist für eine gute Darbietung, die bis zum Schlußpfiff andauert, äußerst wichtig. Testserien von Oxford United 1972–73 bewiesen den Wert von stark traubenzuckerhaltiger Nahrung. Für das Samstagnachmittagsspiel ließ man die Spieler am Donnerstag bis zur Erschöpfung trainieren, stellte dann aber jedes weitere Training in den 36 Stunden vor dem Spiel ein. Am Freitag bekamen sie die konzentrierte Traubenzuckerdiät und am Samstagmorgen achtete man darauf, daß sie entspannt blieben und anhaltende Adrenalinausschüttungen vermieden wurden. Das Ergebnis war eine verblüffende Verbesserung der Mannschaftsleistung im Endstadium jedes Spiels. In 20 Spielen (siehe Diagramme) schossen sie gegen Ende des Matches mehr Tore, und bei weitem weniger Tore wurden in dieser Phase gegen sie erzielt. Aufgrund ihrer verbesserten Kondition erlitten sie zudem viel weniger Verletzungen als zuvor.

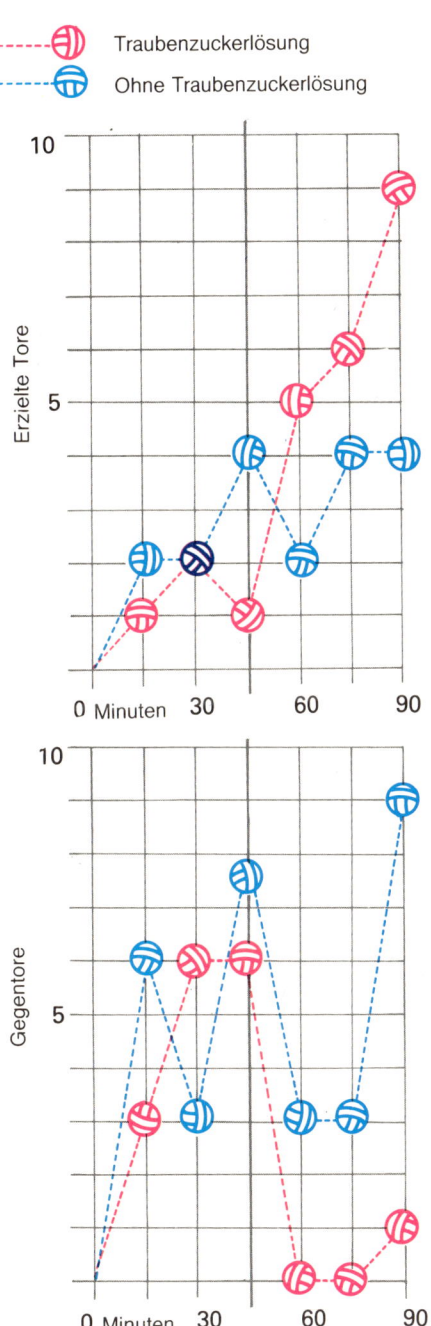

Spielmuster einführen, dann glauben viele ihrer Opfer, daß ihre natürlichen Talente unterdrückt werden. »Trainieren«, sagt Eamon Dunphy, »sollte sein, den Leuten beizubringen, sich selbst auszudrücken … Nicht Unterwerfung, sondern Befreiung. Eine Menge Trainer betrachtet das Trainieren als eine Möglichkeit, die Leute ihren speziellen Theorien zu unterwerfen.« Er beschreibt, wie etwas schiefgehen kann. Ein bestimmter Trainer beschließt, daß in einer Woche seine Spieler Übungsspiele absolvieren müssen, in denen nur Kopfballtore erlaubt sind oder wo die Nur-einmal-berühren-Regel gilt und die Spieler den Ball kein zweites Mal schlagen dürfen, ehe ihn nicht jemand anderes berührt hat. Die Spieler geben ihr Bestes, angespornt von der wiederholten Versicherung, daß diese Art von Training dieses spezielle Element ihres Spiels stärken wird. Aber nur zu oft führt es dazu, sie überdrüssig zu machen. Eine derartige Handlungsweise kann sogar zur Überkompensation führen, und am Spieltag tun sie dann alles, nur *nicht* köpfen oder den Ball im Direktpaßspiel weiterleiten. Der Trainer wird dann ärgerlich und beschuldigt sie, eigensinnig zu sein, wo es doch in Wirklichkeit nur dazu gekommen ist, daß sich ihre intuitiven Reaktionen auf diese überstrapazierten Spielelemente erschöpft haben.

Andere Trainingsmethoden, wie zum Beispiel »bedingte Spiele«, bei denen die Männer Anweisung haben, gleichzeitig zwei Fußbälle auf dem Platz zu benützen oder auf vier Tore zu schießen, die in den Ecken des Feldes aufgestellt sind, sind derart künstlich, daß sie leicht Muster und Spielfluß der Mannschaft in normalen Spielen zerstören können. Eamon Dunphy beklagt, daß Trainer zu viele kluge Bücher studieren. Über einen Mann bemerkt er: »Er erzählt von diesem ganz phantastischen Buch, das er gerade liest, und dann kommt er mit diesen wirklich unglaublichen Prozeduren an, die nicht das geringste mit Fußball zu tun haben. Das sind einfach nur reine Übungen im Unterricht … Es ist komisch, was für einen Tick Trainer mit bedingten Spielen und mit all diesen seltsamen Theorien haben, die sie im Trainingshandbuch des Fußballverbandes finden. In jedem Club ist es das gleiche … Einige der Sachen, die Trainer anstellen, einige der Spiele, die sie erfinden, sind wirklich erstaunlich … Am Samstag stehst du dann da, wenn du diese Spielchen gespielt hast, und es macht dich kaputt. Macht dich verrückt. Denn Rhythmus ist ein sehr wichtiger Teil deines Spiels, aber diese Dinge versauen dir deinen Rhythmus.«

Die Mehrzahl der Spieler würde mit dieser Einschätzung übereinstimmen und insgeheim glauben, daß die Trainer sich mehr darum sorgen, einen cleveren und wissenden Eindruck zu erwecken, als ihren Männern eine Chance zu geben, ihre natürlichen Talente zu verbessern. Der beste Trainingsablauf wäre wohl die Konzentration auf hartes Konditionstraining, eine gute Diät, das Verfeinern einfacher technischer Fähigkeiten, viele Übungsspiele und dazu dann Unterricht in neuen Mannschaftstaktiken und -strategien. Viele Spieler würden es eindeutig begrüßen, wenn all die komplexen Trainingssysteme und künstlichen Spielmuster von diesem allgemeinen Plan gestrichen würden. Tatsächlich gibt es einige Fachleute, die meinen, daß zuviel Training, gleich *welcher* Art, schlecht für die Spieler sei und daß nur echte Spiele irgendeinen Nutzen brächten. Ihrer Ansicht nach sei die wiederholte Erfahrung auf dem wirklichen Schlachtfeld das einzig vernünftige Training. Ihrer Meinung nach seien auch lediglich echte Fußballspiele notwendig, um die Fitness zu erhalten, und die ganze neumodische Sucht nach intensivem Training sei nur ein Nebenprodukt des modernen Professionalismus, der Fußballer in Vollzeitangestellte verwandelt habe, die ihre großen Gehälter auch ehrlich verdienen müßten. Die meisten Autoritäten würden behaupten, daß diese Betrachtungsweise eine gewaltige Übertreibung darstellt, obwohl zugegeben werden muß, daß sich einige Spitzenspieler gern davor gedrückt haben, gläubig ihr volles Trainingsprogramm abzuleisten.

Zum Unglück für diese Ansicht der Abtrünnigen ist der Tempofußball in den letzten Jahren stark forciert worden. Die großen Stars früherer Jahrzehnte, die weit weniger Training absolvierten, würden auf einem heutigen Fußballfeld lächerlich schwach wirken, trotz der romantischen Legenden, die man über sie in Büchern über Fußballgeschichte lesen kann. Der Fußballspieler von heute hat kaum eine andere Wahl als hinzunehmen, daß er, will er mithalten können, sich den jährlichen Torturen eines schweren körperlichen Trainings unterziehen muß.

Traubenzuckerlösung

Ohne Traubenzuckerlösung

20 Der Aberglaube der Helden

GLÜCKSBRINGER UND MAGISCHE RITUALE

Weil ihre Beschäftigung ein hohes Risiko in sich birgt, sind viele der Stammeshelden äußerst abergläubisch. Jedesmal, wenn sie einen Fuß auf das Spielfeld setzen, besteht die Gefahr einer Verletzung oder die Möglichkeit, sich zu blamieren, falls man vom Gegner hoch geschlagen wird. Und das Glück spielt auf dem Rasen eine wichtige Rolle. Ein Ball kann unberechenbar wegspringen. Die Spieler können um ein Tor gebracht werden, weil sie auf nassem Gras ausrutschen, oder eins einfangen, weil der Ball eine kleine Bodenunebenheit trifft und dadurch zufällig auf dem Fuß eines gegnerischen Stürmers landet.

Verletzung, Schande, ein plötzlicher Ausrutscher, ein unglücklicher Ball – Gedanken an all das schießen den Spielern bei der Vorbereitung auf jedes einzelne Match durch den Kopf. Sie wissen, daß weder Training noch Können oder Fitness sie vollkommen vor schlimmen Zufällen beschützen können. Sie wissen auch, wenn das Pech sie verfolgt, dann geschieht das in aller Öffentlichkeit vor Tausenden von kritischen Augen. Für sie gilt es, eine öffentliche Prüfung zu bestehen. Da gibt es kein Entrinnen, keine Möglichkeit, einen Fehler zu verbergen.

Angesichts dieser Bedrohung suchen sie eine zusätzliche Hilfe, die ihre Trainer und Manager ihnen nicht geben können – die übernatürliche Hilfe abergläubischer Praktiken. Sie haben keine Ahnung, wie derartige Handlungen helfen könnten, aber sie vollführen sie trotzdem, denn »man kann ja nie wissen«. Oft genug finden sie diese Rituale lächerlich und albern, aber sie zu unterlassen, wagen sie nicht. Und einige der vernünftigsten Spieler behandeln das Ganze so ernsthaft, daß sie sich sehr große Mühe geben, um sicherzustellen, daß ihre Rituale nicht in irgendeiner Form gestört oder unterbrochen werden.

Die angespannteste Periode abergläubischer Aktivitäten ist die Zeit kurz vor Spielbeginn. Von hundert aufs Geratewohl gesammelten derartigen Praktiken konzentrieren sich nicht weniger als vierzig Prozent auf die Umkleidekabine vor dem Spiel, wo die Spannung am größten ist. Viele andere »Glücksbringer«handlungen werden auf dem Weg zum Spielfeld ausgeführt, in dem Tunnel, der zum Rasen führt, und auf dem Rasen selbst.

Doch der magische Prozeß setzt schon früher ein, an den Tagen vor dem Spiel, wenn der Rummel vor der großen Prüfung anfängt, Eindruck zu machen. Ein Spieler läßt sich als Glücksbringer einen Schnurrbart stehen, ein anderer einen Bart. Die Mannschaft, die reisen muß, besteht darauf, ihr Glückshotel zu nehmen oder ein anderes *nicht* zu nehmen, das

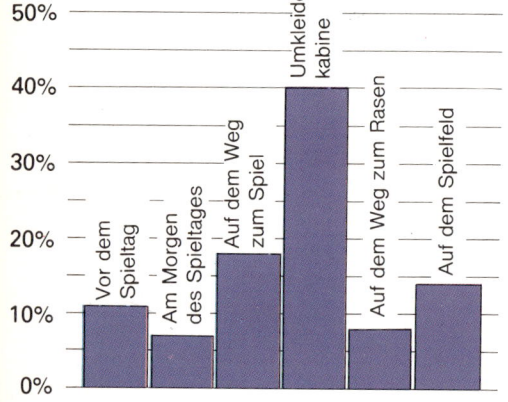

Von 100 wahllos herausgegriffenen abergläubischen Ritualen fanden 40 während der angespannten Wartezeit vor dem Spiel in der Kabine statt.

ihnen bei früherer Gelegenheit Unglück gebracht hat. Ein Mitglied der Mannschaft hat einen Silbertalisman in seine Tasche gesteckt, der nächste trägt lieber die Tasche eines anderen als seine eigene. Mehrere packen sehr sorgfältig ihre Habseligkeiten in genau festgelegter Reihenfolge, die nicht durchbrochen werden darf, ein und aus. Eine ganze Mannschaft muß auf einem bestimmten Platz eine Runde Golf spielen oder mit schrecklichen Konsequenzen rechnen. Ein Spieler besteht darauf, daß ihn seine Frau begleitet – nicht aus sexuellen Gründen, sondern weil er immer Pech hatte, wenn sie nicht dabei war. Er ist außer sich, wenn diese Bitte bei langen Auslandsreisen abgeschlagen wird, und sein Spiel leidet darunter.

Ein Londoner Team mit einer entmutigenden Niederlagenserie ist davon überzeugt, daß es den schwarzen Mann in seiner Mitte hat. Wann immer es auch vor Auswärtsspielen in einem Hotel ankommt, stets hält sich dort ein örtlicher Zeitungsreporter auf und begrüßt es fröhlich. Er ist freundlich und voller Anteilnahme, aber nach und nach bringt es ihn mit seinen Katastrophen in Verbindung und redet sich schließlich ein, daß er daran schuld sei. Seine Gegenwart wird zu einem schlechten Omen, und es gibt sich große Mühe, ihm aus dem Weg zu gehen.

Manchmal ist das »Schreckgespenst« kein Mann, sondern ein bestimmter Platz. Vom Derby-Stadion, dem Baseballfeld, glaubte man einst, ein Zigeunerfluch liege darauf. Das Spielfeld erhielt seinen Namen, weil es der Schauplatz eines erfolglosen Versuches war, den Baseballsport auf den Britischen Inseln einzuführen. Zuvor war dort ein Zigeunerlager, und als es 1895 als Fußballstadion übernommen wurde, gab es einige, die glaubten, die vertriebenen Zigeuner hätten den Ort mit einem Fluch belegt. In den folgenden Jahren erlitt das Derby-Team im Pokal vier Semifinal- und drei Endspielniederlagen. 1946 erreichten sie wieder das Pokalfinale. Diesmal gingen sie kein Risiko ein, sondern schickten ihren Kapitän zu einer Zigeunerin, die den Fluch aufheben sollte, und prompt gewannen sie das Endspiel vier zu eins.

Wenn die Spieler am Morgen vor dem Match erwachen, dann tritt eine neue Serie irrationaler Regeln in Kraft. Ein Mann beschließt, einen unglückbringenden Schnurrbart abzurasieren, ein anderer läßt sich einen rituellen Haarschnitt verpassen und macht einen Spaziergang entlang einem bestimmten Weg. Andere Leute werden einbezogen. Die Frau eines Spielers muß daheim die Fenster putzen, weil sie das bei seinem letzten großen Sieg auch getan hat. Die Kinder eines anderen müssen sich aus demselben Grund den ganzen Tag in bestimmten Farben kleiden. Selbst der Manager wird möglicherweise vor seinem Team in glückbringenden Kleidungsstücken erscheinen, denn er weiß, daß er andernfalls Unruhe verursacht. In einem Fall waren die Glücksbringer ein Paar blaue Socken, und jeder Spieler inspizierte den Manager sehr sorgfältig, um sicherzugehen, daß er sie nicht vergessen hatte.

Setzt sich das Team zur letzten Mahlzeit vor dem Spiel zusammen, tauchen weitere abergläubische Handlungen auf. Manchmal wird die Sitzordnung der Männer nur von ihren irrationalen Ängsten bestimmt, eine glückbringende Gewohnheit zu brechen. Die Speisen und die Art, wie sie gegessen werden, können ebenfalls vom Aberglauben bestimmt sein. Fährt der Bus zu einem bestimmten Stadion, dann muß er dieselbe Strecke wie beim letztenmal wählen – natürlich unter der Voraussetzung, daß die Mannschaft damals gewonnen hat. Als einmal vor langer Zeit die Wanderers, ein bekanntes englisches Amateurteam, Leiden in Holland besuchten, wurden sie in einer Kutsche, bespannt mit vier mit schwarzen Beerdigungsfederbüschen geschmückten Rappen, zum Sportplatz gefahren. Die Kutsche nahm ihren Weg über den neben dem Stadion gelegenen örtlichen Friedhof, und die Wanderers verloren zum erstenmal seit langer Zeit. Nach dem Spiel weigerten sie sich entschieden, auf dem gleichen düsteren Weg zurückzukehren, aus Angst, daß auch noch die nächsten Spiele davon beeinflußt werden könnten.

Die Spieler sind oft mit Glücksbringern beladen, wenn sie zu einem Match aufbrechen. Für den einen sind es ein Paar besondere Manschetten, für einen anderen ist es ein Goldamulett, das ihm ein alter Fan eines Tages nach einem gewonnenen Spiel geschenkt hat, für einen dritten eine Sonnenbrille, die er selbst bei Regen trägt, oder ein Spielzeughase oder eine in die Tasche gestopfte Hasenpfote oder irgendein glückbringendes Kleidungsstück.

Ist man im Umkleideraum angekommen, muß eine neue Serie von Ritualen beachtet werden. Wieder gibt es da bestimmte Sachen, die es zu tragen gilt – glückbringende Socken,

Die Gesten dieser Spieler zeigen deutlich die Anspannung des Wartens auf den Beginn der zweiten Halbzeit bei einem Cup-Endspiel. Dann werden sie in festgelegter Ordnung auf den Platz laufen, wobei jeder Mann eine ganz besondere glückbringende Position in der Reihe einnimmt.

Der holländische Star Rudi Krol trägt eine glückbringende Halskette, die ihn gegen Mißgeschicke beim Spiel schützen soll.

Schnürsenkel, Schuhe; ein glückbringender Ehering muß zeremoniell geküßt werden. Bestimmte Handlungen müssen ausgeführt werden – ein Handtuch wird an einen Haken gehängt, statt wie üblich auf die Bank gelegt; zwei Kaugummis müssen während des Umziehens gekaut, ein ritueller Schluck Whisky muß getrunken werden, nicht wegen des Alkohols, sondern weil das Glück bringt; einem Spieler werden die Stiefelspitzen mit einem Spritzer Whisky, einem anderen mit einem Tropfen Wasser gesalbt. Manche Spieler haben den Umkleideraum auf besondere Art und Weise zu betreten. Einer muß der letzte sein, um nicht vom Pech getroffen zu werden; ein anderer muß immer durch den Schuhraum statt durch den Haupteingang hereinkommen; ein dritter muß, bereits umgezogen, haargenau vierzig Minuten vor dem Anpfiff da sein; wieder ein anderer muß immer in der gleichen Ecke sitzen. Und ein weiterer muß jedem seiner Mannschaftskameraden sorgfältig die Hand schütteln, ehe sie die Umkleidekabine verlassen, sonst würde er schlecht spielen.

Die am strengsten eingehaltenen Prozeduren betreffen das Umziehen selbst. Einige sind simpel genug, die linke Socke muß vor der rechten angezogen werden oder der rechte Schuh vor dem linken, andere jedoch sind recht kompliziert. Ein Spieler muß seine Hosen ausziehen und sein Suspensorium anlegen, ehe er sich seiner Jacke entledigen darf. Ein anderer muß sein Sportdreß erst an-, dann wieder ausziehen und noch einmal von vorn beginnen. Und ein weiterer muß seine Schuhe dreimal zu- und wieder aufschnüren.

Das vielleicht außergewöhnlichste Beispiel »rituellen Ankleidens« fand beim Cup-Sieg von Portsmouth im Jahre 1939 statt. Sportjournalist John Cottrell beschreibt die Szene vor dem Höhepunkt des Finales: »In Übereinstimmung mit der genau eingehaltenen Tradition vor Cup-Entscheidungen beugte sich der Veteran von Portsmouth, Rechtsaußen Freddie Worrall, herunter und schnallte Clubmanager Jack Tinn zeremoniell ein Paar saubere, weiße Gamaschen an. Es waren magische Gamaschen, die für gewöhnlich im Safe des Portsmouth FC aufbewahrt wurden. Die linke mußte zuerst angeschnallt werden, damit sie Glück brachten. Und bis jetzt hatten sie den Verein auch sicher durch die Cup-Spiele gebracht: Man hatte nur einen Treffer hinnehmen müssen. Diesmal jedoch verließ sich Portsmouth nicht auf die Glücksgamaschen allein. Um sicherzugehen, daß sie die Götter wirklich auf ihrer Seite hatten, trug Worrall ein Miniaturhufeisen in der Brusttasche, einen Sproß Heidekraut in jeder Socke, eine glückbringende Sixpence-Münze in jedem Schuh und einen an seinen Sockenhaltern befestigten chinesischen weißen Elefanten.« Der Zauber schien zu wirken. Sie schlugen ihre Gegner, die als klare Favoriten ins Spiel gegangen waren, vier zu eins.

Die Wahl des Zeitpunktes spielt bei einigen Ritualen eine wesentliche Rolle. Vollständig umgekleidet bis auf seine Shorts, die er in der Hand bereithielt, wartete ein Spieler, bis der Summer des Schiedsrichters ertönte. Erst dann durfte er die Shorts anziehen und schnell zur Tür hinauslaufen. Englands Kapitän Bobby Moore befolgte ein sehr ähnliches Ritual. Für ihn war es wichtig, im Umkleideraum der letzte zu sein, der vor dem Spiel seine Shorts anzog. Moores Mannschaftskamerad Martin Peters war fasziniert davon, wie er, seine Shorts in der Hand, herumstand und darauf wartete, daß alle anderen mit dem Umkleiden fertig wurden. Peters gestand später: »Er merkte es nie, aber ich führte ihn bisweilen an der Nase herum. Zog er endlich seine Shorts an, dann zog ich meine aus. Sofort machte er es mir nach und zog sie nicht wieder an, bis ich fertig war. Ich machte das öfter, doch er bekam es nie mit.«

Bobby Moore ist nicht der einzige, der angeführt wurde. Rodney Marsh etwa erinnert sich an folgendes: »Jimmy Langley weigerte sich stets, vor dem Spiel in der Umkleidekabine den Ball zu berühren. Er wurde wütend, wenn es trotzdem geschah, und Alan Mullery nützte das aus, während sie gemeinsam in Fulham spielten. Alan ist eine richtige Nervensäge. Er schnappte sich also den Ball und fing an, damit auf Jim zu schießen oder zu werfen. Jim pflegte dann kreuz und quer durch den Raum zu springen, um dem Ball auszuweichen.«

Es ist erstaunlich, daß ein Spieler auf diese Weise versucht, das Ritual eines Mitspielers durcheinanderzubringen und damit das Risiko eingeht, ihn für das kommende Match aus der Fassung zu bringen, und solch eine Mißachtung für den Aberglauben anderer kommt dementsprechend relativ selten vor. In der Regel respektieren die Mannschaftskameraden den Aberglauben der anderen und vermeiden es, das Schicksal herauszufordern. Läuft einem Abergläubischen irgend etwas schief, dann versuchen seine Freunde, ihm zu helfen.

Der große Pelé verschenkte einmal ein Trikot, mußte aber anschließend feststellen, daß sein Spiel darunter litt. Er bat einen Freund, den Fan aufzuspüren, dem er es gegeben hatte, und es zurückzubringen. Eine Woche später brachte ihm der Freund das vermißte Hemd und erklärte, es habe ihn große Mühe gekostet, es zu finden. Pelé war ungemein dankbar, zog das Hemd über, und seine alte Meisterschaft war wieder da. Natürlich hütete sich sein Freund, ihm zu sagen, daß seine Suche vergeblich gewesen war und daß er ihm einfach das Hemd zurückgegeben hatte, in dem der große Pelé eine Woche zuvor so kläglich unterlegen war. Der Aberglaube regiert allein im Geiste.

Wenn die Spieler den Umkleideraum verlassen und sich im Tunnel aufreihen, folgen weitere Rituale. Eine bestimmte Rangordnung muß eingehalten werden. Ein Spieler muß immer der dritte in der Reihe sein, ein anderer der vorletzte, ein weiterer muß stets hinter der Nummer 10 einlaufen. Die beliebteste Position ist jedoch die letzte Stelle, und das schafft Probleme, wenn eine Mannschaft zwei »Letzte« in ihren Reihen hat. Aufmerksame Fußballbeobachter werden die Lösung dieses Dilemmas bei gewissen Cup-Endspielen gesehen haben, wenn beim Einlauf auf den Rasen an letzter Stelle der Reihe zwei Spieler sorgfältig Seite an Seite gehen. Andere Tunnelrituale schreiben eine volle Körperdrehung nach Verlassen der Umkleidekabine vor, verbieten es, einen Ball zu tragen, oder verlangen, stets einen Ball zu tragen oder zweimal einen Ball an die Decke zu werfen.

Draußen auf dem Rasen berühren manche Spieler auf besondere Art mit einer Hand das Gras, sobald sie das Spielfeld betreten. Viele katholische Spieler bekreuzigen sich und küssen ihre Daumen. Entschieden weniger dekorativ wirkt der Spieler, der seinen Kaugummi aus dem Mund nimmt, ihn zu einem kleinen Ball zusammenrollt und mit dem Fuß danach tritt. Verfehlt er bei diesem rituellen Schuß den Kaugummi, dann wird er schlecht spielen. Ein anderer Spieler muß während der Aufwärmperiode als erster einen Schuß aufs Tor abgeben, den sein Torwart nicht halten darf, obwohl es nur ein Übungsschuß ist, denn wenn er ihn hielte, würde der Betreffende schlecht spielen. Wieder ein anderer zieht seine Stiefel aus und wieder an, ein weiterer küßt die Torpfosten. Ein Torwart legt sorgfältig eine kleine Tasche mit seinen Siebensachen in die rechte Torecke. Legt er sie versehentlich in die linke, oder jemand trägt sie dorthin, dann ist er nicht in der Lage, seine »magische Abwehr« zu zeigen.

All diese verschiedenen Manifestationen des Aberglaubens sind von bestimmten Spielern und bestimmten Mannschaften ernsthaft und feierlich ausgeführt worden. Jedes einzelne

Während die Spieler darauf warten, auf den Rasen von Wembley einlaufen zu können, kommt ihr Kapitän seinem privaten Aberglauben nach und wirft den Ball gegen die Wand, um das Glück auf seine Seite zu bringen.

Jackie Charlton lehnte die Kapitänswürde seines Clubs ab, weil er dadurch gezwungen worden wäre, bei Spielbeginn an der Spitze seiner Truppe auf den Platz zu laufen. Sein Aberglauben verlangte, daß er der letzte auf dem Rasen war, und ehe er dies aufgab, überließ er lieber Billy Bremner die Kapitänsrolle, der hier seine Mannschaft anführt, oben.

Im Stadion von Barcelona gibt es eine eigene Kapelle, wo die Spieler um Erfolg im kommenden Wettkampf beten und ihren Clubwimpel als Gabe niederlegen – im Fußball das Äquivalent für das Entzünden einer heiligen Kerze, unten.

Ritual ist in den Memoiren der Spieler und in den Berichten der Fußballhistoriker festgehalten worden. Reporter berichten, daß ähnlich irrationale Handlungen wie die oben beschriebenen auf der ganzen Welt ausgeführt werden, wo immer ein wichtiges Spiel stattfindet und die Stammeshelden unter Anfällen von Angst und Nervosität leiden. Es stimmt, daß einige Spieler betonen, sie seien im Gegensatz zu ihren Teamkameraden nicht abergläubisch und betrachteten das ganze Theater als alberne Zeit- und Energieverschwendung. Sie sind jedoch in der Minderheit, und den Schlüssel zu der wahren Haltung hinter ihrer Behauptung liefert vielleicht der Spieler, der verkündete: »Mein Aberglaube besteht darin, anderen Leuten meinen Aberglauben nicht zu verraten.«

Einige Spieler betreiben ihre magischen Rituale mit erstaunlicher Intensität. Der Innenverteidiger der Weltmeisterschaftsmannschaft von 1966, Jackie Charlton, ging sogar soweit, die Kapitänswürde seines Vereins zurückzuweisen, bloß um nicht sein Ritual vor dem Spiel opfern zu müssen. Für ihn war es von ungeheurer Bedeutung, als letzter auf dem Rasen zu erscheinen, als Kapitän wäre er jedoch gezwungen gewesen, sein Team anzuführen. Statt das zu riskieren, trat er lieber die Kapitänswürde an Billy Bremner ab.

Den vielleicht kompliziertesten magischen Ablauf von allen beachtete ein Torwart namens Alan Rough, der öffentlich zugab, daß er in ständiger Furcht lebe, »einen Teil meines Spieltagrituals zu vergessen«. Das Muster sah folgendermaßen aus:

1. Am Morgen eines Spieltages durfte er sich nicht rasieren.
2. Er mußte einen Schlüsselring mit einem Distelmotiv tragen.
3. Er mußte einen Miniaturfußballstiefel in die Tasche stecken, den er an einem Nachmittag in seinem Tornetz gefunden hatte.
4. Er mußte einen alten Tennisball mit zum Platz nehmen.
5. Er mußte eine kleine, sternförmige Medaille tragen.
6. Er mußte Haken Nummer 13 im Umkleideraum benutzen.
7. Unter dem Torwartpullover mußte er sein ehemaliges Trikot Nummer 11 aus den Tagen seines ersten Fußballclubs tragen.
8. Während er durch den Tunnel ging, mußte er den Ball dreimal von der Wand abprallen lassen.
9. Wenn er sich dem Tor näherte, mußte er den Ball in das leere Netz schießen.
10. Während des Spiels mußte er sich so oft wie möglich die Nase putzen, mit Taschentüchern, die er extra zu diesem Zweck in seine Torwartkappe gestopft hatte.

Diese fürchterliche Liste schließt mit der Bemerkung: »Ich glaube nicht, daß ich spielen könnte, wenn ich diese Vorbereitungen nicht treffen würde. Halte ich sie aber ein, dann entmutigt mich nichts, nicht mal, wenn ich mir sieben Tore einfange.«

Es ist leicht, über diese unglaublich weitschweifigen Vorsichtsmaßnahmen zu lachen und über ihren Wert zu spotten, so wie es Michael Parkinson in seiner Parodie »Interview über den Aberglauben eines Fußballstars« tut: »Wenn ich in den weißglühenden Kessel hinausgehe, in den sich Wembley morgen verwandelt haben wird, dann habe ich seit zehn Tagen nicht mehr in der Nase gebohrt. Ich werde zwei linke Stiefel tragen, ich werde die glückbringende Handtasche meiner Frau mitführen und Großvaters Weste anhaben. Das sind meine Glücksbringer. Es mag albern klingen, aber meine Talismane werden Liverpool/Newcastle aus dem Cup werfen.«

Tatsache ist, daß kaum weniger extreme, irrationale Handlungen als die in der Parodie beschriebenen auf jedem Fußballfeld durchgeführt werden, jede Woche in jeder Saison, von einer großen Anzahl ansonsten vernünftiger, realitätsbezogener Spieler. Man muß es hinnehmen, daß die Rituale für sie von großem Wert sind. Das bedeutet nicht, daß es irgendeine übernatürliche oder mystische Verbindung zwischen der Durchführung dieser Rituale und dem Ausgang des Spiels gibt. Das ist auch gar nicht notwendig, wichtig ist allein, daß die betroffenen Spieler sehr stark an eine solche Verbindung glauben. Können sie sich selbst davon überzeugen, daß sie dank ihrer merkwürdigen Handlungen besser spielen, dann werden sie das auch tun, einfach deshalb, weil ihnen die Rituale dabei helfen, ihre Ängste abzulegen, und weil sie ihnen zusätzliches Selbstvertrauen verleihen. Größeres Vertrauen in die eigenen Fähigkeiten ist häufig das einzige, was in einem ansonsten ebenbürtigen Spiel den Sieger vom Verlierer unterscheidet. Aus diesem Grund wird der Aberglaube im risikoreichen sportlichen Wettkampf immer seinen festen Platz behalten.

21 Die Tapferkeit der Helden

MUT UND BRUTALITÄT

Auf dem modernen Fußballfeld gibt es so viel Gewalttätigkeit, daß es für die Spieler schon zu einer Heldentat geworden ist, zu Beginn eines Kampfes auf den Rasen hinauszulaufen. Es kommt außerordentlich selten vor, daß die vollen neunzig Minuten verstreichen, ohne daß wenigstens ein Spieler wegen einer Verletzung behandelt werden muß. Und es gibt heutzutage kaum einen Fußballer, der eine ganze Saison überstanden hat, ohne arge Schmerzen erdulden zu müssen.

Die Tatsache, daß die Verletzungsgefahr die Stammeshelden nicht abschreckt, ist auf die traditionelle Anerkennung der Gewalt als fester Bestandteil des Sports zurückzuführen. Die jungen Männer, die Profis werden wollen, sind darauf vorprogrammiert, außer mit dem Ruhm auch mit Niederschlägen zu rechnen. Später tragen sie die Narben fast als Abzeichen ihrer Tapferkeit, ähnlich den Angehörigen primitiver Stämme, die sich der rituellen Skarifikation unterzogen haben. Die Männer des Fußballstammes haben allerdings den Vorteil, daß ihnen der Schmerz nicht kaltblütig zugefügt wird, sondern in der Hitze des Gefechts, und zwar in einem sowohl geistigen wie physiologischen Erregungszustand, der ihn leichter erträglich macht. Nichtsdestoweniger haben viele Spieler bemerkenswerte Tapferkeit und Entschlossenheit bei schweren physischen Verletzungen an den Tag gelegt.

Es gibt eine Anzahl verbürgter Fälle, in denen Spieler trotz Knochenbrüchen bis zum Ende des Matchs durchhielten. Mit sechzehn Jahren wurde Torhüter Gordon Banks ernstlich verletzt, als er sich einem angreifenden Stürmer vor die Füße warf. Ohne sich dessen bewußt zu sein, stand er das restliche Spiel mit gebrochenem Arm durch, und noch heute trägt er als Erinnerung an diesen Akt der Zähigkeit eine Schraube im Ellbogen. Ein anderer Torwart, Bert Trautman, hielt ein Cup-Finale mit angebrochenem Halswirbel durch. Stürmer Jimmy Greaves spielte ein Match mit gebrochenem Handgelenk, und der legendäre Ted Drake, berühmt dafür, daß er in einem Erstligaspiel einmal sieben Tore schoß, brach sich während eines Matchs sogar beide Handgelenke, hielt aber stur bis zum Schlußpfiff durch. Das Besondere an Drakes Haltung war, daß er mit einer Verletzung stets noch wilder und energischer spielte, und je schlimmer die Verletzung war, desto entschlossener wurde er. Daraus entstand der berühmte Satz: »Gott stehe seinen Gegnern bei, wenn Drake sich je ein Bein bricht.«

Der größte Kampf auf dem Fußballfeld findet immer zwischen schnellfüßigen Stürmern und entschlossenen Verteidigern statt. Der Charakter des Spiels bedingt es, daß die Stürmer die wahrhaft Gefährdeten sind. Sie müssen versuchen, ihre Gegner zu überlaufen, und die Verteidiger sind oft gezwungen, sie zu foulen, wenn sie ihren Ruf nicht verlieren wollen. Ein brillanter Verteidiger kann einem Stürmer den Ball legal und schmerzlos abnehmen, aber da die Stürmer immer schneller und trickreicher geworden sind, wurden viele Verteidiger dazu getrieben, Holzhackermethoden anzuwenden und ihre Feinde absichtlich mit einem »professionellen Foul« zu Fall zu bringen. Ihr Motto wandelte sich von »Triff den Ball!« in »Triff den Mann!«

Diese »professionellen Fouls« verursachen die meisten ernsthaften Verletzungen, und ein Stürmer unserer Tage, der ungewöhnlich talentiert ist, hat kurz nach Beginn der Fußballsaison unweigerlich buntgescheckte Beine. Als George Best in einer Saison besonders schlimm von solchen Fouls betroffen war, hielt sein Trainer eine außerordentliche Pressekonferenz ab, in der er die verletzten Schienbeine seines Stars vorführte. Ein Reporter berichtete: »Sie sahen aus, als wäre er durch Stacheldraht marschiert.« Der holländische Star Johan Cruyff betrachtete fünf Wunden nach einem normalen Ligaspiel als »Routine«. Das brasilianische Genie Pelé reagierte mit ähnlich philosophischer Gelassenheit und meinte: »Ich habe gelernt zu akzeptieren, daß das Leben eines Stürmers hart ist, daß er mehr Verletzungen als die meisten seiner Kameraden erleiden muß und daß viele dieser Verletzungen ihm nicht unabsichtlich zugefügt werden.« Er gab sogar seiner zynischen Bewunderung für einen Verteidiger Ausdruck, der seinen Holzhackerpflichten mit wahrer Kunstfertigkeit nachkam. Über den Italiener Betini schrieb er: »Betini war ein Künstler, wenn es darum ging, einen

Einige Spieler, die den Platz zur Behandlung verlassen mußten, bestehen darauf, wieder auf den Rasen zurückzukehren und das Spiel zu beenden. Selbst mit bandagiertem Kopf köpfen sie furchtlos.

Ist ein Spieler verletzt, so mag sein Zorn seiner
Spielweise zusätzliches Feuer verleihen, und dieser
stimmungsmäßige Antrieb macht die physische Behinderung mehr als wett.

Mann zu foulen, ohne erwischt zu werden. Wann immer er in meine Nähe kam, brachte er es
fertig, mir die Rippen einzuquetschen, eine Faust in meinen Magen zu bohren oder mir
während eines Angriffs gegen die Schienbeine zu treten … Betini, das muß man ihm lassen,
war ein Künstler.«

1976 verglich ein Fußballmanager die Zusammenstöße zwischen klotzigen, brutalen Verteidigern und tapferen, technisch versierten Stürmern mit dem Schauspiel, das man normalerweise in einer Stierkampfarena zu sehen bekommt: »Das Getrete muß aufhören, sonst
werden in Zukunft die einzigen Leute, die sich noch die Mühe machen, zu einem Fußballspiel zu kommen, jene sein, die an Hetzjagden und Stierkämpfen interessiert sind.« Einem
Manager oder Trainer eines ernsthaft verletzten Starstürmers sind solche Gefühle leicht
nachzuempfinden. Ungeachtet ihres Wagemutes finden selbst die Stürmer bisweilen, daß
der Kampf zu sehr ausartet und fühlen sich veranlaßt, ihrem Abscheu Luft zu machen. 1971
explodierte George Best: »Eine Menge Quatsch wird über Zerstörer und harte Verteidiger
verzapft. Für mich sind das einfach dreckige Schweine.«

Leider muß man diese Reaktion gegen folgende Tatsache abwägen: Unterläßt es ein Verteidiger, einen Stürmer anzugreifen, der ihn überlaufen hat und nun geradewegs auf das Tor
zusteuert, dann wird er von seinen Anhängern aus dem Stadion gebuht und bald womöglich
auch seinen Platz im Team verlieren. Macht er andererseits seinen Quälgeist wie ein wüten-

der Bulle nieder und fällt ihn von hinten mit einem bösartigen, professionellen Foul, dann heben ihn seine Fans in den Himmel. Deshalb ist es schwer, die belagerte Nachhut des Fußballs wegen ihrer brutalen Methoden anzugreifen. Die Schuld liegt ausschließlich bei denen, die die Spielregeln diktieren. Zwei simple Alternativen stehen zu ihrer Verfügung, aber um der Tradition willen wendet man sie nicht an. Als erste Lösung könnte man dem Schiedsrichter die Macht geben, einen Elfmeter als Strafe für ein ernsthaftes, gewalttätiges Foul an jeder Stelle des Spielfeldes zu verhängen, statt diese Maßnahme allein auf den Strafraum zu beschränken. Da Elfmeter den Ausgang eines Spiels entscheiden können, würden auf diese Weise brutale Attacken weitaus riskanter als zum gegenwärtigen Zeitpunkt. Nach momentan gültigem Bestrafungssystem ist der Schiedsrichter gezwungen, zusammen mit einem Freistoß entweder die gelbe oder die rote Karte zu geben, wenn ein hinterhältiges Foul außerhalb des Sechzehnmeterraums begangen wurde. Da die rote Karte Platzverweis für den Übeltäter bedeutet, wodurch für die verbleibende Spielzeit ein Ungleichgewicht entsteht, greifen Schiedsrichter nur äußerst widerstrebend zu dieser Maßnahme. Die »Holzhacker« sind sich dessen bewußt und bauen darauf, mit einer gelben Karte und einem Freistoß davonzukommen. In vielen Fällen kalkulieren sie, daß der durch Brutalität errungene Vorteil die Strafe überwiegt: nicht nur, daß der unmittelbare Vorteil des Gegners, der auf das Tor zuläuft, eliminiert wird, sondern es kommt noch hinzu, daß er vielleicht für den Rest des Spiels behindert und langsamer sein wird. Müßte er Angst vor einem Elfmeter haben, so würde ein »Holzhacker« es sich zweimal überlegen, ehe er einen Rivalen über die Klinge springen ließe.

Die zweite Möglichkeit, mit wirklich brutalen Fouls fertig zu werden, bestünde darin, sie als »tätliche Bedrohung« im juristischen Sinne zu behandeln. Edward Grayson, ein Londoner Rechtsanwalt, hat ein Sicherheitsgesetz für Sportler mit folgender Begründung befürwortet: »Jede Person, die absichtlich oder grob fahrlässig einer anderen bei einer sportlichen Veran-

Es gehört Mut dazu, als Teil der Verteidigungsmauer dem Freistoß entgegenzusehen, aber man sorgt schon dafür, daß die verletzlichsten Körperpartien geschützt werden.

In der Hitze des Gefechts ist es manchmal unmöglich, einem heranschießenden Stiefel auszuweichen, und so fehlen vielen Spielern die Vorderzähne.

staltung eine Verletzung zufügt, hat sich eines Vergehens schuldig gemacht.« Professor Colin Tatz stimmt ihm zu und erklärt, daß seiner Meinung nach »jeder gewalttätige Angriff, der die Regeln des Spiels sprengt, auch gegen das Gesetz verstößt und deshalb unter seine Jurisdiktion und Bestrafung fällt«.

In ganz extremen Fällen mögen solche Maßnahmen angebracht erscheinen, doch Sportfunktionäre weisen eilfertig darauf hin, daß man den Fußball womöglich vernichten könnte, wann man seinen wesensmäßig rauhen Charakter schwächte. Professor Tatz erhielt eine brüske Entgegnung vom Sekretär des englischen Fußballverbandes, in der es hieß: »Legale Intervention im Sport … ist zum Steckenpferd vieler Publicitysüchtiger geworden. Die Gerechtigkeit auf dem Spielfeld ist unbestreitbar eine rauhe, aber sie wird von den Sportlern akzeptiert, und der Fußball verläßt sich vollkommen auf sie.« Einige Spieler, die es satt hatten, daß sich Außenstehende in ihre Belange einmischten, gingen noch viel weiter. Zwei besonders zynische Kommentare lauteten: »Gewalt wird heute im Fußball zum Problem – es gibt nicht genug davon« und: »Wir müssen gegen all diese Gewalt etwas unternehmen, oder die Leute werden weiter Eintrittskarten kaufen.« Unter den Fans denken viele ebenso und geben offen zu, daß sie ein hartes Spiel genießen. Tapferkeit gehört zu den Eigenschaften, die sie von ihren Helden, zusätzlich zu brillantem Können und athletischen Darbietungen, erwarten. Und die Tapferkeit würde verschwinden, wenn die Bedrohung durch gewalttätige Angriffe stark herabgemindert würde.

Es scheint also, als ob die gewünschte Ausgewogenheit der Kräfte am ehesten durch eine Maßnahme wie die vorgeschlagene Elfmeter-»Erweiterung« erzielt werden könnte, die den Schiedsrichter ermächtigen würde, extreme Gewalttaten nachdrücklich zu bestrafen, ohne jedoch dadurch das Spiel so weit zu verweichlichen, daß es aufhören würde, spannend zu sein.

Solche Unfälle haben eine lange Geschichte aufzuweisen. Und eine ganze Reihe von ihnen verliefen tödlich. Der früheste durch Fußballspiel verursachte Todesfall, von dem wir Kenntnis haben, ereignete sich 1321. Der Verantwortliche war ein Domherr namens William de Spalding: »Während des Spiels, als er den Ball trat, rannte sein weltlicher Freund, ebenfalls William mit Namen, auf ihn zu und verletzte sich an einem Messer, das der Domherr in einer Scheide trug, so schwer, daß er innerhalb von sechs Tagen starb. Es war göttliche Fügung, und William de Spalding trifft keine Schuld. Er ist vom Tode seines Freundes tief betroffen und hat sich aus Furcht vor der üblen Nachrede seiner Feinde an den Papst gewandt.«

In den folgenden Jahrhunderten, in denen der Fußball sich mehr und mehr zum rücksichtslosen, harten Volkssport entwickelte, ereigneten sich noch viele Todesfälle. Sie gingen freilich beträchtlich zurück, als endlich feste Regeln aufgestellt wurden und der Fußball zu einer organisierten Sportart aufstieg, aber auch dann noch forderte das Spiel von Zeit zu Zeit ein Opfer. 1878 mußte sich beispielsweise ein Spieler vor dem Schwurgericht in Leicester verantworten, weil er einen Rivalen durch einen Stoß mit seinem »hervorstehenden Knie« getötet haben sollte. Und während des Ersten Weltkrieges trug ein Holzkreuz auf einem Soldatengrab die Inschrift: »Er starb am Fußballfieber.« Diese ungewöhnliche Denkschrift war einem Mann gewidmet, der viele Male dem Tod im Schützengraben und auf dem Schlachtfeld entronnen war, um dann während eines Freundschaftsspiels mit seinen Kameraden an den Folgen eines Trittes gegen die Schläfe zu sterben.

Einen besonders tragischen Tod erlitt Bob Benson, ein Verteidiger bei Arsenal, London, der während des Ersten Weltkrieges in den Munitionsfabriken von Arsenal in Woolwich arbeitete und dort Granaten herstellte. Seine Gesundheit verschlechterte sich rapide, und bald war er nur noch ein Schatten seiner selbst. Eines Tages saß er bei einem Arsenal-Match als Zuschauer auf der Tribüne. Da bot sich ihm eine Herausforderung, die er nicht abzulehnen vermochte. Ein Mitglied der Mannschaft war nicht im Stadion erschienen, und Benson erbot sich augenblicklich, seinen Platz einzunehmen. Die Menge, die sich an seine glorreichen Triumphe erinnerte, brachte ihm eine stehende Ovation dar, mit dem Ergebnis, daß er sich buchstäblich das Herz aus dem Leibe spielte. Nachdem er gerade vor der Halbzeit noch einen mutigen Ausfall gemacht hatte, erlitt er einen Herzanfall, brach zusammen und wurde von einem Mannschaftskameraden vom Platz geführt, dem er als letzten Wunsch zuflüsterte, man möge das Spiel nicht abbrechen.

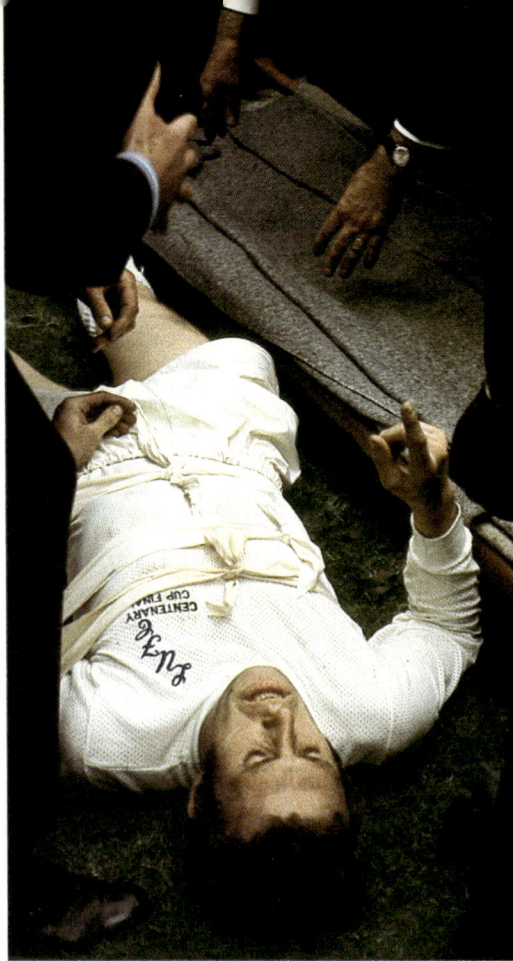

Eine einzige ernsthafte Verletzung kann leicht eine hoffnungsvolle Karriere beenden (oben links und rechts). Ist ein Spieler offensichtlich schwer verletzt, so erlischt vorübergehend die übliche Animosität zwischen den beiden gegnerischen Teams, und Spieler beider Seiten kommen ihm zu Hilfe.

Da die Mehrzahl der Verletzungen innerer Art ist, fließt selten Blut auf dem Fußballplatz, aber gelegentlich trägt ein Spieler eine Kopfwunde davon (links) und schaut bei Verlassen des Rasens mehr wie ein Preisboxer denn wie ein Fußballer aus.

159

Die vielleicht außergewöhnlichsten Todesfälle in der Geschichte des Fußballs ereigneten sich jedoch auf einem wirklichen Schlachtfeld. Als das East Surrey Regiment 1916 deutsche Stellungen angriff, da befahl der Captain einer Kompanie seinen Männern beim Durchqueren des Niemandslandes, Fußbälle vor sich herzudribbeln. Ein Kriegsberichterstatter hielt das bizarre Schauspiel folgendermaßen fest: »Der Captain hatte vier Fußbälle aufgetrieben, für jeden Zug einen, und er feuerte die Männer an, den Dribbelwettkampf über die ganzen eineinviertel Meilen, die sie überwinden mußten, aufrechtzuerhalten. Als sich die Kompanie formierte und den Schützengraben verließ, gaben die Zugführer das Zeichen zum Anstoß, und das Match gegen den Tod begann. Der tapfere Captain starb gleich zu Beginn des Angriffs, und viele seiner Männer fielen unter dem Kugelhagel der Maschinengewehre. Aber noch immer wurden die Fußbälle vorangetrieben, mit heiseren Schreien der Ermutigung oder des Trotzes, bis sie hinter dem dichten Qualmvorhang, aus dem die Deutschen feuerten, verschwanden. Als dann Handgranaten und Bajonette ihre Arbeit getan hatten und der Feind geflohen war, hielt das Surrey Regiment Ausschau nach den Fußbällen. Man entdeckte zwei von ihnen in dem eroberten Querwall. Sie wurden als wertvolle Andenken ins Regimentsdepot nach Kingston geschickt.«

Zwischen Erstem und Zweitem Weltkrieg gab es im Ibrox Park bei einer Begegnung zwischen den Rangers und den Celtics einen tragischen Todesfall. John Thompson, der junge Torwart der Celtics, verhinderte ein Tor, indem er sich tollkühn vor die Füße des Mittelstürmers der Rangers warf. Er schaffte es, den Ball abzulenken, bekam aber den Fußtritt des Angreifers voll ins Gesicht. Einige von den Fans der Rangers, die sich nun, da der gegnerische Torhüter verletzt war, dem Sieg nahe glaubten, begannen schon zu jubeln, doch ihr Mannschaftskapitän, der den Ernst der Verletzung erkannte, rannte mit ausgestreckten Armen auf die lärmende Menge zu und bat in einem dramatischen Appell um Ruhe. Der junge Torwart kämpfte mit dem Tode, aber als er auf der Tragbahre vom Boden gehoben wurde, machte er eine letzte Bewegung, mühte sich, seinen Körper aufzurichten, um über den Platz dorthin zu schauen, wo nun sein Tor leerstand. Es war, als könnte er selbst im Tode die tiefverwurzelte Angst davor, sein Tor ungeschützt zurückzulassen, nicht abschütteln.

Die Soldaten des East Surrey Regiment spielen Fußball, während sie unter feindlichem Kugelhagel durch das Niemandsland stürmen. Ein Patriot feierte dieses Ereignis mit den Worten: »Wo Blut wie Wasser vergossen wird, da treiben sie den springenden Ball voran. Wahre Söhne des Landes, das sie hervorbrachte, so spielen die Surreys das Spiel!«

Rechte Seite: Die Agonie des Tempofußballs. Selten ertönt der Schlußpfiff, ohne daß es nicht wenigstens zu einigen Vorfällen dieser Art gekommen ist.

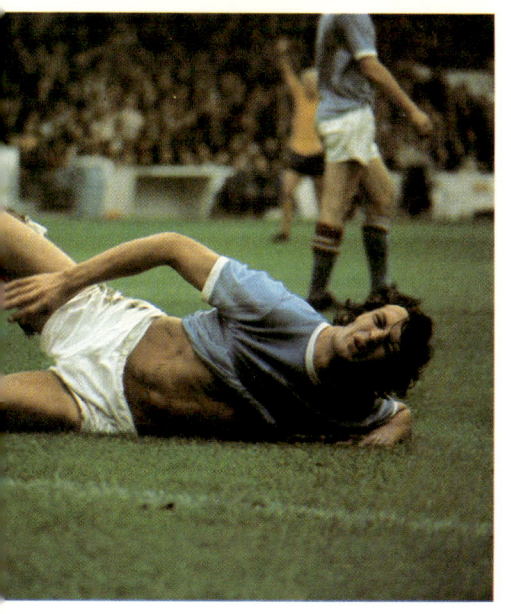
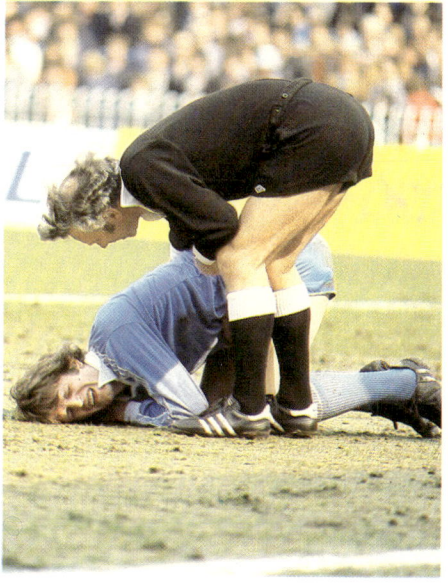
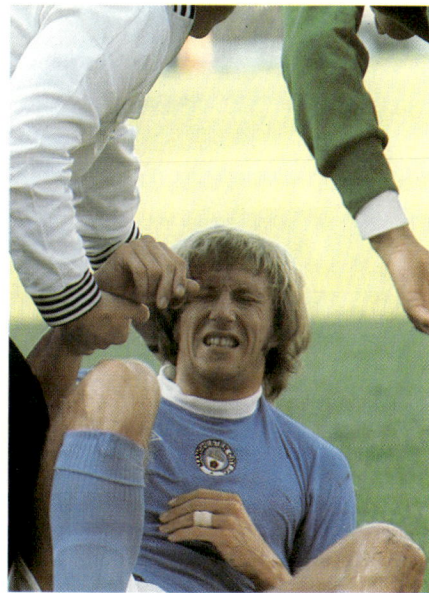

Glücklicherweise sind diese dramatischen Vorfälle Ausnahmen. Wie bereits erwähnt, stehen allerdings gewöhnliche Verletzungen buchstäblich auf der Tagesordnung. Der Leiter einer Sportklinik errechnete kürzlich, daß während der 70er Jahre auf jeden Profi bei dreizehn Spielen eine Verletzung entfiele, und zwar ernst genug, um wenigstens dreitägige Ruhe und Behandlung zu erfordern. Dies ist der Durchschnitt. Manche Spieler scheinen ungewöhnlich viel Glück zu haben, während andere katastrophal verletzungsanfällig sind. Der Professor glaubt, daß diese 13:1-Rate im Steigen begriffen ist, da die Spiele immer härter werden. Die meisten Verletzungen ziehen den Kopf und die Beine in Mitleidenschaft. Ein Zusammenprall der Köpfe zweier rivalisierender Spieler, die im gleichen Moment versuchen, den Ball zu köpfen, verursacht oft Gehirnerschütterung. Fußballschuhe und stoßende Ellbogen sorgen für fehlende Zähne und gebrochene Nasenbeine. Der Torwart von Tottenham verschluckte erst kürzlich so viele vom Ellbogen eines Stürmers ausgeschlagene Zähne, daß er um ein Haar daran erstickt wäre. Ein französischer Mittelläufer jedoch erlitt die wohl seltsamste Kopfverletzung, die man sich vorstellen kann. Er machte einen Purzelbaum und schlug sich dabei selbst bewußtlos, indem er sich mit seinem eigenen Schuh am Kopf traf. Beinverletzungen schließen Schnitte, Abschürfungen, Bänderrisse, Knorpelquetschungen, Sehnenzerrungen und Knochenbrüche ein. Die Liste berühmter Spieler, die unter stets wiederkehrenden Knieschmerzen zu leiden haben, ist schier endlos. Die Knorpel, die für die reibungslose Bewegung der Kniegelenke sorgen, sind besonders anfällig. Obwohl wir im Knie meist nur ein sich biegendes Gelenk, eine Art Scharnier, sehen, kann es auch kreisen.

Ein Trainer von jedem Club ist stets zur Stelle, um sofort Erste Hilfe zu leisten, falls ihn der Schiedsrichter auf den Platz läßt. Geschieht dies, so ist traditionell der »magische Schwamm« zur Hand, um eine wunderbare Heilung zu bewirken.

Es ist äußerst verletzlich, wenn es in gebeugtem Zustand gedreht wird, was während eines harten Fußballspiels häufig vorkommt. Eine gewaltsame Drehung genügt, um den Meniskus ernsthaft zu verletzen. Das Knie ist von fächerförmig angeordneten Bändern umgeben, zähen Fasersträngen, die die Aufgabe haben, Belastungen den größtmöglichen Widerstand entgegenzusetzen. Diese Bänder können durch Drehbelastung oder durch Schlageinwirkung verletzt werden, je nachdem, ob der Spieler mit gestreckten Beinen steht oder mit gebeugten Knien rennt.

Jeder Spieler weiß, wie verletzlich seine Knie sind und wie viele berühmte Fußballer gezwungen waren, wegen gewalttätiger Fouls vorzeitig auszuscheiden. So ist es verständlich, daß die Emotionen unter den Mannschaftskameraden manchmal außer Kontrolle geraten, wenn sie mitansehen, wie ein Freund brutal gefoult wird und sich, die Knie umklammernd, hilflos auf dem Boden wälzt. Solche Vorfälle fachen den Jähzorn an und führen gelegentlich zu Prügeleien zwischen den Spielern, die noch auf zwei gesunden Beinen stehen. Schiedsrichter müssen sehr schnell reagieren können, um solche Ausbrüche rechtzeitig zu ersticken, denn es besteht immer die Gefahr, daß sie sich ausbreiten und die beiden Mannschaften in die Schlacht verstrickt werden, bis sie nicht mehr symbolisch um den Ball kämpfen, sondern direkt mit geballten Fäusten aufeinander losgehen. Sind nicht mehr als zwei oder drei Spieler in eine Rauferei verwickelt, dann ist es immer noch möglich, die rote Karte zu zeigen, sie vom Platz zu verweisen und das Spiel fortzuführen, doch wenn sich erst eine ganze Gruppe an der Prügelei beteiligt, dann bleibt dem Unparteiischen kaum eine andere Wahl, als das Spiel abzubrechen. Doch auch dies ist nicht ungefährlich, weil es einen Aufstand unter den enttäuschten Fans entzünden kann. Das wohl berühmteste Beispiel für einen solchen Fall ist ein brasilianisches Spiel, bei dem nicht nur alle Spieler miteinander rauften, sondern auch Hilfskräfte, Manager und Trainer sich verprügelten. Auf dem Rasen fanden so viele Duelle statt, daß ganze Photographenhorden den Platz überschwemmten, um Nahaufnahmen zu machen, und bald war das ganze Spielfeld in eine wogende Masse von rennenden, tretenden, schlagenden Figuren verwandelt. In Minutenschnelle schlossen die Fans auf den Rängen sich an, und ein gewaltiger Aufruhr entzündete sich. Irgendwo inmitten all dieses Getümmels stand ein verstörter Schiedsrichter, dessen Pfeife plötzlich alle Macht verloren hatte.

Zum Glück werden die meisten Zusammenstöße zwischen Spielern von schlichtenden Händen besänftigt, ehe die Auseinandersetzungen derart dramatische Ausmaße annehmen. Im Normalfall wird der wütende Spieler, der auf dem Rasen einen Gegner schlagen will, von seinen Kameraden zurückgehalten. Beschwichtigen ihn seine eigenen Mannschaftskameraden, kann oft Schlimmeres vermieden werden. Diese »Haltet mich zurück«-Szene, aus Wirtshausstreitereien hinlänglich bekannt, ist ein wahrer Segen für geplagte Schiedsrichter, die dann zwischen den beiden tobenden Rivalen vermitteln und die Schlichtungsversuche unterstützen.

Wenn die Sportfunktionäre über mangelnde Selbstkontrolle der heutigen Fußballspieler jammern, sollten sie drei Dinge berücksichtigen. Erstens findet das Spiel stets in einer Atmosphäre großer Spannung und physiologischer Erregung statt. Adrenalin jagt durch den Kreislauf. Das ist notwendig, um ein spannendes Spiel zu gewährleisten, aber es bedeutet auch, daß die Spieler auf *jede* Art von Gewalttätigkeit eingestimmt sind. Zweitens bringen die Forderungen der Zuschauer, ihre Mannschaft um jeden Preis gewinnen zu sehen, zusätzlichen starken psychologischen Druck, der den Spielern ständig von den lärmenden, überfüllten Rängen entgegenhallt. Und drittens sind die Spieler sowohl dafür ausgewählt als auch darauf trainiert worden, aggressive Gegnerschaft mit Tapferkeit zu parieren. Diese Tapferkeit ist dazu bestimmt, Spiele zu gewinnen, aber wenn aufgestaute Gewalt durchschlägt, ist sie nicht mehr fähig zu differenzieren. In der Hitze des Gefechts kann man kaum erwarten, daß Mut sich auf einmal in Luft auflöst, nur weil die Regeln es so verlangen. Dies ist die jedem formalisierten Wettkampf innewohnende Schwäche. Er verwandelt sich nur zu leicht in einen *echten* Kampf, und die lizenzierte Tapferkeit, die eben noch Jubel hervorrief, kann sich im nächsten Augenblick in nackte Aggression verwandeln.

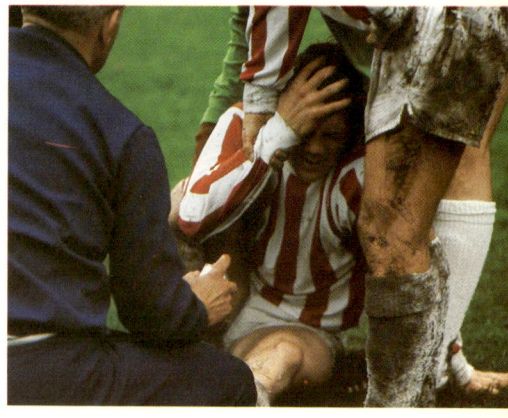

Eine Neuerung ist der schmerztötende Aerosolspray, ein zusammengemixter Segen, der es dem Spieler ermöglicht, das Spiel ohne größere Behinderung fortzusetzen, der allerdings auch ein erhöhtes Risiko mit sich bringt, daß die erlittene Verletzung sich verschlimmert.

163

22 Das Triumphgebaren

FREUDENSPRÜNGE UND UMARMUNGEN

Unmittelbar nachdem er ein Tor geschossen hat, explodiert der Fußballstamm in einen übermächtigen Freudentaumel: Er stellt seinen Triumph zur Schau. Während ihre Anhänger auf den Rängen brüllen, tanzen und klatschen, feiern die Stammeshelden ihren »Vernichtungsschlag« in einem Veitstanz wilder Sprünge und Umarmungen. Es ist einer der Höhepunkte des Stammeslebens und wird bis zum letzten ausgekostet. Vor ihm fallen alle physischen Barrieren, und all die üblichen Hemmungen werden fortgeschwemmt.

Das ist nicht immer so gewesen. In den Anfangszeiten des Fußballs wurde der Augenblick des Triumphs für gewöhnlich mit nicht mehr als einem Händedruck und einem Lächeln gefeiert. Ein ehemaliger Spieler formuliert das so: »In den alten Zeiten hat es diesen Blödsinn nicht gegeben. Schossen wir ein Tor, dann benahm sich jeder so, als wäre nichts Ungewöhnliches passiert. Als Kapitän hätte ich im Höchstfall dem Torschützen auf den Rücken geklopft und gesagt: ›Gut gemacht, alter Junge.‹« Zu den Kritikern des neuen Trends zur extravertierten Zurschaustellung des Triumphs gehören auch die erlauchten Mitglieder der gesetzgebenden Körperschaft des englischen Fußballverbandes. Von diesen Stammesältesten heißt es, daß sie geäußert hätten, sie schämten sich der unkontrollierten Emotionen ihrer Profis. Die gängige Haltung der Kritiker kann in der Bitte zusammengefaßt werden: »Es ist zu hoffen, daß derartige Effekthaschereien nur auf eine vorübergehende Phase beschränkt sind.«

Zwei Gründe für diese Angriffe auf einen Stammesstolz, der bei allen Beteiligten nichts als Freude auszulösen scheint und der ganz sicher niemandem schadet, sind denkbar. Der erste wurzelt im reinen Traditionalismus. Es ist Aufgabe der Stammesältesten, die Stammesrituale reinzuhalten, sie zu bewahren und sich allen Änderungen schon aus Prinzip zu widersetzen. Mag diese Rolle der Stammesältesten auch verärgern, so erfüllt sie doch eine wichtige Funktion. Ohne den hartnäckigen Widerstand modernen Strömungen gegenüber würden vielleicht die kennzeichnenden Eigenschaften des Fußballstammes nach und nach verlorengehen, und seine Würde könnte herabgesetzt werden. Unter Berücksichtigung dieser Bedenken fällt es leicht, das Mißtrauen der Stammesältesten gegenüber Gesten zu verstehen, die so auffallend sind wie Umarmen und Küssen und Winken und die für sie eher aufs Theater als auf den Sportplatz gehören. In ihnen erblicken sie zweifellos die ersten Anzeichen für den Verfall eines ernsthaften Wettkampfs zum Rummel des Showgeschäfts.

Der zweite Grund für die Angriffe der Stammesältesten ist in der altbewährten Devise »Halt die Ohren steif« zu suchen. Verschiedene Kulturen schwanken gewaltig in ihrer Haltung zu äußerer Entfaltung innerer Emotionen. Beispielsweise am Mittelmeer existiert eine extravertierte Tradition, die es erwachsenen Männern erlaubt, einander zu küssen und zu umarmen, und die den Menschen nur geringfügige gesellschaftliche Hemmungen auferlegt. In ihren Breiten würden nur Snobs oder emotionale Krüppel darauf verzichten, ihre Gefühle durch Körpersprache auszudrücken. In anderen Regionen, zum Beispiel im Fernen Osten oder in Nordeuropa, wird mangelnde Beherrschung als primitiv oder als infantil eingestuft: »Wenn du ein Tor geschossen hast …, dann führst du keinen Indianerkriegstanz auf und benimmst dich nicht wie ein verzogenes kleines Kind«, rügte einer der Kritiker.

Die Stammesältesten bemängeln also die Triumphentfaltungen der heutigen Fußballspieler als untraditionell, und da Fußball ein traditioneller Sport ist, haben sie doppelt Grund, über diesen neuen Trend die Stirn zu runzeln. Jedem unparteiischen Beobachter allerdings ist klar, daß sie die Schlacht verlieren, und die Frage ist interessant, warum sie das tun, obwohl sie äußerst erfolgreich viele der anderen uralten Stammesbräuche bewahrt haben.

Des Rätsels Lösung fängt damit an, daß der Trend nicht besonders neu ist. Er setzte kurz nach dem Zweiten Weltkrieg ein, als der Fußball einen ungeheuren Popularitätsaufschwung erfuhr und, unterstützt von der Ausdehnung des Fernsehens, zu einer internationalen Besessenheit wurde. Fußballmannschaften wurden dank des schnelleren Düsenverkehrs in die Lage gesetzt, problemlos von Land zu Land zu reisen, und es fand ein Austausch internationaler Fußballteams in einem Ausmaß statt, wie sie dieser Sport nie zuvor erlebt hatte.

Rechts, von oben nach unten: Im Augenblick des Triumphs springt für gewöhnlich der Torschütze vor Freude in die Luft und wird dann von Mannschaftskameraden umringt. Dieses Benehmen, das sowohl den Spielern als auch den Fans Vergnügen bereitet, ist in einigen Ländern von älteren Offiziellen beanstandet worden, die darin unsportliche hämische Freude über den besiegten Gegner sehen.

Spieler aus den romanischen Ländern des Mittelmeerraumes und aus Südamerika wurden in Nordeuropa bekannt, und ihre Freudenausbrüche, wenn sie wichtige Tore geschossen hatten, wirkten zunächst fast wie ein Schock auf die ruhigeren, beherrschteren Helden der Briten und anderer nordeuropäischer Mannschaften. Anfangs lachte man die Südländer wegen ihrer kurzen Shorts und ihrer wilden Umarmungen aus, aber nach einiger Zeit wirkten die stoischen Briten neben ihnen einfach ungehobelt. Die alte Tradition des Händedrucks und Rückenklopfens begann den falschen Eindruck zu vermitteln, den Briten läge nicht soviel am Toreschießen, und die gehemmten Nordländer waren gezwungen, ihre kühle Haltung aufzugeben und sich ein paar harmlose Umarmungen zu gönnen.

Es dauerte nicht lange, und die zurückhaltenden nordischen Teams hatten die überschwenglichen Südländer eingeholt; in ihrer ekstatischen Zurschaustellung des Triumphs über ein erzieltes Tor waren sie bald nicht mehr voneinander zu unterscheiden. Überrascht stellten sie fest, daß es ganz natürlich sei, emotional zu reagieren, und damit war endlich die Wahrheit ans Licht gekommen. Es war natürlich, im Augenblick solch heftiger Erregung gefühlsbetont zu reagieren. Nicht das Verhalten der Südländer war »merkwürdig« gewesen, sondern ihr eigenes. Die Umarmungen der Südländer waren dem Höhepunkt eines erzielten Tores weitaus angemessener als die unterkühlten Formalitäten der Briten.

Den Stammesältesten des englischen und anderer nordischer Fußballverbände erschienen die neuen »Mätzchen« ihrer Spieler ebenso schockierend, wie ihren Großvätern der Walzer (ihre Körper *berühren* sich) vorgekommen war. Schlimmer noch, diese körperlichen Intimitäten spielten sich nicht nur öffentlich, sondern zwischen Männern ab. Doch ungeachtet des Zorns und des Vorwurfs der Verweichlichung behaupteten sich die Umarmungen, ja, sie wurden sogar noch heftiger. Mittlerweile haben sie als anerkanntes Stammesritual ein paar Jahrzehnte überdauert und sich fest etabliert, nicht als »vorübergehende Laune«, sondern als neue Tradition im Verhaltensrepertoire des Fußballstammes. Wo liegt das Geheimnis ihres Erfolges angesichts so großer anfänglicher Feindseligkeit?

Um das zu verstehen, muß man auf den Ursprung des Gebärdenspiels zurückblicken. Zum erstenmal erleben wir Liebkosungen und Streicheln, Küsse und Umarmungen als winzige Babys in den Armen der Mutter. Diese Körperkontakte werden bald zur Chiffre für Lieben und Geliebtwerden. Wächst das Kind heran, so beginnt es, die Liebkosungen zu erwidern. Das Kleinkind rennt zur Mutter, um sie zu umarmen, so wie sie es mit ihm als Baby zu tun pflegte, und das Ergebnis ist eine gegenseitige Umarmung der Liebe. Dabei gilt es zu berücksichtigen, daß es sich hier nicht um sexuelle, sondern um vorsexuelle Liebe handelt. Werden im Teenageralter sexuelle Gefühle wach, dann gehen die Intimitäten zwischen Eltern und Kindern zurück, und wo sie auftauchen, erzeugen sie sogar Verlegenheit. Es dauert nicht lange, und die Heranwachsenden übertragen ihre sinnliche Aufmerksamkeit von den Eltern auf Sexualpartner, und die intimen Körperkontakte münden in eine neue Dimension. Die Umarmungen kindlicher Liebe verwandeln sich in die Zärtlichkeiten sexueller Liebe.

In einigen Kulturkreisen bedingt die Wahl eines Sexualpartners die Unterdrückung körperlicher Intimitäten außerhalb der Partnerschaft. Kommt es zu freundlichen Umarmungen zwischen engen Freunden, dann sind sie aus Angst vor einer unterschwelligen sexuellen Bedeutung gedämpft und förmlich. In anderen Kulturkreisen kennt man diese Beschränkungen nicht. Die kindliche Umarmung aus dem Stadium vorsexueller Liebe überlebt dort unter Freunden als Ausdruck der Wärme und Nähe. Sie wird in ihrer ursprünglichen, vorsexuellen Form ohne irgendeine der »nordischen« Hemmungen ins Erwachsenenleben übernommen.

Von dieser Warte aus wird deutlich, daß die Umarmung der Fußballspieler keineswegs aus dem Sexualleben »geborgt« ist, sondern daß vielmehr das Sexualleben selbst eine Anleihe beim vorsexuellen Kindheitsgebaren gemacht hat. Die kindlichen Liebkosungen sind so grundlegend für *jede* Art von Liebesgefühlen, daß es für einen impulsiven Menschen die natürlichste Sache von der Welt ist, in einem besonders emotionsgeladenen Augenblick einen ihm nahestehenden Freund herzlich zu umarmen. Deshalb sind in Wahrheit die Zweifel an der Männlichkeit der einander umarmenden Fußballer sonderbar und nicht die emotionalen Reaktionen der Spieler. Diese spürten auch instinktiv trotz der Kritik, daß sie angesichts der überschäumenden Freude beim Erzielen eines wichtigen Tores »richtig«

handelten, wenn sie einander in die Arme fielen. Die Tatsache, daß einige ihrer Gesten oberflächlich gesehen sehr sexy wirken, ist eher ein kulturgeschichtlicher Zufall als eine biologische Tatsache. Und so ist es nur natürlich, daß die südliche Überschwenglichkeit die nordischen Spieler ansteckte, die nordische unterkühlte Haltung hingegen die romanischen Teams nicht beeinflusen konnte.

Nach dieser grundsätzlichen Feststellung bleibt noch zu untersuchen, was genau geschieht, sobald ein Tor erzielt worden ist. Dabei sind zwei Phasen zu unterscheiden: die Gefühlsaufwallung des Torschützen und deren Resonanz bei seinen Mannschaftskameraden. Diese Phasen können ihrerseits in eine Anzahl klar unterscheidbarer Stufen eingegliedert werden:

1. Der Torschußsprint

Unmittelbar nach dem erzielten Tor rast der Torschütze in wildem Sprint zurück über den Platz, für gewöhnlich mit weit geöffnetem Mund. Ein berühmter Spieler beschrieb es einmal so: »Meine Art, Überschwang und Freude auszudrücken, ist, zu rennen und zu springen und mit den Armen wild in der Luft herumzurudern wie ein verrücktgewordenes Känguruh.« Dieses Schauspiel hat zwei Gründe. Einmal emfindet der Torschütze ein überwältigendes Aufwallen ungehemmter Energie nach der aufgestauten Spannung des Spiels. Der Sprint hilft ihm, diese Spannung abzubauen. Zum zweiten widerspricht die schnelle Bewegung jeder Andeutung des Eindruckes, der Schütze könnte Gratulationen erwarten. Ein Spieler meint dazu: »Ich steh' nicht eingebildet herum und warte auf den Beifall meiner Kameraden. Einige von ihnen beschweren sich sogar manchmal darüber, daß ich, als sie mir zu gratulieren versuchten, schneller gerannt sei als während des ganzen übrigen Spiels.«

Hat ein Spieler ein wichtiges Tor geschossen, dann rennt er oft über den Platz in einem *Torschußsprint* (oben). Die momentane Freude führt zu einem Energieausbruch, der sich Luft verschaffen muß, und seine Mannschaftskameraden sind gezwungen, hinter ihm herzurennen, um ihm gratulieren zu können.

Rechte Seite: Viele Torschützen haben das Bedürfnis, ihre Fans mit einem *Erhobenen-Arm-Salut* (oben links) zu grüßen, andere gehen noch weiter und steigern die Geste bis zum *Luftsprung,* wobei der Arm durch die Luft saust (oben Mitte), als würde er dem geschlagenen Gegner auf den Kopf knallen. Eine Variante des Luftsprungs ist der *Sprung mit erhobenen Fäusten* (oben rechts). Einige begeisterte Mannschaftskameraden reagieren auf ein Tor, indem sie dem Torschützen auf den Rücken springen (unten), während dieser die *Erhobene-Arme-Gebärde* ausführt, und umklammern seinen Körper mit Armen und Beinen.

2. Der erhobene Arm

Eine weniger dramatische Reaktion auf ein erzieltes Tor zeigt ein Schütze, der sich vom Tor abwendet und einen Arm senkrecht über den Kopf streckt. Das gilt nicht so sehr den Mannschaftskameraden, sondern ist eher als Salut für die ihm zujubelnde Menge gedacht. Diese Geste wurde von Kritikern angegriffen, denen sie wie die Haltung »eines aus dem Krieg heimkehrenden Cäsaren, der den Beifall des Volkes entgegennimmt« erschien und die sie mit den Worten abtaten: »Spieler sollten auf ihr Verhalten in der Öffentlichkeit achten.« Doch der Vergleich mit einem Helden, der den Beifall seiner Anhänger entgegennimmt, hat durchaus seine Berechtigung und verdient keinen Spott. Diese Geste ist im Gegenteil ein Akt der Höflichkeit den Zuschauern gegenüber. Wenn überhaupt, dann wäre die Alternative dazu – nämlich ruhig zur Mittellinie zurückzulaufen und den Jubel des Publikums zu ignorieren – als schlechtes Benehmen zu rügen.

Es gibt drei Varianten des Erhobener-Arm-Schauspiels: mit geöffneter Hand, in der Manier eines römischen Willkommensgrußes; mit geballter Faust, nach Art des kommunistischen oder des Black-Panther-Saluts; und mit gen Himmel deutendem Zeigefinger, so als signalisiere man die Zahl 1, was soviel bedeutet wie: noch ein Tor.

3. Der Luftschlag im Sprung

Wenn der Schütze nach dem erzielten Tor über den Rasen zurückrennt, springt er plötzlich mit erhobener Faust in die Luft und läßt sie dann mit mächtigem Rundumschlag niedersausen. Der Schlag trifft nur die Luft, aber symbolisch donnert er auf die vernichteten Köpfe der Feinde nieder. Dieser mit der ganzen Armlänge von oben nach unten geführte Schlag ist eine der grundlegenden Angriffsbewegungen des Menschen. Man kann sie bereits bei kleinen Kindern beobachten, die ihre ersten Kämpfe im Kindergarten ausfechten, und in Momenten der Panik findet man sie bei Tumulten unter Erwachsenen wieder. Die Gerade des Boxers muß erlernt werden, aber der Schlag von oben nach unten scheint angeboren, und auf ihn greift der Mensch zurück, wenn er eine symbolische Demonstration seines Triumphgefühls geben möchte.

4. Die erhobenen Arme

Die wohl verbreitetste aller Triumphdarstellungen ist das gleichzeitige Hochrecken beider Arme. Dadurch wirkt der Torschütze länger und größer. Sollte er seine Gefühle dabei beschreiben, würde er wahrscheinlich Sätze benutzen wie: »Ich fühle mich riesengroß«, und das Heben der Arme ist der physische Ausdruck dieser Empfindung. In der gesamten Tierwelt wird interessanterweise ein Statusgewinn auf eine Art und Weise dargestellt, die den Sieger optisch erhöht oder vergrößert; mit der Geste der erhobenen Arme wiederholt der Torschütze also unbewußt eine fundamentale animalische Siegerpose.

5. Der Sprung mit erhobenen Fäusten

Bei dieser Triumphdemonstration läßt der Torschütze seine Größe gleich zweimal anwachsen. Seine erhobenen Arme fügen seiner natürlichen Größe ungefähr fünfzig Zentimeter hinzu, und der Luftsprung bringt weitere fünfzig Zentimeter ein. Einen flüchtigen Augenblick lang genießt er das Gefühl, »drei Meter groß zu sein«. Weiter als in dieser Kombination kann die Illusion der Selbstvergrößerung schwerlich gehen.

6. Der Kriegstanz

Er ist eine seltene Variante, die sich aber in letzter Zeit zunehmender Beliebtheit erfreut. Er stellt keine als Scherz gedachte Karikatur eines Eingeborenenkriegstanzes dar, sondern ist ein seltsamer Bewegungsablauf, ähnlich dem Rennen auf der Stelle oder einem sehr schnellen Laufen mit den Beinen, während sich der Oberkörper nur langsam vorwärts bewegt. Er scheint eine »verdichtete« Version des Torsprints zu sein und präsentiert sich als verhaltener, gewissermaßen sublimierter Gefühlsausbruch.

7. Die Rücklage

Von den Knien aus lehnt sich der Torschütze scharf zurück und hebt leicht die geballten Fäuste. Das ist eine weitere Möglichkeit, durch Körpersprache zu signalisieren, daß er »das

Der triumphierende Torschütze (rechts) geht manchmal in dem Moment, wo der Ball im Netz einschlägt, in die *Rücklage* und wirft den *Kopf in den Nacken*. Dabei führt er genau die entgegengesetzte Geste eines geschlagenen Spielers aus, der den Kopf nach vorn hängen läßt.

Die jubelnden Spieler (oben) laufen oft mit ausgebreiteten Armen als *Einladung zur Umarmung* über den Platz.

Gegenteil von geschlagen« ist. So wie die erhobenen Arme im Gegensatz zu der nach unten sackenden, schlaffen Haltung des Verlierers stehen, so kontrastiert auch die Rücklage mit den vorgeneigten Schultern und dem gesenkten Kopf des Geschlagenen.

8. Die Einladung zur Umarmung
Dabei rennen die Spieler mit ausgebreiteten Armen aufeinander zu, um zu signalisieren: »Ich will dich umarmen.« Das geschieht während des Torsprints, und manchmal entsteht ein offensichtlicher Konflikt zwischen der Einladung zur Umarmung und der Geste der erhobenen Arme, die für gewöhnlich dahingehend gelöst wird, daß die Arme diagonal nach oben zeigen.

9. Die Umarmung
Treffen zwei Spieler aufeinander, dann schlingen sie die Arme umeinander und pressen sich in einer festen Umarmung aneinander. Umterdessen rennen ihre Kameraden auf sie zu.

10. Die Multiumarmung
Mehr und mehr Spieler drängen sich zusammen und versuchen ihr möglichstes, um sich an der ursprünglichen Zweierumarmung zu beteiligen. Sie packen einander bei den Schultern, drängen sich aneinander und bilden so einen dichten Knäuel.

11. Das Anklammern durch frontalen Sprung
Eine merkwürdige Erweiterung der Umarmung entsteht, wenn der erste Mitspieler, der den Torschützen erreicht, ihn anspringt und es schafft, ihn nicht nur mit den Armen, sondern

auch mit den Beinen zu umklammern wie ein kleines Kind, das an einem Vater hochspringt. Oft bringt er dadurch den Torschützen zu Fall, und der fällt mitsamt seinem ihn umklammernden Gratulanten ins Gras.

12. Der Ansprung von hinten
Gelegentlich erfolgt das oben beschriebene Anspringen auch von hinten, wobei das Paar mit einiger Wahrscheinlichkeit nach rückwärts umkippt und als verschlungener Knäuel auf dem Rasen landet.

13. Die horizontale Umarmung
Ist der Schütze nach Erzielen des Tores zu Boden gegangen oder wurde von seinen ihm gratulierenden Teamkameraden niedergeworfen, dann wird die Umarmung auf dem Rasen fortgeführt, und in dieser Phase erinnert sie erstaunlich lebhaft an eine sexuelle Begegnung. Die Umarmenden jedoch sind völlig ahnungslos, was solche Parallelen und Assoziationen betrifft. Für einen Augenblick ist ihr Denken ausgeschaltet, und sie spüren keinerlei Hemmungen. Ein Spieler erinnert sich: »Ich weiß noch, wie ich auf den mir Nächststehenden zugehechtet bin …, und gemeinsam rollten wir wie Verrückte über den Boden.« Den Spöttern mögen sie wie ein Liebespaar *erschienen* sein, aber sie selbst fühlen sich nur verrückt und ausgelassen, für einige kurze Augenblicke frei von Sorgen und dem Druck der Wirklichkeit.

14. Der Mannschaftslift
Manchmal wird der gestürzte Torschütze von seinen Teamkameraden hochgehoben und umarmt, während sie seinen Körper aufrichten. Oberflächlich betrachtet wirkt auch diese Haltung erotisch, fast so, als würde auf dem Rasen Gruppensex veranstaltet, aber die Spieler sind auch in diesem Fall völlig anders eingestimmt.

Ein Torschütze und sein ihm nächster Mannschaftskamerad vollführen manchmal das *Anklammern durch frontalen Sprung* (oben). Geschieht dies von vorn, dann ist das Gewicht des »Kindes« am »Eltern«körper so groß, daß die beiden Spieler oft hinfallen und ihre selbstvergessene Umarmung auf dem Gras des Spielfeldes fortsetzen (rechts).

Folgende Seite: Viele Torschützen werden schnell von einem wachsenden Knäuel umarmender Mannschaftskameraden zugedeckt, alle begierig, den herrlichen Augenblick zu teilen. Trotz der Tatsache, daß es sich dabei um eine natürliche Reaktion auf einen Augenblick großer emotionaler Spannung handelt, wurde das von gewissen Kreisen als »unmännliches« Benehmen kritisiert.

15. Der Kuß

Zur Verblüffung älterer Zuschauer krönen die Spieler manchmal ihre Umarmungen mit einem Kuß. Das geschieht nicht häufig, und wenn es vorkommt, wird die Geste für gewöhnlich kurz vor dem eigentlichen Lippenkontakt abgebrochen und in einen Wangenkuß verwandelt. Viele Spieler, die der ausdrucksvollen Zurschaustellung des Triumphes prinzipiell durchaus zustimmen, sind der Meinung, Küssen ginge vielleicht doch *zu* weit: »Ich bin nicht gegen eine gelegentliche Umarmung, denn die muß nicht unmännlich sein«, sagte einer, »aber ich gebe zu, daß ich Küssen ablehne. Ich glaube, das hebt man sich besser bis nach Spielschluß auf und dann vorzugsweise für das andere Geschlecht.« Hier bricht wieder das alte Intimitätstabu durch, das den Kuß zum ausschließlichen Bestandteil des Sexualakts macht. Der Kuß hat jedoch ebensowenig einen sexuellen Ursprung wie die Umarmung. Er entstammt einem uralten Mutter-Kind-Kontakt. In den Jahrhunderten vor dem Aufkommen fabrikmäßig hergestellter Babynahrung entwöhnte die Mutter ihr Kind mit vorgekauter Nahrung, die von Mund zu Mund befördert wurde. Der dem Kuß innewohnende Ausdruck der Liebe ist also unzweifelhaft vorsexuellen Ursprungs. Das Küssen unter Männern als bloßer Beweis herzlicher Freundschaft existiert in vielen Kulturkreisen immer noch, doch im Verständnis des Westens hat der Kuß zwischen Erwachsenen eine derart starke sexuelle Komponente, daß er selbst in den wirrsten Haufen lautstark und ausgelassen triumphierender Torschützen eine Seltenheit bleibt.

16. Das Haarestreicheln

Im Knäuel der einander begeistert umarmenden Spieler kann man häufig beobachten, wie einer dem anderen übers Haar streicht, etwa so, wie Väter es mit ihren kleinen Söhnen tun. In weniger gespannten Situationen, in denen vielleicht der Torerfolg von vergleichsweise geringer Bedeutung ist (wenn zum Beispiel die verlierende Mannschaft sich zwar von 5:1

17. Das Rückenklopfen

Ähnlich dem Haarestreicheln ist auch das Klopfen auf den Rücken eine Geste der Anerkennung, die für entspanntere Situationen reserviert bleibt und die als einzige Triumphgebärde auftreten kann. Sie dient freilich auch dazu, die Gruppenumarmung zu verstärken. Eine Variante ist das Tätscheln des Kopfes, auch dies eine scheinbar väterliche Geste.

18. Der Händedruck

Selbst in unseren »enthemmten« Zeiten ist der höfliche viktorianische Händedruck noch nicht vollkommen ausgestorben, und so taucht er auch gelegentlich auf, wenn siegende Spieler aneinander vorbeigehen, um sich zum erneuten Spielbeginn aufzustellen. In der Regel ist der Händedruck heutzutage jedoch reserviert für den Gruß zwischen einem Spieler, der vom Platz geht, und seinem Ersatzspieler, der für ihn auf das Feld kommt.

So also sehen die Zurschaustellungen des Triumphs beim Fußballstamm aus. Ihre extravertierten Formen haben historisch gesehen drei Phasen durchlaufen. Zuerst waren sie nur bei romanischen Spielern zu beobachten. Dann wurden sie von nördlichen Mannschaften übernommen, die sich besonders leidenschaftlich der Zurschaustellung der neuen Rituale widmeten. Wie bei der Nachahmung von »Modegags« üblich, übertrieb man, und jedes neue Tor wurde mit noch demonstrativeren Umarmungen begrüßt als das vorangegangene. In den 70er Jahren ließ die Intensität der Körperkontakte etwas nach, und sie wurden mehr und mehr für wichtige Tore reserviert.

Ein gestürzter Torschütze kann von seinen Kameraden im *Mannschaftslift* hochgehoben werden, um ihn leichter umarmen zu können (linke Seite oben). Andere intime Handlungen triumphierender Spieler schließen das *Haarestreicheln* (linke Seite, unten) und den *Kuß* (oben) ein.

23 Die Niederlage der Helden

FRUSTRATION UND VERZWEIFLUNG

Es gibt drei Momente, die alle Stammeshelden fürchten: den Moment, in dem der Schieds-richter eine schwerwiegende Strafe wie einen Elfmeter oder einen Platzverweis verhängt; den Moment, da der Gegner ein Tor schießt; und den Moment, in dem der Schlußpfiff den Sieg des Gegners verkündet. Dies sind die Augenblicke, in denen die Niederlage entweder erwartet wird oder bereits eingetreten ist. In solchen Momenten überschwemmt eine große Woge der Niedergeschlagenheit das bestrafte bzw. verlierende Team. Genau wie die trium-phierenden Gegner ihre Stimmung mit Hilfe einer ganzen Reihe eigens dafür bestimmter Gesten und Handlungen ausdrücken, haben auch die Enttäuschten ihren Ritenkatalog.

In gewisser Hinsicht ist die Haltung der Enttäuschten die genaue Umkehrung der Handlun-gen der siegreichen Gegner, vor allem in den Sekunden unmittelbar nachdem ein wichtiges Tor gefallen ist. Die Torschützen bewegen sich schnell, die Geschlagenen stehen still oder bewegen sich langsam; die Torschützen lärmen, und ihre Gesichter sind bewegt, die Ge-schlagenen sind schweigsam, ihre Gesichter ausdruckslos. Der Kontrast sticht ins Auge und läßt sich ziemlich genau voraussagen.

Eng verbunden mit den Gesten der Niedergeschlagenheit sind jene der Erbitterung. Wenn ein Stürmer ganz knapp das entscheidende Tor verfehlt, dann empfindet er das wie eine Miniaturniederlage. Obwohl es sich hierbei in Wirklichkeit nur um einen »verpaßten Er-folg« handelt und keineswegs um eine direkte Niederlage, reagiert der Spieler darauf mit ähnlichen Anzeichen der Frustration und Enttäuschung wie auf letztere. Folglich sind seine Handlungen im Moment des verpaßten Erfolges denen sehr ähnlich, die man bei einem Spieler beobachtet, der unter der Pein einer Niederlage leidet.

Hier folgt eine kurze Aufstellung der zwölf am häufigsten auf Niederlagen beobachteten Reaktionen:

1. Der Wutanfall
Gibt es auch nur den geringsten Zweifel an der Richtigkeit der Schiedsrichterentscheidung für einen Elfmeter oder für die Anerkennung eines Tores, dann kann die benachteiligte

Der *Wutanfall* wird vorgeführt, wenn Spieler die Entscheidung des Schiedsrichters nicht hinnehmen können (unten links); das *Frustrationsgesicht* kann man sehen, wenn ein anscheinend sicheres Tor wunderbarerweise vom gegnerischen Torwart verhindert wird (oben). Die *Kopfklammer* oder »Scheuklappenhaltung« (unten), die häufig dem Frustrationsgesicht folgt, stellt eine Möglichkeit dar, die Schrecken der Außenwelt auszusperren.

Partei seinen Zorn riskieren, indem sie über sein Urteil diskutiert. Mit Wut, Ärger oder Abscheu ausdrückenden Gesichtern stellt sie ihn zur Rede. Das nützt natürlich in der Regel nichts, doch gibt es eine Ausnahme. Der Schiedsrichter kann seine Meinung nicht ändern, und sei es nur, um zu zeigen, daß er seine Entscheidungen für richtig hält, aber wenn die Spieler ihn überreden können, einen seiner Linienrichter zu befragen, dann zeigt sich ein Hoffnungsschimmer. Hat der Linienrichter ein Abseits oder irgendeine andere, dem Schiedsrichter verborgen gebliebene Regelverletzung gesehen, so bietet sich die schwache Chance, daß er vielleicht eine Korrektur vornehmen und sich über sich selbst hinwegsetzen wird. Deshalb ist die Zurschaustellung eines Wutanfalls keine reine Zeitverschwendung. Allerdings muß dabei sehr behutsam und mit Fingerspitzengefühl vorgegangen werden. Andernfalls besteht die Gefahr, daß der Schiedsrichter selbst ärgerlich wird und die protestierenden Spieler notiert.

Sobald klar ist, daß sich der Schiedsrichter nicht umstimmen läßt, löst sich die Wutentfaltung sehr schnell in Gesten der Ungläubigkeit und Hinweise auf plötzlich ausgebrochene Geisteskrankheit auf. Der Zorn macht übertriebenem Schulterzucken Platz, das untermalt wird von melodramatischem Händeringen, fassungslosem Kopfschütteln und An-die-Stirn-Tippen. All das soll ausdrücken, die unglücklichen Spieler seien davon überzeugt, daß entweder die Götter sich abgewandt hätten oder die Welt verrückt geworden sei.

2. Das Frustrationsgesicht

Der Stürmer, dessen brillanter Schuß rätselhafterweise vom Torwart gehalten wird oder ganz knapp am Pfosten vorbeizischt, reagiert darauf mit einer typischen Frustrationsgeste. Mit ausgestreckten Armen oder mit geballten Fäusten wirft er den Kopf zurück, so als rufe er den Himmel um Hilfe an. Sein Gesicht ist in einem lautlosen Schrei verzerrt, der Mund weit aufgerissen, und die Augen sind geschlossen. So signalisiert er der Menge mimisch, daß seine eigene Enttäuschung ebenso brennend ist wie die ihre.

3. Der Schlag gegen die Stirn

Der frustrierte Stürmer, den Kopf immer noch gen Himmel gereckt, fügt seiner Pantomime bisweilen noch ein weiteres Element hinzu, und zwar schlägt er sich mit beiden Handflächen gegen die Stirn. Dies ist eine von mehreren gängigen Hand-und-Kopf-Interaktionen, die

verzweifelten Spielern zur Verfügung stehen. Sie erfüllt eine Doppelfunktion, indem sie sowohl ein »Abschalten« symbolisiert als auch zur Selbsttröstung dient. Die Hände blockieren das Blickfeld des Spielers und schützen die Augen vor der Schreckensszene seiner Niederlage. Solches Abschalten wird häufig in unangenehmen Situationen angewandt, denn es macht Schmerz oder Trauer etwas erträglicher. Der Selbsttröstungeffekt rührt vom Kontakt zwischen Händen und Kopf her. Dieser »Autokontakt« ist eine weitverbreitete Methode, deren Menschen sich in Situationen bedienen, in denen es sie nach tröstender Umarmung verlangt, aber niemand da ist, der sie ihnen geben könnte.

4. Das Haareraufen

Es ist dem Schlag gegen die Stirn ähnlich, hat aber nicht dessen Abschalteffekt. Die Hände werden an den Hinterkopf gehoben und pressen fest gegen den Haaransatz, während die Augen weiterhin auf die Szene der Niederlage gerichtet sind. Auch diese Geste dient zur Selbsttröstung.

5. Die Nackenklammer

Eine weitere Variante besteht darin, die Handflächen gegen den Nacken zu drücken. Der Ausführende vermittelt sich dadurch selbst den trügerischen Eindruck, daß ein anderer herbeigeeilt sei und ihn tröstend umarme.

6. Die Kopfklammer

Das ist eine »Scheuklappenpose«, in der die Unterarme um das Gesicht geschlungen werden, um die Unglücksszene auszusperren, während die Hände den Hinterkopf umklammern. Der Spieler erinnert dabei entfernt an ein Pferd mit einem Paar übergroßer Scheuklappen.

7. Das Gesichtverdecken

Diese Pose gestattet das Höchstmaß des Abschaltens und Selbsttrostes. Der Spieler preßt beide Handflächen fest gegen das Gesicht, die Finger deuten nach oben. Dadurch wird nicht nur die visuelle Aufnahme blockiert und für einen beruhigenden Autokontakt gesorgt, sondern der Spieler kann auch seinen enttäuschten Gesichtsausdruck verbergen.

8. Der gesenkte Kopf

Das schlichte Senken des Kopfes mit zu Boden gerichtetem Blick ist Teil des durch die Niederlage ausgelösten physischen wie psychischen Zusammensinkens. Während das trium-

phierende Team mit hocherhobenem Kopf herumspringt, nehmen die geschlagenen Spieler die entgegengesetzte Haltung ein. Der hängende Kopf läßt sie kleiner erscheinen, was die Stimmung widerspiegelt, die sie, wenn man sie in diesem Augenblick nach ihren Gefühlen fragte, verbal beschreiben würden.

9. Die in die Seiten gestemmten Arme

Eine der häufigsten Gesten der Niederlage, die in die Seiten gestemmten Arme, ist ihrem Wesen nach eine gesellschaftsfeindliche Haltung. Die Hände ruhen auf den Hüften, und die Ellbogen ragen seitlich heraus, wie drohende Barrieren, die jeden abwehren sollen, der dem Spieler zu nahe kommen könnte. Die Ellbogen signalisieren: »Bleib mir vom Leibe!« So wie die Torschützen einander umarmen, bedienen sich die Verlierer der in die Hüften gestemmten Arme als einer Art »Antiumarmung« und übermitteln also auch hier Körpersignale, die denen ihrer erfolgreichen Kollegen diametral entgegengesetzt sind. Hat man diese Haltung als Eingeständnis der Niederlage identifiziert, ist es verblüffend, wie oft man sie beobachten kann. Sie ist derart weit verbreitet und wird so automatisch eingenommen, daß praktisch jedes Tor eine plötzliche Epidemie des »Armstemmens« auf seiten der geschlagenen Partei auslöst und mindestens die halbe Mannschaft in dieser charakteristischen Pose erstarrt, bis der wilde Jubel ihrer Gegner langsam verebbt.

10. Der körperliche Zusammenbruch

Nachdem die Gegner den Sieg errungen haben, schwindet die Energie der Verlierer augenblicklich, und viele von ihnen lassen sich erschöpft auf den Rasen fallen. Dort bleiben sie zusammengesunken, geduckt und erschöpft minutenlang liegen, ehe sie sich mit untröstlicher Miene fortschleppen. Diese extreme Reaktion erlebt man jedoch nur am Ende ungemein wichtiger Spiele, etwa im Auf- bzw. Abstiegskampf oder in einem großen Endspiel, in dem die Spieler all ihre Energie eingesetzt haben und nun vollkommen erschöpft sind. Die Anspannung ist bei solchen Begegnungen oft so groß, daß selbst die Sieger manchmal nicht mehr in der Lage sind, die von ihnen erwarteten Luftsprünge zu vollführen. Auch sie mögen

Schießt der Gegner ein Tor, so nehmen die geschlagenen Spieler fast immer die *In-die-Seiten-gestemmte-Arme-Haltung* ein, eine feindselige Geste, bei der die herausragenden Ellbogen als »Bleib-mir-vom-Leib«-Signale dienen (rechts).

177

kurzfristig in Posen, die mit denen der Verlierer fast identisch sind, auf dem Rasen zusammenbrechen, aber auch dann noch unterscheiden sich die gegnerischen Gruppen durch leichte Abweichungen ihrer jeweiligen »Körpersprache«. Die zusammengebrochenen Sieger nämlich nehmen häufig Stellungen ein, die eher an die Haltung bei Gebet und Danksagung erinnern als an totale Auflösung.

11. Das Trotzgesicht

In Wettkämpfen wie beispielsweise Pokalendspielen, bei denen von den Mitgliedern des geschlagenen Teams erwartet wird, daß sie winkend an ihren Fans vorbeimarschieren, um ihnen für ihre Unterstützung zu danken, beobachtet man viele widersprüchliche Körpersignale. Die Spieler versuchen, ihrer Niederlage ein »trotziges Gesicht« entgegenzurecken, um sie so psychologisch in einen Beinahe-Triumph zu verwandeln. Sie grüßen tapfer mit dem Arm oder recken herausfordernd den Daumen in die Höhe, während sie an den Tribünen vorbeilaufen, aber diese Mutsignale werden von der verzweifelten Enttäuschung in ihren Augen und der Schwäche ihres erzwungenen Lächelns Lügen gestraft.

12. Das weinende Gesicht

Die äußerste Zurschaustellung absoluter Verzweiflung ist offenes Weinen. Gewöhnlich setzt es nicht ein, bevor die Spieler den Tunnel oder die Umkleidekabinen erreichen; in jedem Falle wird es vor der Zuschauermenge verborgen, weil es als unmännlich gilt. In Anbetracht dieses Vorurteils ist es jedoch erstaunlich, wie oft die Stammeshelden den Tränen nachgeben, wenn ihnen ein großer Sieg entrissen wurde. Freilich darf man das nicht als Weichheit mißverstehen, sondern muß es der unglaublichen Intensität zuschreiben, mit der die Spieler ihre größten Begegnungen durchstehen.

Einen höchst ungewöhnlichen Fall beschreibt Pelé: »Wir spielten im Senegal, in Dakar. An diesem Tag war ich in Höchstform. In den ersten zehn Minuten lockte ich den Torwart zweimal heraus, umdribbelte ihn und rollte den Ball ins leere Tor. Nach dem zweiten Tor sah ich plötzlich, wie der Torwart die Hand zum Schiedsrichter hob; er weinte, als würde ihm das Herz brechen, und ehe ich richtig begriff, was geschehen war, ging er entmutigt vom Platz, immer noch unkontrolliert weinend, und ein Ersatz mußte gefunden werden, ehe das Spiel weitergehen konnte.« Während seiner langen Karriere hat Pelé vermutlich viele Torhüter den Tränen nahegebracht, aber dies war wahrscheinlich das einzige Mal, daß er einen derart dramatischen Erfolg verbuchen konnte.

Wenn sie die Niedergeschlagenheit überwältigt, nehmen die Spieler eine *Gesenkter-Kopf-Haltung* ein (oben). Das ist so weit verbreitet, daß im Fußballslang der Satz »Sie lassen die Köpfe hängen« stets benutzt wird, um anzudeuten, daß eine Mannschaft ihren Kampfgeist verloren hat. (Den umgekehrten Zustand – gute Kampfmoral – nennt man in der Fußballsprache »Sie haben den Kopf oben«.)

Am Ende eines großen Wettkampfes, wie beispielsweise bei einem Cup-Finale, lassen sich die geschlagenen Spieler häufig einfach auf den Rasen fallen (unten links); ihre gesamte Energie ist plötzlich weg. Nach einer Weile zwingen sie sich zu einer kleinen Runde um den Platz, um ihren loyalen Anhängern zuzuwinken. Dabei versuchen sie, ein *Trotzgesicht* (unten) aufzusetzen, aber selbst durch eine freundliche Daumen-hoch-Geste läßt sich ihr zerknirschter Ausdruck unmöglich verbergen.

24 Das gesellschaftliche Leben der Helden

FAMILIE, FREIZEIT UND SEX

Würden morgen Kunst, Wissenschaft und Politik aus der Gesellschaft verschwinden, dann hätten die Helden des Fußballstammes wenig dazu zu sagen, aus dem einfachen Grund, weil sie es kaum bemerken würden. Fußarbeit ist ihre Kunst, Strategie ihre Wissenschaft und Aufstieg ihre Politik. Sie haben wenig Bedarf an anderen Ausdrucksformen. Fast ausnahmslos leben sie total innerhalb der Sportsphäre und betrachten die Außenwelt als fremdes Gebiet. Manager Tommy Docherty formuliert das so: »Ich rede viel. Über jedes Thema. Und das ist immer Fußball.«

Über das hohle, leere Gesellschaftsleben des Fußballers wurde eine Menge geschrieben. In einem Zeitungsartikel stand kürzlich zu lesen, daß »Fußballer jenseits des Fußballplatzes eine Existenz führen, die noch langweiliger ist als ein 0:0-Unentschieden in der Vierten Liga«. Die Spieler könnten dem entgegenhalten, wenn ihre Kritiker in einer Branche beschäftigt wären, die derartig mit Spannung, Aufregung und körperlicher Gefahr angereichert wäre wie der Profifußball, dann würden vielleicht auch sie ein bißchen »Langeweile« in ihrem Privatleben begrüßen. Man könnte das dahingehend ergänzen, daß die *Arbeit* der meisten Männer so langweilig ist, daß es für sie nur natürlich scheint, in ihrer Freizeit nach aktiveren, stimulierenderen Betätigungen zu suchen.

Das Hauptplus des Fußballerberufs besteht darin, daß dem Ego des Spielers eine Chance gegeben wird, sich jede Woche auf eine virile, risikobelastete Art zu amüsieren. Er bestätigt sich selbst auf dem Rasen, aber das kostet ihn so viel Kraft, daß er kaum Bedürfnis danach verspürt, sich in seiner Freizeit zusätzlich zu beweisen. Ähnlich dem Stammesjäger oder dem Krieger des Altertums kann er seine Mußestunden in ruhiger Entspannung und mit kleinen gesellschaftlichen Amüsements verbringen, ohne dabei einen Mangel an Erfüllung zu verspüren. All seine Phantasie und Energie sind für die wichtigen Wettkämpfe auf dem Spielfeld reserviert.

Nachdem dies festgestellt worden ist, bleibt die Frage: Wie beschäftigt der Fußballer sich in seinen Mußestunden? Was sind seine Vorlieben und Abneigungen, seine Hobbys und Unterhaltungen? Von einigen namhaften Ausnahmen abgesehen, kann man eine bemerkenswerte Uniformität im sozialen Lebensstil der Fußballer verzeichnen. Eine Befragung einer beliebig herausgegriffenen Gruppe von Spitzenspielern zeigt, daß fast ohne Ausnahme das

Seine Freizeit verbringt der Profifußballer hauptsächlich mit einer anderen Sportart, meist von entspannender und gewaltloser Natur, wie z. B. Golf, Tennis und Billard.

Interessieren sich Spieler besonders für Tiere, dann liegt dem meist irgendein Wettkampfelement zugrunde. Ein paar Spitzenspieler besitzen Rennpferde, andere halten sich erfolgreiche Brieftauben.

Hauptinteresse neben Fußball darin besteht, bei anderen Sportarten zuzuschauen oder an ihnen teilzunehmen. In England ist der große Favorit Golf, in Deutschland Tennis. Das Spiel ist nicht zu lebhaft, es besteht keinerlei Verletzungsgefahr, und nützlicherweise kann man dabei seine »Zielfähigkeiten« trainieren. Tennis steht an zweiter Stelle, dicht gefolgt von Squash an dritter Position. Zu Hause begeistert sich der Fußballer für Tischtennis, Pfeilwurfspiele und Billard. An den physisch gewalttätigeren Sportarten wie Ringen, Boxen und anderen Formen des Fußballs – wie zum Beispiel Rugby – scheint hingegen ein fast totales Desinteresse zu herrschen.

Eine zweite Lieblingsbeschäftigung ist das Glücksspiel. In Gesellschaft ihrer Mannschaftskameraden verbringen die Fußballer endlose Mußestunden mit Kartenspielen wie zum Beispiel Poker. Man spielt immer um Geld, aber für gewöhnlich sind die Einsätze niedrig. Der Spaß liegt im Gewinnen, nicht darin, einem Freund die Taschen zu leeren, was leicht den Mannschaftsbeziehungen schaden könnte. Es wird in einer entspannten Atmosphäre gespielt, man nimmt sich gegenseitig auf den Arm, es kommt zu lärmenden Zornesausbrüchen und viel Gelächter. Die Spiele helfen, die langen Stunden, die jedes Profiteam auf Reisen in Bussen, Zügen und Hotelzimmern ertragen muß, zu verkürzen.

Den größten Abscheu haben Profis, die gezwungen sind, viel zu reisen, vor der Langeweile endloser Fahrten. Viele bekämpfen die Langeweile durch ausdauerndes Kartenspiel und Glücksspiel mit kleinen Einsätzen.

Weit ernsthafter wird das Wetten auf Pferde und Hunde betrieben, und ein paar der erfolgreicheren Spieler besitzen sogar eigene Tiere und lassen sie in Rennen starten. In einigen Fällen wird das Wetten zur Besessenheit, und Manager fangen an, sich Sorgen zu machen, falls die Leidenschaft außer Kontrolle geraten und an Matchtagen die Spiellaune beeinträchtigen könnte. Ein Manager nützte allerdings die Wettleidenschaft seiner Spieler auf höchst ungewöhnliche Weise vorteilhaft aus. Direkt neben dem Fußballstadion befand sich zufällig eine Greyhound-Rennbahn, und an einem Samstagnachmittag hatten alle Spieler der Heimmannschaft auf einen bestimmten Hund gesetzt. Das Rennen war fällig, während das Ligaspiel lief, und der Manager richtete es so ein, daß ihm das Resultat von der Greyhound-Rennbahn herübersignalisiert wurde. Der Hund siegte mit einer Quote von 3:1, was man von der Heimmannschaft nicht gerade sagen konnte, die mit 0:1 zurücklag. Der Manager leitete die gute Nachricht auf den Rasen weiter, berichtete der Mannschaft von ihrem Glück, und innerhalb von Minuten hatten sie ihren Rückstand in eine 2:1-Führung umgewandelt.

Sind sie weder mit einem Wettkampf noch mit Glücksspielen beschäftigt, dann verbringen die Stammeshelden einen Großteil ihrer Freizeit im Kino oder vor dem Fernseher. Allgemein gilt ihre Vorliebe Thrillern und Action-Filmen. Im Fernsehen ärgern sie am meisten Rührstücke, politische und religiöse Sendungen, und zwar genau in dieser Reihenfolge. Die Wahl ihrer Lieblingsschauspieler und -schauspielerinnen ist bezeichnend. Das männliche Phantasiebild ist leicht voraussagbar. Es ist der starke, schweigsame, schlagkräftige Mann der Tat. Interessanterweise sind die Lieblingsschauspielerinnen stille Blondinen, im Gegensatz zu feurigen Sexsymbolen. Deutlich wird hier also eine Traumfrau bevorzugt, die mehr dem Mädchen von nebenan ähnelt und weniger bedrohlich wirkt als die großen Sexgöttinnen. Die Idealfrau des Fußballstars soll weiblich und schön sein, sie soll Spaß verstehen, aber keine allzu große Herausforderung darstellen. Er sieht sich genügend Problemen auf dem Rasen gegenüber und wünscht sich demzufolge für sein Sexualleben eine friedlichere Beziehung.

Der Musikgeschmack des Fußballers beschränkt sich in erster Linie auf Pop und Rock. Sein Lesestoff besteht hauptsächlich aus Sportbiographien, Fußballmagazinen, Boulevardzeitungen, Detektivromanen und Thrillern. Nur einer der befragten Spitzenspieler gab zu, Comics zu lesen. Das Interesse am Tagesgeschehen ist gleich Null. Einer ging soweit zu sagen: »Das Ende der Welt könnte kommen, und ich wüßte nichts davon, außer es stünde im Sportteil.« Aufgrund der Herkunft der meisten Spieler könnte man erwarten, daß sie politisch leicht links einzuordnen sind, aber das scheint nicht der Fall zu sein. Anfang der 70er Jahre befragte Hunter Davies die ganze Truppe von Tottenham Hotspurs über ihre Parteizugehörigkeit, und das Ergebnis lautete: rechter Flügel (Tory) = 9; linker Flügel (Labour) = 3;

Die bevorzugte Lektüre des Fußballspielers sind Sportmagazine, der Sportteil der Zeitungen, Sportbiographien und Thriller.

Viele Spielerfrauen entsprechen einem bestimmten Typ – blond, attraktiv und sehr weiblich. Sie schaffen ein Heim für ihre Krieger, das als friedliche Zuflucht vor der Gewalt und dem Streß des Spielfelds dient.

181

Überraschenderweise raucht eine ganze Anzahl von Spielern (oben), obwohl das moderne Spiel höchste Anforderungen an athletisches Können und Ausdauer stellt. Trainer unterstützen das Rauchen nicht, versuchen aber auch selten, es zu unterdrücken, da sie seinen großen therapeutischen Wert erkennen als eine Möglichkeit, den Streß in Momenten höchster Spannung abzubauen.

keinerlei politisches Interesse = 6. Doch selbst von jenen, die eine positive Stellungnahme abgaben, fügten viele hinzu: »Aber echt interessiert bin ich nicht.«

Auch der kulinarische Geschmack der Spieler ist ziemlich konservativ. Viele gehen gern zum Essen aus, aber sie bevorzugen einfache Hausmannskost, wobei Steak und Hähnchen die Favoriten sind. Zu ihren Lieblingsgetränken gehören helle Biere, aber nur wenige Spieler neigen zu übertriebenem Alkoholgenuß. Überraschenderweise ist eine relativ große Anzahl von ihnen Raucher, ein paar der größten Namen im Fußball eingeschlossen, eine Tatsache, die vielleicht Athleten anderer Sportarten verblüffen mag. Die Trainer sind nicht gerade glücklich darüber, legen aber selten strenge Maßstäbe an, da sie wahrscheinlich den beruhigenden Wert einer Zigarette in Momenten großer Spannung erkennen und höher bewerten als das Gesundheitsrisiko für derart trainierte Männer in Spitzenkondition.

Zu den gehegten und gepflegten Abneigungen der Fußballstars gehören die ermüdenden und frustrierenden Reisen, denen sie nur zu oft ausgesetzt sind. Ebenfalls ganz oben auf dieser Liste stehen häusliche Beschäftigungen, wie Gartenarbeit und Wagenwaschen. Die Einstellung zur Hausarbeit ist im allgemeinen ausgesprochen chauvinistisch und würde die Feministenbewegung entsetzen, falls es je zu einem Zusammentreffen kommen sollte (was unwahrscheinlich ist, da eine aktive Feministin für jeden Fußballspieler tabu wäre). Torhüter Pat Jennings zum Beispiel sagt geradeheraus: »Ich helfe nie im Haushalt. Ich könnte keine Windel wechseln, ich hab' noch nie einen Teller abgewaschen. In Irland machen Männer keine Hausarbeit. Ich sitze bloß im Haus rum und bin der Boß, zumindest denke ich gern, daß ich's bin.« Andere Spieler geben zu, »ein bißchen zu helfen«, behaupten aber, sich ungeschickt anzustellen. Es ist schwer zu entscheiden, ob das der Wahrheit entspricht oder lediglich eine öffentliche Zurschaustellung der von ihnen erwarteten »Männlichkeit« sein soll.

Der Frauentyp, den sich der Stammesheld als Gefährtin aussucht, paßt in das vorhersagbare Muster. Typischerweise ist sie sanft, aber lebhaft, hübsch, oft sogar schön, weiblich, häuslich

Fußballer sind bessere Familienväter als der Durchschnitt und geben großartige Väter ab (unten und rechts), zum Teil deshalb, weil sie wie Soldaten im Krieg die ruhigen Augenblicke zu Hause mehr zu schätzen wissen als andere Männer. Dann aber auch, weil sie, nachdem sie hart auf dem Rasen gekämpft haben, kaum noch das Bedürfnis verspüren, sich groß aufzuspielen, wenn sie zu ihren Familien zurückkehren.

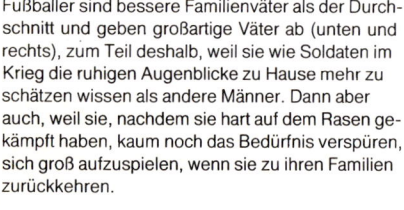

und bewundert ihren Mann ebenso aufrichtig, wie sie ihn liebt. Sie ist das Mädchen des Kriegers, die Frau des Jägers, und gemeinsam führen sie eine gute, dauerhafte Ehe, erziehen ihre Kinder voller Wärme und Stolz, und im allgemeinen genießen sie ein zufriedeneres Familienleben als die heutige Durchschnittsfamilie. Wieder scheint der Grund dafür in der gewaltigen Intensität des Fußballdramas zu liegen, demgegenüber die kontrastierende Entspannung und Sicherheit am heimischen Herd hochgeschätzt wird. Geradeso wie Soldaten im Krieg sehnsuchts- und liebevoll an ihre Familien daheim denken und den Frieden am Kamin ungemein vermissen, empfindet der Fußballer für sein Zuhause tiefe Wärme, wenn er sich der wöchentlichen Schlacht auf dem Rasen gegenübersieht.

Aber manchmal fordert der Fußball auch seinen Preis. Die Arbeitszeit ist ungewöhnlich. Die Spieler sind oft zu ausgefallenen Zeiten daheim und spielen auswärts, wenn andere Männer Freizeit haben. Weihnachten und Ostern werden oft durch einander jagende Termine ruiniert. Und wenn die Ehefrau nicht viel für die Fußballwelt übrig hat, dann findet sie die unaufhörliche Beschäftigung damit wahrscheinlich enervierend. Dieses Problem wird treffend in einer von Herzen kommenden Anzeige ausgedrückt, die in einer argentinischen Zeitung erschien: »Ehemann gesucht, der nichts von Fußball versteht, noch nie von Fußball gehört hat und bereit ist zu schwören, im Falle einer Heirat niemals auch nur ein einziges Wort über Fußball zu reden. Ich bin die geschiedene Frau eines Fußballers, und Fußball steht mir bis zum Hals.«

Eines der größten Kümmernisse einer Fußballerfrau ist es, daß sie ihren Ehemann nicht auf seinen Reisen in fremde Länder und Erdteile begleiten kann. Fährt er zu Auslandsspielen, dann immer nur mit der ausschließlich männlichen Gruppe der Mannschaft und des Managements. So versäumt sie das Vergnügen, fremde Städte zu entdecken. Ironischerweise ergeht es den Spielern ebenso. Aber in ihrem Fall geschieht das freiwillig. Die Gelegenheit hätten sie, doch die Männer scheinen seltsam uninteressiert. Eingesponnen in die Welt des Mannschaftslebens, ziehen sie es vor, im Hotel Karten zu spielen, statt sich auf Entdeckungsreise zu begeben.

Dieses Desinteresse an Sehenswürdigkeiten hat einige denkwürdige Zitate geliefert. Als in den 70er Jahren eine englische Fußballmannschaft China besuchte, bot man ihr die beneidenswerte Möglichkeit, die Chinesische Mauer zu besichtigen, unleugbar eines der großen Wunder dieser Erde. Aber nur wenige nahmen an. Einer der Ablehnenden bemerkte: »Wenn du *eine* Mauer gesehen hast, dann hast du alle gesehen«, und einer von denen, die hinfuhren, meinte später: »Ich habe schon Bälle über höhere Mauern als die hier geschossen.« Zum Glück für den internationalen Frieden und die Völkerverständigung wurden diese Kommentare nicht übersetzt.

Englands Internationaler Nobby Stiles glaubt, das Desinteresse für Sehenswürdigkeiten sei auf die Tatsache zurückzuführen, daß die Spieler lieber in Gesellschaft seien, als sich an unbelebten Objekten zu erfreuen: »Ich würde der Mona Lisa keinen zweiten Blick schenken, wenn daneben ein lallendes Baby im Kinderwagen läge, das ich statt dessen anschauen könnte.«

Als Steve Heighway, einer der wenigen Spitzenprofis mit Universitätsbildung, sich dem Liverpooler Verein anschloß, fand er anfangs die gesellschaftlichen Begegnungen mit seinen Mannschaftskameraden fast ebenso erschreckend wie die Zusammenstöße auf dem Rasen mit seinen Gegnern. »Im Team war er ein Einzelgänger«, berichtete ein Sportkommentator. »Bei Auslandsreisen, wenn die Karten auf den Tisch kamen, verschwand Heighway zu Besichtigungstouren, für seine Kameraden ein deutliches Zeichen dafür, daß er ein hochnäsiger Intellektueller sei. Bei seiner Rückkehr schenkten sie ihm einen verächtlichen Blick und fragten spöttisch, ob er mitspielen wolle.«

Heighway war über seine Rolle als Außenseiter unglücklich und tat sein möglichstes, um sich anzupassen. Es ist der Gruppenzwang des Mannschaftslebens, der eine derartige Uniformität der Interessen schafft. Hat ein Spieler anders gelagerte Privatinteressen, so fühlt er sich unbehaglich, weil er aus der Gruppe herausfällt und deswegen auf den Arm genommen wird. So tendiert jedes Mitglied des Teams dazu, sich an den Lebensstil der Gruppe anzupassen und orientiert sich zu diesem Zweck an ihrem Mittelpunkt. Das Motto könnte lauten: »Etwas Einfaches miteinander zu teilen ist besser, als etwas Besonderes für sich allein zu haben.« Bei unverheirateten Spielern mag das sogar für die Mädchen ihrer Wahl gelten.

Die häufigen Reisen (oben) belasten gelegentlich die Fußballerehen. Wenn die Spieler ins Ausland fahren, bleiben ihre Frauen zurück und können die Reize exotischer und weit entfernter Orte nicht miterleben.

Der Spieler Steve Heighway (unten) von Liverpool, dessen Erziehung und Bildung ihn bei gesellschaftlichen Anlässen von den anderen Spielern isolierte, bis er es lernte, sich anzupassen.

Wie viele junge Krieger genießen auch Fußballspieler die Phantasievorstellung von einem kurvenreichen weiblichen Partner, und ihre Begierde ist in Mike Francis' surrealistischem Gemälde von 1975 mit dem Titel »Training Session« eingefangen – eine Szene, die im offiziellen Trainingslehrbuch nicht zu finden ist. (Gemälde mit freundlicher Genehmigung der Treadwell Gallery, London.)

Der Körper des Profifußballers ist derart fit, daß seine sexuellen Fähigkeiten weit überdurchschnittlich sind und unverheiratete Spieler deshalb viele schöne Mädchen anziehen. George Best behauptet, in seinen früheren Jahren als Starspieler mit mehr als tausend Mädchen ins Bett gegangen zu sein.

Die Einstellung des Stammeshelden zum Sex ist von der klassischen Doppelmoral beeinflußt. Verheiratet er sich, wird er zum liebenden Ehemann, dem seine Frau alles bedeutet. Aber zuvor, als Junggeselle, neigt er dazu, in Mädchen bloße Sexobjekte zu sehen, die man so schnell und so oft wie möglich ins Bett kriegen muß. Da er jung und in bester körperlicher Verfassung ist, wirkt seine Männlichkeit äußerst anziehend auf die vielen Groupies, die in den Randbezirken des Stammes herumlungern. Vom Glanz seiner Prominenz geblendet, bieten sie eine leichte Beute für sexuelle Eroberungen, und die Besessenheit des Spielers in puncto »Tore schießen« bekommt bald auch eine übertragene Bedeutung.

Bei diesen von der Trefferausbeute her hochrangigen Sexspielen herrscht anscheinend bemerkenswert wenig Eifersucht. Groupies werden häufig ohne jeden Streit von einem Spieler an den nächsten weitergereicht, und es gibt Mädchen, von denen man weiß, daß sie nach einiger Zeit »Teamphotos« von ihren versammelten Bettgefährten machten. Die Intimität der Mannschaftsmitglieder untereinander geht sogar so weit, daß sie bereit sind, mit ihren Groupies zu schlafen, während ihre Freunde zusehen. Manchmal haben auch die Mädchen keine Einwände, und die Zuschauer können sich offen zeigen, aber George Best erzählt von Situationen, in denen das Publikum sorgfältig versteckt sein mußte. Wenn sein Team auf Tour war, versuchten er und seine Freunde es »so hinzudrehen, daß ich ein Häschen im Bett hatte, und der Rest schaute zu, versteckt in Kleiderschränken, hinter Vorhängen oder wo auch immer«. Bei einer Gelegenheit schöpfte der Trainer Verdacht, und die Vorstellung mußte abgesagt werden: »Wir hatten dafür von jedem fünfzig Pence kassiert und mußten das Geld zurückgeben. Dabei war nichts Schmutziges. Es gab einfach nur eine Menge zu lachen für die Jungs. Die Mädchen erfuhren nie was davon, und ich hätte sie in jedem Fall gebumst, also was soll's?«

In Michael Parkinsons enthüllender Biographie über George Best wird die weitverbreitete Meinung angegriffen, Sex vor dem Match »schwäche« den Spieler. Er behauptet, einige seiner besten Spiele geliefert zu haben, kurz nachdem er sich aus einem ziemlich zerwühlten Bett erhoben hatte, und er wäre sicherlich nicht mit der strikten Regelung einiger Clubs auf dem Kontinent einverstanden gewesen, die ihre Spieler vor einem wichtigen Match mehrere Tage lang in klösterlicher Abgeschiedenheit halten. Seine einzige Klage über die mühelose Verfügbarkeit sexueller Genüsse beruhte darauf, daß es am Ende selbst für ihn zuviel wurde: »Es ging mir auf die Nerven. Ich zog morgens meine Schlafzimmervorhänge auf, und da standen die Mädchen schon Schlange und schauten zu meinem Fenster herauf. Es war unglaublich. Ich mußte sie nie zum Essen einladen oder sonst irgendeinen Blödsinn für sie veranstalten. Sie riefen mich an oder trieben sich in der Hotelhalle herum und kamen ohne Umstände mit rauf. Sie pflegten auf dem Weg in mein Bett übereinander zu stolpern. Ich weiß, daß eine Menge von ihnen es nur deswegen taten, um sagen zu können, sie hätten mit George Best geschlafen, auch wenn sie zu mir ins Bett kletterten und sagten: ›Ich hoffe, du glaubst nicht, ich tu' das nur, weil du George Best bist‹ … Mir war's egal, solange es mir selbst Spaß machte.«

Er behauptete, sich mit mehr als tausend dieser willigen Mädchen vergnügt zu haben, und damit setzte er den Maßstab für den Lebensstil der aufstrebenden jungen Fußballstars in den 60er Jahren. Tragischerweise wurde der Streß nach und nach zuviel für ihn, allerdings nicht die sexuelle Anstrengung, sondern das ständige Preisgegebensein an die Öffentlichkeit, und seine Karriere begann darunter zu leiden, Kritiker sagten, sein Playboyleben wäre schuld daran, aber er stritt das ab: »Die Mädchen bewahrten mir den Verstand. Wann immer es kritisch wurde und ich es nicht mehr ertragen konnte, im Mittelpunkt des öffentlichen Interesses zu stehen und einfach nur weg wollte, dann suchte ich mir ein Mädchen.« Best bildet unzweifelhaft eine Ausnahme, sowohl als Spieler als auch als gesellschaftliche Figur, aber für alle Fußballstars, die in ihrer Freizeit auf Vergnügungssuche gehen, gilt, daß sie ihre Mußestunden in erster Linie als eine Zeitspanne zwischen den Veranstaltungen betrachten, die ausgefüllt werden muß und die sie dazu benutzen, sich sowohl physisch als auch psychisch auf die Spannungen und Gefahren vorzubereiten, die sie an wichtigen Spieltagen erwarten. Die Mehrheit scheint dabei bemerkenswert gut zu fahren, indem sie sich auf die schlichteren Vergnügungen des Fleisches und des Verstandes beschränkt, wenn es auch einigen Kritikern so vorkommt, als leide ihr Privatleben an einem Mangel an Phantasie, Neugier und gesellschaftlichem Engagement.

Der
Stammes-
schmuck

25 Der Ball

VON DER TIERBLASE ZUM RUNDEN LEDER

Im Mittelpunkt aller Handlungen des Fußballstammes steht der Ball, dessen *völlig freie Beweglichkeit* seine Haupteigenschaft ist. Er ist ein kugelförmiger Körper, der sich mit gleicher Bereitwilligkeit in jede Richtung bewegt; seine Geschwindigkeit und Flugbahn werden einzig dadurch bestimmt, wie man ihn trifft. Dies mag selbstverständlich klingen, und doch liegt hierin die Wesenseigenheit des Fußballspiels begründet. Dem eiförmigen Ball, den man beim Rugby und American Football, und dem abgeflachten Puck, den man beim Eishockey verwendet, fehlen diese Eigenschaften. Ihr Grad an Beweglichkeit wird durch ihre Form beschränkt. Beim Rugby wird dadurch beim schnellen Schießen die Flugbahn des Balles unberechenbar; beim Eishockey wird der Spielbereich beinahe auf eine Ebene, nämlich die Oberfläche des Eises, beschränkt. Im Gegensatz dazu erlaubt ein runder Ball die Entwicklung eines hohen Grades von »Schußfähigkeit«. Die freie Beweglichkeit der Kugel ermöglicht es dem Kicker, seine Fußarbeit nach Art eines Jongleurs oder Akrobaten soweit zu verfeinern, bis er Flug und Richtung des Balles mit verblüffender Genauigkeit kontrollieren kann. Die in diesen Spielhandlungen entwickelte Sensibilität unterscheidet den modernen Fußball von der groben Bolzerei vergangener Tage und erhebt ihn zu einer regelrechten Kunstform.

Die Präzision des modernen Sports hängt natürlich auch von den hochwertigen Qualitätsfußbällen ab, die auf der ganzen Welt genormt sind. Der Spieler, der jahrelang sein Ballgefühl trainiert hat, muß sich darauf verlassen können, daß er beim Betreten eines ausländischen Sportplatzes, der vielleicht Tausende von Kilometern von seiner Heimat entfernt liegt, einen Ball bekommt, der in Größe, Gewicht, Material, Härte und Elastizität genau jenen entspricht, mit denen er zu Hause trainiert hat. Das war nicht immer so selbstverständlich wie heute. In den Anfängen des internationalen Fußballs bevorzugten verschiedene Länder verschiedene Balltypen, und das führte zu vielen Kontroversen mit einigen tragischen Resultaten. Bei einem Treffen in den 20er Jahren, als ein europäisches Team in Südamerika spielte, protestierten die Gäste gegen den vom heimischen Club zur Verfügung gestellten Ball, der ihnen zu klein und zu schwer schien. Sie bestanden darauf, mit einem ihrer eigenen größeren und leichteren Bälle zu spielen, von denen sie zu Trainingszwecken zwei mitgenommen hatten. Wütende Diskussionen folgten, und der Spielbeginn verzögerte sich um mehr als eine halbe Stunde. Schließlich gaben die Gastgeber nach und erklärten sich, sehr zum Mißfallen des heimischen Publikums, damit einverstanden, mit dem europäischen Ball zu spielen. Ein Augenzeuge berichtet, was dann geschah: »Das Spiel war erst seit ein paar Minuten im Gange, als der Ball in die Zuschauermenge flog. Einige zogen augenblicklich ihre Messer und stachen mit einer Heftigkeit auf den Ball ein, die gegenüber einem solch unschuldigen Ding wie einem englischen Fußball geradezu unnatürlich erschien. Der zweite Ball wurde geholt, doch ein Zuschauer verschwand damit, als er zum erstenmal aus dem Feld geschossen wurde. Aus schierer Verzweiflung gaben die Gäste schließlich nach und setzten das Spiel mit dem kleinen Ball der Heimmannschaft fort.«

Selbst innerhalb Europas wurden Dispute dieser Art bis in die 40er Jahre geführt. Bei einer internationalen Begegnung bestand das Gästeteam ebenfalls auf dem größeren Ball, doch als sie damit ein Tor schossen, gelang einem Reporter zufolge dem Torwart der Heimmannschaft »ein großartiger Taschenspielertrick, als er den Ball aus dem Netz holte, denn kurz darauf bemerkten die Gäste, daß sie nun doch mit dem kleineren Ball spielten«.

Dank der strikten Normierung aller Aspekte des Spiels, die das von der FIFA eingesetzte internationale Gremium erarbeitet hat, sind solche Dispute glücklicherweise hinfällig geworden. Der vorschriftsmäßige Ball ist inzwischen allenthalben eingeführt, und zwar aufgrund der in den offiziellen Spielregeln festgelegten Normen. Die den Ball betreffende Regel 2 lautet folgendermaßen: »Der Ball soll kugelförmig sein; die äußere Hülle soll aus Leder oder einem der anderen genehmigten Materialien bestehen. Es darf kein Material verwendet werden, das sich für die Spieler als gefährlich erweisen könnte. Der Umfang des Balls bei Spielbeginn darf nicht mehr als 71 und nicht weniger als 68 cm betragen. Das

Schiedsrichter Jack Taylor inspiziert die Bälle, die bei den Weltmeisterschafts-Finalspielen von 1974 benützt werden sollen, um sicherzugehen, daß sie zwischen 14 und 16 Unzen (396–453 g) wiegen, wie es die Stammesgesetze vorschreiben.

Gewicht des Balls bei Spielbeginn darf nicht höher als 453 und nicht niedriger als 396 g sein. Der Druck soll 0,6 bis 0,7 atü entsprechen ... Ohne Genehmigung des Schiedsrichters darf der Ball während des Spieles nicht ausgetauscht werden.«

Diese präzisen Anforderungen an den für Profispiele benutzten Fußball sind nur dank der großen Fortschritte der Fabrikationstechniken erfüllbar. Solch moderne Möglichkeiten standen natürlich nicht immer zur Verfügung. Die Geschichte der Ursprünge und der späteren Entwicklung des modernen Balls ist fesselnd und mitreißend.

Das Bild eines runden Balls, der zu rollen beginnt, wenn man ihn berührt, war sicher auch den Menschen der Frühgeschichte vorstellbar, konnten sie es doch allenthalben in der Natur beobachten, und zwar an kugelförmigen Früchten, Nüssen und glatten Kieseln. Es ist undenkbar, daß die Kinder damals das Spielpotential solcher Objekte nicht entdeckten, aber weder Felszeichnungen noch Höhlenmalereien liefern uns einen Beweis dafür, daß in der Ur- und Frühgeschichte das Ballspiel irgendeine ernstere Bedeutung im Leben der Erwachsenen hatte. Man weiß, daß die Steinzeitmenschen wohlgeformte Steinbälle herstellten, und von einer Anzahl dieser Bälle, die man in einem uralten Tempel in Malta fand, vermutet man, sie seien zu einer Art Bowlingspiel benutzt worden, doch das erscheint heute als unwahrscheinlich. Sie dienten wohl eher als primitive Version des modernen Kugellagers einem mechanischen Zweck. Andere Steinkugeln benutzte man im Altertum als Waffen oder Werkzeuge, und darin erschöpft sich wohl ihre eigentliche Funktion, soweit es unsere frühesten Vorfahren anbelangt.

Die ältesten Spielbälle der Welt, die bis zum heutigen Tag bekannt sind, stammen aus dem alten Ägypten. Drei davon befinden sich im Besitz des Britischen Museums. Sie sind rot, grün und gelb gefärbt, aus Leinen gefertigt und mit geschnittenem Schilf oder Stroh gefüllt. Da sie für wildes, ausgelassenes Spiel eindeutig zu empfindlich sind, hat man sie wohl für schlichte Roll- oder Fangspiele benutzt; wahrscheinlich spielte man zum Zeitvertreib im Hause damit und verwendete sie nicht für Wettkämpfe.

Andere Kulturkreise entwickelten ähnliche Spielbälle, von denen manche eine Leinenhülle haben und andere aus zusammengenähten Häuten bestehen. Als Füllung dient eine Vielzahl von Materialien, wie beispielsweise Erde, Korn, Pflanzenfasern, Getreidehülsen, Haare oder Federn. Bälle dieser Art waren für Wurf- und Fangspiele geeignet, taugten aber wenig für lebhaftere Sportarten, bei denen gerannt und geschossen wurde. Mit Luft gefüllte Tierblasen ergaben einen beweglicheren, springenden Ball, der aber technisch wiederum nicht sehr praktisch war, weil er unter harten Tritten leicht zerplatzte. Aus diesem Grund spielten Fußballwettkämpfe keine bedeutsame Rolle im alten Griechenland oder Rom. Selbst als man es erlernt hatte, die äußere Umhüllung aus starken Lederstreifen zusammenzunähen,

Die ältesten bekannten Bälle der Welt. Diese drei ausgestopften Leinenbälle aus dem alten Ägypten gehören jetzt dem Britischen Museum. Über ihre Benutzung weiß man wenig, aber wie die meisten antiken Bälle waren sie nicht sehr strapazierfähig und blieben deshalb wahrscheinlich Spielen im Haus vorbehalten.

187

Diese beiden in der Bar eines Hotels in Derbyshire hängenden Bälle bestehen aus bemaltem Leder und sind mit Kork gefüllt. Der eine ist für das lokale Shrovetide Game am Fastnachtsdienstag, der andere für den nächsten Tag – Aschermittwoch.

mußte man aus Gründen der Springfähigkeit für das Innere auf leicht platzende, luftgefüllte Tierblasen zurückgreifen, was den Ball sehr anfällig machte. Mittelalterliche Ballspiele fanden bereits mit festen Bällen statt, die für gewöhnlich aus einer Lederumhüllung, gefüllt mit Korkrinde oder einem anderen leichten Material, bestanden. Sie waren für Fang-, Wurf- und Laufspiele, wie zum Beispiel das traditionelle *Shrovetide Football,* geeignet, aus dem das moderne Rugby und die ihm verwandten Formen hervorgingen. Bei diesem Sporttypus wurde freilich nur wenig Wert auf genaues Schießen gelegt.

Erst als in Europa der Gummi eingeführt wurde, konnte das technische Problem gelöst werden. Die besonderen Eigenschaften des Gummis wurden von Europäern erstmals anläßlich Kolumbus' zweiter Reise nach Amerika beobachtet, als man die Eingeborenen mit Bällen spielen sah, die »aus dem Gummi eines Baumes gemacht« waren. Man stellte mit Interesse fest, daß diese Bälle leichter waren und besser sprangen als jene, die man zur selben Zeit in Europa benutzte.

Dieses Spiel mit Gummibällen war keine Modeerscheinung oder ein Zeitvertreib für Kinder. In der alten amerikanischen Kultur besaß dieser Sport vielmehr die gleiche gesellschaftliche Bedeutung wie heute der Fußball für uns. Dank der Verwendung von Gummi, der leistungsfähige, hochspringende Bälle lieferte, hatte sich in Mittelamerika schon 500 vor Christus unter dem Namen *Tlachtli* oder *Pok-a-tok* ein als ernsthafter Wettkampf betriebener Sport entwickelt. Was die europäischen Entdecker beobachteten, war ein Ballspiel mit einer zweitausendjährigen Geschichte und einer langen Tradition wildumkämpfter Begegnungen. Fast jede Stadt der Azteken und der Mayas besaß zumindest einen heiligen Ballplatz, auf dem unter Verwendung eines soliden Gummiballs von der Größe einer modernen Bowlingkugel ein hartes Spiel zwischen zwei Sieben-Mann-Teams ausgetragen wurde. Es gab Zuschauerterrassen, und beträchtliche Geldsummen wurden auf den Spielausgang gewettet. Auch damals schon gab es Rowdys, die Aufruhr veranstalteten, und einmal mußte Montezuma, der letzte der großen Aztekenherrscher, sich höchstpersönlich auf den Platz begeben, um einen hitzigen Disput zu schlichten. An einem Spiel nahm er sogar in der gegen den Häuptling von Texcoco angetretenen Mannschaft teil, um einen Streit beizulegen. (Für diejenigen, die an Statistiken interessiert sind: das Endergebnis lautete Montezuma 2, Texcoco 3.) Man behauptete oft, daß die Mitglieder der Verlierermannschaft abgeschlachtet wurden, um die Motivation der Spieler zu steigern, aber das ist eine Übertreibung. Die Behauptung gründet sich auf eine Reihe von Reliefzeichnungen, auf denen die sieben Spieler beider Teams abgebildet sind. Der Kapitän der siegreichen Mannschaft hält den abgeschlagenen Kopf des Kapitäns der Verlierer in der Hand. Hierbei handelte es sich aber ohne Zweifel um die Wiedergabe eines ganz bestimmten, besonders wichtigen Spiels von spezieller magischer Bedeutung und nicht um die Abbildung des Ausgangs einer typischen Routinebegegnung.

Diese Entwicklung zu einem bedeutenden Gesellschaftssport im alten Amerika mit riesigen Stadien, Terrassen voller leidenschaftlicher Anhänger, mit umfassender Organisation, Tumulten, Wettleidenschaft und ritueller Bedeutung war nur möglich als Folge der Entdeckung der magischen Elastizität des Gummis. Dieses Material und der funktionsfähige Ball, der daraus hergestellt werden konnte, führten zu der Verbreitung und dem anhaltenden Erfolg eines Ballspiels, das in der Geschichte dem modernen Fußball am nächsten kommt. Man könnte vermuten, daß der Gummiball nach der Entdeckung der europäischen Forscher rasch Eingang in ihrer Heimat fand und zu einer unmittelbaren, explosiven Verbreitung des Ballspiels über die ganze Welt führte. Doch die Entwicklung verlief anders. Es dauerte einige hundert Jahre, ehe Gummiwaren in Europa in größerem Umfang hergestellt wurden und das Material seinen anerkannten Platz als neuer technischer Gebrauchsartikel errang. Erst im neunzehnten Jahrhundert entdeckte ein gewisser Mr. Mackintosh ein geeignetes Lösungsmittel für Kautschuk und konnte darangehen, unter Verwendung dünner Gummischichten seinen berühmten wasserdichten Mackintosh und andere Produkte herzustellen. Bald folgte die Entwicklung aufblasbarer Gummihüllen von großer Widerstandsfähigkeit. Weil sie hohem Druck standhielten, waren sie offensichtlich die idealen »inneren Schläuche« für Lederfußbälle, und endlich konnte der allererste Ball geschaffen werden, der sowohl zum Schießen geeignet war als auch elastisch sprang. Ohne die Fortschritte der Gummitechnologie wäre der moderne internationale Fußballsport also vermutlich nicht das geworden, was er heute ist. Und es ist gewiß kein Zufall, daß sowohl diese Technologie als auch das Fußballspiel im neunzehnten Jahrhundert ihren Aufschwung erlebten.

Die schweren Bälle aus braunem Leder mit der Gummiblase im Innern, die man in den Anfangszeiten des Fußballs benutzte, blieben über viele Jahrzehnte fast unverändert. Sie wurden gewöhnlich aus achtzehn Teilen gegerbten Leders hergestellt, die man zu sechs Feldern aus jeweils drei Streifen anordnete. Die Teile wurden, die Innenseite nach außen gekehrt, mit der Hand mit fünffachem Hanf zusammengenäht. Auf einer Seite ließ man einen kleinen Schlitz offen. Dann wurde die Kugel gewendet und eine schlaffe Gummiblase durch den Schlitz eingeführt. Die Blase wurde anschließend aufgepumpt, bis sie den gewünschten Druck erreichte, und danach wurde der Schlitz im Leder fest verschnürt. Mit dieser Methode konnte ein geschickter Handwerker ungefähr vierzig Bälle pro Woche herstellen, und bald schon wurde die Welt von diesen neuen, genormten Spielzeugen überflutet.

Doch diese Bälle hatten einen gravierenden Fehler: Köpfte ein Spieler einen wuchtig geschossenen Ball, dann konnte das äußerst schmerzvoll sein, wenn er zufällig mit der Verschnürung des Balls in Berührung kam. Außerdem wurde der Ball bei Regenwetter unange-

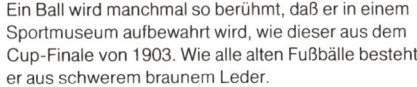
Ein Ball wird manchmal so berühmt, daß er in einem Sportmuseum aufbewahrt wird, wie dieser aus dem Cup-Finale von 1903. Wie alle alten Fußbälle besteht er aus schwerem braunem Leder.

nehm schwer, da sich das Leder mit Wasser vollsog und der Schlamm daran haften blieb. Im Laufe der Zeit lieferte die Forschung die Antworten zu beiden Problemen. Ein neues Luftventil wurde erfunden, das die Verschnürung hinfällig machte, und die Oberfläche des Leders wurde mit wasserabstoßenden Stoffen behandelt, die den Ball bei Regen vor übermäßigem Durchweichen schützten.

1951 wurde zum erstenmal ein weißer Ball zugelassen. Bis dahin waren alle Fußbälle aus traditionell dunkelbraunem Leder gewesen. Nun aber glaubte man, ein weißer Ball wäre für die Zuschauer besser zu erkennen, und seitdem hat sich Weiß als die vorherrschende Farbe allgemein durchgesetzt. Eine Ausnahme bildet die Verwendung eines roten oder orangefarbenen Balls bei extremen Witterungsbedingungen, wie zum Beispiel heftigem Schneefall.

In den letzten Jahren kam es zu einer Anzahl modischer Verzierungen bei der Dekoration der Bälle, die nicht überall auf Zustimmung gestoßen sind. Die Traditionalisten ziehen einen einfachen, glatten Ball vor, mit der Begründung, daß jedes seine Grundform durchbrechende Muster die Sichtbarkeit des Balls bei schnellem Spiel reduziere. Und wenn schon ein Muster, dann fordern sie wenigstens ein symmetrisches. Dieser Bedingung entsprechen die drei derzeit gebräuchlichsten Balltypen: der schwarz-fünfeckig/weiß-sechseckig gemusterte, der mehrkreisig gemusterte und der rotgesternte amerikanische Ball. Alle drei basieren auf einer neuartigen Flächenaufteilung. Das ursprüngliche Muster mit seinen achtzehn Streifen wird in zweiunddreißig kleinere Flächen, die abwechselnd fünf- und sechseckig geformt sind, unterteilt. Die fünfeckigen Stücke sind beim ersten der drei neuen Balltypen etwas kleiner als die sechseckigen. Sie sind schwarz gefärbt und heben sich dadurch gut vom Weiß der Sechsecke ab. Der mehrkreisige Ball, der seit kurzem bei internationalen Spielen bevorzugt wird, ist ebenfalls in den Farben Schwarz und Weiß gehalten, aber die schwarzen Fünfecke bilden bei diesem Modell den Mittelpunkt weißer Kreise. Beim amerikanischen rotgesternten Ball, der bei NASL-Spielen benutzt wird, sind die Sechsecke weiß, und in jedem Fünfeck befindet sich ein roter, fünfzackiger Stern auf blauem Grund.

Nur ein einziger der heute gebräuchlichen Bälle ist asymmetrisch gemustert, und das ist der neue Ball der englischen Fußballiga. Zwar besteht auch er aus zweiunddreißig Flächen, aber um den ganze Ball herum zieht sich ein Band leuchtendroter Felder, die sich vom strahlenden Weiß der restlichen Oberfläche wirkungsvoll abheben. Wenn der Ball in die Luft gestoßen wird und sich dabei dreht, dann schmerzen die Augen vom schnellrotierenden Rot, was die Spieler, sehr zur Enttäuschung der Liga, dazu bewog, heftige Einwände gegen diesen Ball vorzubringen. Als er eingeführt wurde, bestimmten die Funktionäre der Liga, daß er bei jedem vom Fernsehen übertragenen Ligaspiel benutzt werden sollte, aber viele Vereine haben diese Forderung ignoriert und ziehen es vor, weiterhin mit weißen Bällen zu spielen. Trainer Alan Clarke hat die Reaktion der meisten Spieler so formuliert: »Ich mag den Ball nicht. Die roten und weißen Flächen lenken die Spieler ab. Sie drehen sich wie Kinderkreisel. Wir werden die Bälle verbrennen oder kaputtschlagen oder sie verschenken.«

Niemand allerdings beklagt sich über die Herstellungsqualität und das Material der heutigen Bälle. Beide sind erstklassig. Die Balloberfläche wird durch eine spezielle Polyurethanbehandlung, die das Leder wasserundurchlässig macht und selbst bei stärkstem Regen ein konstantes Ballgewicht garantiert, besser geschützt als je zuvor. Einige Bälle werden heute ausschließlich aus Polyurethanen hergestellt, die äußerst widerstandsfähig gegen Schnitte und Kratzer sind. Die alten Azteken wären gewiß stolz darauf, diese modernen Fußbälle als Nachfahren ihrer Gummikugeln anzuerkennen.

Wenden wir uns nun von der technischen zur symbolischen Bedeutung des Balls, so ist festzustellen, daß sie im Laufe der Zeit auf sehr unterschiedliche Art interpretiert wurde. Die Azteken sahen in dem Ball anscheinend ein Symbol für die Sonne. Das schließt man daraus, daß es ihnen verboten war, den Ball während ihrer langen und heftigen Wettkämpfe mit den Händen zu berühren. Ziel ihres Spiels war es, den Ball durch hoch an den Seitenwänden des Spielfelds angebrachte Steinringe zu treiben, und die Forschung vermutet, daß der Flug des Balls die Reise der Sonne über den Himmel nachahmen sollte, wobei die steinernen Ringe Sonnenaufgang und -untergang bezeichneten. Nach Spielschluß wurde der Ball in einer feierlichen Zeremonie verbrannt. Diese Erklärung klingt ziemlich phantastisch,

Bei Schnee (oben) wird heute der weiße Ball durch einen auffälligeren roten oder orangefarbenen ersetzt.

Rechte Seite:
Die sechs Fußballtypen, die heutzutage benutzt werden: der aus 18 Streifenfeldern bestehende weiße Ball (oben links); der fünfeckig/sechseckig-weiß gemusterte Ball (oben rechts) und der fünfeckig-schwarz/sechseckig-weiß gemusterte (Mitte links), jeder mit 32 Feldern; der mehrkreisig gemusterte Ball (Mitte rechts); der Ball mit den roten Sternen der nordamerikanischen Fußballiga (unten links) und der offizielle Ball mit dem roten Band der englischen Fußballiga (unten rechts).

Im alten Volksfußball war der Ball der Preis, den man zum eigenen Tor tragen mußte, nicht zum Tor des Gegners. Als Belohnung durfte der »Torschütze« den Ball behalten – wie dieser erfolgreiche Wettkämpfer beim jährlichen Shrovetide Game in Ashbourne in Derbyshire.

doch man hat immerhin nachgewiesen, daß die Spielplätze im alten Amerika stets von Osten nach Westen gebaut waren und somit der Sonnenbahn folgten.

Eine andere phantasievolle Erklärung für den Ursprung des Fußballs in einem anderen Teil der Welt sieht den Ball als Symbol für den abgetrennten Kopf eines Opfertieres. Die beiden Mannschaften, die um seinen Besitz kämpften, versuchten ihn einander abzujagen, um ihn auf ihrem Land zu vergraben und so auf magische Weise die Fruchtbarkeit ihres Ackers zu beschwören. Eine weitere Geschichte sieht den Ball als Ersatzobjekt für ein uraltes Spiel, in dem ursprünglich der abgeschlagene Kopf eines besiegten Feindes von der grausamen Menge herumgetreten wurde, in der Absicht, dem gefallenen Gegner eine letzte Erniedrigung zuzufügen. Diese Interpretation stammt aus der Stadt Kingston-on-Thames in England, wo jährlich zu Ehren eines lange zurückliegenden Sieges ein *Shrovetide Football*-Spiel ausgetragen wurde. In einer Urkunde aus dem Jahre 1790 heißt es dazu: »Nach dem Tod des Anführers der dänischen Truppen wurde sein Kopf herumgetreten, um ihn zu verhöhnen. Der Brauch, am Jahrestag dieses Sieges mit einem Fußball zu spielen, ist seitdem immer beibehalten worden.«

Im *Shrovetide Football,* wie er immer noch jedes Jahr zur Fastnachtszeit in Ashbourne in Derbyshire gespielt wird, ist derjenige Sieger, dem es gelingt, den Ball ins *eigene Tor* (ein altes Mühlrad) zu schaffen und das Tor dreimal damit zu berühren. Diese rituelle Handlung beendet das Spiel, und der Torschütze wird damit zugleich stolzer Besitzer des diesjährigen Balls. Die Bedeutung des Balls in diesen frühen Spielen ist der des modernen Fußballsports diametral entgegengesetzt. Im mittelalterlichen Spiel kämpfte man um den Ball als Preis. Im modernen Sport ist der Ball ein Geschoß, mit dem man das feindliche Tor angreift. Im ersten Fall ist er also eine symbolische Beute, die der Pseudojäger im Triumph heimführt, während er im zweiten Fall die tödliche Waffe des Jägers symbolisiert.

Diese Umkehr der Funktion des Balls hat den modernen Fußball in ein Angriffsspiel verwandelt, bei dem das Tor immer wieder vom Feind attackiert wird, wohingegen in früheren Zeiten der Ball ein beschützter Gegenstand war, den es gegen den Feind, der ihn für sich selbst zu stehlen versuchte, zu verteidigen galt.

Manch einem bedeuten diese symbolischen Interpretationen wenig. Für ihn ist der moderne Fußball ein abstrakter Wettkampf physischer Fähigkeiten, etwa einem Schachturnier vergleichbar, mit dem Ball als zusätzlicher »unberechenbarer Größe«. Der französische Schriftsteller Jean Giraudoux faßte seine Ansicht über das Spiel mit folgenden Worten zusammen: »Fußball ist der König der Spiele … Alle großen Spiele der Menschheit sind Ballspiele … Der Ball steht in unserem Leben als Symbol, welches sich am leichtesten den Gesetzen des Lebens entzieht … Dies ist seine nützlichste Eigenschaft. Er vertritt auf Erden die außerirdische Kraft, die noch nicht völlig gezähmt werden konnte. Er besitzt keinerlei Ähnlichkeit mit der Konzeption des Animalischen, die in Begrenztheit mündet … Der Fußball verdankt seine universelle Verbreitung dem Umstand, daß er die maximale Wirkung des Balls zur Geltung bringt … Das Team verleiht dem Ball über seine ihm innewohnenden Fähigkeiten Elastizität und Unabhängigkeit hinaus die Kraft von elf klugen Köpfen und elfmaligem Ideenreichtum. Wenn die Hände aus dem Spiel verbannt wurden, dann deshalb, weil ihre Einmischung den Ball nicht als Ball, den Spieler nicht als Spieler bestehen lassen würde. Die Hände sind Betrüger … Der Ball duldet keinen Betrug, sondern nur erhabene Wirkungen.«

26 Die Kleidung

HEMDEN UND HOSEN

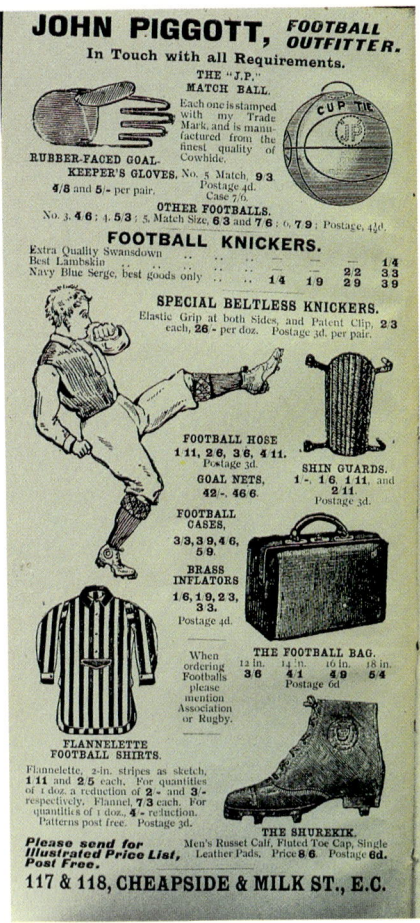

Seit den Anfangstagen des Fußballs hat sich die Kleidung der Spieler stark verändert. Ihre Entwicklung ist die Geschichte eines ständigen Konflikts zwischen Schutz gegen das Wetter und gegen Verletzungen einerseits und dem Streben nach Bewegungsfreiheit andererseits. Der Wettstreit wird ziemlich einseitig geführt, da die Bewegungsfreiheit mehr und mehr die Oberhand gewonnen hat.

Der Grad an »Bedeckung«, wie man ihn auf den Bildern von Spielern aus dem neunzehnten Jahrhundert betrachten kann, ist verblüffend. Die Teilnehmer des allerersten Cup-End-spiels aus dem Jahre 1872 betraten den Platz in schweren Stiefeln, dicken wollenen Socken, Hosen, die bis über die Socken reichten oder in diese hineingestopft waren, schweren langärmeligen Wollpullovern und anliegenden Kopfbedeckungen im Stil der Fischermützen oder Kappen mit kurzem Schirm. So geschützt absolvierten sie ein Spiel, in dessen Verlauf auch nicht das kleinste Fleckchen eines nackten Beines den Elementen oder dem unsanften Zugriff der Gegner ausgesetzt war.

In diesen Spielen der ersten Stunde wurden häufig Schützer ans Schienbein geschnallt, wie wir sie heute vom Kricket kennen. Solche Schutzkleidung macht die Spieler natürlich unbeweglicher, aber im neunzehnten Jahrhundert war Fußball ohnehin ein wesentlich langsameres, schwerfälligeres Spiel als heute. Als das Tempo schneller wurde, mußten Kleidungsstücke, die den Bewegungsablauf hemmten, weichen. Alle außer dem Torhüter verzichteten auf Mützen und Kappen. Heute kommen Mützen nur noch für Torhüter in Frage, die von der Sonne geblendet werden, und als Ehrenzeichen, mit dem traditionsgemäß die englischen Fußballer ausgezeichnet werden, die zu Nationalspielern avancieren. Wer für sein Land spielt, erhält als Andenken eine Schirmmütze, die er zwar nie tragen wird, die er aber sorgfältig unter die geschätzten Souvenirs seiner Karriere aufnimmt. In dieser Auszeichnung hat sich der erstarrte Rest der ältesten Fußballausrüstung erhalten.

Je beweglicher das Spiel wurde, desto leichter präsentierte sich die Kleidung, und nach und nach fing sie an zu schrumpfen. Die Pulloverärmel wurden kürzer, und die Hosensäume rutschten von der Wade bis knapp übers Knie hinauf. Die nackten Knie waren nun zwar Kälte und Verletzungen preisgegeben, man konnte sich aber während brisanter Entscheidungsmomente viel leichter bewegen. Die lästigen Beinschützer, die man ursprünglich über die Socken geschnallt hatte, schrumpften ebenfalls und verschwanden unter den Socken. Einzig die Stiefel wurden fester und schwerer.

Die Hosen wurden zwar kürzer, waren aber immer noch ziemlich eng geschnitten. Mit dieser Tradition wurde als nächstes gebrochen. Man änderte die Hosen, machte sie lockerer und bauschiger, ungeachtet der Tatsache, daß sie dadurch zugänglicher wurden. Die Oberschenkelmuskeln waren der Kälte nun stärker ausgesetzt, aber wie die Knie hatten sie dafür

Was der gutgekleidete Fußballer 1901 trug: von gürtellosen Kniehosen über Flanellhemd zu Shurekikstiefeln und Schienbeinschützern.

Englands Kapitän Bobby Moore feiert die Übergabe seiner 100. Mütze. Seine ersten 99 Mützen – eine für jeden internationalen Auftritt – werden auf den Köpfen junger Fans einer Schule in West Ham vorgeführt.

größere Bewegungsfreiheit. Nach heutigen Maßstäben waren diese Shorts allerdings immer noch recht lang, denn sie reichten fast bis zu den Knien. So etwa sah der Dreß der Fußballspieler während der ersten Hälfte des zwanzigsten Jahrhunderts aus. Der Hosensaum mag im Laufe der Jahre um ein paar weitere Zentimeter hinaufgerutscht sein, aber grundsätzlich blieb der Stil der »bauschigen Shorts und schweren Stiefel« bis zum Zweiten Weltkrieg die tonangebende Fußballerkluft.

Erst in der Nachkriegszeit fand die nächste größere Veränderung statt, hauptsächlich dank der durch den stark verbesserten Reiseverkehr ermöglichten ungemeinen Zunahme an internationalen Begegnungen. Spieler aus den kalten Ländern Nordeuropas trafen auf einen neuen und aufregenden Spielertyp aus den warmen Regionen des Mittelmeers und aus Südamerika. Das klimatische Problem dieser Männer war dem der Nordländer diametral entgegengesetzt. Bei schnellem Spiel litten sie unter der Hitze; die schneidende Kälte, um derentwillen sich die nördlichen Spieler in den Anfangszeiten des Sports so dick eingemummt hatten, war ihnen dagegen fremd. Sie hatten ihr Problem durch noch größere Verminderung der Kleidung gelöst. Sie bevorzugten übertrieben kurze Shorts, äußerst leichte Materialien, kurze Ärmel und leichte, biegsame Schuhe, die sich nur durch die Stollen von einfachen Rennschuhen unterschieden. Mit anderen Worten, sie kleideten sich für Fußball wie für einen Leichtathletikwettkampf. Als diese spärlich bekleideten Gestalten erstmals auf nordeuropäischen Fußballplätzen erschienen, erregten sie gelinden Spott. Die rauhen Nordländer hielten ihre tänzelnden, halbentblößten Körper für zart und »verweichlicht«. Aber die Qualität ihres Spiels änderte diese geringschätzige Haltung bald. Ihr Können und ihr Tempo standen außer Frage, und nach kurzer Zeit wendete sich das Blatt. Jetzt waren es die Nordländer, deren Dreß albern wirkte und deren sackartige, bauschige Shorts plötzlich plump und altmodisch wirkten. Im Handumdrehen wurden sie kürzer und kürzer, bis man schließlich bei den Minishorts anlangte, die von der ganzen heutigen Fußballwelt als selbstverständliche Standardbekleidung akzeptiert werden. Und auch die schweren, alten Stiefel verschwanden für immer in den Schaukästen der Museen.

Die Schienbeinschützer wurden ebenfalls kleiner, ja, viele Spieler legten sie ganz ab und zogen es vor, in fortgeschrittenem Spielstadium mit heruntergerollten Socken zu spielen,

Obere Reihe: Die Entwicklung der Fußballshorts ist eine Geschichte fortschreitender Verkürzung (von links nach rechts). Die langen Hosen der Anfangszeiten (hier eine Nachahmung aus dem Jahre 1972); die langen Shorts der Jahrhundertwende, mit freien Knien; die sackartigen Shorts Mitte des zwanzigsten Jahrhunderts; die kurzen Shorts der zweiten Hälfte des zwanzigsten Jahrhunderts und der neueste Trend, Shorts mit eingeschnittenem Saum, ein von den Leichtathleten entliehener Stil.

Mitte und unten: Die Hemdformen sind noch immer unterschiedlich. Einige Clubs bevorzugen schlichte runde Ausschnitte, andere bestehen auf V-Ausschnitt mit oder ohne Kragen und Zierknöpfen. Die Ärmel können lang oder kurz sein.

The "REFEREE" Ball, 10
Postage 4d.
THE "GAMKICK."
Easy, Pliable, ensures a firm grip and great power when kicking.
Brown Russet Calf.
Men's 8/11
Youths' 7/11.
Scotch Chrome guaranteed waterproof, Men's, 8/6,

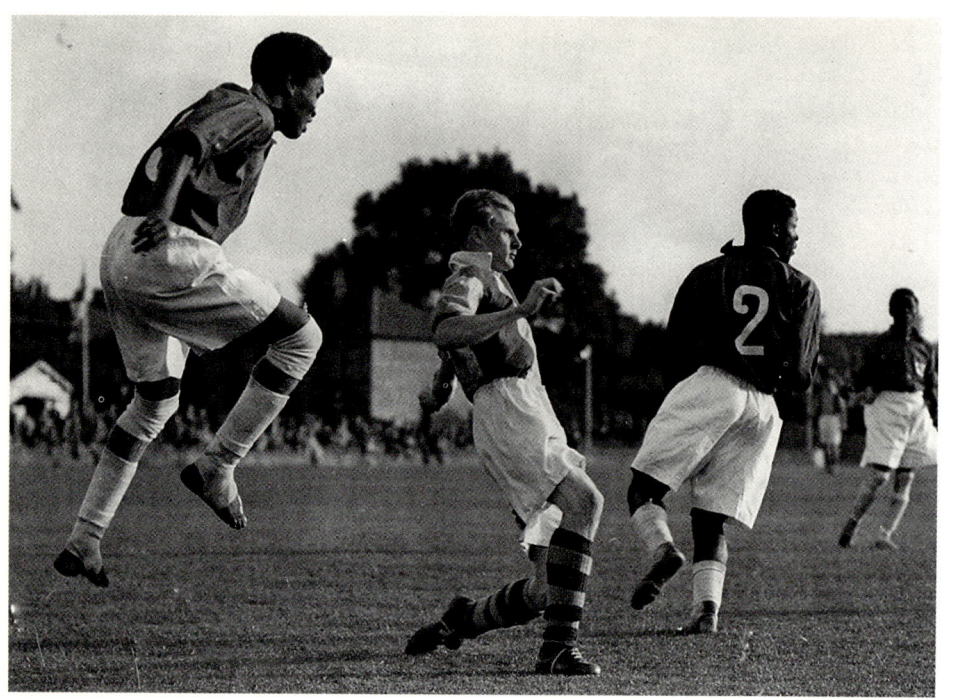

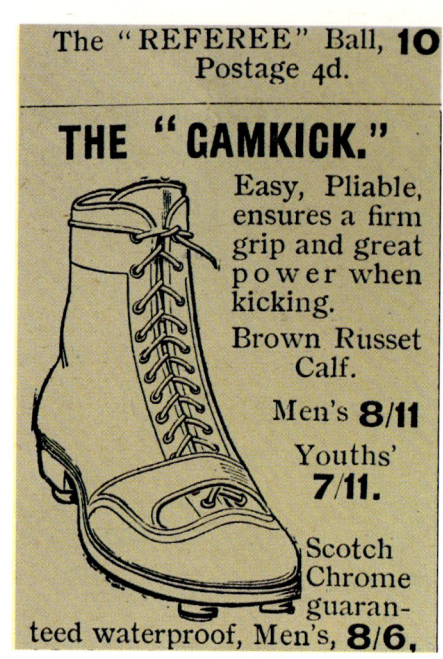

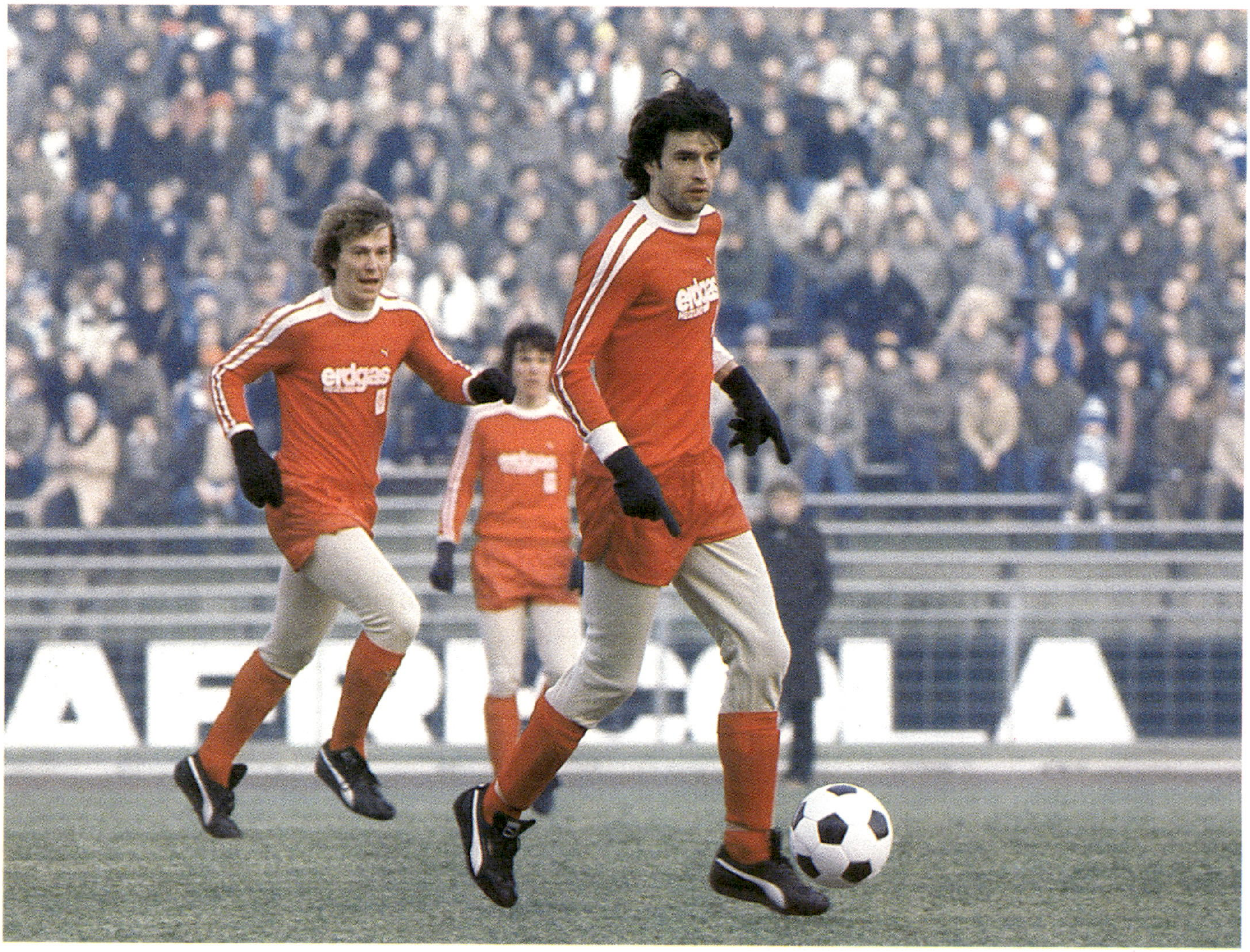
erdgas

Obere Reihe: Manche Teams aus heißen Ländern – wie hier von Afrikas Goldküste – ziehen es vor, Fußball barfuß zu spielen (ganz links). Im Vergleich dazu trugen Englands erste Fußballer knöchelhohe Stiefel (links). Stanley Matthews' viel kleinere Schuhe waren typisch für den Fußball Mitte des zwanzigsten Jahrhunderts (oben). Modernes Design und moderne Materialien haben den Stiefel der Anfangszeiten in einen modifizierten Rennschuh verwandelt (rechts).

An kalten Tagen (links) greifen Spieler manchmal auf Strumpfhosen und Handschuhe zurück, um sich warm zu halten.

was zwar das Risiko von Schienbeinverletzungen erhöhte, aber zusätzliche Beweglichkeit garantierte.

In den kältesten Wintermonaten verursacht dieser neue athletische Stil der Fußballkleidung im Norden Europas manchmal Probleme, die bei der alten Ausrüstung nicht auftraten. Die Beinmuskeln können während der weniger aktiven Spielperioden ernsthaft unterkühlt werden, und einige Spieler sind heimlich zu der Beinbedeckung von gestern zurückgekehrt. Sie tragen nun beinahe unsichtbare Strumpfhosen, ähnlich jenen der Balletttänzer. Ihre Verwendung ist jedoch immer noch selten, weil die Zuschauer und die Mitspieler sie für lächerlich halten, aber für einsame Feldspieler, die oft auf vereistem Boden herumstehen müssen, während sich das Spiel vor ihrem eigenen Tor konzentriert, sind sie durchaus ein wirksamer Schutz.

Bei Torhütern macht sich das Problem noch stärker bemerkbar. Beherrscht ihre Mannschaft über lange Strecken das Spielgeschehen, so stehen sie über große Zeitspannen hinweg frierend zwischen ihren Torpfosten. Wenn sich dann die gegnerische Mannschaft plötzlich befreit und über den Platz auf sein Tor zugestürmt kommt, dann muß der zitternde Torwart irgendwie seine eisigen Glieder aktivieren, um in höchster Not retten zu können. Im stärksten Winter geben viele Torhüter den Kampf auf, kehren zu der altertümlichen vollen Beinbedeckung zurück und tragen einen dicken Pullover und lange Trainingshosen. Manche ziehen außerdem Spezialhandschuhe an, deren Oberfläche sicheren Griff garantiert und gleichzeitig die Blutzirkulation in den Fingern in Gang hält.

Seit dem Verschwinden der sackartigen Hosen Mitte des zwanzigsten Jahrhunderts und der weltweiten Übernahme der leichtgewichtigen Spielausrüstung mit verkürzten Shorts hat es kaum nennenswerte Veränderungen gegeben, wenn man von der Einführung neuer, leuchtenderer Materialien absieht, die den ergebenen Anhängern die Vereinsfarben wirkungsvoller präsentieren. Lediglich Details wurden geändert. Man experimentierte mit verschiedenen Ausschnitten, einige rund, andere V-förmig, manche mit Kragen und andere ohne. Verschiedene Teams bevorzugen unterschiedliche Hemdarten, und es scheint keine klare Antwort auf die Frage zu geben, welches die wirkungsvollste Kleidung für die zunehmend athletisch ausgerichtete Spielmode ist.

Aber auch das Streitthema kurze Ärmel oder lange Ärmel scheint noch ungeklärt zu sein, und manchmal kann man innerhalb einer Mannschaft bei einem Spiel beide Alternativen sehen.

Die letzte Einzelheit, die einer Veränderung unterworfen wurde, ist die Saumform der

Shorts. Auch das ist ein aus der Welt der Leichtathletik geborgter Trend, wo in den letzten Jahren ein abgerundeter Saum eingeführt wurde. Diese neue Mode zielt darauf ab, die Leichtigkeit der Beinbewegung beim schnellen Rennen zu verbessern, und viele Fußballteams haben sich auf diesen Shortstyp mit kleinem Aufwärtsschlitz im Saum an der Außenseite des Oberschenkels umgestellt. Der lange Prozeß der Schrumpfung der Fußballkleidung hat unzweifelhaft seine Grenze erreicht. Die Spieler sind nun so leicht wie irgend möglich gekleidet, und falls keine entscheidende Veränderung des Spielstils stattfindet, ist es unwahrscheinlich, daß wir auf viele Jahre hinaus einen weiteren Wandel der Ausrüstung erleben.

Bei der Repräsentation ihrer Mannschaft neigen Fußballer heute dazu, untadelige Zivilkleidung zu tragen, meist Anzüge oder Blazer. Dies geschieht vor allem deshalb, um den pseudomilitärischen Forderungen ihrer Manager nachzukommen, und wenn die Regel, schick und elegant zu sein, verletzt wird, dann bekommen mit einiger Wahrscheinlichkeit sogar berühmte Spieler eine Geldstrafe wegen »schlampiger Kleidung« aufgebrummt.

27 Die Farben

BUNTE STAMMESSIGNALE

Auf den ersten Blick scheinen die Farben der Stammeshelden einfach nur dekorativ zu sein, aber das ist irreführend. Wenn sie in wechselnden Mustern über den grünen Rasen wirbeln, ergeben sie zwar ein attraktives Bild, doch die primäre Funktion der Farben erschöpft sich nicht im visuellen Reiz.

In Wirklichkeit stellen sie wertvolle Stammessignale dar. Ähnlich den Reizfarben vieler Tiere und Blumen transportieren sie wichtige Botschaften über ihre »Eigentümer«. Diese Funktion der Farben beschränkt ihre Zahl. So gibt es weder Teams, die in Hemden mit großen rosa Tupfen auf einem Hintergrund purpurner Spiralen antreten, noch solche, die ihre Helden grau und braun gestreift auf den Platz schicken. Was zunächst wie eine wilde Kakophonie verwirrender Farben und Muster anmutet, erweist sich bei näherer Prüfung als eine genau berechnete Euphonie.

Eine Untersuchung der Spitzenteams aus England, Schottland, Frankreich und Italien ergibt, daß in allen vier Ländern das populärste Hemdmuster auf einer einzigen Grundfarbe beruht. (Die Shorts und Stutzen wiederholen für gewöhnlich diese Farbe oder kontrastieren

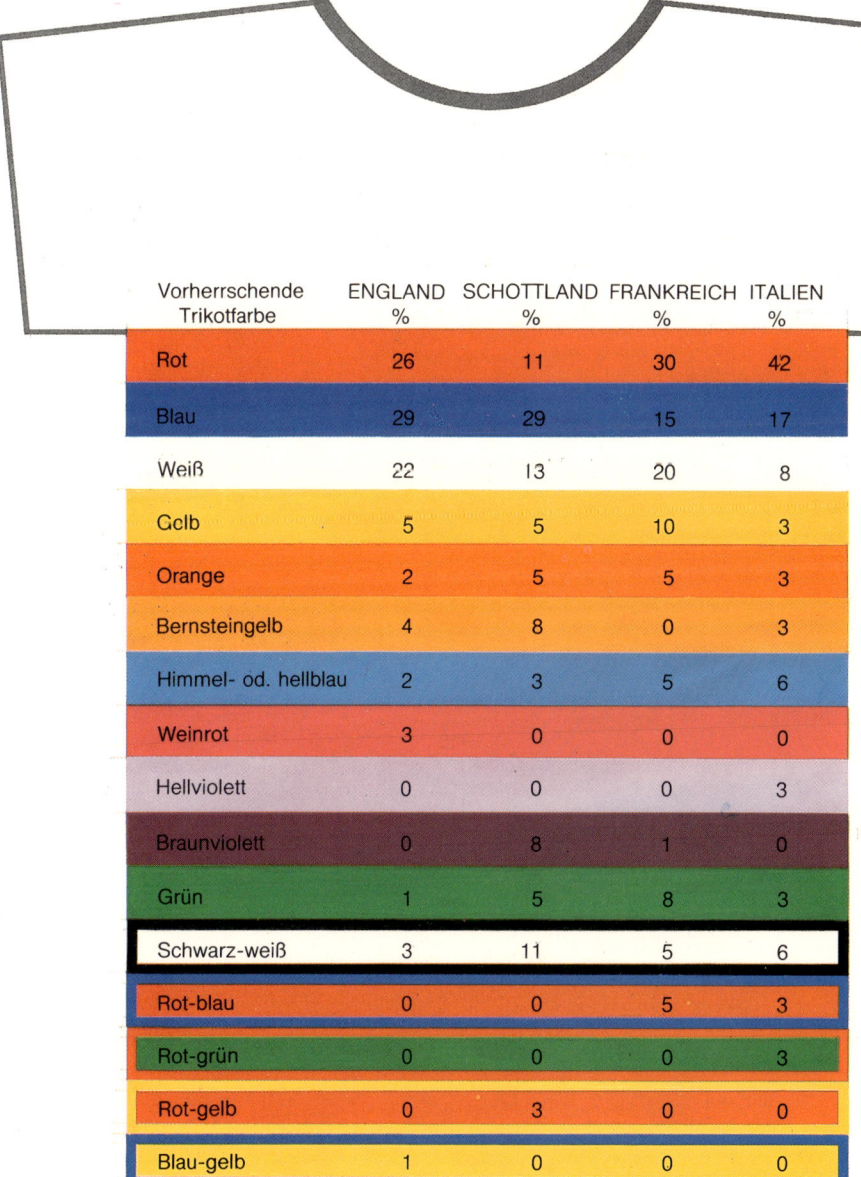

Vorherrschende Trikotfarbe	ENGLAND %	SCHOTTLAND %	FRANKREICH %	ITALIEN %
Rot	26	11	30	42
Blau	29	29	15	17
Weiß	22	13	20	8
Gelb	5	5	10	3
Orange	2	5	5	3
Bernsteingelb	4	8	0	3
Himmel- od. hellblau	2	3	5	6
Weinrot	3	0	0	0
Hellviolett	0	0	0	3
Braunviolett	0	8	1	0
Grün	1	5	8	3
Schwarz-weiß	3	11	5	6
Rot-blau	0	0	5	3
Rot-grün	0	0	0	3
Rot-gelb	0	3	0	0
Blau-gelb	1	0	0	0

Die Häufigkeit der verschiedenen Trikotfarben der Spitzenclubs von England, Schottland, Frankreich und Italien. Rot, Blau und Weiß sind am beliebtesten. Ein rot-weißes oder rot-schwarzes Hemd wird hier als rot gezählt, blau-weiß als blau usw. Dies geschieht deshalb, weil die leuchtendere Farbe diejenige wäre, die von den Offiziellen bei der Entscheidung berücksichtigt werden würde, ob eine Farbkollision vorliegt und Trikotwechsel notwendig ist. Nur bei gleichstarken Farben wie beispielsweise rot-grün werden die Hemden als eindeutig »zweifarbig« eingestuft.

Die 92 englischen Ligamannschaften und ihre Farben

Die 92 englischen Ligaclubs, ihren Farben entsprechend angeordnet. Blau, Rot und Weiß kommen am häufigsten vor, gefolgt von Gelb und Orange.

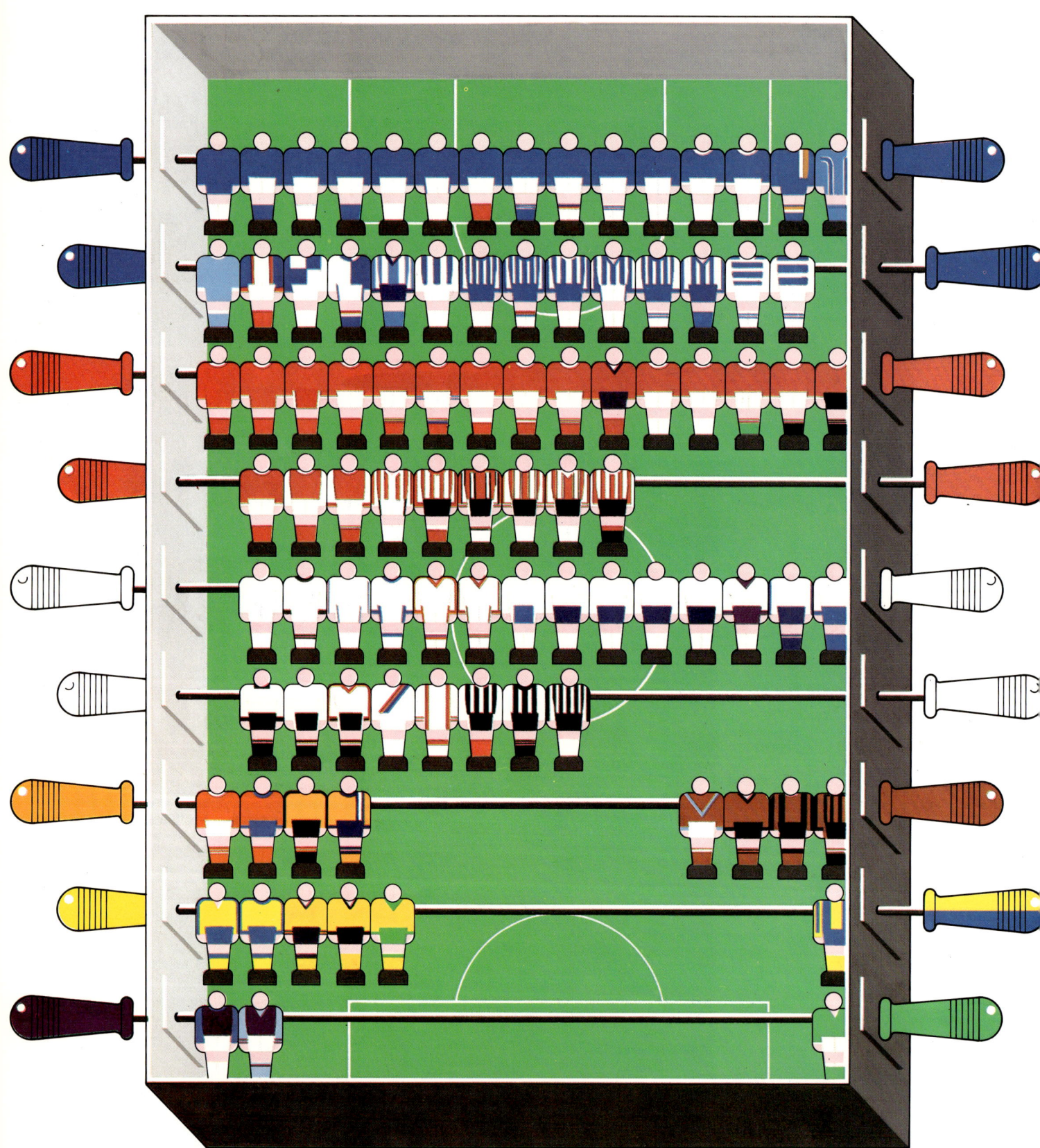

200

sie in schlichtem Schwarz oder Weiß.) Die häufigste Farbe in England und Schottland ist *Blau,* in Frankreich und Italien *Rot.* An zweiter Stelle in der Beliebtheitsskala steht in England *Rot,* in Italien *Blau* und in Schottland und Frankreich *Weiß.*

Nach Rot, Blau und Weiß folgen Gelb und Orange, wenngleich diese beiden nirgendwo sonderlich stark verbreitet sind. Zu den selten benutzten Farben gehören Grün, Weinrot, blasses Himmelblau, Kastanienbraun und Violett. Rosa, Grau, Braun und Schwarz existieren praktisch nicht als Grundfarben.

Neben dem einfarbigen besteht das gebräuchlichste Hemdmuster aus vertikalen Streifen. Horizontale Farbbänder, als Reifen bezeichnet, sind in einigen Gegenden ebenfalls recht verbreitet, obwohl sie in bestimmten Ländern auf dem Kontinent überhaupt nicht aufzutauchen scheinen.

Andere Muster zeigen eine breite diagonale Schärpe oder eine vertikale Schärpe auf der linken Seite des Körpers. »Geviertelte« oder »halbierte« Hemdmuster gehören zu den seltenen Formen.

Warum dominieren bestimmte Farben und Muster? Warum gibt es keine geblümten Muster, keine Flecken, Tropfen, Kurven oder Farbspiralen auf den Trikots der Helden? Warum existieren keine vielfarbigen Hemden mit kühnen abstrakten Mustern? Um diese Fragen beantworten zu können, muß man notwendigerweise die Grundfunktion der Stammesfarben analysieren. Sie wirken als visuelle Signale auf vierfache Weise:

1. Sie sollen den Träger *hervorheben.* Damit sind alle langweiligen Brauns und Graus und die blassen, zarten oder ausgewaschenen Pastellschattierungen eliminiert. Auch unterbrochene oder fleckige Farbarrangements fallen aus, da sie mehr zur Tarnung der Spieler dienen würden. Selbst bestimmte leuchtende Farben oder kühne Muster sind in Verbindung mit dem Fußball unpassend, aufgrund spezieller Charakterzüge des Spiels. Die Wichtigkeit des großen, runden Balls bedingt, daß hervorstechende Kreismotive tabu sind. Es gibt keine Fußballhemden, auf denen große Flecken oder Kreise zu sehen sind (obwohl das zum Beispiel in der Welt des Pferdesports auf den Trikots der Jockeys häufig vorkommt). Die Tatsache, daß Fußball sich stets vor dem grünen Hintergrund des Rasens abspielt, bedeutet, daß selbst ein im strahlendsten Grün gehaltener Dreß Gefahr läuft, übersehen zu werden,

Farbraritäten aus der Fußballwelt: das Purpur der Fans von Anderlecht (links) und das Dunkelbraun von Coventrys Ersatztrikots (unten).

Obwohl die meisten Clubs einfarbige Kleidung haben, bevorzugen einige ein Muster. Die Dessins sind fast immer schlicht und einfach, wobei am häufigsten noch eine Anzahl senkrechter Streifen vorkommt. Die Zusammenstellung zeigt einige Muster, die heutzutage Verwendung finden.

Einfarbig   Farblich abgesetzte Ärmel   Halbierung   Quadrate

Senkrechte Streifen   Waagerechte Streifen   Senkrechtes Band   Schrägband

Die vorherrschenden Trikotmuster der 100 Spitzenmannschaften Englands, Schottlands, Frankreichs und Italiens

Vorherrschendes Muster	E %	S %	F %	I %
Einfarbig	64	55	70	61
Senkrechte Streifen	24	11	15	22
Waagerechte Streifen	2	16	0	0
Senkrechtes Band (auf der linken Seite)	2	8	5	8
Senkrechtes Band (auf der rechten Seite)	0	3	0	0
Schrägband	1	0	5	3
Großes V-Muster	2	3	5	0
Streifenpaar (senkrecht)	2	5	0	0
Quadrate	1	0	0	6
Halbierung	1	0	0	0

V-Muster   Senkrechtes Streifenpaar   Waagerechtes Streifenpaar   Mittelband

Das seltene blau-rote Muster (oben) mit dem Brust-streifen ist wahrscheinlich deshalb ungewöhnlich, weil das horizontale Farbband aus der Entfernung zu sehr an ein Bikinioberteil erinnert.

wenn die Spieler über den Platz rennen. Als Folge davon ist Grün die seltenste unter den »kühnen« Farben.

Die wichtigste Anforderung ist, daß die Farben, vor allem die Hemdfarben, die Spieler *auf Distanz* so auffällig wie möglich erscheinen lassen. Aus der Nähe gibt es da kein Problem. Selbst ein schlammbedecktes Trikot ist aus ein paar Metern Entfernung noch deutlich erkennbar. Aber wenn ein Spieler einen weiten Paß zu einem Mannschaftskameraden schlägt, muß der ihn auf Anhieb erkennen können, oft genug im Bruchteil einer Sekunde, aus den Augenwinkeln heraus, und dann bietet ein leuchtender, kühner Farbklecks die beste Orientierung.

Für diesen Zweck ist ein reines Rot die wertvollste aller Farben.

2. Sie müssen ihre Träger *von ihren Gegnern unterscheiden.* Sowohl für die Spieler als auch für die Zuschauer ist es wichtig, daß ein maximaler Kontrast zwischen den Farben der beiden Teams besteht. Dies läßt sich auf zwei Arten erreichen. In der Welt des Pferderenn-sports verfügt jeder Eigentümer über einen einzigartigen Satz Farben für seine Jockeys. Um Verwirrungen zu vermeiden, sind dazu ziemlich ausgetüftelte Kombinationen von Farben und Designs nötig. Aber es gibt keine Alternative, weil jeder einzelne Jockey im Wettstreit mit allen anderen Jockeys liegt. Es existieren keine Mannschaften. Beim Fußball hingegen muß sich das gesamte Team gleichzeitig nur von einem rivalisierenden Farbmuster abheben. Das heißt, wenn jedes Team stets bei Heimspielen seine eigenen Farben trägt und für Auswärtsspiele eine zweite Farbe (genannt »Wechselkluft«) bereithält, dann gibt es keine Probleme. Viele Auswärtsspiele erfordern ohnehin keinen Wechsel der Heimfarben, doch wenn es zu einer Farbkollision kommt, dann kann die »Wechselkluft« rettend einsprin-gen.

Aus psychologischen Gründen treten Spieler lieber in ihren Heimfarben an und sind für gewöhnlich unglücklich, wenn sie bei Auswärtsspielen ihre zweiten Farben überstreifen müssen. Auch die mitreisenden Fans, die oft die Heimfarben in Form von Flaggen oder Halstüchern mit sich führen, sehen ihre Helden lieber in den ihnen vertrauten Trikots. Es besteht also eine gewisse Verpflichtung, zu viele Wechsel zu vermeiden. Daher wird das Muster der Trikots so einfach wie möglich gehalten. Wenn beispielsweise ein bestimmter Verein ein rot-, gelb- und blaugefärbtes Hemd hätte, so würde das bedeuten, daß die Sportfunktionäre ein Antreten in der »Wechselkluft« bei allen Auswärtsspielen fordern würden, in denen die Heimmannschaften vorherrschend Rot, Gelb oder Blau trügen. Das würde aber auf die Mehrzahl der gegnerischen Teams zutreffen, und der Club müßte bei fast jedem Auswärtsspiel in seiner »Wechselkluft« antreten. Wenn hingegen die Heimtrikots nur aus einer einzigen dominierenden Farbe bestehen, nehmen wir an Rot, dann müßte nur bei Besuchen bei »roten Clubs« gewechselt werden. Deshalb sind schlichte, vorherrschend einfarbige Trikots am beliebtesten, und hier liegt auch ein weiterer Grund dafür, daß kom-plexe und umfangreiche Farbzusammenstellungen so ungemein selten sind. Die Vorteile, einen einzigartigen, weltweit identifizierbaren Dreß zu tragen, werden von dem Wunsch überwogen, die Heimfarben bei so vielen Auswärtsspielen wie nur irgend möglich hochhal-ten zu können.

3. Sie müssen ihre Träger *von ihren nächsten Nachbarn unterscheiden.* Wo immer eine Stadt zwei bedeutende Fußballvereine besitzt, muß zwischen ihnen aus territorialen Gründen ein starker Farbkontrast herrschen. Die Anhänger der beiden Clubs möchten sich voneinander unterscheiden, und es ist besonders wichtig, daß beim jährlichen »Lokalderby«, wenn die rivalisierenden Parteien aufeinandertreffen, jede Mannschaft ihre sog. Heimfarben tragen kann.

Deshalb trägt Manchester United Rot und Manchester City Blau; Liverpool ist rot und Everton blau; Nottingham Forest ist rot und Notts County schwarzweiß; Dundee trägt Blau und Dundee United Orange; Bristol City ist rot, die Bristol Rovers sind blauweiß. Bei Großstädten erwächst aus diesem Unterscheidungszwang ein kleines Problem. In London zum Beispiel gibt es nicht weniger als zwölf professionelle Ligaclubs, und das belastet die Möglichkeiten lokaler Farbkontraste bis zur äußersten Grenze. Die Londoner Lösung ist folgender Tabelle zu entnehmen:

Dominierende Farbe	Londoner Club	Hemden	Shorts	Stutzen
Rot	1) Arsenal	mit weißen Ärmeln	weiß	rot
	2) Charlton	rot	weiß	rot
	3) Brentford	rotweiß gestreift	schwarz	schwarz
Blau	4) Chelsea	blau	blau	weiß
	5) QPR	blauweiß geringelt	weiß	weiß
	6) Millwall	blau	weiß	blau
Weiß	7) Spurs	weiß	blau	weiß
	8) Fulham	weiß	schwarz	weiß
	9) Orient	mit zwei roten Linien	mit zwei roten Linien	weiß
Weiß	10) Palace	mit blauroter Diagonalschärpe	weiß	weiß
Weinrot	11) West Ham	mit blauen Ärmeln	weiß	weiß
Gelb	12) Watford	mit schwarzroten Ärmelstreifen	schwarz	schwarz

Betrachtet man diese Liste, dann wird deutlich, daß sich mit Ausnahme von West Ham und Watford kein Team zu ausgefallenen Farben gedrängt hat, um Kollisionen in der dichtbesiedelten Londoner Region zu vermeiden. Statt dessen behaupteten die drei Spitzenfavoriten Rot, Blau und Weiß ihre Vorrangstellung. Die Verwirrung, die dadurch hätte verursacht werden können, wurde durch zwei Faktoren gemindert. Zuerst einmal wurden der Grundfarbe des Hemdes eine ganze Anzahl kleinerer Variationen hinzugefügt; verschiedenfarbige Shorts oder Stutzen und die Verwendung von Hemdmustern mit Streifen, Ringeln und Schärpen sorgten für weitere Unterscheidungsmerkmale. Zweitens hat man eine »Klassenunterscheidung« getroffen, wonach Spitzenclubs die Farben von niederrangigen Vereinen, auf die sie wahrscheinlich äußerst selten treffen werden, mehr oder weniger ignorieren. Die vier Londoner Clubs zum Beispiel, die man am häufigsten in der Ersten Liga findet (manchmal mit kurzfristigen Abrutschern in die Zweite Liga), sind Arsenal, Spurs, Chelsea und West Ham. Zwischen diesen vier kommt es zu keiner Farbkollision. Sie haben sich für Rot, Weiß, Blau und Weinrot entschieden. Die vier am häufigsten in den unteren Ligen vertretenen Clubs sind Brentford, Orient, Millwall und Watford. Auch zwischen diesen vier gibt es keine Farbkollision. Sie tragen Rot, Weiß, Blau und Gelb. So funktioniert selbst im mit Vereinen überhäuften London das Farbkontrastsystem zufriedenstellend, obwohl es auf den ersten Blick nicht leicht erkennbar ist.

4. Sie müssen ihren Trägern einen *psychologischen Vorteil* verschaffen. Auffallende Farben sind nicht nur eine Orientierungshilfe für den Spieler, der einem Mannschaftskameraden den Ball zuspielen will, sondern sie schüchtern auch den Feind ein. Sie senden Botschaften an das Unbewußte, die besagen: »Ich bin furchtlos, ich habe keine Angst, mich zu zeigen.« Je leuchtender die Farbe, desto bedrohlicher wirkt der Träger. In diesem Punkt ähneln Fußballer gefährlichen Tieren. Jede Tierspezies, die über eine besondere Verteidigungswaffe verfügt, wie zum Beispiel die Schlange über ihr Gift, die Wespe über ihren Stachel oder der Skunk über seinen übelkeiterregenden Gestank, muß diesen Vorteil ihren potentiellen Feinden verkünden. Dies geschieht dadurch, daß die Tiere irgendeine »Warnfarbe« tragen, auf die ihre Feinde sofort reagieren, sobald sie ihrer ansichtig werden. Giftschlangen haben oft breite orangefarbene und schwarze Bänder; Wespen heben sich in Gelb und Schwarz ab; Skunks sind schwarzweiß gestreift. Fast alle giftigen oder sonst gefährlichen Tiere kündigen ihre Gegenwart durch Warnfarben an, und es ist verblüffend, wie viele von ihnen so aussehen, als würden sie ein Fußballtrikot tragen. Die Parallelen sind auffallend, vor allem bei den Streifen- und den Bandmustern. Der Vorteil beim Tragen kontrastierender Farbfelder besteht darin, daß die Kontrastlinien erhalten bleiben, ganz gleich, wie sich der Hintergrund verändert. Und das trifft auf Tiere ebenso zu wie auf Fußballer.

Es ist denkbar, daß »giftige« Farbmuster den Feinden des Trägers das unbewußte Gefühl vermitteln, sie könnten bei zu engem Kontakt »gestochen« oder »vergiftet« werden. Selbst wenn dieser psychologische Vorteil auf einer sehr primitiven Ebene wirkt, so ist er keineswegs zu verachten. Die Spieler selbst mögen über solch eine Andeutung lachen, aber die

Die kühnen, einfachen, auffälligen Farbmuster der Fußballer ähneln sehr stark den Warnfarben bestimmter giftiger Tiere. Dadurch sehen die Spieler gefährlicher aus.

Wirkung einprägsamer Farben läßt sich schwer abschätzen, wenn sie von einem Gegner getragen werden, der sich auf einen stürzt. Mit großer Wahrscheinlichkeit wirkt er bedrohlicher, wenn er wie ein riesiges, stechendes Insekt in lebhaft kühne, kontrastierende Farben gekleidet ist, als wenn er in Babyblau oder irgendeiner anderen sanften Pastellfarbe daherkommt.

Berücksichtigt man diese Überlegung, so scheint es logisch, ein Übergewicht an Rot, Gelb und Orange unter den Stammesfarben zu erwarten und nicht die tatsächlich überwiegenden Farben Rot, Blau und Weiß. Blau, selbst einem dunklen Blau, scheint die Grimmigkeit zu fehlen, die die weite Verbreitung dieser Farbe rechtfertigen würde. Und Weiß wirkt zu ausgewaschen und farblos. Gelb- und Orangetöne hingegen kommen bei gefährlichen Tieren so häufig vor, daß es erstaunlich ist, sie auf dem Fußballfeld nicht auch in größerer Zahl anzutreffen. Welche Erklärung gibt es für diesen Widerspruch?

Es scheint, als wären hier noch besonders zu erforschende psychologische Assoziationen am Werk, die an Bedeutung den einfachen Schauwert der Farben übertreffen. Obwohl Gelb die fröhliche, strahlende, optimistische Farbe der Sonne und des Sandes ist, wird sie auch als Symbol für Neid und Feigheit gebraucht, und in dieser Assoziation ist wohl der Hauptgrund für die mangelnde Popularität der Farbe zu suchen. Orange scheint dieser diskriminierenden Etikettierung zu entgehen, allerdings leidet dieser Ton unter einem anderen Nachteil. Orange ist nämlich eine Zwischenfarbe, auf halbem Wege zwischen Gelb und Rot, und alle Zwischenfarben sind beim Fußballstamm unbeliebt, ebenso wie alle blassen Varianten kräftiger Farben (zum Beispiel Blaßblau, Zartrosa usw.). Es scheint, als ob allen Zwischenfarben der psychologische Nachteil der Assoziation »Unentschlossenheit« anhaftet. Sie können sich gewissermaßen nicht entscheiden, welcher Grundfarbe sie zugehören. Ist Orange nun ein gelbliches Rot oder ein rötliches Gelb? Diese Ungewißheit vermindert den Symbolgehalt der Farbe und reduziert sie als Folge davon zu einer vergleichsweise seltenen Stammesfarbe.

Betrachtet man die populären Farben, so ist die Vorliebe für Rot leicht zu verstehen. Es ist die auffallendste aller Farben, vor allem auf größere Entfernung, und besitzt als das Pendant für Blut, Energie, Leben, Macht, Kraft und Intensität eine gewaltige symbolische Wirkung. Für jede Sportmannschaft ist es die perfekte Farbe, und man versteht kaum, warum sie sich in manchen Ländern nicht noch größerer Beliebtheit erfreut.

Die große Pupularität von Blau hingegen ist schwerer zu erklären. In vieler Beziehung ist Blau, die Farbe des Friedens, der Ruhe, Harmonie und Loyalität, das Gegenteil von Rot. Das Geheimnis dieser Farbe liegt vielleicht in ihrer Botschaft. Ihre Anziehungskraft bilden vornehmlich die beruhigenden Signale, die sie von einem Mannschaftskameraden zum anderen sendet und nicht die Botschaft der drohenden Gewalt, die leuchtendrote Trikots dem Feind übermitteln. Trifft diese Vermutung zu, dann würde der Mangel an Angriffslust durch die beruhigende, vertraueneinflößende Wirkung in den Reihen des blaugekleideten Teams ausgeglichen.

Weiß ist eine weitere Farbe (oder, um es technisch korrekt auszudrücken, eine *Nichtfarbe*), deren Popularität schwer zu verstehen ist. Als Symbol steht Weiß für Tod und Furcht, für Eis und Schnee und Kälte, für Reinheit und Unschuld; kaum die Eigenschaften, deren man auf dem Sportplatz bedarf. Außerdem sieht man jeden Flecken darauf, und während eines Spiels wird ein weißer Dreß schnell schmutzig. Trotzdem ist Weiß eine der drei beliebtesten Stammesfarben. Die einzige Erklärung für ihre Popularität (abgesehen von ihrer unbestreitbaren Auffälligkeit) liefert eine zusätzliche Symbolbedeutung der Farbe: sie gilt nämlich als Erkennungszeichen des Helden. Als viele der Clubs gegründet wurden, gegen Ende des neunzehnten und zu Beginn des zwanzigsten Jahrhunderts, da waren in England zwei Sätze in aller Munde: »Das ist weiß (anständig) von dir« und »Seine schwarze Seite«. In diesen Sprichworten bedeutete Weiß Ehrenhaftigkeit oder Fairneß und Schwarz Bösartigkeit oder Heimtücke. Diese Unterscheidung ist ursprünglich vom rassistischen Urteil der Überlegenheit der Weißen über die Schwarzen hergeleitet und hat in der Farbsymbolik auch dort überlebt, wo der Rassismus verschwunden ist. Wir sprechen immer noch von »schwarzen Tagen«, wenn wir schlechte Tage meinen, oder von »Bösewichtern mit schwarzen Herzen«. Weiß dagegen ist die Farbe von Tapferkeit, Ehre und Heldentum. Vermutlich ist sie aus diesem Grund zu einer der drei beliebtesten Stammesfarben geworden.

Das wechselnde Gesicht der Fußballtrikots: Waagrechte Streifen wurden über ein Jahrhundert lang getragen. Das Photo oben stammt aus dem Jahre 1865. Komplizierte Dessins wie diese Kombination von Streifen, Zickzacks und Sternen (unten links) verkörpern einen neuen Stil und sind immer noch ungemein selten. Das Beispiel stammt aus Nordamerika vom Portland Timbers Team. Einige Clubs haben mittlerweile Reklamenamen (unten rechts) auf der Brustseite ihrer Hemden stehen, eine kommerziell durchaus anziehende Idee, die aber den Trikots einiges von ihrer Stammeswürde nimmt.

Dies also sind die vier Grundfunktionen der Stammesfarben. Schauen wir auf ihre lange Geschichte zurück, so entdecken wir, daß sie sich über die Jahrzehnte hinweg wenig verändert haben. Einfarbige Muster, Streifen, Ringe und Vierecke existierten schon im neunzehnten Jahrhundert. Vor allem Ringe scheinen in den Anfangstagen des Fußballs weit verbreitet gewesen zu sein, haben aber in der Zwischenzeit vielerorts an Beliebtheit eingebüßt. Heute werden sie noch in Schottland bevorzugt, das sich anscheinend stärker an die ursprünglichen Muster gehalten hat, doch auf dem europäischen Kontinent sind sie fast völlig verschwunden. Eine Erklärung dafür wurde bisher noch nicht gefunden.

In den letzten Jahren wurden einfarbige Hemden und Shorts durch eine Anzahl phantasievoller Muster belebt, da sich die Modeschöpfer für die Welt des Sports zu interessieren begannen. Vor allem in den Vereinigten Staaten sind einige ziemlich abenteuerliche Neuheiten aufgetaucht, wie zum Beispiel dekorative Sterne und Zickzacklinien, die man allerdings bis jetzt nirgendwo sonst nachgeahmt findet. Weitaus verbreiteter, wenn auch höchst unattraktiv, ist das Anbringen von Reklame auf den Hemden der Spieler. Große Firmen sind bereit, die Clubs mit hohen Summen zu sponsern, wenn dafür ihre Namen auf der keuchenden Brust der Lokalhelden beben. Dies mag zwar vom geschäftlichen Standpunkt aus ein vernünftiges Arrangement sein, aber es greift die heroische Form an, auf der das Heldentum basiert und reduziert die Spieler zu umhertollenden Plakatträgern, was ihnen einen Großteil ihrer Stammeswürde raubt. Doch da viele Clubs heutzutage mit zunehmenden finanziellen Problemen zu kämpfen haben, scheint sich dieser Trend traurigerweise zu verstärken.

28 Die Embleme

GEHEILIGTE ZEICHEN DER FUSSBALLCLUBS

So wie die Eingeborenenstämme besitzen auch die Fußballclubs ihre geheiligten Zeichen. Das Design, bekannt als das »offizielle Club-Emblem«, ist für gewöhnlich durch Copyright geschützt, so daß ohne Erlaubnis der »Stammesältesten« niemand es nachahmen oder verwenden darf. Auf diese Weise ist es einzig und allein mit einem Verein verbunden, übernimmt die Rolle eines Totems und wird wie eine Regimentsflagge oder eine königliche Standarte respektiert, beschützt und mitgeführt.

Die Hauptfunktion des Emblems ist es, die Stammesemotionen zu schüren. Als unverwechselbares Motiv dient seine augenfällige Gegenwart dazu, die Loyalität dem Club gegenüber zu stärken. Sein bloßer Anblick, ob auf einem Clubbanner flatternd oder an eine Ziegelwand geschmiert, soll den Puls jedes ergebenen Stammesangehörigen höher schlagen lassen. Darüber hinaus dient das Emblem als ein Identitätsnachweis; es erscheint auf Vereinsabzeichen, Krawatten, Briefpapier, Programmen, Wimpeln, Souvenirs, Fahnen, Stadionsdächern und Bürohäusern. Als allgegenwärtiges Symbol hilft es, den Sinn für die Clubzugehörigkeit lebendig zu halten, und gleichzeitig dient es zur Bedrohung und Einschüchterung der rivalisierenden Stämme.

Viele Clubs lassen das Emblem auf der linken Brustseite in die Spielkleidung ihrer Stammeshelden einarbeiten. Es auf diese Art über dem Herzen des Spielers zu plazieren, ist ein bedeutsames Symbol. Dadurch wird den Gefolgsleuten des Stammes die Botschaft übermittelt, das Herz des Mannes »gehört dem Club«. In Wirklichkeit mag das zutreffen oder auch nicht, der Spieler mag dem Club, für den er antritt, ergeben sein oder verzweifelt nach einer Transfermöglichkeit zu einem anderen Club suchen, in der emotional aufgeladenen Atmosphäre eines hartumkämpften Spiels hat das wenig Bedeutung. Während die Schlacht auf dem Feld tobt, schlägt sein eindeutig etikettiertes Herz nur für die ihn beobachtenden Augen seiner Anhänger.

Historisch gesehen haben die Club-Embleme zwei Stadien durchlaufen. In den Anfangszeiten des Fußballsports übernahmen die meisten Clubs das Wappen ihrer Ortsgemeinde als Erkennungszeichen. Stadtwappen bildeten in jenen Tagen die häufigsten Emblemmotive, aber viele davon sind inzwischen verschwunden. Manche wurden abgelegt, weil sie von zu vielen anderen Vereinen in Anspruch genommen wurden. Jeder Fußballclub wollte ein nur ihm gehörendes, einzigartiges Etikett und war alles andere als froh darüber, das eigene Wappen mit anderen Sportvereinen teilen zu müssen. Einige wenige Fußballwappen haben sich bis heute erhalten, doch die meisten sind durch modernere Designs ersetzt worden.

In fast allen Fällen sind die neuen Embleme viel einprägsamer als die alten Wappen, die zu pompös und kompliziert waren. Als heraldische Sinnbilder enthielten sie zu viele knifflige Einzelheiten, als daß man sie leicht hätte im Gedächtnis behalten und kopieren können. Ihnen fehlte ein klar definiertes, dominierendes Element, das man als Totem hätte verwenden können. Die neuen Embleme, die meist auf ein Tier als Sinnbild zurückgreifen, lassen sich besser einprägen und sind auch auf größere Entfernung erkennbar.

Bei der Auswahl der Vorbilder für die neuen Embleme haben sich die Vereine häufig für einen Vogel oder für ein wildes Tier entschieden. Mit der Wahl dieser Totemtiere haben sie nicht nur ein durchschlagendes visuelles Symbol für ihre Anhänger geschaffen, sondern in vielen Fällen auch für einen werbewirksamen Clubspitznamen gesorgt.

Zwei Vorstellungen scheinen bei der Auswahl der Tiere für die modernen Embleme eine Rolle zu spielen. Zum einen ist das der Gedanke, ein grimmiges Tier sei nötig, um die Kraft und wilde Entschlossenheit der Spieler widerzuspiegeln. Wie nicht anders zu erwarten, sind daher große Raubtiere wie Löwen, Tiger und Wölfe beliebt. Auch Raubvögel wie Adler, Falken und Eulen besitzen einen hohen Stellenwert, da sie schnellen und gnadenlosen Angriff symbolisieren, der ihren Opfern kaum Fluchtchancen läßt. Wählt sich ein Club ein äsendes Tier als Symbol, dann muß es eines von großer Kraft oder Angriffslust sein, so wie der mächtige Elefant, der alles zerstampft, was sich ihm in den Weg stellt, der angreifende Stier, der tapfere Hirsch mit seinem riesigen Geweih, der kämpfende Widder mit seinen

Jeder Club besitzt ein offizielles Emblem (oben), das als Identitätsetikett und magischer Talisman dient. Viele der älteren Clubs nahmen Wappenbilder in ihre Embleme auf. Chelsea (unten) zeigt einen blauen, auf seinen Hinterbeinen stehenden Löwen, der zurückblickt

 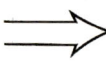 

Links: Etliche Clubs, die mit komplizierten, auf den Wappenschildern ihrer Heimatstädte beruhenden Verzierungen begannen, haben oft diese Embleme modernisiert und vereinfacht, damit sie auf einen Blick zu erkennen sind.

 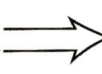 

Rechte Seite: Clubembleme zeigen oft als Hauptbild einen schnellen Vogel (oberste Reihe), eine Waffe (zweite Reihe), ein Raubtier (dritte Reihe), ein mächtiges Tier (vierte Reihe) oder einen Raubvogel (unterste Reihe).

massiven Hörnern, der mutige, sich aufbäumende Hengst oder der blutgierige Kampfhahn. All diese Tiere liefern ideale Symbole für die Aggressivität und Kraft des Teams auf dem Schlachtfeld.

Der zweite Typus hochgeschätzter Totemtiere ist auf den ersten Blick schwerer verständlich. Viele Clubs haben sich dafür entschieden, ihr Vertrauen in kleine, keineswegs angriffslustige Vögel zu setzen. Da gibt es Rotkehlchen, Singdrosseln, Elstern, Kanarienvögel und Seemöwen, die samt und sonders als Symbole eines rauhen Wettkampfs nicht recht geeignet erscheinen. Ihr Ursprung ist zwar erklärbar, für gewöhnlich reflektieren sie nämlich entweder die Teamfarben (Rotkehlchen für ein rotes, Elster für ein schwarzweißes, Kanarienvogel für ein gelbes Team und so fort) oder die geographische Lage des Clubs (Seemöwe für eine Küstenstadt), doch aufgrund ihrer physischen Schwäche gegenüber den »wilden Bestien« im Wappen anderer Clubs könnte man sie für eine schlechte Wahl halten. Das Geheimnis dieser Vögel und ihrer Anziehungskraft liegt jedoch in einer anderen Eigenschaft, nämlich ihrer schnellen Beweglichkeit in der Luft. Sie fliegen mit hoher Geschwindigkeit und blitzschneller Richtungsänderung und symbolisieren damit sowohl die sportlichen Fähigkeiten der Spieler als auch die Geschwindigkeit des Balles, mit der er über den Platz fliegt.

Tiere sind zwar die häufigsten, aber nicht die einzigen Leitbilder des Fußballtotemismus. Auch Waffen sind beliebt, vor allem Schwerter und Lanzen, doch auch Kanonen, Äxte und Hämmer tauchen auf. Ritter, Fechter und Krieger, außerdem befestigte Gebäude, wie Burgen und Türme, schmücken ebenfalls manche Club-Embleme. Die aggressive, kriegerische Suggestionskraft solcher Symbole unterstreicht beredt die Rolle des Fußballspiels als Pseudoschlacht.

In den Vereinigten Staaten dominiert eine andere Machtsymbolik die emblematische Szenerie. Die amerikanischen Image-Maker haben die ungezähmten Naturgewalten geplündert und als neue Quelle für Leitmotive und Spitznamen ausgebeutet. So wurden der Hurrikan, der Tornado, der Blizzard, die donnernde Brandung, das zerschmetternde Erdbeben und die sengenden Flammen zu Club-Emblemen. Und wenn der Ball durchs Stadion fliegt, dann wird er nicht mit dem durch die Luft schwebenden Vogel verglichen, sondern mit einem in den Kosmos rasenden Kometen.

Ein weiterer Unterschied zwischen amerikanischen und europäischen Clubs liegt in ihrer Einstellung gegenüber den Spitznamen, die von den Stammes-Emblemen abgeleitet werden. Ganz gleich, wie gut bekannt und wie verbreitet diese Spitznamen sind – in Europa werden sie nie in die Vereinsnamen aufgenommen. In Amerika dagegen berücksichtigt man sie sehr wohl und fügt sie stets in die offiziellen Clubnamen ein. Würde zum Beispiel der englische Club in Norwich sich nach dem amerikanischen Muster richten, dann hieße er *Norwicher Kanarienvögel,* statt den gewichtigen Titel *Norwich City Football Club* zu führen. Die Amerikaner ziehen schillernde Titel vor, die den Anhängern die Spitznamen ihrer Vereine »verkaufen«, indem sie sie institutionalisieren, statt ihre Verbreitung dem Zufall und dem langsamen, natürlichen Wachstum des Totemismus zu überlassen. Der kritische Europäer, der das' als amerikanische »Masche« verurteilt, mit der dem amerikanischen Fußballstamm Folklore von der Stange aufgedrängt wird, sollte berücksichtigen, daß der Fußball in der Sportwelt Nordamerikas immer noch ein Underdog ist, der darum kämpft, den Würgegriff der beiden alteingesessenen Rivalen American Football und Baseball zu lockern. Im Kampf um größere Publikumswirksamkeit kann er sich den würdevollen Luxus antiquierter und traditionsbeladener Namen, wie sie bei europäischen Fußballclubs so beliebt sind, nicht leisten.

Die häufigste Quelle der Embleme im nordamerikanischen Fußball ist irgendeine Art von Naturgewalt, zum Beispiel Stürme, Erdbeben oder Sturzfluten.

29 Die Trophäen

POKALE, POKALE ...

Den Preis, der den siegreichen Mitgliedern des Fußballstammes überreicht wird, bezeichnet man als Trophäe, und dieser Name hat eine besondere Bedeutung. In der Antike hängten triumphierende Krieger ihre Beutestücke als Erinnerung an eine gewonnene Schlacht auf. Die Römer brachten für gewöhnlich solche Trophäen heim nach Rom, wo sie als Zeichen eines weiteren großartigen Sieges über die ausländischen Feinde zur Schau gestellt wurden. In jüngster Vergangenheit bedienten Großwildjäger sich des Wortes »Trophäe«, wenn sie von den ausgestopften Tierköpfen sprachen, die sie nach der Rückkehr von einer erfolgreichen Jagd an ihre Wände hängten. In beiden Fällen ist die Bedeutung, die dem Heimführen solcher Siegeszeichen beigemessen wird, aus dem Jagdleben der Urzeiten entlehnt, als die wichtigste Tat der Männer des Stammes darin bestand, mit der getöteten Jagdbeute über der Schulter heimzukehren und damit das Signal für ein Stammesfest zu geben.

In der modernen Begriffssymbolik ist eben diese Beutejagd die vorrangige Aufgabe der Helden eines jeden Fußballstammes. Am Ende einer langen »Jagd«saison kehren die Champions mit der begehrten Trophäe heim, um sie ihren treuen Anhängern vorzuführen. Sie paradieren damit durch die Straßen und zeigen sich triumphierend auf einem Balkon, wo sie die Trophäe für alle sichtbar hochhalten. Anschließend ziehen sie sich zu einem großen Gelage zurück, bei dem die Trophäe einen Ehrenplatz einnimmt, den abgetrennten Hörnern einer gewaltigen Bestie vergleichbar, deren Fleisch ihre Vorfahren unter ähnlich rituellen Handlungen bei der Siegesfeier verschlangen.

Die typische Fußballtrophäe ist freilich kein Hörnerpaar, sondern ein gigantischer Silberpokal, und die Frage lohnt sich, warum ausgerechnet dieses Symbol zum höchsten Stammes-

Trophäen dieser Art (unten und rechts) sind der größte Stolz des Fußballstammes. Fast schon sind es geheiligte Gegenstände, die als stolzer Besitz in höchster Achtung gehalten werden müssen.

preis erkoren wurde. Die Antwort darauf findet sich in den Sitten und Gebräuchen der Antike. Ernest Crawley berichtet in seinen Untersuchungen über frühe Trinksitten: »Beim Trinken auf die Gesundheit, dem *propinatio* der Römer, gibt es verschiedene Variationen. Eine davon ist das Teilen eines Getränks; der Hausherr, der einem Gast die Ehre erweist, trinkt zuerst und reicht den Becher (der bei den Griechen dann in den Besitz der geehrten Person überging) an den anderen weiter.« Hier liegt der wesentliche Schlüssel unseres Problems verborgen. Um jemanden zu ehren, reicht man ihm ein Getränk, nimmt aber zuerst selbst einen Schluck, um zu beweisen, daß es nicht vergiftet ist. Diesen Akt kann sich der Geehrte immer wieder ins Gedächtnis rufen, wenn er den Becher als Erinnerung an das Ereignis behalten darf. Der Pokal wird dadurch zum Symbol des »Geehrtwerdens«.

Damit wäre die Überreichung eines kleinen Bechers erklärt, doch die Gefäße, die man den siegreichen Fußballhelden verehrt, sind riesig. Den Grund dafür liefert ein klassisches Trinkritual aus dem alten England. Jahrhundertelang bestand dort bei festlichen Banketten die Gewohnheit, einen großen »Liebespokal« herumzureichen. Dies war ein übergroßes Gefäß, gefüllt mit Wein oder irgendeinem anderen feierlichen Getränk, das von Mann zu Mann weitergereicht wurde. Jeder mußte einen Schluck nehmen und das Gefäß dann an seinen Nachbarn weitergeben. Auf diese Art wollte man ausdrücken, daß jeder Mann seinen Freund ehre. Jeder behandelte seinen Gefährten in einer allgemeinen Zurschaustellung von Gruppenloyalität als einen »geehrten Höherstehenden«. Die gewaltigen »Liebespokale«, die man bei diesen Gelegenheiten benutzte, sind die Prototypen der modernen Sportpokale. Die Funktion des Gefäßes änderte sich wahrscheinlich zuerst bei Banketten, auf denen ein berühmter Sportsmann geehrt wurde, der nach der alten griechischen Tradition den »Liebespokal« behalten durfte, nachdem er herumgereicht worden war. Es läßt sich leicht erkennen, wie dieser Brauch nach und nach zu einer festen Zeremonie erstarrte, in der die Pokale endlich ausschließlich zu Repräsentationszwecken dienten. Das gegenseitige Ausbringen der Gesundheit wurde bald mit gewöhnlichen Gläsern durchgeführt. Als der Fußball im neunzehnten Jahrhundert seine erste Blüte erlebte, übernahm er lediglich diesen in anderen Sportarten bereits eingeführten Brauch.

Die erste bedeutende Fußballtrophäe war der *Football Association Challenge Cup,* allgemein als der FA-Cup bekannt. Die Idee eines Wettkampfes um einen Preis nach dem K.-o.-System wurde am 20. Juli 1871 in den Büros einer Londoner Zeitung, im *Sportsman,* geboren. Sieben Leute waren dort versammelt, unter ihnen der Sekretär der FA, Charles Alcock, und er war es auch, der den Vorschlag machte, einen Cup-Wettbewerb einzuführen, um den neuen aufstrebenden Sport publikumswirksamer zu gestalten. Während seiner Schulzeit im englischen Eliteinternat Harrow war Alcock von den Emotionen beeindruckt worden, die die internen K.-o.-Wettkämpfe unter den Schülern wachriefen, und er glaubte, ähnlich

Rechte Seite: Sechs der vielen Pokale, die heutzutage als Fußballtrophäen verliehen werden.
Oben links: Der Football Association Challenge Cup, ansonsten unter dem Namen FA-Cup bekannt, besitzt eine lange Geschichte. Das Original wurde erstmals 1872 verliehen, wurde aber 1895 aus einem Schaufenster gestohlen und nie wieder gefunden. Ein zweiter Pokal wurde angefertigt und bis 1910 benützt; dann übergab man ihn Lord Kinnaird für seine Verdienste um den Sport. Hier ist die dritte Ausführung von 1911 zu sehen, die bis heute benutzt wird.
Oben Mitte: Die Meisterschaftstrophäe der Fußballliga wird dem Spitzenreiter der jährlichen Punktespiele der Liga verliehen.
Oben rechts: Die unteren Ränge der Fußballwelt haben auch ihre Preise, wie zum Beispiel den Meisterschafts-Cup der Fußballliga, III. Division.
Unten links: Der von den Franzosen inspirierte Europapokal der Landesmeister, für gewöhnlich einfach Europa-Cup genannt, wurde in der Saison 1955/56 eingeführt.
Unten Mitte: Der Europapokal der Cup-Sieger, eingeführt in der Saison 1960/61, wird zwischen den nationalen Pokalsiegern ausgetragen.
Unten rechts: Der Football League Cup, vergleichsweise ein Neuling, wurde ebenfalls in der Saison 1960/61 eingeführt. Im Hintergrund das FA Charity Shield, seit 1908 dem Sieger eines besonderen Turniers zwischen den FA-Pokalsiegern und den Ligameistern verliehen.

Im Augenblick des Sieges wird die Ehre des Haltens oder Berührens der Trophäe allen Mannschaftsmitgliedern abwechselnd zuteil.

lebhafte Reaktionen könnten auf nationaler Ebene geweckt werden, wenn die Mitglieds-
mannschaften des Fußballverbandes sich die gleiche Wettkampfform zunutze machten. Am
16. Oktober des gleichen Jahres wurde sein Vorschlag akzeptiert. Man sammelte £ 20 und
kaufte dafür einen bescheidenen Silberpokal, der knapp 45 Zentimeter hoch war und auf
einer Ebenholzplatte stand. Er hatte die Form eines Kelchglases und war mit einem Paar
ausschwingender Griffe und der Figur eines Spielers oben auf dem großen Deckel verziert.
Sein Fassungsvermögen betrug etwas mehr als einen Liter.

Fünfzehn Teams beteiligten sich an diesem ersten Cup-Wettbewerb (im Vergleich zu über
600 in unseren Tagen), und das Endspiel fand am 16. März 1872 im *Oval* in London vor
2000 Zuschauern statt, von denen jeder einen Shilling für das Privileg bezahlte, der Entste-

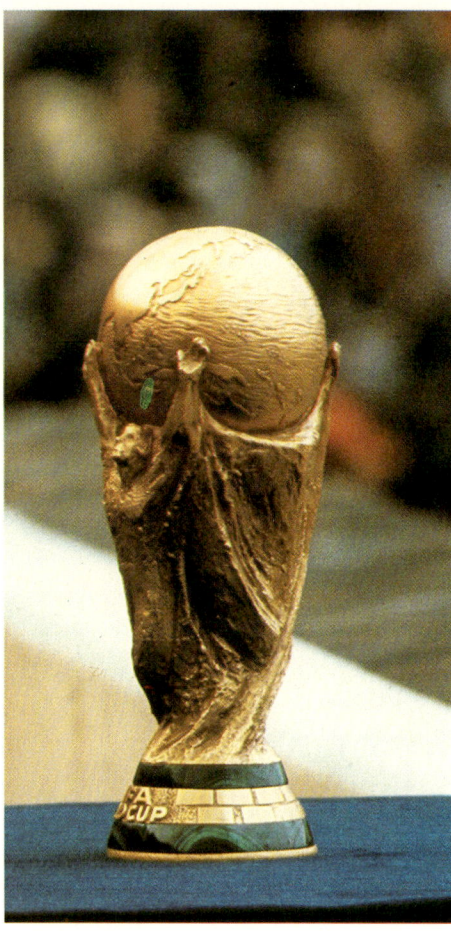

hung der Fußballgeschichte beizuwohnen. Und wie es seitdem noch oft geschehen sollte: die Underdogs (The Wanderers) schlugen die Favoriten (The Royal Engineers) in diesem historisch bedeutsamen Spiel.

Dieses Ereignis sollte den Fußball als Wettkampfsport grundlegend verändern. Der Fußballhistoriker Geoffrey Green schrieb darüber: »Es war der Funke, der das ganze Freudenfeuer des Fußballs in Brand setzte, denn sehr bald schon breitete dieses ›kleine Blechbüchsenidol‹, wie die Trophäe liebevoll-spöttisch genannt wurde, seine magischen Flügel über alle Sportplätze Englands und zog mehr und mehr Clubs in seinen Bann. Sinn und Zweck des Spiels änderten sich grundlegend.«

Heute können wir uns Fußball nur schwer ohne solche Wettbewerbe vorstellen. Ohne jeden Zweifel war ihre Bedeutung für die Wachstumsförderung dieses Sports ganz gewaltig, und bald breiteten sich die Cupspiele von England über den ganzen Globus aus, bis sie schließlich in der Einrichtung des größten aller Fußballwettbewerbe, des *World Cup,* im Jahre 1930 gipfelten. Heutzutage gibt es Cup-Wettbewerbe auf nationaler, europäischer und internationaler Ebene, und Größe und Wert der ausgeschriebenen Trophäen sind seit dem ersten bescheidenen FA-Cup von 1872 beträchtlich gestiegen. Nicht nur Pokale werden heute als Trophäen angeboten, sondern auch Statuen oder Wappenschilder.

Der erste *World Cup* war eine Mischung, halb Statuette, halb Pokal; aus dem Stiel des traditionellen Kelchglases war die Figur einer geflügelten Siegesgöttin geworden. Ihre hoch über den Kopf erhobenen Arme hielten ein für heutige Verhältnisse ziemlich kleines Gefäß, das kaum als »Liebesbecher« ausgereicht hätte. Als Brasilien diese Trophäe dreimal gewonnen hatte, durfte der brasilianische Fußballbund sie für immer behalten, und ein neuer Cup mußte entworfen werden. Bei diesem zweiten Siegessymbol verzichtete man vollkommen auf das Gefäß und ersetzte es durch einen massiven Globus. Der Gedanke des »Pokals« war jedoch bereits so tief im Fußballdenken verwurzelt, daß auch diese neue Statue von den Stammesangehörigen unverändert als *World Cup* bezeichnet wird.

Die Stammesältesten

30 Der Stammesrat

PRÄSIDENTEN UND DIREKTOREN

An der Spitze jedes Fußballstammes steht der Stammesrat. In England ist er als »Tafel der Direktoren« bekannt, so genannt deshalb, weil in der Vergangenheit die Namen der Mitglieder auf einer hölzernen Tafel standen, die an der Wand im inneren Heiligtum des Stammes hing. Dieser Raum, das »Heiligtum der Heiligtümer« des Stammes, wird auch heute noch das Tafelzimmer genannt und enthält meist eine moderne Nachahmung der alten Inschriftentafel in Form eines Tableaus mit Farbphotos der gegenwärtigen Direktoren, deren Namen unter den Bildern abgedruckt sind.

Im Mittelpunkt dieses Nervenzentrums des Stammes steht der Tafeltisch, um den sich die Direktoren zu ihren regelmäßigen Treffen versammeln. Die Sitzordnung ist sehr förmlich und genau festgelegt. Der Vorsitzende nimmt den Platz am Kopfende ein, flankiert von seinem Stellvertreter und dem Sekretär. Die anderen Direktoren folgen ihrem Alter entsprechend. Der Ablauf dieser Treffen ist ebenfalls förmlich und läßt sich leicht vorhersagen. Wie bei allen Komitees gilt auch hier das merkwürdige ungeschriebene Gesetz: »Je trivialer ein Tagesordnungspunkt ist, desto länger wird er diskutiert.« Dies geschieht teilweise deswegen, weil die wirklich wichtigen Angelegenheiten, wie der Verkauf eines Spielers, bereits vor der Sitzung intern geregelt werden und im Plenum lediglich abgesegnet werden müssen. So bleibt viel Zeit für Debatten über die Anzahl der Seiten in den Programmen der nächsten Saison und ähnliche Dinge. Dergleichen wird leidenschaftlich und oft bis spät in die Nacht hinein diskutiert.

Der normale Ablauf ändert sich schlagartig, sobald der Vorhang aufgeht für ein Drama mit sensationeller Laufzeit: den Vorstandskrach. Für einen beherrschten und vernünftigen Beobachter hat dieses Drama alle Eigenschaften der Absetzungszeremonie des Anführers einer Pavianhorde. Das Knurren und Posieren der menschlichen Nachahmer dringt oft aus

Das Allerheiligste eines jeden Clubs ist das Vorstandszimmer, aber nur wenige bieten einen derart umwerfenden Anblick wie Real Madrids trophäenüberladenes Heiligtum.

dem Tafelzimmer hinaus und gelangt bis in die Schlagzeilen der Lokalzeitungen. Eine Weile schwirrt die Luft von Rücktrittsdrohungen und Gegenbeschuldigungen, bis sich der Staub legt und ein neuer Vorsitzender als Stammesführer den Thron besteigt oder der alte schließlich wieder triumphiert, zerzaust, aber ungebeugt. Charakteristischerweise hat das Ganze ein Nachspiel, und gärender Groll brodelt noch eine Weile durch die Stammeskorridore, jederzeit bereit überzukochen, wenn das Stammesglück durch besonders unrühmliche Niederlagen auf dem Spielfeld in Frage gestellt werden sollte. Doch nach außen hin kehrt schon bald wieder Friede ein, und der Vorstand widmet sich seinen Routinediskussionen über Lotterielose, Eintrittspreise, Bedienung des Flutlichts, Reparatur der Tore am Haupteingang und andere, ähnlich richtungweisende Neuerungen.

Wenn man bedenkt, daß die Aktivitäten und die Erscheinungsform englischer Fußballclubs sich in den letzten hundert Jahren kaum verändert haben, dann ist es nicht verwunderlich, daß das Verhalten der Direktoren ebenso als Ritual abläuft wie das Spiel. Die Hauptrolle der Stammesältesten besteht darin, die uralten Traditionen des Stammes gegen Fortschritt und Expansionsbestrebungen zu verteidigen, deren Durchsetzung ihre Aufgabe im Geschäftsleben wäre. Die einzige Veränderung, die sie anstreben, ist eine erhöhte Torquote.

Ihre Stunde der Wahrheit schlägt an wichtigen Spieltagen, wenn sie sich ihrer anderen Hauptpflichtübung widmen: Gastgeber zu spielen bzw. Gast zu sein. Das Ritual nimmt seinen Anfang mit der Versammlung im Sitzungszimmer der Direktoren der Heimmannschaft, wo die Direktoren des Gästeteams begrüßt werden. Jeder Heimdirektor achtet sorgfältig darauf, dem Gastdirektor bei dessen Ankunft die Hand zu schütteln; dann werden Drinks serviert, und es folgt eine Spanne freundlicher Smalltalks, während der die aufrichtige gegenseitige Feindseligkeit in genauso aufrichtiger Sympathie ertränkt wird. Jeder Direktor erkennt in seinem Gegenüber einen Leidensgenossen und verhält sich dementsprechend. Die Tatsache, daß sie sich insgeheim gegenseitig eine Niederlage an den Hals wünschen, wird während dieser Begrüßungszeremonie, außer in einem gelegentlichen harmlosen Scherz, sorgfältig verschleiert.

Dieser freundliche Kontakt am Tage des Spiels beschränkt sich einzig und allein auf die Direktoren. Andere Mitglieder der rivalisierenden Stämme kommen nicht in den Genuß solcher Verbindlichkeiten. Die Spieler der gegnerischen Mannschaften versuchen einander in diesem Stadium zu ignorieren und ziehen sich schnell in die Isolation ihrer jeweiligen Umkleidekabinen zurück. Die rivalisierenden Fans nehmen die für sie bestimmten Tribünenränge ein und fangen noch vor Spielbeginn an, sich gegenseitig mit Schimpfgesängen zu traktieren. Nur von den Direktoren erwartet man, daß sie sich gemäß ihrer Rolle als Galionsfiguren in lächelndem Geplauder und formlichen Komplimenten ergehen.

Diese Phase wird abrupt durch das Geräusch einer Glocke oder eines Summers beendet, welches das Einlaufen der Spieler ankündigt. Auf dieses Signal hin werfen die Direktoren ihre Mäntel über und begeben sich vom Sitzungszimmer zur Direktorenbox, einem besonders abgetrennten Teil der Tribüne, wo sie sehr förmlich zwei Gruppen bilden: Heimdirektoren auf die eine, Gastdirektoren auf die andere Seite. Diese räumliche Trennung von Gastgebern und Gästen während des Spiels steht in verblüffendem Gegensatz zu ihrem geselligen Beisammensein im Sitzungszimmer. Es ist ein Trick, der es beiden Seiten ermöglicht, ihren Abscheu über die unfairen Taktiken der gegnerischen Spieler laut und manchmal auch in kräftigen Worten zum Ausdruck zu bringen, ohne das als peinliche Unhöflichkeit ihren Gastgebern bzw. Gästen gegenüber empfinden zu müssen.

Diese Unterbrechung des freundschaftlichen Kontaktes zwischen den Stammesräten ist mit dem Halbzeitpfiff beendet, wenn die Heimdirektoren ihre Gäste zur Teezeremonie zurück ins Tafelzimmer geleiten. Die Konversation ist jetzt, während die Teetassen herumgereicht werden, ein bißchen geschraubter. Die harmlosen Anekdoten der früheren Zusammenkunft werden durch Kommentare über den Spielverlauf und den bedenklichen Geisteszustand des Schiedsrichters ersetzt. Ein Fernseher sorgt mit den Halbzeitresultaten anderer Spiele für willkommene Abwechslung, bis das Zeichen zum Beginn der zweiten Halbzeit gegeben wird.

Kaum ist der Schlußpfiff verklungen, nimmt das »Gut gemacht!«-Ritual seinen Lauf, in dem die Direktoren der Verlierer mit großer Anstrengung ein Lächeln auf ihre Gesichter zwingen und jedem der siegreichen Direktoren die Hand bieten. Jeder Händedruck wird mit

Worten wie »Gut gemacht!« oder »Meinen Glückwunsch!« begleitet, und jeder siegreiche Direktor antwortet: »Ich danke Ihnen«, so, als hätte er höchstpersönlich den Sieg errungen.

Danach geht es zum dritten und letzten Mal zurück ins Tafelzimmer zu einer ausgiebigen Teezeremonie mit einem kleinen Imbiß, der zwar kaum berührt wird, aber als Teil des Gastgeberrituals nicht fehlen darf. Das Schlürfen und Knabbern geht weiter, es gibt einen Austausch von Kommentaren zum Spiel, ausschließlich Klischees und leicht voraussagbar. Die Spannung wird gemildert, indem man sich im Fernsehen die Endergebnisse der anderen Spiele anschaut, die am selben Tag stattgefunden haben. Danach wird der Teetisch mit der Bar vertauscht, und man kehrt bei geistigen Getränken zu ein paar freundlichen Anekdoten zurück, ehe die Gäste sich verabschieden und man ihnen eine gute Heimreise wünscht. Kaum sind sie verschwunden, begeben sich die Heimdirektoren entweder zu einer kleinen Feier, oder sie starten mit grimmigen Gesichtern eine Analyse dessen, was »falsch gelaufen ist«. Meist nimmt daran auch der Trainer teil, der nach einem Sieg die Tugenden seiner Spieler und die brillante Art und Weise preist, in der sie seinen Anweisungen gefolgt sind, und der nach einer Niederlage erklärt, daß die Spieler zu dumm waren, seine Ratschläge in die Tat umzusetzen. Kurz darauf nähern sich die Spieltagsriten ihrem Ende, und die Direktoren begeben sich nach Hause und warten auf die Zeitungsberichte des nächsten Tages, bei deren Lektüre sie noch einmal ihre Ekstase oder ihre Agonie durchleben.

Nach dieser Beschreibung zu urteilen, scheint die Rolle eines Direktors nicht übermäßig anstrengend zu sein. Tatsächlich betrachtet man ihn oft als eine Art Witzfigur. Ein berühmter internationaler Spieler schob in seine Autobiographie ein Kapitel mit der Überschrift: »Was der durchschnittliche Direktor vom Fußball versteht«, ein. Diesem Titel folgte eine leere Seite. Darin spiegelt sich die Haltung vieler Trainer und Spieler wider. Ein Coach war mit seiner Mannschaft so erfolgreich, daß er sich sicher genug fühlte, seine Direktoren in aller Öffentlichkeit als einen Haufen von »Dummköpfen« zu bezeichnen. Demselben wird die Bemerkung zugeschrieben: »Die einzig wichtige Entscheidung, die ein Direktor zu treffen hat, ist die Ernennung des richtigen Mannes für die Geschäftsleitung des Clubs.« Ein anderer Trainer war sogar noch sarkastischer und meinte, der ideale Vorstand würde aus drei Männern bestehen, »zwei Toten und einem Sterbenden«.

Diese Einstellung Direktoren gegenüber hat eine lange Geschichte. Vor dem Aufkommen der Trainer waren Direktoren ursprünglich ortsansässige Geschäftsleute, die zwar wenig von Fußball verstanden, aber nichtsdestoweniger darauf bestanden, sich mit Dingen wie der Mannschaftsaufstellung zu befassen, was häufig katastrophale Folgen nach sich zog. Die Spieler im trivialeren, tagtäglichen Trainingseinerlei zu führen, wurde dem Mannschaftskapitän überlassen. Aber als der zunehmende Professionalismus das Spiel beeinflußte, wurde es notwendig, einen ehemaligen Spieler als Vermittler zu ernennen, und damit war der moderne Trainer geboren. Zu Anfang machten ihm die ständigen Einmischungen der Direktoren das Leben zur Hölle, da jeder von ihnen unvermeidlicherweise einen Lieblingsspieler hatte und außerdem überzeugt war, mehr von den technischen Eigenheiten des Spiels zu verstehen als der Trainer, trotz dessen Spielerfahrung. Beschwerte sich der Coach darüber, so lautete die übliche Entgegnung: »Ich schaue seit dreißig Jahren Fußballspielen zu und weiß, wovon ich rede.« Ein Trainer erwiderte schließlich: »Und meine Frau schaut mir seit vielen Jahren beim Autofahren zu, aber ich will verdammt sein, wenn ich sie auf den Fahrersitz lasse.«

Die Trainer bestanden immer nachdrücklicher darauf, daß alle Entscheidungen bezüglich der Spieler und der Mannschaftsstrategie, der Taktiken, des Trainings und der Mannschaftsaufstellung ausschließlich von ihnen getroffen würden und die Direktoren sich auf die rein geschäftlichen Belange des Clubs beschränken sollten. Die meisten Vorstände haben das akzeptiert, doch der Triumph der Trainer erwies sich als zweischneidiges Schwert. Seitdem er die Kontrolle über die Spieler errungen hatte, konzentrierten sich alle Angriffe auf ihn, wenn die Mannschaft schlecht abschnitt, und die Direktoren waren nur zu bereit, ihn auf der Stelle zu feuern und als eine Art Stammesopfer darzubringen.

Berücksichtigt man die beschränkten Befugnisse der Mitglieder des Stammesrates, denen praktisch verboten wird, eine Sache zu leiten, die sie angeblich leiten sollen, so ist es für einige Leute schwer zu verstehen, warum überhaupt jemand den Wunsch hat, dem Vorstand eines Fußballvereins anzugehören. Manchmal wird die Vermutung laut: »Sie machen wegen des Geldes mit.« Aber nichts könnte weiter von der Wahrheit entfernt sein, zumindest was britische Clubs betrifft. Es verstößt eindeutig gegen die Regeln, daß Direktoren für ihre Dienste bezahlt werden. Dies ist das letzte überlebende Relikt aus frühen Amateurzeiten. Während die Gehälter der Spieler und Trainer in die Höhe geschnellt sind und der normalen Belegschaft des Clubs reguläre Löhne gezahlt werden, bleiben die Direktoren der letzte Vorposten dessen, was man vielleicht den Amateurenthusiasmus der Viktorianischen Ära nennen könnte. Und so ergibt sich der seltsame Widerspruch, daß unbezahlte Teilzeitkräfte eine umfassende, moderne Sportindustrie als eine Art Hobby führen. Warum tun sie das?

Eine Antwort lieferte der Clubvorsitzende Arthur Wait, der meinte: »Sie machen mit, weil sie fußballverrückt sind. Man muß schon einen verdammten Knall haben, um Direktor eines Fußballclubs zu sein. Wer würde schon Geld ins Fußballgeschäft stecken, wenn er es anderswo mit zehn oder zwanzig Prozent Gewinn anlegen könnte?« Viele Direktoren würden dieser Bemerkung zustimmen, vor allem nachdem sie an einem eisig kalten Winternachmittag dreihundert Kilometer zu einem Auswärtsspiel gefahren sind und dort die vernichtende Niederlage ihres Teams miterlebt haben.

Zyniker würden erwidern, der wahre Grund liege in dem Gefühl von Autorität und Wichtigkeit, das den Direktoren durch ihre Rolle als Galionsfiguren vermittelt wird. Sie haben kaum etwas anderes zu tun, als über ihrem Stamm zu wachen, können sich aber im Stolz auf ihre dominierende Position sonnen. Diese Ansicht wurde wiederholt im *Foul*-Magazin zum Ausdruck gebracht, das sich selbst als »Alternative Fußballzeitung« charakterisiert. Ein Kommentator schrieb: »Der Direktor eines Fußballclubs ist in erster Linie deshalb dabei, weil er die Kontrolle über Angestellte und Anhänger anstrebt. Macht ist für ihn wesentlich, und er will sie vor allem um ihrer selbst willen.« Andere Kommentatoren geben sich große Mühe, den Direktoren die Schuld an allem in die Schuhe zu schieben, was im modernen Fußball nicht stimmt: »Die Direktoren der Profilclubs haben ihre Haltung den Spielern und den Clubs gegenüber seit den Anfängen kaum geändert ... Sie müssen verantwortlich gemacht werden für die archaischen industriellen Verbindungen, für die autokratische Kontrolle, die starre Verwaltung und den beschränkten Blickwinkel, der das Spiel heutzutage charakterisiert ... Direktoren ... bilden eine sich selbst erhaltende Oligarchie, deren Einfluß exzessiv ist ... Ihre Rolle wurde vor hundert Jahren geschaffen und definiert, und sie bedarf dringend der Revision, damit sie die Bedürfnisse des Spiels im allgemeinen und die der Fans und Spieler im besonderen stärker berücksichtigt.«

Diese auf den ersten Blick harte Kritik wirkt geradezu harmlos, wenn man sie mit den Attacken vergleicht, die der Fußballschriftsteller Chris Lightbown in einem »*Fußballhand-*

Das satirische Bild des Clubdirektors, wie es Paul Rigby in Chris Lightbowns »Football Handbook to end all Football Handbooks« sieht.

buch, das alle Fußballhandbücher überflüssig macht«, reitet. In seinem *A bis Z des Fußballs*
steht folgende Definition: »*Direktoren.* Jeder Fußballverein hat einen Verwaltungsrat. Dessen Mitglieder sind unwissende, faule Banausen, die nur nach Prestige hungern. Sie sind
leicht an der dicken Zigarre, dem Rolls-Royce, der blonden persönlichen Assistentin, die sie
während des Spiels auf dem Schoß sitzen haben, und an ihrer allgemeinen Widerwärtigkeit
zu erkennen.« Lightbown erklärt im folgenden, wie die Direktoren in den Vorstand gewählt
werden: »Kandidaten werden einem Geselligkeitstest unterzogen. Dazu gehört, daß sie mit
einem *Fußballer* in denselben Raum gesperrt werden. Wenn nach siebzig Minuten kein
Wort zwischen beiden gefallen ist, dann nimmt man an, der Kandidat sei aus dem Stoff, aus
dem Direktoren gemacht werden.«
Es ist zweifelhaft, ob viele der heutigen Direktoren sich in dieser Charakteristik wiederer-
kennen würden. Die meisten von ihnen würden vermutlich über die Behauptung lachen, sie
seien machthungrige, prestigesüchtige Autokraten. Sie würden den typischen Direktor als
erfolgreichen Geschäftsmann mit einer tiefen, lebenslangen Hingabe an das Spiel beschreiben, als jemanden, der bereit ist, mit beachtlichem Energie- und Zeitaufwand seinem Club
zu helfen und ihn durch Krisen und finanzielle Schwierigkeiten zu steuern. Wem solch ein
Mann in seiner Art antiquiert erscheint, der sollte sich daran erinnern, daß der Direktor im
wahrsten Sinne des Wortes der Hauptwächter der Stammestraditionen ist. Wenn er dem
Fortschritt widersteht, dann deshalb, weil er intuitiv die Notwendigkeit spürt, die alte Würde
der starren Rituale zu bewahren, der der Fußball so viel von seiner Intensität verdankt. Das
Problem einer solchen Haltung ist, daß sie, falls sie sich als erfolgreich erweist, wenig zu
bieten hat, worüber ein polemischer Fußballberichterstatter schreiben könnte. Das erklärt
zum Teil die Feindseligkeit von seiten der Presse. Um zu blühen und zu gedeihen, braucht
sie Veränderung und Aufruhr, Fortschritt und Revolution, aber all das ist dem auf Traditionalismus ausgerichteten Fußballstamm eindeutig fremd.
Ein Großteil der von den Clubdirektoren geleisteten Arbeit bleibt unbemerkt und unbeach-
tet. Viele Stunden widmen sie der Beratung und Organisation der geschäftlichen Angelegenheiten des Stammes, aber dafür zeigen die Fans auf den Rängen wenig Interesse. Bei den
Clubtransaktionen spielt Geld eine entscheidende Rolle, und das bedarf sorgfältiger Kalku-
lationen, wenn der Stamm gedeihen soll. In einem gutgeführten Club fungieren die Vor-
standsdirektoren als Beratergruppe für den ständigen Sekretär, dem die tagtägliche Verwaltung untersteht, sowie für den Geschäftsmanager, der mit Werbekampagnen, Geldbeschaf-
fung und Lotterien ausgelastet ist, und für den Trainer, der für die Spieler verantwortlich ist.
Es wird daher niemanden überraschen, daß die überwiegende Mehrheit aller Direktoren
Geschäftsleute sind. Eine Untersuchung der Vorstände englischer Ligen zeigt, daß 252 Di-

Der letzte Schrei in den Reihen des Stammesrates
ist der »Berühmtheitsdirektor«. Komödiant Eric
Morecambe (unten) diente im Vorstand von Luton
Town, und Popstar Elton John (oben) stieg sogar
zum Vereinsboß von Watford auf. Solche Männer bilden einen verblüffenden Gegensatz zu den traditionellen Direktoren wie jenen von Tottenham Hotspur
(rechts oben).

rektoren aus der Geschäftswelt stammen. Dazu kommen 23 Rechtsanwälte und 18 Mediziner. Es tauchen aber auch Männer so unterschiedlicher Provenienz auf wie Architekten, Universitätsprofessoren, Filmproduzenten, Komiker, Rundfunksprecher, Politiker, Musiker, Psychologen, Sportkommentatoren, Zoologen, Geistliche, Schuldirektoren, Entertainer, Chemiker und Bankmanager.

Eine ungewöhnliche, neue Kategorie ist der »prominente Direktor«, der das Image des Vorstands ein bißchen heben soll. Das verblüffendste Beispiel für diesen Trend bietet der Watford Football Club, wo Popstar Elton John nicht nur Direktor ist, sondern zum Verwaltungsratsvorsitzenden gewählt wurde. Seine Fußballeidenschaft ist kein Strohfeuer oder Werbetrick, sondern ähnelt einer regelrechten Besessenheit. Hubschrauber stehen bereit, um ihn zu den Watford-Spielen zu bringen, die sich zufällig mit seinen Konzertengagements überschneiden, und er kümmert sich außerordentlich um die tagtägliche Clubführung. 1979 soll er gesagt haben: »Im Moment ist der Club das Wichtigste in meinem Leben … Musik wird immer bedeutsam für mich sein, aber sie muß sich meinen Verantwortlichkeiten für Watford unterordnen.« Er klagt lediglich darüber, daß seine Position als Vorsitzender ihm fast die Freude am Spiel verdorben hat: »Es ist eine Qual, einfach dazusitzen und unserem Spiel zuzuschauen. Als einfacher Anhänger pflegte ich herumzuspringen und eine Menge Spaß zu haben. Jetzt sitze ich bloß da und leide. Und ich finde es wahnsinnig deprimierend, wenn wir verlieren.«

Andere Vorsitzende werden diese Symptome nur zu gut kennen, und die Intensität seiner Begeisterung hat Elton John schließlich den Respekt der Stammesältesten eingetragen. Von allem anderen abgesehen wissen die restlichen Direktoren die gewaltigen finanziellen Opfer zu würdigen, die er gebracht hat, um seine Position als Vorsitzender von Watford zu festigen.

Elton Johns Hingabe an Watford ist ein beredtes Beispiel für die überwältigende Leidenschaft, die viele der Männer, die mit der Leitung eines Stammes betraut sind, für den Fußball empfinden. Diese Leidenschaft ist die endgültige Antwort auf alle hämischen Bemerkungen über »faule Direktoren« und »aufgeblasene Vorsitzende«. Und fast alle Stammesältesten teilen sie. Manche mögen tatsächlich wichtigtuerisch und anmaßend sein, aber ganz gleich, ob hochmütig oder bescheiden, autoritär oder umgänglich, ihnen allen ist eine fast pathologische Liebe zum Fußballsport gemeinsam. Dies zu übersehen, was zu tun ihre Kritiker vorziehen, bedeutet eine grobe Ungerechtigkeit. Ob junger Popstar oder älterer Industriekapitän, sie alle würden Bill Shanklys mittlerweile berühmte Bemerkung unterzeichnen: »Einige Leute halten Fußball für einen Kampf auf Leben und Tod. Ich mag diese Einstellung nicht. Ich versichere Ihnen, daß es weit ernster ist.«

31 Die Stammesrichter

SCHIEDSRICHTER UND VERBÄNDE

Hoch über den einzelnen Fußballstämmen thronen die vornehmen Stammesrichter. Von den meisten der örtlichen Stammesräte respektiert und gefürchtet, reichen diese ranghöchsten Funktionäre und ihre Organisationen, die Nationalverbände, Ligaausschüsse und internationalen Vereinigungen, ihre Urteile und Strafen herunter, regeln Streitigkeiten und setzen die Regeln für Stammesschlachten fest.

Für den durchschnittlichen Stammesangehörigen, den Fan auf der Tribüne, sind die Stammesrichter kaum interessant, und er schenkt ihnen höchstens einen flüchtigen Gedanken. Sie existieren lediglich als die Organisatoren des Terminkalenders der Saison, die entscheiden, wer wann wo gegen wen zu spielen hat. Der Fußballfan weiß, daß sich irgend jemand um diese Sachen kümmern muß, sieht in den Stammesrichtern aber wenig mehr als Laufjungen, die Tabellen zusammenstellen und die Schauplätze großer Meisterschaften festlegen. Sie sind in seinen Augen graue Schattenfiguren von geringem Bekanntheitsgrad, wenn man sie mit den wahren Stammeshelden, den Spielern auf dem Platz, vergleicht.

Für die Spieler selbst sind die Stammesrichter die älteren Oberaufseher, von denen sie vor Disziplinargerichten Schelte empfangen, wenn sie sich schlecht benommen haben, oder die ihnen vor einem bedeutenden Cup-Finale oder einer internationalen Begegnung die Hand schütteln.

Ihre wichtigste Aufgabe besteht jedoch ohne jeden Zweifel darin, die Stammeswürde und den Ruf der Fairneß aufrechtzuerhalten. In der ungemein spannungsgeladenen Konkurrenzatmosphäre des modernen Fußballs ist es ihre Aufgabe, sicherzustellen, daß keine Spur von Doppelbödigkeit oder dubiosen Praktiken den geheiligten Sport entweiht. Das Fußballritual muß unbestechlich, die Leitung der Clubs und ihre Wettkämpfe müssen peinlichst fair sein, oder alles ist verloren. Auf jede Kleinigkeit, die ihren eigenen Worten zufolge »das Spiel in Mißkredit bringt«, stürzen sich die Stammesrichter und bestrafen sie auf die strengstmögliche Art.

Die Tatsache, daß alle großen Fußballorganisationen im Grunde das absolute Monopol

Spieler treffen selten auf die hohen Funktionäre des Fußballstammes, außer bei den Feierlichkeiten des Cup-Finales (oben) und bei Disziplinaranhörungen (unten links, wie es Cartoonist Bill Tidy sieht).

222

besitzen, verleiht ihnen fast Feudalgewalt, die sie mit der Strenge eines Militärgerichts ausüben. Sie wurden oft wegen dieser harten Haltung kritisiert, die in unseren modernen, demokratischen Zeiten nicht mehr recht am Platze scheint. Doch zu ihrer Verteidigung muß gesagt werden, daß sie es mit einer Anzahl von Stammesgemeinschaften zu tun haben, deren leidenschaftliche Rivalitäten untereinander in einer potentiell explosiven Situation nur durch strengste Bewertung unter Kontrolle zu halten sind. Wenn sie zeitweise hart und unbeugsam erscheinen, so muß daran erinnert werden, daß sie bis in die Gegenwart hinein die Fehden zwischen den Stämmen so erfolgreich geregelt haben, daß der Fußballsport von vielen der Krankheiten verschont geblieben ist, die andere Sportarten befallen haben. Politische Einmischung, Drogenmißbrauch, Glücksspielbanden und Finanzbetrügereien wurden auf einem Minimum gehalten, was anderswo nicht immer der Fall war. In den seltenen Fällen, wo diese Probleme *tatsächlich* innerhalb des Fußballstammes auftauchten, wurden sie schnell und geschickt eliminiert. Der Durchschnittsfan mag an solch organisatorischen Triumphen nicht interessiert sein, aber er würde bald die schädlichen Wirkungen von Korruption und unerfreulichen Außeneinflüssen zu spüren bekommen, wenn die »grauen Eminenzen« weniger erfolgreich operierten, als sie es tun.

Werden die obersten Richter des Fußballs von den Fans kaum zur Kenntnis genommen, so machen sich ihre niederrangigen Pendants desto stärker bemerkbar. Bei jedem Spiel sind die Stammesrichter durch drei unerschrockene Abgesandte repräsentiert, den Schiedsrichter und seine beiden Linienrichter. Diese reisenden Richter sind es, die den Hauptansturm der Beschimpfungen der wütenden Fans abfangen müssen, sie sind es, die im Mittelpunkt der Arena stehen und verbindliche Bewertungen in jeder Sekunde des Spiels vornehmen müssen. In der schwerfälligen Hierarchie der Stammesältesten mögen sie nur Juniorfunktionäre sein, doch sobald der Anpfiff ertönt und das Spiel läuft, sind sie die Herrscher, und keiner, nicht einmal der höchste Funktionär im Lande, darf sich in eine von ihnen getroffene Entscheidung einmischen.

Der Schiedsrichter
aus der Sicht des einfachen Stammesmitglieds

1. Der blinde Schiedsrichter
Betrachtet sich selbst als Freund eines flüssigen Spiels. Scheint seine Pfeife verloren zu haben und läßt alles durchgehen. Ein Liebling der harten Männer.

2. Der ständig pfeifende Schiedsrichter
Der chronische Pfeifer hält sein Blasinstrument, als wäre es eine Zahnklammer. Unbeliebt bei den Fans, weil er jedes kleine Vergehen ahndet und den Spielfluß immer wieder unterbricht. Beliebt bei den sanften Spielern.

3. Der Heimschiedsrichter
Hält jedes böse Foul der Heimmannschaft für ein übereifriges Tackling. Betrachtet die Gastmannschaft als eine Horde von wilden Tieren und verhält sich dementsprechend. Ist gewöhnlich nervös, ängstlich, inkonsequent und aufgeregt. Leidet an der schlimmsten Krankheit, die einen Schiedsrichter befallen kann: an dem Verlangen, geliebt zu werden. Aus mysteriösen Gründen hat er meist schneeweiße Beine.

4. Der schulmeisternde Schiedsrichter
Behandelt alle Spieler wie ungezogene Schulbuben und bedenkt sie bei jeder Gelegenheit mit gönnerhaft-sarkastischen Blicken. Wenn er sie ermahnt, zitiert er sie mit einer herablassenden Geste zu sich. Arbeitet viel mit den Händen und mit strengen Belehrungen. Besonders verhaßt bei allen Spielern.

5. Der selbstgefällige Schiedsrichter
Makellos gekleidet. Weiß stets, wo die Fernsehkameras stehen. Verwendet großspurige Gesten und spielt oft die Fouls in seiner Gebärdensprache nach. Scheint eine Ballettausbildung genossen zu haben und benutzt angeblich ein Haarspray.

6. Der freundliche Schiedsrichter
Hat alles schon einmal erlebt und hält Humor für das beste Mittel zur Entschärfung explosiver Situationen. Er gehört meist der älteren Generation an und legt immer wieder athletische Sprints ein, um zu beweisen, daß er noch nicht alt ist. Lächelt fast ständig, wenn er eine Verwarnung erteilt, selbst wenn er die Hitzköpfe in ihrer eigenen Sprache anfährt. Der Liebling der Spieler.

7. Der vollkommene Schiedsrichter
Streng, aber gerecht. Zurückhaltend, aber entschieden. Läßt sich durch Gefühlsausbrüche und das Gebrüll der Zuschauer nicht aus der Fassung bringen. Durch bestimmte Unschuldsbeteuerungen nicht zu beeindrucken. Kann ein faires Rempeln von einer Rüpelei auf 50 Meter unterscheiden. Eine seltene Spezies, die aber noch nicht ganz ausgestorben ist.

Auf der folgenden Seite sind einige dieser Typen abgebildet, die zu erkennen der Phantasie des Betrachters überlassen bleiben soll.

Jeder Schiedsrichter hat im Verlauf des Spiels mit einem schlimmen Problem zu kämpfen: Ohne den leisesten Zweifel weiß er, daß er sich mit jeder Entscheidung bei wenigstens elf Spielern und all ihren ergebenen Fans ungemein unbeliebt macht. Nichts, was er tun kann, wird allen gefallen, und damit läßt sich schwer leben. Da er menschlich ist, wird er natürlich in gewissem Maße von der Atmosphäre des Clubs, bei dem er amtiert, beeinflußt. Es gibt immer mehr Anhänger der Heimmannschaft als Gästefans, und er ist sich der Tatsache nur zu bewußt, daß Entscheidungen zugunsten der Heimmannschaft ihn bei weitem weniger unbeliebt machen als solche gegen sie. Folglich neigt er dazu, in geringerem oder größerem Ausmaß die Heimmannschaft zu bevorzugen; er ist, in der Fußballsprache ausgedrückt, in Gefahr, zu einem »Heimschiedsrichter« zu werden.
Erfahrene Schiedsrichter spüren diese Gefahr so stark, daß sie den Drang, es den Heimzuschauern recht zu machen, zu bekämpfen suchen. Den Besten gelingt das ausgezeichnet, doch die Schlechtesten versagen kläglich. Wird ihr Versagen zu offensichtlich, dann erzeugen sie eine unwillige, ärgerliche Stimmung bei den Gästespielern, die daraufhin gewalttätiger und härter angreifen. Schlägt die Heimmannschaft zurück, dann artet das Spiel womöglich in eine Katastrophe aus, und der schwache Schiedsrichter verliert nach und nach die Kontrolle. Geschieht dies, so werden seine Entscheidungen zunehmend ungereimter, und

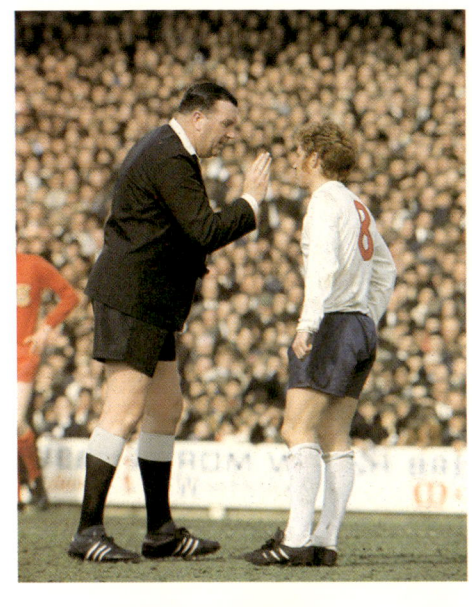

In früheren Zeiten wurden Schiedsrichter gelegentlich von wütenden Fans angegriffen (rechts, bei einem spanischen Spiel), aber mittlerweile hat man größere Vorsichtsmaßnahmen getroffen, um Offizielle zu schützen. Dazu gehören Tunnel, um sicheren Zutritt zum und Abgang vom Rasen zu gewährleisten (rechte Seite).

Das Autoritätsinstrument des Schiedsrichters: die berühmte Donner-Pfeife.

die Menge reagiert immer wütender. Das kann bis zu Gewalttätigkeiten auf den Rängen und außerhalb des Platzes führen. In einigen Fällen entsteht daraus ein regelrechter Aufruhr. Heutzutage wird die Rolle des Schiedsrichters allgemein respektiert, und ernste Zwischenfälle sind selten, doch es gab zum Beispiel in den Anfangszeiten des südamerikanischen Fußballs eine Krise nach der anderen. Gewann die Heimmannschaft das Spiel nicht, mußte der Schiedsrichter buchstäblich um sein Leben bangen. Häufig mußte der Unglücksrabe verkleidet aus dem Stadion geschmuggelt werden, manchmal als Polizist oder sogar als Frau kostümiert, um der wütenden Menge zu entkommen, die drohte, ihn zu lynchen. Einige verängstigte Schiedsrichter betraten das Spielfeld mit einer versteckten Waffe. Einer bekam einen Schlag auf die Nase, weil er ein angeblich regelwidriges Tor zugelassen hatte, und wurde von einem ganzen Team umringt, das ihn noch weiter zu verprügeln drohte, falls er seinen Entschluß nicht änderte. Als Antwort darauf zückte er schwungvoll ein Rasiermesser, das er in seinen Kleidern verborgen gehalten hatte.

Ein unglücklicher Schiedsrichter, der bei einem Spiel in Südamerika der Heimmannschaft einen Elfmeter verweigerte, wurde wegen dieser Entscheidung erschossen. Der Präsident des Clubs zog einen Revolver, zielte sorgfältig und drückte ab; die Kugel traf den Mann in den Kopf. Wieder ein anderer mußte vom Platz fliehen, nachdem er einen ortsansässigen Polizisten niedergestreckt hatte, der ihm zu nahe gekommen war. Der schnelle Haken setzte den Gesetzeshüter lange genug außer Gefecht, um es dem nun panikerfüllten Schiedsrichter zu ermöglichen, sich über den Rasen zum Tunnel in Sicherheit zu bringen. Hier blies er fieberhaft auf seiner Pfeife und versuchte verzweifelt, das Spiel zu beenden.

In Mittelamerika war die Situation ähnlich. Kurz vor Schluß eines bis dahin torlosen Spiels gewährte der Schiedsrichter dem Gästeteam einen Elfmeter. Daraufhin wurde er von der Heimmannschaft zu Tode gesteinigt. Auch in anderen Kontinenten sind solche Vorfälle nicht unbekannt. In Westafrika lief eine Heimmannschaft aus Mali bei einer Schiedsrichterentscheidung Amok, schlug den Missetäter zu Boden, zertrat seine Uhr und zwang ihn, niederzuknien und um Vergebung zu bitten. In Kopenhagen wurde ein Schiedsrichter von einer türkischen Gästemannschaft bewußtlos geschlagen, die aufgrund seiner Regelauslegung in den Schlußminuten eine Niederlage erlitten hatte.

Jeder, der eine derartig gewaltsame Attacke miterlebt hat, hegt keinerlei Zweifel an der gefährlichen Natur dieses Amtes, und man wundert sich kaum, daß es mit dem Nachwuchs an guten Schiedsrichtern nicht zum besten bestellt ist. Zum Glück sind die schlimmsten Übergriffe in letzter Zeit zurückgegangen, da in großen Fußballstadien das Spielfeld durch schwerere Barrieren geschützt worden ist. Das Niveau der Schiedsrichter hat sich dank sorgfältiger Trainingsseminare ebenfalls verbessert, und die Bestrafungen, die den Clubs bei Tumulten auferlegt werden, sind auch härter geworden. Aber wenn auch die Gefahr der Körperverletzung der Schiedsrichter fast eliminiert worden ist, so haben andere Formen der Beschimpfung überlebt, und jeder Schiedsrichter, der zu Beginn eines Spiels auf dem Platz einläuft, benötigt einen kräftigen Magen und einen kühlen Kopf. Oder wie es einer der Ihren formulierte: »Der perfekte Schiedsrichter muß eine Haut wie ein Elefant haben und so taub wie ein Türnagel sein.«

Einem Außenstehenden muß es ein Rätsel bleiben, weshalb unter solchen Umständen überhaupt jemand Schiedsrichter werden möchte. Die Antwort liegt in dem leidenschaftlichen Wunsch mancher Männer begründet, eng mit dem Fußballspiel verbunden zu sein. Wenn sie als Spieler unzulänglich sind und wissen, daß sie es nie zu Spitzenspielern bringen werden, dann ist es das Nächstbeste, neben den Mannschaften als Schiedsrichter oder Linienrichter auf dem Feld zu sein. Sie mögen Spiel um Spiel beleidigt und verflucht und beschimpft werden, aber sie erleben die Aufregung des Spiels aus nächster Nähe. Darauf möchten sie trotz der zu erduldenden Obszönitäten und trotz der kümmerlichen Bezahlung nicht verzichten. Und der Rest des Fußballstammes muß ihnen dafür dankbar sein, denn ohne sie würde Chaos herrschen, und die ganze Welt des Fußballs würde sich auflösen.

32 Die Medizinmänner des Stammes

TRAINER UND MANAGER

Jeder Stamm braucht seinen Medizinmann, der Zauberworte spricht und Wunder wirkt. Beim Fußballstamm nennt er sich Manager oder Trainer. Es gehört zu seinem Job, kraft seiner Persönlichkeit und einiger weniger ritueller Beschwörungen ein Team aus zynischen, hartgesottenen professionellen Sportlern in eine Gruppe besessener Fanatiker zu verwandeln, die bereit sind, ihr Leben oder zumindest ihre Gliedmaßen für die Sache des Stammes zu opfern. Er muß fähig sein, das übliche Tagespensum in einen hingebungsvollen Kreuzzug zu verwandeln. Darüber hinaus muß er – wie alle guten Medizinmänner – teils Hypnotiseur, teils Psychiater und teils Zauberer sein. Das Spielfeld kann er nie betreten, und also kann er auch das Spiel nicht direkt beeinflussen. Alles, was er tut, muß durch indirekten Einfluß übertragen werden, und dem können seine Spieler sich mutwillig entziehen, wenn er sie nicht in seinen Zauberbann gezwungen hat.

Wenn der Unterschied zwischen einem guten und einem schlechten Trainer in erster Linie von der Fähigkeit abhängt, anderen den eigenen Willen aufzuzwingen, dann müßten die besten Trainer starke Persönlichkeiten sein, und das ist in der Tat der Fall. Die Erfolgreichsten unter ihnen besitzen eine erstaunliche Ausstrahlungskraft und die Fähigkeit, ein Publikum mit jedem ihrer Worte in Bann zu schlagen, sei es nun in der Umkleidekabine oder vor den Fernsehkameras. Wie sie das tun, bleibt ihr Geheimnis, denn sie verfügen über kein formales Training. Lawrie McMenemy gibt zu: »Fußballtrainer sind keine gebildeten Leute. Wir sind weder fürs Management ausgebildet, noch dafür, Reden zu halten oder Geschäfte abzuwickeln. Wir schnappen es auf. Wir werden in eine Situation gestellt, wo wir mit Leuten konkurrieren müssen, die eine ausgezeichnete Erziehung erhielten.« Durch eine Mischung aus Intuition und angeborener Geschicklichkeit sind sie jedoch in der Lage, in der Öffentlichkeit zu bestehen und ebensooft wie Politiker interviewt und genausooft wie Autoren zitiert zu werden.

Ein Teil ihres Erfolges hängt von ihrer Fähigkeit ab, Ballspiele in Wortspiele zu verwandeln. Als sie selbst noch zur Mannschaft gehörten, mußten sie ihre Gegner durch Verstellung und täuschende Bewegungen überlisten. Irgendwie scheint diese Notwendigkeit einen geistigen Prozeß auszulösen, der ihnen für ihre spätere Tätigkeit zugute kommt. Sie entwickeln früh ein schnelles Reaktionsvermögen, das ihnen zum Vorteil gereicht, ganz gleich, ob sie mit den Muskeln oder mit Worten argumentieren. Sie haben stets eine Erwiderung parat, und abwägendes Denken ist ihnen nicht fremd. Sie können eine schwierige Frage parieren, eine kritische Bemerkung zu ihrem Vorteil umkehren, eine Beleidigung ungerührt abgleiten lassen. Sie verwenden die Fähigkeiten, die sie auf dem Rasen erlernt haben, statt mit den Füßen jetzt mit dem Mund.

Von den 92 Ligatrainern der 1980er Saison in England sind 88 Exprofis. Die verbleibenden vier sind ehemalige Amateure. Weil einige der berühmtesten Trainer Exverteidiger sind, wird manchmal argumentiert, Verteidiger eigneten sich am besten als Trainer. Bei näherer Untersuchung scheint sich das jedoch nicht zu bestätigen. Von den 88 Exprofis des Jahres 1980 waren 27 Stürmer, 32 Mittelfeldspieler, 28 Verteidiger und einer war Torwart. Abgesehen von der geringen Vertretung der Torhüter scheint an dieser Liste nichts bemerkenswert. Jede Hauptzone des Spielfeldes liefert ihren Teil erfolgreicher Trainer, und jede scheinbare Vorrangigkeit ist wahrscheinlich nichts anderes als Zufall. Jede Zone hat ihre besonderen Qualitäten als Übungsfeld für zukünftige Trainer: die Stürmer sind wendig und schnell im Denken; die Mittelfeldspieler sind vielseitig und arbeiten hart; die Verteidiger sind entschlossen und zäh. Jeder, der solche Eigenschaften vom physischen in den administrativen Bereich übertragen kann, besitzt gute Voraussetzungen für einen Trainer, wenn es Zeit für ihn wird, die Fußballschuhe an den Nagel zu hängen.

Die meisten Trainer fangen mit dem Sprung ins kalte Wasser an und haben nur die Wahl zwischen schwimmen und untergehen. An einem Tag sind sie »alternde« Spieler in den Dreißigern, die sich mühen, ihre Beine mit ihrem erfahrenen Verstand Schritt halten zu lassen, und am nächsten schon sind sie »der Boß« und gehen mit einer Gruppe junger

Nachdenklich, nachdrücklich, schmeichlerisch, angespannt, auffordernd bittend, ärgerlich, deprimiert und enttäuscht – die verschiedenen Gesichtsausdrücke bei Managern und Trainern, während sie ihre Mannschaft beim Spiel beobachten, sprechen eine eigene Sprache.

 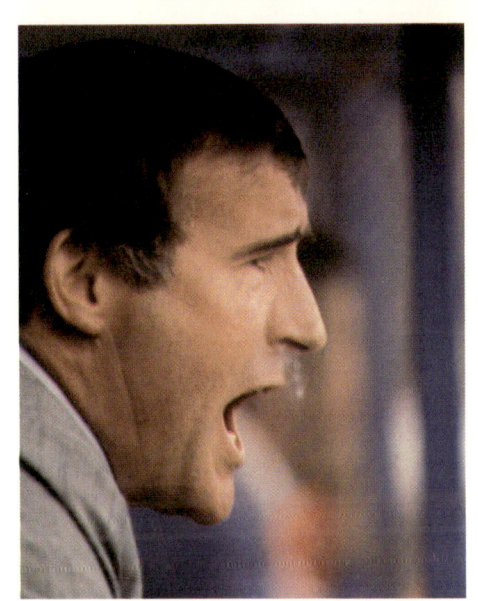 

Spieler so um, wie in den letzten fünfzehn Jahren mit ihnen geredet wurde. Selten gibt es Klagen über die Plötzlichkeit dieses Wechsels. Für einen abgetretenen Spieler ist es nicht leicht, interessante Arbeit zu finden. Die meisten hoffen auf den Job eines Teamtrainers, und wer ihn bekommt, zweifelt nicht an seinem Glück. Sie sind begierig auf diesen Posten und schieben den Gedanken beiseite, daß sie die unsicherste Stelle annehmen, die der Fußballstamm zu vergeben hat.

Die durchschnittliche Beschäftigungsdauer eines Profitrainers bei ein und demselben Club beträgt etwas weniger als drei Jahre. Die Erfolgreichen springen ab, um Trainer bei bedeutenderen Clubs in höheren Ligen zu werden, doch die meisten gehen, weil sie von ihrem Vorstand wegen zu geringer Siegesquote hinausgeworfen werden. In Presseerklärungen heißt es oft, ein Trainer sei zurückgetreten und kündige in gegenseitigem Einverständnis mit seinem Club, aber wie einer der Betroffenen kläglich bemerkte: »Glauben Sie, was Sie wollen, doch kein Trainer tritt freiwillig zurück.« Das unvermutete Ende ihrer Karriere ist der Alptraum, mit dem all diese Männer leben müssen, Jahr um Jahr.

Der Grund, warum man den Trainer zum Sündenbock des Stammes auserkoren hat, ist leicht zu begreifen. Ein Club kann es sich nicht leisten, die ganze Mannschaft zu feuern, weil sie schlecht spielt oder weil sie abgestiegen ist. Niemand würde so ein Team kaufen, und der Club, der durch die schlechten Ergebnisse Verluste erlitten hat, ist außerstande, alle Spieler wegzugeben und mit völlig neuer Mannschaft von vorn anzufangen. Das Team ist also verhältnismäßig sicher. Das gleiche gilt für den Vorstand. Er besitzt für gewöhnlich genügend Aktien, um bei der jährlichen Generalversammlung dem Ansturm der Aktionäre standzuhalten. Der Vereinssekretär fällt keine die Spieler betreffenden Entscheidungen, also ist auch er in Sicherheit. Übrig bleibt nur die Person des Trainers, und er ist es auch, der schließlich auf dem Stammesaltar geopfert wird. Wie der primitive Medizinmann, dessen Volk trotz seines wiederholten Regenzaubers unter einer großen Dürre zu leiden hat, wird er zu einem Geächteten, der keine Gnade verdient. Diese Haltung ist verständlich, wenn auch manchmal äußerst unfair. Seine Direktoren mögen sich in seine Angelegenheiten eingemischt und ihn gedrängt haben, Schritte zu unternehmen, die er nicht billigte. Sie erheben zwar nicht mehr wie früher bestimmte Forderungen, sondern lassen vielleicht nur zarte Hinweise fallen, das aber mit einem Unterton, den der Trainer schwerlich ignorieren

kann. Um sie zu besänftigen und um die guten Beziehungen nicht zu gefährden, mag er in einigen Dingen nachgegeben haben. Gewisse Direktoren hatten vielleicht »Favoriten«, also bestimmte Spieler, die ihnen nahestehen, und sie übten ständigen Druck auf den Coach aus, um ihn zu deren Gunsten zu beeinflussen, selbst wenn er aufgrund seiner Erfahrung wußte, daß die fraglichen Männer schwache Punkte hatten, die den Sieg kosten könnten. Wenn sich

Der Trainer muß nicht nur die eigene Mannschaft in seinen Bann schlagen, lange Reisen unternehmen, um andere Mannschaften spielen zu sehen, und den Kauf und Verkauf von Spielern planen, der erfolgreiche Trainer muß auch noch geschickter Diplomat und Public-Relations-Mann sein, der in der Lage ist, schwierige Pressekonferenzen in den Griff zu bekommen (links oben).

Links unten: Bei großen internationalen Begegnungen reist der moderne Trainer mit umfangreicher Begleitung. Der Unterstand ist voller Assistenten, Masseure und Cotrainer. In diesem Fall warten sie alle ängstlich auf den Sieg bedeutenden Schlußpfiff, der sie von der fast unerträglichen Spannung erlöst.

Am Ende eines großen Wettkampfes folgt manchmal im Mannschaftsbad eine Dusche für den glücklichen Trainer (rechts).

schließlich zeigt, daß der Trainer recht hatte, dann ist das Unglück schon geschehen, und die Direktoren werden bequemerweise die Rolle vergessen, die sie selbst beim Niedergang des Teams gespielt haben. Ebenso werden sie vergessen, daß sie ihm den Kauf eines wichtigen Spielers, den er zu Beginn der Saison unbedingt haben wollte, aufgrund finanzieller Schwierigkeiten verweigert haben, wenn eben dieser Spieler zum Star eines gegnerischen Clubs avanciert.

Zusätzlich zu dem Ärger von oben wird der Trainer auch noch von unten angegriffen. Er entdeckt zum Beispiel, daß einige seiner besten Spieler unkooperativ sind oder sogar gegen seine Anweisungen rebellieren. Da sie unentbehrlich sind, glauben sie es sich leisten zu können, seine Autorität herauszufordern, und unterminieren gleichzeitig seine Kontrolle über die anderen Mannschaftsmitglieder. Ein Trainer faßte diese Taktik zynisch in der Bemerkung zusammen: »Erfolg haben heißt für einen neuen Trainer, die fünf Spieler, die ihn hassen, von den sechs anderen, die sich noch nicht entschieden haben, fernzuhalten.«

Des weiteren können in einem Club Verletzungen auftreten, durch die Schlüsselspieler für längere Zeit ausfallen und die Mannschaft aus dem Gleichgewicht gerät, was wiederum eine Niederlagenserie heraufbeschwören kann. Die Schuld wird auch in einem solchen Fall beim Trainer gesucht.

Wenn ein von Entlassung bedrohter Trainer auf diese oder jene mildernden Umstände hinweist, wird ihn das selten retten. Wenn der Club sich erst einmal in Abstiegsgefahr befindet, hat sich das Mißvergnügen der Direktoren bereits bis auf die Tribünen ausgebreitet. Die Fans begrüßen den Trainer am Ende jedes enttäuschenden Spiels mit Slogans und Gesängen, in denen gefordert wird: »Meier raus! Meier raus!« Auch sie machen ihn zum Sündenbock und fordern sein Blut als Tribut für die erlittene Schmach des Stammes. Und die Journalisten und Kommentatoren schüren die Flammen, indem sie bei ihrer wöchentlichen Suche nach Angriffspunkten jeden seiner Fehler zergliedern und vergrößern.

Wenn schließlich der Damm bricht und der Trainer unter einer dunklen Wolke abgehen muß, dann sieht seine Zukunft düster aus. Es gibt immer genügend Assistenten und ehemalige Spieler, die nur darauf warten, seinen Platz einzunehmen. Trotz der Risiken ist es nie schwierig, einen offenen Trainerposten zu besetzen.

So ist der belagerte Trainer von allen Seiten bedroht, von den Direktoren über ihm, den Spielern unter ihm und von Fans und Medien um ihn herum. Kein Wunder, daß er und seine mit ihm leidende Familie selbst während günstiger Erfolgssträhnen ein nagendes Gefühl der Unsicherheit verspüren. Neben den vielen angesprochenen Problemen ist es vor allem die permanente Angst um die Existenz, die ihn über die Jahre hinweg dazu gebracht hat, eine vorsichtigere, defensivere Form des Fußballs zu bevorzugen. Seine Furcht vor dem Verlieren ist größer als sein Wunsch zu gewinnen. Die unvermeidliche Folge davon ist weniger wagemutiges, weniger unterhaltsames Fußballspiel.

Eine Lösung dieses Problems ist schwer zu finden. Würde eine starke Trainergewerkschaft gebildet, die ihre Mitglieder vor ungerechtfertigter Entlassung schützen und ihnen größere Sicherheit der Arbeitsplätze garantieren könnte, so müßten die Direktoren klein beigeben. Aber die Fans würden das nie hinnehmen. Die Ränge würden explodieren, und das Leben des Trainers im Club wäre bald unerträglich. Die Stammesrolle des Medizinmannes läßt sich einfach nicht unter die übliche Gewerkschaftskontrolle bringen. Wahrscheinlich wird er immer der Sündenbock des Stammes bleiben, der in einem Augenblick seinen Zauber wirken läßt und im nächsten verbannt wird. Doch die Zeiten, in denen der Zauber seine Wirkung tut, bieten genügend Kompensation. All die langen, frustrierenden Stunden, die er im Unterstand verbringt, zusammenzuckend und schreiend, den Spielern auf dem Platz schmeichelnd und sie anknurrend, stets von dem verzweifelten Wunsch beseelt, hinauszulaufen und ihnen zu zeigen, wie man selbst es früher gemacht hat, können mit Glück und dem richtigen Augenmaß Momente voll überwältigender Freude und Stolz enthalten. Wenn seine Mannschaft wie gebannt auf seine magischen Zaubersprüche reagiert und die höchsten Höhen des Triumphes erklimmt, dann ist sein Siegesgefühl ebenso überwältigend wie das ihre. In solchen Momenten scheinen all die Monate der Agonie und der Unsicherheit mehr als gerechtfertigt, und der wahre Köder des Fußballtrainers ist plötzlich für jeden erkennbar: Er spiegelt sich deutlich wider in dem verklärten Ausdruck der Erfüllung auf seinem begeisterten Gesicht.

Der Augenblick des Cup-Sieges, wo sich plötzlich all die Stunden der Anstrengung und Unsicherheit bezahlt machen.

Die Stammesanhänger

33 Die Gefolgschaftsränge

FLÖHE UND FANATIKER

Beobachtet man die Zufahrtstraßen eines großen Stadions am Tage eines Meisterschafts-spiels, so hat man das Gefühl, dem Aufmarsch einer mittelalterlichen Armee zur Schlacht beizuwohnen. In dichten Kolonnen rücken sie an, leuchtend gekleidet und mit Flaggen und Bannern bewehrt, drängen singend in die aufragende Arena, rufen die Namen ihres Stam-mes und ihrer Helden, schlagen Trommeln, lassen Hörner erklingen und klatschen im Rhythmus in die Hände. Das sind die Stammesanhänger, die zur Spannung des Matchs genausoviel beitragen wie die Spieler selbst. Ohne die Atmosphäre, die sie erzeugen, ohne ihre hitzig bekundete Loyalität und ohne ihre heftigen Gefühlsausbrüche würde der Fuß-ballsport nicht nur aus finanziellen Gründen zusammenbrechen, sondern auch seine Seele verlieren, seine Stammesleiden und seine Stammesfreuden.

Wer sind diese ergebenen Anhänger, und woher kommen sie, diese Millionen, die Woche für Woche die ganze Saison hindurch zu den Fußballspielen strömen? Die meisten sind Stadtbewohner, die Nachkommen der industriellen Revolution. Ihre Wochentage verbrin-gen sie in Fabriken und Büros, in den Läden und auf den Straßen der geschäftigen urbanen Welt des zwanzigsten Jahrhunderts. Ihre Arbeit besteht oft nur aus monotonen, sich wieder-holenden Handgriffen. Es mangelt ihr an jeglichen Höhepunkten, so daß die Anhänger an Sonntagen begierig auf die Spannungsgipfel und emotionalen Dramen warten, die das Spiel mit sich bringen wird und durch die ihre ermüdende Routine von brandenden Momenten schier unerträglicher Aufregung durchbrochen wird.

Ein Anhänger interessiert sich genügend für die Feinheiten des Sports, um sich jedes Fuß-ballspiel im Fernsehen anzuschauen, und bei besonderen Gelegenheiten wird er auch seine Nationalmannschaft unterstützen, aber sein Herz gehört nur einem bestimmten Team, und seine Stammesloyalität seiner Heimmannschaft gegenüber wischt alle anderen Rücksichten beiseite. Selbst wenn seine Mannschaft schlecht spielt und in einer Niederlagenserie steckt, bleibt die Loyalität des wahren Anhängers unerschüttert. Er mag stöhnen und murren, aber er läßt sie nicht im Stich. Er hat gelernt, daß keine Mannschaft, wie brillant sie auch sein mag, all ihre Spiele gewinnen kann, und so wartet er auf bessere Zeiten, die irgendwann kommen müssen.

Bei großen Anlässen wirken die Anhänger des Stammes, die sich zu einer bedeutenden Begeg-nung aufmachen, wie eine mittelalterliche Armee. Mit wehenden Fahnen strömen sie auf das Stadion zu und verstärken so die Spannung des Ereignisses und verwandeln es in ein spektakuläres Schauspiel.

Die Fanatiker unter den Fans besitzen ein fast enzyklopädisches Wissen der Clubstatistiken und scheinen über ein photographisches Gedächtnis für Hunderte von Stammesereignissen zu verfügen. Die Namen der Spieler werden wie eine Litanei heruntergebetet. Spielergebnisse und Tore werden mit verblüffenden Einzelheiten wiedergegeben. Ihre Köpfe stecken voller Mannschaftsaufstellungen, umstrittener Abseitspositionen, Zusammenstöße von Starspielern, Tabellenänderungen der Liga, Torverhältnisse, Transferdaten ihrer Helden und tausend anderer Spielfakten und -zahlen. Gäbe es darüber wissenschaftliche Seminare, sie alle wären brillante Gelehrte.

Die Fans, die an Spieltagen das Stadion betreten, lassen sich in zwei Großgruppen unterteilen: die Gefolgschaft der Alten und die der Jungen. Die Alten streben auf die Sitzplätze zu, während die Jungen auf den Rängen stehen. Natürlich gibt es Ausnahmen, aber dies ist der Regelfall. Auf den ersten Blick wirken sie wie eine amorphe Masse, wie ein Meer sich drehender Köpfe, die jeder Sekunde des Spiels folgen, fast so, als wären sie zu Zellen eines einzigen gigantischen Organismus geworden. Doch bei näherer Betrachtung lassen sich eine Anzahl festumrissener Kategorien herauskristallisieren. Es folgt eine kurze Charakteristik der interessantesten unter diesen Typen.

Auf den ersten Blick wirkt das Meer der Gesichter bei einem lokalen Routinespiel wie eine formlose Masse, doch bei näherem Hinsehen lassen sich eine Anzahl unterschiedlicher Typen erkennen – der stets optimistische Loyalist, der endlos leidende Märtyrer, der allwissende Experte, der wütende Pöbler, der ewige Witzbold und der Rest. Jeder von ihnen bringt seine eigenen Stimmungen und Vorurteile mit ins Spiel und übt mächtigen Druck durch seine lautstarke Unterstützung oder seine kritische Feindseligkeit auf die Spieler aus.

DIE ALTEN ANHÄNGER

1. Die Loyalisten

Das sind die Anhänger, die ihrem Club ihr Leben gewidmet haben. Sie stellen ihr Team nie in Frage. Ihr Motto ist: »Unsere Mannschaft verliert nie, nur gelegentlich wird ihr die Zeit ein bißchen knapp.« An einem schlechten Ergebnis sind entweder der unfaire Schiedsrichter, das brutale Verhalten des gegnerischen Teams oder einfach nur eine Pechsträhne schuld. Sie werden auf jeden wütend, der andeutet, ihr Team hätte nicht gut gespielt, und sie beschimpfen ihre Mannschaft auch nie, nicht einmal bei extremen Enttäuschungen. Ihre Liebe ist leidenschaftlich und unwandelbar.

2. Die Experten

Das sind diejenigen unter den Fans, die mehr über die Mannschaft wissen als deren eigener Manager und ihm auch gern alles erklären würden, wenn er bloß zuhören wollte. Sie analysieren jede Bewegung und verfolgen die Mannschaftsauswahl, den Kauf und Verkauf von Spielern und die jeweilige Aufstellung äußerst kritisch. Von der Tribüne aus informieren sie ihre bedauernswerten Nachbarn über die Komplexität eines jeden Spielzugs, und manchmal sind sie so in ihre lautstarken Kommentare vertieft, daß sie ein wesentliches Tor verpassen. Sie sind Experten in der Vertuschung ihrer falschen Vorhersagen, und nach dem Spiel wissen sie immer alles besser.

3. Die Witzbolde

Das sind Anhänger, die sich ein Repertoire sarkastischer, erheiternder Bemerkungen angeeignet haben, die sie bei jeder Spielunterbrechung an den Mann bringen. Ihre Kommentare sind fast immer grotesk überzogene Beleidigungen. Sieht der Schiedsrichter ein Foul nicht, dann brüllt der Witzbold: »Sie haben seinen Blindenhund nicht mit auf den Platz gelassen.« Liegt ein gegnerischer Spieler mit einer Beinverletzung am Boden, ruft er: »Man erschießt Pferde, aber mach dir keine Sorgen, Esel erschießt man nicht.« Wenn der Schiedsrichter dem Gegner einen Elfmeter zuspricht, schreit er: »Bei deiner Beschneidung haben sie den falschen Teil weggeworfen.« Gibt ein Spieler sich nicht genügend Mühe, dann bellt er: »Du bist so nützlich wie eine Teekanne aus Schokolade.«

4. Die Schreihälse

Wie die Witzbolde sind auch sie Rabauken, aber ihren Bemerkungen liegt mehr Zorn als Humor zugrunde. Sie beschränken sich für gewöhnlich auf schlichte Beleidigungen wie: »Ihr seid ein Abfallhaufen«, oder: »Ihr schwule Bande.« Wenn das Spiel schlecht läuft, sind solche Bemerkungen gegen ihr eigenes Team gerichtet, sehr zur Qual der Loyalisten, die manchmal auf die Schreihälse losgehen und ihnen befehlen, die Klappe zu halten. Läuft alles gut, dann verfallen sie in Schweigen und brechen nur in Momenten des Triumphs in Jubel aus. Anscheinend besuchen sie den Fußballplatz in erster Linie, um ihrem Spleen Luft zu machen. Richtet sich das gegen den Gegner, dann äußert es sich gewöhnlich in Wendungen wie: »Ihr seid Bestien, geht zurück in den Zoo.« Für die Schreihälse stellt das Spiel eine Art Therapie dar, vergleichbar dem Besuch eines öffentlichen »Wutablaßzimmers«.

Zwei von vielen Typen, aus denen sich die Reihen der Anhänger zusammensetzen: der Exzentriker (oben), in ein schreiendes Kostüm gekleidet und mit Clubemblemen bedeckt; und der Loyalist (unten), mit leuchtender Rosette, fröhlichem Gesichtsausdruck und optimistischer Gestik.

5. Die Märtyrer

Dieser Anhängertyp schreit nie. Er stöhnt nur still vor sich hin und schüttelt traurig den Kopf. Er wußte schon vor Spielbeginn, daß alles schiefgehen würde, und leidet das ganze Match hindurch. Er genießt sein Märtyrertum so sehr, daß er, falls sein Team wider Erwarten siegt, über den einen Spieler grollt, der sich nicht voll eingesetzt hat, oder düstere Voraussagen darüber macht, daß »*es* nicht von Dauer sein« könne. Er befürchtet ständig Niederlagen seines Teams und hat noch mehr Angst vor der Abstiegsgefahr. Er sagt, er könne nicht verstehen, warum er sich Spiele ansähe, die ihm solche Qualen bereiten, aber er kommt immer wieder.

6. Die Exzentriker

Jeder Club hat ein paar merkwürdige Typen unter seinen Fans, die regelmäßig in ausgefallener Kleidung auftauchen oder etwas Ungewöhnliches zu essen mitbringen oder sich noch vor Spielende unter Selbstgesprächen einen auffälligen Abgang verschaffen. Sie leben in ihrer eigenen Welt, scheinen aber die Gegenwart der Menge zu benötigen, um sich selbst zu bestätigen, daß sie sich von der gewöhnlichen Masse unterscheiden. Niemand kennt ihre wahre Einstellung zum Spiel, und sie bleiben ein Rätsel.

7. Die Außenseiter

Die meisten Tribünenbesucher kommen regelmäßig und kennen sich aus, doch gelegentlich verirren sich ein paar Außenseiter dazwischen und fallen sofort durch ihr mangelndes Verständnis der Stammesrituale auf. Sie mögen Touristen sein oder doch jedenfalls fremd in der Stadt. Man erkennt sie an ihrer Kleidung und an ihren Reaktionen auf das Geschehen auf dem Rasen. Nimmt sie das Spiel so gefangen, daß sie mitschreien, dann fehlt ihren Kommentaren der vertraute Stammesklang, und die Eingeweihten tauschen über ihre Köpfe hinweg wissende Blicke aus.

Die jüngsten Fans drängeln sich am liebsten an den Rändern des Platzes (oben). Sie haben von dort nicht immer den besten Blick auf das Spiel, aber sie sind ihren Idolen näher (rechts).

DIE JUNGEN ANHÄNGER

1. Die Flöhe

Den harten Kern der jungen Gefolgschaft bildet eine buntgekleidete, singende, händeklatschende Armee von Fanatikern, die sich auf den Rängen zusammendrängen. Um sie herum aber gibt es weitere junge Anhänger, die noch nicht voll in ihre Reihen eingegliedert sind. Die Jüngsten unter ihnen sind die Flöhe, kleine Jungen, die gerade alt genug sind, um allein auf den Fußballplatz zu dürfen. Sie drücken sich in den Randbezirken des Fanterritoriums herum, oft in Ecken gequetscht, über niedere Mauern gelehnt oder die Gesichter durch die Stäbe der Barrieren geschoben. Sie lauern am Spielertunnel, um ihre Idole aus der Nähe zu sehen oder sie mit ausgestreckten Händen zu berühren. Sie sind unter den jungen Anhängern die beweglichsten, hüpfen oft von einer Stelle zur nächsten und warten voller Eifer mit gezückten Autogrammbüchern vor dem Spielereingang, in der Hoffnung, eine Starunterschrift zu ergattern, um sie dann im Triumph heimzutragen und Freunden zu zeigen. Sie sind die ernsthaften Anhänger von morgen.

2. Die Novizen

Eine Stufe höher in der Hierarchie der jungen Anhänger als die Flöhe stehen die Novizen. Sie sind etwas älter und drängeln sich an den unmittelbaren Rändern der Hauptgefolgschaft, sind aber immer noch zu jung, um in die Reihen der Fanatiker vorzustoßen. Sie bleiben jedoch in der Nähe und springen nicht mehr verspielt herum, sondern beobachten aufmerksam die Handlungen der älteren Fans und lernen ihre Stammesgesänge und ihr rhythmisches Klatschen. In jedem einzelnen Stadion scheinen sie einen besonderen Sektor der Ränge zu bevorzugen; einmal findet man sie beispielsweise direkt vor der Hauptarmee der Fans, ein andermal auf der linken oder rechten Seite davon.

3. Die Fanatiker

Sie sind an einer Reihe von Merkmalen erkennbar. Ihre Kleidung ist mit den Teamfarben geschmückt. Lange vor Spielbeginn versammeln sie sich draußen vor dem Stadion, dann drängen sie hinein und nehmen ihre spezielle Position ein, eine kompakte Masse in einem besonderen Abschnitt der Ränge. Dies ist ihr geheiligtes Territorium, und wehe dem Fremden, der es betritt. Bei den meisten Clubs ist es die Kurve hinter einem der Tore, die durch geweihte Tradition zur »Heimseite« wurde. Die Polizei achtet darauf, Gastfans von diesem Abschnitt fernzuhalten, denn das Auftauchen fremder Farben in diesem Bereich würde

Kampf bedeuten, und die Fanatiker würden die Eindringlinge mit Gewalt in einen anderen Teil des Stadions treiben. Die »Heimseite« trägt oft einen besonderen Spitznamen, zu deren berühmtesten der *Liverpool Kop* gehört. Es ist ein Stammesprivileg, Mitglied des Fanclans zu sein, der sich auf der »Heimseite« versammelt, und diese Ehre erfordert die Beachtung bestimmter Gebräuche und Regeln. Die Fans müssen sich alle an den rituellen Gesängen beteiligen, ihren Gegnern Beschimpfungen entgegenschleudern und ihre Stammeshelden loben. Während einer Saison werden mehr als zweihundert Gesänge angestimmt, und jeder muß die Melodie im Ohr haben. Rhythmisches Händeklatschen und andere rituelle Handlungen spielen ebenfalls eine wichtige Rolle beim Auftritt des echten Fans. Wie die Spieler auf dem Platz ist er ein wesentlicher Bestandteil des Stammeslebens. Es wurde bereits erwähnt, daß es einfacher für eine Mannschaft ist, Heimtore zu schießen als Auswärtstore. Die leidenschaftliche Begeisterung und Unterstützung, die die Fanatiker ihrer Mannschaft entgegenbringen, stellt die entscheidende Komponente dieses Umstands dar. Eine gewaltige Fanarmee, die anfeuernd brüllt, in die Hände klatscht und die Teamfarben schwenkt, vermittelt den Spielern mehr Selbstvertrauen. Sie haben das Gefühl, sie dürften »die Fans nicht enttäuschen«. Aus diesem Grund organisieren die glühendsten Fanatiker Sonderbusse, die sie zu Auswärtsspielen bringen, oder nehmen lange Zugfahrten auf sich, um ihren Spielern bei Auswärtsbegegnungen eine bessere Atmosphäre mit mehr Unterstützung zu schaffen. Es kommt selten vor, daß solche Reisegruppen die ortsansässigen Fans an Zahl übertreffen, aber einige Teams genießen eine derart inbrünstige Unterstützung, daß ihre Anhänger fast in der Lage sind, ihnen das Gefühl zu vermitteln, »daheim« zu spielen, wo immer sie auch in Wahrheit sein mögen. Diese reisenden Fans müssen oft von der Polizei beschützt und in großen Gruppen von der Busstation oder dem Bahnhof zum Stadion geschleust werden, um Prügeleien zu vermeiden. Im Stadion müssen sie in den Abschnitt für »Besucher« am anderen Ende des Platzes, gegenüber der Heimseite, damit die rivalisierenden Fanatiker so weit wie möglich auseinandergehalten werden. Die Fans, die regelmäßig zu Auswärtsspielen fahren, sind die am meisten respektierten Mitglieder ihrer Zunft.

4. Die Anführer

Der große Fanclub spaltet sich in verschiedene Kategorien auf. Obwohl keiner Fanarmee eine äußere Organisation auferlegt wird, gibt es doch in beschränktem Rahmen ein inneres Regelsystem. Stets finden sich Personen, die als geborene Führer die Leitung übernehmen. Einige sind Angriffsführer, die das Kommando an sich reißen, sobald Gewalt ausbricht.

Arsenal   Chelsea   West Ham   Tottenham
                                                    Hotspur

Andere sind Gesangsführer, die neue Lieder und Hymnen erfinden, einen neuen Rhythmus angeben und beim Klatschen den Takt bestimmen. Wieder andere sind Reiseorganisatoren, die sich um die Busse, Treffpunkte und ähnliche Transportdetails kümmern.

5. Die Rowdys

Unter der Masse der Fans gibt es viele, die ständig bereit sind, die Ehre ihres Clubs gegen Rivalen zu verteidigen. Bei den meisten erschöpft sich das in rituellen Drohungen und macht kurz vor wirklichen Schlägereien halt. Die Rowdys mögen Beleidigungen verschleudern und drohend angerannt kommen, um einen Rivalen aus der Nähe ihres geheiligten Territoriums zu verscheuchen, aber Prügel setzt es selten. Sie protzen gern bei ihren aggressiven Zurschaustellungen und geben sich gefährlicher, als sie tatsächlich sind.

6. Die Draufgänger

Es gibt eine spezielle Kategorie nicht mehr ganz junger Fans, die sich durch das vollkommene Fehlen der Clubfarben von den anderen unterscheiden. Sie tragen grobe Drillichanzüge und T-Shirts, denn sie sind überzeugt davon, über die jugendliche Zurschaustellung ihrer Begeisterung hinausgewachsen und den anderen aufgrund ihres persönlichen Rufes bekannt zu sein. Sie neigen dazu, unter sich zu bleiben, und sie sind es auch, die mit größter Wahrscheinlichkeit ihre aggressiven Rituale in echte Kämpfe verwandeln, wenn es Ärger gibt. Sie sind die harten Männer der Ränge und werden von den gegnerischen Fans am meisten gefürchtet. Doch sie planen ihre Strategien sorgfältig und handeln keineswegs unbeherrscht. Die übrigen Fans schauen zu ihnen als den dominierenden Mitgliedern des harten Kerns auf.

7. Die Verrückten

Jeder Club hat ein paar wilde Männer. Die anderen Fans mögen sie nicht, denn wenn es Ärger gibt, verlieren sie die Beherrschung und verschulden ernsthafte Körperverletzungen. Manchmal tragen sie verborgene Waffen bei sich, was bei besonders kritischen Begegnungen polizeiliche Leibesvisitationen herausfordern kann, etwa wenn traditionelle Rivalen miteinander in Streit geraten. Außerdem beschwören sie durch ihr unberechenbares Tun Polizeiaktionen herauf, was die übrigen Fans verärgert, weil sie befürchten, mit den Verrückten in denselben Topf geworfen zu werden. Für die Öffentlichkeit sind die schlimmsten Taten der Verrückten gleichbedeutend mit dem Benehmen sämtlicher Fußballfans, und ihnen allen wird wegen dieser kleinen Minderheit das Etikett »üble Schläger« angehängt.

8. Die Trinker

Für eine Gruppe unter den etwas älteren Fans stellt das Zechen vor dem Spiel eine Art Statussymbol dar. Lange vor dem Anstoß versammeln sie sich in Kneipen und Bars und kommen in mehr oder weniger betrunkenem Zustand auf den Rängen an. Auch ihr Verhalten irritiert einige Fans, denn es stört die synchronisierten Rituale des Singens und Klatschens; andere freilich betrachten das Grölen der Trinker mehr als amüsante Nebenunterhaltung.

9. Die Kriecher

An den Ausläufern der Fanclubs lungert eine wechselnde Anzahl von Pseudofans herum, die vorgeben dazuzugehören und die versuchen, es dem harten Kern gleichzutun, die aber zu dumm oder zu feige sind, um als echte Gruppenmitglieder akzeptiert zu werden. Sie bleiben unbedeutende Mitläufer und werden von den anderen häufig als Prügelknaben benutzt.

10. Die Aufrechten

Schließlich gibt es viele junge Anhänger, die sich von der Masse der Fanatiker fernhalten und den Sportplatz nur besuchen, um dem Spiel zuzuschauen. Sie mögen jubeln und schreien und klatschen, aber sie schließen sich den rituellen Gesängen und Darbietungen der wahren Fans nicht an. Sie mögen ungemein loyale Anhänger ihres Teams sein, aber sie ziehen es vor, Individuen zu bleiben, statt Mitglieder einer Fanarmee zu werden.

Aus der Masse der Fans ragen gewisse Individuen heraus. Sie mögen Einpeitscher bei Gesängen oder Anführer bei Gewalttaten sein, Reiseorganisatoren oder schlicht Meistersäufer, aber sie sind alle fähig, durch die Kraft ihrer Persönlichkeit respektierte Mitglieder der Subkultur auf den Fußballrängen zu werden.

241

Linke Seite: Auf der ganzen Welt versammeln sich die Anhänger des Fußballstammes, um ihren Helden zu huldigen, ob bei eiskaltem Regen oder blendender Sonne. Ihre Herkunft mag völlig verschieden sein, aber von dem Augenblick an, wo sich bei Beginn des Spieles ihre Augen auf den Rasen richten, geben sie sich der gleichen besessenen Beschäftigung hin.

Aus diesen Typen also setzen sich die Reihen der Anhänger im wesentlichen zusammen. Das Fußballvolk ist keineswegs die amorphe Masse, als die es zuerst erscheint, sondern es bildet eine vielschichtige soziale Einheit, voll subtiler Abstufungen und Kategorien, die einander erkennen und sorgfältig voneinander abgegrenzte Rollen bei den Stammesversammlungen spielen. Die hier gegebene Beschreibung basiert zwar auf den Grundmustern typisch englischer Clubs, und in anderen Ländern mag es Variationen geben, aber viele der genannten Kategorien kann man bei fast allen Clubs der Welt finden.

Wenn die Varianten stark vom Grundmuster abweichen, läßt sich das gewöhnlich durch spezielle nationale Besonderheiten erklären. Zum Beispiel gibt es in Ländern, in denen die Vereine geographisch weit auseinanderliegen, viel weniger Möglichkeiten für Fangruppen, zu Auswärtsspielen ihres Teams zu fahren. Dadurch fällt der Konfrontationsfaktor weg, und viele Verhaltensweisen der Fans ändern sich.

Schließlich gibt es da noch eine Sondergruppe von Anhängern, die bei jedem Stammestreffen dabei sind: die *Berichterstatter*. Sie sind die Schriftgelehrten und Propheten des Stammes, sie, die Sportjournalisten und die Spielreporter, die Radio- und Fernsehkommentatoren und die Photographen und Kameraleute. Sie zeichnen jede winzige Einzelheit des Spiels auf und machen bisweilen vorschnelle Voraussagen über die Zukunft der verschiedenen Clubs. Die Stammesangehörigen lieben es, ihre Triumphmomente noch einmal auf den Sportseiten oder dem Fernsehschirm zu durchleben; es besteht also große Nachfrage an umfangreicher Sportberichterstattung, und die Reporter haben schwer zu kämpfen, um immer wieder neue und bessere Wege zu finden, wöchentlich ihr Material zu präsentieren. Einige reagieren darauf mit einem zunehmend geschwollenen Stil, aber die meisten geben sich mit der nüchternen Beschreibung einzelner Spielzüge und Spielausschnitte zufrieden.

Abgesehen von den Photographen, die hinter der Torauslinie ganze Berge an Kameraausrüstungen aufbauen (welche den durch die Luft sausenden Körpern der Spieler manchmal als unbequemer Fangzaun dienen), und den Fernsehteams, die hoch oben im Stadion wie Scharfschützen thronen, ist die Masse der Berichterstatter in die Isolation einer besonderen Glaszelle, genannt Pressebox, verbannt. Diese trennt sie so wirksam von der Menge der Anhänger, daß ihre Anwesenheit kaum zur Kenntnis genommen wird. Den Fans scheinen sie so fern wie der Filmvorführer den Kinobesuchern, und erst am nächsten Tag erinnert man sich an sie, und ihre Worte werden begierig als Erläuterung von Ereignissen verschlungen, die längst allgemein bekannt sind und die bereits nach dem Schlußpfiff endlos diskutiert wurden. Doch die Berichterstatter sind ein wesentlicher Bestandteil der Stammesstruktur; indem sie dem Sport viel Zeit widmen und ihm genügend Platz in den Medien einräumen, liefern sie den dokumentarischen Nachweis seiner rituellen Bedeutung.

Die Berichterstatter der Stammesgeschichte: die leidgeprüften Kommentatoren und die Fotografen mit ihren Teleobjektiven. Sie füllen zahllose Stunden in Radio und Fernsehen und viele Seiten in den Zeitungen und helfen so, das Gefühl für die Wichtigkeit der Stammesereignisse wachzuhalten.

34 Der Schmuck der Fans

KRIEGSBEMALUNG UND KOSTÜMIERUNG

Wer heutzutage einem Pokal-Finale beiwohnt, könnte auf den ersten Blick meinen, er habe sich auf einen Kostümball verirrt. Nirgendwo im modernen Gesellschaftsleben trifft man auf eine solche Vielfalt von Farben und Formen. Das war nicht immer so. In den Anfangszeiten des Fußballs waren die Zuschauer, obwohl in ihrer Loyalität ebenso leidenschaftlich wie heute, einheitlich gekleidet.

In den Jahren vor dem Ersten Weltkrieg zog der Fußballfan seine Arbeitskleidung aus und legte vor dem Spielbesuch seinen besten Anzug an. Wenn man die Photos von Zuschauern aus dieser Zeit mit dem Vergrößerungsglas betrachtet, ist ihre Kleidung beim Besuch eines Fußballstadions leicht zu analysieren. Auf einem willkürlich herausgegriffenen Photo tragen von hundert Zuschauern neunzig flache Stoffmützen und acht Melonen. Die beiden übrigen sind Frauen mit großen Hauben. Die Männer tragen fast alle Jacketts und Hemden mit Kragen und Krawatten. Vier haben leuchtende Schals um den Hals geschlungen und unter ihre Jacken gesteckt. Zu Anfang des Jahrhunderts war das die typische Kleidung bei Fußballspielen, wie andere Photographien bestätigen.

Zwischen den beiden Weltkriegen verschwanden die Melonen allmählich und wurden durch Filzhüte ersetzt, aber die flachen Stoffmützen dominierten nach wie vor. Die Wagemutigeren schmückten sich jetzt mit Rosetten, Schleifen und leuchtenden Halstüchern in den Teamfarben. Anzug mit Krawatte blieb allerdings die typische Grundkleidung.

Nach dem Zweiten Weltkrieg kam eine Zeit der Einschränkung, während der es kaum für Verzierungen der Kleidung reichte. Die einzigen Veränderungen waren der endgültige Abschied von der Melone und das Auftauchen einer größeren Anzahl unbedeckter Köpfe. Doch im Zuge des Wirtschaftswunders begann die Blütezeit des Fußballschmucks, und man sah zusätzlich zu den traditionellen Rosetten und Halstüchern Hüte, Fahnen, Abzeichen und Embleme in den Teamfarben. Dieser Trend hat bis heute angehalten, obwohl er sich in erster Linie auf die jüngeren Fans beschränkt. Höhepunkte stellen die großen Cup-Spiele dar, wo die Erregung selbst ältere Anhänger dazu bewegt, ihre eintönige Kleidung abzulegen und sich der Karnevalsatmosphäre anzuschließen.

Der Zylinder ist ein bemerkenswertes Überbleibsel aus den Anfangszeiten des Fußballs, als er als formelle Kopfbedeckung von den Spitzenfunktionären getragen wurde. Mitte des zwanzigsten Jahrhunderts war er zur Kostümierung von Fans geworden, die auffallen wollten (oben), und in den letzten Jahren hat er sich zum »Superzylinder« ausgewachsen, derart riesig, daß er den Dahinterstehenden die Sicht versperrt (rechte Seite).

In früheren Zeiten legten die Anhänger des Stammes ihre besten Anzüge und Hüte an, um ihrer Mannschaft zuzujubeln. Auf dem Bild links von 1923 gibt es kaum einen unbedeckten Kopf, aber den Schiebermützen, die vor dem Ersten Weltkrieg die Szenerie beherrschten, machen nun die weichen Filzhüte Konkurrenz.

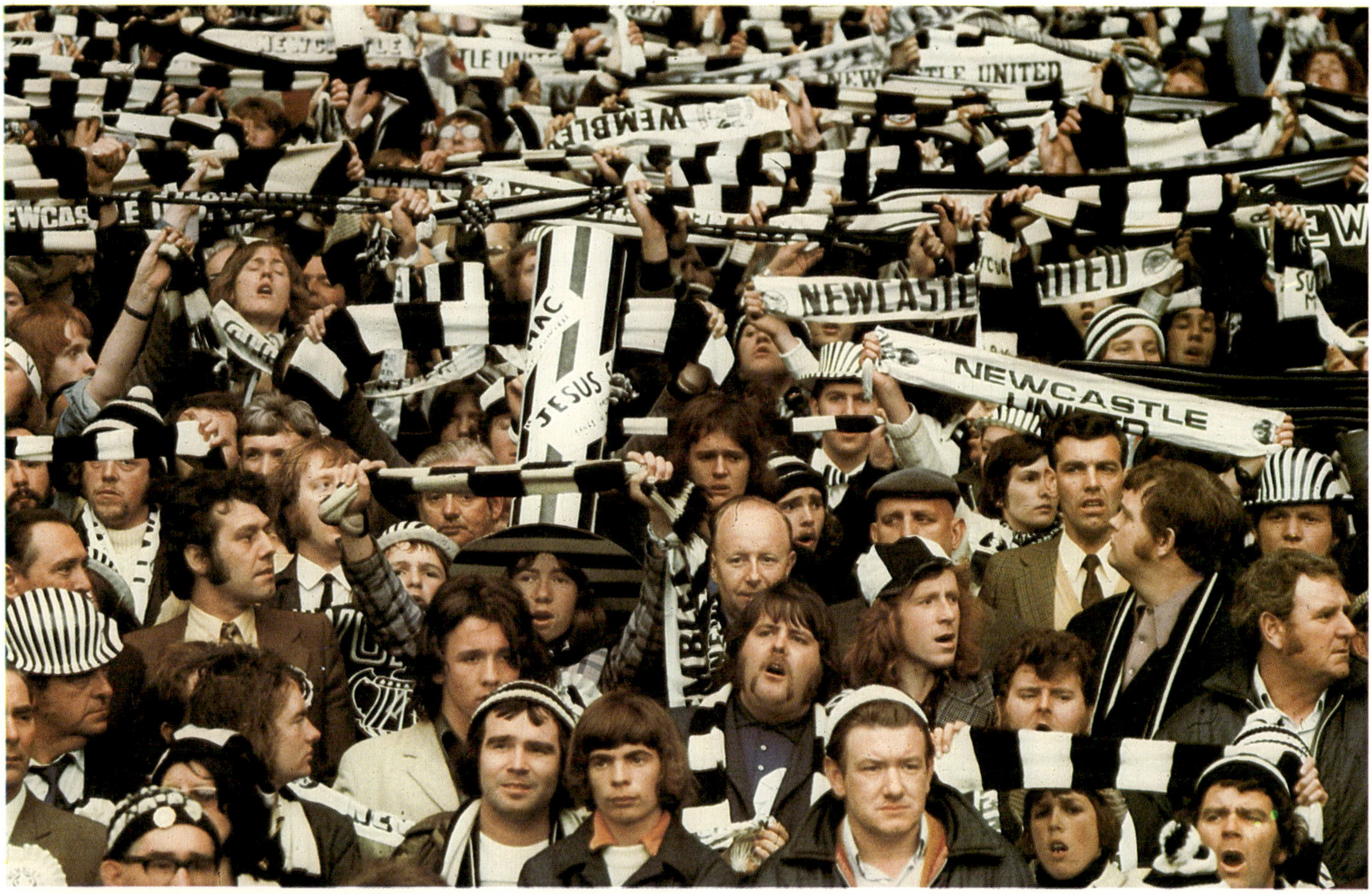
NEWCASTLE
NEWCASTLE UNITED

A
ARSENAL
THE CHAMPIONS

ARSENAL

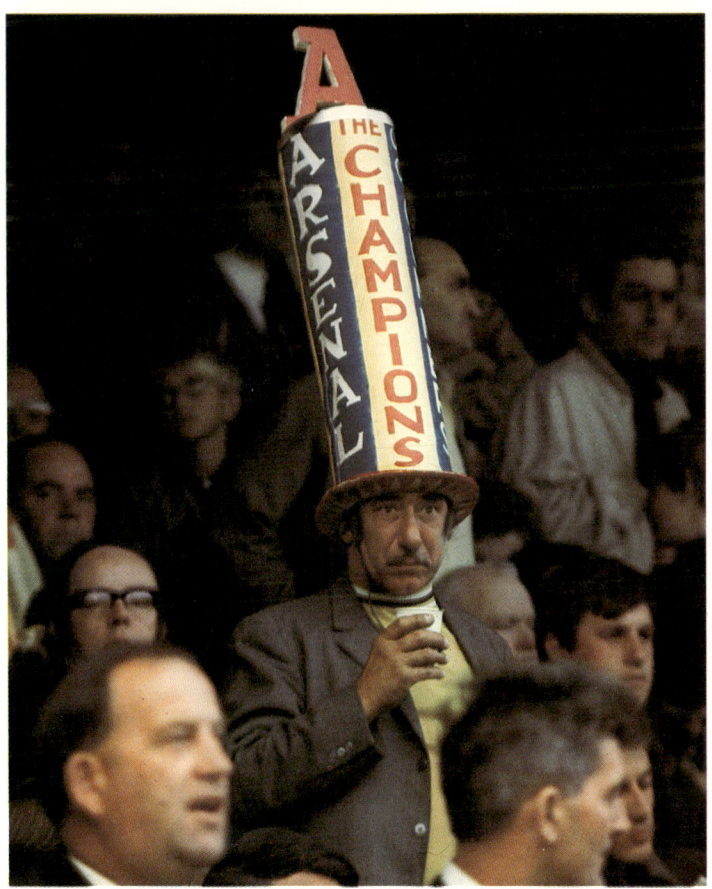

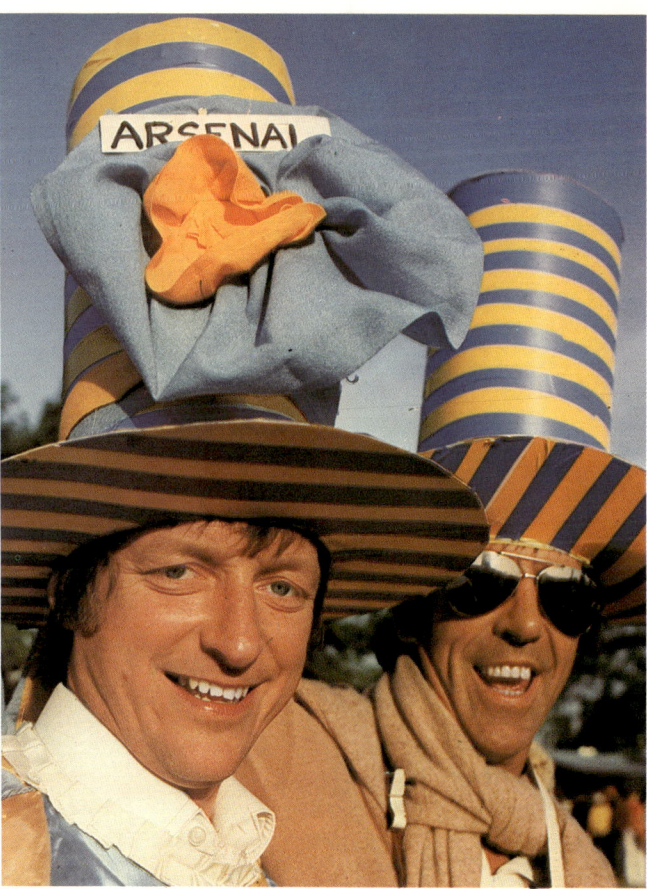

Dieses Pfauengebaren dient nicht dem Spaß. Es ist vielmehr durchaus ernst gemeint, und obwohl es viel Trunkenheit und Gelächter gibt, sind die Farben und Kostüme Ausdruck einer ungeheuren Stammesloyalität. Jeder, der sie irrtümlicherweise als Witz behandelt, könnte ernsthaften körperlichen Schaden erleiden. Es ist diese leidenschaftliche Loyalität, die selbst den scheinbar lächerlichsten Kostümen noch eine gewisse Würde verleiht.

Für die Fankleidung gibt es außer den Teamfarben und dem Club-Emblem keine Richtlinien. Jedes Muster, jedes Design, jedes Abzeichen, jedes Kleidungsstück, jedes Zubehör, das einem in den Sinn kommt und gefällt, ist akzeptabel. Eine gewisse Uniformität ist unvermeidlich, denn in vielen Fällen kaufen die Anhänger Sachen aus ihrem Cklubladen, und die sind natürlich Massenproduktion. Doch für wichtige Gelegenheiten stellt der Fan unter großem Zeitaufwand seinen eigenen, persönlichen Schmuck zusammen, der das allgemeine Spektakel noch bunter macht.

Eine Untersuchung des Fanschmuckes beginnt am besten beim Kopf. Hüte sieht man heute in allen Formen und Größen. Es gibt leuchtende Mützen in kontrastierenden Segmenten der Teamfarben, gestrickte Barette mit Quasten und gelegentlich sogar einen bunten Fez. Doch die wirkungsvollste aller zeremoniellen Kopfbedeckungen stellt der Zylinder dar. Immer wieder taucht er bei Cup-Spielen auf, ein bemerkenswertes Überbleibsel aus den Anfangstagen des Fußballs im neunzehnten Jahrhundert. In jener auf Form bedachten Ära gehörten Zylinderhüte zur Kleidung der »Gecken«, die den ersten Amateurspielen beiwohnten, und sie wurden noch zu Anfang des zwanzigsten Jahrhunderts von hohen Fußballfunktionären getragen. Als Teil der Fangarderobe beim Cup-Finale tauchten sie in den 20er Jahren wieder auf, fröhlich bemalt mit senkrechten Streifen in den Teamfarben. Es war, als wollten die Fans sagen: »Nun sind *wir* die obersten Funktionäre.«

Der rapide Umsturz der Mode im Raumfahrtzeitalter hat dem Zylinder nichts anhaben können. Der sture Traditionalismus der Stammesältesten hallt durch den ganzen Fußballstamm, und auf den Köpfen der ergebensten Anhänger prangt noch immer der Zylinderhut. In einigen Fällen ist er unheimlich in die Höhe geschossen, extreme Exemplare messen sechzig oder sogar neunzig Zentimeter und sind schwer auf dem Kopf zu halten. Die Farbbänder gibt es auch noch, und manchmal sind sie lang genug, um Namen und Slogans zu tragen. Auch die Hutkrempen sind bunt gemustert, und oben auf dem Zylinder ist manchmal ein in den Himmel ragendes Abzeichen angebracht. Bei solchen Ausmaßen geben die Superzylinderträger deutlich der eigenen Zurschaustellung den Vorrang vor der Rücksicht auf das Blickfeld der Zuschauer hinter ihnen. Im Vergleich dazu waren die altmodischen flachen Mützen des vorigen Jahrhunderts die ideale Kopfbedeckung für Zuschauergruppen auf dichtgefüllten Rängen. Doch beim Beginn wirklich wichtiger Cup-Spiele hat die Zurschaustellung den Vorrang, und so verdecken auch viele der riesigen Banner und Fahnen den Zuschauern auf den Rängen die Sicht. Sobald das Spiel läuft, werden sie für gewöhnlich weggestellt, da nun das Zuschauen anstelle der Zurschaustellung tritt, und lediglich in Momenten des Triumphs werden sie erneut geschwenkt. Das gleiche gilt wahrscheinlich für die größten der Zylinder.

Geht man von den Hüten zum Haar über, so stellt man die wohl extremste Form der Zurschaustellung fest, nämlich das Färben des Haares in den Teamfarben. Um eine lebhafte Farbwirkung zu erzielen, wird das Haar zuerst gebleicht und dann getönt. Leuchtend rotes und purpurnes Haar konnte man schon auf Fußballplätzen bewundern, und gelegentlich gab es sogar bei zwei Clubfarben eine Zweitonfärbung, doch Beispiele sind selten. Der Grund ist der, daß diese Art von Stammesgebaren nach Spielende nicht leicht entfernt werden kann. Wer sich einer solchen Prozedur unterzieht, zeigt eine Ergebenheit dem Stamm gegenüber, die weit über bloße Gefolgschaft hinausgeht und an die rituellen Narben erinnert, wie gewisse Eingeborenenstämme sie tragen. Vor kurzem war auf dem Kopf eines jungen Fans das wohl außerordentlichste Beispiel für Stammesergebenheit zu sehen: Er hatte sich blanke Skalpstellen im Muster des Stammesemblems (ein Paar gekreuzte Hämmer) rasiert, eine Geste der Loyalität, die monatelang nicht verschwinden würde.

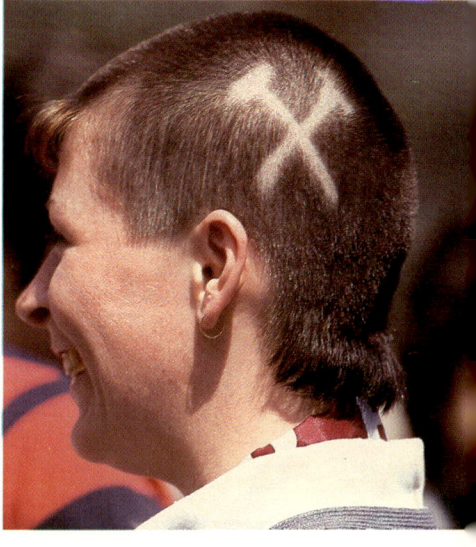

Beim Gesicht werden zwei Formen der Darstellung benutzt. Eine davon ist die Bemalung mit den Clubfarben. Manchmal wird das Gesicht in zwei Hälften geteilt, mit einer Farbe auf jeder Wange. Und manchmal wird das ganze Gesicht mit einem kunstvollen Farbmuster verziert, wodurch der Träger an einen bemalten Wilden erinnert. Eine andere Möglichkeit

Wenn junge Fans sich selbst mit Streifen in den Stammesfarben bemalen (oben), dann kommen sie (bewußt oder unbewußt) dem Körperschmuck vieler primitiver eingeborener Stammesangehöriger nahe.

Linke Seite: Das Haar in den Mannschaftsfarben einzufärben (in dem Blau, Grün und Gelb von Cosmos und dem Rot von Manchester United) oder es in der Form des Clubemblems zu schneiden (hier die gekreuzten Hämmer von West Ham) stellt schon eine drastischere Form der Zurschaustellung dar.

der Gesichtsverzierung bietet die Benutzung einer Maske. Sie kann pseudoterroristisch sein, also eine vollständige Kopfmaske, die nur Augen und Mund freiläßt, oder sie ist mehr theatralischer Natur, etwa eine Totenkopfmaske oder ein Horrorgesicht aus einem Scherzartikelladen. Solche Verkleidungen haben nicht nur eine mächtige Schockwirkung, sondern sie verbergen auch erfolgreich die Identität des Trägers.

Für eine umfassendere Zurschaustellung braucht man ein Kostüm für den ganzen Körper, wozu häufig das Tiermaskottchen des Clubs die Anregung liefert, so daß der Träger einem wandelnden Emblem oder Totem ähnelt.

Doch gehen wir der Reihe nach vor und betrachten nach dem Gesicht den Hals. Hier begegnet uns ein immer wiederkehrender Fußballschmuck, der bunte Schal. Seine Beliebtheit steigt weiterhin, und jedes Jahr werden Tausende von Clubschals verkauft; viele Clubs bieten verschiedene Designs an, denen die gleichen Farben zugrunde liegen. Die Fanschals verdanken ihren Ursprung der Notwendigkeit, sich im kältesten Winter auf den eisigen Rängen feuchter und zugiger Stadien warmzuhalten, und sind deshalb unter nordeuropäischen Fußballfans wesentlich verbreiteter als in südlichen Ländern. Sie haben sich freilich zu weit mehr als bloßen Halswärmern entwickelt. Sie werden nämlich auch noch im Frühling beim Cup-Finale und im August zum Start in die neue Saison getragen. Allerdings wird es zunehmend Mode, sie um das Handgelenk statt um den Hals zu binden. Dieser Trend hat sich rasch ausgebreitet, weil dadurch die Wirkung vergrößert wird und weil der Träger damit demonstrieren kann, daß er zu männlich ist, um warme Kleidung zu benötigen.

Die Schultern findet man häufig in eine Clubfahne gehüllt, die wie ein Zauberumhang getragen wird, während Brust und Rücken mit Insignien, Abzeichen, Aufklebern oder Rosetten geschmückt sind. Ab und zu sind auch Embleme für immer auf den Armen eintätowiert. Die Hosen sind ebenfalls mit Aufklebern verziert; in seltenen Fällen werden sogar farbige Seidenschleifen auf die Hosenbeine genäht, und zwar sowohl von Männern als auch von Frauen. Diese attraktiven Hosenschleifen enthüllen den verborgenen Drang nach Verkleidung, den die Masse verspürt. Wenn ihnen ein guter Vorwand dafür geliefert wird,

Gesichtsmasken sind nicht nur deshalb beliebt, weil von ihnen eine große Schockwirkung ausgeht, sondern weil sie die Identität des Trägers verbergen (obere Reihe). Das gleiche gilt für den ganzen Körper bedeckende Kostüme wie diese phallische »Löwenhaut« (unten).

ihre Alltagskleider zu verschönern, dann legen sie ihre Hemmungen ab und zeigen einen Wagemut, der ihnen in einem weniger gemeinschaftsbildenden gesellschaftlichen Zusammenhang peinlich wäre. So wie Diskotänzer sind auch Fußballfans bereit, zu ungewöhnlichen Extremen zu greifen, um den Grad ihrer Begeisterung zu demonstrieren. Freilich darf man nicht vergessen, daß die Hosenschleifen nicht nur dekorativ sind, sondern auch die Funktion haben, ständig die Stammesfarben vorzuführen. Dadurch wandeln sie sich von einer leeren Pfauenprachtentfaltung zur Reklame durch Kostümloyalität, was es ermöglicht, die Schleifen als stolze Abzeichen ritterlicher Würde statt als Indizien der Selbstüberschätzung zu tragen.

Selbst die verrücktesten Hanswurstkostüme können auf diese Weise der Lächerlichkeit entgehen. Ob sich nun schwalbenschwanzbewehrte Englandfans bei Weltmeisterschaftsspielen von Kopf bis Fuß mit Union Jacks bedeckt zeigen, oder ob Anhänger zu Ehren der Clubfarben in bizarren Zusammenstellungen von wild zusammengewürfelten Kleidungsstücken erscheinen, sie alle bringen es fertig, sich auf seltsame Art ihre Stammeswürde zu erhalten.

Diese Würde wird dadurch unterstützt, daß so viele dieser Kostüme offensichtlich selbstgefertigt sind. Sie sind nicht einfach für Geld von der Stange gekauft worden, sondern sie spiegeln die Clubloyalität in dem Zeit- und Arbeitsaufwand wider, der in ihre Anfertigung investiert wurde. Wie die feierlichen Gewänder bei zeremoniellen Versammlungen von Eingeborenenstämmen machen sie deutlich, daß viele Tage auf Planung und Vorbereitung des großen Ereignisses verwandt wurden.

Berücksichtigt man ihre Reichhaltigkeit und die in ihnen steckende Erfindungsgabe, so ist es überraschend, daß noch keine ernsthafte Studie über die Kostümfreudigkeit des Fußballstammes existiert. Diese ist lebendige Folklore in unserer Mitte, doch sie wird größtenteils ignoriert. Es liegt eine gewisse Ironie darin, daß sie bei Volkskundlern große Aufmerksamkeit erregen würde, wenn es sich um *tote* Folklore handelte, um Kostüme aus vergangenen Jahrhunderten, die nur noch als Touristenattraktion oder in Form von künstlich erweckten historischen Schauspielen überlebten. Und wäre das Fußballspiel eine zeremonielle Darbietung bei irgendeinem fernen Eingeborenenstamm, dann würden sich gelehrte Anthropologen zu ausgiebigen Forschungen veranlaßt fühlen. Doch viele Akademiker leben heutzutage leider in einer Scheuklappenwelt.

Hosenverzierungen (oben), die eine lange und uralte Kostümgeschichte aufzuweisen haben, sind eine britische Spezialität, die man ansonsten kaum irgendwo sieht.
Das farbige Halstuch ist fast zum Symbol für den britischen Fußballfan geworden; kontinentale Fans tragen es weit weniger. Gemeinsam ist ihnen jedoch eine Schwäche für handverzierte Baumwolldrilliche (unten).

Eine bedeutsame Ausnahme bildet die Arbeit von Peter Marsh, einem Sozialpsychologen, der drei Jahre lang unter der Stammesgefolgschaft des Clubs von Oxford United lebte und die feinen Unterschiede in ihren Kostümen und anderen Stammessitten aufzeichnete. Er entdeckte, daß die Haltung der jungen Fans zueinander stark beeinflußt war von Einzelheiten ihrer Kleidungsgewohnheiten, und er entwickelte einen Test, um diese Beobachtung zu analysieren. Zuerst stellte er eine Anzahl Filme und Videobänder von Fans in ihren Stammeskostümen zusammen. Nachdem er diese eingehend studiert hatte, konnte er die wichtigen Elemente der Zurschaustellung isolieren. Dann ließ er eine Serie von Aquarellen anfertigen, auf denen typische Fans in den häufigsten Kombinationen dieser Elemente abgebildet waren. Diese Bilder wurden nun den Fans vorgeführt, und man bat sie, die Art von Clubanhänger zu beschreiben, der sich so kleiden würde. Das Thema fesselte die Anhänger so sehr, daß sie den Test ernst nahmen und der Reihe nach jedes Bild mit Kommentaren in ihrer eigenen Stammesterminologie untersuchten. Da Gesicht und Körperbau des abgebildeten Fans auf allen Bildern gleich blieben, konzentrierten sich die Antworten ausschließlich auf die geringfügigen Unterschiede in der Kleidung.

Aus den Resultaten dieses Tests wurde ein Computerprogramm zusammengestellt, und das lieferte einige interessante Ergebnisse. Peter Marsh faßt sie wie folgt zusammen: »Jeans lassen die Modelle ›härter‹ erscheinen. Clubschals sind natürlich ein Zeichen von ›Loyalität‹. Schals am Handgelenk statt am Hals weisen auf besondere Loyalität *und* Härte hin. Fans in Kombinationen von Schal, Fahne, T-Shirt und weißen, bauschigen Hosen kommen vielen der Getesteten zwar wie ›richtige Rowdys‹ vor, doch sie scheinen nicht so hart zu sein wie die anderen Modelle. Jeanskluft und Stiefel *ohne* Schal deuten auf Härte ohne Loyalität hin, während Modelle ohne Schal, die aber ansonsten ziemlich konventionell gekleidet sind, sowohl hart als auch loyal erscheinen.« Diese letzte Interpretation wirkt merkwürdig und verlangt nach einer Erklärung.

Es geschieht folgendes: Die Fans benutzen Kombinationen von Kostümelementen, um zwei verschiedene Eigenschaften zu umschreiben: *Härte* und *Loyalität*. Ein »harter« Fan ist bereit, bei strömendem Regen oder schneidender Kälte einem Spiel beizuwohnen oder bei den rituellen Schlachten gegen rivalisierende Fans, den Zusammenstößen mit der Polizei und anderen Mutproben mitzumachen. Ein »weicher« Fan dagegen benutzt wahrscheinlich seinen Schal zum Wärmen und nimmt auch bloß als Beobachter teil, wenn es mit Rivalen oder der Polizei Ärger gibt. Die Fankleidung zeigt anscheinend ziemlich genau an, wo jemand auf der Skala von *hart* bis *weich* einzuordnen ist. Unabhängig davon existiert eine weitere Skala für *loyal* bis *unloyal*. Als »loyaler« Fan wird hier eingestuft, wer nie ein Match versäumt und Zeit und Geld aufbringt, um Hunderte von Kilometern zu Auswärtsbegegnungen zu fahren. Ein »unloyaler« Fan macht sich nur die Mühe, bei den wichtigeren Heimspielen zu erscheinen und vielleicht noch ab und zu ein nicht weit entferntes Auswärtsspiel zu besuchen. Und wieder liefern uns gewisse Kleidungsdetails und ihre Kombinationen ein genaues Bild vom Grad der Loyalität der Fans zu ihrem Stamm.

Dies bedeutet, daß es vier extreme Typen von Fans gibt. Der erste Typ ist sehr hart und von fanatischer Loyalität. Er ist stets bereit, den Feind zu bedrohen, und besucht gläubig alle Spiele seiner Mannschaft, selbst wenn sie schlecht spielt. Der zweite ist der Fan, der sehr hart, aber eher unloyal ist. Er ist ständig auf Streit aus, besucht nur einige der besseren Spiele und verschwindet ganz, wenn es mit seinem Team abwärts geht. In Wirklichkeit ist er mehr an den Feindseligkeiten als am Sport interessiert. Der dritte Typ ist weich, aber ungemein loyal. Er reist seinem Team kreuz und quer durchs ganze Land nach, versucht aber, nie in Streitigkeiten verwickelt zu werden. Und schließlich gibt es noch den Fan, der sowohl weich als auch unloyal ist. Sein Interesse am Stamm ist minimal. Er bemüht sich nur zu Spielen, die besondere Aufregung versprechen, wie zum Beispiel nach einer ungewöhnlichen Siegesserie im Pokal, und für die Stammesfeindseligkeiten mit rivalisierenden Fans oder der Polizei bringt er nicht das geringste Interesse auf.

Diese vier Typen mit all ihren Zwischenstufen erkennt man an der Kombination der Kleidungsstücke, die sie tragen. Der Loyalitätsfaktor ist offensichtlich genug: Je mehr Stammesfarben man anlegt, desto loyaler ist man. In diesem Zusammenhang ist der Schal das wichtigste Element, und Fahnen, Abzeichen und Aufkleber dienen als zusätzliche Reklamemittel.

249

Der Härtefaktor wird durch dünne T-Shirts und das Tragen von Schals am Handgelenk statt um den Hals, als Zeichen der Mißachtung der Kälte, repräsentiert; durch grobe Kleidung wie Jeans, die gut für Schlägereien geeignet sind; und durch schwere Stiefel zum Treten der Rivalen.

Die meisten Fans zeigen gemäßigte Härte und gemäßigte Loyalität, und ihre Kleidungsriten sprechen eine beredte Sprache, doch diejenigen, die zu Extremen neigen, schaffen einige Verwirrung. Der Fan, der sich in die härteste Kleidung wie Jeans und T-Shirt wirft und sich dann mit einem Übermaß an Clubfarben in Form von Schals, Fahnen, Aufklebern und Abzeichen schmückt, geht so weit, daß er schon leicht verdächtig wirkt. Seine Loyalität mag nicht in Frage gestellt werden, aber vielleicht drückt ihn das Gewicht seines Zubehörs zu sehr herab, als daß er noch als »harter Mann« angesehen werden könnte, der jederzeit zum Handeln bereit ist, wenn es Ärger gibt. Er läuft Gefahr, eine Art Hofnarr zu werden. Das heißt nicht, daß man auf ihn als Clown herabsieht, vielmehr gilt er eher als ein im Scherz statt im Ernst Aggressiver.

Der Fan, der im Gegensatz dazu seine Kleiderparade untertreibt und lieber ganz normale, unauffällige Sachen trägt, gehört zu einer von zwei untereinander wiederum deutlich unterscheidbaren Kategorien. Er ist entweder ein Spießer oder ein Rabauke, doch der Außenstehende verwechselt die beiden leicht miteinander. Spießer sind keine Fans im eigentlichen Sinne des Wortes. Sie nehmen am Gesellschaftsleben des Stammes nicht teil, sondern gehen nur gelegentlich zu einem Match, um dem Spiel zuzuschauen. Die Rabauken oder harten Burschen andererseits sind Fans, die dem Stadium der bunten Parade entwachsen sind und nun zu einer älteren Gruppe gehören, in der man aufgrund ihrer Reputation *weiß*, daß sie mutig sind, und dank dieses Rufes können sie darauf verzichten, ihre Härte und ihre Loyalität durch besondere Kleidung zu dokumentieren. Es ist fast so, als wollten sie durch ihre äußere Schlichtheit ausdrücken, daß sie *keine* Kostümierung benötigen, um als gefürchtete Unruhestifter und loyale Anhänger erkannt zu werden, und die jungen, buntgekleideten Fans müssen ihnen als dominierenden Stammesmitgliedern den nötigen Respekt erweisen. Auf den Rängen stehen die Rabauken zwischen den Fans. Die Spießer sind abseits verstreut und halten sich dem Hauptgebiet leidenschaftlicher Fanrituale fern. So ist es ganz natürlich, daß bei der Beurteilung der Testbilder zu Marshs Kleidungsexperiment die einfach gekleideten Gestalten als Teil des allgemeinen Fanhaufens gesehen und somit den Reihen der Rabauken statt denen der Spießer zugeordnet wurden.

Diese Untersuchung über die Kleidungsriten der Fans wurde Mitte der 70er Jahre in nur einem einzigen Stammeszentrum durchgeführt, und ohne jeden Zweifel gibt es viele Abweichungen an anderen Orten und zu anderen Zeiten. Eines aber kommt deutlich zum Ausdruck, daß nämlich ein bemerkenswerter Grad an Ordnung in dem scheinbaren Chaos der Zuschauermengen herrscht. Hier haben wir keinen zusammengewürfelten Mob, sondern eine strukturierte Gruppe mit ebenso scharfen Kleidervorschriften, wie man sie bei Herren der Gesellschaft oder bestimmten Berufsschichten finden kann. Nur dem unerfahrenen Auge *erscheint* das Ganze chaotisch. Dasselbe gilt selbstverständlich auch für andere Stammesverzierungen, wie Anthropologen zu wiederholten Malen herausgefunden haben. Und dies ist einer der vielen Gründe dafür, daß es möglich ist, die Bezeichnung *Fußballstamm* nicht als oberflächliches Witzetikett zu verwenden, sondern als Widerspiegelung einer tiefreichenden Ähnlichkeit zwischen der Fußballgemeinschaft und anderen Stammesgesellschaften.

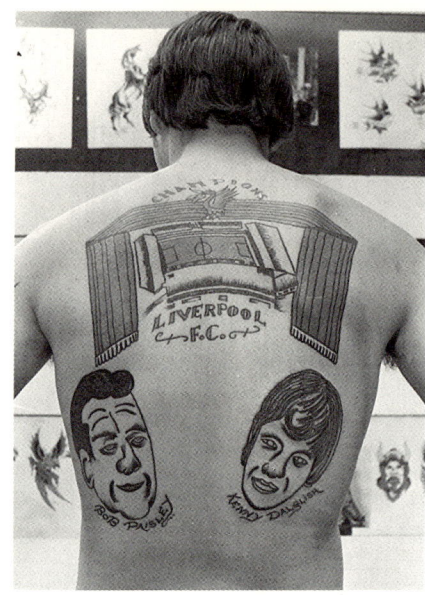

Vielleicht die extremste Form der Hingabe ist die riesige Tätowierung (oben), eine ständige Huldigung an die Mannschaft des Fans, in diesem Fall komplett mit Porträts des Clubmanagers und Starspielers.

Rechte Seite: Die Kostümsprache des Fußballfans. Diese Bilder wurden von dem Psychologen Peter Marsh in Tests benützt, die zeigten, daß kleine Unterschiede in der Kleidung die »Persönlichkeit« des Trägers veränderten – sie ließen ihn härter oder weicher, loyaler oder unloyal erscheinen.

35 Das Auftreten der Anhänger

FAHNEN UND FANFAREN

Für den glühenden Fußballfan ist es nicht genug, sich einfach herauszuputzen und dann stumpf auf den überfüllten Rängen herumzustehen. Auch reicht es nicht, zu klatschen und zu jubeln oder zu buhen und zu zischen und zu pfeifen, und damit die üblichen Signale der Zustimmung oder des Abscheus zu geben. Tatsächlich haben die Fanatiker unter den Stammesanhängern nach und nach ihr eigenes Repertoire der Massendarbietung aufgebaut. Einige sind laut, und einige sind ein Augenschmaus, doch die meisten sind beides zugleich und können ein Fußballtreffen von einem simplen Ballspiel auf das Niveau eines dramatischen Stammeszeremoniells erheben.

Wie viele der Kostüme sind auch diese rituellen Handlungen beeindruckend, weil sie ganz natürlich aus den Reihen der Fans entstanden sind und nicht von außen durch offizielle Zeremonienmeister aufgepfropft wurden. Es gibt keine professionellen Claqueure wie beim *American Football*, die die Fans wie Dirigenten leiten, die Anhänger sind vielmehr ihre eigenen Komponisten und ihre eigenen Dirigenten. Wenn es Anführer gibt, dann sind auch sie einfache Fans, tief eingebettet in das Gedränge um den heiligen Rasen herum, und sie tun nichts weiter, als in einem bestimmten Moment eine bestimmte Darbietung in Gang zu bringen, die dann fast augenblicklich von der Masse aufgenommen und weitergegeben wird.

1. Stammesfanfaren

Eine der frühesten unter den bekannten Darbietungen ist das Surren von Hunderten von hölzernen Klappern. Eine Kurbel mit einem Ring aus Holzzähnen wird hochgehalten und gedreht, so daß jeder Zahn der Reihe nach gegen ein flaches Stück Holz schlägt, wenn die Rassel am Griff im Kreis herumgeschwenkt wird. Die Luft füllt sich mit dem Lärm einer Armee immer schneller klappernder Maschinen. Dies war die beliebteste Geräuschentfaltung zwischen den beiden Weltkriegen, aber aus irgendeinem Grund ist der Brauch nun fast verschwunden. Der ohrenbetäubende Klang von Hupe oder Horn hat die Rassel verdrängt. Zu Anfang nahm man dafür die tragbare Nebelsirene eines Schiffes, die aus einem Kanister mit Gas bestand, auf den ein Horn montiert war. Drückte man einen Kolben, dann entwich das Gas unter großem Druck und erzeugte ein gewaltiges Schmettern des Horns. Betätigte man den Kolben rhythmisch, so war es möglich, eine betäubende Lärmkanonade zu erzeugen, die als Auslöser für den Klatschrhythmus von Tausenden von Händen diente.

Auf dem europäischen Kontinent verwenden die Fußballstämme heute noch traditionelle Fanfaren. Viele der Anhänger bringen Hörner und Trompeten und andere Musikinstrumente mit, nicht so sehr um damit Melodien anzustimmen, sondern um während des Spiels rhythmisch Lärm zu erzeugen, sobald sie das Gefühl haben, die Stimmung sei nicht überschäumend genug. Häufig werden die Bläser von Trommlern begleitet, die wie Eingeborene bei einem Kriegstanz die Stimmung mit ihrem monotonen Rhythmus aufheizen.

Es gibt einen Instrumentalisten, der besonderen Ärger hervorruft. Der sogenannte Phantompfeifer bringt eine Schiedsrichterpfeife mit zum Spiel und betätigt sie ab und zu in einem speziellen Rhythmus. Beim ersten Ton eines Anfalls von Phantompfeiferei glaubt man, der Schiedsrichter unterbreche das Spiel aus irgendeinem Grund, und manchmal lassen sich sogar die Spieler davon zum Narren halten. Hat man aber nach einigen Augenblicken den Rhythmus identifiziert, dann ist allen klar, daß der Pfiff nicht vom Schiedsrichter auf dem Rasen kommt, und er bedeutet kein Problem mehr. Gelegentlich meldet der Schiedsrichter die Sache den Clubfunktionären, und der Phantompfeifer wird über Lautsprecher um Ruhe gebeten. Der Erfolg dieser Bitte hängt gewöhnlich von Größe und Muskelkraft des Mannes ab, der neben dem Übeltäter steht.

2. Papierstürme

Eine südamerikanische Spezialität, die sich mittlerweile auch in Europa ausgebreitet hat, ist der spektakuläre Papiersturm, mit dem die Heimmannschaft begrüßt wird, wenn sie den

Rasen betritt. Dieses Ritual wird von allen außer den Kehrern genossen, die nach Spielende den Boden säubern müssen. Bei Weltmeisterschaftsspielen ist der Sturm winziger Papierfetzen, die sackweise ins Stadion geschleppt und freudig in die Luft geworfen werden, manchmal so dicht, daß er die riesige Zuschauermenge vollkommen verdeckt. Bläst ein scharfer Wind, dann hält der Sturm nur einige Minuten an, und weiße Wolken wirbeln über die Ränge. Oft genug sieht der Rasen nach einem Papiersturm so aus, als wäre er von gigantischen Schneeflocken bedeckt.

Dieses Schauspiel ist einem alten Brauch entlehnt. Es ist eine Nachahmung des Konfettiwerfens bei Hochzeiten, religiösen Festen und Karnevalsumzügen. Dies wiederum war eine Modifizierung des uralten Brauchs, eine Handvoll Korn, für gewöhnlich Weizen oder Reis, bei besonderen Feierlichkeiten über die Köpfe der Festgäste zu werfen. Solches Werfen von Samenkörnern ist oft als Fruchtbarkeitsritus gedeutet worden, vor allem bei Hochzeiten, wo der Samen Kindersegen und reiche Ernte symbolisieren soll. Diese Interpretation würde den Papiersturm zu einer seltsamen Zeremonie für den Beginn eines Fußballspiels machen, es sei denn, man stellt sich vor, daß es der Torsegen ist, der hier erbeten wird. Eine überzeugendere Erklärung scheint aber doch die zu sein, nach der dieses Brauchtum seine Wurzeln im Vertreiben böser Geister hat. Das Werfen der Samenkörner diente nach dieser Theorie dazu, die bösen Geister zu besänftigen, die stets von freudigen Ereignissen angezogen wurden und versuchten, sie zu verderben. Man glaubte, sie würden milder gestimmt sein, wenn man sie mit Samenkörnern beschenkte. Vermutlich würde das, auf ein Fußballspiel übertragen, den Wunsch bedeuten, daß keine Tore gegen die Heimmannschaft erzielt würden und daß sie von Verletzungen verschont bleiben möge.

Ein weiterer uralter Brauch, böse Geister von bedeutenden Veranstaltungen fernzuhalten, bestand darin, Feuerwerkskörper zu entzünden, Feuer abzubrennen oder viel Rauch zu erzeugen, und all das kann man heutzutage manchmal auch bei Fußballspielen sehen. Das Werfen von Rauchbomben (häufig hat der Rauch die entsprechenden Teamfarben) ist zu einer Bedrohung geworden, weil dadurch oft genug das Spielfeld vernebelt wird und das Match unterbrochen werden muß. Aber wie der Papiersturm haben auch diese Handlungen alte Vorgänger unter abergläubischen Volksstämmen – und keiner ist abergläubischer als der Fußballstamm.

Bei großen Fußballereignissen wird der Papiersturm normalerweise von langen Papierschlangen begleitet, die der bunten Wolke herumtreibender Papierfetzen leuchtendweiße

In vielen Ländern sind die schlichten Holzrasseln der Anfangszeiten vergrößert oder durch Trommeln und andere Musikinstrumente ersetzt worden Diese hier (bei Spielen in Spanien, oben, und Nigeria, oben links) erzeugen ohrenbetäubende Rhythmen auf den Rängen und schaffen so eine pulsierende Atmosphäre, die an einen Kriegstanz von Eingeborenen erinnert.

Folgende Seiten: In einigen Ländern, vor allem in Südamerika, wird das Erscheinen der Spieler von einem gewaltigen Papiersturm (oben links und rechts) begrüßt, etwa dem Werfen langer Papierschlangen, die der ungemein angeregten Stimmung der Zuschauer noch ein karnevalistisches Element hinzufügen. Eine Variante dieses Schauspiels, Konfettiwerfen, kann man manchmal in Italien sehen (unten links), wo die Fans aus einiger Entfernung bald schon den Eindruck erwecken, als hätte sie ein Schneesturm überrascht. Ein grobes Gegenstück zu dem Werfen von Papierschlangen ist bei vielen britischen Spielen das traditionelle Toilettenpapier-Schauspiel (unten rechts). Diese »Luftschlangen« haben eine derartige Länge, daß sie oft das Spiel stören und weggeräumt werden müssen, ehe das Match weitergehen kann.

253

Streifen hinzufügen. Eine improvisierte Version bedient sich einer Rolle Toilettenpapier, das sich als lange Schlange über den Rasen windet, gewöhnlich dort, wo man hofft, den gegnerischen Torwart damit zu irritieren.

3. Der Fahnenwald

Das verbreitetste Fußballschauspiel ist das Schwenken eines wahren Waldes bunter Fahnen. Es kann in fast jedem Teil der Welt beobachtet werden, auch wenn es in erster Linie den wichtigsten Spielen vorbehalten ist. Bei einem großen Treffen strebt eine Horde von Fahnenträgern in lärmenden Kolonnen dem Stadion zu, ihre Fahnen über den Köpfen schwenkend, wie die Standartenträger einer mittelalterlichen Armee. Sie paradieren vor dem Stadion, und nachdem sie drinnen ihre Plätze eingenommen haben, hissen sie ihre Fahnen und schwenken sie langsam von einer Seite zur anderen. Das Spektakel erreicht seinen Höhepunkt in dem Moment, wo das Team den Rasen betritt. Es belebt sich erneut bei jedem Tor und beim Schlußpfiff. In unserer modernen Gesellschaft gibt es nur wenige noch farbenprächtigere Schauspiele.

Bei alltäglichen Spielen fehlt der große Fahnenwald, aber einige Standartenträger kann man auch bei diesen Matchs in der Menge sehen, und ein paar Fahnen werden geschwenkt oder über Mauern und Barrieren gehängt. Einige Fans tragen regelmäßig eine große Fahne wie einen Umhang um die Schultern, wenn sie zu Auswärtsspielen fahren. Wenn die Heimmannschaft besonders großartig spielt, wird sie als Zeichen der Ehrung mit Hilfe einiger Freunde ausgebreitet.

In Europa neigt man in jüngster Zeit dazu, immer größere Fahnen zu entwerfen; manche davon erreichen derart gigantische Ausmaße, daß ganzen Zuschauergruppen dadurch die Sicht versperrt wird. Beschwerden sind jedoch selten, da die Ausmaße der »Standarte« eine Art Statusausweis sind: je größer die Fahne, desto höher der Status des Stammes; und wer wagt es schon, sich mit den Mächtigen anzulegen?

4. Schalschauspiele

Die Angewohnheit der Fußballfans, bunte Halstücher zu tragen, hat zwei Demonstrationsformen kreiert: die mit gestrecktem und die mit gewirbeltem Tuch. Am häufigsten und wirkungsvollsten ist das gestreckte Tuch, wenn eine ganze Fanmenge die Arme mit den Schals hoch über ihre Köpfe hält. Dadurch werden die Stammesfarben am besten sichtbar, und wenn gleichzeitig Hunderte oder sogar Tausende von Anhängern sich an dem Schauspiel beteiligen, dann wirkt es wie eine kühn vergrößerte Darstellung der Stammesfarben, die den gegnerischen Fans auf der anderen Seite des Stadions genau ins Auge springt.

Das Schauspiel des gestreckten Tuches beschränkt sich normalerweise auf die Momente, in denen die Mannschaft gut gespielt hat und das Match gewinnt, es kann aber auch in Szene gesetzt werden, wenn die Masse der Fans auf den Rängen Lust bekommt, ihre Loyalität zu demonstrieren und das Gefühl der Stammeszugehörigkeit zu festigen.

Das Schauspiel des gewirbelten Schals kommt seltener vor. Es rührt von der Angewohnheit her, das Tuch ums Handgelenk statt um den Hals zu binden. Die Fans können den Arm mit dem Schal in die Luft strecken und rotieren lassen, fast so, als hielten sie eine der früher gebräuchlichen hölzernen Klappern in der Hand. Der Schal wird schnell durch die Luft gewirbelt und erzeugt die Illusion vielfarbiger Bewegung.

5. Freudensprünge

Die natürlichste Reaktion der Ränge auf ein Tor sind wilde Sprünge mit ausgebreiteten Armen. Das ist kein formalisiertes Schauspiel, sondern ein spontaner Emotionsausbruch. Der Sprung hat sich jedoch im Laufe der Zeit zu einem Ritual entwickelt. Plötzlich springt eine Masse von Körpern senkrecht in die Höhe, bis ein Teil der Ränge sich zu heben und zu senken scheint wie die stürmische See. Dieses »Gemeinschaftsspringen« ist jedoch verhältnismäßig neu und mag durchaus von den bei Punkrock-Konzerten aufgeführten Tänzen beeinflußt worden sein.

Ein wichtiges traditionelles Element des Freudensprungs, das jedoch schon fast ausgestorben ist, stellt das Hut-in-die-Luft-Werfen dar. Im Moment des Sieges etwas in die Luft zu werfen, war in früheren Jahren durchaus üblich, aber seit den 50er Jahren sieht man diesen

Den bunten Fahnenwald kann man heute bei allen bedeutenden Endspielen und internationalen Begegnungen sehen. Er erzeugt ein weites, wogendes Meer der Mannschaftsfarben und stärkt das Ego der Spieler.

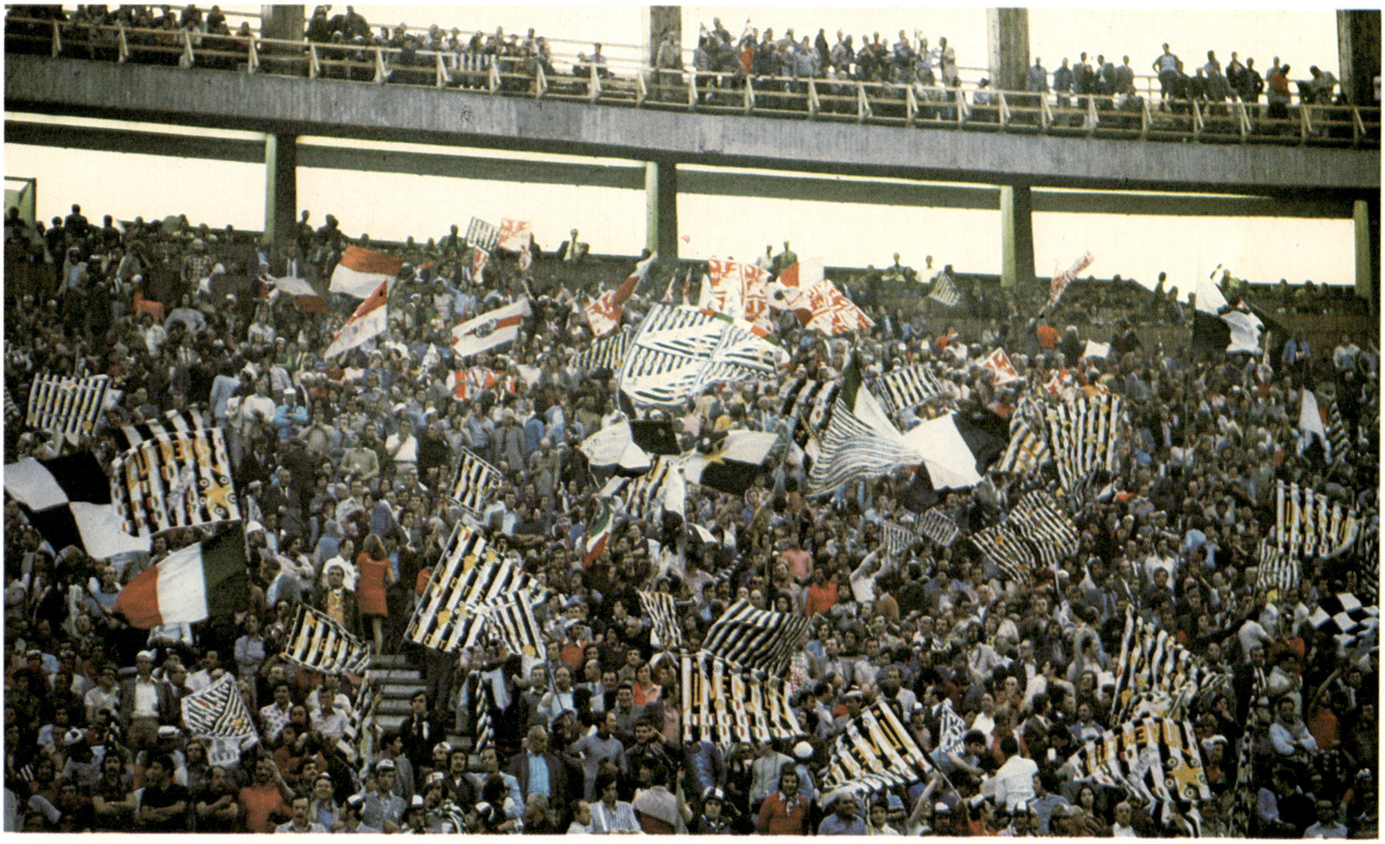

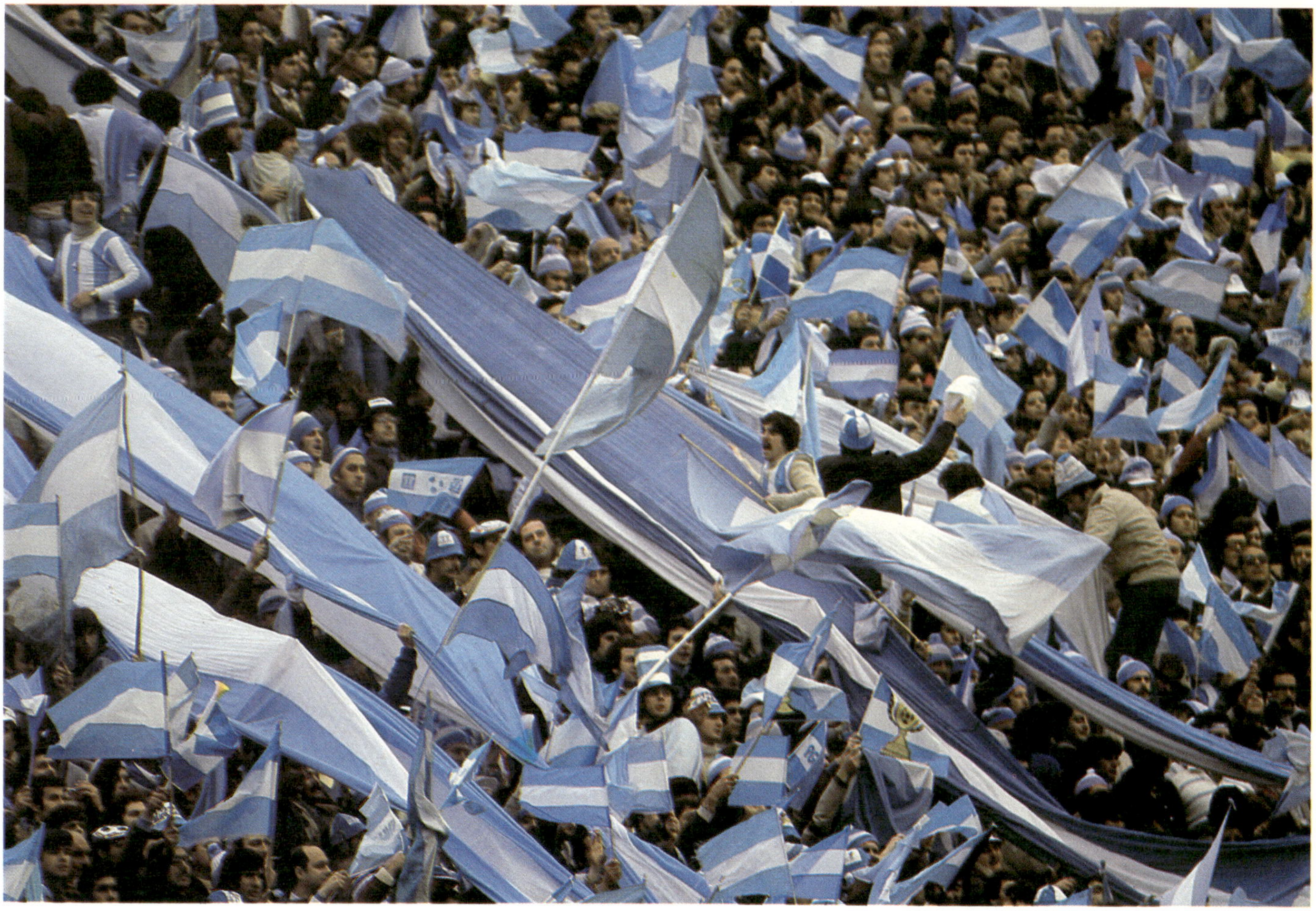

Brauch nur noch selten. Joe Mercer, der 1964 über ein Spiel schrieb, das 1950 stattgefunden hatte, bestätigte dies: »Ich stand da, und mir bot sich ein Anblick, den ich seitdem nicht mehr gesehen habe, nicht einmal in Wembley. Programme flogen in die Luft, kamen herunter und wurden von neuem hochgeworfen. Männer, Frauen und Kinder tanzten im Kreis, schüttelten sich die Hände, schlugen sich gegenseitig auf den Rücken und warfen Hüte (die ihnen nicht gehörten) in die Luft. Ich wette, Tausende von Hüten gingen an diesem Tag verloren, und ich wette außerdem, daß niemand sich darum kümmerte.« Seit dieser Zeit gehen immer mehr Männer ohne Hut, und Programme sind als Souvenirs zunehmend wertvoller geworden, was zumindest teilweise den Niedergang des In-die-Luft-werfen-Schauspiels erklären mag. Anscheinend wird jetzt nur noch etwas hochgeworfen, wenn die siegreiche Mannschaft bei einem bedeutenden Spiel ihre Ehrenrunde dreht und dabei ihren Fans den Pokal zeigt. Dann schleudern viele Fans ihre Hüte, Halstücher oder Maskottchen in der Hoffnung über den Zaun, daß einer der Stammeshelden ihnen die Ehre erweist, ihren Gunstbeweis aufzuheben und ihn durch das Stadion zu tragen. Die meisten Spieler tun das auch, und damit hat sich die Opferung des Kleidungsstücks oder des Maskottchens gelohnt.

6. Synchronklatschen

Dies ist eine englische Erfindung, die angeblich im *Liverpool Kop* geboren wurde. Es muß aus dem normalen Applaus hervorgegangen sein, unterscheidet sich nun aber davon in jeder nur erdenklichen Hinsicht. Es hört sich nicht nur ganz anders an, sondern es ertönt auch zu Zeiten, wenn es keinen gewöhnlichen Applaus gibt. Es hat drei spezielle Eigenschaften: Es weist ein rhythmisches Muster auf; es verläuft hochgradig synchron zwischen den daran beteiligten Fans; und es wird statt vor der Brust mit hoch über den Kopf erhobenen Händen ausgeführt. Dies verleiht dem Synchronklatschen ein charakteristisches Stakkato und macht es außerdem sehr gut sichtbar.

Das Ausmaß, in dem die Fans miteinander »synchron« sind, ist verblüffend. Zeitlupenfilme von einer Gruppe von Synchronklatschern zeigen, daß der Grad an Synchronität größer ist als $1/64$ einer Sekunde. Der Zeitlupenfilm läuft mit einer Geschwindigkeit von 64 Bildern pro Sekunde durch die Kamera, und wenn man Bild für Bild die wechselnde Position der klatschenden Hände untersucht, dann kann man erkennen, daß sie auf jedem einzelnen Bild phasengleich sind. Der Psychologe Peter Marsh, der diese Analyse durchführte, war erstaunt darüber, daß ein solch hoher Synchronitätsgrad von irgendeiner Gruppe erreicht werden kann: »Stakkatoapplaus erfordert einen Präzisionsgrad, der wahrscheinlich höher ist als der von gut gedrillten Militärkapellen … Der Abweichungsgrad beträgt höchstens ein paar Zentimeter. Wie diese bemerkenswerte Präzision innerhalb einer Gruppe erreicht wird, in der die meisten Leute einen unordentlichen Haufen sehen, bleibt ein Geheimnis.«

Der populärste Rhythmus des Synchronklatschens ist: CLAP/CLAP/CLAP-CLAP-CLAP/ CLAP-CLAP-CLAP-CLAP/CLAP-CLAP. (Die Bindestriche zeigen Pausenverkürzungen zwischen den einzelnen Schlägen an.) Als Höhepunkt wird für gewöhnlich am Ende jeder Sequenz laut der Name der Mannschaft gebrüllt. Dann wird die Klatschsequenz wiederholt, und so geht es eine Zeitlang weiter, bis sich der Applaus im Sande verläuft oder durch irgendeinen Vorfall auf dem Rasen abgebrochen wird.

Ein weniger verbreiteter Rhythmus lautet: CLAP-CLAP-CLAP-CLAP/CLAP-CLAP-CLAP-CLAP/CLAP. (Die unterstrichenen Schläge sind lauter als die anderen.) Wie beim vorigen Beispiel wird auch hier die Sequenz mehrfach wiederholt, bevor sie ausläuft.

Andere Rhythmen sind eng mit bestimmten Gesängen verbunden. Der Text dieser Gesänge wird in Kapitel 43 als Teil der Stammessprache behandelt. Die Klopfelemente sollen jedoch an dieser Stelle wiedergegeben werden.

Wenn der Name des Clubs wiederholt gesungen wird, unterlegt man ihn mit einem Dreifachklatscher. Zum Beispiel: United!/CLAP-CLAP-CLAP/United!/CLAP-CLAP-CLAP/ United!/CLAP-CLAP-CLAP.

Schallt eine besonders beliebte Weise von den Rängen, dann sind die Worte oft mittels schneller Doppelklatscher getrennt. Dies bricht die Worte zu Silben auf, zwischen die sich gewissermaßen als Gegengewicht ein Doppelklatscher schiebt.

Das beliebte alte Lied »*She'll be coming round the mountain when she comes, when she comes*« wurde zu einem Sammelruf modifiziert, mit dem die Fans zum Besuch des nächsten

Die Zurschaustellung des Halstuchs kommt wahrscheinlich dann auf, wenn die Mannschaft besonders gut spielt oder Tore schießt. Es ist eine Darbietung von stolzen Fans, die den Drang verspüren, ihren Helden mit einem gewaltigen Teppich aus den Stammesfarben zu huldigen.

Auswärtsspiels aufgerufen werden. Findet das, sagen wir mal, in Blackpool statt, dann singen sie: »*If you're all going to Blackpool clap your hands*« (»Wenn ihr alle nach Blackpool geht, dann klatscht in die Hände«), aber statt des Wiederholungssatzes »*when she comes*« im Original klatschen sie synchron im Satzrhythmus des Liedes: CLAP/CLAP-CLAP. Wenn die Fans zu Beginn eines Spieles darauf warten, daß ihre Mannschaft auf dem Rasen erscheint, dann singen sie für gewöhnlich BRING ON THE CHAMPIONS. Die Phrasierung ist: BRING-ON THE-CHAM PIONS, und das wird dann mit einem ähnlichen Klatschrhythmus kopiert: CLAP-CLAP/CLAP-CLAP/CLAP. Das Ganze wird dann mehrfach wiederholt, bis es sich allmählich auflöst oder bis tatsächlich die Champions erscheinen, worauf es zu einem gewaltigen Begrüßungsschrei explodiert.

Drei andere Arten des Klatschens sind das »Taktschlagen«, der »schneller werdende Zug« und das langsame Klatschen des Spottes. Das Taktschlagen wird synchron zu manchen Liedern verwandt. Das Zugklatschen imitiert das Geräusch von Waggons, die schneller und schneller über die Schienen rattern. Es scheint eine Bitte der Fans an ihr Team zu sein, das Spiel ein bißchen zu beschleunigen. Das langsame Händeklatschen, wiederum im synchronisierten Rhythmus, beginnt dann, wenn das Spiel beider Mannschaften so langweilig ist, daß die Menge unruhig wird. Allerdings gibt es hier ein unglückliches Ost-West-Mißverständnis, denn beispielsweise in Rußland bedeutet das langsame Händeklatschen höchstes Lob für die Darsteller, ist also der westlichen Interpretation genau entgegengesetzt. Russische Teams auf Auslandsbesuch oder umgekehrt mögen das ziemlich verwirrend finden; ähnlich ergeht es Einpeitschern, die zum erstenmal mit der unterschiedlichen Symbolbedeutung konfrontiert werden.

7. Der Gestenreichtum

Handsignale sind bei Fußballspielen üblich. Das V-Zeichen des Sieges, das Daumen-Hoch, das O.K.-Ringzeichen und heftiges Winken sind allesamt Bekundungen dafür, daß alles gut läuft. Wandelt sich die Stimmung der Menge in Zorn oder Hohn, dann wechseln die Signale über zu geschüttelten Fäusten, wackelnden Zeigefingern, Beleidigungs-V-Zeichen (in England), gekrümmten Händen (das italienische *Cornuta*), dem erhobenen Finger (in USA) und vielen anderen Spezialgesten. Die meisten werden jedoch nicht als Gruppenritual gezeigt, sondern sind individuell beschränkt auf bestimmte Zuschauer, die ihre Gefühle nicht länger unter Kontrolle halten können. Es gibt nur zwei Beispiele für Gemeinschaftsgesten, bei denen ein ganzer Wald von Händen erhoben wird, um ein Signal zu vollführen. Dies sind die Onanierverspottung und die Siegesverspottung. Erstere ist verhältnismäßig neu. Die heimischen Fans benutzen sie, wenn sich ein gegnerischer Spieler in irgendeiner Form auf dem Rasen blamiert hat oder wenn die Auswärtsfans etwas gesungen haben, was sie in Zorn brachte. Hunderte von Händen schießen dann in die Luft und ahmen mit gekrümmten

Die erfinderischste Form des Rituals ist das Todesschauspiel, bei dem ein sorgfältig dekorierter Sarg um den Platz getragen oder an der Auslinie zurückgelassen wird als Erinnerung an die Niederlage des Feindes (oben). Gewinnt das gegnerische Team zufällig den Kampf, dann kann die Ausrüstung, die man für diese Art Schauspiel braucht, ein bißchen peinlich werden (unten).

Fingern den Akt der männlichen Masturbation nach. Damit soll angedeutet werden, die gegnerischen Fans seien derart unmännlich, daß sie auf Mädchen keine Anziehungskraft ausübten und ihre sexuellen Bedürfnisse durch Masturbation befriedigen müßten. Die Siegesverspottung wird nur von Fans angewandt, deren Team das Spiel gewonnen hat. Jeder reckt seinen Arm in die Luft, wobei die Anzahl seiner ausgestreckten Finger die von seiner Mannschaft geschossenen Tore zeigt. Dann bewegt er die Hand vorwärts, so als würde er die Tore auf seine Feinde »werfen«. Diese Bewegung wird sehr langsam ausgeführt, und dazu singen die Fans: »Zwei zu eins, zwei zu eins«, oder wie immer das Ergebnis lauten mag.

8. Die Dschungelrufe

Massenrufe schließen das bekannte Buhen ein (bei falschen Entscheidungen oder bei Foulspiel durch den Feind), Jubeln (wenn die eigene Mannschaft ein Tor schießt), Brüllen (in Erwartung des Erfolgs), Spotten (nach einem groben Schnitzer), Stöhnen (vor Erleichterung, wenn ein Unglück knapp vermieden wurde) und Seufzen (um Enttäuschung über einen Mißerfolg auszudrücken). Pfeifen wird manchmal als Ersatz für Buhen benützt, vor allem in Italien, in England hingegen verwendet man es häufiger als Bitte an den Schiedsrichter, das Spiel abzupfeifen und zu beenden. Das geschieht natürlich nur dann, wenn das Team mit Mühe und Not eine knappe Führung über die Zeit zu retten versucht.

Dies sind primitive nonverbale Laute, die nicht direkt etwas mit Fußball zu tun haben, obwohl sie bei Fußballspielen häufiger vorkommen als bei anderen öffentlichen Ereignissen. Drei sogenannte Dschungelrufe jedoch scheinen ganz allein auf den Fußballstamm beschränkt zu sein, nämlich das Massenknurren, der Abstoßschrei und der Affenruf. Das Massenknurren ist ein seltsamer tierischer ARRRRGH-Laut, der bei einer kleinen Fangruppe seinen Anfang nimmt, sich dann weiter und weiter über die Ränge ausbreitet, dabei an Stärke zunimmt und eine unheilvolle Atmosphäre frustrierter Aggression schafft. Der Abstoßschrei ertönt, wenn der feindliche Torhüter an dem Ende des Platzes, an dem die heimischen Fans stehen, zum Abstoß ansetzt. Es ist ein Massenruf, der als tiefer ERRR-Ton beginnt und sich nach und nach über einen OUUU-Laut zu einem hohen, schrillen AAAH steigert. Dieser Ruf wirkt wie ein Stöhnen, das zu einem Röhren anwächst und dann zu einem schrillen Schrei hochschnellt. Er wird manchmal durch ein gleichzeitiges Pfeifen verstärkt. Der Abstoßschrei soll genau in dem Augenblick seinen Höhepunkt erreichen, in dem der Torwart den Ball abschlägt. Man hofft, ihn damit aus dem Gleichgewicht bringen zu können. Der Affenruf endlich ist ausschließlich gegen Farbige in der gegnerischen Mannschaft gerichtet. Er ist ein die Affensprache nachahmender OUUGH-OUUGH-OUUGH-Laut und wird von den Fans ausgestoßen, wann immer ein farbiger Spieler der Gegenmannschaft im Ballbesitz ist, in der Absicht, seine Konzentration zu stören.

Einem Außenstehenden kommt der Affenruf unangenehm rassistisch vor, aber vielleicht ist das ein vorschnelles Urteil. Jedes hervorstechende Merkmal eines feindlichen Spielers, ob es sich dabei nun um schwarze Haut, rote Haare, kurze Beine oder eine große Nase handelt, wird gegen ihn benutzt, und der Affenruf ist nicht so sehr gegen die Rasse als vielmehr gegen den Rivalen gemünzt. Farbige Spieler sind sich dessen wohl bewußt und behandeln diese Anfeindung lediglich als eine der Gefahren des Spiels. Sie wissen ganz genau, daß ihre *eigenen* Fans sie in den Himmel heben, wenn sie ein Tor schießen. Beim Fußballstamm dominiert Loyalität für die eigene und Haß auf die gegnerische Mannschaft alle anderen Überlegungen.

9. Todesschauspiele

Bei außergewöhnlichen Gelegenheiten werden Todeszeremonien vollzogen. Diese umständlich durchgeführten Rituale sind das Werk einiger weniger Fanatiker und nicht der Massen auf den Rängen. Sie haben verschiedene Erscheinungsformen. Eine davon ist das symbolische Verbrennen des Trainers nach der Niederlage in einem wichtigen Spiel. Man baut eine Attrappe des Mannes, und die wird nach Spielende in einer Ecke des Platzes zeremoniell verbrannt. Denselben Ursprung hat das symbolische Aufhängen des Trainers an einem nachgebildeten Galgen, was man zum Beispiel mit einer Attrappe des brasilianischen Trainers bei der Weltmeisterschaft 1978 machte. Eine weitere Todeszeremonie ist das Herumtragen einer Sargimitation (in Originalgröße) im Stadion, nachdem ein mächtiger

Feind besiegt wurde. Dieses Ritual benutzen die Fans des siegreichen Teams als letzte Demütigung für einen bezwungenen Favoriten. Meist trägt der Sarg eine Inschrift, die den Verliererclub einlädt, »in Frieden« zu ruhen. Ein anderes Schreckmittel ist die Ausgabe von Todesurteilen für den gegnerischen Club. Sie werden als Karten gedruckt und vor Matchbeginn vor dem Stadion verteilt, um die rivalisierenden Fans einzuschüchtern.

Schließlich gibt es noch die wahrhaft erschreckenden Spotthinrichtungen, die früher bei südamerikanischen Spielen stattfanden. Im Jahre 1920 berichtete ein englischer Beobachter, daß die einheimischen Fans stampften, pfiffen, jubelten und weiße Taschentücher schwenkten, wenn ihre Mannschaft gut spielte, und er fügte hinzu: »Das sind die vernünftigeren unter den Zuschauern, die anderen fuchteln mit Revolvern herum.« Mit diesen Revolvern wurden Platzpatronen in die Luft gefeuert, um die Gastspieler in Angst und Schrecken zu versetzen und keinen Zweifel daran zu lassen, was man ihnen gern angetan hätte.

10. Die Autoparade

Die Fans, die mit ihren eigenen Wagen zum Stadion gekommen sind, schmücken sie nach Spielende mit Clubfarben und Emblemen und fahren hupend und fähnchenschwenkend in einer abschließenden Siegesparade heim. Dies wird für gewöhnlich nur bei großen Pokalspielen gemacht, obwohl man es auch bei Lokalderbys beobachten kann, wenn langanhaltende Rivalitäten im Spiel sind. Alle Fanautos haben auf der Hinfahrt ihre Loyalität mit aus den Fenstern flatternden Halstüchern und sichtbar angebrachten Clubaufklebern und Maskottchen bekundet, doch auf dem Heimweg dokumentieren die »siegreichen Wagen« ihren Triumph durch zusätzlichen Lärm. Manchmal hängen bei diesen Siegeszügen ganze Familien wie Trauben auf den Trittbrettern oder thronen gefährlich auf dem Dach. In den kleinen Städten und Dörfern des Mittelmeerraumes paradieren die dekorierten Autos in dichtgedrängter Prozession die Hauptstraße auf und ab und bringen das Geschäftsleben zum Erliegen, während sie die frohe Botschaft ihres Sieges verbreiten. In den Großstädten stößt solch impulsives Triumphgebaren freilich auf erhebliche Schwierigkeiten, und die Autoparaden werden dort mehr zu individuellen und unkoordinierten Festakten.

Dies also sind die Hauptschauspiele der Stammesanhänger, und ähnlich ihren vielfältigen Kostümen unterstreichen sie die komplexe gesellschaftliche Natur eines jeden Fußballereignisses; oder wie J. B. Priestley so treffend formulierte: »Fußball als zweiundzwanzig Söldner zu beschreiben, die einen Ball hin- und herstoßen, wäre nichts anderes, als in einer Geige nur Holz und Darmsaite, in ›Hamlet‹ lediglich Tinte und Papier zu sehen. Das Spiel beinhaltet Konflikt und Kunst.«

Nach dem Sieg machen sich die Fans auf zu ihrer ekstatischen Autoparade (oben). Auf dem Heimweg verkünden sie mit flatternden Fahnen und winkenden Armen die frohe Botschaft (unten).

36 Die Gewalttätigkeit der Fans

KRIEG IM STADION?

Einer öffentlichen Meinungsumfrage zufolge bleiben viele Leute Fußballspielen aus Angst vor drohender Gewalttätigkeit fern. Ungefähr zehn Prozent der befragten Personen nannten diesen Grund und gaben an, sie hätten Angst vor Verletzungen durch gegnerische Fans, wenn sie ein Spiel besuchen würden. In welchem Ausmaß ist ihre Furcht gerechtfertigt? Triefen die Ränge an Spieltagen von Blut, oder ist Gewalt auf dem Fußballplatz lediglich eine durch die Sensationspresse gehätschelte, beliebte Phantasievorstellung?

Während der 70er Jahre führte der bereits mehrfach zitierte Sozialpsychologe Peter Marsh sorgfältige Studien über den Wahrheitsgehalt dieser Behauptungen durch. Bei Leeds United, einem großen und für seine Brutalität berüchtigten Club, in dessen Heimstadion die Polizei ein teures, ferngesteuertes Videokamerasystem zur Massenüberwachung installiert hatte, betrug die Gesamtzahl der Arreste einer ganzen Saison 273. Damit lag der Durchschnitt bei nicht mehr als neun Personen pro Spiel. Im Laufe der gleichen Saison (1974) betrug bei einem kleineren Verein, Oxford United, die Gesamtzahl der Festgenommenen 83, was einem Durchschnitt von vier Personen pro Spiel entspricht. Eine nähere Untersuchung der Vorfälle in Oxford zeigte zudem, daß von den 83 Festnahmen nur fünf aufgrund von Vergehen in Verbindung mit Gewalttätigkeit erfolgten.

Diese fünf Verhaftungen wegen Gewalttätigkeit erstrecken sich über ein ganzes Jahr, und bei den vielen Tausenden, die sich Woche um Woche auf den Rängen drängen, scheint diese Anzahl bemerkenswert niedrig. Kritiker sind der Meinung, daß vielleicht weniger Festnahmen erfolgten, als notwendig gewesen wären. Um dieser Kritik entgegentreten zu können, wurden die Protokolle der Erste-Hilfe-Station von Oxford United untersucht. Man fand heraus, daß innerhalb von zwei vollen Jahren 311 Leute behandelt wurden, daß jedoch mehr als die Hälfte der Verletzungen auf selbstverschuldete Unfälle zurückzuführen waren. Das bedeutet, daß durchschnittlich pro Spiel nur drei Personen infolge von Brutalität verletzt wurden. Die Mehrzahl dieser Verletzungen waren harmloser Natur, kleine Schnitte und Abschürfungen. Doch die wichtigste Entdeckung spiegelte sich in folgender Aussage wider: »Bei den absichtlichen Gewalttätigkeiten war es unmöglich, Fälle zu finden, in denen ›unschuldige Zuschauer‹ verletzt worden sind.« Mit anderen Worten: Die Opfer waren stets junge Rowdys und fanatische Fans, die bei Zusammenstößen mit rivalisierenden Anhängern an vorderster Front kämpften.

Dürfen diese Entdeckungen als repräsentativ für das Gesamtbild gelten, und viele Anzeichen sprechen dafür, dann hätten die Testpersonen bei der eingangs erwähnten Meinungsumfrage kaum Grund, das Risiko von Verletzungen beim Besuch eines Fußballspiels zu fürchten, es sei denn, sie suchten selbst Streit. Außerdem steht jedem Zuschauer ein zusätzlicher Schutz zur Verfügung. Jedes Stadion verfügt nämlich über eine Anzahl von Ein- und Ausgängen. Einige davon führen zu den Stehplätzen und andere zu den numerierten Sitzplätzen auf den Tribünen. Es gibt genügend sichere Stehplatzsektionen, weit ab vom aggressiven Kern der Fanarmee, aber um vor jeglicher Gefahr absolut sicher zu sein, braucht sich der ängstliche Besucher lediglich eine Sitzplatzkarte zu kaufen und durch ein weit von den »Krisenherden« entferntes Tor das Stadion zu betreten. Er könnte das Woche für Woche ein Leben lang machen und würde dabei nicht einmal ein bedrohliches Wort hören, geschweige denn eine Faust ins Gesicht bekommen.

Den alten Fans ist das natürlich bewußt, und sie äußern sich etwas sarkastisch über die ängstlichen »Drückeberger«. Von ihren Tribünensitzen aus haben sie einen guten Blick auf die gelegentlichen Massenaufstände auf den Rängen. Sie nehmen diesen Vorfällen gegenüber eine der folgenden drei Haltungen ein. Die erste ist recht leichtfertig: »Den Aufruhr kriegt man gratis« oder: »Die Ränge sind heute unterhaltsamer als das Spiel.« Die zweite ist chauvinistisch: »Warum halten unsere Jungs nicht stand? Na los doch, treibt die Teufel zurück.« Die dritte ist moralistisch: »Schaut euch diese Kämpfe an. Sie sind Tiere, Tiere. Es ist widerlich. Man sollte ihnen allen die Peitsche geben.« Das stellt aber auch schon die äußerste Grenze ihrer Anteilnahme dar.

Wenn mit Schwierigkeiten gerechnet wird, durchsucht die Polizei häufig die Fans bei Betreten des Stadions nach Angriffswaffen.

Schwere Metallzäune sind auf Fußballrängen üblich geworden, und manchmal trifft die Polizei die Vorsichtsmaßnahme, zwischen zwei Fangruppen ein Niemandsland zu schaffen.

Zusammengefaßt läßt sich also sagen, daß die Androhung von Gewalt wesentlich größer ist als ausgeübte Gewalt, und letztere beschränkt sich ausschließlich auf die gegnerischen Fans. Warum hat es dann in den letzten Jahren solch ein Geschrei um die Brutalität auf dem Fußballplatz gegeben? Der Grund liegt teilweise in der auffälligen und vorhersagbaren Natur dieser gelegentlichen Ausbrüche. Die meisten Gewalttätigkeiten geschehen unberechenbar und ohne Vorwarnung, häufig spät nachts in dunklen Gassen. Im Gegensatz dazu finden Unruhen auf den Rängen zu festgesetzten Zeiten mit einer gewaltigen Zuschauermenge und unter den Augen von Presse und Polizei statt. Außerdem wurde behauptet, daß die Presse die tatsächlichen Zusammenstöße stark übertreibt, um die Auflagen ihrer Zeitungen zu steigern. Niemand wird leugnen, daß es in seltenen Fällen zu heftigen Gewaltakten kommt, aber die Berichterstattung läßt vermuten, es handele sich dabei um alltägliche Vorkommnisse. Weil es bei einem Fußballspiel einige wenige brutale Individuen gibt, die mit ihrem asozialen Verhalten Schlagzeilen machen, bekommt der harmlos lärmende, loyale junge Fan das Etikett eines bösartigen Verbrechers angehängt. Mit Hilfe der Medien wird er zum »Volksbösewicht« der modernen Gesellschaft. Wird er als Folge davon unfair behandelt, so kann seine Erbitterung darüber die Dinge nur verschlimmern. Treibt man ihn weit genug, so wird er vielleicht sogar die Rolle annehmen, die die Gesellschaft ihm ungerechterweise zudiktiert hat. Die einzige Möglichkeit, dies zu vermeiden, liegt in der Isolation der wirklichen Unruhestifter; es müssen Schritte unternommen werden, um sie am Besuch zukünftiger Spiele zu hindern.

Viele Berichterstatter haben behauptet, daß »Fußballrowdytum heute schlimmer ist als je zuvor«, und fragen: »Wo soll das enden?« Diese alarmierende Feststellung wird selten, wenn überhaupt, angezweifelt, obwohl es kaum Beweise dafür gibt. Wenn man die riesige Anzahl der Leute berücksichtigt, die heutzutage auf der ganzen Welt Fußballspiele besuchen, dann ist die Häufigkeit ernster Zwischenfälle lächerlich gering. Bei der Untersuchung der Protokolle aus den Anfangszeiten des Fußballs wird deutlich, daß es damals bei weitem brutaler zuging als heute. Und gehen wir erst bis zu den frühesten Tagen des Zuschauersports zurück, dann wird das Bild noch alarmierender. Das antike Rom litt bei den Wagenrennen unter Randalierern. Es existierten zwei Hauptcliquen, die Grünen und die Blauen. Der Haß zwischen beiden Parteien wurde dadurch verstärkt, daß sie verschiedenen Religionen angehörten, ähnlich den Fußballclubs von Celtic (katholisch) und Rangers (evangelisch) im heutigen Glasgow. Der schlimmste Aufruhr der gesamten Sportgeschichte ereignete sich im Januar des Jahres 512 nach Christus, als es zwischen den Anhängern der Blauen und der Grünen zum Kampf kam. Er dauerte einige Tage und entwickelte sich zu einem Massaker, bei dem mindestens 30 000 Menschen ums Leben kamen.

Fast in jeder Regierungsperiode des Mittelalters wurde Volksfußball durch königliche Proklamation verboten, weil das Spiel brutal und unkontrollierbar war. Im Vergleich zu diesen lange zurückliegenden Ereignissen erscheinen die Zuschauerausschreitungen bei heutigen Fußballspielen tatsächlich zahm. Allerdings lohnt es sich auch in unserer Zeit, einmal näher ins Auge zu fassen, was genau abläuft.

Das erste Anzeichen von Aggression an einem Spieltag ist *Versammlungsspott*. Fangruppen treffen sich vor dem Stadion, und dabei stechen ihnen vielleicht eintreffende gegnerische Anhänger ins Auge. Das kann zu Sticheleien, verbunden mit furchtbaren Racheandrohungen für einen späteren Zeitpunkt, führen. In diesem Stadium mag es zu ein paar Schubsereien kommen, aber echte Kämpfe finden kaum statt.

Haben sich die Fans erst einmal auf den Rängen zusammengedrängt, und hat ihre Anzahl die »Krisenmenge« erreicht, dann beginnt die nächste Phase ihrer Feindseligkeiten: *der Spott auf den Rängen*. Dies ist ritualisierte Aggression, die sich ausschließlich verbal und in Gesten darstellt. Sie schleudern sich Beleidigungen entgegen, keine Geschosse. Falls sich jedoch zu diesem Zeitpunkt oder während des Spiels ein paar unerschrockene (oder dumme) gegnerische Fans auf der falschen Seite der Ränge aufhalten und von einer großen Anzahl ihrer Feinde umringt werden, dann kann es zu *Rempeleien auf den Rängen* kommen. Die Eindringlinge werden vielleicht geschubst und gestoßen, gerempelt und zu Fall gebracht und gelegentlich sogar geschlagen oder getreten, bis man sie aus dem eigenen Territorium vertrieben und zu ihrer Hochburg zurückgeschickt hat. Solche Begegnungen haben meist nicht mehr als ein paar kleine Schrammen zur Folge.

Größere Probleme entstehen, wenn sich die beiden Fanhaufen auf kurze Entfernung auf den Rängen gegenüberstehen. Dies kann zu *Angriffen auf den Rängen* führen, wobei sich eine Seite so weit hochschaukelt, daß sie das Risiko eingeht, in dichtem Ansturm vorwärts zu drängen, um die gegnerische Partei zurückzutreiben. An der Nahtstelle, wo die beiden Kräfte aufeinandertreffen, wird für gewöhnlich geschlagen und getreten, bis schließlich erneut eine Art von Gleichgewicht hergestellt ist. Die einzig wirkliche Gefahr dabei ist, daß einige Fans in der Woge von Körpern ernsthaft gequetscht werden.

Hat es auf dem Spielfeld ein Foul gegeben, dann kommt es ab und zu zu einer *Invasion des Rasens*. Das geht meist von den Fans des verlierenden Teams oder von den Anhängern des Teams aus, das auf irgendeine Art und Weise ungerecht behandelt wurde. Horden von Anhängern strömen dann über die Abgrenzungen auf den Rasen. Sofern sie die Herausforderung annehmen, stürzen nun die Rivalen von der anderen Seite herbei. Das Spiel wird unterbrochen, während die Polizei sich beeilt, einen Keil zwischen die beiden sich einander nähernden Parteien zu treiben. Sie bilden eine Kette und fangen an, die Fans auf ihre Plätze auf den Rängen zurückzutreiben; ein paar der Anführer unter den Unruhestiftern werden festgenommen und im Polizeigriff ins »Dienstzimmer« geschleppt. Ab und zu wird die Polizei jedoch überrumpelt, und die beiden Fanarmeen stehen sich Auge in Auge gegenüber. Geschieht dies, so möge man es dem unerfahrenen Beobachter nachsehen, daß er sich einbildet, nun Zeuge einer offenen Feldschlacht zu werden, doch er befindet sich im Irrtum. Die führenden Fans auf beiden Seiten halten an, stehen sich gegenüber und schreien einander Beleidigungen zu, aber zu den erwarteten handgreiflichen Auseinandersetzungen kommt es nicht. Ein oder zwei Hitzköpfe mögen ein paar kräftige Tritte austeilen, und hier und da kann es zu kleinen Rempeleien kommen, aber es wird kaum mehr geschehen. Es scheint, als warteten beide Seiten auf die überfällige Polizeiintervention, die sie in sicherer Entfernung voneinander halten soll. Kommen dann die Gesetzeshüter, so sind die Fans fast erleichtert darüber, auseinandergetrieben zu werden.

Wenn es zu Kämpfen kommt (oben), dann beschränkt sich das meist auf Treten und Schlagen, und trotz düsterer Presseberichte über »wilde Krawalle« sind die erlittenen Verletzungen kaum mehr als geringfügige Schnitte und Abschürfungen.

Rechte Seite: Die Polizei ist zum Experten geworden, wenn es darum geht, Massenbewegungen im Zaum zu halten, aber gelegentlich wird sie doch überrascht, wenn plötzlich eine Zuschauerwoge auf das Feld stürmt (oben). Raseninvasionen schauen fast immer schlimmer aus, als sie sind. In Wirklichkeit gibt es da wenig echte Gewalt, und die herumjagenden Fans sind bald unter Kontrolle gebracht (unten).

Eine Variante der Invasion des Rasens stellt die *tätliche Bedrohung eines Spielers* dar, die erfolgt, wenn ein verhaßter Foulspieler die gegnerischen Anhänger bis zur Weißglut gereizt hat. Einer oder mehrere von ihnen stürzen über die Begrenzung und rennen auf den Platz, um dem Spieler einen Schlag oder Tritt zu versetzen. Bei einer denkwürdigen Begegnung war ein älterer Anhänger über die Unfähigkeit seiner Mannschaft, ein Tor zu schießen, derart empört, daß er von seinem Platz hinter der Torlinie aufsprang und den gegnerischen Torhüter angriff. In einer Hand seine falschen Zähne, in der anderen seinen Spazierstock, rannte der alte Mann hinter den Torwart, der sich gerade einladend über den Ball beugte, um ihn zum Abstoß zurechtzulegen, und schlug ihm den Stock über das Hinterteil. Unter dem aufbrandenden Chor von: »Opa, wir lieben dich«, gesungen von den dichtgedrängten Fans auf den Rängen, wurde er von der Polizei abgeführt.

Starspieler können so manche Geschichte über Angriffe wutentbrannter Fans erzählen, obwohl durch die hohen Zäune und die tiefen Gräben der modernen Stadien diese Art von Spielunterbrechung weitgehend ausgestorben ist. Verhaßte Spieler sind jedoch immer noch angreifbar, wenn sie nach Spielschluß den Platz verlassen. Der englische Nationalspieler Nobby Stiles berichtet, wie es ihm erging, als er nach einem besonders hitzigen Spiel in Südeuropa, in dessen Verlauf er von einer faulen Tomate und einem Schuh getroffen worden war, den Mannschaftsbus besteigen wollte: »Als ich vorn um den Bus herumging, schlug mich ein gegnerischer Anhänger mit der Faust. Ich stieß ihn weg, drehte mich um, und dabei fiel meine Brille herunter. Ich bückte mich, um sie aufzuheben, und plötzlich gingen für mich die Lichter aus. Jemand hatte mir eine Flasche auf den Hinterkopf geknallt. Ich wurde in den Bus gehoben und war für ein paar Sekunden bewußtlos. Dann kam ich zu mir, schlug um mich und schrie: ›Laßt mich an den Kerl ran.‹ Einige der Jungs hielten mich zurück, das Blut strömte mir übers Gesicht, und Alf Ramseys Worte fielen mir ein: ›Es reicht, daß man sie schlägt …‹ Hätten wir verloren, hätten sie mich mit Blumen überschüttet. Die Flasche, der Schuh und die Tomate waren der Beweis dafür, daß wir gewonnen hatten.«

Variationen des Angriffs auf einen Spieler sind der *Schiedsrichterangriff* und der *Linienrichterangriff*, wobei die Unglücklichen von wütenden Anhängern, die es geschafft haben, an sie heranzukommen, bevor ihnen die Polizei den Weg verstellen konnte, geschlagen, getreten und zu Boden geworfen werden. Aber derartige Zwischenfälle sind außerordentlich selten. Etwas verbreiteter sind *Geschoßattacken*. Das Werfen von Gegenständen bietet einen dop-

pelten Vorteil gegenüber körperlichen Angriffen. Es überwindet Barrieren und ist wesentlich anonymer. Torhüter sind da besonders beliebte Ziele, vor allem in Stadien, wo die Zuschauer hinter dem Tor dem Spielfeldrand sehr nahe sind. Seit Torhüter wiederholt von hinten mit Münzen oder anderen scharfkantigen Gegenständen beworfen wurden, benutzen einige Clubs ein feinmaschigeres Tornetz, denn selbst wenn der Torwart nicht verletzt wird, so schwächt ein solcher Angriff doch seine Konzentration. Ein Torwart war entsetzt, als er auf den Boden schaute und ganz in seiner Nähe eine Handgranate auf dem Rasen liegen sah. Sie stellte sich zwar als nicht mehr funktionsfähig heraus und konnte leicht weggeräumt werden, aber der Schock des Torhüters brachte der gegnerischen Mannschaft gewiß Vorteile.

Auf Feldspieler gerichtete Wurfgeschosse können manchmal ernsthafte Verletzungen hervorrufen und sofortige Unterbrechung des Spiels erzwingen. Garrincha, der berühmte brasilianische Spieler, wurde einmal bei einem Spiel in Südamerika von einer Flasche am Kopf getroffen und mußte die Wunde nähen lassen, ein Vorfall, der eindeutig großen Einfluß auf den Ausgang des Spiels hatte. Aber auch weniger gefährliche Wurfgeschosse können auf dem Rasen ein Chaos auslösen. Bei einer Gelegenheit wurde eine englische Mannschaft auf Besuch in Südamerika von einer wütenden Menge mit Orangen bombardiert. Ein Spieler versuchte die gespannte Situation dadurch zu entschärfen, daß er in aller Ruhe eine Orange aufhob, sie schälte und aß, was die Menge genügend erheiterte, um ihm Beifall zu spenden. Aber seine Mannschaftskameraden nahmen den Angriff nicht so philosophisch, und die Qualität ihres Spiels verminderte sich beträchtlich.

Werden die heimischen Zuschauer durch das Benehmen einer Gastmannschaft besonders in Wut gebracht, dann taucht gelegentlich eine weitere Form aggressiver Zurschaustellung auf: die *Anhängerbelagerung.* Nach dem Spiel rottet sich außerhalb des Clubgebäudes ein drohender Mob zusammen und belagert die Umkleidekabinen der Gäste. Sie mögen einfach nur den Mannschaftsausgang blockieren und Beleidigungen durch die Fenster rufen, vielleicht gehen sie aber auch einen Schritt weiter und schleudern Gegenstände gegen das Gebäude, um die Männer drinnen zu terrorisieren. Verläßt der Mannschaftsbus später das Stadion, so wird er vielleicht mit Steinen beworfen, und die Fenster werden zertrümmert, während die Spieler innen in Deckung gehen, um ihre Gesichter vor herumfliegenden Glassplittern zu schützen. Auf gleiche Art und Weise werden manchmal vom wütenden Mob der heimischen Anhänger die Busfenster der jungen Gastfans zerschmettert.

Der Ärger der Anhänger wendet sich gelegentlich auch gegen das eigene Team oder dessen Trainer. Hat der Club eine Serie von Niederlagen hinter sich, und die Fans fordern die Entlassung des Trainers, dann belagern sie unter Umständen die Stadionbüros und schleudern Beleidigungen oder sogar Wurfgeschosse hinein, um den Heimfunktionären ihren Unmut zu dokumentieren.

Unter extremen Bedingungen kann es vorkommen, daß Versuche unternommen werden, die Clubgebäude zu demolieren. Solche *Eigentumszerstörung* wurde in einigen Ländern beobachtet; manchmal steigerte sie sich sogar bis zu ernsthaften Fällen von Brandstiftung. Enttäuschte Gastfans mögen sich auf dem Heimweg Straßenschlachten mit gegnerischen Anhängern liefern, oder sie geraten in *Raserei,* zertrümmern Schaufenster und beschmieren Hauswände. Züge, mit denen unzufriedene Fans am Ende eines Niederlagentages heimfahren, werden manchmal stark zerstört.

Ein solcher Zerstörungskatalog klingt schrecklich, wenn man ihn in dieser Weise auflistet, aber es kann nicht deutlich genug hervorgehoben werden, daß Vorfälle wie die geschilderten außerordentlich selten und in den letzten Jahren stark im Abnehmen begriffen sind. Vereine, bei denen es zu Gewalttätigkeiten kam, wurden vom Fußballverband mit schweren Geldstrafen belegt und erhielten sogar zeitweilige Stadionsperre, weil es ihnen nicht gelungen war, ihre unbändigen Anhänger im Zaum zu halten. Der Ruf nach stärkerer Polizeikontrolle und besserer Überwachung der Fanhorden wurde laut, und in den meisten Stadien wurden diese Forderungen auch erfüllt. Aufgrund besonders zerstörerischer Vorfälle haben zwei Länder (Malta und Indien) sogar den *gesamten* Fußball für einige Wochen verboten. Das Schlimmste, was heutzutage nach einem ungewöhnlich gespannten Match passieren kann, ist wahrscheinlich das *Abschiedsschauspiel,* bei dem die heimischen Fans sich wild gebärden, um den Gastfans Angst einzujagen, während sie zu ihren wartenden Bussen oder

Rennt ein wütender Fan auf den Platz und greift einen Spieler an (linke Seite), dann bekommt der Club, in dessen Stadion die Tat begangen wurde, mit einiger Wahrscheinlichkeit eine saftige Geldstrafe von den Fußballautoritäten auferlegt. Aus diesem Grund wurden immer mehr Trennzäune und Gräben gebaut.

Selbst Angriffe haben ihre komischen Seiten, so wie bei diesem älteren »Rowdy« rechts, der sich so in Rage steigerte, daß er auf den Rasen rannte und dem ahnungslosen Torwart seinen Spazierstock über den Hintern zog.

zum Bahnhof geleitet werden. Aber wie bei den meisten der zuvor geschilderten Aggressionshandlungen handelt es sich auch hier mehr um eine Drohgebärde als um einen tatsächlichen Angriff, und es kommt kaum zu Verletzungen.

Doch selbst diese milderen Formen der Feindseligkeit haben dem Fußballstamm schädliche Publicity eingetragen, und die Stammesautoritäten haben dem Bestreben, das zu verhindern, viel Zeit und Überlegungen gewidmet. Viele Vorschläge wurden unterbreitet, einige abwegig, andere sorgfältig durchdacht. Überraschenderweise stammen die schwachsinnigsten Vorschläge von bestimmten Managern, die in Momenten höchsten Zorns Ersäufen, Erschießen und Auspeitschen forderten. Einer soll gesagt haben: »Ich glaube, die Todesstrafe stellt eine großartige Abschreckung dar«, und ein anderer rief angeblich: »Holt Flammenwerfer, und verbrennt die Bastarde. Diese Typen sind unmenschlich.«

Abgesehen von diesen Ausbrüchen lohnt es sich jedoch, die ernsthaften Vorschläge der letzten Jahre näher zu betrachten, wie die folgende Auswahl zeigt:

1. Clubmitgliedschaft, mit der Ausweisausgabe an alle Fans.
2. Dauerkarten nur auf Vorbestellung, wobei der Verkauf der Eintrittskarten von den betroffenen Clubs sorgfältig kontrolliert wird.
3. Totale Aussperrung aller Gastfans, um Konfrontationen zwischen rivalisierenden Gruppen zu verhindern.
4. Schwerere Polizeistrafen mit höheren Bußgeldern und Haftstrafen für Gewalttäter beziehungsweise Auferlegung von Sozialarbeit an Spieltagen.
5. Bildung spezieller »Reiseclubs« mit Polizeieskorten für die Busse der Fans, die Auswärtsspiele besuchen.
6. Fernsehüberwachung der Unruheherde auf den Rängen, um bei Raufereien die Übeltäter identifizieren zu können.
7. Stärkere Zäune und größere Gräben zur Abtrennung des Spielfeldes von den Rängen und zur Trennung der einzelnen Sektionen der Ränge voneinander.
8. Stadien mit nur Sitzplätzen, um die Massenbewegungen zu verhindern, die auf den überfüllten Stehplatzrängen vorkommen.

9. Sorgfältige Leibesvisitationen durch die Polizei beim Betreten des Stadions, um mögliche Angriffswaffen zu konfiszieren.
10. Schließung von Clubs mit einer hohen Quote ernsthafter Gewalttätigkeiten.
11. Einsatz größerer Polizeieinheiten, ausgerüstet mit Tränengas, mit Hunden und zu Pferde.
12. Appelle der Starspieler an die Fans, Selbstbeherrschung zu üben.
13. Freiwillige Zurückhaltung in Presse- und Fernsehberichterstattung über Gewalttätigkeit bei Fußballspielen, um den Übeltätern schmeichelhafte Publicity zu nehmen.
14. Ernsthafte Bestrebungen, die sozialen Bedingungen, die den Gewaltausbrüchen zugrunde liegen, zu ergründen und zu verändern.

Dieser letzte Vorschlag ist eindeutig der wertvollste, läßt sich aber auch am schwierigsten verwirklichen. Er würde nämlich umfangreiche soziale Reformen erfordern, die weit über die Grenzen des Fußballstammes hinausgingen. Soziologen, die den sozialen Hintergrund der Übeltäter studierten, haben wieder und wieder festgestellt, daß die typischen Unruhestifter junge Männer aus den benachteiligten Bezirken der Stadt sind, die ihr Leben in überfüllten Slums oder langweiligen, seelenlosen Wohnblöcken verbringen müssen. Ihre Gewaltausbrüche haben wenig mit dem Fußballstamm selbst zu tun, der liefert vielmehr lediglich die Bühne, auf der sie auftreten. Da die Gesellschaft ihnen kaum die Möglichkeit einräumt, ihre Männlichkeit auf positive, kreative Art zum Ausdruck zu bringen, schlagen sie den einzigen ihnen noch verbleibenden Weg ein, der sie von dumpfer Unterwürfigkeit trennt, und reagieren negativ, ja destruktiv. Sie hoffen, daß sie so wenigstens nicht ignoriert werden und eine Spur in der Gesellschaft hinterlassen, selbst wenn es sich dabei nur um eine Narbe am Körper eines anderen handelt.

Sieht man von grundlegenden sozialen Reformen ab, dann gibt es nur eine wirkungsvolle Möglichkeit, die Auswüchse der Brutalität unter heutigen Fußballanhängern in den Griff zu bekommen: Man muß die winzige Minderheit der »wilden Männer«, die ernste Zwischenfälle verursachen, identifizieren und zur Rechenschaft ziehen. Die meisten der übrigen unterbreiteten Vorschläge bieten zwar einige Vorzüge, dringen aber nicht zum Kern des Problems vor. Für gewöhnlich werden davon alle jungen Fans betroffen, und das bedeutet, die unschuldige Mehrheit wurde zusammen mit der schuldigen Minderheit bestraft. Dadurch würden Ressentiments geweckt, und der Ärger nähme noch zu, statt eingedämmt und reduziert zu werden.

Die Untersuchung eines typischen Falls zeigt beispielhaft die Folgen eines Polizeieinsatzes. Auf den Rängen entsteht Tumult, und uniformierte Polizisten greifen ein, um ihn zu ersticken. Der Aufruhr wurde von einer kleinen Gruppe aggressionswütiger »harter Männer« angestiftet. Die Stimmung steckte schnell die Umstehenden an, und Kämpfe brachen aus. Als die Polizei auf der Bildfläche erscheint, herrscht bereits allgemeines Durcheinander. Sie schnappen sich junge Fans, die anscheinend beteiligt waren, und führen sie im Polizeigriff ab. Mit einiger Wahrscheinlichkeit erwischen sie aber nicht die wirklichen Unruhestifter, denn die sind zu schlau und tauchen schnell in der Menge unter. Immer wieder bleiben im Polizeinetz nur die kleinen Fische hängen, während die großen entkommen und bei nächster Gelegenheit erneut Ärger verursachen.

Die kleinen Fische, die bei solchen Gelegenheiten bestraft werden, mögen insofern schuldig sein, als sie sich von der Stimmung auf den Rängen mitreißen ließen und dummerweise dem harten Kern des Tumults folgten. Sie mögen aber auch unschuldige Zuschauer des Vorfalls gewesen sein, der sich zufällig in ihre Richtung ausweitete, was sie in den falschen Verdacht brachte, aktiv beteiligt gewesen zu sein. Wie auch immer es sich abgespielt haben mag, wenn ihnen zum Schluß alle Schuld in die Schuhe geschoben wird, dann läßt sich ihre Reaktion leicht voraussagen. Entweder kehren sie den Rängen angewidert den Rücken, oder sie werden selbst zu »harten Männern«, mit der Begründung, man behandele sie ohnehin als solche, also hätten sie nichts zu verlieren.

Diesen Einwänden hält die Polizei entgegen, daß sie unter extrem schwierigen und explosiven Verhältnissen ihr Bestes tue. Für die uniformierten Männer auf »Fußballstreife« trifft das zu, und sie verdienen Anerkennung für ihre risikoreiche Aufgabe. Aber es gibt eine Strategie, die ihnen helfen würde und die, wie es scheint, auf höherer Ebene nicht beachtet

Die Polizei hat manchmal Schwierigkeiten, bei einer Verhaftung ein ernstes Gesicht zu bewahren (unten), doch andere Begebenheiten (rechte Seite) sind weniger erheiternd. Bei manchen Vorfällen schafft es die Polizei, die wirklichen Unruhestifter herauszugreifen und zu entfernen, aber oft genug sind sie zu schlau, um geschnappt zu werden, und dem starken Arm des Gesetzes gehen nur vergleichsweise kleine Fische ins Netz, die lediglich von der Stimmung der Menge mitgerissen worden sind.

AMSTEL BIER
Haan
POLIZIA
POLIZIA
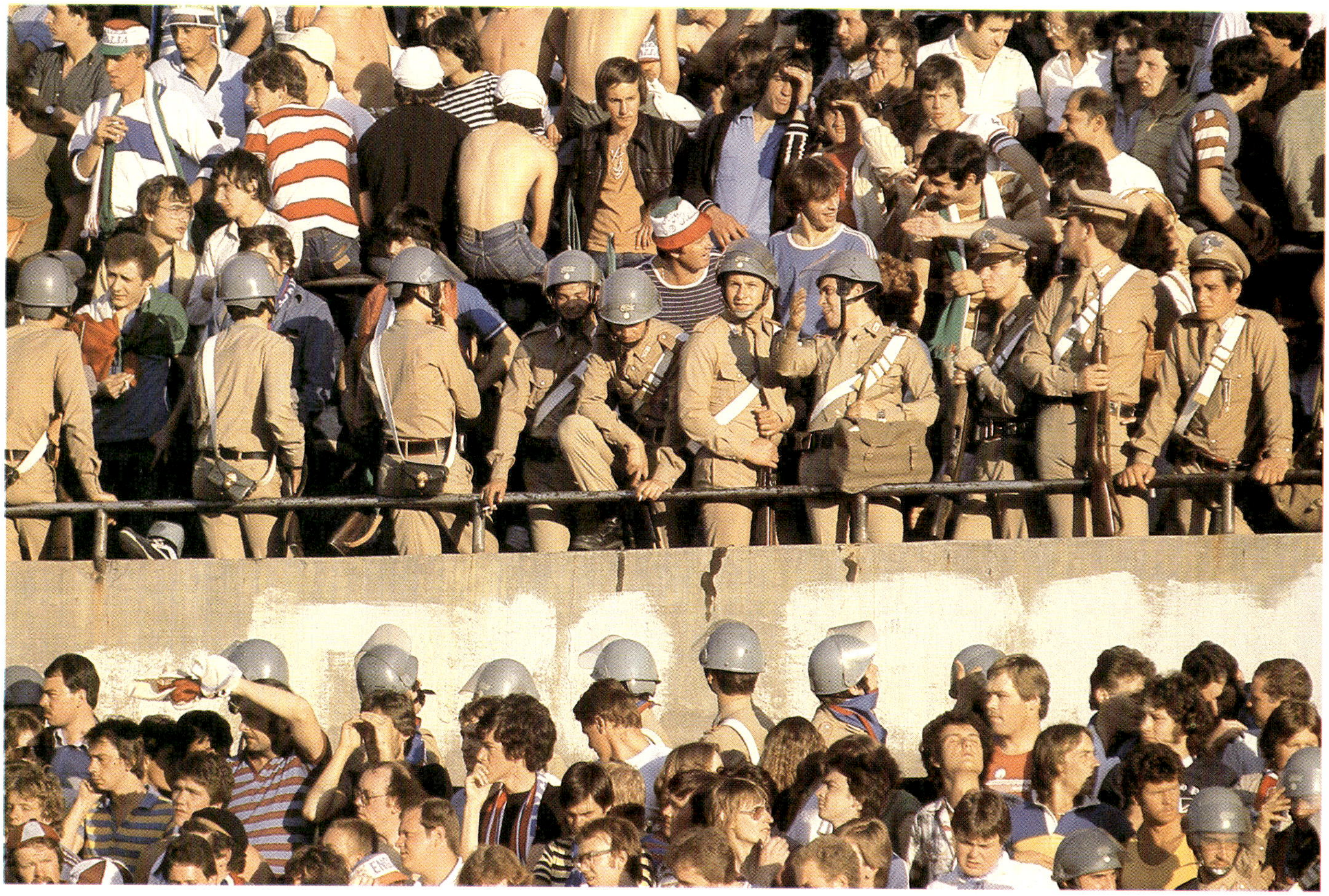

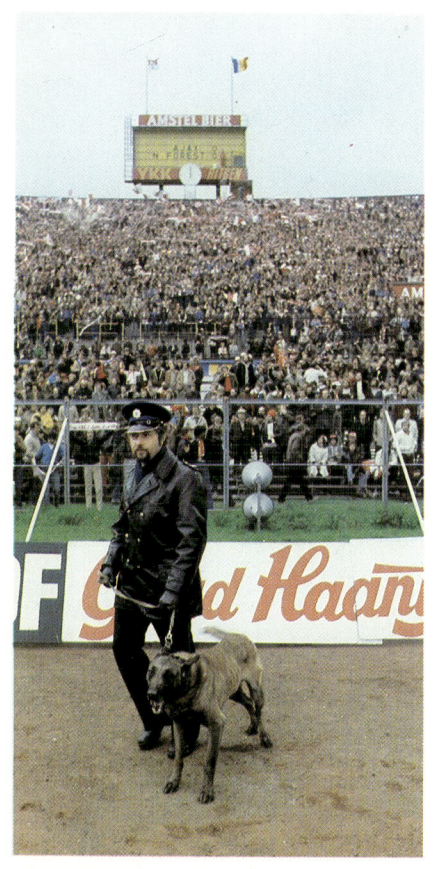

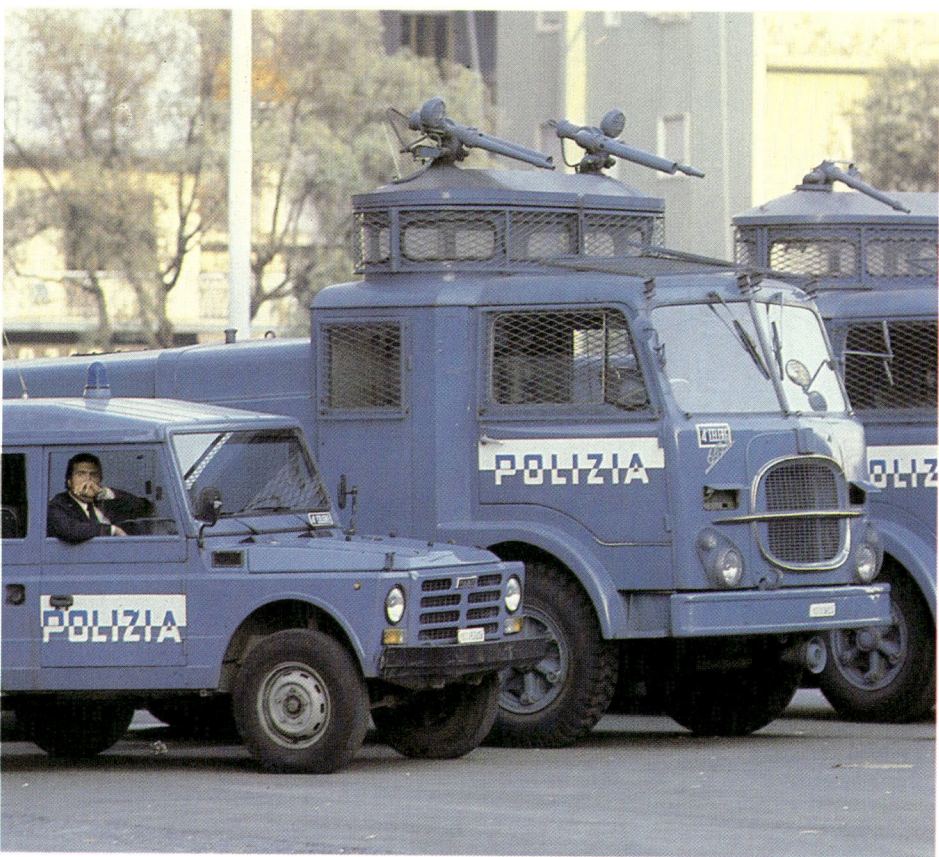

In der Vergangenheit, als die Bahn bei wichtigen Begegnungen »Fußballsonderzüge« einsetzte, war es zu Fällen von Vandalismus gekommen (unten), aber diese Zerstörungswelle scheint als Folge intensiveren Polizeieinsatzes nachgelassen zu haben.

wird. Das wäre der Einsatz von Spitzeln, die sich unter die Fans auf den Rängen mischen, die Reihen der »harten Männer« infiltrieren und die wirklichen Unruhestifter, die »Wilden«, die ernsthafte Gewalt auslösen, identifizieren. Sobald sie erst einmal namentlich bekannt sind, sollte es nicht allzu schwierig sein, sie auszusondern und die gewalttätige Minderheit zu entfernen, durch die der Ruf aller Fußballfans in der Öffentlichkeit geschädigt wird.

Es ist nicht so, als ob diese Schlüsselfiguren der Brutalität in der Fußballwelt schattenhafte Unbekannte seien. Die Fans selbst wissen, wer sie sind, und fürchten und respektieren sie. Bei fast jedem Club gibt es eine kleine Bande von Gewalttätigen, man verleiht ihnen sogar besondere Namen. Bei einem Verein werden sie die F-Truppe genannt, bei einem anderen die *Townies,* bei einem weiteren die *Shelf Gang.* Don Ateyo hat die Aktivitäten der F-Truppe in seiner Studie über Gewalttätigkeit im Sport »Blut und Mut« mit folgenden Worten beschrieben: »Die F-Truppe infiltriert die feindlichen Ränge entweder durch List, indem sie die feindlichen Farben trägt, das feindliche Team anfeuert, sogar mit dem Akzent des Feindes spricht, oder mit Gewalt. Haben ihre Mitglieder auf den gegnerischen Rängen einen Brückenkopf errichtet, dann schlagen sie zu und schaffen sich freien Platz, und durch die dichtgedrängten Anhängergruppen laufen sichtbare Panikwellen. Die Leute der F-Truppe sind furchtlos, werden von den anderen Fans als »Verrückte« und »Kopfstoßer« bezeichnet, und der Anblick eines Dutzends von ihnen beim Angriff auf tausend feindliche Anhänger ist nicht ungewöhnlich.« In einem Interview bekannte ein Mitglied dieser Bande klipp und klar: »Ich gehe nur aus einem einzigen Grund zu einem Spiel: Aggro. Es ist eine Sucht, ich kann es nicht aufgeben. Wenn ich die Aggro hab', mach' ich mir vor Freude fast in die Hose, ehrlich. Ich such' im ganzen Land danach.«

Es erscheint bemerkenswert, daß Wissenschaftler, die Gewalt im Fußball untersuchen, die Hauptunruhestifter zwar mit Leichtigkeit identifizieren und sogar Interviews von ihnen erhalten können, daß die Polizei aber nicht in der Lage ist, die erforderlichen Strategien anzuwenden, um sie aufzuspüren und vor Gericht zu bringen. Dazu wäre nicht mehr nötig als ein von der Polizei in Zusammenarbeit mit dem Fußballverband organisierter Schlachtplan. In vergleichsweise kurzer Zeit dürfte es auf diese Weise möglich sein, den Sport von einer gewalttätigen Minderheit zu befreien, ohne dabei die Masse der harmlosen, wenn auch großsprecherischen jungen Fans vor den Kopf zu stoßen, die nicht die mindeste Absicht haben, Schädel einzuschlagen oder Blut fließen zu lassen, und die durchaus bereit sind, sich auf symbolische Formen der Aggression zu beschränken, wie rituelle Zurschaustellungen von Drohung und Gegendrohung, Beleidigung und Beschimpfung. Diese Rituale mögen die Ängstlichen einschüchtern (was auch beabsichtigt ist), aber sie verursachen keine Körperverletzungen. Darin ähneln sie übrigens den feindseligen Handlungen der meisten Tierarten.

Viele würden am liebsten auch diese verbalen und visuellen Zurschaustellungen vollkommen aus der Welt des Fußballstammes entfernen und den Spieltag zu einer Art fröhlichem Familienausflug machen, mit freundlichem Applaus und unter Absingung aufmunternder Clublieder, wie bei einem Schulausflug oder einem Pfadfindertreffen. Sie wollen den wilden Fußballbetrieb zähmen und ihn zu einem ruhigen, zivilisierten Zeitvertreib machen. Aber solche Einfälle mißfallen sogar jenen Anhängern, die sich am heftigsten gegen die Aggressionswut der Fußballfans wenden. Plötzlich wird ihnen klar, wieviel Aufregung die aufgestaute Spannung der typischen angriffslustigen Fußballzuschauermenge dem Sport verleiht. Ohne diese Spannung ginge die mächtige, symbolische Bedeutung der Stammesrituale verloren, denn ihre tiefere Bedeutung wäre zerstört.

Das Gebot der Zukunft besteht also eindeutig darin, Spannung und Intensität des Engagements der Stammesangehörigen zu erhalten, gleichzeitig aber ihre extremsten und destruktivsten Erscheinungsformen auszumerzen. Leider gilt hier das Sprichwort, daß ein Feuer, das wärmt, einem gelegentlich auch die Finger verbrennen kann, und der Fußballstamm hat die perfekte Feuerwehr noch nicht erfunden. Hoffentlich gelingt ihm das, bevor der Rest der Gesellschaft die Geduld verliert und selbst zum Löscheimer greift.

37 Die Stammeskatastrophen

SCHWARZE TAGE DES FUSSBALLS

Jeder Stamm hat seine Katastrophengeschichten aufzuweisen, deren dramatische Einzelheiten wieder und wieder erzählt werden, bis sie zur Legende erstarren, und der Fußballstamm bildet da keine Ausnahme. In den Anfangszeiten waren die Zuschauermengen zu klein, um ernsthafte Unglücke auszulösen, doch sobald der Sport ein größeres Publikum anzuziehen begann, war die Tragödie nicht mehr fern. Die erste Katastrophe ereignete sich am 5. April 1902 im Ibrox Park, dem Stadion der schottischen Glasgow Rangers.

An diesem Tag fand im Stadion ein populäres Jahresereignis statt, nämlich das internationale Match zwischen Schottland und England, und 68114 Zuschauer hatten sich dazu eingefunden. Die Tribünen waren zwar kurz zuvor vergrößert und modernisiert worden, zeigten sich aber dem gewaltigen Besucheransturm dennoch nicht gewachsen.

Schon vor dem Anpfiff krachte und schwankte die Westtribüne, eine riesige Sitzreihenkonstruktion aus einem mit Holzplanken bedeckten Eisenrahmen von fast zwanzig Meter Höhe, unter dem Gewicht Tausender dichtgedrängter schottischer Anhänger. Nach Spielbeginn wurde der Druck der Menge sogar noch stärker, da alle jeder Bewegung auf dem Platz zu folgen suchten. Innerhalb weniger Minuten brachen die oberen Holzplanken zusammen, und eine Masse hilfloser Körper stürzte in den Tod. Die Tribüne hatte sich plötzlich in eine gewaltige Falltür verwandelt, durch die Hunderte ins Nichts fielen. Glück hatten allein die zuletzt Stürzenden, da ihr Fall durch die Körper unter ihnen gedämpft wurde.

Die Opfer verschwanden nach ihrem Sturz aus dem Blickfeld, und so merkten die Zuschauer auf den anderen Tribünen nicht, daß etwas geschehen war. Als eine Welle der Panik durch die unteren Reihen der Westtribüne ging und einige Leute nach vorn auf den Rasen gedrängt wurden, unterbrach man zwar das Spiel für einen Augenblick, nahm es aber dann wieder auf. Man spielte bis zum Ende durch und trennte sich 1:1 unentschieden. Der Kontrast zwischen dem Spiel auf dem Rasen und dem verborgenen Todeskampf hinter der Westtribüne war grauenvoll. Die nächste Ausgabe des *Scotsman* kommentierte: »Die Tatsache, daß das Spiel fortgesetzt wurde, war zweifellos erfreulich für die vielen Zuschauer, die von weither angereist waren. Aber denen, die sich um die Toten und Sterbenden kümmerten, muß der von Zeit zu Zeit aufbrandende Beifall, der das Ächzen und Stöhnen der Verletzten begleitete, wie purer Wahnsinn erschienen sein.«

Insgesamt gab es 518 Opfer, darunter 25 Tote, 168 lebensgefährlich Verletzte, 153 Schwerverletzte und 172 Leichtverletzte. Die Szene ähnelte einem blutigen Schlachtfeld, und trotz-

Die erste große Katastrophe des Fußballstammes ereignete sich 1902 im Ibrox Park, Glasgow, als ein Teil der Tribüne zusammenbrach (unten links); 25 Zuschauer stürzten in den Tod und mehrere hundert wurden verletzt. Während die Körper geborgen wurden (unten) ging das Spiel weiter und endete mit einem 1:1-Unentschieden.

dem berichtete ein an der Rettungsaktion beteiligter Augenzeuge: »Eine halbe Stunde später, als alle Verletzten in Sicherheit gebracht worden waren und das Spiel weiterlief, war ich ganz überrascht, die Tribüne erneut besetzt zu sehen.« Tod und Katastrophe reichen nicht aus, um den Fußballstamm von seinem Spiel abzubringen.

Das gleiche galt für die nächste große Katastrophe, die sich am 4. Februar 1914 auf dem Platz von Sheffield Wednesday in Hillsborough ereignete. Da brach während eines FA-Cup-Wiederholungsspiels eine massive Stützwand zusammen und verletzte 75 Menschen, doch wie zuvor ging das Spiel schon bald weiter. Im Bericht hieß es trocken: »Das Spiel wurde wieder aufgenommen, aber an der 1:0-Führung von Wednesday änderte sich nichts mehr.« Es schien, als könne nur ein Weltkrieg das Spiel unterbrechen, und tragischerweise sollte genau das bald darauf der Fall sein.

Einige Jahre nach Kriegsende erlebte der Fußballstamm eines der außerordentlichsten Ereignisse seiner langen Geschichte. Das im Legendenschatz unter dem Namen *White Horse Cup Final* bekannte Spiel, welches am 28. April 1923 in London im neuen Wembley-Stadion stattfand, bot eine absolut chaotische Szenerie. Fast eine halbe Million Menschen drängten an diesem Tag ins Stadion, um den Finalkampf von Bolton gegen West Ham zu sehen. Die Leiter des neuen Stadions waren stolz auf das Fassungsvermögen von 127000 Personen und hielten das für mehr als ausreichend, da das vorjährige Cup-Endspiel lediglich 53000 Zuschauer angelockt hatte. Jede andere Vorsichtsmaßnahme war getroffen, man hatte sich sogar die Mühe gemacht, ein Infanteriebataillon in schweren Armeestiefeln auf den Tribünen herumspringen zu lassen, um die Stärke der Konstruktion zu testen und zu garantieren, daß es keine Wiederholung der Ibrox-Katastrophe von 1902 geben würde. Doch als an jenem Samstagmorgen die Horden der Fans wuchsen und wuchsen, wurde den Verantwortlichen klar, daß all ihre sorgfältig ausgearbeiteten Pläne schon bald in sich zusammenbrechen würden, selbst wenn die Tribünen standhielten.

Die chaotische Szene im Wembley-Stadion 1923. Tausende erkämpften sich ihren Weg in das bereits überfüllte Stadion, bis sie fast das gesamte Spielfeld bedeckten. Der Rasen wurde schließlich nach und nach von einem Polizisten auf einem weißen Hengst freigemacht (gerade noch sichtbar in der Mitte des Bildes), und das Ereignis wurde in der Fußballgeschichte als das »Cup-Finale des Weißen Pferdes« verzeichnet.

273

1946 ereigneten sich innerhalb weniger Tage zwei Katastrophen, beide durch Stadioneinstürze verursacht. Bei einem Spiel in Bolton im Norden Englands wurden am 9. März 33 Menschen zu Tode gequetscht und 500 verletzt. Nur wenige Tage zuvor, am 20. Februar, saßen in Lille in Nordfrankreich Hunderte in der Falle, als ein Tribünendach, durch hinaufkletternde Spätankömmlinge zu stark belastet, auf die dichtgedrängte Menge darunter fiel (oben). Sekunden, nachdem dieses Foto aufgenommen worden war, brach das gesamte Dach ein.

Die Tore wurden gegen 13 Uhr 45 geschlossen. Ohne gefährliche Überfüllung zu riskieren, war einfach kein Platz mehr da. Die Organisatoren waren entsetzt darüber, daß außerhalb der Mauern der gewaltige Ansturm von einer Viertelmillion Zuschauern ständig weiter wuchs, die entschlossen waren, sich Einlaß zu verschaffen. Die Ereignisse überschlugen sich. Die ausgeschlossene Menge startete einen Massenangriff auf das Stadion, brach die Tore nieder, kletterte über die Zäune und warf sich in die geheiligte Arena. Die menschliche Flutwelle wogte vorwärts, bis ungefähr 100 000 Leiber zusätzlich in das Stadion gepreßt waren. Sie überfluteten den gesamten Rasen, bis kaum noch ein Grashalm sichtbar war. In der brodelnden Menschenmenge wurden mehrere hundert Leute ohnmächtig, und am Ende des Tages hatte man nicht weniger als tausend Opfer wegen Schock, Kollaps oder geringfügiger Verletzungen behandeln müssen. Aber lediglich 24 Personen wurden ins Krankenhaus eingeliefert, und wie durch ein Wunder gab es keinen einzigen Todesfall.

Um 14 Uhr 45 erschien der König, und die Nationalhymne wurde gespielt; zu welchem Zweck, war allerdings nicht ganz klar, denn es war kein Raum mehr übrig, wo ein Spiel hätte stattfinden können. Die Funktionäre waren verstört und hilflos. Polizei und Ordnungsdienst schienen machtlos. Doch dann tauchte, wie in allen Legenden, der strahlende Held auf einem Schimmel auf, um die Situation zu retten. Bei diesem Helden handelte es sich freilich nicht um einen Ritter in glänzender Rüstung, sondern um einen schlichten Konstabler namens George Scorey, der auf seinem dreizehnjährigen Polizeihengst Billy saß. Vorsichtig bahnte er sich einen Weg bis zur Mitte des Rasens und begann dort langsam zu kreisen und dabei die Menge Zentimeter um Zentimeter zurückzudrängen, bis beim Anstoßpunkt ein kleiner grüner Fleck zum Vorschein kam. Sanft, aber bestimmt vergrößerte Scorey nach und nach sein Territorium, das Pferd drängte die Leute weiter und weiter zurück, während sein Reiter die vorderen Reihen überredete, Ketten zu bilden und nach außen zu drücken. Er brauchte vierzig Minuten, um die Menge bis zur Seitenlinie zu bewegen. An diesem Punkt wurde jedoch die physikalische Unmöglichkeit deutlich, sie noch weiter zurückzutreiben. Klugerweise entschied der Schiedsrichter, das Spiel trotz der ungewöhnlichen Umstände anzupfeifen, und mit einer einstündigen Verspätung begann das Match. Von Zeit zu Zeit krachten Spieler, die im Lauf nicht mehr anhalten konnten, in die Menge und verschwanden darin, verzweifelt bemüht, aufs Feld zurückzukehren, während das Spiel weiterlief. Zur Halbzeit mußten beide Mannschaften auf dem Platz bleiben, da kein Durchkommen zu den Umkleidekabinen möglich war. In der zweiten Halbzeit mußte das Spiel mehrfach unterbrochen werden, da Zuschauer auf den Rasen drängten, aber schließlich ging das Spiel zu Ende, und Bolton führte triumphierend den FA-Cup heim.

Eine weniger spektakuläre Variante dieses chaotischen Vorfalls ereignete sich unmittelbar nach dem Zweiten Weltkrieg, als die geheimnisumwitterte Mannschaft von Dynamo Moskau England besuchte und am 13. November 1945 in Chelseas Stamford-Bridge-Stadion antrat. Wieder wurden Tausende von Fans aus dem aus allen Nähten platzenden Stadion ausgesperrt. Viele von ihnen hatten gerade erst die Nahkämpfe im kriegserschütterten Europa hinter sich, und ihre Armeeausbildung kam ihnen jetzt gut zustatten. Sie rissen Türen aus den Angeln und benutzten sie als Rammböcke gegen die Haupttore; sie holten Leitern und überstiegen die Barrikaden; sie sprangen wie bei einem Sturmlauf über Mauern; sie brachen durch Oberlichter und kletterten durch jede Bresche, die sie in das belagerte Stadion schlagen konnten. Mehr als 10000 entschlossenen Fans gelang es, sich auf diese Art Einlaß zu verschaffen, aber als das Match begann, mühten sich immer noch viele Tausende draußen ab. Es klammerten sich so viele an das Tribünendach und krochen hinauf, um einen besseren Blick zu haben, daß es in allen Fugen ächzte und auf die dichtgedrängte Menge darunter zu stürzen drohte. Zum Glück hielt es jedoch stand, und als der Tag vorbei war, konnten die Funktionäre aufatmen, denn wie beim *White Horse Cup Final* war niemand in dem Tumult ums Leben gekommen. Zwar waren wie damals Hunderte bei dem Ansturm ohnmächtig geworden, doch nur zwanzig von ihnen bedurften ambulanter Behandlung, und der schlimmste Fall des Tages war ein gebrochenes Bein.

Im folgenden Jahr ereignete sich ein Fußballunglück mit wesentlich tragischerem Ausgang. Es war am 9. März 1946, und das Spiel war eine FA-Cup-Finale zwischen Bolton und Stoke in Boltons Burnden Park Stadion. Wieder war Überfüllung der Grund. Eine Ziegelmauer hielt dem Druck der Menge nicht stand, und eine Woge von Körpern brandete gegen die Absperrgitter, die unter der Belastung zusammenbrachen. In dem menschlichen Sturzbach, der sich darüber hinwegwälzte, wurden 33 Menschen zu Tode gequetscht und mehr als 500 verletzt, zu diesem Zeitpunkt ergab das die höchste Opferzahl in der Geschichte des Spiels. Das Match hatte erst zwölf Minuten gedauert. Auf Anordnung der Polizei schickte der Schiedsrichter die Spieler in ihre Umkleidekabinen, während die Verletzten versorgt wurden. Nach einer Unterbrechung von sechsundzwanzig Minuten ging das Match weiter und wurde bis zu Ende gespielt. Das volle Ausmaß der Tragödie wurde den Spielern vorenthalten. Stanley Matthews sagte nachher: »Man mag mich herzlos nennen, wenn ich zugebe, daß unsere Gedanken schon bald wieder auf das Spiel gerichtet waren, aber es stimmt. Wenige Minuten, nachdem wir aufs Spielfeld zurückgekehrt waren, hatten wir vergessen, daß Männer, die uns eben noch zugejubelt hatten, nun tot dalagen.«

Nach dieser Katastrophe wurde eine Untersuchungskommission eingesetzt, die dringend empfahl, zukünftig verbesserte Sicherheitsvorkehrungen zu treffen und für sämtliche Stadien ausschließlich die jeweilige Höchstzuschauermenge zuzulassen. Aber nichts geschah. Die Behörden waren nachlässig, und jahrelang schien es, als kämen sie damit durch. 1971 ereignete sich dann eine noch größere Katastrophe. Am 2. Januar wurden in Glasgows Ibrox Park, dem Schauplatz der ersten großen Fußballkatastrophe, 66 Menschen zu Tode gequetscht und mehr als 200 verletzt. In gewissem Sinne war es ein groteskes Unglück. Die Rangers, die Heimmannschaft, befanden sich gegenüber ihren verhaßten Rivalen, den Celtics, im Rückstand, und da nur noch ein oder zwei Minuten zu spielen waren, machten sich ganze Scharen erbitterter heimischer Fans auf den Weg zu den Ausgängen. Doch dann schossen die Rangers wenige Sekunden vor dem Abpfiff das Ausgleichstor. Der gewaltige Aufschrei ließ die vorzeitig Abziehenden zurückkeilen, gerade als die Hauptarmee der Fans sich zum Aufbruch anschickte. Die beiden Kolonnen kollidierten an einem steilen Abschnitt der Ränge, und die abwärtsstürzende Woge verschlang die aufsteigende. Schwere Metallrohre wurden in dem darauffolgenden wilden Handgemenge verbogen, während sich Körper auf Körper türmte, bis das Stadion einem riesigen Leichenhaus glich.

Die zweite Katastrophe in Glasgow, 69 Jahre nach der ersten, verlief noch folgenschwerer. 66 Zuschauer wurden in einem derart schrecklichen Gedränge getötet, daß die schweren Metallrohre des Geländers verbogen und verdreht wurden, als wären sie aus Pappe (links).

Diesmal waren die Verantwortlichen zum Handeln gezwungen, aber es dauerte noch bis 1975, ehe das Sportplatzsicherheitsgesetz endlich erlassen wurde, das allen Stadien strenge Bedingungen auferlegte und die Quote für die »offizielle Platzkapazität« stark reduzierte. Wenn früher die größte Gefahr für einen Fan darin bestand, zu Tode gequetscht zu werden, so lag für einen Spieler das größte Risiko nicht am Boden, sondern in der Luft. Seit dem Zweiten Weltkrieg mußten Spitzenspieler häufig mit dem Flugzeug reisen, um ihren vielen Verpflichtungen nachkommen zu können, und zweimal führte dies zu größeren Unglücken. Das erste ereignete sich am 14. Mai 1949, als der italienische Spitzenclub, der FC Turin, von einem Spiel in Lissabon nach Turin zurückkehrte. Ihr Flugzeug bohrte sich in die Basilika von Superga am Rande von Turin, wobei die gesamte erste Mannschaft ums Leben kam, darunter acht italienische Nationalspieler. An Bord der Maschine befanden sich außerdem sämtliche Reservespieler, der Manager und der Trainer. Sie alle starben schrecklich. Innerhalb von Sekunden wurde einer der besten europäischen Fußballvereine vollkommen ausgelöscht.

Neun Jahre später, am 6. Februar 1958, traf die Mitglieder von Manchester United ein fast ebenso furchtbares Schicksal, als ihre Maschine auf dem Münchner Flughafen Startschwierigkeiten hatte. Sie hatten in Belgrad ein Europacup-Spiel bestritten, aber nur wenige von ihnen sollten wieder heimkehren. Bei dem Flugzeugunglück kamen acht Starspieler ums Leben, zusammen mit ihrem Trainer, dem Clubsekretär und acht Sportjournalisten, die über das Auswärtsspiel berichten sollten. Trotz zunehmender Reisetätigkeit der Spitzenmannschaften ist die Fußballwelt seitdem von weiteren Flugzeugunglücken verschont geblieben, doch es gibt noch eine weitere Unheilskategorie, die erwähnt werden muß. Die ersten beiden Kategorien, *Massengedränge* und *Absturz,* sind schlimm genug, aber wenigstens werden sie überwiegend durch Zufall verursacht. Die dritte ist schlimmer, denn sie beruht auf absichtlicher Grausamkeit. Es ist die zum Glück seltene Kategorie des Aufruhrs.

Oft genug hört man Geschichten von einem Fußball-»Aufruhr«, aber das Wort ist selten gerechtfertigt. Ein paar hundert schottische Fans, die nach einem Sieg über England auf

276

Der Münchner Flugzeugkatastrophe von 1958 (ganz unten) fielen acht Starspieler von Manchester United zum Opfer, gemeinsam mit ihrem Trainer, Cotrainer und Clubsekretär. Des Todes ihres Mannschaftskapitäns, Duncan Edwards, gedachte man mit einem farbigen Glasfenster (unten).

God is with us for your Captain

Thanking God for the Life of Duncan Edwards, died at Munich, February 1958.

dem Rasen von Wembley herumrennen, Torpfosten zerschlagen und Grassoden ausreißen, mögen den Verantwortlichen wie Aufrührer vorkommen, aber nur wenige Leute werden verletzt, und im Vergleich zu den Horrorgeschichten, die in den Stammesarchiven festgehalten sind, ist ihr Tun ein Kinderscherz.

Der düsterste Tag in der Geschichte des Fußballs ist zweifellos der 25. Mai 1964, als nach einem Spiel zwischen Peru und Argentinien im Nationalstadion von Lima mindestens 300 Menschen getötet und über 500 verletzt wurden. Die Atmosphäre war ohnehin äußerst gespannt, und als der Schiedsrichter aus Uruguay zwei Minuten vor dem Schlußpfiff ein peruanisches Tor nicht anerkannte, explodierte die Menge in überflutendem Zorn. Der daraus entstehende Aufruhr war so heftig, daß die Polizei zum Einsatz von Tränengas gezwungen wurde. Das verstärkte jedoch lediglich die Panik und das Chaos. Die Menge warf mit Flaschen, setzte die Tribüne in Brand und riß Eisengitter nieder. Da begann die Polizei in die Menge zu schießen und tötete vier Fans. Die Panik wurde zur Hysterie, Terror mischte sich mit Wut, und viele Zuschauer versuchten in wahnsinniger Angst zu flüchten. Sie warfen sich gegen die verschlossenen Ausgangstore, bis die Leichen sich hoch auftürmten und das Stadion einem alptraumhaften Konzentrationslager mehr glich als einer Sportarena. Einige behaupteten, die offizielle Zahl von 301 Toten wäre zu niedrig. Manche hielten 318 für die richtige Ziffer, und andere sprachen sogar von 350 Opfern. Aber selbst inmitten dieses Blutbades überlebten die alten Fußballtraditionen. In derselben Nacht noch marschierte eine riesige Menschenmenge zum Präsidentenpalast und forderte Gerechtigkeit. Was aber forderten sie genau? Eine Untersuchung zur Entlarvung der Verbrecher, die mit dem Aufruhr begonnen und das ganze Unglück ausgelöst hatten? Eine Wiedergutmachung für die trauernden Hinterbliebenen? Nein. Ihr Hauptanliegen war, das Ergebnis des Spiels als Unentschieden festzusetzen. Es könnte kein deutlicheres Beispiel dafür geben, wie radikal der Fanatismus des Fußballstammes alle anderen Überlegungen beiseitewischt.

Ein paar Jahre später kam es in Südamerika bei einem Spiel in Buenos Aires am 23. Juni 1968 zu einem weiteren Ausbruch von Gewalttätigkeit. Bei der Begegnung zwischen River Plate und Boca Juniors warfen jugendliche Rowdys brennendes Papier in die Menge, um sie

zu erschrecken. Der Erfolg übertraf ihre kühnsten Träume, denn bei der von ihnen ausgelösten Panik wurden 73 Zuschauer getötet und weitere 200 verletzt.

Die vielleicht spektakulärste aller großen Stammeskatastrophen ereignete sich in Mittelamerika im Jahre 1969. Dort löste ein Weltmeisterschaftsqualifikationsspiel zwischen Honduras und El Salvador einen derart wilden Aufruhr aus, daß die beiden Länder die diplomatischen Beziehungen zueinander abbrachen und sich im Handumdrehen im Kriegszustand befanden. Dieser »Fußballkrieg«, wie er genannt wurde, liefert das klassische Beispiel für die Entritualisierung des großen symbolischen Rituals des Spiels und für seine Rückkehr zu seinen primitiven Wurzeln. Es stimmt zwar, daß im vorliegenden Fall die Beziehungen zwischen beiden Ländern ohnehin schlecht waren, aber die Tatsache, daß ein einfaches Ballspiel bedeutsam genug werden kann, um als Auslöser für einen Krieg zu dienen, unterstreicht die Macht des Fußballsports und beweist, wie sehr er den Verstand derjenigen beherrscht, die ihm treu ergeben folgen, manchmal sogar bis in den Tod.

Rechte Seite: Größere Krawalle sind selten, aber wenn sie vorkommen, dann verwandeln sie den Fußballplatz von einem symbolischen in ein echtes Schlachtfeld. Hier wartet die Bereitschaftspolizei mit Schutzschilden (oben links) und gezogenen Waffen (oben rechts) auf ihren Einsatz. Geht der Ärger los (unten, in Holland), dann schwärmen sie über den Platz aus, um die Ordnung wiederherzustellen. Manchmal braucht man auch den Schutz ihrer Schilde, um attackierte Spieler zu retten und sie durch einen Hagel von Wurfgeschossen in Sicherheit zu bringen (oben, in Rom).

278

38 Die Heldenverehrung

AUTOGRAMME UND IDOLE

Die Anhänger des Stammes verehren ihre Helden, aber ihre Bewunderung ist nicht so offen und direkt, wie es auf den ersten Blick scheinen mag. Verglichen mit anderen Formen der Heldenverehrung, weist sie einige ungewöhnliche Züge auf. Um diese besser zu verstehen, ist es hilfreich, die Haltung der den Fußballstars ergebenen Fans mit jener der Anhänger von Film- und Popstars zu vergleichen.

In Hollywood lautet ein Sprichwort: »Du bist so gut wie dein letzter Film«, aber das ist nicht ganz korrekt. Filmfans haben ein gutes Gedächtnis, und ihre Idole können sich ihren Zauber aufgrund einiger weniger brillanter Filme über viele Jahre hinweg bewahren. Das gleiche gilt für die Stars der Musikszene. Die Magie eines Fußballstars hingegen hat es viel schwerer zu überleben, wenn die besten Jahre des Spielers vorbei sind. Die Erklärung für diesen Unterschied liegt in der Natur des »Produktes« begründet. Der Schauspieler macht einen Film, der Komponist schreibt ein Musikstück, der Sänger singt ein Lied. Sie sind mit der Produktion von greifbaren, dauerhaften Dingen beschäftigt. Filme können wieder und wieder gezeigt, Musikstücke stets erneut gespielt werden, Jahr um Jahr. Die ursprünglichen Triumphe sind immer gegenwärtig, um die Erinnerungen der Fans lebendig zu halten.

In der Theorie trifft das auch auf die großen Fußballstars zu. Von ihren aufregendsten Darbietungen könnten Filmaufzeichnungen aufbewahrt und immer wieder gezeigt werden. Doch dies ist eine seltene Praxis. Der Bekanntheitsgrad eines Humphrey Bogart oder Elvis Presley bleibt in der Welt der Unterhaltung bestehen, ihre Werke werden auch den jüngeren Generationen immer wieder vorgeführt, aber die Fußballstars, die berühmt waren, als ein Bogart oder Presley auf dem Höhepunkt seiner Karriere stand, sind nun mit Ausnahme der älteren Fans fast niemandem mehr bekannt. Die Namen der allergrößten Stars mögen den jungen Fans zwar noch bekannt sein, aber sie sind längst keine Idole mehr. Die Heldenverehrung des Fußballstammes ist unbeständig und flüchtig.

Selbst bei kleinen Amateurvereinen (rechts) werden Helden gefeiert, in diesem Fall auf dem Sweater einer begeisterten Anhängerin.

Für ein weibliches Baby (ganz rechts) ging die Heldenverehrung derart weit, daß sie den Rest ihres Lebens daran denken wird. Ihr Vater, ein fanatischer Anhänger von Liverpool, gab ihr die Namen der gesamten Liverpooler Mannschaft und des Trainingspersonals. Ihr vollständiger Name auf ihrer Geburtsurkunde lautet: Paula St. John Lawrence Lawler Byrne Strong Yeats Stevenson Callaghan Hunt Milne Smith Thompson Shankly Bennett Paisley O'Sullivan.

Die Früchte des Ruhms und die Risiken der Heldenverehrung: von Autogrammjägern (links), ekstatischen Fans (unten) und Pressefotografen (rechts) belagerte Spieler.

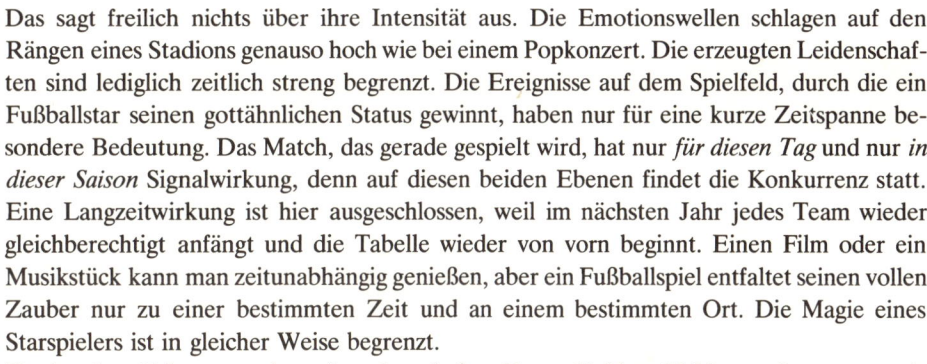

Das sagt freilich nichts über ihre Intensität aus. Die Emotionswellen schlagen auf den Rängen eines Stadions genauso hoch wie bei einem Popkonzert. Die erzeugten Leidenschaften sind lediglich zeitlich streng begrenzt. Die Ereignisse auf dem Spielfeld, durch die ein Fußballstar seinen gottähnlichen Status gewinnt, haben nur für eine kurze Zeitspanne besondere Bedeutung. Das Match, das gerade gespielt wird, hat nur *für diesen Tag* und nur *in dieser Saison* Signalwirkung, denn auf diesen beiden Ebenen findet die Konkurrenz statt. Eine Langzeitwirkung ist hier ausgeschlossen, weil im nächsten Jahr jedes Team wieder gleichberechtigt anfängt und die Tabelle wieder von vorn beginnt. Einen Film oder ein Musikstück kann man zeitunabhängig genießen, aber ein Fußballspiel entfaltet seinen vollen Zauber nur zu einer bestimmten Zeit und an einem bestimmten Ort. Die Magie eines Starspielers ist in gleicher Weise begrenzt.

Zwei andere Faktoren stehen einer dauerhaften Form gläubiger Heldenverehrung von seiten der Fußballanhänger im Wege: Mannschaften und Vereinswechsel. Der vergötterte Spieler ist Mitglied eines Teams, das einen Club repräsentiert. Seine individuelle Begabung mag ungeheuer sein, und er mag seine Mannschaftskameraden gewaltig überragen, aber während ein berühmter Filmstar buchstäblich einen ganzen Film allein tragen kann, so vermag kein Spieler ein ganzes Match allein zu gewinnen. Seine Erfolge sind viel stärker auf seine Kollegen angewiesen. Ihnen mögen sein Charme oder seine Ausstrahlung fehlen, aber ihr Talent ist für seine Glanzleistungen so wesentlich, daß die Bewunderung der Fans ihn nie sehr hoch über sie erheben kann.

Zusätzlich schädigt der Transfermarkt die gottähnliche Rolle des Fußballstars. Dauerhafte Fananbetung beinhaltet überwältigende Loyalität zur Idolfigur. Doch selbst dem vernarrtesten Fan fällt es schwer, diese Loyalität nach dem Transfer eines Starspielers zu einem anderen Club aufrechtzuerhalten. Das liegt nicht nur an der Tatsache, daß der Bewunderte das Stammesheim verlassen hat. Schwerwiegender ist, daß er seine Talente nun einem potentiellen Rivalen zur Verfügung stellt. Durch den Vereinswechsel erweist er sich nicht nur als *un*loyal, sondern als *anti*loyal. Und selbst während der Star noch bei seinem alten Club spielt, sind sich seine ergebenen Anhänger der Gefahr bewußt, daß er plötzlich verkünden kann, er verlasse den Club, um sich einem rivalisierenden Team anzuschließen, und so rechnen sie in gewissem Sinne latent stets mit seinem Treuebruch. Mehr als alles andere zerstört diese potentielle Gefahr jede Hoffnung auf dauerhafte Heldenverehrung.

Die Fans großer Filmstars kennen derartige Bedrohungen nicht. »Transferierte« ihr Idol von Warner Brothers zu MGM, so würde das für sie nicht den geringsten Unterschied bedeuten, da sie keinerlei Loyalität für irgendein bestimmtes Studio empfinden. Ihre Emo-

tionen sind ausschließlich mit dem Endprodukt, dem Film, verbunden. Doch für den Fußballfan sind der Film und das Studio, respektive das Spiel und der Verein, untrennbar
miteinander verbunden. Und wenn nicht in Zukunft alle Mannschaften auf heimische Spieler beschränkt und alle Transfers verboten werden, dann bleibt die Heldenverehrung der
Fußballwelt ohne jeden Zweifel vergänglich.

Diese Feststellung muß allerdings dahingehend ergänzt werden, daß die Regel die berühmten Ausnahmen besitzt. Während die meisten Fußballstars »Clubhelden« oder sogar bloß
»Helden des Augenblicks« in einem bestimmten Spiel sind, gibt es ein paar außergewöhnli-
che Spieler, die alle Grenzen übersteigen und zu wahren Weltstars werden, jenseits von
Club und Land, jenseits aller Einschränkungen und Loyalitäten. Diese göttergleichen Figuren werden verehrt, wo immer sie sich zeigen, aber ihre Zahl läßt sich an den Fingern zweier
Hände abzählen. Es sind Männer wie Pelé, Keegan, Cruyff, Beckenbauer, Bettega, Best und
Kempes, und sie bilden eine eigene Klasse. Wo immer sie spielen, zeigt sich die Heldenverehrung der Fans in ihrer extremsten Form. Da müssen unzählige Autogrammbücher signiert
werden, Hunderte von Kameras klicken ständig, und wiederholt wird der Versuch gemacht,
die geheiligten Körper der Helden zu berühren. Manchmal wird der Drang, die Angebete-
ten zu berühren, so stark, daß die Spieler unter Verletzungsgefahr eingekeilt werden. Ein
brasilianischer Star wurde nach einem brillanten Match, in dessen Verlauf er fünf Tore
schoß, so heftig umringt, daß ihm der Kiefer gebrochen wurde.

Einer der größten Helden von gestern, Stanley Matthews, löste bei denen, die Zeuge seiner
Zauberkunst wurden, solche Begeisterung aus, daß manche sich sogar zu Gedichten über
ihn angeregt fühlten, von denen eines folgendermaßen endet: »Unvergeßlicher Zauberer,
aus unsichtbaren Fäden webst du / verständliche Muster zu eigner Musik, gehört / nur von
dir, und zu ihrer langsam entstehenden Melodie / probst du deine Schritte, ein Solotänzer in
den Zwängen seines Traums.« Der durchschnittliche Fan sagt mit großer Wahrscheinlichkeit von seinem Idol schlicht: »Er ist ein Wunderknabe«, ohne dem besondere verbale
Lobpreisungen hinzuzufügen, aber seine Gefühle drücken wohl das gleiche aus wie der Poet
in seinem Gedicht.

39 Die Stammessouvenirs

WIMPEL UND AUFKLEBER

Zieht sich der Stammesangehörige vom Nervenzentrum des Stammeslebens, dem Stadion, zurück und richtet seine Schritte heimwärts in die Abgeschiedenheit seines Hauses, dann ist er vorübergehend von der Atmosphäre der Aufregung abgeschnitten. Dies würde dem Angehörigen eines Eingeborenenstammes nicht widerfahren, da seine Hütte zusammen mit denen seiner Brüder das Herz des Stammesdorfes bildet. Er bräuchte keine Erinnerungsstücke, um seine Stammeszugehörigkeit zu dokumentieren. Aber die Häuser der Angehörigen des Fußballstammes sind über die ganze Stadt verstreut, oft kilometerweit vom Stadion entfernt, und dadurch wird ein spezieller Bedarf geweckt: der Bedarf an Souvenirs.

Indem er die Wände und Borde seines eigenen Zimmers mit Andenken bedeckt, kann er die Momente gemeinsamer freudiger Erregung noch einmal durchleben. Dafür muß er Stammesandenken horten und alles sammeln und anhäufen, was in irgendeiner Beziehung zu seinem speziellen Team oder seinem Club steht.

Die wertvollsten Souvenirs sind jene, die für ihn einzigartig sind, persönliche Erinnerungen an bestimmte Vorfälle, ein von einem seiner Helden signiertes Programm, ein vom Rasenrand entwendeter, abgelegter Schienbeinschützer oder ein Banner, das er für ein wichtiges Spiel selbst gefertigt hat. Manchmal werden diese speziellen Souvenirs unter außergewöhnlichen Umständen erworben. Vor langer Zeit, als eine englische Mannschaft in der holländischen Stadt Wageningen spielte, wurde ein derartiger Gewaltschuß aufs Tor abgefeuert, daß

Nach einem schottischen Sieg in Wembley flutete eine gewaltige Armee von Schotten auf den Rasen, zerschmetterte die Tore und schleppte Stückchen als Souvenirs davon (oben). Außerdem gruben sie Soden des geheiligten Rasens aus, um sie als Erinnerung an die englische Niederlage mit nach Hause zu nehmen. Trotz Wutausbrüchen von offizieller Seite feierten die Schotten trotzig das Ereignis, indem sie besondere T-Shirts druckten, die stolz ihre Taten verkündeten (ganz rechts).

Aus den Augen, aus dem Sinn, das braucht in bezug auf die Mannschaft keine Gültigkeit zu besitzen. Die fanatischsten Anhänger nehmen vielfach zahllose Clubsouvenirs mit nach Hause. In diesem Fall (links) hat ein glühender Fan von Everton seine Schlafzimmerwände vollständig mit Fotos, Postern, Emblemen und Nippes bedeckt.

das Lattenkreuz zerbrach. Die Zuschauer rannten aufs Feld, zerrten das zersplitterte Holz vom Rasen, zogen ihre Taschenmesser heraus und begannen Holzstückchen herauszubrechen, um sie als wertvolle Relikte mit nach Hause zu nehmen, so als wären es Fragmente eines heiligen Kreuzes. Ein Beobachter berichtete später: »Einige dieser kleinen, aus dem Lattenkreuz gebrochenen Splitter kann man heute als kostbare Schätze in Glaskästen in den hübschen kleinen Häusern von Wageningen wiederfinden.«

Ein ähnlicher, allerdings weniger harmloser Vorfall ereignete sich 1977 in Wembley nach einem schottischen Sieg über England. Bei Ertönen des Schlußpfiffes schwärmten die schottischen Anhänger auf den Rasen, und viele von ihnen kletterten auf die Tore, bis die Stangen unter dem Druck zerbrachen. In ihrem dringenden Verlangen nach Souvenirs dieses großen Tages, der ihnen den Triumph über den verhaßten südlichen Nachbarn beschert hatte, zerrten sie am Holz und am Tornetz, und einige benutzten ihre Messer dazu, große Klumpen aus dem geheiligten Rasen herauszustechen. Dieser spezielle Souvenirbeutezug verursachte einen Schaden von ungefähr 18 000 Pfund.

Um diesen Sammeldrang zu befriedigen und gleichzeitig Diebstahl und Plünderung zu vermeiden, verkaufen die Clubs seit vielen Jahren in speziellen Clubläden eine Vielzahl eigens angefertigter Souvenirs. Obwohl diesen Andenken der persönliche Zauber des Einzigartigen fehlt und es sich dabei meist um Massenproduktionen großer Firmen handelt, statt um Anfertigungen aus den Clubhauptquartieren, werden sie dennoch von vielen Stammesangehörigen begeistert gekauft. Bei besonders erfolgreichen Clubs läßt sich die Nachfrage kaum noch befriedigen, und die Firmen, die in dieser Branche tätig sind, müssen ihre Phantasie strapazieren, um ein ausreichend breitgefächertes Angebot vorstellen zu können.

Zusätzlich zu den üblichen Schals und Fahnen, Abzeichen und Aufklebern, Rosetten und Wimpeln, Anstecknadeln und Krawatten, Photos und Posters ist es möglich, mit dem Clubemblem geschmückte Gläser zu erwerben oder mit den Gesichtern der Mannschaft dekorierte Tassen, komplett mit den Kopien ihrer Unterschriften, modische Hüte und Krawattennadeln in den Teamfarben sowie reichverzierte Spiegel, beschriftet mit den Clubinsignien und der Auflistung der Cup-Triumphe. Dann gibt es die Clubjahresberichte und Rekordverzeichnisse, Tragetaschen in den Clubfarben, Club-T-Shirts, Clubfüller, Tiermaskottchen und sogar »Mannschaftsnamen auf Keramiktürfliesen mit illustriertem Emblem«, die der fanatische Stammesangehörige an der Tür zu seinem Privatzimmer befestigen kann, um all seinen Besuchern seine Verbundenheit mit dem Team zu verkünden und sein Heim so zu einem symbolischen Teil des Clubzentrums zu machen. Selbst wenn er sich ins Bett zurück-

FOREST LEAGUE CUP CHAMPIONS
YOU CAN BANK ON LARRY LLOYD

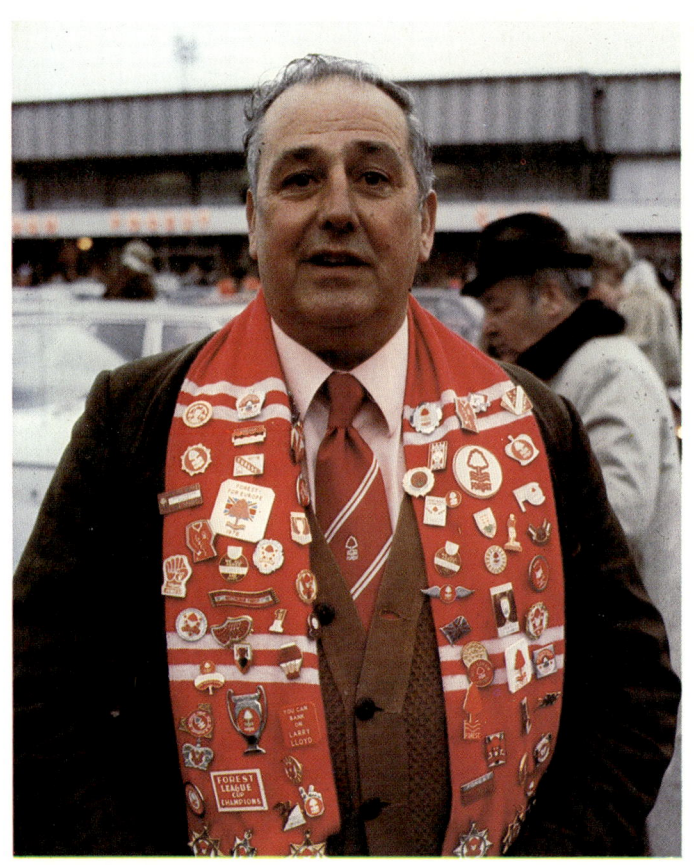

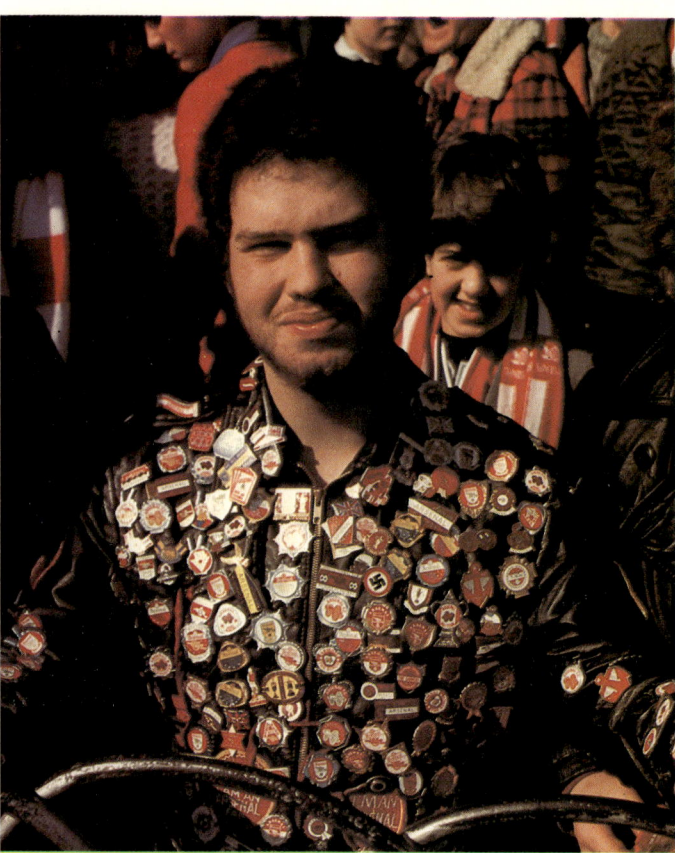

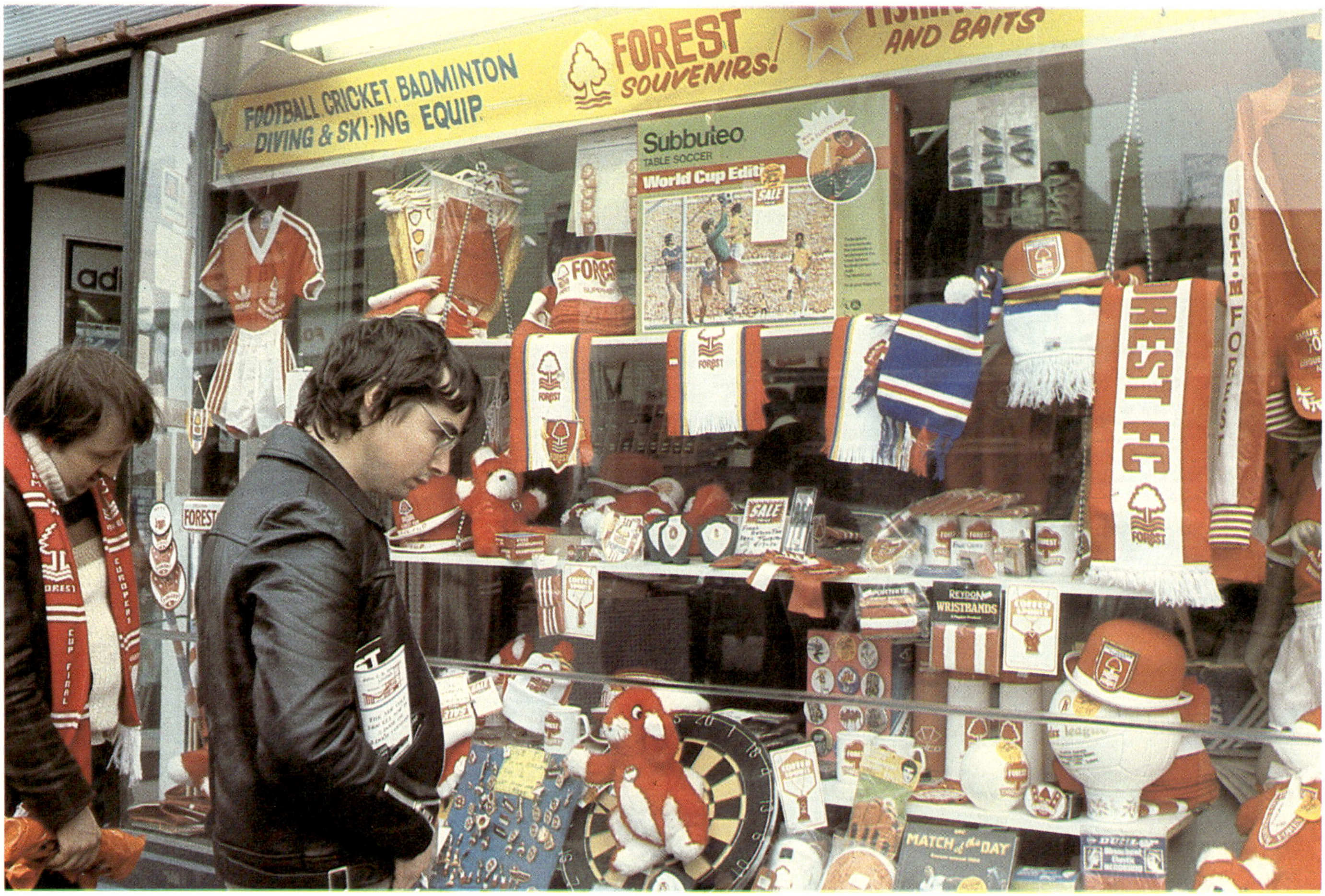

FOOTBALL CRICKET BADMINTON
DIVING & SKI-ING EQUIP
FOREST SOUVENIRS!
AND BAITS
Subbuteo
TABLE SOCCER
World Cup Edition
SALE
FOREST FC
NOTT'M FOREST
WRISTBANDS
MATCH of the DAY

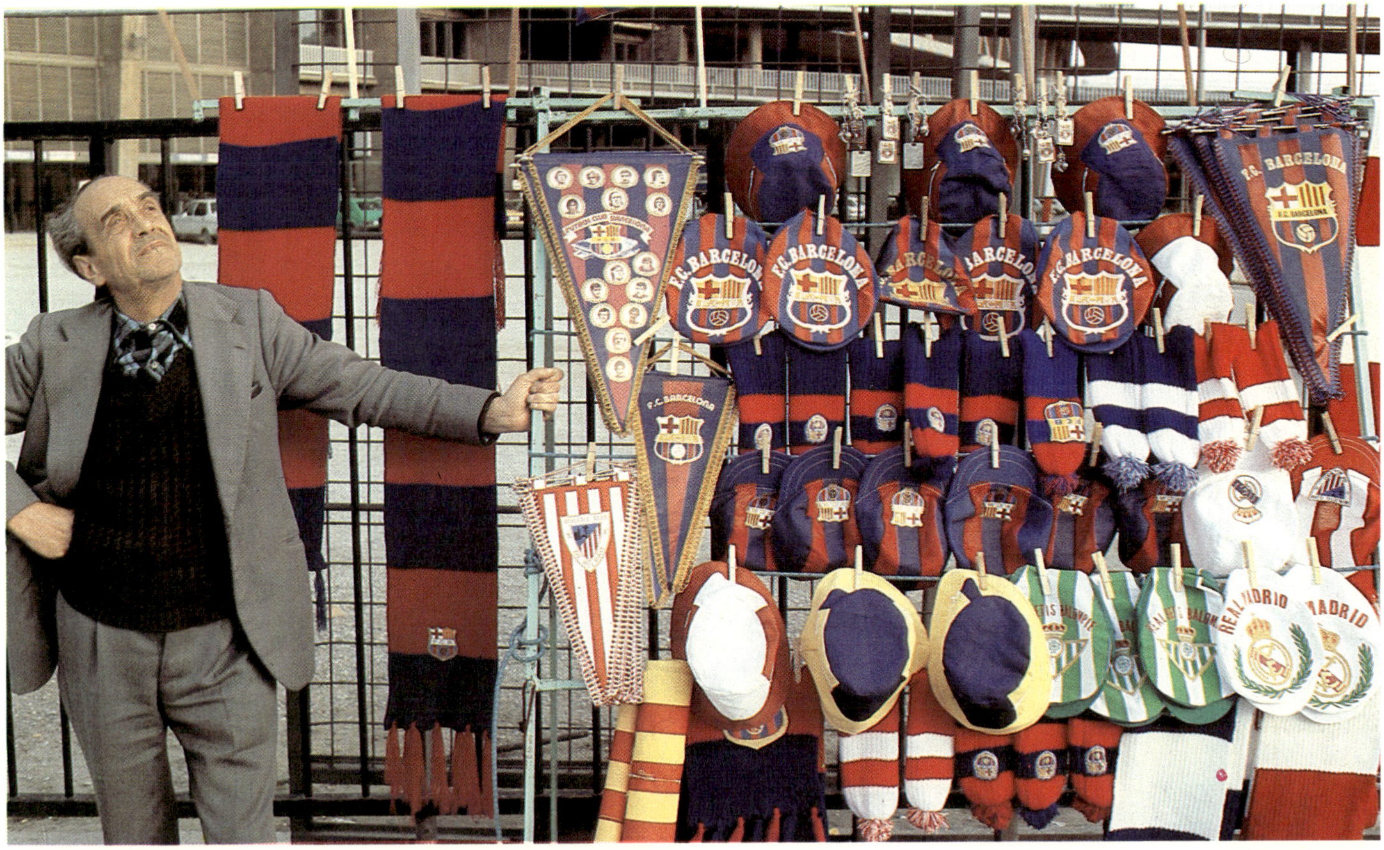
F.C. BARCELONA
REAL MADRID

SUPER AJAX
AJAX CUPFIGHTERS
AJAX CUPFIGHTERS

Memphis Rogues
LANCERS

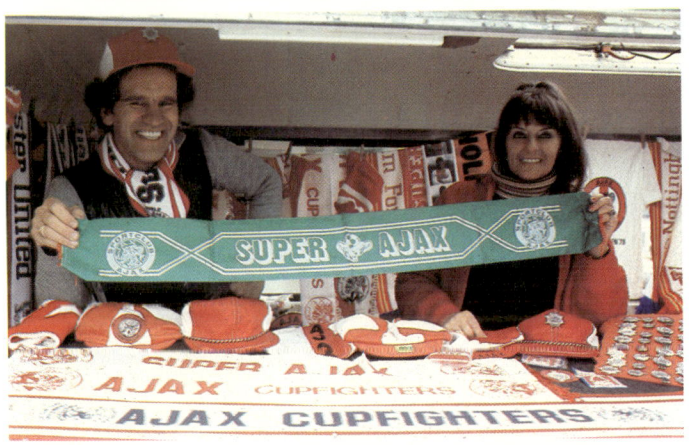

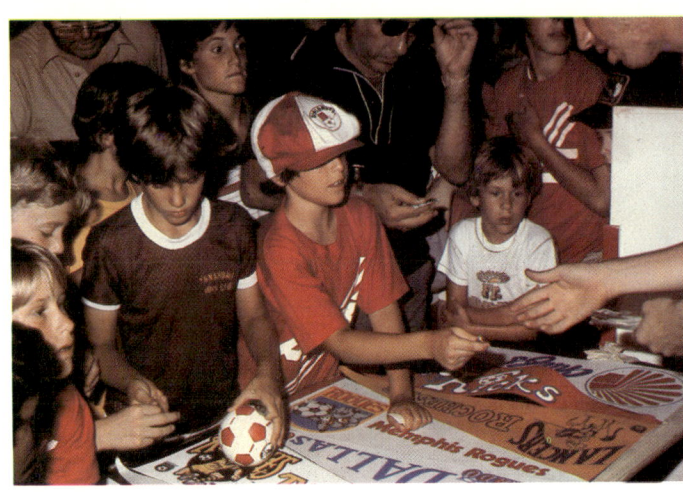

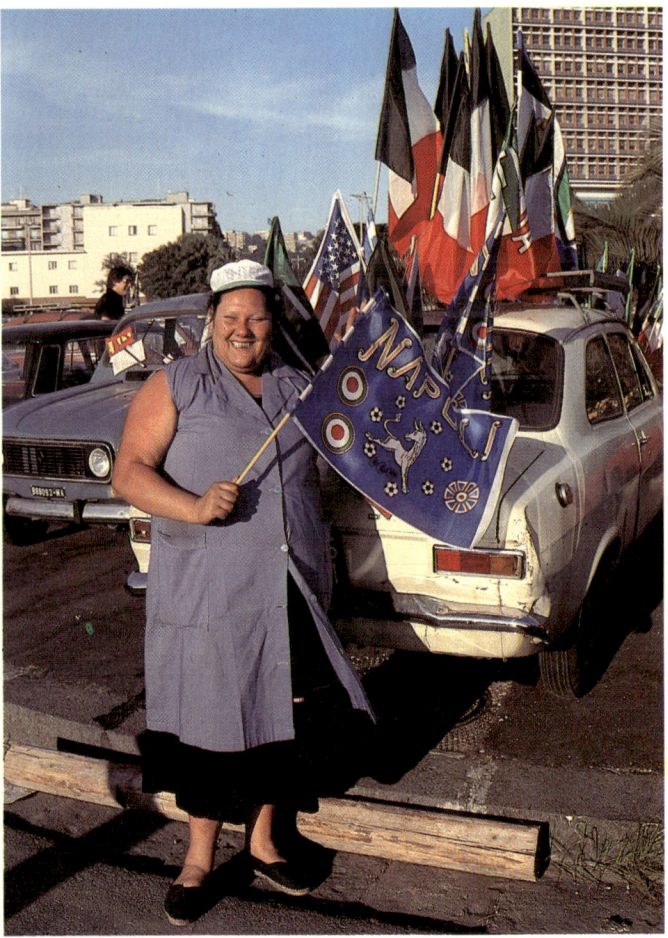

zieht, muß er sich nicht von seiner Mannschaft trennen, denn er kann sich ja eine »waschma-schinenfeste, pflegeleichte, farbechte Fußballclubbettdecke aus Polyester-Viskose« zulegen. Treibt ihn seine Besessenheit noch weiter, dann gibt es eine dritte Kategorie von Souvenirs, an der er sich erfreuen kann. Diese ist weder personenbezogen noch mit einem bestimmten Club verbunden, sondern befaßt sich mit dem Fußballsport im allgemeinen. Der Fan mag in die Welt der Fußballzigarettenbilder ausweichen, mittlerweile ein spezialisiertes und teures Hobby, oder sich der gleichfalls kostspieligen Beschäftigung zuwenden, eine Sammlung von Fußballbriefmarken anzulegen, von denen es Hunderte gibt. Und auch aus der Manie, Spielprogramme von allen Clubs aller Zeiten zu sammeln, entwickelt sich ein blühendes Geschäft. Inzwischen operieren so viele Händler auf diesem Gebiet, daß regelrechte »Pro-grammausstellungen« veranstaltet werden, auf denen die Experten sichten und sieben, um besonders seltene und begehrte Exemplare aufzustöbern.

Der Fußballenthusiast drückt also seine Ergebenheit seinem Stamm gegenüber dadurch aus, daß er sein Heim mit sicht- und greifbaren Erinnerungsstücken an seine Leidenschaft und seine unwandelbare Loyalität füllt. Umgeben von all den Souvenirs seines Clubs fühlt er sich der geliebten Mannschaft nie auch nur für einen Augenblick wirklich fern. Sein Heim wird praktisch zu einem Fußballschrein.

Vorhergehende Seiten: Viele Stammesanhänger, jung wie alt, sammeln Clubabzeichen in großer Anzahl, und häufig sind ihre Kleidungsstücke derart damit bedeckt, daß es aussieht, als trügen sie eine Art dekorative Rüstung. Diese und andere Dinge kauft man in Fanshops, die es in den meisten Stadien gibt, oder von Souvenirverkäufern außerhalb des Stadions.
Für den unersättlichen Sammler gibt es außerdem noch Fußballbriefmarken, Zigarettenbilder, Programme und eine große Vielzahl von über den Postversand erhältlichen Broschüren, unten.

40 Die Stammesmaskottchen

TEDDYBÄREN UND KLEINE KINDER

Wie die Spieler, so sind auch die Stammesangehörigen sehr abergläubisch und vollführen viele magischen Rituale, die ihren Teams auf dem Platz Glück bringen sollen. Sie ziehen glückbringende Kleidungsstücke an, tragen Glücksbringer bei sich und führen geheimnisvolle Handlungen aus, die den Ausgang des Spiels beeinflussen sollen. Wie auch die Spieler vollziehen die Fans die meisten dieser Rituale fern der Öffentlichkeit, wenn nicht sogar insgeheim, aus Angst, ein großes Publikum könnte irgendwie ihre Wirkungskraft mindern. Doch einer der glückbringenden Zauber wird offen und öffentlich dargeboten, und das ist das Clubmaskottchen. Diese Figur, ob menschlich oder tierisch, stellt die Verkörperung der besten Wünsche des Clubs für die Mannschaft dar.

Die Maskottchen existieren in vielerlei Formen. Oft sind es Spielzeugtiere oder den Phantasiefiguren auf den offiziellen Club-Emblemen nachempfundene Gestalten, häufig ein Löwe, ein Pferd oder ein Vogel. Im englischen Carlisle zum Beispiel, dessen Clubwappen im Mittelpunkt ein Fuchsgesicht trägt, schleppt ein glühender Anhänger regelmäßig einen ausgestopften Fuchs mit zu den Spielen, um sicherzustellen, daß seiner Heimmannschaft das Glück hold sein wird. Andere fanatische Fans kleiden sich bei wichtigen Spielen in vollständige Tierkostüme und erwecken so ihre Totemtiere symbolisch zum Leben, um die Macht ihrer Magie zu verstärken.

Als Tiere verkleidete Fans sind besonders populär bei nordamerikanischen Fußballspielen, allerdings haben sie dort einen ziemlich anderen Status als in Europa. Während der europäische Tiermensch ein inoffizielles Maskottchen darstellt und Mitglied der Zuschauermenge bleibt, ist das amerikanische Gegenstück stets Bestandteil der Eröffnungsparade und begleitet für gewöhnlich die Truppe der Anfeuernden auf den Platz, an dessen Rand er sich auch während des Spiels aufhält, um von dort aus die Menge zu ermuntern. Cosmos New York, geleitet von Warner Communications, beispielsweise beschäftigt ein Tiermenschmaskott-

Carlisles glückbringendes Maskottchen, ein ausgestopfter Fuchs, wird seit über zwanzig Jahren von diesem ergebenen Anhänger (unten) in zeremonieller Art und Weise auf dem Mittelpunkt des Platzes vor jedem Heimspiel niedergelegt. Das Maskottchen vom New Yorker Cosmos-Team, Bugs Bunny (unten rechts), wurde von dem Warner-Brothers-Cartoon übernommen.

Rechte Seite: Das beliebteste Spielzeugmaskottchen ist der Teddybär, den man als Glücksbringer zu vielen Spielen mitschleppt, trotz der Tatsache, daß er für gewöhnlich keinerlei Verbindung zu offiziellen Clubemblemen aufzuweisen hat.

chen, das wie Bugs Bunny, der Star der Warner-Brothers-Zeichentrickfilme, gekleidet ist. Dieser riesige Hase, komplett mit übergroßer Mohrrübe ausgestattet, unterhält die Zuschauer vor dem Anstoß und bleibt dann an der Seitenlinie, um seine Mannschaft von dort aus anzufeuern.

Derart Auffälliges bekommt man während des Spiels an europäischen Seitenlinien nicht zu sehen, aber früher war es weitverbreitete Praxis, vor Spielbeginn ein besonders leuchtend gekleidetes, inoffiziell »offizielles« menschliches Maskottchen in den Teamfarben um den Platz paradieren zu lassen. Dieser Brauch scheint langsam auszusterben, doch zum Beispiel in England begleitete viele Jahre lang ein Maskottchen in der farbenfreudigen Gestalt von Mr. Ken Bailey die Nationalmannschaft, wann immer sie ins Ausland reiste. Bekleidet mit einem untadeligen roten Frack und schwarzem Zylinder, einer Union-Jack-Weste, in der Hand Flagge und Wappenschild, so wurde er in vielen Ländern zu einer vertrauten und populären Figur. Sein Anblick war so beeindruckend, daß ihn sogar die für gewöhnlich feindlichen heimischen Fans freundlich und respektvoll behandelten.

Die vielleicht überraschendste Wahl für ein glückbringendes Fußballmaskottchen ist der Teddybär, und zwar aus drei Gründen. Erstens ist er ein Kinderspielzeug, und von daher fehlt ihm zumindest theoretisch der dramatische Effekt eines heraldischen Bildes. Zweitens stellt er ein anschmiegsames Bärenjunges dar und nicht einen starken, ehrfurchtgebietenden erwachsenen Bären. Und drittens hat er nichts mit den offiziellen Emblemen der Clubs, bei denen er als Maskottchen auftaucht, zu tun. Da gibt es zum Beispiel Arsenal-Teddybären und West-Ham-Teddybären, obwohl Arsenals Emblem eine Kanone und das West Hams ein gewaltiger Hammer ist. Doch auch wenn anscheinend keinerlei Verbindung zum Fußballstamm besteht und er sich im Widerspruch zu den offiziellen Clubbildern befindet, taucht der Teddybär immer wieder auf.

Es bleibt ein Geheimnis, wie dem Teddybären eine derart erfolgreiche Invasion der Fußballwelt gelang. Sein Siegeszug begann in den Vereinigten Staaten im Jahre 1902, und zwar auf einem Jagdausflug des amerikanischen Präsidenten Teddy Roosevelt. Er weigerte sich ga-

Vor wichtigen Spielen in England pflegten menschliche Maskottchen rivalisierender Vereine gemeinsam an der Seitenlinie zu paradieren (oben). Der Brauch ist in den letzten Jahren fast verschwunden, aber einige menschliche Maskottchen begleiten noch immer ihre Nationalmannschaften, etwa der vielgereiste Serafino von Italien (unten) und Ken Bailey von England (unten rechts).

Einige Mannschaften haben das Ritual entwickelt, einen kleinen Jungen in Spielkleidung vor dem Match mit auf den Platz zu nehmen.

lant, einen kleinen Bären zu erschießen, mit der Begründung, er wäre ja kaum größer als ein Junges. Die Geschichte verbreitete sich schnell und wurde zu einem Lieblingsthema für politische Karikaturisten, die den Vorfall benutzten, um den Präsidenten als Verteidiger der Schwachen darzustellen. Das Tier wurde unter dem Namen »Teddys Bär« bekannt, was sich später, als nach den Zeichnungen der Karikaturisten Spielzeuge angefertigt wurden, zu »Teddybär« verkürzte. Die ursprüngliche Bedeutung des mittlerweile weltbekannten Teddybären lag also darin, daß er eine »vom Unheil verschonte Kreatur« symbolisierte. Kinder, die heutzutage ihre geliebten »Teddys« umarmen, haben nicht die geringste Ahnung von dieser Bedeutung, und die Annahme, daß die Fußballfans früherer Jahre in dem Bären eine magische Zauberfigur sahen, die sie vor Unheil bewahren würde, scheint sehr weit hergeholt. Es wäre zwar möglich, daß sie sich einen Symbolgehalt nach eigenem Gutdünken zurechtlegten, aber es ist wahrscheinlicher, daß die Kinder der Fans manchmal ihr Lieblingsspielzeug, den Teddy, zu den Spielen mitbrachten. Waren die Mannschaften ihrer Väter erfolgreich, dann wurde der Bär zum Glücksbringer erhoben. Danach wäre es gefährlich gewesen, den Teddy daheim zu lassen, und später mußten riesige Teddybären nicht für die Kinder hergestellt werden, sondern für die erwachsenen Fans, die sie als Bestandteil ihrer abergläubischen Rituale benötigten. Doch selbst wenn diese einfache Erklärung zutrifft, so bleibt es ein glückliches Zusammentreffen, daß dieses Maskottchen, das so herausfordernd hinter dem Tor der Heimmannschaft auf den Rängen thront, sein Leben als ein Wesen begann, auf das ein großer Mann nicht schießen konnte.

Es gibt noch ein vollkommen andersgeartetes Maskottchen, das inzwischen bei vielen Clubs sehr beliebt ist: der Jugendspieler. Als besondere Ehre darf ein kleiner Junge, in die Farben und das Trikot seines Clubs gekleidet, die Spieler bei jedem Heimspiel begleiten, wenn sie durch den Tunnel auf den Platz laufen. Er schließt sich ihnen auf dem geheiligten Rasen während des Einspielens an und spielt seinen Helden zum Aufwärmen zu. Erscheinen dann Schiedsrichter und Linienrichter und gehen auf den Anstoßpunkt zu, läuft er ihnen entgegen, schüttelt ihnen die Hand und verläßt unter dem Applaus der heimischen Zuschauermenge den Platz. Durch solche Zeremonien werden zukünftige Fanatiker herangebildet.

41 Die Stammesexhibitionisten

BLITZER UND »MONDSÜCHTIGE«

Menschen haben die Tendenz, sich in der Öffentlichkeit zurückhaltender zu benehmen als im privaten Bereich. In Gegenwart von Fremden, auf der Straße oder in Läden, in Restaurants oder Büros, bei öffentlichen Versammlungen oder in Theatern ist der Durchschnittsbürger gehemmt. Viele Dinge, die wir in der Zurückgezogenheit unseres Heims tun, werden in der Öffentlichkeit tabu. Wir achten mehr auf unser Erscheinungsbild. Wir befolgen die vorgeschriebenen Formalitäten.

In den Anfangszeiten des Fußballs hielten sich die Stammesanhänger an diesen Code. Zum Besuch der Spiele zogen sie ihre Sonntagskleidung an. Sie klatschten höflich Beifall. Doch im Laufe der Jahre veränderte sich die Szenerie. Als die Amateure den Profis Platz machten und die Zuschauermengen immer größer und in ihrer Loyalität immer leidenschaftlicher wurden, da begannen die üblichen sozialen Hemmungen zusammenzubrechen. Exzentrische und leuchtend gefärbte Kostüme tauchten auf der Bildfläche auf. Glühende Anhänger erblühten in voll zur Schau gestelltem Gefieder und präsentierten der Welt kühn ihre Stammesfarben. In Sprache und Kleidung wurden sie zunehmend ungehemmter.

Trotz dieses Freiheitsgefühls erkennt die breite Mehrheit der Anhänger auch heute noch gewisse Grenzen an, die sie nicht überschreitet. Auf einige wenige Exzentriker jedoch wirkt die Möglichkeit der kühnen Zurschaustellung derart anregend, daß sie über die vorgegebenen Grenzen hinausgehen und sich zu einer Art Exhibitionismus bekennen. Sie gliedern sich in drei Gruppen: die Ausgeflippten, die Blitzer und die »Mondsüchtigen«.

Die Ausgeflippten simulieren irgendeine Form des Wahnsinns. Natürlich sind sie geistig völlig normal, sie genießen lediglich für eine Weile das totale Sichgehenlassen in wilder, vorgetäuschter Verrücktheit. Einer erscheint in absolut bizarren Kleidern, die alle üblichen Zurschaustellungskostüme weit übertreffen, ein anderer spaziert mitten auf der Straße herum und winkt, behindert den Verkehr und singt mit voller Lungenkraft; der nächste mag irgendwo hinaufklettern und oben wanken und schwanken, als würde er gleich in den sicheren Tod stürzen; und wieder ein anderer setzt vielleicht zu einem gewundenen Sololauf über den geheiligten Rasen an, als wäre er in seinen Träumen plötzlich zu einem seiner großen Stammeshelden geworden.

Üblicherweise hält man für solches Benehmen die Erklärung bereit, die Männer seien total betrunken gewesen. Das ist aber nur teilweise der Grund. Wären sie auf irgendeiner anderen gesellschaftlichen Veranstaltung ebenso betrunken gewesen, dann hätten sie sich dennoch anders benommen. Der Alkohol mag durchaus zu ihren enthemmten Darbietungen beigetragen haben, aber die besondere Stimmung der Stammesversammlung lieferte den eigentlichen Stimulus. Ähnlich Stammeskriegern, die sich durch Tänze und Gesänge in Raserei versetzen, oder religiösen Fanatikern, die durch magische Riten und Beschwörungen zur Ekstase getrieben werden, befinden sich diese Männer im Zustand der Besessenheit. Für einen Augenblick weilen sie auf einem anderen Planeten, von der Masse der aufgeregten Fans um sie herum aus der Bahn geworfen.

Weil sie oft genug unangenehme Störungen verursachen, werden sie bedauerlicherweise manchmal wie aggressive Rowdys behandelt und von der Polizei festgenommen. Erfahrenere Polizisten jedoch erkennen sie als das, was sie sind, und behandeln sie geduldig als harmlose Exzentriker. Nur die hochnäsigen und die puritanischen Stammesangehörigen fühlen sich durch sie ernsthaft gestört. Die Mehrheit schenkt ihnen ein tolerantes Lächeln und betrachtet sie als Karikatur ihres eigenen Zustands wachsender Erregung.

Ein seltener, aber deutlich hervorstechender Typ des Exhibitionisten ist der Blitzer. Seine Form der Exzentrizität äußert sich darin, daß er splitternackt vor einer großen Zuschauermenge herumläuft. Dieses Phänomen scheint erst Anfang der 70er Jahre aufgetaucht zu sein. Die ersten Vorfälle waren wahrscheinlich das Ergebnis von Herausforderungen und Wetten, aber dann wirkte das Phänomen ansteckend, und nackte Sprinter erschreckten das unvorbereitete Publikum bei einer ganzen Anzahl öffentlicher Ereignisse. Es war unvermeidlich, daß bald auch Fußballzuschauer diesen Exhibitionismus über sich ergehen lassen

Der Blitzer ist vergleichsweise ein Neuling in der Vielzahl der Extravertierten, die der Fußballstamm vorzuweisen hat. Die abenteuerlichsten unter ihnen, wie dieser Holländer bei einem Spiel in Utrecht (unten), enthüllen alles von der Spitze eines der Flutlichtmasten aus, aber das ist eine Ausnahme. Die meisten Blitzer geben sich mit einem schnellen Spurt über den Rasen zufrieden, ihre Kleidung in einer Tragetasche mitschleppend (ganz unten).

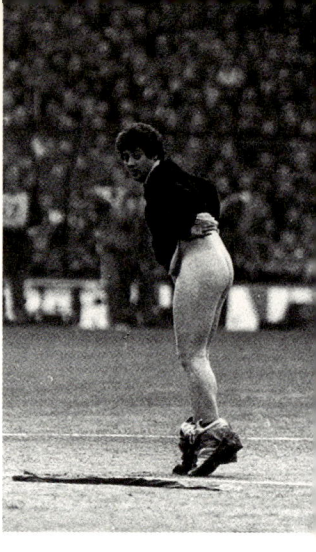

»Mondsüchtige« sind nicht so extrem wie Blitzer und entblößen lediglich ihr Hinterteil. Manchmal wird das ganz kühn mitten auf dem Rasen ausgeführt, wobei der nackte Hintern abwechselnd allen vier Tribünen entgegengereckt wird (oben, in England), manchmal geschieht es vom Fenster eines vorbeifahrenden Autos außerhalb des Stadions (unten, in Italien).

mußten. Aber sie reagierten darauf nicht empört, sondern mit überraschter Heiterkeit, und für gewöhnlich wurde dem tapferen Blitzer zugejubelt, wenn er vorbeirannte, verfolgt von verlegenen Polizisten, die den Gedanken, bei der heißen Verfolgungsjagd auf einen nackten Mann photographiert zu werden, anscheinend nicht besonders lustig fanden.

Das Blitzerphänomen ist ziemlich merkwürdig. Man muß sich still ausziehen, ohne irgend jemandem aufzufallen, und dann losrennen, um soviel Aufmerksamkeit wie nur möglich zu erregen. Schließlich muß man noch so unauffällig, wie man sich ausgezogen hat, verschwinden, um nicht wegen »Erregung öffentlichen Ärgernisses« verhaftet zu werden. Das Ganze zielt auf kühne Schockwirkung ab. Anders als die krankhafte Variante des Exhibitionismus, wo ein Mann überraschend vor ahnungslose Frauen hintritt und seine Geschlechtsteile entblößt, besitzt der Akt des Blitzens keine sexuelle Bedeutung. Sein Ziel ist es zu verblüffen, nicht Abscheu zu erregen. Für den Fußballblitzer ergibt sich ein spezielles Problem, nämlich das der Wiederbeschaffung seiner Kleider. Die Chance, einen Haken zu schlagen und den Blitzlauf dort zu beenden, wo er begann, ist gering, also muß der Blitzer entweder das Risiko eingehen, am Schluß total nackt dazustehen, oder er muß seine Kleider in einer kleinen Tasche mit sich tragen, was denkbar lächerlich wirkt. Dennoch scheint die letzte Möglichkeit die bevorzugte zu sein, und die Erheiterung der Menge wird durch diese unerwartete Extraunterhaltung noch gesteigert.

Der dritte Typus des Exhibitionisten ist der »Mondsüchtige«. 1974 konnte man im *Guardian* lesen, der »Mondsüchtige« sei eine Art Vorläufer des Blitzers: »Blitzen … scheint das männliche Gegenstück zu der weiblichen Praxis zu sein, die Ende der 50er, Anfang der 60er Jahre an den Universitäten der Vereinigten Staaten aufkam, und die man ›Mondsucht‹ nannte. Der ›Mondsüchtige‹ streckte … seinen entblößten Hintern in Richtung desjenigen, den er beeindrucken, gegen den er protestieren oder den er beleidigen wollte.« Die Vorstellung, daß amerikanische Studentinnen diese Form der Verhöhnung erfunden hätten, ist irreführend. Sie mögen eine neue Mode daraus gemacht und der Sache einen neuen Namen gegeben haben, aber der Akt des »Arschzeigens« als grobe Beleidigung ist jahrhundertealt. Beschimpfungen wie »Leck mich am Arsch« und »du Arschloch« waren schon in früheren Zeiten wohlbekannt.

Die wesentliche Botschaft dieser »Mondsucht« ist nicht, wie manche meinen, sexueller Natur. Grundsätzlich ist es ein symbolischer Akt der Darmentleerung auf das Opfer, gegen das er gerichtet ist. Diese Handlung, vorgeführt von einem männlichen Fußballexhibitionisten, verursacht deshalb auch heftigere Reaktionen als das weniger feindselige Blitzen. (Weibliche Fußballfans von heute scheinen in diesem Punkt konservativer zu sein als amerikanische Studentinnen aus den 50er und 60er Jahren.)

Zwei Beispiele sollen das illustrieren. Im Jahre 1980 fuhr hinter einem auf der Heimfahrt befindlichen Bus mit Grimsby-Anhängern eine Limousine, in der eine Familie saß. Die fünf jungen Fans in der letzten Reihe des Busses ließen ihre Hosen fallen, preßten ihre Hinterteile gegen das Rückfenster, und präsentierten so der Mutter, dem Vater und den Kindern im Auto hinter ihnen eine Art fünffachen Mond. Der Vater war derart empört darüber, daß seinen Töchtern solch ein Anblick zugemutet wurde, daß er den Übeltätern drohte. Das wiederum verärgerte die Fans, und als der Bus an einer roten Ampel halten mußte, sprangen sie heraus, traten auf den Wagen ein und bedrohten die Insassen. Der Vater kämpfte sich aus dem Wagen, versuchte sie aufzuhalten, und eine Prügelei begann. Seine zwölfjährige Tochter eilte ihm zu Hilfe, und beide trugen Kopfwunden davon, die im Krankenhaus genäht werden mußten. Hätte er bloß über die »Mondsüchtigen« gelächelt, dann wäre der Ärger vermieden worden, aber für ihn war die Beleidigung zu stark, als daß er sie hätte ignorieren können.

Etwas Ähnliches spielte sich bei einem Vorfall ab, der sich 1979 in Arsenals Highbury Stadion ereignete. Auch dort löste ein »Mondsüchtiger« Empörung aus, diesmal auf seiten der Verantwortlichen. Die Szene sah folgendermaßen aus: Arsenal hatte Coventry zu Gast; die Heimmannschaft hatte keinen Treffer erzielt, aber den Gästen war es gelungen, ein Tor zu schießen, indem sie Arsenals Verteidiger Sammy Nelson ablenkten. Obwohl Nelson Verteidiger war, brannte er so sehr darauf, seinen Fehler wiedergutzumachen, daß er in der zweiten Halbzeit nur noch stürmte und tatsächlich den Ausgleich schaffte. Statt wie üblich in die Menge zu winken, wandte er sich um, ließ seine Shorts fallen und entblößte sein Hinterteil, als wollte er sagen: »Und das ist für alles, was ihr mir an den Hals gewünscht habt.« Die Menge war über seinen Triumph so glücklich, daß sie seine scherzhafte Zurückweisung mit Humor hinnahm, aber die Stammesältesten waren alles andere als erheitert. Sie reagierten übertrieben prüde, indem sie behaupteten, er hätte das Spiel in Mißkredit gebracht. Einige

Journalisten, ausgehungert nach sensationellen Schlagzeilen für ihre Kolumnen, gossen weiter Öl in die Flammen und forderten, daß er auf keinen Fall wieder für Arsenal spielen dürfte.

In seiner Autobiographie greift Nelsons Freund und Teamkamerad Liam Brady die Handhabung des Vorfalls heftig an: »Sammy, ein geborener Possenreißer, ließ seine Shorts lediglich als witzige Geste fallen. … Aber Sammy bekam nicht nur eine Geldstrafe und Spielverbot bei Arsenal, sondern er wurde noch zusätzlich von den FA-Verantwortlichen bestraft. Was so ziemlich alles über sie sagt. Diese Leute stürzen sich mit aller Härte auf alberne, dumme und triviale Angelegenheiten, aber hinter Spielern, die sich durch ein Match nach dem anderen treten, sind sie selten derart her.«

Die »Mondsucht« beschränkt sich keineswegs auf die englischsprachige Welt. Als britische Photographen 1980 in Italien waren, um über die dort stattfindenden Europameisterschaften zu berichten, machte einer von ihnen Aufnahmen von einem Wagen voll italienischer Fans. Der Photograph war leicht beunruhigt, als der Wagen plötzlich wendete und in seine Richtung zurückfuhr; er fragte sich, ob sie Anstoß genommen hätten und herausspringen und ihn bedrohen würden. Doch statt dessen entdeckte er verblüfft eine Anzahl nackter Hinterteile, die aus den offenen Fenstern herausragten, und begeistert hielt er das Schauspiel für die Nachwelt fest.

Der berühmte Sammy-Nelson-Vorfall bei Arsenal, als der Spieler im Scherz seine Fans zurechtwies, indem er seine Hosen vor ihnen herunterzog. Sowohl die Arsenal- als auch die FA-Offiziellen machten sich lächerlich, als sie auf diese kleine Eskapade übertrieben reagierten. Nelson wurde für seine leichtfertige Indiskretion ernsthaft bestraft, trotz der Tatsache, daß es die Fans offensichtlich erheiternd fanden.

Die Stammessprache

42 Der Stammesjargon

SLOGANS UND TRANSPARENTE

Der Fußballstamm hat seine eigene Sprache, zusammengebraut aus traditionellen Redensarten, technischen Fachausdrücken, Slangwörtern, Gesängen und Slogans. Bei großzügiger Verwendung all dessen kann eine Unterhaltung auf »fußballerisch« zwar so klingen, als würde sie in der Muttersprache der Redenden geführt, sie bleibt aber für einen nicht Eingeweihten völlig unverständlich.

Die Entwicklung eines besonderen Jargons irritiert viele Menschen. Sie meinen, man sollte ihn durch eine schlichte, einfache Sprache ersetzen, die von jedem verstanden werden kann. Außerdem beschuldigen sie die Fußballfans, sie würden fast nur in Klischees reden und unverständlich sein. Sie übersehen dabei aber drei wichtige Punkte. Erstens, die am meisten diskutierten Aktionen lassen sich verbal nur sehr schwer erfassen. Die feinen Unterschiede in Körperbeherrschung und taktischem Können werden mit großer Aufmerksamkeit sowohl von den Zuschauern als auch von den Spielern vermerkt, aber sie entziehen sich der einfachen Beschreibung. Das trifft auf viele physische Darbietungen zu. Das Publikum bei einer Ballettvorführung beispielsweise mag eine bessere Ausbildung genossen haben als die Massen auf den Stadionrängen, aber für sie ist es gleichermaßen schwer, in Worte zu fassen, warum die Bewegungen des einen Tänzers eine Spur gekonnter sind als die eines anderen. Oberflächlich betrachtet mögen ihre Beschreibungen genauer klingen, weil sie komplizertere Worte verwenden, aber eine sorgfältige Analyse dessen, was sie sagen, zeigt bald, daß sie ebenso erfolglos wie der Fußballfan versuchen, die Kunststücke einer virtuosen Darbietung in Worten festzuhalten. Allgemein ausgedrückt, unser Wortschatz für die Beschreibung künstlerischer oder sportlicher Körperbewegungen ist jämmerlich unzulänglich. Als Folge davon wimmelt es von klischeehaften Ausdrücken.

Unten und rechts: Wo immer es ungeschützte Wände, Türen oder Zäune gibt, hinterläßt der Fußballfanatiker mit einiger Wahrscheinlichkeit sein Zeichen – entweder er preist die Tugenden seiner eigenen Mannschaft oder er geht seinen Feinden an den Kragen.

Zweitens, viele der Handlungen und Spielabläufe beschränken sich ausschließlich auf das Fußballfeld und sind in anderen Bereichen unseres gesellschaftlichen Lebens nicht zu finden. Für ihre sprachliche Fixierung gibt es keine einfachen Wörter. Technische Formulierungen müssen erfunden werden. Als Folge davon wimmelt es von Jargonwörtern.

Drittens existiert in Stammesgruppen, die sich zusammentun, immer der Wunsch, ihre Andersartigkeit gegenüber dem Rest der Menschheit auch verbal zu demonstrieren. Indem sie absichtlich Worte verwenden, die Außenstehende nicht verstehen können, ziehen sie eine Trennlinie und betonen ihre gesonderte Identität. Sie stellen ihre Expertenschaft durch die Kenntnis der »geheimen Sprache« des Stammes zur Schau. Als Folge davon wimmelt es von Slangausdrücken.

Durch die Wirkung dieser Einflüsse ist es nicht erstaunlich, daß ein Fußballstar, im Fernsehen nach einem Spiel gefragt, für die Ohren von Nicht-Stammesangehörigen sich merkwürdig anhört. Wahrscheinlich würde auch ein großer Dichter oder Schriftsteller, nach einem Fußballspiel befragt, in gleicher Weise verzweifelt nach Worten und Sätzen suchen. Man braucht nur dieses Zitat zu nehmen: »Man fragt sich, ob überhaupt noch ein Tor fallen wird. White verpaßte eine gute Einschußmöglichkeit in den Anfangsminuten; kurz vor Halbzeit wurde Jones ein scheinbar einwandfreies Tor wegen Abseits aberkannt; Allen und Jones schossen in der zweiten Halbzeit am leeren Tor vorbei. Erst im letzten Viertel des Spiels täuschte Mittelstürmer Smith einen Verteidiger von Leicester und schoß für den Torwart unhaltbar ein.« Nicht gerade mitreißende Prosa; ganz sicher fehlt es hier an sprachlicher Phantasie, keine Anzeichen für originelle Gedanken oder Ausdrücke sind vorhanden. Kurz, das liest sich wie jede andere Spielzusammenfassung von einem Journalisten, einem Trainer oder gar einem Spieler. Und doch entstammt dieses Zitat einem Artikel, den der große Philosoph A. J. Ayer, der zufällig auch ein begeisterter Fußballanhänger ist, für den »New Statesman« geschrieben hat. Angesichts der Aufgabe, über ein Spiel zu schreiben, war sein ansonsten brillant formulierender Geist schnell auf das Niveau irgendeines beliebigen Fußballfans reduziert. Das sollte man sich in Erinnerung rufen, wenn man bei einer scheinbar plumpen Antwort auf eine Interviewfrage innerlich stöhnt, während ein genialer Spieler kurz nach einer großartigen Darbietung auf dem Rasen nach Worten sucht.

Wir täten gut daran, die gemurmelten Geistlosigkeiten zu vergessen und uns nur an das Spiel zu erinnern, aber das Problem besteht darin, daß wir bei einem Interview das Gesicht eines Fußballspielers aus der Nähe sehen und er plötzlich zu einem Individuum wird – er kommt uns näher. Wir haben während des Spiels seine Gestalt weit entfernt auf dem Rasen beobachtet, nun aber beobachten wir seinen Gesichtsausdruck, während er redet, und wir widmen unsere Aufmerksamkeit ihm als Person und nicht als Mitglied einer Mannschaft. Folg-

lich messen wir seinen Worten zuviel Bedeutung bei, während wir ihm zuhören und er ungeschickt seine Gefühle und taktischen Manöver beschreibt. Es fällt schwer, nicht die Vorstellung zu gewinnen, er sei ein stumpfes, geistloses Wesen, obwohl wir Minuten zuvor noch die großartige Kunst seines Spiels bewundert haben, das phantasievoll und kreativ war. Die Antwort darauf wäre vielleicht, daß Spitzensportler Interviews verweigern sollten, mit der Begründung, daß man ja auch von Schriftstellern nicht erwartet, die Bedeutung ihrer Bücher etwa durch sportliche Betätigung auszudrücken. Goldenes Schweigen würde die Kritiker zwingen, die Spieler so zu akzeptieren, wie sie sind.

Diese Bemerkungen richten sich jedoch lediglich gegen Versuche, das Spiel selbst und seine Feinheiten zu beschreiben. In anderen Zusammenhängen zeigen die Angehörigen des Fußballstammes, einschließlich der Spieler und Manager, ein Talent für schnelle verbale Gegenstöße, die schon eher die blitzartigen Bewegungen auf dem Rasen widerspiegeln. Das wird im Bereich des Stammeshumors am deutlichsten. Das flotte Gekabbel der Mannschaften, die sich außerhalb des Stadions entspannen, zeigt eine Fülle von Tricks, Täuschungen und Fallen, mit denen sie auch während des Spiels ständig beschäftigt sind. Immer wieder versuchen sie, sich gegenseitig auf spielerisch beleidigende Weise hereinzulegen – einen Freund auf die gleiche Art verbal auszutricksen wie einen Gegner physisch auf dem Rasen.

Es ist unmöglich, so etwas festzuhalten. Es zu zitieren hieße, seine Qualität zu zerstören. Dafür ist es zu sehr von der augenblicklichen Situation abhängig. Am ehesten kann man noch den scharfen, beißenden Humor des Fußballstammes beschreiben, wenn man sich von den Spielern und den Anhängern weg einer besonderen Art des Witzes zuwendet – dem Slogan.

Bei einer wichtigen Begegnung – etwa einem Cupfinale, einem Länderspiel oder einem Lokalderby – werden die Besonderheiten und die Vorurteile des Stammes in der Kurzform des Slogans auf Plaketten, Plakaten, Fahnen und Transparenten festgehalten. Diese werden dann in Prozessionen der Anhänger hochgehalten, die auf das Stadion zuströmen, sie werden aus Autos geschwenkt, an die Kleidung angesteckt, auf die Mauern geschmiert und schließlich in einer Art Schauspiel auf den Rängen des Stadions während des Einspielens gezeigt.

Die Slogans teilen sich in zwei Hauptgruppen – die feindseligen, die den Gegner beschimpfen, und die anderen, die loyal und voll des Lobes für die Helden sind. Die einfachsten bestehen lediglich aus dem Namen des Clubs oder der Mannschaft, doch die Mehrheit versucht sich an einem Slogan mit einem Hauch von Stammeshumor. Bei Wandsprüchen wird manchmal eine schlichte Botschaft von anderer Hand hinzugefügt. An einer Mauer in London stand beispielsweise zu lesen: CHELSEA ARE MAGIC und darunter hatte jemand beschrieben WATCH THEM DISAPPEAR FROM THE FIRST DIVISION. Das ist typisch für die Retourkutschen der Spieler selbst und wiederholt sich ständig. Unter ein religiöses Plakat mit der Ankündigung JESUS RETTET hatte jemand die Worte ABER PEARSON SCHIESST DEN ABPRALLER EIN geschmiert.

Ist so ein Spruch erst einmal erfunden, dann taucht er mit kleinen Variationen häufiger auf. JESUS RETTET, ABER SMITH SCHIESST DEN ABPRALLER EIN steht vollständig ausgeschrieben auf einem Transparent und wird am Morgen des Spiels um den Platz herumgetragen. Einen erheiternden Aspekt dieser Ausbeutung des religiösen Bereichs konnte man Ende der 70er Jahre beobachten, als Gruppen junger Christen, die ihre eigenen Spruchbänder trugen, sich mit Fußballfans in Wembley vermischten. Sie rächten sich, indem sie den Fußball für religiöse Kernsätze wie JESUS HIELT DEN ELFMETER und CHRISTUS IST MEIN AUSWECHSELSPIELER benutzten.

Viele Fußballslogans folgen dem Prinzip, auf die Doppelbedeutung eines Wortes anzuspielen. Ein typisches Beispiel ist JOE JORDAN STRIKES FASTER THAN BRITISH LEYLAND (Joe Jordan streikt/schießt schneller als British Leyland). Manchmal bieten sich die Namen der Teams unmittelbar dafür. Als Wolverhampton Wanderers in einem Cupfinale auf Nottingham Forest traf, hatten die Sloganschreiber einen Glanztag mit Formulierungen wie: WÖLFE (WOLVES) WERDEN DEN WALD (FOREST) SCHNELLER VERNICHTEN ALS DIE SCHLIMMSTE BAUMKRANKHEIT oder WÖLFE SIND DIE HERREN DES WALDES.

Ohne den jeweiligen Anlaß haben diese Slogans keine große Wirkung, aber sieht man sie

Bei wichtigen Spielen tauchen selbstverfaßte Spruchbänder auf, die entweder über die Barrieren gehängt (oben) oder als ein Meer wehender Banner hochgehalten werden (links unten). Gelegentlich infiltrieren Außenseiter die Menge, um ihre eigenen konkurrierenden Slogans zur Schau zu stellen – manchmal politische (links oben), manchmal religiöse (unten).

anläßlich einer spannungsgeladenen Wettkampfbegegnung an sich vorüberziehen oder werden sie in großer Anzahl auf den Stadionrängen geschwenkt, dann fügen sie den Leidenschaften des Tages einen besonderen Akzent hinzu. Die Tatsache, daß die Transparente und Plakate ebenso wie viele der exotischen Kostüme von den Fans eigenhändig hergestellt werden und keine Massenproduktion sind, verdichtet die Atmosphäre quasi-religiösen Fiebers, die durch große Begegnungen beschworen wird.

Viele Stammessprüche erscheinen niemals auf Transparenten. Sie leben mehr im Untergrund als schlagfertige Antworten und machen die Runde von einem Club zum anderen. Schließlich werden sie Gemeingut des Fußballstammes. Ausgeheckt von sprachlich erfinderischen Menschen, geben sie zu allem und jedem den passenden Kommentar ab.

Trainer zu den besiegten Spielern: »Wenn die Sanften und Demütigen die Erde erben sollen, dann werdet ihr Grundstücksmillionäre.«

Trainer zu erschöpften Spielern: »Wenn ihr morgen tot umfallt, dann wißt ihr wenigstens, daß ihr bei guter Gesundheit gestorben seid.«

Geschlagener Trainer zur Presse: »Selbst Napoleon hatte sein Watergate.«

Anhänger zum teuren Transfer: »Schlagt ihn mit der Brieftasche.«

Spieler bei der Rückkehr von einer Auslandstour, kurz vor der Begegnung mit ihren Frauen nach langer Abwesenheit: »Okay, Jungs, schaut geil drein.«

Pessimistische Fans. Frage: »Schaust du dir diese Woche United an?« Antwort: »Warum sollte ich, die sind ja auch nicht zu mir gekommen, als es mir schlechtging.«

Die heftigste Kritik, über die die Stammessprache verfügt, gilt nicht den Spielern oder Fans, sondern den Kommentatoren und Reportern von Rundfunk und Fernsehen. Diese unglücklichen Männer, beladen mit der Bürde, vor und nach wichtigen Spielszenen ereignislose Minuten interessant auszufüllen, sehen sich der schwierigsten Aufgabe gegenüber. Wie alle anderen sähen auch sie am liebsten nur dem Spiel zu, aber durch irgendeine merkwürdige Vorschrift sind sie gezwungen, sich auf endlose Analysen einzulassen. Man bildet sich gern ein, daß solche Erörterungen den Ereignissen des Tages eine besondere Bedeutung verleihen, obwohl sie sie in Wirklichkeit doch nur entwerten. Aus den zuvor erwähnten Gründen

Fußballslogans kann man mittlerweile auf der ganzen Welt sehen, nicht nur in den traditionellen europäischen Hochburgen des Spiels (unten), sondern auch in neuen Territorien wie Florida (unten rechts).

302

kann nur wenig Wertvolles hinzugefügt werden, vor allem nicht für Leute, die an dem Spiel nicht selbst beteiligt sind, und der Effekt ständiger Spielanalyse besteht lediglich darin, diejenigen abzustoßen, die ansonsten vielleicht durch die Spannung des Spieles in die Stammessphäre miteinbezogen worden wären. Der Fernsehkritiker Clive James faßt die typischen Reaktionen auf diese Kommentare so zusammen: »Das Fernsehen hat sich am Fußball angesteckt wie einst Europa an der Beulenpest ... Wenn wir nur die Spiele selbst sähen, dann wär's ja gar nicht so schlimm, aber da muß man sich auch noch endlos langweiliges Geschwätz anhören. ›Sehr bissig ... sehr schnell ... wie Ian sagt ... kolossale Power ... kolossale Fähigkeit, den Mitspieler zu finden ... kolossale zweite Halbzeit ... ganz sicher ein eifriger Arbeiter ... läuft unermüdlich ... zeigt sein Können ... kolossal‹. Das meiste habe ich während der Fernsehübertragung des Spiels Italien gegen Spanien aufgeschnappt. Die Worte waren aus dem Gerät gequollen und hatten sich wie Schaum aufgetürmt.«

Die Botschaft ist deutlich genug: Die Stammessprache sollte dort angewandt werden, wo sie hingehört – innerhalb der Stammessphäre selbst. Dort kann sie die Funktion erfüllen, technische Informationen zwischen Experten auszutauschen, und als Vehikel für Stammeshumor, Hänseleien und Klatsch dienen. Auf die Ebene von landesweit gesendeten Kommentaren gehoben, läuft sie Gefahr, ebenso ermüdend zu werden wie die hohlen Phrasen politischer Sendungen. Wie jede Stammesgemeinschaft braucht auch der Fußballstamm seine eigene Sprache als Teil seiner Riten, Rituale und täglichen Ereignisse, um seinen Stammesereignissen den besonderen Beigeschmack zu geben. Dehnt man aber das über diese Grenzen hinaus aus, wirkt es schnell lächerlich.

Witze mit sexuellem Hintergrund spielen häufig beim Stammeshumor eine Rolle und erscheinen auf Bannern und Plakaten bei Pokalendspielen. Hier spielen zwei Kommentare gegnerischer Fans auf die Doppelbedeutung des Namens eines Starspielers an.

43 Die Stammesgesänge

LOBESHYMNEN UND HASSGESÄNGE

Eine der verblüffendsten Leistungen des modernen Fußballspiels vor allem in England ist das Massensingen der Stammesmitglieder, nachdem sie sich auf den Rängen versammelt haben. Einige Formen dieses Singens findet man bei Spielen auf der ganzen Welt, aber nirgendwo wird die Vielschichtigkeit und Intensität der Darbietung britischer Clubs erreicht, bei denen das rituelle Singen der dichtgedrängten Anhänger ein Niveau erreicht hat, das fast schon eine Kunstform darstellt.

Man muß jemandem, dem das Spiel völlig fremd ist, verzeihen, wenn er am Spieltag an einem überfüllten britischen Stadion vorbeigeht und glaubt, dort fände eine religiöse Versammlung statt oder zumindest ein internationaler Gesangswettbewerb. Er wird sich kaum vorstellen können, daß die harten Burschen mit den schweren Stiefeln, die sich kurz zuvor durch die Drehkreuze drängten, nun plötzlich in brave Chorknaben verwandelt haben. Doch seine Ohren würden ihn eines anderen belehren.

Bei Betreten des Stadions würde er an jedem Ende eine gewaltige Ansammlung singender Köpfe sehen, mit abgestimmten Aktionen, als würden sie von irgendeinem unsichtbaren Stammeschorleiter angeführt. Beim Zuhören würde Gesang auf Gesang erklingen, eine Reihe rhythmischer Wiederholungen sich abspulen und dann ersterben. Manchmal würde die Aussage eines bestimmten Liedes selbst für einen Außenstehenden ganz klar sein, manchmal jedoch nebelhaft und verwirrend. Noch verwirrender würde sein, wie das Singen nach Spielbeginn weitergeht, durchsetzt mit Jubel und Brüllen, Stöhnen und Buhen, je nachdem, ob das Spiel abflacht oder Höhepunkte aufweist. In gewissen Augenblicken scheint das Singen die Aufmerksamkeit der Menge mehr zu beanspruchen als das Spiel selbst. Als unvermeidliche Schlußfolgerung müßte man annehmen, daß hier zwei Wettbewerbe zur gleichen Zeit stattfinden – ein sportlicher zwischen zwei Mannschaften von Spielern und ein künstlerischer zwischen zwei Chören.

Wie ist diese britische Gesangsschlacht entstanden? Es scheint mehrere Quellen zu geben. In Viktorianischer Zeit gab es die Tradition des gemeinschaftlichen Singens von Hymnen vor sportlichen Ereignissen. Es war eine recht formelle Angelegenheit, ab und zu von Musik begleitet; für gewöhnlich stand auf einem kleinen Podest ein Dirigent. Reste davon haben bis heute überlebt, etwa das Singen von *»Abide with me«* in Wembley vor einem englischen Cup-Finale, aber als organisiertes Ereignis ist diese viktorianische Einrichtung größtenteils verschwunden. Als Stammeserinnerung war dieser Einfluß jedoch unzweifelhaft vorhanden, als die Fans auf den Stadionrängen gegen Mitte des zwanzigsten Jahrhunderts die Sache selbst in die Hand nahmen.

Mit dem Anschwellen des Luftreiseverkehrs nach dem Krieg und der wachsenden Zahl internationaler Begegnungen erlebten die 50er und 60er Jahre eine Vermischung sehr verschiedenen Fanverhaltens. Dies war die zweite Hauptquelle. Fans der Mittelmeerländer und aus Südamerika trommelten und klatschten ihre Helden bereits in einen Taumel der Begeisterung, und diese Töne drangen bis in britische Ohren. Die Expertenmeinungen gehen auseinander, auf welchem Weg dies geschah. Nach Stanley Reynolds kamen »Gesänge und fahnenschwenkende Fans zuerst aus Italien«. Brian Granville, ein weiterer Fußballexperte, ist anderer Ansicht. Vor der Weltmeisterschaft 1966 in England, behauptet er, waren die englischen Zuschauer in Wembley »berüchtigt wegen ihrer kühlen, beherrschten Gleichgültigkeit. Aber die Weltmeisterschaft hatte sie elektrisiert, und so widmeten sie sich den von Händeklatschen untermalten Gesängen, die anläßlich der Weltmeisterschaft 1962 von Brasilien über Chile nach Britannien gekommen und zuerst von den Spion Kop Rängen im Liverpooler Stadion übernommen worden waren.«

Diese Erwähnung von Liverpool weist auf die dritte Quelle hin. Während der 60er Jahre, als die Gesangsrituale erstmals epische Dimensionen annahmen, explodierte die Welt der Popmusik in den Kellern und Clubs von Liverpool. Die Epoche der Beatles war gekommen und Merseyside erwachte und sah sich plötzlich als Zentrum der Popkultur. Die jungen Fans der Liverpooler Fußballränge nahmen stolz ihre neuen Songs mit zu den Spielen und sangen sie

Gemeinsames Singen mit einem offiziellen Leiter (oben) war in den Anfangszeiten ein übliches Ritual vor großen Wettkämpfen. Obwohl diese Sitte inzwischen praktisch ausgestorben ist, blieb ihr Einfluß in den formlosen, spontanen Gesängen der Fans auf den Rängen erhalten (unten).

vor dem Match, als wollten sie zum Ausdruck bringen: »WIR sind der Brennpunkt der Musik von heute.«

Mit dieser musikalischen Entwicklung waren die Voraussetzungen gegeben für ein Verschmelzen der verschiedenen Einflüsse: des viktorianischen Hymnensingens, der italienischen Gesänge, des südamerikanischen Klatschens und Schreiens und schließlich der Beatlemania. All das kam zusammen auf den Rängen von Liverpools berühmten Spion Kop, und ein neues Stammesritual wurde dort geboren, eines, das sich wie ein Buschfeuer von Fußballclub zu Fußballclub über das ganze Land ausbreiten sollte.

Bevor man dieser Entwicklung nachspürt, ist ein Wort über den Kop notwendig. Diese Stehtribüne an einem Ende des Liverpooler Stadions, ursprünglich ein riesiger offener Hang, ist berühmt, ja berüchtigt, bei den Fußballstämmen der ganzen Welt. Sie hat die Aura eines Muttertempels, eines heiligen Mekkas, eines geweihten Ortes angenommen, den nur die wahrhaft Eingeweihten betreten dürfen. Dort beispielsweise mit einem blauen Halstuch aufzutauchen, wäre der Akt eines Verrückten oder potentieller Selbstmord.

Der Kop erhielt seinen Namen auf ungewöhnliche Weise. In der Nacht zum 22. Januar 1900 kämpften britische Truppen im Burenkrieg in Südafrika in einer blutigen Schlacht, die vielen das Leben kostete. Bei dem Versuch, ihre Kameraden bei Ladysmith zu entsetzen, sahen sie sich einem gefährlichen Hindernis gegenüber – einem befestigten Hügel namens Spion Kop. Die Schlacht um den Hügel dauerte die ganze Nacht, und bei Morgengrauen, als er eingenommen worden war, tränkte das Blut von zweitausend Männern den Boden. Es war jedoch nur ein kurzlebiger Sieg, der britische Kommandant sah sich zum Rückzug gezwungen, um weiteres Blutvergießen zu vermeiden, und der Spion Kop wurde am nächsten Tag wieder von den Buren besetzt. Nichts war gewonnen worden, aber man hatte großen Mut gezeigt, und es war die Erinnerung an diese Tapferkeit, die die Überlebenden mit nach Hause nach England nahmen. Einige der Helden stammten aus Liverpool, und bei der Rückkehr in ihre Heimatstadt brachten sie die ergreifende Geschichte von der blutgetränkten Schlacht um den Spion Kop mit. Es dauerte nicht lange, und sie fanden sich auf einem ähnlichen Hügel wieder, der großen Böschung am Ende von Liverpools Anfield-Stadion – und schauten ihrer Mannschaft zu, wie sie auf ihre Art da unten kämpfte, und daher gaben sie der Böschung den Namen des Schlachtfeldes in Südafrika. Jahre später wurde in der 1928/29er Saison eine überdachte Stehtribüne über dem Anfield Kop gebaut, und so ist es bis zum heutigen Tag geblieben.

Anfang der 60er Jahre sangen die stolzen Kopites nicht nur die neuesten Liverpool-Songs, sie paßten sie auch der momentanen Stimmung an. Sie erfanden zu den Melodien neue Texte, die sich auf die lokalen Spieler, ihre Rivalen und die besonderen Vorfälle beim Spiel bezogen. Als Gästefans am anderen Ende des Stadions das hörten, imitierten sie schon bald diese Gesänge, änderten nur die Worte, um sie ihren eigenen Stadien und Spielern anzupassen. Auf diese Weise breitete sich die Gewohnheit, Gesänge zu erfinden oder den eigenen Bedürfnissen anzupassen, wie eine Lawine von Club zu Club über das ganze Land aus. Viele der singenden Fans hatten mittlerweile keine Ahnung mehr, wie oder wo ihr Lieblingslied seinen Anfang genommen hatte. Aber das spielte auch keine Rolle. Ein Hauptritual war geboren worden, und es breitete sich schnell aus und umfaßte nicht nur die Zeit des Aufwärmens vor dem Spiel, sondern die ganzen neunzig Minuten.

Vielleicht der berühmteste aller britischen Gesänge ist YOU'LL NEVER WALK ALONE, für gewöhnlich in Augenblicken des Triumphes angestimmt, wobei die Sänger ihre farbigen Halstücher straff über ihren Kopf halten, um einen grandiosen Teppich aus Stammesfarben auszubreiten. Wie so viele der Ritual-Songs wurde auch dieser zuerst auf dem Kop Anfang der 60er Jahre gehört, und er verdankt seinen Ursprung der Tatsache, daß ein lokaler Popstar, Gerry Marsden, eine Platte in den *Top Ten* des Tages hatte. Seine Gruppe, *Gerry and the Pacemakers,* ist seitdem aus den Hitparaden verschwunden und längst vergessen, bleibt aber durch die Übernahme dieses Liedes durch den Fußballstamm unsterblich.

Eine alte Jazzmelodie, WHEN THE SAINTS GO MARCHING IN, wurde auf dem Kop eingeführt, um einen der Starspieler, Ian St. John, zu ehren. Mit kleineren Variationen ist sie inzwischen im ganzen Land zu hören, aber wiederum ist ihre Herkunft fast allen, die sie singen, unbekannt.

Es wäre falsch anzunehmen, daß andere Clubs nicht an der Einführung neuer Lieder beteiligt waren. Tottenham hatte sein GLORY GLORY HALLELUJAH, THE SPURS GO MARCHING ON und

West Ham freute sich über sein WE'RE FOREVER BLOWING BUBBLES, um nur zwei zu erwähnen. Und je mehr sich die Gewohnheit des Singens ausbreitete, desto unmöglicher wurde es festzuhalten, welches Lied wo seinen Anfang nahm. Nach und nach bildeten sie alle zusammen eine unentwirrbare Mischung – ein allgemeines Stammeseigentum, das von den Anhängern eines jeden Clubs beliebig benutzt werden konnte.

Das ist die heutige Situation, und das Gesamtrepertoire zeigt mittlerweile eine derart verwirrende Vielfalt, daß eigentlich ein Musikethnologe gebraucht wird, um alles zu enträtseln. Als einen Schritt in diese Richtung habe ich zahlreiche Aufnahmen bei Spielen in England während der Saison 1978/9 machen lassen. Eine genaue Analyse dieser Aufnahmen hat einige interessante Tatsachen zutage gefördert:

1. Eine Studie über vier Erstligaclubs zeigte eine bemerkenswerte Beständigkeit der Gesangsrate. Die Gesamtzahl der Gesänge pro Spiel variierte lediglich zwischen 138 und 160 bei einem Durchschnitt von 147.
2. Die Größe des Repertoires dieser vier Clubs (die Anzahl der verschiedenen Gesänge pro Match) liegt zwischen 44 und 68, der Durchschnitt bei 57.
3. Es gab beträchtliche Überschneidungen bei den Gesängen, die von Club zu Club benutzt wurden.
4. In der ersten Halbzeit gab es mehr Gesänge als in der zweiten (drei Fünftel zu zwei Fünftel).
5. Als von einem Drittligaclub eine genauere Studie gemacht wurde (Oxford United), einschließlich einer Analyse von 15 Heimspielen während einer Saison, ergab sich, daß zwischen diesem und den Erstligaclubs kaum Unterschiede bestanden, wenn man von der geringeren Größe des »Chores« absah. Die Gesamtzahl der Oxford-Gesänge pro Spiel lag zwischen 106 und 189, was einem Durchschnitt von 145 pro Match entspricht und ziemlich genau an die 147 der vier Erstligaspiele herankommt.
6. Das Repertoire der 15 Oxford-Spiele umfaßte zwischen 49 und 86 Gesänge pro Match, durchschnittlich also 67, und ist damit etwas höher als bei den Erstligaclubs.
7. Wie vorher auch, gab es vor dem Halbzeitpfiff mehr Gesänge als danach (wieder drei Fünftel zu zwei Fünftel).

Diese ziemlich überraschenden Resultate zeigen, daß es eine typische Anzahl Gesänge bei englischen Fußballspielen gibt, fast so, als könnten die Sänger gerade soviel und nicht mehr leisten, egal, was auf dem Platz geschieht oder wie wichtig das Spiel ist. Es scheint so, als würden die Zuschauer ein Spiel besuchen, um einem »Gesangsengagement« nachzukommen, dort ihr Programm vorführen und dann wieder gehen. Das deutet darauf hin, daß viele Gesänge vom augenblicklichen Geschehen auf dem Rasen unabhängig sind und vielmehr durch irgendeine Art »innerer Darbietungsenergie« ausgelöst werden.

Um diese Meinung zu überprüfen, wurden vier Oxford-Spiele untersucht, um festzustellen, wie viele individuelle Gesänge »ereignisabhängig« waren und wie viele nicht. Zum Beispiel wird HEREIN MIT DEN CHAMPIONS kurz vor dem Auftauchen der Heimmannschaft aus dem Tunnel gesungen oder DER SCHIEDSRICHTER IST EIN BASTARD unmittelbar nachdem er dem Gegner einen Elfmeter zugesprochen hat. In solchen Fällen spricht man von »ereignisabhängig«. Wenn Lieder plötzlich aus eigenem Antrieb erklingen, während auf dem Rasen nichts Besonderes geschieht, dann spricht man von »unabhängigen« Gesängen:

Durchschnittliche Anzahl der Gesänge pro Spiel: *ereignisabhängig:* 57
unabhängig: 98

Dies bedeutet, daß ungefähr 60 Prozent aller Gesänge in keiner Beziehung zum Spiel stehen. Sie sind Teil der eigenen Welt der Stehplatzkultur der Ränge. Um sie auszulösen, braucht das Spiel lediglich *abzulaufen.*

Ein Liedtyp, der die Notwendigkeit für ein gewisses Maß an »Sangesausstoß« illustriert, ist der Chor der Langeweile. Fehlt es einem Spiel an Spannung und verliert die Menge ihre Stimmung, dann wird es auf den Rängen für eine Weile ruhig. Nach und nach jedoch verstärkt sich bei den Sängern das Bedürfnis, sich auszudrücken, selbst wenn der Ablauf des

Einige Clubs haben ihre eigenen »Erkennungsmelodien«. Bei West Ham, wo der Titel des Liedes »I'm forever blowing bubbles« heißt, werden die Worte manchmal durch richtige Blasen zum Leben erweckt.

Spieles nicht gerade dazu ermutigt. Sie singen dann absichtlich nicht zur Sache gehörige Songs, die ihre Stimmung wiedergeben. Selbst von den Kopites weiß man, daß sie ihr geliebtes Liverpool-Team auf diese Art angegriffen haben. Ein Anfield-Spielbericht kommentiert: »Liverpools Darbietung ... führte zur äußersten Beleidigung durch den Kop, weckte einen dröhnenden Chor von ›Ganz unsere Meinung, *Tiswas* ist besser als *Swap Shop*‹.« *Tiswas* und *Swap Shop* sind zwei rivalisierende Kinderfernsehprogramme, die absolut nichts mit Fußball zu tun haben. Ganz eindeutig hat der Drang zu singen seine eigene Triebkraft und nichts, nicht einmal ein schwaches Spiel, kann sie stoppen, da Singen zu einem Stammesritual mit eigenen Rechten geworden ist.

Ein weiterer bemerkenswerter Aspekt der Unabhängigkeit des Gesangsrituals ist der Tonfall, der oft in keiner Beziehung zum Inhalt steht. Die Fans singen wilde Drohungen oder böse Beleidigungen in einem Ton, der fröhlich, freundlich, sogar sentimental ist, je nachdem, welche Melodie zugrunde liegt. Es gibt kaum Versuche, loyale Gesänge aufwühlend oder feindliche Gesänge bösartig und wütend zu gestalten. Dieser Kontrast zwischen Stil und Inhalt – wobei manchmal liebliche Balladen benutzt werden, um dem Feind Tod und Verstümmelung zu wünschen – verdeutlicht die Formalisierung der ganzen Darbietung und verstärkt die rituelle Atmosphäre.

Um die Bedeutung der Gesänge näher in Augenschein zu nehmen, wurden die 15 Oxford-United-Heimspiele Lied um Lied untersucht. Insgesamt lagen 2179 verschiedene Gesänge vor, die sich aus 251 Liedern zusammensetzten. In Wortwahl und Melodie ähnliche Gesänge werden auch von den deutschen Fans bei ihren Stammesversammlungen verwendet. Nur ist die »Gesangskultur« hier bei weitem nicht so entwickelt wie in England, und es liegt zudem keine brauchbare Zusammenstellung vor. Daher sei hier die Oxforder Untersuchung ausführlich besprochen, wobei zukünftige Untersuchungen in anderen Ländern vielleicht zu ähnlichen Ergebnissen kommen. Die Oxforder Gesänge ließen sich verschiedenen Kategorien zuordnen:

Vertrauen und Optimismus

In dieser Kategorie gab es 15 verschiedene Gesänge. Zehn waren kühne Versicherungen zukünftigen Erfolges:

1 Wir werden siegen, wir werden siegen, wir werden siegen ... (Wiederholung).
2 Wir steigen auf, tra la la la la.
3 Wir steigen auf, wir steigen auf, ee aye adio, wir steigen auf ... (Wiederholung).
4 Es geht aufwärts, la la la, es geht aufwärts, la la la.
5 Wir sind wieder die Besten der Dritten Liga (gefolgt von Klatschen).
6 Wir gewinnen den Cup, wir gewinnen den Cup, und jetzt werdet ihr's uns wohl glauben, und jetzt werdet ihr's uns wohl glauben, und jetzt werdet ihr's uns wohl glauben, wir gewinnen den Cup.
7 Was immer auch kommen mag, wir gehen nach Wem-ber-lee ... (Wiederholung).
8 Wem-ber-lee, Wem-ber-lee, wir sind in voller Kluft und bereit für Wem-ber-lee.
9 Wir werden nicht weichen, wir werden nicht, wir werden nicht weichen, wir werden nicht, wir werden nicht weichen, wir gewinnen den FA-Cup, wir werden nicht weichen.
10 Wir werden nicht weichen, wir werden nicht, wir werden nicht weichen, wir werden nicht, wir werden nicht weichen, geradeso wie ein Team, das den FA-Cup gewinnen wird, wir werden nicht weichen.

Der feine Unterschied zwischen den Gesängen neun und zehn ist erheiternd. Als Nummer zehn gesungen wurde, war Oxford bereits im FA-Pokalwettbewerb ausgeschieden, aber die Fans weigerten sich, wegen dieses Rückschlags den »Wir werden nicht weichen«-Song aus ihrem Repertoire zu streichen. Sie setzten einfach die Worte »geradeso wie ein Team, das« statt »wir gewinnen« ein.

Andere Gesänge dieser Kategorie enthielten Anspielungen auf die Unüberwindlichkeit der Mannschaft wie beispielsweise BRING ON THE CHAMPIONS oder die ganz direkten Songs von Freude und Triumph wie OH COME ALL YE FAITHFULL, JOYFULL AND TRIUMPHANT oder WHEN YOU'RE SMILING oder ALL THINGS BRIGHT AND BEAUTIFUL.

Singen ist ein überwiegend britisches Fußballritual, aber es hat bereits auf andere Länder übergegriffen, wie hier bei diesen nordamerikanischen Fans der Vancouver Whitecaps.

Ermutigung

In dieser Kategorie gab es elf Gesänge, die mehr Anstrengungen von der eigenen Mannschaft forderten. Die beliebtesten waren:

1 Oxford vor, Oxford vor ... (Wiederholung).
2 Geht ran, ihr Feiglinge, geht ran, ihr Feiglinge ... (Wiederholung).
3 Us vor, Us vor ... (Wiederholung).
4 Auf sie, auf sie ... (Wiederholung).
5 ALL WE ARE SAYING IS GIVE US A GOAL (»Wir sagen nur, schenkt uns ein Tor«) ... (Wiederholung).
  Nach der Melodie des John-Lennon-Songs GIVE PEACE A CHANCE.
6 Schieß, schieß, schieß, schieß ... (Wiederholung).
7 Einsatz, Einsatz, Einsatz, Einsatz ... (Wiederholung).
8 Angriff, Angriff, Angriff, Angriff ... (Wiederholung).

Lobpreisung

In dieser Kategorie gab es 18 Gesänge, in denen entweder die gesamte Mannschaft mit Liedern wie »Wir sind alle einer Meinung, Oxford United besitzt Zauberkräfte« oder einzelne Spieler gelobt werden, für gewöhnlich unmittelbar nach Abschluß einer erfolgreichen Aktion auf dem Rasen. Zwölf verschiedene Rhythmen wurden in diesen Fällen benutzt. Einige Rhythmen dienten nur einem bestimmten Namen; andere wurden für eine Vielzahl von Namen benutzt, aber hier soll nur von jedem ein Beispiel angeführt werden:

1 Hughie, Hughie, ich würde eine Million Meilen für eins deiner Tore gehen,
  Oh Hughie, la la la, Hughie, la la la, Hughie,
  Ich würde eine Million Meilen für eins deiner Tore gehen, oh Hughie.
2 Guter David, guter Sohn, guter David, trinken wir noch einen zum Lohn.
3 Peter Foley geht übers Wasser, tra la la la la, la la, la la.
4 Graydon, Graydon, Graydon, Graydon;
  er ist der König von Oxford Town.
5 Duncan ist wieder da, Duncan ist wieder da, oh-oh, oh-oh.
6 Einzigartiger Jason Seacole, es gibt nur einen Jason Seacole ... (Wiederholung).
7 Burton für England, Burton für England ... (Wiederholung).
8 Wir wollen Curran, wir wollen Curran ... (Wiederholung).
  (Ruf zum Einsatz des Auswechselspielers.)
9 Gordon-Gordon Hodgson, Gordon-Gordon Hodgson ... (Wiederholung).
10 Oh Archie-Archie, Archie-Archie-Archie-Archie-Archie White.
11 Les Tay-lor, Les Tay-lor ... (Wiederholung).
  (Langgezogene Worte.)
12 Supermac, Supermac ... (Wiederholung).

Die meisten dieser Rhythmen werden von allen Clubs benützt, angepaßt an die Namen ihrer eigenen Spieler. Bei dem hier aufgeführten Repertoire läßt sich fast jeder Name in den einen oder anderen Gesangsrhythmus einpassen.

Loyalität und Stolz

In dieser Kategorie gab es 29 Gesänge, die den Stolz, Anhänger von Oxford United zu sein, und die Loyalität zu diesem Club zum Ausdruck brachten. Die meisten erwähnten den Namen des Clubs, aber einige wenige wie YOU'LL NEVER WALK ALONE oder LOY-AL SUPPORTERS, LOY-AL SUPPORTERS (»treue Anhänger«) oder WE'LL BE HERE\ WE'LL BE HERE\ WE'LL BE HERE ON SATURDAY (»Wir werden, wir werden, wir werden Samstag hier sein«) waren weniger spezifisch in ihrer Wortwahl. Unter denen, die den Clubnamen verwendeten, waren die bekanntesten:

1 Du bist mein Oxford, mein einziges Oxford, du machst mich glücklich, wenn der Himmel grau ist, wenn du nur wüßtest, wie sehr ich dich liebe ...
2 Und es ist Oxford United, Oxford United FC, wir sind mit Abstand das größte Team, das die Welt je gesehen hat,
  und es ist Oxford United, Oxford United FC, wir sind das größte Team.

Für bestimmte Spieler gibt es bestimmte Gesänge. Während der Aufwärmperiode zielt das darauf ab, von einem bestimmten Favoriten ein bestätigendes Winken zu bekommen.

3 Oh, wir sind die Oxford Boys, oh, wir sind die Oxford Boys, wir folgen United, oh, wir sind die Oxford Boys.

4 Ja, wir sind die U's. Oh-oh, ja, wir sind die U's. Oh-oh, ja, wir sind die U's, O…x…f…o…r…d, Oxford, Oxford, Oxford.

5 Sie schiebt ihren Schubkarren durch die Straßen breit und eng, singt … Oxford, Oxford, Oxford.

6 Wir hassen Nottingham Forest, wir hassen auch Swindon, wir hassen Nottingham Forest, aber Oxford lieben wir.

7 Wir sind die verrückte Oxford Army, tra-la-la-la-la … (Wiederholung).

8 Wir sind das berühmte, das berühmte Ox-ford.

9 Gutes altes Oxford, gutes altes Oxford, wir werden dich immer unterstützen.

10 Oh-oh, Oxford Boys, wir sind hier, oh-oh, Oxford Boys, wir sind hier, oh-oh, United Boys, wir sind hier …

11 Oxford *ist* wieder da, oh-oh, oh-oh, Oxford *ist* wieder da, oh-oh …

12 Jingle Bells, Jingle Bells, klingeln munter vor sich hin, o welche Freude, Oxford siegen zu sehen.

13 Ox-ford, Ox-ford, Ox-ford … (Wiederholung).

14 O-o…x-x…f-f…o-o…r-r…d-d Oxford!
(Der Gesangsleiter singt jeden Buchstaben und der Chor wiederholt ihn.)

15 O…x…f…o…r…d… was hast du bekommen? Oxford! Oxford!

16 Oxford! (clap/clap/clap-clap-clap/clap-clap-clap-clap/clap/clap … (Wiederholung).

17 United! (clap-clap-clap) United (clap-clap-clap) … (Wiederholung).

18 OH WHEN THE US… (Antwort) OH WHEN THE US, GO MARCHING IN … (Antwort) GO MARCHING IN, OH WHEN THE US GO MARCHING IN,
I WANT TO BE IN THAT NUMBER, WHEN THE US GO MARCHING IN.

19 Den Manor nehmt ihr niemals ein … (Wiederholung)
(Bezieht sich auf den Namen des Heimstadions.)

20 Wir sind die London Road, oh, wir sind die London Road … (Wiederholung).
(Bezieht sich auf die Stadionecke der Heimfans.)

Synchronklatschen, mit über dem Kopf erhobenen Händen, begleitet oft die Gesänge der Fans und fügt einen speziellen Rhythmus hinzu.

Zusätzlich gibt es noch Loyalitätsgesänge, die sich auf die Reisen zu Auswärtsspielen beziehen. Nur ein Teil der Fans ist seinem Verein derart ergeben, um sich in dieses teure und manchmal riskante Abenteuer zu stürzen, und sie achten peinlich genau darauf, von Zeit zu Zeit zu singen:

Fahrt ihr alle nach (Blackpool), dann klatscht in die Hände,

Fahrt ihr alle nach (Blackpool), dann klatscht in die Hände,

Fahrt ihr alle nach (Blackpool), nach (Blackpool),

nach (Blackpool), dann klatscht in die Hände …

Darauf folgt dann ein schnelles Händeklatschen, um zu zeigen, daß sie alle entschlossen sind, dem Team zu folgen, wohin immer es auch gehen mag. Manchmal gibt es eine Variante dazu:
»Seid ihr alle nach (Blackpool) gefahren, klatscht in die Hände …« Oder alternativ dazu »Wo warst du, wo warst du, wo warst du in (Blackpool), wo warst du in (Blackpool).« Der Name des Auswärtsclubs wird jede Woche ausgetauscht; diese Loyalitätsgesänge kommen sehr häufig vor.

Kritik am Heimclub

In starkem Gegensatz zu den Loyalitätsgesängen stehen die kritischen und sarkastischen Lieder. Sie sind fast immer für den Gegner reserviert, aber wenn die Heimmannschaft besonders schlecht spielt oder eine Niederlagenserie aufzuweisen hat, dann richtet sich die Feindseligkeit der eigenen Zuschauer auch auf sie. In dieser Kategorie gibt es 23 Gesänge. Einige davon sind direkte Beleidigungen bestimmter Spieler, andere sind allgemeiner gehalten.
Ein paar beliebte Beispiele:

1 Was für eine Ladung Dreck, was für eine Ladung Dreck … (Wiederholung).
2 Wir wollen einen Trainer, wir wollen einen Trainer … (Wiederholung).

3 Laßt die erste Mannschaft ran, laßt die erste Mannschaft ran.
   (Womit angedeutet werden soll, daß der Trainer versehentlich die Reserve aufgestellt hat.)
4 Fährst du *nicht* nach (Blackpool), dann klatsch in die Hände.
   (Eine sarkastische Version des Loyalitätsgesanges.)
5 Es ist auf der ganzen Welt das gleiche, die Ärmsten trifft's am schlimmsten.
6 Wir sind alle einer Meinung, Oxford City ist besser.
   (Bezieht sich auf einen kleinen lokalen Nichtliga-Club.)
7 Wird Zeit heimzugehen, wird Zeit heimzugehen … (Wiederholung).
   (Kurz vor dem Halbzeitpfiff gesungen.)
8 Wir langweilen uns, wir langweilen uns.
9 HUGHIE FOR MANAGER, HUGHIE FOR MANAGER
   (Anspielung, daß einer der Spieler einen besseren Trainer abgeben würde.)
10 Liverpool, Liverpool.
   (Soll andeuten, daß ihre Loyalität im Schwinden begriffen ist.)
11 Wir haben das Bootsrennen gewonnen, wir haben das Bootsrennen gewonnen.
   (Eine unsinnige Bemerkung, um die Langeweile des Spiels zu unterstreichen.)
12 Am Montag marsch zurück in die Schule, am Montag marsch zurück in die Schule.

Kommentare zum Schiedsrichter

Überraschenderweise gibt es in dieser Kategorie nur acht Gesänge. Der Grund scheint zu sein, daß es einen dominierenden Song gibt, der fast automatisch bei jeder vermeintlich falschen Entscheidung des Schiedsrichters zum besten gegeben wird:

»Der Schiedsrichter ist ein Bastard, und das sagen wir alle, und das sagen wir alle, der Schiedsrichter ist ein Bastard, der Schiedsrichter ist ein Bastard, der Schiedsrichter ist ein Bastard, und das sagen wir alle, und das sagen wir alle …«

Es scheint nur drei Arten zu geben, dem unglücklichen Unparteiischen Schmähungen entgegenzuschleudern, abgesehen von allgemeinem Schreien und Buhen.
Es sind folgende:

»Ee aye adio, wir wollen einen Schiri, wir wollen einen Schiri, wir wollen einen Schiri, ee aye adio, wir wollen einen Schiri.«

Und den bösartigeren: »Schiedsrichter, Schiedsrichter, deine alte Lady ist eine Hure, deine alte Lady ist eine Hure.« Und dann noch einen merkwürdigen Ruf, bei dem ein langgezogenes »Oooooooooh!« praktisch mit dem Ausspucken von »Bastard! Bastard!« endet.
Davon abgesehen gibt es verschiedene Forderungen wie »Vom Platz mit ihm, vom Platz mit ihm, vom Platz mit ihm« oder das einfachere »Vom Platz – Vom Platz – Vom Platz«, wenn ein gegnerischer Spieler ein Foul begangen hat. Außerdem, »Worauf warten wir«, wenn die Verletzung eines Gegners das Spiel aufhält und »Hand!«, wenn die Fans glauben, daß der Schiedsrichter nicht bemerkt hat, daß ein gegnerischer Spieler den Ball absichtlich mit der Hand berührt hat.

Kommentare zur Polizei

Es gibt 15 Gesänge in dieser Kategorie, von denen einige nur schlichten Haß, andere witzige Beleidigungen zum Ausdruck bringen. Ein paar Beispiele:

1 Wenn ihr alle Coppers haßt, klatscht in die Hände,
   Wenn ihr alle Coppers haßt, klatscht in die Hände,
   Wenn ihr alle Coppers haßt, alle Coppers haßt,
   Alle Coppers haßt, klatscht in die Hände (gefolgt von heftigem Klatschen).
2 Wir alle hassen Bullen und Bullen und Bullen und Bullen
   und Bullen, Bullen … Wir alle hassen Bullen und Bullen und Bullen.
3 Wir rufen die Coppers, um uns ein Lied zu singen,
   Also singt, ihr Bastards, singt.
4 Ruft die Coppers, ruft die Coppers.
5 OLD MACDONALD HAD A FARM, E-I, E-I, O,
   AND ON THAT FARM HE HAD SOME PIGS, E-I, E-I, O,

Das Klatschen über dem Kopf, hier von westdeutschen Fans vorgeführt (rechts), ist mittlerweile als Gesangsbegleitung weit verbreitet.

Einige der populärsten Lieder schließen das freudige Absingen von Obszönitäten ein. Dies beleidigt die empfindlichen Ohren der puritanischen Stammesältesten, und es wurden eine Anzahl von erfolglosen Versuchen unternommen, die Tabuwörter zu eliminieren. Dieser Aufruf (unten) von Teammanager Brian Clough ist eine Bitte um »sauberere Gesänge«, aber wie dieses zerfetzte Plakat (rechts) auf einem aufgegebenen Fußballplatz bezeugt, ist das Problem keineswegs neu.

WITH A NICK-NICK HERE AND A NICK-NICK THERE,
HERE A NICK, THERE A NICK, EVERYWHERE A NICK-NICK,
OLD MACDONALD HAD A FARM, E-I, E-I, O

6 Doodah, doodah, wer ist der Copper mit dem Hut auf dem Kopf, doodah, doodah day.

7 Kannst du die Coppers singen hören, no-oh, no-oh ….

8 La la la, nick nick nick nick, la la la, nick nick nick, la la la.

Beleidigungen des Gegners

Dies ist mit Abstand die verbreitetste Form der Gesänge und umfaßt nicht weniger als 60 verschiedene Beispiele. Viele sind extrem obszön und werden mit großer Begeisterung im ganzen Stadion gesungen, sehr zum Abscheu der etwas vornehmeren Zuschauer auf den teuren Sitzen. Viele sind außerdem verleumderisch und würden eine Klage rechtfertigen, wenn man sie hier niederschriebe. Für die fröhlichen Sängerbanden ist nichts zu bösartig, angefangen von Anspielungen auf sexuelle Unzulänglichkeit oder Abnormalität bis zu Andeutungen von Wahnsinn und fortgeschrittenem Alkoholismus. Falls von irgendeinem gegnerischen Spieler, Trainer oder sogar Präsidenten ein persönliches Problem oder eine menschliche Schwäche bekannt ist, wird sie sofort in mehreren Songs brutal ausgebeutet. Existieren solche Schwächen nicht, dann werden sie frohgemut erfunden.

Das Ziel dieser Gesänge ist es, den Gegner derart zu entnerven, daß er seine Konzentration verliert. Obwohl diese Beleidigungen sehr persönlich sind und beispielsweise andeuten, daß ein Spieler senil ist, ein anderer homosexuell oder Transvestit und wieder einem anderen Hörner aufgesetzt werden, richten sie sich paradoxerweise nicht direkt gegen den Spieler als Individuum. Er wird als Mitglied einer Mannschaft angegriffen. Würde er die gegnerische Mannschaft verlassen und vom Heimteam eingekauft werden, würde er auf der Stelle zum Held der Lobgesänge werden und seine wirklichen oder eingebildeten Schwächen wären vergessen.

Dieses Paradox wurde erst kürzlich unterstrichen, als ein englischer Spieler in einen Sexskandal verwickelt war. Als er kurz danach für seinen Club in einem Ligamatch spielte, wurde er in einem Song nach dem anderen der Lächerlichkeit preisgegeben, aber sobald das Spiel vorbei war und er den Rasen verließ, wechselten die gegnerischen Sänger sofort zu Lobesliedern für ihn über. Jetzt lag in dem Versuch, ihn zu entnerven, kein Sinn mehr, da der Schlußpfiff ertönt war und er für die eigene Mannschaft keine Bedrohung mehr darstellte. Von einem Augenblick zum anderen wurde er wieder zum »englischen Helden« und mit dementsprechenden sängerischen Darbietungen bedacht. Nichtsdestoweniger regte ihn die Obszönität der Gesänge in diesem und in anderen Spielen derart auf, daß er drohte, England zu verlassen und im Ausland zu spielen. Ganz eindeutig haben diese Gesänge eine beträchtliche Wirkung.

Die populärsten Beleidigungen sind unter anderem folgende:

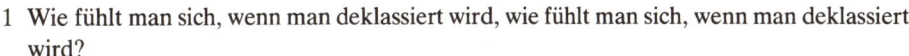

1 Wie fühlt man sich, wenn man deklassiert wird, wie fühlt man sich, wenn man deklassiert wird?
Wie fühlt man sich, wie fühlt man sich, wie fühlt man sich, wenn man deklassiert wird?

2 Du bist nicht mal fit genug, mir den Arsch zu putzen, du bist nicht mal fit genug, mir den Arsch zu putzen.

3 In den (Swansea) Slums, in den (Swansea) Slums, suchen sie in der Mülltonne nach was zu essen, finden eine tote Katze und halten's für ein Festmahl, in den (Swansea) Slums. (Das wurde ursprünglich nur auf die ärmeren Bezirke von London angewandt, aber mittlerweile benutzt man es als »Armuts«-Beleidigung gegen jede Stadt, ganz gleich, ob sie Slums hat oder nicht.)

4 Weiß deine Mami, weiß deine Mami, weiß deine Mami, daß du hier bist, weiß deine Mami, daß du hier bist? (Eine Anspielung, daß die gegnerischen Fans infantil sind.)

5 Zwei zu eins, zwei zu eins, zwei zu eins … (Wiederholung).
(Eine der beliebtesten Verspottungen ist es, das Ergebnis zu singen, wenn der Gegner am Verlieren ist.)

6 Was haltet ihr von (Swindon)? (einzelne Stimme)
Scheiße, Scheiße, Scheiße! (Chor)

(Swindon) (Stimme) Scheiße! (Chor) (Swindon)
(Stimme) Scheiße! (Chor)
(Swindon, Swindon, Swindon) (Stimme) Scheiße, Scheiße, Scheiße! (Chor).
(Eine zunehmend beliebtere und weitverbreitete Beleidigung, die bei britischen Fußballverantwortlichen ziemliche Bestürzung hervorgerufen hat, obwohl sie verglichen mit anderen noch relativ mild ist.)

7 Setzt euch hin, ihr miesen Typen, setzt euch hin, ihr miesen Typen … (Wiederholung).
(Wird dann gesungen, wenn gegnerische Fans aufstehen, um ihren Spielern zu applaudieren.)

8 Ihr dreckigen (Walsall) Bastards, ihr dreckigen (Walsall) Bastards … (Wiederholung).
(Wird mit dem entsprechenden gegnerischen Teamnamen versehen gesungen, wenn ein Gegner ein Foul begangen hat, durch das ein eigener Spieler verletzt wurde.)

9 Oh Lucky-Lucky, Lucky-Lucky-Lucky-Lucky-Lucky Bury … (Wiederholung).
(Wird gesungen, wenn ein Schuß der eigenen Mannschaft das Tor knapp verfehlt, eine Anspielung darauf, daß nicht Können den Gegner gerettet hat, sondern pures Glück.)

10 Wenn ihr alle (Gillingham) haßt, klatscht in die Hände … (Wiederholung).

11 Wir hassen Swindon, wir hassen Swindon, wir hassen Swindon … (Wiederholung).
(Swindon gehört zu den örtlichen Ligarivalen.)

12 Weiß und weiß und weiß und weiß und weiß, wir alle hassen weiß, wir alle hassen weiß, und weiß und weiß und weiß …
(Wird gegen ein Gästeteam mit weißen Trikots gesungen.)

Zusätzlich zu diesen allgemeinen Beleidigungen gibt es noch die speziellen sexuellen Verhöhnungen. Ihre überwiegende Mehrzahl beruht auf der Vorstellung, daß die gegnerischen Spieler, Trainer oder Fans gezwungen sind, sexuelle Befriedigung durch Masturbation zu suchen. Mit anderen Worten, sie sind nicht in der Lage, einen Sexualpartner zu finden. Es gibt nicht weniger als sieben verschiedene Masturbationsgesänge. Die beliebteste Form ist »Soundso ist ein Wichser, soundso ist ein Wichser«, wenn ein gegnerischer Spieler mit einem Schuß aufs Tor keinen Erfolg hat oder bei einem schwierigen Spielzug versagt. Zu Beginn des Spieles mag die gesamte Mannschaft mit »Herein mit den Wichsern« begrüßt werden, im Gegensatz zu dem Willkommensgruß für die Heimmannschaft »Herein mit den Champions«. Die Gäste werden auch mit einem »Ihr seid ja bloß ein Haufen Wichser« verhöhnt, wenn ihre Anstrengungen, ein Tor zu erzielen, fehlschlagen. Auch verschiedene andere Rhythmen werden benutzt wie »(Manchester) wichs, wichs, wichs, (Manchester), wichs, wichs, wichs« oder »Wir sind alle einer Meinung, soundso ist ein Wichser«.
Anspielungen auf Homosexualität sind ebenfalls üblich: »(Tranmere) Boys, sie sind schwul, (Tranmere) Boys, sie sind schwul« oder »Oh, was für ein Haufen Sodos, singt, was für ein Haufen Sodos, singt, was für ein Haufen Sodos«.
Jeder mit Trinkproblemen wird mit »Soundso ist ein Säufer, soundso ist ein Säufer, la la la la« oder »Soundso geht über Wein, tra la la la la la«, als Gegensatz zu dem »Geht über Wasser«, das für Heimspieler reserviert ist.
Eine besondere Gruppe von Beleidigungen wird den gegnerischen Anhängern entgegengeschleudert, die den rivalisierenden »Chor« bilden. Am beliebtesten ist »Kannst du (Cardiff) singen hören, no-oh, no-oh«, wenn das gegnerische Lager in Schweigen verfallen ist, weil sie verlieren oder schlecht spielen. Alternativen dazu sind »Na singt schon, ihr miesen Typen, singt schon, ihr miesen Typen, singt schon, ihr miesen Typen, singt schon« zu der Melodie von »*Auld Lang Syne*« oder »Da drüben ist es ganz schön still geworden, ganz schön still, ganz schön still, ganz schön still, ganz schön still ist's da drüben geworden« oder »Singt (Cardiff), singt (Cardiff)« oder »(Walsall), sing uns ein Lied, (Walsall), sing uns ein Lied« oder »(Shrewsbury), wo seid ihr, (Shrewsbury), wo seid ihr?« Gibt es keine Gästefans, die das gegnerische Team unterstützen, dann richtet sich der Spott statt dessen gegen die Spieler selbst, mit »(Colchester), (Colchester), wie ist das, wenn man keine Fans hat?«
Direkte Beleidigungen zielen auf einzelne Spieler, einschließlich der populären »Rausschmiß«-Verhöhnung: »(Chelsea) Rausschmiß, (Chelsea) Rausschmiß, oh-oh.« Dies richtet sich gegen einen Spieler, der erst vor kurzem von einem bestimmten Club verkauft worden ist. Selbst wenn er für eine sehr hohe Transfersumme verkauft wurde, greift man ihn den-

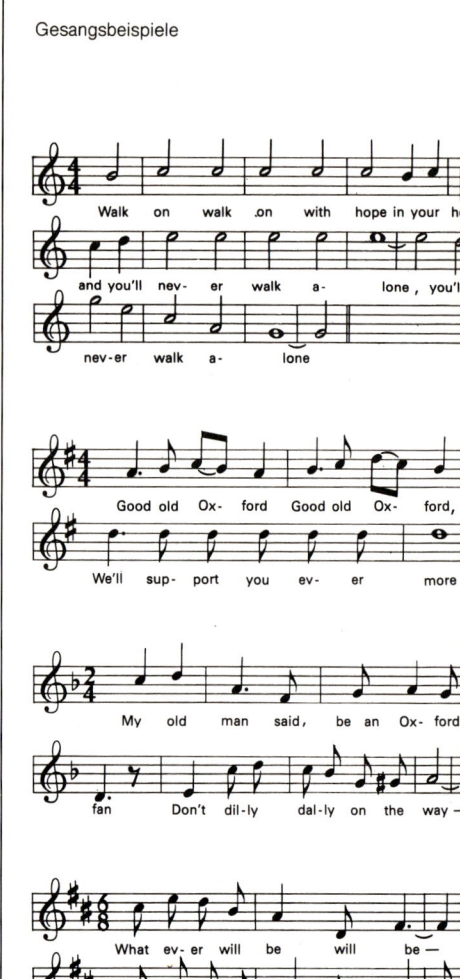

Gesangsbeispiele

noch durch einen Gesang an, in dem angedeutet wird, daß ihn sein alter Club nicht mehr haben wollte.

Wenn ein Spieler zufällig besonders komisch hinfällt, dann erfreut man ihn mit »Norman Wisdom, Norman Norman Wisdom«, was sich auf den Komiker bezieht, dessen Spezialität komisches Fallen und Stolpern ist. Verschläft ein Spieler einen besonders schnellen Ball, dann heißt das Lied »Soundso ist ein Spaziergänger«. Hört man einen Trainer über das gegnerische Team schimpfen, dann wird er mit »Soundso, halt deine Klappe, Soundso, halt deine Klappe« bombardiert, bis er still ist.

Unter den Beleidigungen, die an niemanden direkt gerichtet sind, befindet sich auch die berühmte Verdrehung des West-Ham-»Club-Songs«, die so lautet:

> »Ich blase für immer Seifenblasen, hübsche Seifenblasen in die Luft,
> sie fliegen so hoch, bis in den Himmel hinein,
> und dann, wie West Ham, schwinden sie dahin und sterben.«

Diese Beleidigung kann in einem Match gesungen werden, an dem West Ham überhaupt nicht beteiligt ist, und in einer Liga, in der West Ham nicht einmal spielt. Anscheinend gefällt es den Anhängern der unteren Ligaclubs einfach deswegen, weil es gegen einen höherklassigen Club gerichtet ist.

Schließlich gibt es noch die uralte Gruppe der Beleidigungen, die sich gegen die Beschäftigungen der Einwohner der rivalisierenden Stadt wenden. Clubs aus Südwales werden mit dem Gesang »Coal-Miners, Coal-Miners« begrüßt. Diese Verspottungen gehen auf die Zeiten zurück, als die Fabrikarbeiter der einen Gegend abfällig auf die Tätigkeiten der Arbeiter anderer Gegenden herabschauten, weil dies gewöhnlich die schlechter bezahlten oder dreckigeren Jobs waren. Obwohl diese Beleidigungen heutzutage außer Mode gekommen sind, haben sie in der traditionalistischen Atmosphäre der Fußballränge überlebt.

Drohungen gegen die Rivalen

Diese gewalttätigste aller Kategorien beinhaltet 24 verschiedene Gesänge. Die meisten von ihnen versprechen Verletzungen oder gar den Tod irgendwann in der Zukunft. Eine besondere Zunahme dieser Drohungen kann man direkt nach einem gegnerischen Tor oder kurz vor Spielende feststellen. Die häufigsten Drohungen sind:

1 Wir schlagen euch die verdammten Schädel ein.
2 Hau ihn auf den Schädel, hau ihn auf den Schädel, hau ihn auf den Schädel mit einem Baseball-Schläger.
3 Oxford Aggro, Oxford Aggro, oh-oh.
4 Oxford Boys, wir kommen und schnappen euch und wickeln eine Kette um eure Hälse.
5 Wir schwanken alle dahin ... erschießt die Bastards, erschießt die Bastards.
6 Wir sind bösartig, wir sind bösartig ... (Wiederholung).
7 Zeig mir einen (Watford)-Fan la la la la la,
   zeig mir einen (Watford)-Fan la la la la la,
   ich zeig' dir einen Toten.
8 Oh-oh, oh-oh, wir sind die Oxford Boys,
   oh-oh, oh-oh, wir sind die Oxford Boys,
   und wenn du ein (Cardiff)-Fan bist, ergib dich oder stirb, wir folgen United.
9 Du wirst sterben, du wirst sterben ... (Wiederholung).
10 Knie hoch, Mutter Brown, knie hoch, Mutter Brown,
   auf den Tisch mit dir, e-i-e-i-o,
   wenn ich dich beim Bücken erwisch, säg' ich dir die Beine glatt ab,
   e-i-e-i-o, Knie hoch, Mutter Brown.

Zusätzlich gibt es noch die speziellen »Spielende«-Drohungen, die hauptsächlich in den letzten fünf Spielminuten gesungen werden:

1 Wir treffen euch alle draußen, wir treffen euch alle draußen ... (Wiederholung).
2 Zeit für euch fortzulaufen, Zeit für euch fortzulaufen ... (Wiederholung).
3 Der Krankenwagen wird euch heimfahren, der Krankenwagen wird euch heimfahren ... (Wiederholung).

313

4 Bis zu den Bussen kommt ihr nie, bis zu den Bussen kommt ihr nie … (Wiederholung).
5 Auf den Rasen, auf den Rasen … (Wiederholung).
   (Aufforderung zur Raseninvasion und zum Handgemenge mit den gegnerischen Fans.)
6 Kommt rüber, kommt rüber, kommt rüber zu uns.

Schließlich gibt es die Gruppe der Drohungen, die gegen zukünftige Rivalen gerichtet sind
in Spielen der kommenden Wochen, einschließlich:

1 (Swindon), stirb am Montag, (Swindon), stirb am Montag, la la la la la la.
2 Wir gehen (Swansea) verprügeln, la la la la la.
3 (Walsall), (Walsall), ihr seid die nächsten, (Walsall), ihr seid die nächsten.
4 Wir machen (Swindon) fertig, wir machen (Swindon) fertig … (Wiederholung).
5 County, County, wir kommen, County, wir kommen … (Wiederholung).
6 Mein Alter sagte, werd ein Oxford-Fan, und vertrödel dabei keine Zeit.
   Wir machen (Swindon) und diese ganze Stadt fertig, (Swindon) in einer halben Minute,
   mit Beilen und Hämmern und einem halben Dutzend Schraubenschlüsseln …

Überflüssig zu erwähnen, daß der blutrünstige Ton dieser Gesänge selten der Wirklichkeit
entspricht. Nach dem fröhlichen Singen gibt es nur wenig oder gar kein Blutvergießen.
Gelegentlich entsteht ein echter Kampf, und obwohl es sich dabei um ein äußerst seltenes
Ereignis handelt, reicht das aus, um den Gesangsdrohungen eine gewisse »Schärfe« zu
verleihen, die viele Wochen oder sogar Monate anhält.

Unterbrechungsfeiern
In dieser Kategorie gab es acht Gesänge, die abliefen, wenn es zu irgendeiner Unterbrechung oder Störung des Spiels kam. Bei einer Gelegenheit zum Beispiel zündeten die
Oxford-Fans ein Feuer auf ihren Rängen an und sangen »Wir haben ein Feuer, wir haben
ein Feuer, ee aye adio, wir haben ein Feuer«. Als das Feuer größer wurde, dröhnten sie »Die
London Road brennt nieder, brennt nieder, brennt nieder, die London Road brennt nieder,
armes altes London«.
Als über Lautsprecher der »Phantom-Pfeifer« in der Menge aufgefordert wurde, sich ruhig
zu verhalten, antworteten die Fans mit dem Song »Wir haben die Pfeife, wir haben die
Pfeife«. Als der Ball zufällig in ihre Reihen geschossen wurde, weigerten sie sich, ihn wieder
herauszugeben, und sangen »Wir haben den Ball, wir haben den Ball, ee aye adio, wir haben
den Ball«. Und als einige von ihnen umfielen und von der Polizei abtransportiert wurden,
sangen sie »Wir sind united (vereinigt), wir sind united« und »Wir sind besoffen«. Gesänge
dieser Art sind in erster Linie Proteste gegen ein langweiliges Spiel. Die Fans müssen selbst
für ihre Unterhaltung sorgen und feiern dies in Liedern. Die nächste Kategorie besteht
ausschließlich aus »Langeweilegesängen«.

Insider-Rivalitäten
Nicht weniger als 28 Gesänge wurden von Heimfans gegen Heimfans gerichtet. Es waren
Spottbeleidigungen, erfunden zum Zeitvertreib und um ein bißchen Aufregung in einen
müden Nachmittag zu bringen. Der Hauptgrund für diese Gesänge lag in der Teilung der
Fanränge in zwei Hälften, die rechte und die linke Seite. Diese Tribüne wird tatsächlich
durch einen Zaun in der Mitte geteilt, so daß die »Links-Seitigen« und die »Rechts-Seiti-
gen« so tun können, als wären sie Gegner. Dies geschieht für gewöhnlich nur dann, wenn
das Gästeteam keine Fans mitgebracht und somit keine stimmliche Opposition vorhanden
ist. Populäre Gesänge sind unter anderem:

1 Die linke Seite kriegt ihr nie unter, die linke Seite, die linke Seite kriegt ihr nie unter.
2 La la la la, la la la la, auf der linken Seite sind die Champions, auf der linken Seite sind die
   Champions …
3 Linke Seite, linke Seite, wer seid ihr?
   Linke Seite, wer seid ihr?
4 Wir sind die rechte Seite, wir sind die rechte Seite, wir sind die rechte Seite, London
   Road.

Bei der Torverspottung werden die Hände dem Gegner rhythmisch entgegengestreckt, wobei die ausgestreckten Finger triumphierend die Trefferquote signalisieren, um die verlierenden Fans an ihre Qual
zu erinnern. Um die Botschaft zu verstärken, werden
diese Gesten von lauten Gesängen begleitet, in denen das Ergebnis unentwegt wiederholt wird.

Insgesamt gab es zehn solcher Gesänge. Zusätzlich existierten noch zahlreiche Lieder, in denen die Fans aus den verschiedenen Bezirken um Oxford herum sowohl gepriesen als auch angegriffen wurden. Aus diesen Dörfern oder Vorstädten fahren die Anhänger am Spieltag in die City und können dort freundschaftliche Rivalitäten zur Schau stellen, um sich selbst zu unterhalten: »Abingdon, wo seid ihr?« oder »Wir sind die Thame Boys, wir sind die Thame Boys« oder »Blackbird, Blackbird, Blackbird Leys, Blackbird Leys«.

Das extremste Beispiel für diese künstliche Rivalität lieferte ein Spiel, bei dem es den Anschein hatte, als wäre eine Gruppe gegnerischer Fans in das geheiligte Heimterritorium, den London Road Stand, eingedrungen. Sie unterstützten mit einer Reihe von Gesängen das gegnerische Team und wurden schnell von den Heimfans bedroht. Die Polizei stürzte herbei, um sie zu beschützen, und bildete eine dichte Schutzmauer, ohne zu merken, daß es sich bei ihnen um ganz gewöhnliche Oxford-Fans handelte, die absichtlich für ein bißchen Krawall bei einem langweiligen Spiel sorgten. Solche Vorfälle passieren nicht, wenn die Heimmannschaft ausgesprochen gut spielt. Sie dienen praktisch nur dazu, die Anhänger von dem Gedanken, wie schlecht sich ihre Mannschaft auf dem Rasen verkauft, abzulenken.

Stimmungsgesänge

In dieser letzten Gruppe gibt es fünf Gesänge, die angestimmt werden, um eine Atmosphäre der Aufregung zu schaffen, ohne daß eine bestimmte Aussage mit ihnen verbunden ist. Es sind folgende:

1 Stimmung, tra la la, Stimmung, tra la la.
2 La la la la la la la la la la ...
  (Auf die Melodie von »*The yellow rose of Texas*« gesungen.)
3 Gebt uns ein Ooh! Gebt uns ein Argh!
  Was hast du bekommen? Ooh-Argh!
4 Oooooooooooh ...
  (Ein langgezogener Ton, der im Stadion widerhallt, während ihn immer mehr Stimmen aufnehmen.)
5 Arrrrrrrrrrrrrrrgh ...
  (Ein langgezogener nasaler Schnarrlaut.)

Abgesehen von vier nicht identifizierbaren Gesängen vervollständigt dies das Repertoire der Oxford-United-Fans. Ihre 251 Gesänge sind fast immer kurz und einfach und lassen endlose Wiederholungen zu. Das ist wichtig, weil dadurch mehr und mehr Fans einstimmen können, während sich der Rhythmus festigt und der Lärm ohrenbetäubend wird.

Verschiedene Gesänge haben unterschiedliche »Profile«, einige von ihnen charakteristischerweise mit einer sehr großen Anzahl von Wiederholungen, andere mit einer sehr kleinen. Es ist fast so, als würde jedesmal, wenn ein Lied angestimmt wird, dieses die Kontrolle über die Fans wie ein »festgelegtes Vokalemblem« übernehmen, seine eigene Kraft ausstrahlen und seine eigenen Forderungen stellen, beinahe so, als handle es sich um eine mystische Beschwörung, die eine Art Massenhypnose erzeugt. Doch dies ist lediglich eine Illusion, denn die Fans sind sich stets und ständig der Welt um sie herum bewußt und jederzeit bereit, neue Variationen zu erfinden, um jeder Situation gerecht zu werden.

Aus irgendeinem Grund ist dieses Gesangsritual in erster Linie eine britische Angelegenheit geblieben. In anderen Ländern kann man hören, wie der Name des örtlichen Clubs gesungen wird: »A-vel-li-no, A-vel-li-no« beispielsweise in Italien oder »Allez, Nice, Allez, Nice« in Frankreich. Aber nirgendwo sonst kann man die außerordentliche Fülle und Vielfalt vernehmen, die von den überfüllten britischen Rängen ertönt. Teilweise liegt das daran, daß europäische und südamerikanische Spiele unter fast pausenloser Begleitung eines ohrenbetäubenden Lärms von zahlreichen Trommeln, Hörnern und Rasseln über die Bühne gehen. In britische Stadien werden nur wenige solcher Instrumente mitgenommen, so daß weniger Hintergrundgeräusche entstehen und die Möglichkeit größer ist, mit dem Gesang auch wirklich durchzudringen.

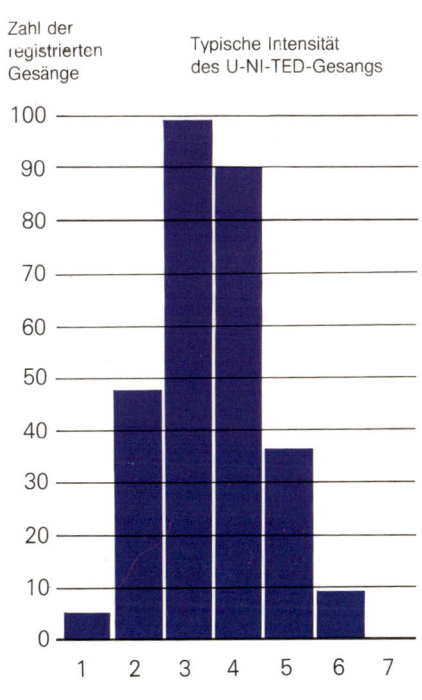

Zahl der registrierten Gesänge

Typische Intensität des U-NI-TED-Gesangs

Zahl der Einheiten in einer Gesangsfolge

44 Nachwort

Bei der Beschreibung des ritualbeladenen, männlich dominierten Fußballstammes habe ich versucht, so objektiv wie möglich zu bleiben. Es gehört nicht zu den Aufgaben eines wissenschaftlichen Beobachters zu Besuch bei einem fremden Stamm, Gesetze festzulegen, ja nicht einmal Ratschläge anzubieten, wie sich die Stammesangehörigen benehmen sollten. Sein Ziel ist es, die Kultur aufzuzeichnen, die er vorfindet, und es anderen zu überlassen, Beurteilungen abzugeben.

Bei der Behandlung der Widersprüche, die sich innerhalb des Stammes ausleben, habe ich in jedem Fall versucht, beide Seiten darzustellen. Leute mit Vorurteilen können die Spieler entweder als ungebildet, gewinnsüchtig, bösartig und eitel ansehen oder als brillante, loyale, mutige, schlecht behandelte Helden; die Trainer als überflüssige, wichtigtuerische, publicitysüchtige Leuteschinder oder als wichtige, hingebungsvolle, ungesicherte leitende Angestellte, die von ihren Arbeitgebern herzlos behandelt werden. Die Vorstände kann man als schweinsköpfige, senile, autokratische, stümperhafte Amateure beschreiben, die nur auf Macht und Ruhm aus sind, oder als besorgte, rücksichtsvolle, leidenschaftlich ergebene Enthusiasten, die Zeit und Geld opfern, um das Spiel zu fördern, das sie lieben; die jungen Fans können als brutale, feige, gewalttätige, geistlose Tölpel geschildert werden, die nichts als Ärger verursachen, oder als oft genug leidende, tapfere, zähe, farbenfreudige Anhänger, die die Aufregung des Spiels lebendighalten.

Die meisten Autoren, die über diesen Sport geschrieben haben, sind nur auf seine positiven Seiten eingegangen; die wenigen Ausnahmen haben sich zu Rundumschlägen entschlossen und alles angegriffen. Ich bin diesen beiden Extremen aus dem Weg gegangen und habe nicht nur die Tugenden des Stammes, sondern auch seine Fehler aufgezeigt. Das dabei entstandene Gleichgewicht ist allerdings nur labil. Untersucht man die Auswüchse, dann wird das Gesicht des Fußballstammes irgendwie sympathischer und ansprechender, als wenn man ihm nur die trügerische kosmetische Behandlung zukommen läßt, die für gewöhnlich von den »offiziellen« Sportberichterstattern geboten wird. Sie und ganz allgemein die Stammesältesten scheinen sich derart vor kritischen Kommentaren zu fürchten, die den »Fußballsport in Mißkredit bringen« könnten, daß sie sich verpflichtet fühlen, den Sport als Gottesgabe für menschliche Gesundheit und Glück und zur Herstellung internationaler Harmonie und als Beweis guten Willens darzubieten. Da aber ganz offensichtlich der Sport auch in der Lage ist, seinen Teil an Verletzungen, Streß und internationalen Verstimmungen zu liefern, klingen ihre Bemerkungen unvermeidlicherweise für jeden Außenstehenden einseitig. Dabei besteht gar keine Notwendigkeit, derart in der Defensive zu bleiben. Alle wichtigen menschlichen Tätigkeiten – nicht nur Sport, sondern auch Religion, Wissenschaft, Kunst, Politik und so weiter – tragen die Möglichkeit in sich, sowohl das Gute als auch das Schlechte, Ekstase wie auch Agonie hervorzubringen. Wichtig ist, was wir daraus machen, nicht, was sie aus uns machen.

Vielleicht das größte Dilemma, dem sich der Fußballstamm heutzutage gegenübersieht, liegt in der Frage begründet, ob seine Haupttätigkeit nun ein geheiligtes Ritual oder eine gesellschaftliche Unterhaltung ist. Soll der Besuch eines Fußballspiels eine leidenschaftliche männliche Feuerprobe oder ein heiterer Familienausflug sein? Soll die uralte Tradition spartanischer Leiden der Verhätschelung durch modernen Klamauk und Theaterkomfort weichen?

Die Traditionalisten sind davon überzeugt, daß jede Verweichlichung des Rituals das Spiel unweigerlich um seine Intensität und Bedeutung bringen würde. Die Modernisten dagegen beharren darauf, daß ohne Showbusiness und zusätzlichen Zuschauerkomfort die Stammesangehörigen wegbleiben werden und der Sport stirbt. Man hat den Fußball als Pseudoreligion bezeichnet, und ein ähnlicher Meinungsstreit zwischen Traditionalisten und Modernisten existiert ja auch innerhalb der Kirche selbst, wo jene Priester, die am alten Ritual festhalten wollen, immer wieder mit den Modernisten zusammenstoßen, die den Gottesdienst reformieren und mehr den Einstellungen und dem Lebensstil des 20. Jahrhunderts anpassen wollen. Falls die kirchliche Welt überhaupt als Maßstab und Vergleichspunkt herangezogen werden kann, dann scheint der ungeheure Erfolg der päpstlichen Prachtentfaltung und des zeremoniellen Schaugepräges in jüngster Zeit eher den Traditionalisten des Fußballs recht zu geben. Gitarrespielende Pfarrer, die komplizierte Rituale ablehnen, haben sich als einzigartiger Fehlschlag erwiesen. Sollte das Fußballspiel tatsächlich zu einem »Spaß für die ganze Familie« werden, dann würde es vielleicht gerade diejenige Eigenschaft einbüßen, die es befähigt hat, sich über die ganze Welt auszubreiten und eine größere Zahl begeisterter Zuschauer zu fesseln als irgendein anderer menschlicher Zeitvertreib – die Eigenschaft nämlich, ein ernsthaft ausgefochtener Wettkampf zu sein. In seinen ritualistischsten Momenten enthält dieser Wettkampf so viele symbolische Echos aus der Frühzeit des Menschen – aus jener Urvergangenheit, da wir noch tapfere Jäger auf der Jagd nach gefährlicher Beute waren –, daß zuviel Herumdoktern daran sich als verhängnisvoll für den Fußball erweisen könnte. Diesen ernsten Wettstreit in einen harmlosen Disneylandspaß zu verwandeln, hieße vielleicht seine ureigenste Würde zerstören. Um sich auch künftig behaupten zu können, muß Fußball vielleicht immer eine »tierisch« ernste, von Männern dominierte Betätigung bleiben.

Vielleicht wird es im Endeffekt gelingen, »alles zu prüfen und das Beste zu behalten«. Vielleicht sind die Reformer, die für modernen Zuschauerkomfort und eine effiziente Organisation des Fußballsports eintreten, in der Lage, ihre Ziele zu verwirklichen, ohne dabei das zeremonielle Drama des Spiels zu zerstören. Ausreichende Parkplätze, Imbißmöglichkeiten, attraktive Darbietungen vor dem Anstoß und trockene, bequeme Sitze müssen ja nicht unbedingt das Gefühl fanatischer Loyalität und Stammesverschworenheit schwächen. Das bleibt abzuwarten. Nur ein Narr würde hier eine bestimmte Vorhersage wagen. Eins jedoch scheint sicher: Ganz gleich, ob der Fußballstamm stur traditionalistisch bleibt, ob er den Schritt in den Modernismus wagt oder ob ihm die magische Verbindung aus beidem gelingt, es wird ihn noch auf Jahre hinaus geben! Ganz im Gegensatz zu so vielen Stammesgesellschaften, die heute am Rande der Ausrottung dahinvegetieren, ist der Fußballstamm eine kraftvolle, weitverbreitete und blühende Gemeinschaft.

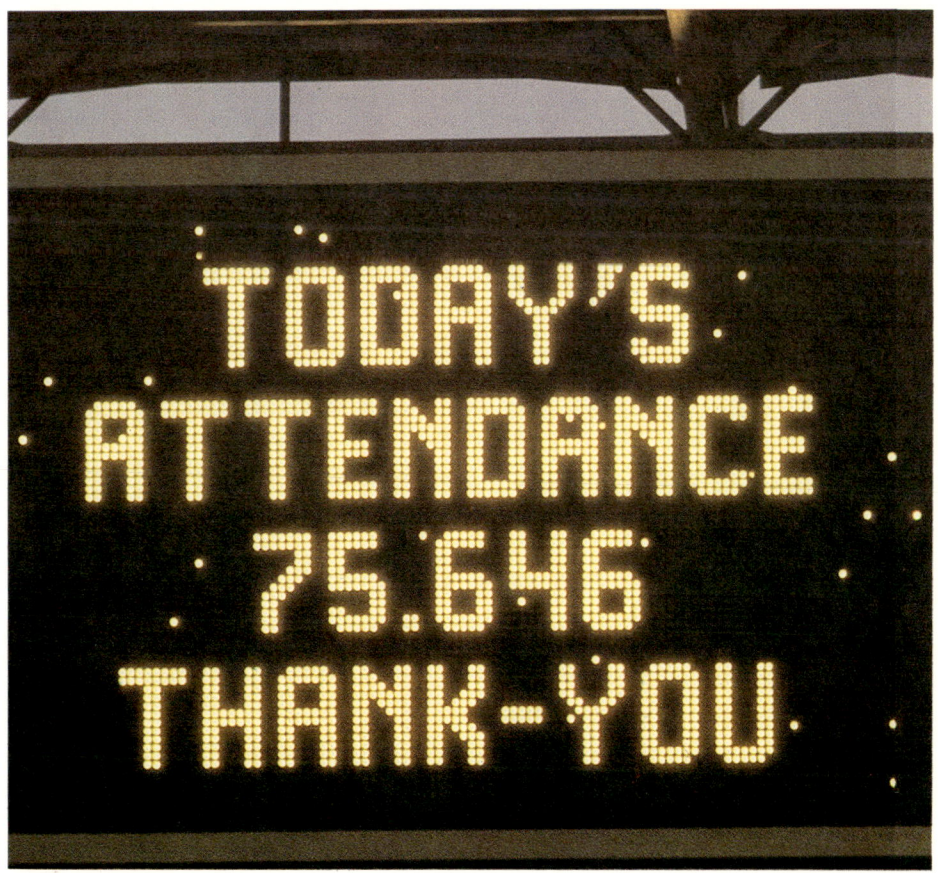

Bibliographie

Alcock, C. W. 1874. *Football, Our Winter Game*. London.

Alcock, C. W. 1890. *Football, The Association Game*. G. Bell and Sons, London.

Alcock, C. W. 1906. *The Book of Football*.

Allison, M. 1967. *Soccer for Thinkers*. Pelham Books, London.

Anon. 1901. *The Football Who's Who. Season 1900–1901*. Arthur Pearson, London.

Anon. 1936. *The Football Association Coaching Manual*. Evans Brothers, London. (Rev. edn. 1949.)

Archer, M., *et al.* 1977. *The Hamlyn International Book of Soccer*. Hamlyn, London.

Ateyo, D. 1979. *Blood and Guts. Violence in Sports*. Paddington Press, London.

Ball, D. W. and Loy, J. W. 1975. *Sport and Social Order. Contributions to the Sociology of Sport*. Addison-Wesley, Reading, Massachusetts.

Barrett, N. S. 1978. *Purnell's New Encyclopedia of Association Football*. Purnell, London.

Becker, J. 1975. ›Superstition in Sport.‹ *Internat. J. Sport Psychol.*, 6, 3. pp. 148–52.

Beltrami, A. 1978. *Almanacco Illustrato del Calcio*. Edizioni Panini, Modena.

Brady, L. 1980. *So Far So Good ...* Stanley Paul, London.

Brasch, R. 1972. *How Did Sports Begin? A Look into the Origins of Man at Play*. Longman, London.

Brazier, C. 1978. ›Terrace culture.‹ *Melody Maker*. April 22nd 1978. pp. 39–42.

Brody, M. K. 1979. ›Institutionalized sport as quasi-religion: preliminary considerations.‹ *J. Sport and Social Issues*, 3(2). pp. 17–27.

Budd, A. und Fry, C. B. 1897. *Football*. Lawrence and Bullen, London.

Butt, D. S. 1976. *Psychology of Sport*. Van Nostrand Reinhold, New York.

Cameron, J. 1909. *Association Football*.

Carter, F. W. und Capel-Kirby, W. 1933. *The Mighty Kick*. Jarrolds, London.

Catton, J. A. H. 1900. *The Real Football*. Sands, London.

Chester, N. 1968. *Report of the Committee on Football*. (The Chester Report). Department of Education and Science, HMSO, London.

Coles, R. W. 1975. ›Football as a surrogate religion?‹ in M. Hill (ed.), *A Sociological Yearbook of Religion in Britain*, No. 6.

Corbett, B. O. 1901. *Football*. London.

Cottrell, J. 1970. *A Century of Great Soccer. Drama*. Hart-Davis, London.

Csanádi, A. 1978. *Soccer, Technique – Tactics – Coaching*. Corvina Kiadó, Budapest.

Davies, H. 1972. *The Glory Game*. Weidenfeld and Nicolson, London.

Delaney, T. 1963. *A Century of Soccer*. Heinemann, London.

Delaney, T. 1963. *The Footballer's Fireside Book*. Heinemann, London.

Dunning, E. (ed.) 1972. *The Sociology of Sport: A Selection of Readings*. University of Toronto Press, Toronto and Buffalo.

Dunning, E. 1975. ›Industrialisation and the incipient modernisation of football.‹ *Stadion* 1, no. 1.

Dunphy, E. 1976. *Only a Game? The Diary of a Professional Footballer*. Kestrel Books, London.

Edgell, S. und Jary, D. 1973. ›Football: a sociological eulogy‹, in M. Smith, C. Parker and C. Smith (eds), *Leisure and Society in Britain*. Allen Lane, London.

Edwards, C. 1892. ›The new football mania.‹ *The Nineteenth Century*, 32.

Ellis, A. 1962. *The Final Whistle*. Stanley Paul, London.

Ensor, E. 1898. ›The football madness.‹ *Contemporary Review*, 74.

Fabian, A. H. und Green, G. 1960. *Association Football* (4 vols). Caxton Press, London.

Frewin, I. (ed.) 1967. *The Saturday Men*. Macdonald, London.

Fry, C. B. 1895. ›Football.‹ *Badminton Library of Sports and Pastimes*, I.

Ghirelli, A. 1954. *Storia del Calcio in Italia*. Einaudi, Turin.

Gibson, A. und Pickford, W. 1906. *Association Football and the Men Who Made It*. Caxton Press, London.

Glanville, B. 1962. *The Footballer's Companion*. Eyre and Spottiswoode, London.

Glanville, B. 1968. *Soccer. A Panorama*. Eyre and Spottiswoode, London.

Glanville, B. 1980. *The History of the World Cup*. Faber and Faber, London.

Golesworthy, M. 1972. *We are the Champions*. Pelham Books, London.

Golesworthy, M. 1973. *The Encyclopedia of Association Football*. Robert Hale, London. (The first of many editions appeared in 1956.)

Golesworthy, M. und Macdonald, R. 1966. *The AB–Z of World Football*. Pelham Books, London.

Goodall, J. 1898. *Association Football*. W. Blackwood and Sons, Edinburgh and London.

Gray, M. 1980. *Football Injuries*. Offox Press, Oxford.

Greaves, J. 1966. *Soccer Techniques and Tactics*. Pelham Books, London.

Greaves, J. und Gutteridge, R. 1972. *Let's Be Honest*. Pelham Books, London.

Green, G. 1949. *The Official History of the F. A. Cup*. Heinemann, London.

Green, G. 1953. *The History of the Football Association*. Naldrett Press, London.

Green, G. 1953. *Soccer, The World Game*. Phoenix House, London.

Green, J. und Ateyo, D. 1979. *The Book of Sports Quotes*. Omnibus Press, London.

Hall, W. und Parkinson, M. 1973. *Football Report*. Pelham Books, London.

Harris, H. A. 1972. *Sport in Greece and Rome*. Thames and Hudson, London.

Harvey, C. 1959. *Encylopaedia of Sport*. Sampson, Low, Marston and Co., London.

Heighway, S. 1977. *Liverpool: My Team*. Souvenir Press, London.

Herbin, R. und Rethacker, J. P. 1978. *Soccer. The Way the Pros Play*. Sterling Publishing, New York.

Hill, J. 1961. *Striking for Soccer*. Peter Davies, London.

Hole, C. 1949. *English Sports and Pastimes*. Batsford, London.

Hopcraft, A. 1968. *The Football Man. People and Passions in Soccer*. Collins, London.

Howell, D. 1968. *Soccer Refereeing*. Pelham Books, London.

Hughes, C. F. C. 1973. *Tactics and Teamwork*. E. P. Publishing, Wakefield, Yorkshire.

Ingham, R., Hall, S., Clarke J., Marsh, P., and Donovan, J. 1978. *Football Hooliganism. The Wider Context*. Inter-Action Imprint, London.

Jackson, N. L. 1895. *The Association Football Handbook* (1894–5).

Jackson, N. L., 1900. *Association Football*. George Newnes, London.

James, B. (ed.) 1971–3. *Book of Football*. (In 75 parts.) Marshall Cavendish, London.

Jeffery, G. 1963. *European International Football*. Nicholas Kaye, London.

Jewell, B. 1977. *Sports and Games. History and Origins*. Midas Books, Tunbridge Wells, Kent.

Johnston, F. (ed.) 1934. *The Football Encyclopedia*. Associated Sporting Press, London.

Johnston, F. (ed.) 1935. *The Football Who's Who*. London.

Jones, J. H. 1904. *Association Football*.

Keegan, K. 1979. *Against the World*. Sidgwick and Jackson, London.

Keeton, G. W. 1972. *The Football Revolution*. David and Charles, Newton Abbot.

Koppehel, C. 1954. *Geschichte des Deutschen Fußballsports*. Frankfurt.

Laschke, I. 1980. *Rothman's Book of Football League Records 1888–89 to 1978–79*. Macdonald and Jane's, London.

Lefebre, L. M. und Cunningham, J. D. 1977. ›The successful football team: effects of coaching on team cohesiveness.‹ *Internat. J. Sport Psychol.* 8, 1. pp. 29–41.

Lightbown, C. 1971. ›Football gangs.‹ *Time Out*. April 28th 1971.

Macdonald, R. 1977. *Soccer. A Pictorial History*. Collins, London.

McMenemy, L. 1979. *The Diary of a Season*. Arthur Barker, London.

Magoun, F. P. 1930. ›Football in Medieval England and in Middle English Literature.‹ *American Historical Review*, 25.

Magoun, F. P. 1938. *History of Football. From the Beginnings to 1871*. Kölner Anglistische Arbeiten. Band 31.

Marples, M. 1954. *A History of Football*. Secker and Warburg, London.

Marsh, P. 1978. *Aggro. The Illusion of Violence*. Dent, London.

Marsh, P. und Harré, R. 1978. ›The world of football hooligans.‹ *Human Nature*, 1 (10). pp. 62–9.

Marsh, P., Rosser, E. und Harré, R. 1978. *The Rules of Disorder*. Routledge and Kegan Paul, London.

Mason, T. 1980. *Association Football and English Society, 1863–1915*. Harvester Press, Sussex.

Matthews, S. 1948. *Feet First*. Ewen and Dale, London.

Meisl, W. 1955. *Soccer Revolution*. Phoenix House, London.

Mercier, J. 1966. *Le Football*. Paris.

Moir, I. 1972. *Association Football. The Evolution of the Laws of the Game*. University of Birmingham, M. A. thesis.

Moore, B. und Tyler, M. 1980. *The Big Matches. A Decade of World Soccer*. Queen Anne Press, Macdonald and Jane's, London.

Morris, D. 1979. ›Violence in the stands.‹ *Britannica Book of the Year 1979*. Encyclopaedia Britannica, Inc., Chicago.

Moynihan, J. 1966. *The Soccer Syndrome*. MacGibbon and Kee, London.

Moynihan, J. 1974. *Football Fever*. Quartet Books, London.

Needham, E., 1900. *Association Football*. Skeffington and Son, London.

Parkinson, M. 1975. *Best. An Intimate Biography*. Arrow Books, London.

Parkinson, M. und Hall, W. 1975. *Football Final*. Pelham Books, London.

Pawson, T. 1972. *100 Years of the F. A. Cup*. Heinemann, London.

Pawson, T. 1973. *The Football Managers*. Eyre Methuen, London.

Pelé und Fish, R. L. 1977. *Pelé: My Life and the Beautiful Game*. Doubleday, New York.

Pickford, R. W. 1941. ›The Psychology of the history and organization of football.‹ *British Journal of Psychology*, 30–1.

Rollin, J. 1978. *The Guinness Book of Soccer Facts and Feats*. Guinness Superlatives, London.

Rote, K. 1978. *Complete Book of Soccer*. Simon and Schuster, New York.

Schidrowitz, L. 1951. *Geschichte des Fußballsports in Österreich*. Wien.

Shearman, M. und Vincent, J. 1885. *Football: Its History for Five Centuries*. Field and Tuer, London.

Shearman, M., *et al.* 1901. *Football*. Longmans, Green and Co., London.

Soar, P. 1978. *World Cup 1978*. Marshall Cavendish, London.

Soar, P. und Tyler, M. 1978. *Soccer, The World Game*. Marshall Cavendish, London.

Soar, P. und Tyler, M. 1979. *Encyclopedia of British Football*. Marshall Cavendish, London.

Strutt, J. 1801. *The Sports and Pastimes of the People of England*. (Enlarged edition published 1903 and reissued 1969 by Firecrest Publishing, Bath.)

Sturdee, R. J. 1903. ›The ethics of football.‹ *Westminster Review*, 159.

Taylor, I. 1969. ›Hooligans: Soccer's resistance movement.‹ *New Society*. August 7th 1969. p. 204.

Taylor, I. 1971. ›Soccer consciousness and soccer hooliganism‹, in Cohen, S. (ed.), *Images of Deviancy*. Penguin, Harmondsworth.

Thomas, V. 1978. ›The hunt for the X factor. Are sportsmen born or made.‹ *New Psychologist*, I, 4. pp. 10–12.

Trevillion, P. 1971. *King Pelé*. Stanley Paul, London.

Tyler, M. 1978. *The Story of Football*. Marshall Cavendish, London.

Vernon, L. und Rollin, J. 1980. *Rothman's Football Yearbook*. Queen Anne Press, London. (And earlier volumes, Published throughout the 1970s.)

Vinnai, G. 1970. *Fußballsport als Ideologie*. EVA, Frankfurt.

Walvin, J. 1975. *The People's Game. The Social History of British Football*. Allen Lane, London.

Whiting, H. T. A. 1972. *Readings in Sports Psychology*. Henry Kimpton, London.

Whiting, H. T. A. und Masterson, D. W. 1974. *Readings in the Aesthetics of Sport*. Lepus, London.

Widdows, R. 1978. *Football Handbook*. (In weekly parts.) Marshall Cavendish, London.

Winterbottom, W. 1960. *Training for Soccer. An Official Coaching Manual of the Football Association*. Heinemann, London.

Wolldridge, I. 1973. ›The language of the game.‹ *Football Monthly*. January 1973.

Yaffé, M. 1975. ›Stress and the soccer stars.‹ *Psychology Today,* 1 (3), (June). pp. 26–31.
Young, P. 1968. *A History of British Football.* Stanley Paul, London.

Bildnachweis

Der Autor und der Verlag danken Grundy and Northedge für die künstlerische Gestaltung und den folgenden Quellen für die Bereitstellung der Illustrationen (wenn nicht anders angegeben, sind die Illustrationen einer Seite von derselben Stelle bezogen): Adidas, 191 oben rechts, Mitte rechts, 195 Mitte links und rechts, unten links und rechts; Aerofilms, 41 oben; Afi-Sport, 7 links, 14 unten, 16 rechts, 19, 24 oben, 27 links, 35, 43 oben links, 45, 78, 81, 88 oben und unten links, 89 oben rechts, 92 links und oben rechts, 115 oben, 117, 118, 122, 123 links, 127, 173, 174 links, 176 Mitte und unten links, 178 unten rechts, 210 rechts, 213 unten links und rechts, 220 unten rechts, 225 oben links, 229 oben Mitte, unten links und Mitte, unten rechts, 233, 234, 241 unten rechts, 242, 243 rechts, 282 oben rechts, unten links und rechts, 287 unten links, 293 unten, 302 rechts, 303 links; Ardea, 9; Ashbourne News Telegraph, 192; Associated Newspapers, 267; BBC Hulton Picture Library, 32, 37 unten Mitte und rechts, 194 rechts, 195 oben links, 206 oben, 244 unten, 272; I. N. Bild/Bader, 48 rechts; British Museum, 187; Capital Press/Mick Alexander, 90 oben, 134 rechts; Bruce Coleman (UK), 205; Peter Collett, 14 oben, Mitte; Colorsport, 8 oben links, 13 unten, 20, 23, 24 unten, 49 oben links und rechts, 50 rechts, 54, 63 oben rechts, unten, 75, 82 oben, 87 unten, 89 oben links, 109 oben, 110 rechts, 11, 112 unten, 120 rechts, 136, 138 unten links, 141, 158, 161 oben links, 162, 167 oben Mitte, unten, 176 oben rechts, 178 oben rechts, 206 unten links, 214 unten rechts, 225 oben Mitte, unten rechts, unten links, 241 rechts, 245 unten links, 248 oben links, 254 oben, 257, 260, 268, 269 unten rechts, 279 oben rechts, 282 Mitte links, 284 oben, 285 links, Mitte, 290 unten links; Gerry Cranham, 2, 31, 83, 236 unten, 248 oben Mitte, 290 unten rechts, 291 oben rechts; Daily Telegraph Colour Library, 134 links, 179 rechts; Fox Photos, 155, 214 links, 244 oben, 281 oben links, 290 oben; Gola, 197 rechts; Ray Green, 21, 22 links, 26, 29, 41 unten, 47, 51 oben rechts, unten links, 52 unten links und rechts, 53, 60, 61, 86, 89 oben Mitte, 90 unten, 115 rechts, 116, 120 oben links, unten links und rechts, 139, 142 oben, 143, 144, 146 links, 154 oben, 157, 159 oben links und rechts, 161 Mitte, Mitte rechts,
unten links und unten Mitte, 163, 167 oben rechts, 169 rechts, 170 unten, 172 oben, 182 oben und unten links, 184 unten, 194 links, 204 unten, 212, 216, 218 links, 225 Mitte, unten Mitte, 229 oben rechts, Mitte links, Mitte, 232 rechts, 235, 237, 243 links, 245 oben, 246 Mitte, 254 unten rechts, 258 oben, 259 oben, 265, 269 Mitte links, unten links, 277 oben, 280 rechts, 289 links, 291 unten links, 300 unten, 302 links, 304/5, 308, 311 unten, 314; Hamlyn Group, 37 oben rechts; Robert Harding, 11; Tommy Hindley/Tottenham Hotspur, 221; Alan Hutchinson, 15 oben, 16 links; Illustrated London News Picture Library, 160; Keystone Press Agency, 32 oben, 65, 274, 276, 278, 279 unten; Kishomoto, 88 rechts, 105 unten, 106 links; LFI, 220 oben rechts; Jerry Liebman/Cosmos, 289 rechts; Chris Lightbown, 219; Eamonn McCabe, 12 oben, 15 unten, 39, 43 oben rechts, unten, 44 oben, 48 links, 49 Mitte links und rechts, unten links und rechts, 51 oben links, 52 unten links, 57, 58 unten, 84, 85, 87 oben, 89 unten, 93, 102, 103, 106 rechts, 107, 110 oben, 119, 124, 128, 131, 140 rechts, 142 unten, 147 oben, 148 oben, 150, 154 unten, 156, 159 unten, 161 oben Mitte, oben rechts, 165, 166, 172 unten, 175 rechts, 176 oben links, 177, 178 links, 195 unten Mitte, 198 oben, 207, 211 links, 222 oben, 225 Mitte unten, unten rechts, 227, 229 oben links, Mitte rechts, 230, 236 oben, 241 oben links, unten links, 245 unten rechts, 246 unten, 247, 248 oben rechts, unten, 249, 253 rechts, 261 unten, 262, 263, 264, 269 oben links und rechts, 270, 279 oben rechts, 286, 287 oben, Mitte links, unten rechts, 291 oben rechts, 292, 294 unten, 295, 297, 298, 299, 300 oben, 301, 303 rechts, 306, 309, 311 oben; Mansell Collection, 71 unten; Peter Marsh, 251; Leo Mason, 80, 161 unten links, 169 links, 269 Mitte rechts; Minerva, 191 oben links, Mitte links, unten rechts; Miroir Sport, 97 unten; Mondadori, 262 oben; Desmond Morris, 4 oben, 7 rechts, 8 oben rechts, 37 oben Mitte, 100, 188, 193 oben, 195 oben rechts, 226 unten; Peter Myers, 189, 288; National Archaeological Museum, Athen, 12 unten; Popperfoto, 72 oben, 108 unten, 151, 153, 174/5, 226 oben, 271, 277 unten; Press Association, 27 rechts; Presse Sports, 171, 195 unten; Private Collection, 25; Rex Features, 203, 255; G. Reszeter, 51 unten rechts, 82 unten links, 140 links; Peter Robinson/Mick Alexander, 18, 30 links, 40, 43 unten, 58 oben, 63 oben links, 77 oben, 79, 95, 97 links, 98, 99, 109 unten, 120 oben Mitte, 147 unten, 152, 183 unten, 186, 190, 201, 204 oben Mitte, 206 rechts, 213 oben links, Mitte und rechts, 215, 223, 232 links, 246 oben, 253 links, 254 unten links, 282 Mitte rechts, 307, 317; Roy of the Rovers © IPC Magazines, 67, 218 rechts; Sport and General, 273; Scala, 13 oben; Phil Shaw, 288; Frank Spooner Pictures, 112 links, 185; Sporting Pictures (UK), 82 unten rechts, 108 oben, 113, 135, 161 Mitte links, 167 oben links, 170 oben, 179 links, Mitte, 180 unten, 181 oben
rechts, 183 oben, 191 unten links, 195 oben rechts, 198 unten, 211 rechts, 213 unten Mitte, 214 Mitte, 225 Mitte links, 231, 280 links, 281 unten, 282 oben links, 283; Sunday Times, 220 links; Syndication International, 104 oben, 105 oben, 115 unten links und Mitte, 121, 123 rechts, 146 rechts, 148 unten, 180 oben, 181 unten links, Mitte und rechts, 182 rechts, 193 unten, 250, 281 oben rechts, 284 rechts, 285 rechts, 291 unten rechts, 296, 310; Bill Tidy, 222 unten; John Topham Picture Library, 195 oben links, 197 links; Nicholas Treadwell, 30 rechts, 184 oben, 238; UPI, 92 unten rechts; Voetbal International, 77 unten, 258/9, 293 oben; World Sport, 125; Zefa UK, 8 unten links, 15 obere und untere Mitte, 22 rechts, 28, 38, 44 unten, 50 links, 69, 91.

Danksagung

Die Entstehung dieses Buches wäre ohne die Hilfe vieler Menschen nicht möglich gewesen. So stehe ich tief in der Schuld meiner Frau Ramona, die umfangreiche Bibliotheksarbeiten geleistet und mir in jedem Stadium des Buches beigestanden hat. Auch möchte ich meine besondere Anerkennung der Arbeit von Nigel Tattersfield aussprechen, der viele Stunden lang sorgfältigste Feldforschung für mich ausführte; ebenso Lynda Poley für die Bildbeschaffung, dem Designer Ian Craig von Jonathan Cape und dem Fotografen Eamonn McCabe vom Observer.

Außerdem danke ich den folgenden Personen für ihre wertvolle Unterstützung in den unterschiedlichsten Bereichen: Brian Aldiss, Sherry Arden, Bill Asprey, Roy Barry, Les Bateman, John Bay, Mick Brown, Peter Collett, Geoff Coppock, Mike Cuerden, Michael Desebrock, Gerald Edelshain, Marilyn Edwards, Ken Fish, Fred Ford, Rita Francis, Tom Goodway, Ian Greaves, Geoffrey Green, Jim Hunt, Russell Kempson, Harold Kimber, Tom Lees, Crispin Leyser, Lawrie McMenemy, Peter Marsh, Tom Maschler, Tony Mason, Jason Morris, Bob Oakes, John O'Callaghan, Glyn Pritchard, Bill Reeves, Paul Reeves, Dick Richardson, Robert Rolontz, Tony Rosser, Deborah Shepherd, Brooke Snell, Lee Strange, Tom Swan und Maurice Yaffé. Ferner gilt meine Dankbarkeit der Harry Frank Guggenheim Foundation für ihre Unterstützung des Forschungsvorhabens, aus dem dieses Buch entstanden ist.

Schließlich ein besonderes Wort des Dankes an die Spieler und Träger des Oxford-United-Fußballvereins, wo ich viele meiner Beobachtungen durchführte und lernte, was es bedeutet, zum Fußballstamm zu gehören.

Register